DIE TRANSALPINEN VERBINDUNGEN DER BAYERN, ALEMANNEN UND FRANKEN BIS ZUM 10. JAHRHUNDERT

NATIONES

Historische und philologische Untersuchungen zur Entstehung der europäischen Nationen im Mittelalter

Herausgegeben von
Helmut Beumann und Werner Schröder

Band 6

DIE TRANSALPINEN VERBINDUNGEN DER BAYERN, ALEMANNEN UND FRANKEN BIS ZUM 10. JAHRHUNDERT

Herausgegeben von
Helmut Beumann und Werner Schröder

JAN THORBECKE VERLAG SIGMARINGEN
1987

DIE TRANSALPINEN VERBINDUNGEN DER BAYERN, ALEMANNEN UND FRANKEN BIS ZUM 10. JAHRHUNDERT

Herausgegeben von
Helmut Beumann und Werner Schröder

JAN THORBECKE VERLAG SIGMARINGEN
1987

CIP-Kurztitelaufnahme der Deutschen Bibliothek

Die *transalpinen Verbindungen der Bayern, Alemannen und Franken bis zum 10. Jahrhundert* / hrsg. von Helmut Beumann u. Werner Schröder. – Sigmaringen: Thorbecke, 1987

(Nationes; Bd. 6)

ISBN 3-7995-6106-4

NE: Beumann, Helmut [Hrsg.]; GT

GEDRUCKT MIT UNTERSTÜTZUNG DER DEUTSCHEN FORSCHUNGSGEMEINSCHAFT

Gesamtherstellung: M. Liehners Hofbuchdruckerei GmbH & Co., Sigmaringen
Printed in Germany · ISBN 3-7995-6106-4

Inhaltsübersicht

Vorwort

»Frühmittelalterliche Ethnogenese im Alpenraum« war der Gegenstand eines Kolloquiums, zu dem die Deutsche Forschungsgemeinschaft im September 1980 gemeinsam mit dem Südtiroler Kulturinstitut Bozen nach Neustift bei Brixen im Rahmen des Schwerpunktes »Die Entstehung der europäischen Nationen im Mittelalter« eingeladen hatte und dessen Ergebnisse inzwischen unter dem gleichen Titel im fünften Band dieser Schriftenreihe vorgelegt worden sind. Eine schon von den Teilnehmern lebhaft befürwortete Fortsetzung ermöglichte die Deutsche Forschungsgemeinschaft 1982 durch die Veranstaltung eines Kolloquiums im Schwäbischen Bildungszentrum Irsee (22.–25. September), dessen Ertrag in diesem Bande festgehalten wird.

In der vorausgeschickten »Exposition der Problemstellung« wird das Erkenntnisziel ausführlich dargelegt. Den Abschuß bildet der unveränderte Text der von Herwig Wolfram am Ende der Tagung, als Grundlage einer Generaldiskussion, vorgetragenen Zusammenfassung, in der auch Diskussionsbeiträge sowie zwei Referate berührt werden, die in der vorliegenden Publikation nicht erscheinen. Dabei handelt es sich um einen Vortrag von Ingrid Strasser, der als Beitrag zum Thema des Schwerpunktes willkommen gewesen war, dem engeren Gegenstand des Kolloquiums aber nicht angehörte. Er ist inzwischen unter dem Titel »diutisk – deutsch. Neue Überlegungen zur Entstehung der Sprachbezeichnung« in den Sitzungsberichten der phil.-hist. Klasse der Österreichischen Akademie der Wissenschaften erschienen (Bd. 444, 1984). Nicht zur Veröffentlichung bestimmt war das mit Lichtbildern reich dokumentierte Referat von Florentine Mütherich über »Die transalpinen Beziehungen in der Malerei vom 7. bis zum 10. Jahrhundert«. Rainer Christlein konnte wegen der schweren Erkrankung, die am 22. März 1983 zu seinem Tode geführt hat, sein Referat über »Transalpine Beziehungen der germanischen Stämme vom 5. bis zum 7. Jahrhundert in archäologischer Sicht« schon nicht mehr halten. Aus dem Kreis der Tagungsteilnehmer wurde Manfred Menke später dafür gewonnen, den archäologischen Aspekt wenigstens für den alemannischen Bereich zur Geltung zu bringen.

Der Dank der Herausgeber gilt allen, die an dem Vorhaben mitgewirkt haben, ferner der Deutschen Forschungsgemeinschaft für die gewährte Unterstützung. Hilfreiche Mitarbeit bei der Redaktion leistete Dr. Ernst Karpf (Marburg). Zugute gekommen ist dem Ganzen schließlich die gewohnte einträchtige Zusammenarbeit mit dem Verlag.

Helmut Beumann *Werner Schröder*

Exposition der Problemstellung

VON HELMUT BEUMANN

Unter den Fragen, die im Rahmen des Forschungsschwerpunktes »Die Entstehung der europäischen Nationen im Mittelalter« beim Thema der Alpen zu stellen sind, wurde bei unserem Kolloquium über »Frühmittelalterliche Ethnogenese im Alpenraum« [1] vor nunmehr zwei Jahren bereits die Bedeutung der ottonischen Italienpolitik für die deutsche Einheit genannt. Manches spricht dafür, daß eine politische Einheit des ostfränkisch-deutschen Reiches unter den Herrschern aus sächsischem Hause ohne Berücksichtigung der süddeutschen Interessen, der transalpinen Orientierung Bayerns und Schwabens, schwerlich hätte erreicht werden können. Die eng mit der Rompolitik verknüpfte Italienpolitik, herkömmlicherweise als Alternative zu einem den wahren deutschen Interessen dienenden Programm aufgefaßt, ja als das Hindernis auf dem Wege zu einer nationalen Konsolidierung, zu einem stabilen deutschen Staat [2], würde umgekehrt zu den unerläßlichen historischen Bedingungen einer solchen Einheit zu rechnen sein.

Den Anstoß zu dieser Frage hat Hermann Heimpel 1936 gegeben, als er für die Glaubwürdigkeit der Nachricht Widukinds von Corvey über den Romzugsplan Heinrichs I. plädierte [3]. Nach der Klarstellung, daß nach dem Zusammenhang keine Pilgerfahrt, sondern eine *expeditio Romana* gemeint sein müsse, wird Heinrichs Erwerbung der hl. Lanze angeführt, die als Konstantinslanze gegolten habe »und damit als Symbol des Anspruchs auf Italien und das Imperium«, ferner die Nachricht der Annales Iuvavenses maximi zu 934 über den Feldzug des Bayernherzogs Arnulf nach Italien. »Also versucht es der Baiernherzog, an Stelle Hugos König von Italien zu werden, dann wohl auch Kaiser.« Und nun die Schlußfolgerung: »Ein bairischer Kaiser, also Nachfolger Karls des Großen, ein schwäbischer König von Italien hätte das Reich gesprengt. An allen Grenzen hatte sich Heinrich zur Geltung gebracht, es war innerlich

1) Nationes 5, 1985.

2) Zu dieser Problemstellung: H. BEUMANN, Das Kaisertum Ottos des Großen, in: HZ 195, 1962. Neudruck in: Das Kaisertum Ottos des Großen, ^{2}1975 (Vorträge und Forschungen, Sonderbd. 1) sowie in: DERS., Wissenschaft vom Mittelalter, 1972; DERS., Die Bedeutung des Kaisertums für die Entstehung der deutschen Nation im Spiegel der Bezeichnungen von Reich und Herrscher, in: Nationes 1, 1978.

3) H. HEIMPEL, Bemerkungen zur Geschichte König Heinrichs des Ersten, 1936 (Berichte über die Verhandlungen der Sächsischen Ak. d. Wiss., Phil.hist.-Kl. 88, H. 4), Neudruck in: Königswahl und Thronfolge in ottonisch-frühdeutscher Zeit, hg. von H. HLAWITSCHKA, 1971 (Wege der Forschung 178).

sinnvoll, daß er es auch im Süden tat. Ein König, der eine schwäbische oder bairische Italienpolitik verhindern wollte, mußte sie selbst machen.«

Diese Argumentation betrifft nun allerdings allein Heinrich I. und die Plausibilität seines geplanten Romzuges, nicht die Italienpolitik der Ottonen schlechthin. Da Heinrich I., was immer er noch geplant haben mag, tatsächlich nicht in Italien eingegriffen hat, kann mit Gewißheit von Italienpolitik erst seit Otto d. Gr. gesprochen werden. Eine erste transalpine Berührung ergab sich 941 durch den Markgrafen Berengar II. von Ivrea, der als Flüchtling vor König Hugo bei Otto d. Gr. Schutz suchte und diesem einen Vasallitätseid leistete[4]. Herzog Hermann hatte ihn dem Hof zugeführt, eine schwäbische Komponente fehlt hier also nicht. Doch erst zehn Jahre später kam es zu einer ersten deutschen Intervention in Italien. Ein Kausalnexus zwischen der autonomen schwäbisch-bayerischen Italienpolitik des 10. Jahrhunderts und der ottonischen liegt nicht unmittelbar auf der Hand. Es muß daher etwas weiter ausgeholt werden.

Begonnen hat Heinrich I. jedenfalls mit der ottonischen Burgundpolitik. Dafür ist der Erwerb der hl. Lanze vor allem deshalb ein sicheres Indiz, weil, wie Heinrich Büttner gezeigt hat, der Burgunderkönig Rudolf II. sich mit ihr Heinrich kommendiert hat[5]. Die Lanze, Reliquie und Reliquienträger in einem, konnte also auch die Funktion eines Rechtssymbols, eines Herrschaftszeichens übernehmen[6].

Dies wirft ein neues Licht auf die einstige Übergabe der Lanze an Rudolf II. von Burgund durch den italischen Grafen Samson, es stützt die oft angestellte Vermutung, es habe sich dabei um die rechtssymbolische Einladung zum Antritt der Königsherrschaft im *regnum Italiae* gehandelt. Auch die spätere Geschichte der Mauritius-Lanze läßt ihren Charakter als Reliquie ebenso hervortreten wie den des Herrschaftszeichens. Heinrich I. scheint also mit dem Lanzenerwerb, sehr wahrscheinlich beim Wormser Hoftag 926, nicht nur die ottonische Burgundpolitik eröffnet zu haben, an die sein Sohn und Nachfolger, Otto d. Gr., unverzüglich angeknüpft hat, sondern auch, wenn freilich zunächst nur intentionaliter, in den Kreis der Mächte eingetreten zu sein, die damals schon seit geraumer Zeit vom nördlichen und westlichen Alpenglacis aus in Italien zu intervenieren und Herrschaft zu erstreben pflegten. Dazu gehörten Niederburgund mit der Provence seit Boso von Vienne, der in Italien allerdings erfolglos blieb,

4) Zur These von F. Sielaff, Erben der Karolinger, Habil.-Schr. (masch.) Greifswald 1954, Otto d. Gr. habe bereits zu Anfang der 40er Jahre in Italien gegen Hugo interveniert, vgl. E. Müller-Mertens, Das Zeitalter der Ottonen, 1955, S. 87 Anm. 2; Ders., Regnum Teutonicum, 1970, S. 62 m. Anm. 112; Ders., Die Reichsstruktur im Spiegel der Herrschaftspraxis Ottos des Großen, 1980, S. 77 und 127f.; Beumann, Kaisertum (wie Anm. 2) S. 563 m. Anm. 3; W. Smidt, Deutsches Königtum und deutscher Staat des Hochmittelalters während und unter dem Einfluß der italienischen Heerfahrten, 1964, S. 91 Anm. 70 (mit gewichtigen Einwänden).

5) H. Büttner, Heinrichs I. Südwest- und Westpolitik, 1964, S. 52.

6) Grundlegend noch immer A. Hofmeister, Die heilige Lanze, ein Abzeichen des alten Reichs, 1908 (Untersuchungen zur Deutschen Staats- und Rechtsgeschichte 96). Neue Beobachtungen bei K. Hauck, Erzbischof Adalbert von Magdeburg als Geschichtsschreiber, in: Festschr. für W. Schlesinger 2, 1974 (Mitteldeutsche Forschungen 74/II), S. 299ff.

und Ludwig dem Blinden, der die Kaiserwürde erlangt hat, im Vorfeld der Westalpen. Aus der Provence, ja vom Hofe des blinden Ludwig, war auch Graf Hugo nach Italien gegangen und ist dort, wenn auch ohne transalpine Machtbasis, König geworden.

Hugo hat vergeblich versucht, seine italische Könisherrschaft auf die Provence auszudehnen und auf diese Weise ein alpenübergreifendes Reich zu gewinnen. Ein bei aller Kurzlebigkeit erfolgreicher Präzedenzfall war die Vereinigung der Königswürde Karlmanns, des Sohnes Ludwigs d. D., im bayerischen Teilreich mit derjenigen Italiens, die der schon vom Tode gezeichnete 877 gewann. Kurt Reindel sieht in dieser Verbindung die Fortführung einer Tradition, »die Bayern wesentlich näher lag als die Verbindung nach Nord und West«. Zugleich hebt er die grundsätzliche Bedeutung dieser Reichsteilung Ludwigs d. D. hervor. Sie »trug wie keine der vielen karolingischen Teilungen die Möglichkeit in sich, daß sich auf dem Boden des ostfränkischen Reiches drei selbständige Staaten mit den Schwerpunkten Bayern, Schwaben und Sachsen entwickelten«[7]. Vollends die Bildung eines transalpinen Herrschaftskomplexes unter Karlmann trug die Perspektive einer autonomen Reichsbildung in sich.

Abgerundet wird das Bild schließlich durch Karl III., der von seinem Reichsteil, von Schwaben und Rätien aus das politische Erbe seines verstorbenen Bruders Karlmann angetreten hatte und die Kaiserwürde erlangte, noch bevor ihm, nach dem Tode auch Ludwigs d. J., die ostfränkische Königswürde zufallen konnte. Seine primäre nordalpine Ausgangsposition wog kaum schwerer als die niederburgundische Kaiser Ludwigs d. Bl. Karlmann und Karl III. führen uns aber auch zu unserem Ausgangspunkt zurück, zur Italienpolitik der süddeutschen Herzöge Burchard von Schwaben und Arnulf von Bayern, den Zeitgenossen Heinrichs I. Deren transalpine Bestrebungen gehören offensichtlich in diese Tradition. Selbst der Königsplan des Bayernherzogs ist von Reindel mit guten Gründen auf den Hintergrund der bayerischen Karolingertradition gestellt worden[8]. Dies gilt auch, wenn Arnulf, wie ich meine, die Nachfolge im Reich Konrads I. oder, aus bayerischer Sicht vielleicht plausibler, Ludwigs d. D. und Arnulfs von Kärnten erstrebt hat und nicht nur eine Restauration des *regnum Baiuwariorum* Karlsmanns[9].

7) K. Reindel in: Handbuch der Bayerischen Geschichte 1, 1967, S. 201.

8) Reindel, ebd. S. 212; Ders., Herzog Arnulf und das Regnum Bavariae, in: Zs. Bayer. LG 17, 1954. Neudruck in: Die Entstehung des Deutschen Reiches, hrsg. von H. Kämpf, 1956 (Wege der Forschung 1).

9) K. Reindel in: Handbuch der europäischen Geschichte 1, 1976, S. 672 m. Anm. 21 läßt die Frage als »nicht sicher zu entscheiden« offen. Zum *regnum Teutonicorum* der Annales Iuvavenses maximi ad a. 920 (statt 919) vgl. außer der dort genannten Lit. inzwischen H. Beumann, Bedeutung (wie Anm. 2) S. 337f. (Tafeln), 345ff. und 363ff. Der dort beschriebene paläographische Befund, die Korrektur von *te* bei *teutonicorum* durch Rasur von *to*, ist auf der Quarzlichtaufnahme (S. 338) vielleicht nicht auf den ersten Blick (R. Schieffer in DA 36, 1980, S. 262), wohl aber bei eingehender Betrachtung (an Hand der Beschreibung S. 346f.) eindeutig zu erkennen. Zustimmend u. a. H. C. Faussner, Zum Regnum Bavariae Herzog Arnulfs (907–938), 1984 (SB Österr. Ak. d. Wiss., phil-hist. Kl., 426), S. 23, der freilich als Vorlage, in der *teutonicorum* gestanden haben muß, eine jüngere Abschrift der Annalen postuliert, in der ursprüngliches *Bagoariorum* zu *Teutonicorum* »verbessert« worden sei, weil es für ihn, »so wie für Reindel (?), außer jedem Zweifel« feststeht, daß im Urtext der Annalen des 10. Jahrhunderts »nichts von einem *regnum Teutonicorum* zu lesen war«. Die Emendation, zur Stützung einer These ohnehin bedenklich

Blitzartig erhellt die Doppelwahl des Jahres 919 eine sonst dunkle Szenerie und charakterisiert die historische Wende dieses Jahres. Daß sich der Sachse im Bunde mit den fränkischen Konradinern gegen die süddeutschen Herzöge, die die Tradition auf ihrer Seite hatten, im Endergebnis durchsetzen konnte, ist weit erstaunlicher, als das von den Siegern geprägte Geschichtsbild auf den ersten Blick erkennen läßt. Die Neuverteilung der politischen Gewichte des ostfränkischen Reichs kam einer Drehung um 180° gleich. Ein Jahrhundert hatten die Sachsen gebraucht, um die Unterwerfung und gewaltsame Bekehrung durch Karl den Großen zu verarbeiten und Karl als Sachsenapostel anzuerkennen[10]. Man darf sich fragen, ob sie sich ohne die intensive Rezeption karolingischer Tradition der Aufgabe auf die Dauer hätten gewachsen zeigen können, die ihnen 919 zufiel und in der sie 936 eindrucksvoll bestätigt worden sind. Daß dies nicht selbstverständlich war, zeigen Heinrichs weitgehende Konzessionen gegenüber Burchard von Schwaben und Arnulf von Bayern. Auch der Verzicht auf Salbung und liturgische Krönung könnte, wie jüngst vermutet worden ist, zu dem politischen Preis gehört haben, den Heinrich erlegen mußte, um auch in Süddeutschland als König toleriert zu werden[11].

Heinrichs Wormser Hoftag im November 926 ist vor dem geschilderten Hinergrund, einem historischen »Alpenpanorama«, zu würdigen. Der König Rudolf, dessen Anwesenheit bezeugt ist, kann aus Gründen des Itinerars nicht der Westfranke, sondern muß der Burgunder gewesen sein[12]. Daß es schon damals und nicht erst beim Dreikönigstreffen von 935 zum »Lanzenhandel« gekommen ist, wird noch gestützt durch den von Heinrich gezahlten Preis, die Abtretung eines Teils von Schwaben. Dafür bot die Einsetzung des Konradiners Hermann zum Herzog die bei weitem günstigste Gelegenheit. Auch paßt die der Lanze zugeschriebene siegverleihende Kraft beim Heidenkampf gut zu den Wormser Beschlüssen über die Abwehr der Ungarn[13]. Auf jeden Fall bezeichnet allein schon die Anwesenheit Rudolfs II. den Eintritt Heinrichs I. in eine Burgundpolitik, die mit bemerkenswerter Zielstrebigkeit fortgesetzt worden ist. Bereits

(petitio principii), läßt sich auch kaum mit dem seit dem Ende des 10. Jahrhunderts in Bayern belegten Bild Arnulfs »des Bösen« vereinbaren. Dazu H. BEUMANN, Regnum Teutonicum und rex Teutonicorum in ottonischer und salischer Zeit, in: Arch. f. Kulturgesch. 55, 1973, S. 221. Zur Methodenfrage s. DERS., Bedeutung S. 348, Anm. 117. Zur Sache auch W. SCHLESINGER, Die Königserhebung Heinrichs I., in: HZ 221, 1975, S. 543 f.

10) H. BEUMANN, Die Hagiograhie »bewältigt« Unterwerfung und Christianisierung der Sachsen durch Karl den Großen, in: Settimane di studio del Centro italiano di studi sull'alto medioevo 28, 1982, S. 129–163.

11) E. KARPF, Königserhebung ohne Salbung. Zur politischen Bedeutung von Heinrichs I. ungewöhnlichem Verzicht in Fritzlar (919), in: Hess.Jb.LG 34, 1984, S. 1–24.

12) BÜTTNER (wie Anm. 5) S. 50 f.

13) H. MAURER, Der Herzog von Schwaben, 1978, S. 136; K. H. REXROTH, Die Herkunft der Hl. Lanze (Protokoll des Konstanzer Arbeitskreises für mittelalterliche Geschichte, Konstanzer Reihe Nr. 185 vom 15. XII. 1973. Zur Frühdatierung paßt ferner, daß Heinrich I. 933 für die Schlacht bei Riade den Tag des hl. Longinus (15. März) gewählt hat: H. M. SCHALLER, Der heilige Tag als Termin mittelalterlicher Staatsakte, in: DA 30, 1974, S. 17.

930 scheint es zu einer Verschwägerung der Königshäuser gekommen zu sein[14]. Auf die zweite Begegnung beider Könige beim Dreikönigstreffen 935 folgte 937 die Übersendung von Reliquien aus Saint-Maurice durch Rudolf von Burgund für das Magdeburger Moritzkloster, das zum deutschen Vorort des Mauritiuskultes aufstieg. Als Rudolf II. noch im gleichen Jahr starb, hat Otto der Große unverzüglich dem Versuch König Hugos von Italien, über die Ehe mit Rudolfs Witwe Berta in Burgund Einfluß zu gewinnen, entgegengewirkt und ihn vereitelt. Er holte den noch unmündigen burgundischen Thronerben Konrad an seinen Hof und sicherte ihm mit dem Thron des Vaters die Herrschaft in Hoch- und Niederburgund.

Es ist wahrscheinlich, daß Otto d. Gr. die lehnrechtliche Bindung erneuert hat, die Heinrich I. hergestellt hatte, als sich Rudolf II. mit der hl. Lanze kommendierte. Doch bereits Arnulf von Kärnten hatte die Lehnshuldigung Rudolfs I. von Burgund entgegengenommen[15]. Wie bei der Rückerwerbung Lotharingiens stand Heinrich also hier in einer Tradition seiner karolingischen Vorgänger. Für unser Thema ist anzumerken, daß Rudolf II. in Worms zu einer Zeit erschien, als soeben seine Expedition nach Italien, die er Seite an Seite mit dem Schwabenherzog Burchard, seinem Schwiegervater, unternommen hatte, gescheitert, das *regnum Italiae* für ihn verloren war. Burchard hatte das italische Abenteuer mit dem Leben bezahlt. Die Betrauung des Konradiners Hermann mit dem schwäbischen Herzogsamt bedeutete das Ende einer vom Königtum unabhängigen schwäbischen Politik.

Das Ende einer eigenen süddeutschen Italienpolitik war dies noch nicht, wie das Verhalten Arnulfs von Bayern in der Folgezeit erkennen läßt. Damit sind wir wieder am Ausgangspunkt der Überlegungen angelangt. Es sollte deutlich geworden sein, daß es des hypothetischen Italien-Bezuges der hl. Lanze nicht bedarf, um einen Motivhorizont für die ottonische Italienpolitik zu erkennen. Auch Heinrichs Romzugsplan ist als Argument entbehrlich. Will man die tatsächliche Italienpolitik, die erst Otto d. Gr. inauguriert hat, verstehen, so ist neben der unter Heinrich besonders manifest gewordenen transalpinen Orientierung der Schwaben und Bayern das burgundische Reich zu berücksichtigen. Als Schützling Ottos des Großen hat Konrad von Burgund spätestens 942 in Saint-Maurice die Herrschaft angetreten und sich westlich des Jura und in Vienne Anerkennung verschafft. Dank der von Theodor Schieffer besorgten Edition ihrer Diplome[16] liegt die Geschichte der burgundischen Rudolfinger deutlicher vor Augen. In Niederburgund, wo sich der Westfranke Ludwig IV. aus dem Bereich von Lyon und Vienne zurückgezogen hatte, vermochte Konrad gewiß dank des Rückhaltes an Otto dem Großen seine Herrschaft so auszuweiten, daß sie »mindestens punktuell ... einer

14) E. Hlawitschka, Die verwandtschaftlichen Verbindungen zwischen dem hochburgundischen und dem niederburgundischen Königshaus, in: Grundwissenschaften und Geschichte, Festschr. P. Acht, 1976, S. 57, erschließt eine Verschwägerung Ottos I. mit dem hochburgundischen Königshaus durch die Heirat Ludwigs von Hochburgund, Bruders Rudolfs II., und der ags. Prinzessin Edgiva, Schwester Edgithas, der Gemahlin Ottos I., im Jahre 930 zugleich als Terminus ante quem des Lanzenhandels, da die bei diesem geschlossene *amicitia* Voraussetzung der von Heinrich I. vermittelten Verbindung gewesen sei. Vgl. auch Ders., Die Königsherrschaft der burgundischen Rudolfinger, in: HJb 100, 1980, S. 451.

15) Th. Schieffer in: MGH, Die Urkunden der Burgundischen Rudolfinger, 1977, S. 10.

16) Wie Anm. 15.

effektiven Herrschaft gleichkam«[17]. Ein formelles Vasallitätsverhältnis zum deutschen König ist wahrscheinlich, wenn auch nicht nachzuweisen. Auf jeden Fall bestand ein »politisches Schutz- und Abhängigkeitsverhältnis«[18]. Für Otto d. Gr. ergab sich damit eine wenn auch in der Intensität abgestufte Vorherrschaft über das Alpen- und Voralpengebiet in seiner ganzen Erstreckung. Italien lag ihm sozusagen zu Füßen, so daß es nur des Anlasses bedurfte, um auch dort einzugreifen.

Die in der Ära Heinrichs I. aktuellen Aktivitäten der süddeutschen Herzöge sind in ein zeitlich und räumlich weitgespanntes Netz transalpiner Beziehungen einzuordnen und geben mehr her als ein Motiv für Heinrichs I. Romzugsplan, falls es ihn gegeben hat, was hier dahingestellt bleiben darf. Denn Otto d. Gr. liefert uns selbst einen handfesten Beleg für ein fortbestehendes bayerisches Interesse an Italien. Ein solches hat er doch wohl auch berücksichtigt, als er nach seinem ersten Italienzug das alte langobardische Herzogtum Friaul, nämlich die Markgrafschaften Istrien, Aquileia, Verona und Trient, an Bayern anschloß.

Man mag hier einwenden, Otto habe in erster Linie seinen Bruder, wie schon bei der Zuweisung Lotharingiens und dann des bayerischen Herzogtums, an der Königsherrschaft, wenn auch auf einer zweiten Ebene im Rahmen seiner sogenannten Familienpolitik, beteiligen wollen[19]. Doch schließt das eine das andere nicht aus. Auch ist zu beachten, daß sein Sohn Liudolf, damals Herzog von Schwaben, durch eine eigenmächtige Expedition dem königlichen Vater in Italien zuvorzukommen suchte[20]. Es war sein Oheim Heinrich, der Bayernherzog, der Boten nach Italien sandte, um vor Liudolfs Absichten zu warnen. So gibt es gute Gründe für die Annahme einer Rivalität zwischen Heinrich und Liudolf wegen der Ausdehnung ihrer Herzogtümer[21]. Bayern hätte dann den Lohn für die Loyalität Heinrichs empfangen, während Schwaben leer ausging. Die Abtrennung der östlichen Marken vom italischen Regnum ist von Dauer gewesen, doch sind sie 976 dem von Otto II. eingerichteten Herzogtum Kärnten in Personalunion verbunden worden[22]. Die Zugehörigkeit zum deutschen Regnum ist drastisch durch die Königswahl Ottos III. zu Verona im Jahre 983 zum Ausdruck gekommen.

Als Motiv für Ottos Eingreifen in Italien heben die Quellen[23] hervor, er habe Adelheid, die Schwester Konrads von Burgund, seines Schützlings, aus der Gefangenschaft Berengars II.

17) Schieffer (wie Anm. 15) S. 15f.; Hlawitschka, Königsherrschaft (wie Anm. 14), S. 448ff.

18) Ebd. S. 14.

19) Beumann, Bedeutung (wie Anm. 2) S. 358, Anm. 153; Ders., Unitas ecclesiae – unitas imperii – unitas regni. Von der imperialen Reichseinheitsidee zur Einheit der Regna, in: Settimane (wie Anm. 10) 27, 1981, S. 569ff.; K. J. Leyser, Rule and Conflict in an Early Medieval Society. Ottonian Saxony, London 1979, S. 15ff., dt. unter dem Titel: Herrschaft und Konflikt. König und Adel im ottonischen Sachsen, 1984 (Veröffentlichungen des MPI f. Geschichte 76), S. 30ff.; H. Keller, Reichsstruktur und Herrschaftsauffassung in ottonisch-frühsalischer Zeit, in: FMSt 16, 1982, S. 110ff.

20) Für eine Wahrnehmung schwäbischer Interessen spricht sich aus H. Maurer (wie Anm. 13) S. 195.

21) Böhmer-Ottenthal 196a.

22) H. Appelt, Das Herzogtum Kärnten und die territoriale Staatsbildung im Südosten, in: Carinthia I, 166, 1976, S. 5ff.

23) Böhmer-Ottenthal 196a–c.

befreien und ehelichen wollen, um mit ihr das *regnum Italicum* zu erwerben. Tatsächlich hat Adelheid nach dem Tode ihres Gatten Lothar, des Sohnes König Hugos, Erbansprüche geltend gemacht und ist deshalb von Berengar verfolgt worden. Doch Otto hat in Italien schon vor der Eheschließung mit der Königswitwe als König geurkundet, so daß er an eine andere Rechtsgrundlage gedacht haben dürfte. Gegenüber Berengar bot dessen Vasalleneid von 941 einen Kriegsgrund wegen Undanks, wie Hrotsvit von Gandersheim sagt. Das ist eine vage Formel. Sie ließe sich mit Inhalt füllen, wenn Otto zugleich als Schutzherr des burgundischen Königshauses handelte und sich durch Berengars Verhalten in dieser seiner Eigenschaft verletzt fühlen mußte. Unsicher bezeugt wird durch Atto von Vercelli der Hilferuf italienischer Gegner Berengars. Dahinter könnte sich eine förmliche Einladung zur Übernahme der Herrschaft verbergen, wie sie vorher etwa an Rudolf II. von Burgund ergangen war. Von Königswahl oder gar -krönung ist aber bekanntlich nicht die Rede[24]. In eine andere Richtung weist der anfängliche und schon vor der Vermählung mit Adelheid belegte, wenn auch nur vorübergehende Gebrauch der Intitulatio *rex Francorum et Langobardorum (Italicorum)*[25]. Sie beschwor die Erinnerung an Karl den Großen, den Präzedenzfall von 774, und suggerierte die Vorstellung einer karolingischen Rechtsnachfolge.

»Verhinderung der eigenen Südpolitik der süddeutschen Stämme« hat auch Eduard Hlawitschka zu den Motiven der ottonischen Italienpolitik gezählt. In seinem Buch über »Franken, Alemannen, Bayern und Burgunder in Oberitalien (774–962)« von 1960[26] geht es jedoch um die Herausarbeitung eines sehr viel breiteren und zeitlich tiefer gestaffelten Hintergrundes, um die Einwanderung von Angehörigen der im Titel genannten Stämme und um ihre Funktion als transalpine Klammer. Mit der Einführung fränkischer Institutionen, vor allem der Grafschaftsverfassung, ging die Ablösung der Langobarden in den Führungspositionen durch Franken Hand in Hand, ein bis um 800 so gut wie abgeschlossener Prozeß. Hinzu kam die Vermehrung kirchlichen Fernbesitzes in Italien, zu dessen Verwaltung ein nicht unerheblicher Personentransfer erforderlich wurde. Fränkische Klöster wurden von Bischöfen geleitet, die in Italien eingesetzt waren. Ämterverbindungen dieser Art bestanden zwischen dem Bistum Spoleto und dem Kloster Echternach, zwischen Pavia und der Reichenau. Bischof

24) Von einer Huldigung der Großen spricht Hrotsvit, Gesta Ottonis v. 632–636, hrsg. v. P. von Winterfeld, 1902 (MGH SS rer. Germ.), S. 222.

25) DD O.I. 138–140; R. Köpke/E. Dümmler, Kaiser Otto der Große, 1876, Neudruck 1962, S. 197; H. Beumann, Das Imperium und die Regna bei Wipo, in: Aus Geschichte und Landeskunde. Festschr. F. Steinbach, 1960, S. 26f., nachgedr. in: Ders., Wissenschaft vom Mittelalter, 1972; H. Wolfram, Lateinische Herrschertitel im neunten und zehnten Jahrhundert, in: Ders. (Hrsg.), Intitulatio II (MIÖG, Erg.-Bd. 24), 1973, S. 138f. E. Weisert, War Otto d. Gr. wirklich *rex Langobardorum?*, in: Arch. f. Dipl. 28, 1982, S. 23ff., spricht diesen Intitulationen jeglichen Zeugniswert für die politischen Auffassungen des Ausstellers ab, ohne freilich auf die von Wolfram entwickelten Gesichtspunkte einzugehen. Schon die Formulierung der Frage im Titel des Aufsatzes bleibt hinter dem Forschungsstand zurück. Mit ihrer Verneinung werden offene Türen eingerannt.

26) Forschungen zur oberrheinischen Landesgeschichte 8. Die zitierte Stelle dort S. 92.

Egino von Verona, ein Alemanne, gründete 799 die erste Kirche in Reichenau-Niederzell[27]. Zu den fränkischen und alemannischen Amtsträgern im weltlichen und kirchlichen Bereich kam als quantitativ gewichtigerer Teil nordalpiner Zuwanderer eine Schicht einfacher *vassi*, heerpflichtiger kleiner Grundherren und Siedler, die zur Sicherung der fränkischen Herrschaft an denselben strategischen Punkten angesiedelt wurden, wo bereits in gleicher Funktion die langobardischen Arimannen saßen. Hlawitschka hat diese Staatssiedlung als »eine der wichtigsten Maßnahmen der karolingischen Reichseinheitspolitik« bewertet.

Eine bedeutende transalpine Klammerfunktion wird dem zugewanderten Adel wegen seiner nordalpinen Besitzungen und der in den Herkunftsländern verbliebenen Verwandten zugeschrieben. Auch nördlich der Alpen betand Interesse an transalpinem Grunderwerb, so bei Rudolf I. von Hochburgund, was die Italienpolitik Rudolfs II. beeinflußt haben könnte.

Die durch nordalpine Zuwanderer geprägte Führungsschicht, zunächst ein Werkzeug der Frankenherrscher, wandelte sich während des 9. Jahrhunderts zur eigenständigen politischen Kraft, als die sie seit dem Tode Kaiser Ludwigs II. deutlich hervorzutreten beginnt. Sie behauptete sich auch nach dem Ende der Karolingerherrschaft, ja schon in Opposition zu dieser. Die *reges* und *imperatores Italiae*[28], Berengar I., Wido und Lambert, Rudolf von Hochburgund, Hugo von Arles und Lothar, Berengar II. und Adalbert waren fränkischer Herkunft. Bezeichnend für das Fortleben transalpiner Beziehungen ist bei dieser Schicht die westfränkische Königskandidatur Widos von Spoleto, der als Kaiser nach dem Vorbild Ludwigs d. Fr. eine Bleibulle mit der Devise *RENOVATIO REGNI FRANCORUM* führte[29]. Das Kaisertum dieser schon von den Zeitgenossen als *imperatores Italiae* denunzierten Herrscher war seinem Anspruch nach mitnichten auf Italien beschränkt. Erst kürzlich hat Ernst Karpf auf das hohe Lob hingewiesen, das Liudprand von Cremona Kaiser Lambert als einem solchen spendet, der, wenn ihn nicht ein rascher Tod dahingerafft hätte, *post Romanorum potentiam totum sibi orbem viriliter subiugasset*[30].

Als Endergebnis der durch eine umfangreiche Prosopographie untermauerten Studie formuliert Hlawitschka: »Das Einmünden Italiens in den Herrschaftsbereich eines nordalpinen Staates – sei es Frankreichs, sei es Deutschlands – war nach dieser vollständigen Wandlung des Adelsgefüges ... und bei den fortbestehenden Beziehungen dieser Leute zur Heimat nördlich

27) Vgl. dazu inzwischen auch F. Hoffmann, W. Erdmann, A. Czarnetzki, R. Rottländer, Das Grab des Bischofs Egino von Verona in St. Peter und Paul zu Reichenau-Niederzell, in: H. Maurer (Hrsg.), Die Abtei Reichenau, 1974, S. 545ff.

28) H. Zimmermann, Imperatores Italiae, in: Historische Forschungen für W. Schlesinger, hrsg. von H. Beumann, 1974, S. 379–399; H. Zielinski, Regesta Karolorum. Zu einem neuen Projekt der Regesta Imperii, in: Arch. f. Diplomatik 29, 1983.

29) P. E. Schramm, Die deutschen Kaiser und Könige in Bildern ihrer Zeit (751–1190), Neuaufl., hrsg. von Fl. Mütherich, 1983, S. 182f. mit Abb. 68b.

30) Antapodosis I 44, hrsg. v. J. Becker, Die Werke Liudprands von Cremona, 1915 (MGH SS rer. Germ.), S. 32; E. Karpf, Herrscherlegitimation und Reichsbegriff in der ottonischen Geschichtsschreibung des 10. Jahrhunderts, 1985, S. 38.

der Alpen nur ein natürliches und folgerichtiges Ergebnis[31].« Man darf aber auch die vorher gemachte Einschränkung nicht übersehen. Denn zu Beginn der ottonischen Italienpolitik sei »der Prozeß der Verschmelzung des *Italiae populus diverso sanguine mixtus* zum italienischen Volk seiner Vollendung«[32] entgegengegangen. Der völkische Mischungsprozeß sei in der ersten Hälfte des 10. Jahrhunderts zu einem gewissen Abschluß gelangt, die Zugewanderten hätten »im Prozeß der Herausbildung der italienischen Nation ... ihre eigene Sprache, ihr fränkisches oder alemannisches Stammesbewußtsein und ihre Beziehung nach der Heimat aufgegeben«[33], die ottonische Herrschaft sei bereits als Fremdherrschaft aufgefaßt worden. Dem läßt sich das von Müller-Mertens beobachtete massierte Auftreten der deutschen Volksbezeichnung in Italien während des 10. Jahrhunderts als Ausdruck eines Konstrastbewußtseins zur Seite stellen[34].

Für unser Thema liegt eine weitere Einschränkung in der quantitativen Verteilung der Zuwanderer auf die nordalpinen Stämme. Nachzuweisen sind für die Karolingerzeit 360 Franken, 160 Alemannen, 15 Bayern und 2 Burgunder als Vasallen und einfache Siedler[35]. Bis zum Jahre 1000 kommen 1160 Zuwanderer oder Nachkommen solcher hinzu. Die tatsächlichen Zahlen dürften höher liegen, von den Relationen muß man aber gleichwohl ausgehen. Die nahe der Nullgrenze liegende Zahl der Burgunder dürfte mit einer Definitionsfrage zusammenhängen. Grundlage der Statistik sind die urkundlichen Nennungen nach dem Gerichtsstand. Schon Agobard von Lyon hatte von Ludwig d. Fr. die Aufhebung des burgundischen Volksrechts gefordert, *cuius legis homines sunt perpauci*[36].

Das Zurücktreten der Bayern wird mit der späten Eingliederung des Stammes in das Frankenreich, nach dem Ende Tassilos 788, in Verbindung gebracht. Die Bajuwaren hätten wohl entweder erst für die fränkische Politik gewonnen werden müssen oder als unzuverlässig gegolten. Aufs Ganze gesehen ergibt sich das Bild einer überwiegend fränkischen Landnahme unter beachtlicher alemannischer Beteiligung, die man bei Beachtung des quantitativen Unterschiedes mit der einstigen vielerörterten Landnahme in Nordgallien vergleichen kann. Daß durch sie bei nahezu völligem Ausfall der Bayern eine deutsche Italienpolitik vorbereitet worden sei, drängt sich nicht unmittelbar auf. Als folgerichtiges Ergebnis wird bezeichnenderweise das Einmünden Italiens in den Herrschaftsbereich »sei es Frankreichs, sei es Deutschlands« konstatiert. An Frankreich wäre in der Tat zu denken, wenn man sich an der Herkunft der Zuwanderer orientiert. Doch es war nun einmal Deutschland, in dessen Herrschaftsbereich Italien eingemündet ist.

So ergibt sich wohl auch hier kein unmittelbarer Zusammenhang mit der ottonischen

31) Hlawitschka (wie Anm. 26) S. 97.
32) Ebd. S. 93.
33) Ebd. S. 94.
34) Müller-Mertens, Regnum Teutonicum (wie Anm. 4), S. 44 ff.
35) Hlawitschka (wie Anm. 26) S. 46 f.
36) Ebd. S. 46 f. mit Verweis auf Agobards Schrift Adversus Gundobadi legem, MGH Epp. 5, S. 158 ff., c. 6–7. Dazu E. Boshof, Erzbischof Agobard von Lyon, 1969, S. 41 ff.

Italienpolitik. Gravierend erscheint das Zurückbleiben des bayerischen Elementes unter den Zuwanderern, während doch gerade der Bayernherzog schon beim ersten Italienzug Ottos d. Gr. den Osten Oberitaliens erwerben konnte. Auch verlaufen im bayerischen Abschnitt mit Brenner und Reschen die bequemsten Paßstraßen, wobei allerdings die Zuordnung des Vintschgaus und damit des Reschen zwischen Bayern und Schwaben-Churrätien gewechselt zu haben scheint[37].

Man wird also nach anderen Ansätzen Ausschau halten müssen. Hlawitschka hat es nicht versäumt, auf die transalpinen Verbindungen vor 774 hinzuweisen und, auch für die nachfolgende Zeit, die religiös motivierten Kontakte zu berücksichtigen. Für das Gebiet des späteren ottonischen Reiches fällt hier die Romverbundenheit des Bonifatius[38] und die Bedeutung des Klosters Fulda für deren Tradition ins Gewicht. Abt Sturmi gehört zu den ostfränkischen Rompilgern[39] so gut wie Liudolf, der Stammvater des sächsischen Hauses[40]. Die Fuldaer Ratgar-Basilika ist *more Romano*[41], nach dem Muster von St. Peter, erbaut worden. Magister Rudolf verfaßte in Fulda auf Bitten des sächsischen Grafen Waltbraht seine Schrift über die Translatio des hl. Alexander von Rom nach Wildeshausen, dessen Reliquien der Graf persönlich in Rom besorgt hatte[42]. Als Enkel Widukinds gehörte er zur Familie der Königin Mathilde[43]. Der Geschichtsschreiber Widukind, für den dasselbe gelten dürfte[44], gebraucht die Formel *Romam proficisci* für Liudolfs Pilgerfahrt ebenso wie für die letzte Absicht Heinrichs I., aber auch für Ottos Romzug. Selbst zu 951 heißt es immerhin *simulato itinere*

37) Berthold, der Bruder Herzog Arnulfs von Bayern, erscheint 926 als Inhaber der Grafenrechte im Vintschgau und im unteren Engadin; BÜTTNER (wie Anm. 5) S. 48. Diese Ausdehnung des bayerischen Einflusses auch auf den Reschen-Paß als wichtige Verbindung nach Italien dürfte, wie die Gebietsabtretung an Rudolf II. von Burgund, von Heinrich I. bei der Einsetzung des Konradiners Hermann in Schwaben (REINDEL, wie Anm. 7, S. 217) nicht zuletzt mit Rücksicht auf das bayerische Interesse an Italien verfügt worden sein. Doch schon 945 scheint der Vintschgau wieder zu Schwaben gehört zu haben, wenn Berengar *ex Suevorum partibus ... per Venustam vallem* (Vintschgau) Italien erreichen konnte. Liudprand (wie Anm. 30), Antap. V 26, S. 145; MAURER (wie Anm. 13) S. 194. Zur kirchlichen Zuordnung G. SANDBERGER, Bistum Chur in Südtirol. Untersuchungen zur Ostausdehnung ursprünglicher Hochstiftsrechte im Vintschgau, in: Zs. Bayer. LG 40, 1977.

38) TH. SCHIEFFER, Winfrid-Bonifatius und die christliche Grundlegung Europas, 1954, Neudruck (m. Nachwort) 1972. 1980.

39) Vita Sturmi c. 14, hrsg. von P. ENGELBERT, 1968 (Veröff. d. Hist. Komm. f. Hessen und Waldeck 29), S. 146.

40) Widukind (wie Anm. 45) I 16, S. 26; Hrotsvit, Primordia coenobii Gandeshemensis v. 118 ff., V. WINTERFELD (wie Anm. 24) S. 232; Annales Quedlinburgenses ad. a. 852, MGH SS 3, S. 46.

41) Candidus, Vita Aeigili metrica II c. 17 v. 113; c. 23 v. 4 (MGH Poetae lat. 2 S. 111. 115).

42) Translatio s. Alexandri, hrsg. v. B. KRUSCH, in: Nachrichten der Gesellschaft der Wissenschaften zu Göttingen, phil.-hist. Kl. 4, 1933, S. 423–436; BEUMANN, Hagiographie (wie Anm. 10), S. 145 f. m. Lit.

43) Als Immedingerin dürfte Mathilde allerdings nur kognatisch mit den Widukinden zusammenhängen. K. SCHMID, Die Nachfahren Widukinds, in: DA 20 (1964), S. 11 ff.; W. WENSKUS, Sächsischer Stammesadel und fränkischer Reichsadel, 1976 (Abhh. Ak. Göttingen, phil.-hist. Kl. 3. Folge Nr. 93), S. 115 ff.

44) SCHMID (wie Anm. 43).

Romam proficisci statuit, Otto habe einen Romzug vorgetäuscht[45]. Durch Flodoard wissen wir von der Gesandtschaft Friedrichs von Mainz und Hartberts von Chur nach Rom *pro susceptione sua*[46]. Die weitergehende Absicht wird also von Widukind zum Täuschungsmanöver erklärt und auf diese reichlich plumpe Weise dementiert. Die Herrschaft im Regnum Italiae war unerläßliche Bedingung zur Erlangung und Wahrung der Kaiserwürde. Da konnte es nicht gleichgültig sein, wer in Oberitalien herrschte. Die kirchliche und politische Rom-Orientierung ist offenbar bei der Frage nach den transalpinen Verbindungen als den Voraussetzungen der Italienpolitik zu berücksichtigen.

Mit der Kaiserfrage entfernen wir uns nur scheinbar von unserem Thema. Die Kaiserpolitik hatte in den nördlichen und westlichen Alpenvorländern von Niederburgund bis Bayern eine Heimat. Nach Ludwig d. Bl. hat König Hugo von Italien 931, wenn auch vergeblich, über die Ehe mit der römischen Senatrix Marozia die Hand nach der Kaiserkrone ausgestreckt. Vor allem ist der Kaisergedanke bei den in Bayern und Alemannien verankerten ostfränkischen Karolingern lebendig gewesen. Von Karlmann und Karl III. war schon die Rede. Wichtig erscheint in diesem Zusammenhang die bayerische, ja alpine Verwurzelung Arnulfs von Kärnten, dessen Politik in manchen Zügen die ottonische vorwegzunehmen scheint und der als letzter ostfränkischer Inhaber der Kaiserwürde vor dem Herrschaftsantritt des sächsischen Hauses dessen Herrschern als Muster vorgeschwebt haben könnte. Dies ist für die Burgundpolitik bereits deutlich geworden. Sein Verzicht auf die Nachfolge Karls III. im westfränkischen Reich findet in der ottonischen Westpolitik seine Fortsetzung. Das hochmittelalterliche Imperium umfaßt, bezogen auf die Teilung von Verdun, das Ost- und Mittelreich, enthielt also mit Lotharingien seit Heinrich I., Italien seit Otto I. und Burgund seit Konrad II. und Heinrich III. das einstige Teilreich des Kaisers. Nach dem Tode Kaiser Arnulfs ist sein Sohn und Nachfolger Ludwig d. K. durch Erzbischof Theotmar von Salzburg, darin unterstützt vom Mainzer Amtskollegen Hatto, dem Papst als Kaiserkandidat empfohlen worden[47]. Verknüpft war dieser Schritt mit der römisch-bayerischen Rivalität auf dem mährischen Missionsfeld. Hier gab es ein spezifisch bayerisches Interesse an einer Fortsetzung der ostfränkischen Kaiserpolitik.

Als kirchenpolitische Instanz lag für Bayern zunächst Aquileja näher als Rom. Erst Karl der Große hat bekanntlich die Drau als Grenze gegenüber Salzburg festgelegt[48]. Zuvor hatte Aquileja eine transalpine Zuständigkeit bis zur Donau besessen. Das Bistum Chur dürfte 843, beim Vertrag von Verdun, von dem Mailänder zum Mainzer Metropolitanverband übergegan-

45) Widukind, Sachsengeschichte, hrsg. v. P. Hirsch/H.-E. Lohmann, 1935 (MGH SS rer. Germ.), I 16, S. 26; I 40, S. 59; III 63, S. 137; III 9, S. 109. Zu den drei erstgenannten Belegen Heimpel (wie Anm. 3), Neudruck S. 40 ff. Anders Smidt (wie Anm. 4) S. 93 ff.

46) Les Annales de Flodoard, publ. par Ph. Lauer, 1905, S. 133.

47) H. Beumann, Die Einheit des ostfränkischen Reichs und der Kaisergedanke bei der Königserhebung Ludwigs des Kindes, in: Arch. f. Diplomatik 23, 1977.

48) DKar I 211; O. Hageneder, Die kirchliche Organisation im Zentralalpenraum vom 6. bis 10. Jahrhundert, in: Nationes 5, 1985 (wie Anm. 1), S. 226.

gen sein[49]. In der zeitlichen Schichtung liegen somit unter den karolingischen Kirchenprovinzen alpenübergreifende Bezirke.

Während sich unter Karl dem Großen Metropolitanbereiche vom Norden her in die Alpenregion vorschieben, läßt sich für die politische Konzeption ein Gegenbeispiel nennen: In der Divisio regnorum von 806 wird Pippins italisches Regnum über die Alpen bis zur Donau ausgedehnt[50]. Erfaßt werden sollte außer Bayern auch der Osten Alemanniens. Karl Schmid hat die interessante Beobachtung beigetragen, daß Pippins Herrschaft im alemannischen Teil seines vergrößerten Regnum bereits seit 807 nach den Datierungen der Privaturkunden anerkannt wurde[51]. Für Bayern fehlen entsprechende Belege, doch sieht es so aus, als habe Pippin, der 810 verstarb, in den letzten Jahren das vergrößerte Regnum bereits in Anspruch nehmen können. Eine Einzelheit scheint zu verraten, wer dieses Konzept beeinflußt hat, nämlich die den bayerischen Nordgau und Ingolstadt von Bayern abtrennende Donaulinie. Nach Einhard, der als Karls Vertrauter in dieser Sache ausgewiesen ist, weil er das Dokument dem Papst vorzulegen hatte[52], war die Donau Südgrenze der Germania[53], die zum Reichsteil Karls d. J. geschlagen wurde.

Einhard stand mit dieser antikisierenden Raumvorstellung im Frühmittelalter nicht allein. Die Terminologie der politischen Geographie ist für unser Thema insofern aufschlußreich, als die Namen der römischen Alpenprovinzen, in unserem Falle also vor allem Noricum und Rätien, ein zähes Leben bewahrt haben. Zwar wurde das Karlsreich schon im 8. Jahrhundert mit der Trias Gallia – Germania – Italia umschrieben[54], doch hat sich der Name der Germania nur mühsam als Bezeichnung des gesamten ostfränkischen Reichs durchsetzen können. Die Erinnerung an die römerzeitliche Donaugrenze war nicht erstorben[55]. Zumal bei Einhard ist mit literarischer Vermittlung dieses Wissens zu rechnen, doch läßt sich dies nicht verallgemei-

49) Hageneder, ebd. S. 227f.; H. Büttner, Vom Bodensee und Genfer See zum Gotthardpaß, in: Die Alpen in der europäischen Geschichte des Mittelalters (Vorträge und Forschungen 10), 1965, S. 86, rechnet mit einer Eingliederung von Chur in die Mainzer Provinz bereits nach 782.

50) P. Classen, Karl der Große und die Thronfolge im Frankenreich, in: Festschr. H. Heimpel 3, 1972, Neudruck in: Ausgewählte Aufsätze von Peter Classen, hrsg. von J. Fleckenstein, 1983 (Vorträge und Forschungen 28), S. 121ff. (217ff.); Beumann, Unitas (wie Anm. 19) S. 542f.

51) K. Schmid, Zur historischen Bestimmung des ältesten Eintrags im St. Galler Verbrüderungsbuch, in: Alemannica. Landeskundliche Beiträge. Festschr. B. Boesch, 1976 (Alemannisches Jahrbuch 1973/75), S. 522ff.

52) Annales regni Francorum ad a. 806, hrsg. v. F. Kurze, 1895 (MGH SS rer. Germn.), S. 121.

53) Einhard, Vita Karoli Magni, hrsg. von O. Holder-Egger, 1911 (MGH SS rer. Germ.), c. 15 S. 18; E. Ewig, Beobachtungen zur politisch-geographischen Terminologie des fränkischen Großreiches und der Teilreiche des 9. Jahrhunderts, in: Spiegel der Geschichte, Festg. M. Braubach, 1964, S. 104f., Neudruck in: Ders., Spätantikes und Fränkisches Gallien, Gesammelte Schriften 1, hrsg. v. H. Atsma, 1976 (Beihefte der Francia 3/1).

54) M. Lugge, »Gallia« und »Francia« im Mittelalter, 1960, S. 37f.; Ewig S. 109ff.

55) Ebd. S. 40ff.; Ewig S. 112ff.; W. Eggert, Das ostfränkisch-deutsche Reich in der Auffassung seiner Zeitgenossen, 1973, passim; Beumann, Bedeutung (wie Anm. 2) S. 315. 350ff.

nern. Kontinuität der Terminologie wäre im Einzelfall zu belegen. Dabei wird die Unterscheidung von oraler und literarischer Vermittlung nicht immer einfach sein.

Die Frage der Kontinuität kann auch aus anderen Gründen nicht übergangen werden. Denn es fällt auf, daß die transalpinen Vorstöße nach Italien, die in Schwaben und Bayern der ottonischen Italienpolitik vorausgegangen sind, in Hoch- und Niederburgund Parallelen haben. Es handelt sich um ein spät- und nachkarolingisches Phänomen im Bereich der einstigen römischen Alpenprovinzen. Eine vergleichende Untersuchung der Kontinuitätsfrage durch Historiker und Archäologen unter der Ägide von Joachim Werner führte 1976 auf der Reichenau zu dem Ergebnis einer im Verhältnis zu Noricum weit größeren Kontinuitätsdichte in der Raetia prima[56]. Die Siedlungs- und Kultkontinuität des Salzburger Raumes wird nach wie vor diskutiert[57].

Wie bei der Westorientierung Lotharingiens stellt sich bei der Südorientierung der süddeutschen Stämme die Frage nach der Tiefe der historischen Wurzeln. Für die Einschätzung der politischen Schubkraft, die den transalpinen Interessen süddeutscher Stämme im 10. Jahrhundert zuzutrauen ist, fällt die historische Tiefendimension der transalpinen Verbindungen ins Gewicht. Zu fragen ist also auch nach Alter, Verlauf und Intensität der Beziehungen zwischen den Völkern beiderseits der Alpen, der Langobarden insbesondere zu den Bayern und den Alemannen.

Von der römischen Kontinuität sind somit die intergentilen Beziehungen zu unterscheiden, deren Wurzeln im Falle der Bayern und Langobarden bis vor die Landnahmezeit zurückreichen könnten. Die verwandtschaftlichen Verbindungen der Agilolfinger mit den langobardischen Königen bilden hier vielleicht nur die Spitze eines Eisberges. Den Tagungsreferaten soll nicht vorgegriffen werden. So nenne ich nur zwei Stichworte: Die Herkunft Arbeos von Freising aus dem Vintschgau[58] und die Einflüsse des langobardischen Urkundenformulars auf die Urkunden der bayerischen Herzöge, auf die Heinrich Fichtenau hingewiesen hat[59].

Die Arbeitshypothese, deren Stützung oder Entkräftung unsere Tagung dienen soll, muß schließlich noch gegen ein vielleicht naheliegendes Mißverständnis in Schutz genommen werden. Sollte es sich zeigen, daß bei den transalpinen Verbindungen der süddeutschen Stämme mit einer historischen Formation von großer Mächtigkeit zu rechnen ist, so wäre die Annahme zu vertreten, die Italienpolitik der Ottonen sei ein notwendiger Tribut an die Bayern und Alemannen gewesen, denen ein ihren Interessen entgegenkommendes politisches Programm

56) Von der Spätantike zum frühen Mittelalter. Aktuelle Probleme in historischer und archäologischer Sicht, hrsg. von J. Werner und E. Ewig, 1979 (Vorträge und Forschungen 25).

57) Aus der Fülle neuerer Publikationen seien genannt: H. Dopsch in: Geschichte Salzburgs 1, 1981, hrsg. von Dems., S. 130; H. Sennhauser, Mausoleen, Krypten, Klosterkirchen und St. Peter I–III, in: Frühes Mönchtum in Salzburg, hrsg. von E. Zwink, 1983 (Salzburger Diskussionen 4).

58) I. Eberl, Arbeo, in: Lexikon des Mittelalters 1, Sp. 888.

59) H. Fichtenau, Die Urkunden Herzog Tassilos III. und der »Stiftebrief von Kremsmünster«, in: MIÖG 71, 1963; Ders., Das Urkundenwesen in Österreich vom 8. bis zum frühen 13. Jahrhundert, 1971 (MIÖG Erg.-Bd. 23), S. 24; H. Wolfram, Intitulatio I., 1967 (MIÖG Erg.-Bd. 21), S. 162ff.; H. Beumann, Zur Textgeschichte der Vita Ruperti, in: Festschr. H. Heimpel 3, 1972, S. 192.

angeboten werden mußte. Eine andere, bereits von Heimpel vertretene Version würde besagen, das sächsische Königtum habe eine autonome Italienpolitik der alpinen Stämme, letzten Endes eine Spaltung ihres Regnum, durch die eigene Italienpolitik zu verhindern gesucht. Für ein solches Bestreben ist die schon von Heinrich I. eingeleitete Burgundpolitik anzuführen, da sie als Flankierungsmanöver in Betracht kam. Fernzuhalten ist jedoch die Unterstellung einer nationalpolitischen Intention. Ergeben kann sich als Funktion der Italienpolitik eine Stabilisierung dessen, was Widukind von Corvey Ottos *paternum regnum* [60] nennt. Die Einheit dieses Regnum war gewiß eine notwendige Voraussetzung für die Bildung der mittelalterlichen deutschen Nation, diese jedoch keine Zielvorstellung der handelnden Protagonisten, allenfalls eine solche der Historiker des 19. und noch unseres Jahrhunderts bis zu dem im übrigen hochverdienten Martin Lintzel [61]. Macht man Ernst mit der Einsicht in den historischen Charakter der Nationen, so ist bei deren Genese das Prozeßhafte und Strukturelle ebenso zu würdigen wie das Element der Kontingenz, die Folge der unberechenbaren Ereignisse. Die offensichtliche Erbkrankheit der Söhne Ludwigs d. D. ist dafür bezeichnend. Karlmanns transalpines Imperium ist vielleicht nur wegen seines vorzeitigen Todes Vision geblieben. Ereignishaft endete die Herrschaft der Karolinger im ostfränkischen Reich 911, im westfränkischen 987. Vielleicht hat dies zu einer Phasenverschiebung der nationalen Ethnogenese geführt. Manches deutet aber auch auf eine Beschleunigung unter den Kapetingern hin [62]. Eine ereignisresistente Grundströmung scheint hier wie dort ihren Weg genommen zu haben. Die Möglichkeit der Ablenkung oder Gabelung des Stromes unter dem Einfluß mächtiger Formationen erschiene jedoch einleuchtend. Ob die transalpinen Verbindungen so einzuschätzen sind, ist die Frage, der im folgenden nachgegangen werden soll.

60) Widukind (wie Anm. 45) II 35, S. 94.
61) M. Lintzel, Die Kaiserpolitik Ottos des Großen, 1943, Neudruck in: Ders., Ausgewählte Schriften 2, 1961. Dazu Beumann, Das Kaisertum Ottos des Großen (wie Anm. 2).
62) Vgl. Beiträge zur Bildung der französischen Nation im Früh- und Hochmittelalter. Hrsg. v. H. Beumann, 1983 (Nationes 4); J. Ehlers, Die Anfänge der französischen Geschichte, in: HZ 240, 1985, der (S. 38 ff.) gegenüber 987 das Epochenjahr 888 hervorhebt, was im Vergleich zum ostfränkischen Reich auf einen eher simultanen Prozeß hinausliefe.

Fränkische Alpenpolitik

VON REINHARD SCHNEIDER

Die Untersuchung ethnogenetischer Vorgänge im Alpenraum erfordert auf den ersten Blick keine gesonderte Berücksichtigung der Franken, weil der im Frühmittelalter so bedeutende Stamm offenbar nie in dieser Region gesiedelt hat und zu ihrer ethnischen Ausprägung nicht unmittelbar beigetragen haben kann. Anders steht es dagegen mit der Bedeutung fränkischer Politik. Da das fränkische Großreich sich auch nach dem mediterranen Süden orientierte, ist mit relevanten Auswirkungen seiner über die Alpen noch hinausgreifenden Ausdehnungspolitik für die im Alpenraum siedelnden Bevölkerungsgruppen mindestens zu rechnen. Damit ergibt sich zweifellos die Berechtigung zu gesonderter Betrachtung. Noch größeres Interesse darf eine solche im Zusammenhang mit grundsätzlich erweiterten Fragestellungen beanspruchen, die auch etwaige ethnogenetische Konsequenzen für den nordalpinen Bereich und die Entwicklung des deutschen Volkes und Reiches in die Untersuchung einbeziehen. Damit wird auch auf die These angespielt, daß fränkische Alpenpolitik die Vorbedingung römisch-deutscher Reichspolitik gewesen sein könnte, einer Politik, die sich bewußt nicht auf den Alpenraum beschränkte, sondern zur spezifischen Italienpolitik wurde. Wenn fränkische Alpenpolitik bereits seit den Merowingern und kontinuierlich über die Zeit karolingischer Herrscher hinweg sich grundsätzlich zur Italienpolitik ausgeweitet hätte, ergäbe sich selbst für die ottonische Italienpolitik eine noch ungleich stärkere Einbettung in fränkische Kontinuität, als man trotz mancher, schon seit Heinrich I. auffälliger Traditionszusammenhänge im allgemeinen zu akzeptieren bereit ist. Die hier nur andeutbaren Aspekte könnten sogar besondere Relevanz für die ottonische Reichspolitik insgesamt und für Fragen der Entstehungs- und Frühgeschichte des deutschen Volkes haben.

Der angeschnittene Zusammenhang läßt sich vertiefen durch eine These, die bereits Leopold von Ranke in seiner zwischen 1859 und 1867 verfaßten »Englischen Geschichte« geäußert hat. Für die englische, sich über Jahrhunderte erstreckende Entwicklung stellte er die Dominanz politischer Zielsetzungen heraus: »Nicht allein durch Verbindungen des Blutes und der Familie, sondern fast noch mehr durch große gemeinschaftliche politische und kirchliche Interessen ist die englische Nationalität, welche beide Elemente begreift, begründet worden[1].« Wollte man

1) L. v. Ranke, Englische Geschichte I, hrsg. v. Willy Andreas (3 Bde.) Wiesbaden 1957, S. 31; den Hinweis auf Ranke verdanke ich K.-U. Jäschke.

unter diesem Aspekt das ottonische Reich betrachten, so läge es nahe, in dessen Italien- und Kaiserpolitik, die ja das Papsttum mit einbezog, solche herausragenden Gestaltungsfaktoren zu sehen. Ranke hat diese Parallele in sehr deutlicher Form auch gezogen: »Wie Deutschland ohne seine Verbindung mit Italien, so würde England ohne die Verbindung mit Frankreich nicht geworden sein, was sie geworden sind. Vor allem würde das große Völkersystem des Okzidents, dessen Leben die Geschichte jedes einzelnen Volkes durchzieht und bestimmt, nicht zustande gekommen sein. Erst auf diesem Grunde aber sollte unter stetem Kampf die Durchbildung der Nationalitäten nach und nach erfolgen[2].«

Rankes vergleichender Ansatz scheint in der Folge recht unbeachtet geblieben zu sein. Immerhin aber hat Hermann Heimpel die ottonische Italienpolitik als Bedingung gesamtdeutscher Politik begriffen, also eine Wechselwirkung zwischen Volkwerdung der Deutschen und der Kaiser- bzw. Italienpolitik ihrer Könige bewußt einkalkuliert. So hat Heimpel temperamentvoll in seiner Freiburger Universitätsrede von 1933 betont, daß man im 10. Jahrhundert die Auseinandersetzungen im Osten des Reiches mit Hilfe der Sachsen geführt habe: »Die Bayern und die Schwaben brachte man aber eher über den Brenner nach Rom, zu dem die Deutschen einigenden Ziel der Kaiserkrönung als über die Oder[3].« Diese Politik habe an alte Traditionen anknüpfen können, denn »die karolingische Idee (wies) Frankreich nach Lothringen, Deutschland nach Italien«.

Vielleicht bekannter ist Heimpels andeutende Bemerkung »Zur Geschichte König Heinrichs des Ersten« von 1936, daß »ein König, der eine schwäbische oder bairische Italienpolitik verhindern wollte, ... sie selbst machen« mußte[4]. In einer zusätzlichen Anmerkung wurde der Zusammenhang noch verdeutlicht, wenn bereits für Heinrich I. der italienpolitische Wettbewerb mit den süddeutschen Stämmen im Zusammenhang einer für das Reich lebensnotwendigen außenpolitischen Monopolwahrung in Anspruch genommen wurde[5]. Italienpolitik wäre in dieser Sicht nicht nur ein wesentlicher Faktor der deutschen Nationsentwicklung, sondern zunächst und vorrangig Bedingung der Reichseinheit überhaupt[6]. Im folgenden werden sich

2) Ebd., S. 30. Wörtlich wiederholt in: Englische Geschichte vornehmlich im 17. Jahrhundert, Ders., Sämtliche Werke 14, Leipzig ^{3}1870, S. 36 und 38.

3) H. Heimpel, Deutschlands Mittelalter. Deutschlands Schicksal. 2 Reden (Freiburger Universitätsreden Heft 12) Freiburg i. Br. 1933, S. 24; das folgende Zitat auf S. 26.

4) H. Heimpel, Bemerkungen zur Geschichte König Heinrichs des Ersten (Sächsische Akademie der Wissenschaften 88) Leipzig 1937, S. 45.

5) Ebd., Anmerkung 1: »Mit dieser Frage: ob der deutsche König nicht mit einer bairischen und schwäbischen Italienpolitik in Wettbewerb treten mußte, um dem Reiche das ihm lebensnotwendige außenpolitische Monopol zu wahren, setzt sich L. (Lüdtke) nicht auseinander...«

6) Unter Bezugnahme auf die bekannte Widukind-Stelle (I, 40) erwähnt H.-J. Bartmuss (Das Entstehen und die Festigung des deutschen Feudalstaates und die Herausbildung des deutschen Volkes, in: Deutsche Geschichte Bd. 1, 1982, S. 372 Sp. 1), daß »König Heinrich I. in seinen letzten Lebensjahren einen Romzug geplant haben« soll. Wenn B. dann anfügt, daß es Heinrich I. »gleich nach Burchards Tod auf einem Italienzug im Jahre 926 gelungen (sei), Schwaben fest dem Reich einzufügen und damit der selbständigen schwäbischen Außenpolitik Einhalt zu gebieten«, versäumt er es, diesen bislang unbekannten Italienzug zu belegen.

solche Aspekte kaum näher diskutieren lassen. Sie dienen aber dazu, den allgemeinen Spannungsrahmen abzugrenzen und das zunächst etwas peripher anmutende Thema einer fränkischen Alpen- und Italienpolitik in seiner vielfältigen Relevanz zu verdeutlichen.

Auch im engeren thematischen Bereich gibt es offene und zum Teil strittige Fragen. Trotz zahlreicher Einzeluntersuchungen, unter denen die von Robert Holtzmann[7)], Heinrich Büttner[8)] und Otto P. Clavadetscher[9)] vorrangig zu nennen sind, ist Georg Löhleins Erlanger Dissertation von 1932 grundlegend geblieben, die im Titel einen Zusammenhang von merowingischer Alpen- und Italienpolitik herstellte[10)]. Wenn Georg Löhlein, der sich auf das 6. Jahrhundert beschränken mußte, es für »durchaus wünschenswert (hielt), daß die Untersuchungen weitergeführt würden und so nach und nach ein Gesamtbild der Alpenpolitik der fränkischen und deutschen Könige entstünde«[11)], so leugnete er diesen Zusammenhang nicht, sprach aber hier und sonst konsequent nur von fränkischer Alpenpolitik. Daher müßte überprüft werden, ob von spezifischer Alpenpolitik der Merowinger geredet werden kann und wann sie sich gegebenenfalls zur Italienpolitik weitete. Strittig ist auch die Frage nach Dauer und eventueller Kontinuität fränkischer Alpenpolitik. Löhlein hatte gemeint, daß es im Zusammenhang mit dem fränkisch-langobardischen Friedensschluß von 591 zu einem »endgültigen Verzicht« gekommen sei, die einst von Theudebert I. begonnene Italienpolitik fortzusetzen. Daher habe es auch eine »friedliche Überlassung Südrätiens und Innernorikums seitens der Franken an die Baiern« gegeben[12)]. Die bayerische Forschung spricht denn auch konsequent von bayerisch-langobardischer Politik und bezeichnet die Langobarden nach ihrer Landnahme in Italien als »Erben der fränkischen Italienpolitik«[13)]. Sie vermittelt insgesamt den Eindruck, als sei Bayern – mit leichten Unterbrechungen – bis hin zu Tassilos III. Sturz im Jahre 788 in seiner

7) R. Holtzmann, Die Italienpolitik der Merowinger und des Königs Pippin, in: Das Reich (Festschrift für Johannes Haller, 1940 – ND Libelli 77) 1962.

8) H. Büttner, Die Alpenpolitik der Franken im 6. und 7. Jahrhundert, in: HJb 79, 1960, S. 62–88; Ders., Die Bündner Alpenpässe im frühen Mittelalter, in: Beiträge zur Wirtschafts- und Stadtgeschichte (Fs. H. Ammann), 1965, S. 242–252. Vgl. auch Ders., Schwaben und Schweiz im frühen und hohen Mittelalter. Gesammelte Aufsätze, hrsg. von H. Patze (Vorträge und Forschungen 15) 1972; Ders., Die Entstehung der Churer Bistumsgrenzen. Ein Beitrag zur fränkischen Alpenpolitik des 6.–8. Jahrhunderts, in: Zeitschrift f. Schweiz. Kirchengeschichte 53, 1959, S. 81–104, 191–212.

9) Genannt sei vor allem die letzte Zusammenfassung: O. P. Clavadetscher, Churrätien im Übergang von der Spätantike zum Mittelalter nach den Schriftquellen, in: Von der Spätantike zum frühen Mittelalter (Vorträge und Forschungen 25) 1979, S. 159–178.

10) G. Löhlein, Die Alpen- und Italienpolitik der Merowinger im VI. Jahrhundert, phil. Diss. Erlangen 1932. – J. Jarnut (Beiträge zu den fränkisch-bayerisch-langobardischen Beziehungen im 7. und 8. Jahrhundert (656–728), in: Zeitschrift für bayerische Landesgeschichte 39, 1976, S. 331–352) erörtert vorzugsweise genealogische Probleme.

11) Löhlein, Vorwort S. V.

12) Ebd. S. 74 (im Anschluß an H. Wopfner, Die Reise des Venantius Fortunatus durch die Ostalpen. Schlern-Schriften IX, 1925, S. 402, 405).

13) K. Reindel, Das Zeitalter der Agilolfinger (bis 788), in: Handbuch der Bayerischen Geschichte Bd. 1, hrsg. von M. Spindler, 1967, S. 106.

Italienpolitik nahezu selbständig gewesen. Zahlreiche landesgeschichtliche Detailstudien, insbesondere auch Arbeiten zur Siedlungsgeschichte, lassen überdies den Raum von den Ostalpen bis hin zum churrätischen Gebiet als fast ausschließliches Feld bayerischen Interesses, bayerischer Politik und Einflußnahme erscheinen. Für fränkische Alpenpolitik scheint unter diesen Aspekten kein Raum geblieben zu sein. Damit gewinnt sogar die Frage besondere Bedeutung, ob Pippins I. und vor allem Karls des Großen Italienpolitik einen Neuanfang setzten und ob für beide Herrscher die Alpenpolitik nur ein notwendiges Vehikel war. Mehr als eine thematische Erweiterung ist schließlich die Überprüfung, ob karolingische Alpen- und Italienpolitik auch zu fränkischer Siedlung im Alpenraum geführt hat.

Die Erörterung der angeschnittenen Probleme wird im folgenden besonders auf fränkische Alpen*politik* achten. Das Faktum transalpiner Verbindungen vom Frankenreich zu Ländern des Südens steht als solches nicht ausschließlich im Mittelpunkt des Interesses, obwohl seine Bedeutung nicht leicht überschätzt werden kann. Einschränkend muß auch auf eine zeitliche Begrenzung verwiesen werden: Die für den Gesamtband übliche Zeitspanne bis zum Ende des 10. Jahrhunderts läßt sich hier nicht einhalten, weil seit dem ausgehenden 9. Jahrhundert und allerspätestens seit dem Beginn des 10. Jahrhunderts von fränkischen Königreichen und somit auch von fränkischer Politik nicht gut mehr gesprochen werden kann.

Die Untersuchung wird sich zunächst auf die politische Ereignisgeschichte als unumgänglichen Ausgangspunkt konzentrieren (I), dann systematischer auf das Problem alpiner Grenzsicherung eingehen (II) und nach langobardisch-fränkischer Kontinuität bei der Paßstraßensicherung fragen (III). In zwei weiteren Schritten soll ferner geprüft werden, ob fränkische Oberherrschaft über den Alpenraum nicht wenigstens partiell zu fränkischer Siedlung geführt hat (IV) und ob fränkischer Herrschaftswillen die Alpenregion eher dem italischen Süden oder dem Norden des Großreiches zugeordnet wissen wollte (V). Schließlich sollen gezielt Ergebnisse für die übergeordnete Frage der Ethnogenese im Alpenraum herausgestellt werden.

I.

Chlodwigs Großreichsbildung hatte zu seinen Lebzeiten den Rahmen einer spätantiken Randkultur gesprengt[14] und weit jenseits der Landesgrenzen Anerkennung gefunden. Ausdruck dessen war vor allem die urkundliche Verleihung des Ehrenkonsulats an Chlodwig durch Kaiser Anastasius im Jahre 508[15], ferner die im Liber pontificalis enthaltene Nachricht, daß Papst Hormisdas (514–523) vom Frankenkönig eine Krone (im Text als *regnum* bezeichnet) als Legat übersandt erhalten habe[16]. Den Alpenraum und die Mittelmeerküste hatte Chlodwigs Expansionspolitik noch nicht erreicht, dies blieb eine Aufgabe für seine Söhne und Enkel.

14) K. Hauck, Von einer spätantiken Randkultur zum karolingischen Europa, in: Frühmittelalterliche Studien 1, 1967, S. 3–93.

15) Gregor von Tours, Historiae II 38, S. 88f.

16) Liber Pontificalis, ed. L. Duchesne, I, Paris 1886, S. 271.

Deren Politik stand in engstem Zusammenhang mit der Eroberung Burgunds, die erst nach Theoderichs Tod möglich wurde. Ohnehin förderten die Schwächung der Gotenherrschaft in Italien und schließlich der Gotenuntergang sukzessive fränkische Ausgriffe in den Alpenraum und Feldzüge über die Alpen hinweg. Diese Ausgriffe sind vor allem mit dem Namen König Theudeberts I. (Ende 533–Ende 547) verknüpft. Der summarische Überblick muß somit weit in das 6. Jahrhundert zurückgreifen.

In den Auseinandersetzungen Justinians mit den Goten hatten sich beide Parteien um die Franken als Bundesgenossen bemüht[17], aber in ihren Verhandlungen, die von dem Gotenkönig Theodahad begonnen und unter Witigis beendet wurden, schnitten die Goten besser ab. Das Ergebnis war ein fränkisch-gotischer Vertrag[18], nach welchem die Ostgoten die Provence und »mindestens einen Teil der Raetia I« abtraten sowie eine hohe Geldsumme zahlten. Während die Abtretung der Provence durch verschiedene Zeugnisse gesichert ist, fehlen solche über die Abtretung Rätiens, so daß quellenmäßig ungesichert bleibt, wann die fränkische Herrschaft bzw. Oberherrschaft im rätischen Alpengebiet begann. Immerhin konnte Clavadetscher noch unlängst die Ansicht vertreten, daß »mit großer Wahrscheinlichkeit ... die austrasischen Franken noch unter König Theudebert ... Herren über Rätien geworden« seien[19]. Unklar ist aber, ob dieses Land erobert oder durch vertragliche Abmachungen gewonnen wurde. »Für letzteres könnte vor allem die paßpolitische Bedeutung des Landes sprechen[20].« Diese These wird durch die Tatsache gestützt, daß die Ostgoten offenbar mit zwei bis drei fränkischen Königen verhandelt hatten[21], hier also eine gemeinsame fränkische Alpenpolitik anzunehmen ist. Dies ist im gesamtfränkischen Rahmen immerhin bemerkenswert, weil die nach Chlodwigs Tod und der Reichsteilung von 511 in Samtherrschaft regierenden vier Chlodwig-Söhne in diesem Bereich noch eine relativ späte Fortsetzung gemeinsamer Außenpolitik dokumentierten. Da auch Prokop berichtet, der fränkisch-gotische Vertrag sei insofern von Justinian bestätigt worden, als der Kaiser den gallischen Besitz der Franken anerkannt habe[22], ergibt sich aus dieser Nachricht ein Argument für die Dominanz vertraglicher Abmachungen. Konsequenz dieser These wäre immerhin auch eine gemeinsame fränkische Alpenpolitik, mindestens in ihren Konturen. Dabei könnte sich selbst Theudebert I. noch auf dem relativ sicheren Boden eines gesamtfränkischen Konsenses bewegt haben.

Offen bleibt für diese frühe Phase freilich noch, ob es sich um eine gezielte fränkische Ausdehnungspolitik nach Süden handelte und ob gegebenenfalls bereits an eine Herrschaft in

17) Vgl. H. Wolfram, Geschichte der Goten. Von den Anfängen bis zur Mitte des 6. Jahrhunderts. Entwurf einer historischen Ethnographie, 1979, S. 388ff. und 429. Hier und im folgenden v. a. Löhlein (wie Anm. 10); G. Tangl, Die Paßvorschrift des Königs Ratchis und ihre Beziehung zu dem Verhältnis zwischen Franken und Langobarden vom 6.–8. Jahrhundert, in: Quellen und Forschungen aus italienischen Archiven und Bibliotheken 38, 1958, S. 1–67.

18) Prokop, Bellum Gothicum I 13.

19) Clavadetscher (wie Anm. 9), S. 166.

20) Ebd., im Anschluß an Löhlein (wie Anm. 10), S. 9.

21) Prokop, Bellum Gothicum II 28.

22) Ebd. III 33.

Italien gedacht wurde. Diese Unklarheit sollte sich unter Theudebert I. ändern. Im Jahre 539 ging er mit den Gepiden und Langobarden ein Bündnis ein, dessen Stoßrichtung gegen Byzanz gerichtet war. Mit angeblich 100 000 Mann überquerte König Theudebert den Po und wurde erst durch einen Waffenstillstand mit Byzanz am weiteren Vormarsch gehindert. Im Zusammenhang mit diesen militärischen Aktionen besetzte Theudebert Ligurien, die Cottischen Alpen und Venezien. In einem Brief an den Kaiser betonte Theudebert, daß er seinen Einflußbereich bis an die Grenze Pannoniens *(limitem Pannoniae)* ausgedehnt habe[23], wobei unklar bleibt, ob die Grenze des pannonischen Einflußbereiches oder die annähernd lineare ehemalige Grenze Pannoniens gemeint sein könnten. An des Frankenkönigs Feststellung ist beachtenswert, daß bereits um die Mitte des 6. Jahrhunderts die fränkische Politik nicht nur auf den Alpenraum, sondern bereits auf Italien gerichtet war. Nach Theudeberts Tod behauptete sein Sohn und Nachfolger Theudebald (Ende 547–Nov./Dez. 555) die italischen Gebiete, mindestens Venezien[24]. Er scheint auch Verona neu erobert zu haben. Nach Prokop machte der Gotenkönig Teja Theudebald daraufhin ein Bündnisangebot: »Durch Zusicherung von viel Geld wollte er ihn zum Bundesgenossen gewinnen. Die Franken, die nach meinem Dafürhalten nur auf ihren eigenen Nutzen sahen, wollten weder für den Vorteil der Goten noch für den der Römer sterben, sondern waren nur eifrig bemüht, Italien für sich zu gewinnen, und allein um dessentwillen bereit, die Gefahren eines Krieges auf sich zu nehmen … [25]!«

Obwohl in dieser Nachricht eine einseitige byzantinische Sehweise vorliegt, läßt sich aus Prokops Angaben ein fränkisches Interesse an einer grundlegenden Italienpolitik erkennen. Die äußerliche Zurückhaltung der Franken spricht aber auch für ein bereits gefestigtes Selbstvertrauen und vor allem für das Bewußtsein eigener Macht, die nunmehr auch in Oberitalien imstande war, eigene Wege zu gehen.

Wohl noch unter König Theudebald zogen nach dem Untergang der Goten die alemannischen Herzöge Leuthari und Butilin, angeblich Brüder, mit 75 000 Mann über die Alpen. Die fränkische Oberhoheit über den Alemannenstamm wie auch die fränkische Herrschaftspräsenz im Alpenraum und in Oberitalien sprechen neben anderen Indizien dafür, daß die alemannischen Herzöge im fränkischen Auftrag, mindestens in fränkischem Einvernehmen, handelten[26]. Beide Feldherrn überquerten den Po und siegten im Herbst 553 bei Parma; ihnen schlossen sich die in einzelnen Provinzen verbliebenen Goten an. Damit werden politische

23) E. ZÖLLNER, Geschichte der Franken bis zur Mitte des sechsten Jahrhunderts, 1970, S. 92. Vgl. das Schreiben König Theudeberts I. (ep. Austras. 20 – MGH Epp 3, 133) von etwa 545, ggf. etwas früher: *per Danubium et limitem Pannoniae.*

24) Prokop, Bellum Gothicum IV 33.

25) Ebd. IV 34.

26) Agathias I 6 meldet zwar, König Theudebald sei gegen ihre Pläne gewesen, betont aber schon I 7 den fränkischen Kontingentsanteil im Heer beider Herzöge. Vgl. ausführlich H. KELLER, Fränkische Herrschaft und alemannisches Herzogtum im 6. und 7. Jahrhundert, in: Zs. f. d. Geschichte des Oberrheins 124, 1976, S. 6 ff. An beider Herzöge Intervention »gegen den Willen des austrasischen Königs« hält dagegen fest E. EWIG, Die Merowinger und das Imperium (Rheinisch-Westfälische Akademie der Wissenschaften, Vorträge G 261) 1983, S. 24.

Bestrebungen erkennbar, die restlichen germanischen bzw. barbarischen Gruppen unter fränkischer Oberhoheit gegen Ostrom zu sammeln. Im Frühjahr 554 zogen die Herzöge Leuthari und Butilin nach Süditalien und trennten sich erst in Samnium. Leuthari zog nach Apulien und Kalabrien, während Butilin bis zur Straße von Messina vorstieß. Den Unternehmungen beider Feldherrn war jedoch kein Glück beschieden, sie fanden bald ihren Untergang[27].

Im Zusammenhang mit dem Scheitern der italischen Unternehmungen der Alemannenherzöge scheint die ligurische Provinz für das Frankenreich verlorengegangen zu sein, während Venezien offensichtlich weiter gehalten wurde. Erst der Tod Chlothars I. (560/61) brachte einschneidende Entwicklungen: Italien wurde zunächst byzantinisch, darauf langobardisch.

Für die italischen Unternehmungen ist die Quellenarmut geradezu beängstigend. Da Leuthari und Butilin vermutlich über die Bündner Pässe nach Italien gelangten, ist eine konstante fränkische Oberhoheit über Churrätien in dieser Zeit vorauszusetzen. Den Rückmarsch scheint Leuthari über das Etschtal geplant zu haben, »dessen oberer Teil zu Rätien gehörte«[28].« In der Zeit danach dürfte die fränkische Italienpolitik in Konsequenz einer weiteren Niederlage im Jahre 556 zunächst einen Stillstand erfahren haben: »Wohl verloren (die Franken) damals die Herrschaft über die Isola Comacina, welche eine oströmische Besatzung erhielt, und auch Verona wurde wieder oströmisch, doch drangen die Oströmer nicht tiefer in den Alpenraum ein, so daß die Pässe in der Hand der Franken blieben, wobei allerdings nicht zu erkennen ist, ob gelegentlich fränkische Truppen in Rätien standen oder ob Rätien sich selbst gegen eventuelle Angriffe aus Italien zu verteidigen hatte.« Nach der Errichtung des Langobardenreiches in Oberitalien seit 568 ist dann für 575 ein militärischer Zusammenstoß im Etschgebiet bezeugt, als die Bewohner des Val di Non »sich einem fränkischen Heer unter Herzog Chramnichis anschlossen, worauf dieser das Land verwüstend bis ins Gebiet von Trient vordrang. Die Langobarden drängten ihn allerdings zurück, er fiel in einem Kampf bei Salurn, und die Reste zogen sich nach Norden zurück. Aufmarsch und Rückmarsch müssen deshalb rätisches Gebiet berührt haben, mindestens den Vintschgau[29].«

Aus den bisherigen knappen Angaben ist die Zugehörigkeit Rätiens zum fränkischen Herrschaftsbereich zu erkennen, obwohl über die Formen der Einbeziehung nur Vermutungen geäußert werden können. Eine lose Unterstellung unter fränkische Oberhoheit ist gewiß die üblichste fränkische Verfahrensweise, auch hier ist sie am wahrscheinlichsten. Oft ist betont worden, daß wegen der Bedeutung der Bündner Pässe die Franken kaum eine harte Militärpolitik getrieben haben werden. Vertragliche Sicherungsformen der Paßzugänge versprachen allein dauerhafte Erfolge und waren ohne übermäßigen Kraftaufwand zu erzielen. Wenn diese Vermutung zutrifft, braucht man sich kaum zu wundern, daß nahezu jegliche schriftlichen oder gar archäologischen Spuren fränkischer Herrschaftspräsenz in diesem Raum entfallen!

Westlich von Rätien fielen wichtige Entscheidungen in der Zeit um 575. Fredegar berichtet

27) Gregor von Tours, Historiae IV, 9 (MGH SS rer. Merov. I, 140f.).

28) Clavadetscher (wie Anm. 9), S. 167.

29) Ebd.

wohl glaubwürdig, daß die Langobarden zur Zeit des in ihrem Reiche währenden Interregnums (574–ca. 584) als Buße für kriegerische Einfälle die civitates Aosta und Susa an König Guntram hätten abtreten müssen[30]. Unabhängig von der Sonderfrage, ob Susa nicht doch eine isolierte byzantinische Außenposition gewesen war, befand sich Guntram nunmehr im Besitz beider Städte, die bereits jenseits des Gebirges lagen und vier große Westalpenstraßen beherrschten[31]: Aosta die Straßen über den Großen und Kleinen St. Bernhard, das südlicher gelegene Susa als Vorort der Provinz Alpes Cottiae dagegen die Straßen über den Mont Genèvre und Mont Cenis. Die fränkische Kontinuität blieb in diesem Raum über Jahrhunderte gewahrt und ist letztlich noch im 20. Jahrhundert mit der Parallelität der Amtssprachen Italienisch und Französisch zu greifen[32]. Viel breiter fundiert ist in beiden Tälern jedoch die franko-provençalische Volkssprache, die ein Indiz dafür ist, daß nicht nur von früher fränkischer Oberherrschaft auszugehen ist, sondern auch von fränkischer Siedlung, vielleicht sogar in nennenswertem Umfang. Für unseren thematischen Zusammenhang ist besonders bedeutsam, daß die fränkische Expansion von 575 die Gebiete von Susa und Aosta in den franko-provençalischen Sprachbereich einbezogen hat und sich als höchst stabil erwies. Erst südlich dieses Raumes erfolgte die dauerhafte Sprachgrenzbildung gegenüber dem Italienischen. Dies geschah bereits seit dem 6. Jahrhundert und hat Bestand bis heute. Wenn somit am Beispiel der Täler von Susa und Aosta ein themenrelevanter Aspekt für die Ethnogenese im Alpenraum greifbar ist, so muß doch gleichzeitig betont werden, daß sich in anderen Teilen der Alpenregion Entwicklungen ähnlicher Art nicht ergaben.

Gewinn aus dem Besitz von Aosta zog bereits Childebert II., der bei seinem groß angelegten Kriegszug gegen die Langobarden im Jahre 590 auch einen der westlichen Pässe benutzt haben dürfte: »Am ehesten den Großen St. Bernhard oder den Simplon«, während »das Hauptheer unter Chedinus über das Etschtal Italien erreichte. Als Route dürfte in erster Linie Julier–Engadin–Münstertal–Etschtal in Frage kommen[33].«

Eine kurze Zwischenbilanz kann betonen, daß am Ende des 6. Jahrhunderts von den Cottischen Alpen nach Osten über Rätien bis zum Etschtal sich alle wichtigen Alpenregionen und Alpenpässe in fränkischem Einflußbereich, teils sogar unter direkter fränkischer Herrschaftsausübung befanden. Sogar das obere Etschtal könnte fest in fränkischer Hand gewesen sein, zumal die fränkischen Heere angesichts ihrer spärlichen Erfolge in der Ebene sich in die Alpentäler zurückgezogen hatten. In den Ostalpen scheint das Gebiet um Meran die Grenze zwischen dem fränkisch-rätischen und dem langobardischen Einflußbereich seit dem Ausgang des 6. Jahrhunderts gebildet zu haben. Auch dieser Grenze blieb eine außergewöhnliche Kontinuität vorbehalten; Clavadetscher hat darauf verweisen können, daß sich diese Linie als Bistumsgrenze bis ins 19. Jahrhundert gehalten hat[34].

30) Fredegar IV, 45 (MGH SS rer. Merov. II, 143).
31) Löhlein (wie Anm. 10), S. 15; 56f.
32) Vgl. Tangl (wie Anm. 17), S. 10.
33) Clavadetscher (wie Anm. 9), S. 167.
34) Ebd. S. 168 und 178.

Da die Historien Gregors von Tours nur bis in das Jahr 591 reichen, ergeben sich in der Folge bis weit in die Karolingerzeit hinein riesige Überlieferungslücken. Sie erschweren den Überblick für diese Zeit. Mit beträchtlicher Sicherheit darf man aber (über Churrätien hinaus) annehmen, daß insgesamt die Alpengrenzen, »die zwischen 575 und 600 entstanden waren«[35], über das 7. Jahrhundert hinaus Bestand hatten, daß fast der gesamte Alpenraum somit mindestens fränkischer Oberhoheit unterstellt war und blieb. Dabei sollte man aber nicht wie die ältere Forschung annehmen[36], daß der berühmte Friede von 591 wirklich »endgültig« war, und dies mindestens bis 754. Zahlreiche weitere Friedensschlüsse folgten nämlich: 598/99; 604; 611; 617/18, als Chlothar auf langobardische Tribute verzichtete; dann abermals 670 ein fränkisch-langobardischer Friede[37]. Dies deutet auf häufige Spannungen, mindestens auf Situationen, die Friedensschlüsse als notwendig erscheinen ließen. Von kriegerischen Handlungen berichten die so kümmerlichen Überlieferungsreste nur zum Jahre 662[38], als ein fränkischer Angriff bis tief ins westliche Oberitalien hinein erfolgte.

Die Karolinger behaupteten den Alpenbereich, warteten jedoch offenbar auf günstige Ausgriffsmöglichkeiten nach Süden. Karl Martell sah solche jedenfalls 739 und 740 noch nicht gegeben, obwohl ihn Papst Gregor III. damals gleich dreimal zur Unterstützung gegen die Langobarden gerufen hatte[39]. Pippin zögerte weniger. Trotz beträchtlicher Widerstände unter seinen fränkischen Großen zog er 754 und 756 nach Italien, begnügte sich aber jeweils mit schnellen Friedensschlüssen und kehrte über die Alpen zurück[40]. Gleichwohl wird man von Pippin mit Robert Holtzmann sagen dürfen, daß er »die alte fränkische Politik der Merowinger mit stärkerem Nachdruck (wieder) aufgenommen« hat[41]. Karl der Große vollendete dann diese offenkundige Italienpolitik mit der Unterwerfung des Langobardenreiches im Jahre 774, auf deren Einzelheiten und Auswirkungen hier nicht einzugehen ist. Die Tatsache als solche, daß die Franken seither eine Oberherrschaft über den Raum der Zentral- und Westalpen wie über Oberitalien ausübten, ist unstrittig. Unser Interesse gilt daher im folgenden einer stärker systematisierenden Betrachtung.

35) Büttner, Alpenpolitik (wie Anm. 8), S. 88.
36) Holtzmann (wie Anm. 7), S. 29.
37) 598/99 = Paulus Diaconus IV, 13; 604 = Paulus Diaconus IV, 30; 611 = Paulus Diaconus IV, 40; 617/18 = Fredegar IV, 45; 670 = Paulus Diaconus V, 32; vgl. Tangl (wie Anm. 17), S. 14.
38) Büttner, Alpenpolitik (wie Anm. 8), S. 88.
39) Ausführlich Tangl (wie Anm. 17), S. 22ff. mit weiterer Literatur.
40) Eine Zusammenstellung der Alpenübergänge im Zusammenhang mit »Römerzügen« seit 754 bringt E. Oehlmann, Die Alpenpässe im Mittelalter, in: Jahrbuch für schweizerische Geschichte 3, 1878, S. 165–289 und 4, 1879, S. 164–323, hier insbes. S. 304ff.
41) Holtzmann (wie Anm. 7), S. 39.

II.

Notwendig ist zunächst ein Rückblick in die römische Zeit. Nach Livius hat noch Hannibal die Alpen als »Mauern Italiens« *(moenia … Italiae)* angesprochen[42], die schier unüberwindbar schienen und nur dem Kundigen allenfalls Saumpfade boten. Erst seit Roms Feldherren Drusus und Tiberius über die Alpen zogen, begann »die Geschichte des römischen Straßenbaus nach Norden«[43], die noch heute so außerordentlichen Respekt abnötigt[44]. Über einzelne Paßhöhen führten sogar feste Fahrstraßen (beispielsweise über Reschen, Brenner, Radstädter Tauern, Septimer und Maloja mit Julier, Mont-Genèvre, Kleiner St.-Bernhard), während sonst ausgebaute und teilweise kunstvoll gesicherte Saumpfade die Passage ermöglichten[45]. Für unsere Zusammenhänge ist der Hinweis notwendig, daß entlang der über die Alpen führenden Fernstraßen Rasthäuser und sogar Kultbauten bezeugt sind, während sich staatliche Militärposten meist an Zollstationen befanden[46].

Mit dem Untergang des römischen Weltreichs verfiel aber im Alpenraum auch sein bewunderungswürdiges Straßensystem, obwohl noch die folgenden Jahrhunderte von ihm entscheidend profitierten. Mit Fuhrwagen waren die zu Saumpfaden schrumpfenden Paßstraßen jedoch nicht mehr befahrbar. Zwingend notwendig erschien dagegen die militärische Sicherung der Alpengrenzen, unter denen wohl mehr als nur die entsprechenden Abschnitte der Alpenzugangsstraßen, aber gewiß nicht der Alpenhauptkamm oder gar eine lineare Fixierung gemeint sein dürften. Die Notitia Dignitatum (Occ. XXIV, 5) spricht lakonisch vom *tractus Italiae circa Alpes*, doch ist nicht gesichert, ob dieses berühmte Befestigungssystem schon im 4. Jahrhundert geschaffen und dem *comes Italiae* unterstellt wurde[47]. Hilfreich mag jedoch eine Angabe des am Ende des 4. Jahrhunderts schreibenden Ammianus Marcellinus sein. Zum Jahre 378 spricht er von den *claustra Alpium Iuliarum* und verwendet dabei den Begriff *claustra* zweifellos in militärtechnischem Sinne[48]. Schließlich sind weitere Notizen Ammians wertvoll. Er liefert parallele Angaben zum Succi, der zwischen Serdica (Sofia) und Philippopolis (Plovdiv) in 843 m Höhe den Hauptpaß bildete und durch einen Torbau mit turmbesetzten Quermauern als förmlicher Grenzübergang von Thrakien nach Dakien (Trajanspforte) befestigt war[49].

42) Livius, Buch XXI, 35.

43) L. Pauli, Die Alpen in Frühzeit und Mittelalter. Die archäologische Entdeckung einer Kulturlandschaft, 1980, S. 235.

44) Vgl. allgemein die eindrucksvolle Darstellung von L. Pauli (wie vorstehende Anm.); W. Cartellieri, Die römischen Alpenstraßen über den Brenner, Reschen-Scheideck und Plöckenpaß (Philologus, Supplementband XVIII, 1) 1926. Für die spätere Zeit s. vor allem Oehlmann (wie Anm. 40).

45) Pauli (wie Anm. 43), S. 236.

46) Ebd. S. 245.

47) H. Zeiss, Die Nordgrenze des Ostgotenreiches, in: Germania 12, 1928, S. 27. Vgl. L. Schmidt, Die clusurae Augustanae, in: Germania 11, 1927, S. 36–38.

48) Ammianus Marcellinus 31, 11, 4; Zeiss (wie Anm. 47) S. 27.

49) W. Seyfarth (Hrsg.), Ammianus Marcellinus. Römische Geschichte, 4. Teil, Darmstadt 1971, S. 196 mit Anm. 40 zu Ammians Angabe in Buch 20, 4, 18. Ebd. in Anm. 40 auch die Belege zum Succi-Paß.

Das aus den Schriftquellen bekannte Sperrsystem der *claustra Alpium Iuliarum* ist auch archäologisch nachweisbar. Moderne Grabungen haben das wichtige Kastell *ad pirum*-Hrušica, das im Karstgebirge den Paß *ad pirum* (Birnbaumerwaldpaß-Hrušica) abriegelte, gut dokumentieren und für das gesamte Sperrsystem der *claustra* herausstellen können, daß es sich nicht um einen Limes mit durchlaufenden Mauern handelte, sondern um die Reihung von Einzelbefestigungen an strategisch wichtigen Stellen, wobei isolierte Mauerabschnitte nach Maßgabe der Erfordernisse des Geländes ergänzend hinzugefügt wurden – in Hrušica dienten sie als abriegelnde Sperren der Paßhöhen selbst und zum Flankenschutz für das Kastell[50].

Obwohl das torartig gebaute Kastell *ad pirum* am Ende des 4. Jahrhunderts aufgegeben worden zu sein scheint, läßt es sich wohl befestigungstechnisch als Typ spezifischer Sicherungsanlagen von relativ niedrigen Alpenpässen (bis ca. 1000 m Höhe) werten. Eine solche Annahme wäre geeignet, eine bessere Vorstellung von der Art auch sonstiger Alpenbefestigungen zu ermöglichen.

Wie sah aber der Schutz der italischen Nordgrenze aus? Der erwähnte *tractus Italiae circa Alpes* muß wohl von den Westalpen bis Friaul gereicht haben. Die Lokalisierung seiner militärischen Stützpunkte bleibt jedoch bei ausschließlicher Berücksichtigung der kargen Schriftquellen strittig, zumal Fragen der kontinuierlichen Nutzung und gegebenenfalls von Neuanlagen nicht zwingend beantwortbar sind. Offen bleibt vor allem, was Cassiodor gemeint hat, als er (vor 570) Rätien als *munimina ... Italiae et claustra provinciae* bezeichnete[51]. Sollten die Ostgoten die spätrömischen alpinen Befestigungsanlagen ihrerseits übernommen haben und nach ihnen die Byzantiner als Herren Italiens und nach diesen die Langobarden?

Wichtigen Aufschluß für die damit aufgeworfene Frage nach einer spätrömisch-ostgotisch-byzantinisch-langobardischen Kontinuität, die für uns auch auf die Franken auszudehnen wäre, hat wiederum eine Großgrabung in Friaul gebracht. Die von Paulus Diaconus zum Jahre 610 erwähnten *castra* im Raum von Cividale nennen neben *Cormones* = Cormons, *Nemas* = Nimis, *Osopo* = Ossoppo, *Artenia* = Artegna, *Reunia* = Ragogna, *Glemona* = Gemona auch ein castrum *»in Ibligine«*, das in mehreren, seit 1962 durchgeführten Ausgrabungskampagnen eindeutig als Invillino bei Villa Santina identifiziert werden konnte[52]. Dieses Kastell ist seit dem 4. Jahrhundert nachweisbar »spätrömisch« besetzt gewesen, dann von Ostgoten, Byzantinern und schließlich auch von Langobarden, ehe es vermutlich im 8. Jahrhundert aufgelassen wurde. Die recht gesicherte These solcher spätrömisch-langobardischen Kontinuität in der Besetzung

50) T. ULBERT (Hrsg.), Ad Pirum (Hrušica). Spätrömische Paßbefestigung in den Julischen Alpen. Der deutsche Beitrag zu den slowenisch-deutschen Grabungen 1971–1973 (Veröffentlichung der Kommission zur archäologischen Erforschung des spätrömischen Rätien der bayerischen Akademie der Wissenschaften, hrsg. J. WERNER, Bd. 21) 1981, insbes. S. 4 ff.

51) Cassiodor, Variae VII 4 (MGH AA 12, S. 203); Bündner Urkundenbuch I, bearb. von E. MEYER-MARTHALER und F. PERRET, 1955, Nr. 3, S. 3.

52) G. FINGERLIN, J. GARBSCH, J. WERNER, Die Ausgrabungen im langobardischen Kastell Ibligo-Invillino (Friaul). Vorbericht über die Kampagnen 1962, 1963 und 1965, in: Germania 46, 1968, S. 73–110 (die Identifizierung der genannten castra S. 74 f.); vgl. V. BIERBRAUER, Gli scavi a Ibligo-Invillino, Friaul. Campagne degli anni 1972–1973 sul Colle Zuca, in: Aquileia nostra 44, 1973, Sp. 85–126.

eines den Zugang zum Plöckenpaß beherrschenden Kastells am Tagliamento stützt die Vermutung, daß eine oft erörterte Kontinuität des gesamten Sperrsystems im Alpenbereich ähnlich wahrscheinlich sein könnte[53].

Anders als am Birnbaumerwald lag das Kastell von Invillino nicht unmittelbar am Paß, sondern auf einem dicht am Nordufer des Tagliamento gelegenen typischen Inselberg, der nach allen Seiten jäh abfiel und die Beherrschung der zum Plöckenpaß führenden Römerstraße in fast idealer Weise erlaubte[54]. Das *castrum Ibligo* könnte dem Typ einer die Paßzugangsstraße beherrschenden Befestigungsanlage voll entsprochen haben, so daß mit den Grabungsergebnissen von Hrušica und Invillino zwei sich ergänzende Formen des alpinen Sperrsystems der spätantiken bis frühmittelalterlichen Zeit sichtbar werden.

Ungleich schwieriger ist das Sperrsystem für die Pässe im zentralen und westlichen Alpengebiet zu erkennen. Zu rechnen ist mit starker Befestigung der Paßstraßenabschnitte an den Ausgängen in die südlichen Täler, und zwar seit spätrömischer Zeit. Lediglich in den Fuldaer Annalen wird zum Jahre 894 ein näherer Hinweis auf die Art einer Befestigung im Dora-Baltea-Tal südlich von Aosta gegeben[55]. Hier sperrten die Klausen oberhalb von Ivrea mit starken Befestigungsanlagen die Talstraße ab und wurden ihrerseits durch ein über der Straße auf dem Felsen liegendes Kastell *(desuper posito lapideo castello)* geschützt, das mit Fort Bard identifizierbar ist[56].

Goten, Byzantiner und Langobarden dürften sich kontinuierlich in der Besetzung der längst ausgebauten *Clusurae Alpium* abgewechselt haben, zumal auch die Langobarden das bewährte Befestigungsprinzip beibehielten: ein System sichernder Höhenburgen im Bereich der Klausen, dazu eine Vermauerung der Talenge selbst und reguläre Wachmannschaften. Für eine Befestigung der eigentlichen Paßhöhen analog der Anlage *ad pirum* fehlen alle Indizien, doch dürften die gegenüber Hrušica (ca. 862 m) wesentlich höheren Pässe eine plausible Erklärung dafür bieten: Mont Genèvre im äußersten Westen (Paßhöhe 1854 m), Mont Cenis (2082 m), Kleiner St. Bernhard (2188 m), Großer St. Bernhard (der alte Mons Jovinus, 2472 m), Lukmanier (1917 m), Bernhardin (2063 m), Splügen (2117 m), Julier–Septimer (2287 und 2311 m), Reschen (1508 m), Brenner (1370 m) und Plöcken, der das Obere Drautal mit Tolmezzo und Udine verband (1362 m)[57]. Pässe dieser Größenordnung dürften mindestens im Regelfall auf der Paßhöhe selbst nicht mit spezifischen Befestigungsanlagen und zugehörigen Wachmannschaften ausgestattet gewesen sein. Allenfalls käme saisonale militärische Bewachung in Frage. An der Tatsache aber, daß die genannten Hauptpässe der Alpen von den Franken genutzt wurden, bestehen kaum Zweifel, obwohl die Bedeutung jedes einzelnen Passes kaum exakter abschätz-

53) So Fingerlin (wie Anm. 52) S. 109 mit großer Vorsicht in der Formulierung.
54) Vgl. die Kartierungen in der Beilage 5 und Abbildung 1 bei J. Werner (wie Anm. 50).
55) Annales Fuldenses a. 894 (MGH SS rer. Germ. S. 124).
56) So schon E. Oehlmann (wie Anm. 40), Jb 3, S. 245 f.
57) Hier und im folgenden können die sonstigen Alpenpässe von regionaler oder lokaler Bedeutung nicht berücksichtigt werden; vgl. H. C. Peyer, Alpenpässe, in: Lexikon des Mittelalters, der deren Zahl auf über 100 beziffert.

bar ist. In der schriftlichen Überlieferung ragen die vier westlichen Hauptpässe heraus sowie die Bündner Pässe. Der Brenner wird sehr selten erwähnt[58], und der Plöcken ist seit dem Ende des 6. Jahrhunderts infolge der slawischen Ausdehnung für die Franken nicht mehr verfügbar gewesen[59]. Dies zwingt auch weitgehend zur thematischen Ausklammerung des Raumes der Ostalpen, weil dessen komplizierte Verhältnisse eine gesonderte Untersuchung verlangen[60].

III.

Ein ganz außerordentliches Zeugnis für Bedeutung, Geltung und Organisation der langobardischen Paßstraßensicherung ist die berühmte Grenzkontroll- und Paßvorschrift, die der Langobardenkönig Ratchis 746 erlassen hat. Sie diente zum »Schutz der Nordgrenze des Reiches gegen unerwünschte Einreise mit besonderer Überwachung der Rompilger, von denen nur wirklich harmlose Elemente Schutz durch Signum und Epistula regis genießen sollten«[61]. Dieses ausgeklügelte System von Einlaßkontrollen und Durchreisegenehmigungen, welches die immer gültigen Formen der Waffenkontrolle und Zollerhebung an den Grenzstationen virtuos ergänzte, setzte nicht nur einen »schon recht entwickelten Geschäftsgang (voraus), der das Vorhandensein einer gewissen Bürokratie bei den Langobarden bezeugt«[62], sondern gewiß auch Dauerbesetzung der Paßstationen mit Personen in adäquater Zahl und Qualifikation. Da die Paßvorschrift des Königs Ratchis nicht auf einen speziellen Grenzübergang zielte, sondern allgemein als Gesetz »die Marken«, d. h. also die Nordgrenze gegenüber den Franken sowie die Nordostgrenze gegenüber den Slaven und Avaren meinte, wird generell ein funktionierendes, ja sogar recht perfektes Grenzsicherungssystem im Norden und Nordosten förmlich vorausgesetzt[63]. Der Mangel an belegbaren Einzelstationen wäre damit für die Langobardenzeit einigermaßen ausgeglichen.

Von entscheidender Bedeutung ist nunmehr die Frage, ob die Franken nach der Eroberung des Langobardenreiches ihrerseits das Paßstraßensicherungssystem an den Alpenausgängen

58) Immerhin dürfte Königin Berta, die 770 durch Bayern nach Italien zog, den Brenner überquert haben (Annales regni Francorum a. 770, MGH SS rer. Germ. S. 30).

59) Siehe v. a. H. Wolfram, Conversio Bagoariorum et Carantanorum. Das Weißbuch der Salzburger Kirche über die erfolgreiche Mission in Karantanien und Pannonien (Böhlau Quellenbücher) Graz 1979 mit weiterführender Literatur.

60) W. Störmer, Fernstraße und Kloster. Zur Verkehrs- und Herrschaftsstruktur des westlichen Altbayern im frühen Mittelalter, in: Zeitschrift f. bayerische Landesgeschichte 29, 1966, S. 299–343; Ders., Engen und Pässe in den mittleren Ostalpen und ihre Sicherung im frühen Mittelalter, in: Beiträge zur Landeskunde Bayerns und der Alpenländer. Hans Fehn zum 65. Geburtstag (Landeskundliche Forschungen, hrsg. Geographische Gesellschaft in München, H. 43) 1968, S. 91–107.

61) Tangl (wie Anm. 17), S. 52 mit dem anschließenden Hinweis, daß auch die Ausreise an der tuszischen Grenze mitgeregelt wurde. Den Text der Paßvorschrift hat F. Bluhme ediert, MGH Leges 4, 192 f.

62) Tangl (wie Anm. 17), S. 43.

63) Vgl. Tangl (wie Anm. 17), S. 29.

übernahmen. Modifizierter könnte man fragen, ob fränkisches Herrschaftsinteresse an Alpenpässen und Paßstraßen erkennbar ist. Eine Antwort soll auf zwei unterschiedlichen Wegen versucht werden.

1. Die Bedeutung der langobardischen Grenzsicherung war den fränkischen Königen bekannt, wenngleich diese wiederholt in der Lage waren, die Sicherungsanlagen zu überwinden. Als beispielsweise König Pippin 754 von Maurienne nach Italien ziehen wollte, versperrte ihm König Aistulf an den entsprechenden Klausen den Weg[64]. Der etwas verzerrten Darstellung des Fredegar-Fortsetzers ist aber zu entnehmen, daß es fränkischen Truppen gelang, die Klausen zu umgehen. Als Pippin 756 abermals von Maurienne über den Mont Cenis gezogen war, sperrten ihm die Langobarden *ad clusas* den Weitermarsch. Wieder glückte die Umgehung der offenbar zum Landesinnern hin relativ ungeschützten Klausen. Fredegars Fortsetzer berichtet: *statim Franci solito more, ut edocti erant, per montes et rupes erumpentibus in regno Aistulfo cum multa ira et furore intrant*[65].

Mit ähnlicher Umgehungstaktik überwand Karl der Große 773 die langobardischen Klausen[66], die dann offenbar auch nach dem Untergang des selbständigen Langobardenreiches nie ganz aufgegeben wurden. Beim Aufstand Bernhards wurden von seiner Seite, also von Süden her, »alle Pässe nach Italien verrammelt und durch Wachen versperrt«[67], was sich bald in umgekehrter Richtung, nämlich von Norden ausgehend, wiederholen sollte. Denn als Lothar I. nach seiner Unterwerfung von seinem Vater Ludwig dem Frommen 834 nach Italien beordert wurde, »sperrte man hinter ihm die engen Paßzugangsstraßen nach Italien, damit niemand ohne förmliche Erlaubnis *(licentia)* der Wächter durchziehen könnte«[68]. Die Kontinuität spätrömisch-ostgotisch-fränkisch-byzantinisch-langobardisch und wieder fränkischer Klausensysteme wird letztlich auch zum Jahre 837 bezeugt, als Lothar I. seinerseits *clusas in Alpibus muris firmissimis arceri praecepit*[69]. Über die Durchführung des Auftrags ist nichts bekannt.

Wenn die Annales Bertiniani zum Jahre 878 berichten, daß Papst Johannes von Châlon über St. Jean de Maurienne durch die Klausen des Mont Cenis *(per clusas montis Cinisii)* nach Italien zurückkehrte, so legt der Wortgebrauch nahe, an eine noch bestehende Klausensicherung zu denken[70]. Schließlich kann auch an die Nachricht der Fuldaer Annalen zu 894 erinnert werden, wonach König Arnulf nördlich von Ivrea der Zugang zum Aostatal verwehrt wurde durch Anhänger Widos und Rudolfs von Burgund, die die sehr stark befestigten Klausen unterhalb des Kastells Bard verschlossen bzw. abriegelten: *Quod tunc et firmissimas*

64) Cont. Fredegarii 37 (MGH SS rer. Merov. 2, 184).
65) Ebd. 38 (MGH SS rer. Merov. 2, 185).
66) Annales regni Francorum a. 773 (MGH SS rer. Germ. S. 36).
67) Anonymi Vita Hludowici Imperatoris c. 29 (MGH SS II, 623).
68) Ebd. c. 53 (S. 639).
69) Annales Bertiniani a. 837 (MGH SS rer. Germ. S. 14).
70) Annales Bertiniani a. 878 (MGH SS rer. Germ. S. 144).

clausas obseratas desuper posito lapideo castello ...[71]. Vorausgesetzt wird damit ein prinzipiell intaktes Sicherungssystem, das ad hoc selbstverständlich verstärkt werden konnte.

Mit gewisser Vorsicht lassen demnach die zitierten Belege zu 834, 837, 878 und 894 darauf schließen, daß die Paßstraßensicherungsanlagen im Alpengebiet auch in fränkischer Zeit grundsätzlich funktionsfähig und mindestens ad hoc wirksam zu nutzen blieben. Nur für die Ostalpen sind entsprechende Aussagen nicht möglich, hier dürfte der Vorstoß der Slawen längst das Sicherungssystem überwunden und die Ostalpenpässe für Langobarden und Franken unzugänglich gemacht haben[72].

2. Für die nachrömische Zeit muß, wie bereits angedeutet wurde, damit gerechnet werden, daß die alpinen Paßhöhen selbst nicht militärisch gesichert bzw. befestigt waren. Auszuschließen ist dabei nicht, daß sich auf ihnen Einrichtungen befanden, die Pilgern und Reisenden in privaten wie öffentlichen Angelegenheiten zur Verfügung standen. Eine Aufnahme dieser Thematik führt in gewisser Weise in den bedeutsamen Komplex fränkischen Spitalwesens, welches reich dokumentiert und vorrangig im Zusammenhang allgemeiner königlicher Armenfürsorge untersucht worden ist[73]. Wenn jedoch Einrichtungen auf alpinen Paßhöhen im Vordergrund unseres Interesses stehen, wird man bei ihnen weniger an Instrumente spezifischer Armenfürsorge denken müssen als vielmehr an Hospize für Pilger und Reisende aller Art.

Das älteste entsprechende Zeugnis reicht weit in die Zeit Kaiser Ludwigs des Frommen zurück. Aus dem ersten erhaltenen Originaldiplom Kaiser Lothars I. geht nämlich hervor, daß er auf Geheiß seines kaiserlichen Vaters bereits vor 825 auf dem Mont-Cenis ein Hospiz hatte errichten lassen, dessen Gründung Ludwig der Fromme einst feierlich gelobt hatte: *in monte Ciniso quoddam hospitale in honore domini dei ac salvatoris nostri Iesu Christi seu et beatissime semper virginis Marie ad peregrinorum receptionem*[74]. Dieses Hospiz war aus dem Grundbesitz des Klosters Novalese (zwischen Mont-Cenis und Susa, westlich von Turin) mit einer sehr respektablen Ausstattung *(tanta substantia)* versehen worden, *per quam sufficeret diurnus pauperum Christi concursus tolerari*. Für den Güterverlust entschädigte nun Lothar I. die Abtei Novalese mit dem kompletten Kloster Pagno. Die am 25. 2. 825 in Marengo erfolgte Beurkundung dieser Besitzübertragung ist das einzige erhaltene Zeugnis für die Gründung und Existenz des Hospizes selbst. Der Gesamtvorgang belegt indes großes kaiserliches Interesse, nennens-

71) Annales Fuldenses a. 894 (MGH SS rer. Germ. S. 124), vgl. oben bei Anm. 55.

72) Vgl. oben Anm. 59.

73) Grundlegend: E. Boshof, Untersuchungen zur Armenfürsorge im fränkischen Reich des 9. Jahrhunderts, in: Archiv f. Kulturgeschichte 59, 1976, S. 265–339, für die Paßhospize S. 274–277; E. Lesne, Les églises et les monastères, centres d'accueil, d'exploitation et de peuplement (Histoire de la propriété ecclésiastique en France, Bd. 6) 1943, insbes. S. 102ff.; W. Schönfeld, Die Xenodochien in Italien und Frankreich im frühen Mittelalter, in: ZRG Kan. 12, 1922, S. 1–54.

74) DLotharI Nr. 4 – Das Diplom ist leicht verunechtet, allerdings in hier nicht relevanten Passagen; BM² 1022; vgl. Boshof (wie Anm. 73), S. 275f.

wertes Stiftungsgut für eine offenbar relevante Funktionszuweisung und vermutlich auch die Anlage des Hospizes in unmittelbarer Nähe der Paßhöhe[75].

Zum Jahre 859 berichten die westfränkischen Annalen von St. Bertin von einem *hospitale quod est in monte Iovis*, dem späteren Großen St. Bernhard. König Lothar II. habe bei einer Übereinkunft mit seinem Bruder Ludwig II., dem *Italorum rex*, eine umfangreiche Landabtretung vorgenommen, sich dabei jedoch das genannte Hospiz weiterhin reserviert[76]. Weil die sonstigen Abtretungen das Land jenseits des Jura betrafen, hat man angenommen, das Hospital werde eher am Nordhang des Berges gelegen haben[77]. Der Sattel des Passes selbst käme aber vielleicht auch in Betracht. Wesentlicher dürfte sein, daß der lakonisch kurze Kontext dieser Angabe in den Annales Bertiniani die Vermutung trägt, daß König Lothar II. schon zuvor unmittelbar über das Hospital verfügte. Damit wäre dieses Hospital bzw. Hospiz als königlich ausgewiesen und vermutlich im größeren Zusammenhang regional organisierten Königsgutes zu sehen.

Eine weitere Nachricht bezieht sich auf ein *senodochium sancti Petri*, das unter Ludwig dem Frommen belegt ist. Die Forschung hat in diesem Senodochium (Xenodochium) eine Herberge bzw. ein Hospiz gesehen, das auf dem Septimer zu suchen sei. Heinrich Büttner aber hat die Nachricht nicht nur sehr skeptisch beurteilt, sondern beiseite zu schieben versucht[78]. Sein Hauptargument lag in dem Hinweis, daß erst 1122 auf dem Septimer eine Herberge erwähnt werde. Nun hat das fehlende Kontinuitätskriterium kein besonderes Gewicht, zumal wenn berücksichtigt wird, daß die Paßlandschaften im 10. Jahrhundert außerordentlich unter den Sarazenen litten, die sich vielerorts im Hochgebirge festgesetzt hatten und mancherlei Kontinuitätsbrüche verursachten. Wesentlich scheint auch zu sein, daß man ein Senodochium auf dem Septimer angesichts der erwähnten annähernd zeitgleichen Belege für Hospize auf dem Großen St. Bernhard und dem Mont-Cenis aus methodischen Gründen schlecht rundweg anzweifeln kann.

Der strittige Beleg findet sich in einer Urkunde Kaiser Ludwigs des Frommen, in der er der Kirche von Chur einen durch den Grafen Roderich widerrechtlich entzogenen Besitz zurückerstattete und die dem Bischof zustehenden geistlichen Rechte bestätigte[79]. Das in Teilen verfälschte bzw. verunechtete Diplom kann etwa nach Straßburg lokalisiert und auf 831 datiert werden. In ihm ist von einem *senodochium sancti Petri* die Rede; weitere Hinweise ergeben sich

75) Vgl. OEHLMANN (wie Anm. 40) Bd. 3, S. 204: Ludwig der Fromme habe durch seinen Sohn Lothar »in Folge eines Gelübdes westlich von der Paßhöhe, 170 Meter unterhalb derselben, ein Hospiz erbauen« lassen.

76) Annales Bertiniani a. 859 (MGH SS rer. Germ. S. 53).

77) BOSHOF (wie Anm. 73), S. 275; A. BRACKMANN, Regesta pontificum Romanorum: Germania Pontificia II, 2, 1927, S. 131 f.

78) BÜTTNER, Die Bündner Alpenpässe (wie Anm. 8), S. 249.

79) Bündner Urkundenbuch I Nr. 53* (Straßburg, 824–vor 831 Juni 9). Auf 831 datiert O. P. CLAVADETSCHER, Das churrätische Reichsgutsurbar als Quelle zur Geschichte des Vertrags von Verdun, in: ZRG Germ. 70, 1953, S. 2 sowie DERS., Die Einführung der Grafschaftsverfassung in Rätien und die Klageschriften Bischof Viktors II. von Chur, in: ZRG Kan. 39, 1953, S. 46–111, hier S. 102 f.

nicht. Da aber die Kaiserurkunde referiert, daß der Herrscher eine Kommission ausgesandt hatte, um die Klagen des Churer Bischofs[80] zu überprüfen, und dabei herausgekommen sei, daß die strittigen Rechte der Kirche von Chur seit langem gehörten, ist bei einer Echtheit der Nachricht auch eine längere Existenz der genannten Herberge anzunehmen. Leider ist ausgerechnet diejenige Stelle, an der sich Ludwig der Fromme seinerseits auf seine Vorgänger, d. h. seinen Vater, Großvater und andere Vorväter bezieht *(quas antecessores nostri genitor noster avus et atavus aliique)*, verunechtet. Insofern läßt sich eine Verleihung des Senodochiums bereits durch Pippin nicht zwingend vermuten. Es bleibt jedoch die recht sichere Annahme, daß die strittigen Güter, zu denen die Herberge gehörte, auf eine Königsschenkung zurückgingen. Danach würde auch das Hospital auf der Paßhöhe des Septimer ursprünglich Königsgut gewesen sein. Erwähnt werden muß allerdings, daß die genauere Lagebestimmung nicht gesichert ist, obwohl die Forschung im allgemeinen das Hospiz auf den Septimer legt[81].

Die angeführten drei Hospize auf Paßhöhen erhärten die Vermutung, daß die Alpenpässe auch für nichtkriegerische Zwecke intensiv genutzt wurden. Üblicherweise sind Senodochien oder Hospize für Arme, Pilger und sonstige Reisende gedacht. Ein Armenspital auf einer Paßhöhe ist aber so unwahrscheinlich, daß von vornherein die Funktion für eine Aufnahme von Pilgern und Reisenden spricht[82]. Der postulierte Charakter der Paßhospize als Königsgut bzw. ursprüngliches Königsgut korrespondiert mit einer Beobachtung, die Clavadetscher bei der Interpretation des churrätischen Reichsgutsurbars gemacht hat. Danach ist von einem System recht regelmäßiger Abfolge von *tabernae* und *stabula* entlang der großen schon römerzeitlichen Straße von Bregenz nach Chur, an der Julier- und Septimerroute sowie an der Engadinstraße

80) Es liegen insgesamt vier Klagen des Churer Bischofs vor: Bündner Urkundenbuch I Nr. 45, 46, 47 und 49. Diese Klageschriften sind neu datiert von CLAVADETSCHER, Einführung (wie Anm. 79), insbes. S. 59ff. In BUB I Nr. 46 (825) findet sich ein allgemeiner Anklang: *Distructa sunt synodochia vel pauperum susceptiones*. Vgl. auch BUB I Nr. 67* (Ludwig d. D., Trebur, 849 Juni 12).

81) Vgl. die Bearbeiter des Bündner Urkundenbuches I, S. 45 Anm. 5. A. SCHULTE (wie Anm. 87), S. 61f. hielt es dagegen für sehr wahrscheinlich, daß es sich bei dem *xenodochium sancti Petri* um ein Hospiz auf der Paßhöhe des Septimer handelte. Das Hospitium auf dem Großen St. Bernhard identifizierte er (S. 60f.) mit der »*abbatia montis Jovis sancti Petri* in Bourg-St. Pierre, dem höchstgelegenen Walliser Dorf an der Paßstraße (1633 m, Paßhöhe 2472 m)«. Dagegen hat A. SCHORTA, Elemente der christlichen Kultur in den Ortsnamen Graubündens, in: Bündnerisches Monatsblatt 1949, S. 270f. das Xenodochium aus sprachlichen (nur Hospitale sei als Entsprechung in die romanischen Sprachen aufgenommen worden) und sachlichen Gründen als Hof Stalvedro (romanisch Stalveder = Hospitale vetere) unterhalb von Beiva (Bivio) am Nordfuß des Passes identifizieren wollen, was CLAVADETSCHER, Einführung (wie Anm. 79), S. 103 Anm. 212, sehr einleuchtete. Da SCHORTA selbst mit einer »dreistufigen Entwicklung des Xenodochiums sancti Petri« und dabei mit Verlegungen rechnet (S. 271), ließe sich das von Bischof Viktor III. 825 als zerstört beklagte Hospiz/Herberge auch oberhalb von Bivio suchen, zumal auch um 1100 auf der Paßhöhe selbst ein Hospiz gebaut werden konnte.

82) BOSHOF (wie Anm. 73), S. 274: »Lediglich die Hospize auf den Alpenpässen werden wohl in erster Linie allein mit Wallfahrern und Reisenden zu tun gehabt haben«, während sonst die Funktionen von Pilgerherberge und Armenhaus vereint entgegentreten.

auszugehen[83]. Dieses im churrätischen Reichsgutsurbar von 842/43 erkennbare System bezieht sich eindeutig auf Königsgut[84]. Alle Herbergen und Stallungen bzw. unbewohnten Notquartiere für Menschen und Reit- bzw. Lasttiere befanden sich auf königlichem Grund und Boden, unter königlicher Aufsicht und sicher ursprünglich auch in königlicher Regie. Danach ist königliches Interesse an der großen Paßaufgangsstraße zu den Bündner Pässen und einzelnen Routen dokumentiert. Man wird mit ziemlicher Wahrscheinlichkeit annehmen dürfen, daß auch die bereits bei Bregenz beginnende Paßstraße als Königsstraße ausgewiesen war. Ihre Fortsetzung dürfte sie außerhalb des Bereiches, den das churrätische Reichsgutsurbar erfaßte, auch auf den Paßhöhen selbst gehabt haben. Insofern ist es nicht zu riskant, die Belege für Paßhospize mit dem Beleg einer weit in die Hochebene hinabführenden Paßroute zu koppeln[85].

Im fränkischen Reich ist bereits seit der Merowingerzeit bzw. dem 6. Jahrhundert mehrfach belegt, daß die Könige den Anspruch erhoben, die großen Straßen auf schiffbaren Flüssen und auf dem Lande ihrer eigenen Aufsicht und Kontrolle vorzubehalten. An dem Charakter großer Wasser- und Landstraßen als Königsstraßen besteht kein Zweifel[86]. Insofern ist auch mit einem ausgesprochenen Straßenregal zu rechnen, das im übrigen oft an spätrömische Staatsstraßen anknüpfte. Die im gallischen Raum relativ zahlreich bezeugten Königsstraßen fänden demnach im später eroberten Alpenraum ihre Fortsetzung. Mit einiger Vorsicht läßt sich sogar annehmen, daß neben den Routen zu den Bündner Pässen, zum Septimer und zum Großen St. Bernhard auch andere wichtige Paßstraßen Königsstraßen gewesen sind.

Südlich der Alpen scheint die rechtliche Verfügung über die großen Verkehrsstraßen und ihre Einrichtungen nach dem Ende der spätrömischen Zeit problemlos an die ostgotischen Herrscher übergegangen zu sein. Nach stürmischer Anfangszeit und lange andauerndem Partikularismus haben wohl auch die Langobarden das System königlicher Straßen übernom-

83) O. P. Clavadetscher, Verkehrsorganisation in Rätien zur Karolingerzeit, in: Schweizerische Zeitschrift für Geschichte 5, 1955, S. 1–30, hier insbes. S. 16ff., 24f., 29. Cl. spricht eindeutig von Königsstraßen; die Belege des Urbars weisen vorrangig auf die Engadinstraße. Vgl. Clavadetscher, Churrätien (wie Anm. 9), S. 165.

84) Bündner Urkundenbuch I, Anhang: hier bes. § *Sunt tabernarii isti* (S. 394); vgl. Clavadetscher, Verkehrsorganisation (wie Anm. 83). – Eine gewisse Parallele bietet die Anordnung und südliche Orientierung von »Mönchsgemeinschaften an den Straßen über die Alpen nach Italien«, etwa »im Anschluß an Reichenau und St. Gallen: Pfäfers, Disentis, Müstaïr, Leno und Nonantola«, K. Schmid, Bemerkungen zur Anlage des Reichenauer Verbrüderungsbuches, in: Ders., Gebetsgedenken und adliges Selbstverständnis im Mittelalter. Ausgewählte Beiträge, 1983, S. 517 – vgl. S. 510.

85) Vgl. G. Schneider-Schnekenburger, Churrätien im Frühmittelalter auf Grund der archäologischen Funde (Münchner Beiträge zur Vor- und Frühgeschichte, hrsg. J. Werner, Bd. 26) 1980, insbes. S. 111ff. (Verkehrswege) und die Verkehrskarten (Abb. 1f.) sowie Fundaufnahmetafeln 70f.

86) Siehe etwa H. Hassinger, in: Handbuch der deutschen Wirtschafts- und Sozialgeschichte, hrsg. v. H. Aubin und W. Zorn, Bd. 1, 1971, S. 283ff.

men[87]. Es klang bereits an, daß gerade langobardische Könige in exzeptioneller Weise den Personenverkehr kontrollierten und an den Paßstraßen ein besonders ausgeklügeltes Befestigungs- und Überwachungssystem praktizierten. Nach der Eroberung des Langobardenreiches übernahmen die fränkischen Herrscher offenbar wie selbstverständlich die Kontrolle der großen Verkehrswege in Italien. Eine Vielzahl von Kapitularien belegt seit der Zeit Karls des Großen, daß die karolingischen Herrscher sich um die allgemeine Brückenbaupflicht in Italien kümmerten und um die regelmäßige Instandhaltung der Straßen. Diese Nachrichten weisen darauf hin, daß die großen Verkehrsstraßen als unter Königsrecht stehend bzw. als Regal empfunden wurden[88]. Beispielsweise hat Kaiser Lothar I. im Februar 832 für seine Königsboten in einem Kapitular Regelungen zunächst für die *senedochia* gegeben und dann in dem letzten Kapitel (13) die Anordnung hinzugefügt, daß die Königsboten wegen der Straßen und Brücken und der übrigen Wachposten in öffentlicher Hand Erkundigungen einholen und nach Maßgabe ihrer Möglichkeiten auf Korrekturen drängen sollten. Darüber hinaus waren sie berichtspflichtig über das, was sie bei ihren Kontrollreisen ermittelt hatten[89]. Der Textzusammenhang läßt das Adjektiv *publicis* eindeutig auf alle drei genannten Objekte *(De viis et pontibus et ceteris excubiis publicis)* beziehen – danach ist von öffentlichen Straßen zu reden.

Ähnlichen Aufschluß gewährt ein Kapitular, das Boretius Karls des Großen Sohn Pippin zugeschrieben und auf ca. 790 datiert hat, während Ganshof für das Jahr 787 und Karl den Großen als Aussteller plädiert. In diesem Kapitular wird in Kapitel 17 bestimmt, daß die alte Gewohnheit beibehalten werden soll, mit Siegel und Brief zu reisen, d. h. Reisenden einen Paß auszustellen, und sorgfältig die Straßen und Tore zu bewachen[90]. Dabei bezieht sich das Kapitular offensichtlich auf eine ältere Bestimmung des Langobardenkönigs Ratchis. Er hatte verfügt, daß niemand in die Marken einreisen dürfe, der nicht über ein Zeichen oder einen Brief des Königs verfüge[91]. Der Zusammenhang beider Bestimmungen ergibt, daß die Karolinger sich offenbar nahtlos in das bisherige langobardische Überwachungssystem eingefügt haben, daß sie aber auch im langobardischen Königreich über die großen Verkehrsstraßen weiterhin verfügen wollten.

87) Ganz allgemein: A. SCHULTE, Geschichte des mittelalterlichen Handels und Verkehrs zwischen Westdeutschland und Italien mit Ausschluß von Venedig, Bd. 1, 1900; spezielle Untersuchungen sind dringend notwendig.

88) MGH Capitularia 1, 192 (Nr. 91 c. 4) von 782–787; Cap. 2, 87 (Nr. 213 c. 8) von 850; Cap. 2, 277 (Nr. 261 c. 2–4) von 854. Vgl. Cap. 1, 150 (Nr. 62 c. 19) von 809 und Cap. 1, 294 (Nr. 143 c. 3) von 821. Th. SZABÓ, Antikes Erbe und karolingisch-ottonische Verkehrspolitik, in: Institutionen, Kultur und Gesellschaft im Mittelalter. Fs. für J. Fleckenstein zu s. 65. Geburtstag, 1984, S. 125–145 wertet entsprechende Maßnahmen der Karolinger in Italien als Rückgriff auf eine *antiqua consuetudo* (S. 143).

89) MGH Capitularia 2, 65 (Nr. 202 c. 13) – 832 Februar.

90) MGH Capitularia 1, 201 (Nr. 95 c. 17) von 787: *Sicut consuetudo fuit sigillum et epistola prendere et vias vel portas custodire, ita nunc sit factum.*

91) Der Herausgeber BORETIUS verweist bei *sicut consuetudo* (!) (s. vorstehende Anmerkung) auf: *Rachis, capit in brevi 1: nullus homo per marcas introire possit sine signo aut epistola regis* (Ratchis regis capitula in breve statuta, MGH Leges 4, 192).

Im zuvor angeschnittenen Zusammenhang bedeuten diese Hinweise, daß mit einer analogen Sicherung der Paßabgänge und der weiteren Paßrouten bis in die oberitalienische Tiefebene hinein unter königlicher Regie zu rechnen ist. Damit wäre, zwar nicht zwingend, aber doch sehr wahrscheinlich, an ein besonderes fränkisches Interesse an den Routen über die Alpen unter Einschluß der Paßstraßen und Paßhöhen zu denken. Wer in solcher Weise sowohl in merowingischer als auch in karolingischer Zeit sich um die Alpenübergänge kümmerte, dokumentierte damit, daß ihm an dauerhafter Sicherung dieser Wege außerordentlich gelegen war. In dieser Konsequenz erhält die fränkische Alpenpolitik vorrangig den Charakter einer vorbereitenden Italienpolitik. Alpenpolitik und Italienpolitik sind nicht trennbar, ihr Zusammenhang ist für die merowingische Zeit sehr wahrscheinlich und für die Karolingerzeit seit Pippin und Karl dem Großen überhaupt nicht mehr zu leugnen. Die Schwäche der Argumentation liegt in der Zahl der gewiß nicht umfangreichen Belege. Sie läßt allerdings nur zu, an dem ausgeprägten Königsgutcharakter der Alpenrouten zu rütteln. Das Interesse des Königtums an den Alpenrouten selbst ist dagegen methodisch nicht anzweifelbar.

Zur militärisch-politischen Bedeutungskomponente der Alpenstraßen tritt auch aus der Sicht des fränkischen Königtums das Interesse an der Sicherung des allgemeinen bzw. privaten Verkehrs, vorzugsweise von Pilgerreisen und Handelsfahrten. Solcher Handelsverkehr ist sowohl im relativen Nahbereich als auch vor allem im ausgesprochenen Fernhandel vielfältig vorauszusetzen und teilweise recht gut zu erkennen[92], wenngleich entsprechende schriftliche Zeugnisse nur sehr selten sind.

IV.

Recht schwer ist die Frage zu beantworten, ob fränkische Alpenpolitik eine Entsprechung in fränkischer Siedlungspolitik gefunden hat. Aus grundsätzlichen Erwägungen müßte solche Siedlung für das 7. und 8. Jahrhundert eigentlich unwahrscheinlich sein, weil es fränkischer Grundhaltung entsprach, eher verhandelnd und unter Respektierung gewachsener Herrschafts- und Sozialstrukturen sich mit politischer Oberherrschaft zu begnügen. Eine gezielte Siedlungspolitik hätte hierbei nur gestört. Mit einem solchen Hinweis ließe sich vielleicht das auffällige Fehlen entsprechender Zeugnisse erklären. Gleichwohl scheint es Ausnahmen zu geben, deren gewichtigste aus der Kirche St. Benedikt in Mals (1051 m ü. M.) im Oberen Vintschgau stammt. Das hier erhaltene berühmte, fast lebensgroße Stifterfresko bezeugt einen fränkischen adligen

92) Vor allem: J. Werner, Fernhandel und Naturalwirtschaft im östlichen Merowingerreich nach archäologischen und numismatischen Zeugnissen, in: 42. Bericht der Römisch-Germanischen Kommission 1961 (1962) S. 307–346; Ders., Italisches und koptisches Bronzegeschirr des 6. und 7. Jahrhunderts nordwärts der Alpen, in: Mnemosynon Theodor Wiegand, 1938, S. 74–84; Ders., Münzdatierte austrasische Grabfunde, 1935; A. Schulte (wie Anm. 87), S. 39ff. und bes. 54ff.; siehe a. Oehlmann (wie Anm. 40), Bd. 3, S. 174f.

Grundherrn[93], der in Mals persönlich ansässig gewesen sein dürfte und vermutlich in einen Zusammenhang mit der Sicherung des 18 km nördlich gelegenen Reschenpasses zu bringen ist. Von Mals aus ließ sich gleichzeitig der Zugang zum Münstertal kontrollieren, in dessen östlichem Teil zur Zeit Karls des Großen das Kloster Müstaïr gegründet wurde. Wenn die schwierige Datierung des bestechenden Bildzeugnisses tatsächlich unmittelbar in die Zeit um 800 weisen sollte, wäre vielleicht ein zusätzlicher Zusammenhang mit der um 806 in Rätien eingeführten Grafschaftsverfassung gegeben[94].

So unergiebig für unsere Fragestellung das Malser Benediktspatrozinium ist, so problematisch ist hier ohnehin das komplizierte Terrain der Patrozinienkunde[95]. Es bleibt im folgenden unberücksichtigt, weil es sich teils mit anderen Tagungsthemen überschneidet, teils auch aus methodischen Bedenken, weil etwa zu fränkischen Patrozinien mindestens ein bis zwei fränkische Siedler schriftlich, bildlich oder archäologisch nachweisbar sein müßten, wenn man andere Interpretationsmöglichkeiten wenigstens zurückdrängen wollte.

So wird die Frage nach fränkischer Siedlung im Alpenraum fast zwangsläufig auf Oberitalien gelenkt, wo die Verhältnisse gründlich untersucht worden sind[96]. Schon vor der fränkischen Eroberung Italiens hatte es dort Franken gegeben[97]. Bonifaz traf 738 in Rom auf eine fränkische »Kolonie«, und das Langobardenreich war ebenfalls schon lange das klassische Ziel nordalpiner Pilger, vieler Mönche, bald auch »Zufluchtsort für politische Gegner des fränkischen Königs«, insbesondere seit der Mitte des 8. Jahrhunderts[98]. Von ihnen konnte man eine antikarolingische Haltung erwarten, die teilweise auch belegbar ist. Aus dem Material, welches der Studie von Karl Schmid »zur Ablösung der Langobardenherrschaft« zugrunde liegt[99], läßt sich aber – entgegen der Intention des Verfassers – auch erkennen, daß die in der Endphase langobardischer Königsherrschaft gegründeten bedeutenden Abteien ihrerseits die Ablösung der Langobardenherrschaft erheblich erleichtert hatten. Auffällig genug sprach Karl der Große sie auch ab 774 direkt als erste an und förderte sie großzügig[100]. So wird man fragen dürfen, ob im Vorfeld der Unterwerfung des Nachbarreiches eine besondere Variante der ohnedies so zweckorientierten fränkischen Klosterpolitik zu verzeichnen ist. Für den Alpenraum scheint eine »Unterwan-

93) Siehe Bozener Ausstellungskatalog: Karolingische Kunst in Südtirol, 1981.

94) Dazu Clavadetscher (wie Anm. 80), bes. S. 53ff.

95) Die Schwierigkeiten der Patrozinieninterpretation illustriert das ebenfalls mit frühmittelalterlichen Fresken reich ausgestattete St. Prokulus in Naturns im Vintschgau (ca. 15 km westlich von Meran). Das im Bistum Chur und im Vintschgau belegte Patrozinium weist nach Süden, wie auch die Pfarrkirche in Naturns dem hl. Zeno geweiht ist, der 372 als Bischof in Verona starb.

96) E. Hlawitschka, Franken, Alemannen, Bayern und Burgunder in Oberitalien (774–962). Zum Verständnis der fränkischen Königsherrschaft in Italien (Forschungen zur oberrheinischen Landesgeschichte 8) 1960.

97) Ebd. S. 18.

98) Ebd. S. 22.

99) K. Schmid, Zur Ablösung der Langobardenherrschaft durch die Franken, in: Quellen und Forschungen aus italienischen Archiven und Bibliotheken 52, 1972, S. 1–36; vgl. auch H. Grasshoff, Langobardisch-fränkisches Klosterwesen in Italien, Diss. phil. Göttingen 1907.

100) Schmid (wie vorstehende Anm.), S. 34.

derung« der Klosterkonvente jedoch nicht nötig gewesen zu sein, bezeugt ist sie wohl ohnehin nicht.

Nach Italien selbst kamen seit 774 nordalpine Zuwanderer in beachtlicher Zahl, »vornehmlich Leute in hochpolitischer Funktion«[101]: Fränkische und alemannische Adlige mit großen vasallitischen Gefolgen, dazu auch Bayern und (beträchtlich weniger) Burgunder, die als künftige Führungsschicht das fränkische Herrschaftssystem in Italien tragen und stabilisieren sollten[102]. Eine »Veränderung der ethnischen Grundstruktur der romanisch-langobardischen Bevölkerung Ober- und Mittelitaliens« haben sie jedoch nicht erreicht, wie Eduard Hlawitschka hat herausarbeiten können[103]. Dieses wichtige Ergebnis unterstreicht seinerseits, daß fränkische Alpenpolitik von ihren ersten Anfängen an gut daran tat, gegenüber den Alpenvölkern auf direkte Machtausübung und auch auf Ansiedlung zu verzichten, stattdessen Verhandlungen zu pflegen und sich mit Formen eigener Oberhoheit zu begnügen, welche die Paßstraßen offenhielt. Und doch lohnt es, Hlawitschkas Belege nach Siedlern im Alpenraum bzw. in unmittelbarer Alpennähe zu sichten. Dabei ergibt sich ein differenziertes Bild:

1. In Anknüpfung an langobardische Sicherungspolitik kam es in Oberitalien zur Siedlung von Franken und Alemannen, vor allem an den politisch und militärisch wichtigen Plätzen: im Gebiet von Mailand–Pavia, dem »Herzstück des regnum Langobardiae«, im Raum von Verona, Como-Lecco, Parma, Piacenza und Lucca[104]. Einige dieser Ansiedlungsschwerpunkte hatten ihre vorrangige Bedeutung in der Sicherung der Alpenausgangstäler: Verona mit den Veroneser Klausen, der Brennerstraße und für die über den Reschenpaß führende Route, Como und Lecco an den großen oberitalienischen Seen als Ausgangspunkte für die Straßen über die Bündner Pässe. Im Bereich der Westalpenstraßen fehlen Entsprechungen; lediglich am Ausgang des Susatals ist ein (begüterter) Alemanne belegbar, daneben gibt es Indizien für fränkische Ansiedlung am Zugang zum Tal der Stura, das ins Ubayetal hinüberführt[105]. Eine größere Ansiedlungsdichte liegt dann erst für Asti vor. Offenbar sollte hier die Hauptstadt Pavia gegenüber den vom Mont Cenis und Mont Genèvre kommenden Durchgangsstraßen abgeschirmt werden. Unbedeutender war die sogenannte fränkische Staatssiedlung im Raum von Brescia und Bergamo[106], etwas umfangreicher im Gebiet von Friaul.

Hlawitschka hat herausstellen können, daß die fränkische Staatssiedlung in den genannten Räumen wie auch sonst im Landesinnern zumeist langobardischem Vorbild folgte, teils sogar parallel zu noch existierenden langobardischen Arimannien loziert wurde, damit diese kontrol-

101) Hlawitschka (wie Anm. 96), S. 22.
102) Ebd. S. 46f.; 96f.
103) Ebd. S. 96.
104) Ebd. S. 36.
105) Ebd. S. 37.
106) Ebd. S. 44f., S. 57. Zu Bergamo vgl. J. Jarnut, Bergamo 568–1098. Verfassungs-, Sozial- und Wirtschaftsgeschichte einer lombardischen Stadt im Mittelalter (Vierteljahrschrift für Sozial- und Wirtschaftsgeschichte, Beiheft 67) 1979. Zum allgemeinen Problem vgl. Ders., Beobachtungen zu den langobardischen arimanni und exercitales, in: ZRG Germ. 88, 1971, S. 1–28.

liert und gegebenenfalls neutralisiert werden konnten[107]. Für uns würde dies bedeuten, daß bei solcher Hauptfunktion ihre allgemeine Bedeutung für den Schutz der Alpenzugänge und Alpenausgänge zurücktritt. In die Gebiete nördlich der skizzierten Linie, also in den eigentlichen Alpenraum, reichen die genannten fränkischen Staatssiedlungen ohnehin nicht hinein.

2. Erwähnenswert ist ferner, daß einzelne nordalpine Klöster im südlichen Alpenraum mit Land begabt wurden: So verlieh Karl der Große der Abtei St. Denis altes langobardisches Fiskalland im Veltlin[108]; St. Martin in Tours erhielt schon 774 Insel und Kastell Sirmione im Gardasee, außerdem das ganze Tal Camonica (neben Besitz in und um Pavia). Erst unter Karl III. wurde dagegen St. Gallen Besitzerin des Klösterchens Massino im Lago Maggiore, und noch später unter Arnulf erhielt die Abtei Reichenau die Ortschaften Tremezzo und Gravedona am Comer See.

Mit den angeführten knappen Belegen wird man sich begnügen müssen, denn gelegentliche Zeugnisse für den einen oder anderen fränkischen Amtsträger im Alpenrandgebiet sind zwar nicht gänzlich auszuschließen, für die Frage nach fränkischer Siedlung im 9. Jahrhundert aber kaum ausdeutbar. Insgesamt dürfte der Rückgriff auf Hlawitschkas Ergebnisse das zuvor für die Frage nach fränkischer Siedlung im Alpenraum skizzierte Bild unterstreichen: Solche ist (mindestens vorläufig) nicht belegbar – von Relevanz dürfte sie ohnehin nicht gewesen sein.

V.

Wohl durchgängig zog fränkische Eroberungspolitik kirchenorganisatorische Konsequenzen nach sich, und auch für diejenigen Gebiete, in denen man sich mit Formen einer Oberherrschaft begnügte, kann Entsprechendes nicht ausgeschlossen werden. Eine flüchtige Überprüfung läßt für den Alpenraum bereits erkennen, ob er eher als zu Italien oder als zum Norden gehörig angesehen wurde. König Guntrams Ausgriff von 575 auf das Aostatal und das Tal von Susa sowie das oberhalb von Turin gelegene Val di Lanzo hat zu kirchlicher Neuregelung geführt. Die bisher dem Bistum Turin zugeordneten Gebiete im Susatal kamen zusammen mit dem oberen Arctal, dem Maurienne, zum Bistum Maurienne, das um 581/583 neu gegründet wurde. Das Bistum Aosta dagegen, das bisher Mailand unterstellt war, wurde der Metropole Vienne zugeordnet, später dann dem Erzbistum Tarentaise. Etwas unklarer sind die Verhältnisse für Chur, weil der Churer Bischof, der Mailand unterstellt war, im Jahre 762 auf der Synode von Attigny bezeugt ist und damit ein Wechsel zur Mainzer Metropole nahezuliegen scheint. Da es sich aber in Attigny wohl nicht um eine Provinzialsynode, sondern um eine fränkische Reichssynode handelte, dürfte die Unterstellung des Bistums Chur unter das Erzbistum Mainz

107) Hlawitschka (wie Anm. 96), bes. S. 44f.
108) DKarl d. Gr. Nr. 81; vgl. Hlawitschka S. 30f. – auch für das Folgende.

erst mit dem Vertrag von Verdun 843 erfolgt sein[109]. Dieses Datum dokumentiert allerdings hervorragend die Zusammenhänge von allgemeiner politischer und kirchlicher Organisation. Auch das Bistum Säben/Brixen wurde spätestens am Ende des 8. Jahrhunderts aus dem Verband von Aquileja gelöst und auf Salzburg orientiert, während vielleicht erst unter Karl dem Großen Lausanne der Metropole Besançon und das ebenfalls im Alpenraum gelegene Sitten der Metropole Tarentaise unterstellt wurden. Diese im einzelnen sehr komplizierten Organisationsregelungen erfolgten offenbar unter dem Leitprinzip einer kirchlichen Herauslösung aus italienischen Bindungen und einer Zuordnung zum nordalpinen Herrschaftsbereich der Franken.

Die Reichsteilungspläne des 9. Jahrhunderts erlauben schließlich auch eine Überprüfung der Frage, ob fränkischer Herrschaftswillen die Alpenregion teilweise bzw. in Gänze dem Norden des Großreiches oder dem italischen Süden zuordnete. Die von Karl dem Großen 781 projektierte Erbregelung gewährt hierfür jedoch noch keine Auskunft. Damals wurde Karls vierjähriger Sohn Karlmann in Rom vom Papst getauft, auf den Namen Pippin umbenannt und vom Vater mit dem Königtum der Langobarden bedacht[110]. Wie sein dreijähriger Bruder Ludwig, der nunmehrige König von Aquitanien, wurde Pippin anschließend vom Papst zum König gesalbt und auch gekrönt.

Bedeutsamer sind hier die Angaben der sogenannten Divisio regnorum von 806. Das umfangreiche Teilungskonzept wies Ludwig unter anderem zu: *Saboiam, Moriennam, Tarentasiam, montem Cinisium, vallem Segusianam usque ad clusas et inde per terminos Italicorum montium usque ad mare*. Pippin sollte für seinen italienisch-bayerischen Hauptkomplex auch den *ducatus Curiensis* erhalten und Karl die *Francia* sowie Teile Burgunds, Alemanniens und den Bereich östlich des Rheins[111]. Die Grenzziehungen werden bis auf eine Ausnahme nicht begründet[112]; diese allerdings ist von besonderer Bedeutung, weil sie das gesamtfränkische Interesse an Italien trotz künftiger Reichsteilungen dokumentiert und von der Überzeugung geleitet wird, daß eine Sicherung der Alpenübergänge für jedes Teilreich unverzichtbar ist! Die Teilungspläne seien konzipiert, *ita ut Karolus et Hluduwicus viam habere possint in Italiam ad auxilium ferendum fratri suo, si ita necessitas extiterit, Karolus per vallem Augustanam, quae ad regnum eius pertinet, et Hluduwicus per vallem Segusianam, Pippinus vero et exitum et ingressum per Alpes Noricas atque Curiam*[113]. – Beiläufig ergibt sich daraus, daß die Alpenregion nicht als Einheit und auch nicht als zu Italien gehörig empfunden wurde.

109) O. P. CLAVADETSCHER, Mainz und Chur im Mittelalter, in: Festschrift Ludwig Petry I (Geschichtliche Landeskunde 5) 1968, S. 78 ff.

110) P. CLASSEN, Karl der Große und die Thronfolge im Frankenreich, in: Festschrift H. Heimpel III, 1972, S. 109–134 mit 6 Karten; jetzt auch in: Ausgewählte Aufsätze von Peter Classen, hrsg. v. J. FLECKENSTEIN (Vorträge und Forschungen 28) 1983, S. 205–229 – hier siehe S. 210 (114).

111) MGH Capitularia 1, 127 (Nr. 45 c. 3). Vgl. ebd. c. 4 (S. 128) für den Fall einer Zweiteilung: *ut ab ingressu Italiae per Augustam civitatem accipiat Karolus Eboreiam ...*

112) CLASSEN (wie Anm. 110), S. 124 (bzw. 219).

113) Cap. 1, 127 (Z. 35 ff.).

Ludwigs des Frommen Ordinatio imperii von 817 wies dem *senior frater* Lothar mit dem *regnum Italiae* den Hauptkomplex des Reiches zu[114], damit auch fast den gesamten Alpenraum, von dem nur die bayerischen Anteile und Kärnten an Ludwig (den Deutschen) gelangen sollten. Nähere Angaben fehlen in diesem Teilungsplan, der noch nach Jahrzehnten heftig umstritten war. Die offenen Streitigkeiten begannen 829, als Ludwigs des Frommen jüngster Sohn Karl der Kahle Alemannien, Rätien und einen Teil Burgunds (die romanische Schweiz?) übertragen erhielt[115], was seine Brüder nur momentan tolerierten.

Aufschlußreicher ist dann das Wormser Reichsteilungskonzept von 839, das mit Lothar I. und Karl dem Kahlen ausgehandelt wurde, während man Ludwig den Deutschen stillschweigend als *rex in orientali Francia* respektieren mußte[116]. Lothar wählte in Worms unter anderem das *regnum Italiae partemque Burgundiae, id est vallem Augustanam, comitatum Vallissiorum, comitatum Waldensem usque ad mare Rhodani* usw.; zu seinem Reichsteil sollten auch der *ducatus Alamanniae* und *Curia* gehören. In Karls des Kahlen künftigem Reichsteil fehlten hingegen Anteile an den Alpen, dafür verfügte er über die Provence. Für uns wichtig ist die ausdrückliche Zuordnung des Aostatals zu Burgund, nicht nur die des Wallis und Waadtlandes.

Die Reichsteilung von Verdun 843 gestand bekanntlich dem Mittelreich Lothars I. den gesamten Westalpenraum zu, während zu Ludwigs Ostreich Rätien und die Ostalpen gehörten. Hier erwähnenswert sind allenfalls noch die ostfränkischen Teilungskonzepte von 865 und 872, die im Teilungsvertrag von 876 nach Ludwigs des Deutschen Tod im wesentlichen realisiert wurden. Karlmann mit Bayern, Pannonien und Kärnten sowie Karl mit Alemannien und Rätien hatten Anteile des Alpengebietes, ohne daß neue Gesichtspunkte erkennbar wären. Lediglich die Angabe der ersten Fortsetzung zur Chronik des Ado von Vienne überrascht zu 865: danach habe Karlmann unter anderem *marchas contra Sclavos et Langobardos* zugewiesen erhalten[117]. Eine bayerische Mark gegen die Langobarden scheint sonst nicht bekannt zu sein – die Nachricht klingt aber so, als seien Alpenraum und Oberitalien bereits kraß geschieden.

Da die Auflösung des Karolingerreiches, die schon vor der Mitte des 9. Jahrhunderts begonnen hatte und auch durch Karls des Dicken episodenhafte Alleinherrschaft nicht aufgehalten werden konnte, neue politische Konstellationen und Probleme schuf, welche unter die Aspekte unseres Beitrages kaum mehr einzuordnen sind, kann der Überblick abgebrochen werden. Nur darauf sei noch verwiesen, daß im Land zwischen Jura und Großem St. Bernhard sich 888 ein neues Königreich entwickelte, das als typisches, am Straßensystem des Großen St. Bernhard orientiertes Alpenreich anzusprechen ist[118]. Dabei beruhte es auf älteren Grund-

114) Cap. 1, 273 (Nr. 136 c. 17).
115) BM² 868.
116) Cap. 2, 58 (Nr. 200) – Datierung nach BM² 993c.
117) MGH SS 2, 325b. Diese erste, von Ado selbst geschriebene Fortsetzung wurde 870 fertiggestellt; H. Löwe in: Wattenbach–Levison–Löwe, Deutschlands Geschichtsquellen im Mittelalter. Vorzeit und Karolinger Heft V, 1973, S. 623.
118) H. Büttner, Waadtland und Reich im Hochmittelalter, in: DA 7, 1944, S. 80. Vgl. H. E. Mayer, Die Alpen und das Königreich Burgund, in: Die Alpen in der europäischen Geschichte des Mittelalters

lagen, denn Regino von Prüm nennt schon zum Jahre 859 einen *ducatum inter Iurum et montem Jovis*[119]. Diese alpinen Akzentuierungen dürfen jedoch nicht überbetont werden, weil der erste Vorstoß dieses Königreiches Burgund weder die Alpenplattform zu festigen suchte noch nach Süden ging, sondern stattdessen weit nach Lothringen ausgriff, wo Rudolf I. in Toul die Königssalbung erhielt.

*

Unter dem übergeordneten Aspekt der Ethnogenese im Alpenraum können einige Ergebnisse besonders herausgestellt werden:

1. Auffällig ist die breite Kontinuität fränkischer Alpen- und Italienpolitik seit den Söhnen Chlodwigs bis zur Auflösung des Karolingerreiches. Da die auf den Alpenraum und Italien orientierte Politik von einem breiten fränkischen Grundkonsens getragen wurde, darf zurecht von fränkischer Politik gesprochen werden. Der grundsätzliche Zusammenhang zwischen Alpen- und Italienpolitik schließt manche selbständigen Elemente der Alpenpolitik nicht aus. Solche sind weniger in der Tatsache zu sehen, daß fränkische Herrschaftsgewalt sich nie am Alpenhauptkamm orientierte, sondern die Pässe und deren südliche Zugangstäler erstrebte, als vornehmlich in kirchenorganisatorischen Maßnahmen und zurückhaltender Durchdringung alpiner Herrschaftsgefüge. Diese politische Grundhaltung kontrastiert vor allem mit der seit 774 in Oberitalien praktizierten Sicherungspolitik. Hierhin hatte man zuverlässige Leute aus alten Kernlanden verpflanzt, die fränkische Herrschaft durchsetzen sollten. Eine solche Maßnahme, die Hlawitschka für Italien reich belegt und »als das Herzstück der karolingischen Herrschaftsmethoden in einem neu eroberten und an das alte Frankenreich angegliederten Land angesehen« hat[120], ist für den Alpenraum nicht erkennbar!

2. In einer »Bestallungsformel für den Dukat beider Rätien« hat Cassiodor vor 507 Rätien als das Bollwerk Italiens gegenüber anbrandenden wilden Völkern bezeichnet: *Raetiae namque munimina sunt Italiae et claustra provinciae*[121]. Diese Sehweise gilt in gewissem Maße für den gesamten Alpenraum, der als ein zu Italien gehöriger Schutzwall empfunden wurde. Ein Ergebnis fränkischer Alpen- und Italienpolitik ist die Umkehrung der Situation, insofern fränkische Oberherrschaft über den gesamten Alpenraum beansprucht und nahezu völlig durchgesetzt wurde. Mit dem Besitz der Täler von Susa und Aosta reichte die fränkische Herrschaft seit 575 im Grunde schon über das eigentliche Alpengebiet nach Italien hinein, hatte sie ihren weiterreichenden Anspruch augenfällig dokumentiert.

3. Der fränkische Oberhoheitsanspruch über den Alpenraum und das vorsichtige und kluge Verhalten gegenüber den Alpenvölkern hat größeren Ausdehnungsbestrebungen einzelner

(Vorträge und Forschungen 10) 1965, S. 58. Auch Ders., Historisch-diplomatische Einleitung des Urkundenbandes der burgundischen Rudolfinger (MGH DDRudolf).

119) Reginonis chronica a. 859 (MGH SS rer. Germ. S. 78); vgl. ebd. a. 888 (S. 130): *provintiam inter Iurum et Alpes Penninas occupat*...

120) Hlawitschka (wie Anm. 96), S. 96.

121) Bündner Urkundenbuch I Nr. 3 (S. 4); vgl. oben bei Anm. 51.

Stämme wie beispielsweise Bayern und Alemannen deutliche Grenzen gezogen. Insofern könnte man für das gesamte Alpengebiet von einer Art fränkischem »Bremsschuh« für ethnogenetische Entwicklungen größeren Ausmaßes reden. Fränkische Alpenpolitik erwies sich als Schutz gerade kleinerer Ethnika. Ob auch die churrätische Eigenständigkeit sich letztlich nur unter fränkischem Schutzdach dauerhaft zu bewahren wußte, kann hier indes nicht kompetent beantwortet werden.

4. Durch den konsequenten Ausgriff in die südlichen Paßtäler und Vorlande wurde der Alpenraum gegenüber dem Kulturbereich Italiens seit dem 6. Jahrhundert relativ abgeschlossen, seine germanisch-gentilen und keltischen Besonderheiten vor dominanten romanisch-italienischen Einflüssen geschützt. Die daraus resultierenden politischen Konsequenzen und kulturellen Verschiedenheiten reichen bis in das 20. Jahrhundert.

5. Kirchenorganisatorische Maßnahmen der Merowinger- und Karolingerherrscher haben die Eigenständigkeit des Alpenraumes gegenüber Italien gefördert. Dabei wird eine künftig stärkere Ausrichtung an Mittel- und Westeuropa ebenfalls erkennbar. Vielleicht ließe sich aus dem Faktum kirchlicher Neuordnungen sogar ableiten, daß der fränkischen Politik an einer dauerhaften Sicherung des Alpenraumes selbst dann gelegen war, wenn eine weiterreichende Italienpolitik erfolglos bliebe. Dies erscheint umso augenfälliger, wenn man berücksichtigt, daß die Beibehaltung der alten kirchlichen Organisationszusammenhänge für eine offensive Südpolitik sich durchaus als sehr nützlich hätte erweisen können.

6. Der breite und kontinuierliche Strom fränkischer Alpen- und Italienpolitik, in den sich die Interessen mancher zum fränkischen Großreich gehörenden Völker zumeist nahtlos einfügen ließen, dürfte dem seit 843 fast selbständigen Ostfränkischen und künftigen Deutschen Reich, aber auch dem seit Verdun und Coulaines 843 ungleich stärker formierten Westfrankenreich[122] politische Wege nach Süden als nahezu selbstverständlich vorgezeichnet haben.

122) Dazu vor allem P. Classen, Die Verträge von Verdun und von Coulaines 843 als politische Grundlagen des westfränkischen Reiches, in: Historische Zeitschrift 196, 1963, S. 1–35 – Wiederabdruck in: Ders., Ausgewählte Aufsätze (wie Anm. 110), S. 249–277.

Bayern und Italien vom 7. bis zum 10. Jahrhundert

VON ALOIS SCHMID

Leopold von Ranke hat in seiner Darstellung der deutschen Geschichte im Zeitalter der Reformation die Tatsache, daß von allen deutschen Territorien Bayern am entschlossensten am alten Glauben festhielt, damit erklärt, daß dieses Herzogtum im Verlaufe des vorausgehenden Jahrtausends am engsten mit dem Zentrum des Katholizismus in Rom verbunden und durch seine Nachbarschaft beständig starker Beeinflussung aus Italien ausgesetzt gewesen sei. An dieser Wegmarke europäischer Geschichte seien in Jahrhunderten gewachsene geschichtliche Bindungen wirksam geworden und hätten zu einer konfessionellen und kulturellen Zweiteilung Europas beigetragen, die bis in die Gegenwart nachwirke[1]. Mit dieser Deutung hat erstmals Ranke die engen Beziehungen Bayerns zu Italien während des Mittelalters mit Nachdruck herausgestellt und sie geradezu als eine der folgenschwersten Antriebskräfte der deutschen Geschichte angesprochen. Dementsprechend hat sich die historische Forschung der Folgezeit eingehend um deren weitere Erhellung bemüht. Die politische Geschichte[2], die Kirchen-[3],

1) L. von RANKE, Deutsche Geschichte im Zeitalter der Reformation 1, hg. H. MICHAEL, o. J., S. 337–354.

2) M. DOEBERL, Entwicklungsgeschichte Bayerns 1, ³1916, S. 31; S. von RIEZLER, Geschichte Baierns 1, ²1927, S. 145–188 u. ö.; K. REINDEL, Bayern im Mittelalter, 1970, S. 12f., 31–36, 72–75, 85f., 100; W. STÖRMER, Die Agilolfinger im politischen Kräftefeld vom 6. bis 8. Jahrhundert, in: Von Severin zu Tassilo. Baiernzeit in Oberösterreich. Ausstellungskatalog, ³1977, S. 1–12; W. GOEZ, Italien und Bayern. Geschichte und Gegenwart (Erlanger Materialien, 1978); K. BOSL, Die ersten siebenhundert Jahre deutsch-bayerischer Geschichte Südtirols, in: ZBLG 42, 1979, S. 15–30; M. FORCHER, Bayern–Tirol. Die Geschichte einer freud- und leidvollen Nachbarschaft, 1981; J. RIEDMANN, Geschichte Tirols, 1982, S. 26–37.

3) K. REINDEL, Die Bistumsorganisation im Alpen-Donau-Raum in der Spätantike und im Frühmittelalter, in: MIÖG 72, 1964, S. 277–310; F. PRINZ, Frühes Mönchtum im Frankenreich. Kultur und Gesellschaft in Gallien, den Rheinlanden und Bayern am Beispiel der monastischen Entwicklung (4. bis 8. Jahrhundert), 1965, S. 318–344; P. STOCKMEIER, Aspekte zur Frühgeschichte des Christentums in Bayern, in: Beiträge zur altbayerischen Kirchengeschichte 27, 1973, S. 30–33; H.-D. KAHL, Zwischen Aquileja und Salzburg. Beobachtungen und Thesen zur Frage romanischen Restchristentums im nachvölkerwanderungszeitlichen Binnen-Noricum, in: Die Völker an der mittleren und unteren Donau im 5. und 6. Jahrhundert, Wien 1980, S. 33–81; K. GAMBER, Das Kassians- und Zeno-Patrozinium in Regensburg, in: Deutsche Gaue 49, 1957, S. 17–28; DERS., Das Tassilo-Sakramentar und die Kirche der herzoglichen Pfalz, in: DERS., Ecclesia Reginensis. Studien zur Geschichte und Liturgie der Regensburger Kirche im Mittelalter, 1979, S. 74, 82f., 89; D. STUTZER, Weingüter bayerischer Prälatenklöster in Südtirol, 1980.

Kunst-[4], Wirtschafts-[5], Siedlungs-[6], Sprach-[7] und Literaturgeschichte[8] sowie die Volkskunde[9] haben zahlreiche Detailstudien erarbeitet, die den von Ranke behaupteten Zusammenhang präzisierten. Dabei erhielt die Diskussion von der politischen Entwicklung nach dem Ersten Weltkrieg weitere befruchtende, freilich meist mit außerwissenschaftlichen Vorentscheidungen belastete Anstöße[10]. Sie wird in den letzten Jahren vor allem von der Archäologie beherrscht, die zu einer deutlichen Erweiterung der Kenntnisse beitragen konnte, aber vorerst nicht mehr als punktuelle Aussagen bereitzustellen vermag[11]. Insgesamt gesehen ist die

4) F. v. JURASCHEK–W. JENNY, Die Martinskirche in Linz, Linz 1949; V. MILOJČIĆ, Untersuchungen in der Fuldaer Propstei Solnhofen an der Altmühl, in: Aus Bayerns Frühzeit. Friedrich Wagner zum 75. Geburtstag (Schriftenreihe zur bayerischen Landesgeschichte 62, 1962), S. 329–350; R. STROBEL, Romanische Architektur in Regensburg. Kapitell, Säule, Raum, 1965, bes. S. 93–100; F. OSWALD, Beziehungen der Klosterkirche Frauenchiemsee zur Baukunst Oberitaliens im 11. Jahrhundert, in: Zeitschrift für Kunstgeschichte 29, 1966, S. 311–314; K. GINHART, Die frühmittelalterliche Martinskirche auf dem Römerberg in Linz, Linz 1968; I. WIEGAND-UHL, Figurale und ornamentale Bauskulptur der Romanik in Bayern und der Lombardei, München 1975.

5) F. BASTIAN, Oberdeutsche Kaufleute in den älteren Tiroler Raitbüchern (Schriftenreihe zur bayerischen Landesgeschichte 10, 1931); J. SYDOW, Beiträge zur Geschichte des deutschen Italienhandels im Früh- und Hochmittelalter, in: Verhandlungen des Historischen Vereins für Oberpfalz und Regensburg 97, 1956, S. 405–413; Vom Saumpfad zur Autobahn. 5000 Jahre Verkehrsgeschichte der Alpen, hg. Bayerische Staatsbibliothek (Bayerische Staatsbibliothek, Ausstellungskataloge 15, 1978); G. RÖSCH, Venedig und das Reich in der deutschen Kaiserzeit (Bibliothek des Deutschen Historischen Instituts Rom 53, 1982).

6) S. SCHINDELE, Reste deutschen Volkstumes südlich der Alpen. Eine Studie über die deutschen Sprachinseln in Südtirol und Oberitalien, 1904; B. EBERL, Die bayerischen Ortsnamen als Grundlage der Siedelungsgeschichte 1, 1925, S. 59f.

7) E. GAMILLSCHEGG, Romania Germanica. Sprach- und Siedlungsgeschichte der Germanen auf dem Boden des alten Römerreiches 2, 1935; H. BRINKMANN, Sprachwandel und Sprachbewegung in althochdeutscher Zeit, 1931; E. SCHWARZ, Baiern und Langobarden, in: Protokoll des Konstanzer Arbeitskreises für mittelalterliche Geschichte 109, 1953, S. 38–48; DERS., Slawen, Langobarden und Baiern in ihren ältesten Namenbeziehungen, in: Acta Salmanticensia. Filosofia y Letras 11/2, Salamanca 1958, S. 283–295; E. KRANZMAYER, Die bairischen Kennwörter und ihre Geschichte, 1960, S. 30–33, 36f.; K. FINSTERWALDER, Das Werden des deutschen Sprachraumes in Tirol im Lichte der Namenforschung, in: Die Alpen in der europäischen Geschichte des Mittelalters (Vorträge und Forschungen 10, 1965), S. 261–274.

8) G. BAESECKE, Der deutsche Abrogans und die Herkunft des deutschen Schrifttums, 1930; DERS., Vor- und Frühgeschichte des deutschen Schrifttums, 2 Bände, 1940–1950; H. LÖWE, Arbeo von Freising. Eine Studie zu Religiosität und Bildung im 8. Jahrhundert, in: Rheinische Vierteljahrsblätter 15/16, 1950/1951, S. 87–120; B. BISCHOFF, Die südostdeutschen Schreibschulen und Bibliotheken in der Karolingerzeit 1, ^{3}1974; 2, 1980; DERS., Salzburger Formelbücher und Briefe aus tassilonischer und karolingischer Zeit (Sitzungsberichte der Bayerischen Akademie der Wissenschaften, phil.-hist. Klasse 1973, Heft 4).

9) In diesen Zusammenhang gehört etwa die Erörterung der Frage der Totenbretter: F. POPELKA, Die Streitfrage über die Herkunft der Baiern, in: Zeitschrift des Historischen Vereins für Steiermark 43, 1952, S. 180f.; W. HARTINGER, Das Totenbrett, in: Jahrbuch für Volkskunde NF 5, 1982, S. 126–148, bes. 147.

10) Vor allem O. STOLZ, Die Ausbreitung des Deutschtums in Südtirol im Lichte der Urkunden, 4 Bände, 1927–1934.

11) Zusammenfassend: L. PAULI, Die Alpen in Frühzeit und Mittelalter. Die archäologische Entdeckung einer Kulturlandschaft, ^{2}1981.

Auseinandersetzung mit diesem Fragenkomplex noch weit von einem Abschluß entfernt. Sie kann sogar, um auf einen völlig unberührten Bereich zu verweisen, in die Neuzeit hineingetragen werden. Noch zwischen 1638 und 1750 haben sich die bayerischen Kurfürsten mit großem Einsatz um den Erwerb der in Norditalien gelegenen Herrschaften Mirandola und Concordia bemüht[12].

Im folgenden soll nicht versucht werden, in Fortsetzung dieser zahlreichen Detailstudien das bereits enge Geflecht nachgewiesener transalpiner Beziehungen Bayerns durch neue Beobachtungen weiter zu verfeinern, sondern eine Antwort auf die Frage zu suchen, wie diese vielfältigen Beziehungen politisch wirksam geworden sind, ob sie sich vielleicht sogar zu einer planvollen Italienpolitik der bayerischen Herzöge des frühen Mittelalters runden: Inwieweit, in welchen Situationen, aus welchen Gründen, mit welcher Zielsetzung wandten die bayerischen Herzöge des früheren Mittelalters ihre Aufmerksamkeit dem italienischen Raum zu? Es sollen Alter, Verlauf und Intensität der bayerischen Südpolitik erhellt werden, um auf diesem Wege einen Beitrag zum Verständnis der Grundlagen der ottonischen Italienpolitik und zu den Anfängen des deutschen Reiches des Mittelalters zu erarbeiten. Der Versuch, den politischen Stellenwert der vielfältigen bayerischen Südbeziehungen bis zur Jahrtausendwende aufzuzeigen, kann sich auf umfängliche Literatur vor allem von deutscher, aber auch von italienischer Seite her stützen, welche die spärlich, aber reichlicher als etwa für den schwäbischen Raum fließenden Quellen unter mannigfachen Fragestellungen ausgewertet hat. Erst 1981 faßte Kurt Reindel den Forschungsstand verläßlich zusammen[13]. Für sich und zusammenhängend ist das Thema in wissenschaftlich zufriedenstellender Form indes noch nicht behandelt[14].

Römische Grundlagen

Verbindungen des nordalpinen Vorlandes zu Italien werden nicht erst während des Mittelalters hergestellt, sie reichen in die Antike zurück. Es war seit den Räterfeldzügen der Stiefsöhne des Kaisers Augustus, Drusus und Tiberius, in den Jahren 16 und 15 v. Ch. bis an die Donau und im Limesgebiet später darüber hinaus Randgebiet des Imperium Romanum. Die Grenze zwischen den rätischen und norischen Provinzen und dem italischen Mutterland verlief am südlichen

12) Bayerisches Hauptstaatsarchiv München, Kasten schwarz 7607, 7746, 7957.

13) K. Reindel, Das Zeitalter der Agilolfinger; Bayern vom Zeitalter der Karolinger bis zum Ende der Welfenherrschaft 788–1180, in: Handbuch der bayerischen Geschichte 1, hg. M. Spindler, ^{2}1981, S. 97–349.

14) K. Bosl, Bayern und Italien. Zwölfhundert Jahre kultureller und menschlicher Begegnung, in: Gemeinsames Erbe. Perspektiven europäischer Geschichte, hg. K. Rüdinger, 1959, S. 55–87 behandelt schwerpunktmäßig die kulturellen Verbindungen. Vgl. auch K. Bosl, Italienisch-deutsche Kulturbeziehungen im 17. Jahrhundert, vornehmlich in dessen zweiter Hälfte, in: ZBLG 30, 1967, S. 507–525.

Alpenrand[15]. In West-Ost-Richtung trennte die Inn-Salzach-Linie die Provinzen Rätien und Noricum, von denen erstere zunächst zum rheinischen, letztere dagegen zum pannonischen Militärbezirk, seit Diokletian erstere zur Diözese Italia, letztere zur Diözese Pannonia gerechnet wurde. Der mittlere Alpenraum bildete also in der Antike mit seinen nördlichen und südlichen Vorlanden zwar eine politische Einheit, die allerdings durch mehrere Binnengrenzen unterbrochen war. Die Zugehörigkeit zum Imperium Romanum führte auch in diese Donauprovinzen zahlreiche Romanen, die nach dessen Zusammenbruch nur zum Teil, vor allem an der Grenze, abzogen[16]. Im übrigen sind romanische Gruppen in unterschiedlicher, im einzelnen noch nicht hinreichend erhellter Dichte zurückgeblieben. Sie werden in geographischen Bezeichnungen, im Personennamenbestand der ältesten bayerischen Urkunden, in kulturgeschichtlichen Befunden, aber auch – wie in Sindelsdorf – archäologisch faßbar[17]. Freilich darf der Anteil der nicht abgewanderten Romanen nicht überschätzt werden[18]. Keinesfalls berechtigt er, den bayerischen Stamm bruchlos aus dem Konglomerat der römischen Provinzialbevölkerung herauswachsen zu lassen und den Vorgang der Landnahme gänzlich in Abrede zu stellen[19]. Andererseits darf das romanische Element bei der Stammesbildung der Bajuwaren nicht geleugnet werden. Die im rätisch-norischen Raum zurückgebliebenen Romanen waren eine von den verschiedenen Bevölkerungsgruppen, die zum Bajuwarenstamm zusammenwuchsen, und wurden so zu einer Klammer, die das nördliche Alpenvorland auch nach dem Zusammenbruch des römischen Reiches weiter mit Italien verband. Die in erzählen-

15) R. HEUBERGER, Rätien in Altertum und Frühmittelalter, 1932, S. 75–99; F. WAGNER, Die Römer in Bayern, [4]1928; H.-J. KELLNER, Die Römer in Bayern, [4]1978; Die Römer an Rhein und Donau, hg. R. GÜNTHER–H. KÖPSTEIN, 1978.

16) Unzutreffend die Angabe der Annales S. Rudperti Salisburgenses, hg. W. WATTENBACH (MGH SS 9, 1851), S. 766 a. a. 508: *Latinis eiectis*; H. KOLLER, Der Donauraum zwischen Linz und Wien im Frühmittelalter, in: Historisches Jahrbuch der Stadt Linz 1960, S. 11–53.

17) J. STURM, Romanische Personennamen in den Freisinger Traditionen, in: ZBLG 18, 1955, S. 61–80; PRINZ, Frühes Mönchtum (wie Anm. 3), S. 338–342; E. SCHWARZ, Baiern und Walchen, in: ZBLG 33, 1970, S. 857–938; F. MOOSLEITNER, Die Merowingerzeit, in: Geschichte Salzburgs 1, hg. H. DOPSCH und H. SPATZENEGGER, 1981, S. 112–114; von archäologischer Seite etwa: W. SAGE, Gräber der älteren Merowingerzeit aus Altenerding Ldkr. Erding (Oberbayern), in: 54. Bericht der Römisch-Germanischen Kommission 1973, 1974, S. 212–289.

18) Man beachte den verschwindend geringen Anteil romanischer Namen im Namenbestand der Regensburger Traditionsnotizen: Die Traditionen des Hochstifts Regensburg und des Klosters S. Emmeram, hg. J. WIDEMANN (Quellen und Erörterungen zur bayer. Geschichte NF 8, 1943). Freilich darf infolge der bekannten Praxis der Namengebung aus dem hier gebotenen Namenmaterial nicht zwingend auf quantitative Aussagen geschlossen werden.

19) So K. BOSL, Bayerische Geschichte, [6]1979, S. 22 f.; H. L. G. GASTROPH, Herrschaft und Gesellschaft in der Lex Baiuvariorum. Ein Beitrag zur Strukturanalyse des agilolfingischen Stammesherzogtums vom 6. zum 8. Jahrhundert, 1974, bes. S. 31–41; Altbayern vom Frühmittelalter bis 1180, bearb. K.-L. AY (Dokumente zur Geschichte von Staat und Gesellschaft in Bayern 1/1, 1974), S. 41. Zum Problem zuletzt: A. KRAUS, Die Herkunft der Bayern, in: Augsburger Beiträge zur Landesgeschichte Bayerisch-Schwabens 1, hg. P. FRIED, 1979, S. 27–46; K. REINDEL, Die Bajuwaren. Quellen, Hypothesen, Tatsachen, in: DA 37, 1981, S. 451–473.

den Quellen bis ins Spätmittelalter als Synonym für Bayern verwendete Bezeichnung »Noricum« belegt, daß das Bewußtsein dieser alten Verbindungen und der Zugehörigkeit dieses Raumes zum Imperium Romanum auch nach dessen Untergang nicht verschüttet wurde. Insgesamt gesehen ist mit einer gewissen, in einzelnen Bereichen unterschiedlich anzusetzenden Kontinuität zu rechnen[20].

Die frühe agilolfingische Zeit

Ein weiterer Bezugspunkt zu Italien erwuchs im Jahre 568, als der germanische Stamm der Langobarden aus seinen bisherigen Siedlungsräumen in der norisch-pannonischen Tiefebene nach Oberitalien abwanderte[21]. Denn zu den Langobarden unterhielten die Bajuwaren ein engeres Verhältnis als zu jedem anderen Germanenvolk. Inwieweit diese von ethnischen Beziehungen herrühren, läßt sich vorerst noch nicht sagen. Daß sich neben den Splittern anderer germanischer Stämme, der Sueben, der Markomannen, der Thüringer, der Naristen, der Alamannen, Heruler und Skiren und Rugier sowie der Hunnen auch Einzelgruppen von Langobarden im rätischen Alpenvorland niedergelassen haben, ist für den bajuwarischen Siedlungsraum bisher archäologisch noch nicht nachgewiesen. Doch läßt der Grabungsbefund von Schretzheim (LK Dillingen), also knapp westlich der bajuwarischen Siedlungsgrenze, eine derartige Annahme keinesfalls abwegig erscheinen. Die dortigen Untersuchungen haben die Anwesenheit einer langobardischen Bevölkerungsgruppe an der oberen Donau bereits für das 6. Jahrhundert belegt. Dabei ist die archäologische Fundlage in Schretzheim dahingehend gedeutet worden, daß diese Langobarden 568 ihre bisherigen Wohnsitze donauaufwärts

20) RIEZLER, Geschichte Baierns (wie Anm. 2), S. 105; R. HEUBERGER, Natio Noricorum et Pregnariorum. Beiträge zur Frühgeschichte der Baiern und der Alpen-Romanen des Eisacktales und des Vintschgaues, in: Veröffentlichungen des Museum Ferdinandeum Innsbruck 10, 1930, S. 1–52; L. STEINBERGER, Noricum, Baiern, Bayern, in: ZBLG 18, 1955, S. 81–143; E. KLEBEL, Das Fortleben des Namens »Noricum« im Mittelalter, in: Carinthia 146, 1956, S. 481–492; I. ZIBERMAYR, Noricum, Baiern und Österreich. Lorch als Hauptstadt und die Einführung des Christentums, [2]1956, S. 104 f.; A. KRAUS, Civitas regia. Das Bild Regensburgs in der deutschen Geschichtsschreibung des Mittelalters (Regensburger Historische Forschungen 3), 1972, S. 51 f. – Zur Kontinuitätsproblematik grundlegend: H. DACHS, Römerkastelle und frühmittelalterliches Herzogs- und Königsgut an der Donau, in: Aus Bayerns Frühzeit. Friedrich Wagner zum 75. Geburtstag (Schriftenreihe zur bayerischen Landesgeschichte 62, 1962), S. 293–320.

21) G. ROMANO–A. SOLMI, Le dominazioni barbariche in Italia 395–888, Mailand [3]1940; G. P. BOGNETTI, L'età langobarda, 4 Bände, Mailand 1966–1968; J. JARNUT, Prosopographische und sozialgeschichtliche Studien zum Langobardenreich in Italien 568–774, 1972; G. BARNI, I Langobardi in Italia, Novara, 1975; G. FASOLI, I Langobardi in Italia, Bologna 1974; I Langobardi e la Lombardia (Ausstellungskatalog), Mailand 1978; J. WERNER, Stand und Probleme der frühmittelalterlichen Archäologie in der Langobardenfrage, in: Atti del 6° Congresso Internazionale di studi sull' alto medioevo, Spoleto 1980, S. 25–46; J. JARNUT, Geschichte der Langobarden, 1982.

verlassen haben[22]. Sie müssen in diesem Fall durch bajuwarisches Siedelland gezogen sein, für das deswegen derartige Splitter nicht auszuschließen sind. Heute wird mit einem spürbaren Anteil von Langobarden bei der Ethnogenese der Bayern gerechnet (Erich Zöllner, Rainer Christlein)[23]. Sie sind am ehesten im gemeinsamen Grenzgebiet in Niederösterreich zu suchen, wo Ernst Schwarz tatsächlich aus sprachgeschichtlichen Beobachtungen die Überlagerung langobardischer Einzelgruppen durch Bajuwaren ableiten zu können glaubt[24]. Doch handelt es sich auch bei diesen anzunehmenden Langobarden um nicht mehr als Einzelgruppen, Splitter, keinesfalls ausreichend, um in ihnen den entscheidenden Kern der Bajuwaren zu sehen. Der wiederholt vertretenen Ansicht, daß sich der Langobardenstamm bei seiner Einwanderung in den mitteleuropäischen Raum im ausgehenden 5. Jahrhundert in zwei Teile aufgespalten habe, von denen der eine im nördlichen Alpenvorland, der Hauptteil dagegen in der norisch-pannonischen Tiefebene seßhaft geworden sei[25], widerspricht neben dem Namen der Bajuwaren die archäologische Fundlage. Die bisherigen Grabungen im rätisch-norischen Bereich konnten Fundstoff langobardischer Provenienz bei weitem nicht in der Dichte zu Tage fördern, die Voraussetzung für eine derartige Hypothese sein müßte. Deswegen ist die Langobardentheorie bei der Diskussion um die Anfänge des Bayernstammes zu Recht nur am Rande erörtert worden[26].

Auch wenn sich ethnische Verbindungen derzeit nicht nachweisen lassen, reichen die Beziehungen zwischen Bajuwaren und Langobarden zweifellos in die Zeit vor 568 zurück.

22) U. Koch, Das Reihengräberfeld bei Schretzheim (Germanische Denkmäler der Völkerwanderungszeit A XIII, 1977), S. 184–190; Werner, Langobardenfrage (wie Anm. 21), S. 340.
23) E. Zöllner, Das Geschlecht der Agilolfinger, in: Die Anfänge des Klosters Kremsmünster. Symposium 1.–18. V. 1977, redigiert von S. Haider (Ergänzungsband zu den Mitteilungen des Oberösterreichischen Landesarchivs 2, 1978), S. 396 spricht von »zweifellos recht engen, auch das Stammesethnikum betreffenden bairisch-langobardischen Berührungen und Verbindungen vor der Auswanderung«. Größere Gruppen werden jedoch ausdrücklich abgelehnt bei: W. Hartung, Süddeutschland in der frühen Merowingerzeit. Studien zu Gesellschaft, Herrschaft, Stammesbildung bei Alamannen und Bajuwaren (VSWG Beihefte 73, 1983), S. 164. Unhaltbar: E. Klebel, Langobarden, Bajuwaren und Slawen, in: Mitteilungen der Anthropologischen Gesellschaft Wien 69, 1939, S. 41–116, Neudruck in: Ders., Probleme der bayerischen Verfassungsgeschichte. Gesammelte Aufsätze (Schriftenreihe zur bayerischen Landesgeschichte 57, 1957), S. 1–89, hier S. 63–69, wo Klebel aus bayerischen Ortsnamen, die auf das Wort *-farn* enden, Rückschlüsse auf Langobardensplitter ziehen will. Den Forschungsstand faßt zusammen: R. Christlein, Bayern, in: Lexikon des Mittelalters, Bd. 1, 1980, Sp. 1097.
24) Schwarz, Slawen, Langobarden und Baiern (wie Anm. 7), S. 291 f.; Ders., Baiern und Langobarden (wie Anm. 7), S. 45.
25) A. Schneider, Herkunft und Geschichte der pannonischen Langobarden, 1926; Ders., Altsudetenland II: Die Langobarden und Rugier, 1929; R. Holtzmann, Zur Geschichte der Langobarden, in: Zeitschrift des deutschen Vereins für die Geschichte Mährens und Schlesiens 36, 1934, S. 1–8; Klebel, Langobarden (wie Anm. 23); Ders., Siedlungsgeschichte des deutschen Südostens, 1940, S. 24–26; Ders., Bairische Siedlungsgeschichte, in: ZBLG 15, 1949, S. 75–82; in modifizierter Form: B. Eberl, Die Bajuwaren. Feststellungen und Fragestellungen zur Frühgeschichte des Baiernvolkes, hg. I. Schäfer–K. Reindel, 1966, S. 102–149.
26) Kritik: Reindel, Zeitalter der Agilolfinger (wie Anm. 13), S. 107 f.

Diese ältesten Beziehungen sind zwar kaum erhellbar, nachdem sich in den schriftlichen Quellen keine verwertbaren Hinweise finden, und auch die Archäologie bislang keine verläßlichen Anhaltspunkte bereitzustellen vermag. Sie konnte in frühbajuwarischen Gräbern zwar mannigfachen Fundstoff östlicher Herkunft ermitteln, vermag diesen aber vorerst meist nur allgemein einem östlich-merowingischen Kulturkreis zuzuweisen, ohne zu genaueren Provenienzbestimmungen in der Lage zu sein[27]. Wo Provenienzbestimmungen möglich sind, bereitet häufig die exakte Datierung Schwierigkeiten, die gerade bei Langobardenfunden unumgänglich ist, wo die voritalische von der italischen Phase abzuheben ist. Trotz dieser wenig befriedigenden Forschungslage ist an diesen frühen Beziehungen nicht zu zweifeln. Beide Stämme sind gemeinsamer elbgermanischer Abkunft und somit bereits durch eine Urverwandtschaft verbunden. Die Langobarden beherrschten zusammen mit den Thüringern im 4. und 5. Jahrhundert den böhmischen Kessel, aus dem der namengebende und deswegen entscheidende Traditionskern der Bajuwaren mit hoher Wahrscheinlichkeit stammen dürfte. Trifft diese Annahme zu, muß es somit hier zu weiteren sehr frühen Kontakten gekommen sein. Die Langobarden waren dann auf breiter Front östlicher Nachbar der Bajuwaren, als sich diese im ausgehenden 5. und frühen 6. Jahrhundert zu einem Stamm formierten. Sie waren von dessen Anfängen bis 568 der entscheidende politische Machtfaktor im Osten, schon in Böhmen und Mähren, dann im transdanubischen Rugiland und im »Feld« ab 489, aber auch nach der Überschreitung der Donau 526/527[28]. Klebel[29] und Uhlirz[30] haben nicht ohne Grund bis in die dreißiger Jahre des 6. Jahrhunderts hinein eine langobardische Oberhoheit sogar über den rätischen Raum angenommen. Sie ist allerdings heute zugunsten einer ostgotischen[31], kaum einer fränkischen[32], Oberhoheit aufgegeben.

Trotz dieser Jahrzehnte währenden unmittelbaren Nachbarschaft können die Beziehungen zwischen beiden Stämmen vor 568 vorerst nur an wenigen Einzelpunkten präzisiert werden.

27) U. Koch, Die Grabfunde der Merowingerzeit aus dem Donautal um Regensburg 1 (Germanische Denkmäler der Völkerwanderungszeit A 10, 1968), S. 121–124.

28) Zur älteren Geschichte der Langobarden: L. Schmidt, Älteste Geschichte der Langobarden, 1884; Ders., Geschichte der deutschen Stämme bis zum Ausgang der Völkerwanderung 2: Die Ostgermanen, ²1934; E. Gamillscheg, Immigrazioni germaniche in Italia, 1937; E. Beninger, Die Langobarden an der March und an der Donau, in: Vorgeschichte der deutschen Stämme 2, hg. H. Reinerth, 1940, S. 827–864; I. Bona, Die Langobarden in Ungarn, in: Acta Archaeologica Academiae Scientiarum Hungaricae 7, 1956, S. 183–244; J. Werner, Die Langobarden in Pannonien (Abhandlungen der Bayerischen Akademie der Wissenschaften NF 55, 1962); I. Bona, Der Anbruch des Mittelalters. Gepiden und Langobarden im Karpatenbecken, Budapest 1976; H. Adler, Das langobardische Gräberfeld von Aspersdorf, in: Fundberichte aus Österreich 16, 1977, S. 7–70; H. Friesinger–H. Adler, Die Zeit der Völkerwanderung in Niederösterreich, 1979.

29) Klebel, Langobarden (wie Anm. 23), S. 48; Ders., Bairische Siedlungsgeschichte (wie Anm. 25), S. 79.

30) K. und M. Uhlirz, Handbuch der Geschichte Österreich–Ungarns 1, ²1963, S. 161.

31) Reindel, Zeitalter der Agilolfinger (wie Anm. 13), S. 115; H. Wolfram, Geschichte der Goten. Von den Anfängen bis zur Mitte des 6. Jahrhunderts, ²1980, S. 395f.

32) Bosl, Geschichte (wie Anm. 19), S. 22–24; Gastroph, Lex Baiuwariorum (wie Anm. 19), S. 38–40.

Kaum tragfähig ist der Hinweis auf eine arianische Frühstufe des Christentums bei den Bajuwaren, die diese religiös mit den Langobarden verbunden hätte. Mit ihr wird neuerdings nicht mehr gerechnet[33]. Dagegen darf davon ausgegangen werden, daß ein Vorgang wie die Schaffung eines neuen politischen Gebildes die Machtverhältnisse in diesem Grenzraum nachhaltig verändern mußte und deswegen nur mit Zustimmung der von dieser Verschiebung berührten Großmächte denkbar ist. Es muß deswegen für die Anfangszeit des Bajuwarenstammes eine – wie auch immer geartete – Verständigung angenommen werden, an der neben Ostgoten, Thüringern und Franken auch die Langobarden beteiligt gewesen sein dürften[34]. Sie müssen diese einschneidenden Veränderungen an ihrer Westgrenze zumindest geduldet haben, auch wenn keine Einzelheiten darüber bekannt sind. Vor allem aus dem Fibelmaterial ist langobardischer Import ausgesondert worden, der in die pannonische und zum Teil sogar in die böhmische Phase der Langobarden datiert wird. Die Sprachwissenschaft hat aus der Verbreitungskarte der *Maut*-Orte abgeleitet, daß dieses Wort von den pannonischen Langobarden ins Bairische übernommen wurde[35].

Die Kontakte zwischen beiden Völkern werden in größerer Deutlichkeit dann erstmals anläßlich der zwischen 555 und 560 anzusetzenden Verheiratung des ersten bekannten bayerischen Herzogs Garibald I. mit Walderada, der Tochter des Langobardenkönigs Wacho, faßbar[36]. Auch wenn diese Heirat auf den Druck des merowingischen Königs hin erfolgte, der damals Garibald in diese östliche Grenzprovinz abschob, brachte sie Bajuwaren und Langobarden miteinander in Verbindung. Die Heirat kam einem Bündnis gleich, das Franken, Langobarden und Bajuwaren vereinte[37]. Reinhard Schneider äußerte die Vermutung, daß auch

33) Riezler, Geschichte Baierns 1 (wie Anm. 2), S. 168; vgl. H. Zeiss, Bermerkungen zur frühmittelalterlichen Geschichte Baierns, in: ZBLG 2, 1929, S. 354–356; R. Bauerreiss, Kirchengeschichte Bayerns 1, ^{2}1958, S. 30–34; Prinz, Frühes Mönchtum (wie Anm. 3), S. 337; Reindel, Zeitalter der Agilolfinger (wie Anm. 13), S. 193 f.; K. Schaeferdiek, Gab es eine gotisch-arianische Mission im süddeutschen Raum?, in: ZBLG 45, 1982, S. 239–257.

34) J. Werner, Die Herkunft der Bajuwaren und der »östlich-merowingische« Reihengräberkreis, in: Aus Bayerns Frühzeit. Friedrich Wagner zum 75. Geburtstag (Schriftenreihe zur bayerischen Landesgeschichte 62, 1962), S. 229–250; Neudruck: Zur Geschichte der Bayern, hg. K. Bosl, 1965, S. 12–43, hier S. 35; G. Pfeiffer, Land und Städte in Bayern, in: Bayerisches Städtebuch 1 (Deutsches Städtebuch 5/1, hg. E. Keyser–H. Stoob, 1971), S. 21.

35) H. Bott, Bajuwarischer Schmuck der Agilolfingerzeit (Schriftenreihe zur bayerischen Landesgeschichte 46, 1952), S. 200–202. Den Nachweis, daß der Begriff »Maut« der einzige ist, der von den Langobarden übernommen wurde, führt P. Wiesinger, Gotische Lehnwörter im Bairischen. Ein Beitrag zu sprachlichen Frühgeschichte des Bairischen, in: Frühmittelalterliche Ethnogenese im Alpenraum, hg. H. Beumann-W. Schröder (Nationes 5, 1985), S. 153–200.

36) Paulus Diaconus, Historia Langobardorum I 21, hg. G. Waitz (MGH SS rer. Lang., 1878), S. 60; Origo gentis Langobardorum c. 3 (ebenda), S. 4; Gregor von Tours, Libri historiarum X, hg. B. Krusch, IV 9 (MGH SS rer. Merov. 1, ^{2}1951), S. 141. Vgl. E. Zöllner, Geschichte der Franken bis zur Mitte des 6. Jahrhunderts, 1970, S. 101 f., 107 f.

37) So Reindel, Zeitalter der Agilolfinger (wie Anm. 13), S. 141 f.; Ders., Mittelalter (wie Anm. 2), S. 33; Ay, Dokumente 1/1 (wie Anm. 19), S. 43; P. Fried, Bayern, in: Lexikon des Mittelalters 1, Lieferung 9, 1980, Sp. 1699.

Wachos Nachfolger Audoin mit einer bajuwarischen Prinzessin verheiratet gewesen sei[38]. Allerdings nennen die Quellen Rodelindes Herkunft nicht[39]. Die von Ernst Klebel herangezogenen Hinweise in der germanischen und angelsächsischen Heldensage auf Kämpfe zwischen Audoin und einem Herzog Elsan von Bayern, der Erzieher Waltharis gewesen sei, bieten zu wenig greifbare Anhaltspunkte, als daß sie historisch verläßlich ausgedeutet werden könnten[40]. Paulus Diaconus bezeugt dann, daß die Bajuwaren noch zu seiner Zeit Lieder auf den Langobardenkönig Alboin (558–572) kannten[41]. Daraus darf wohl gefolgert werden, daß gerade dieser König besonders enge Beziehungen zum werdenden Stamm im Westen unterhalten hat. Daß sich in Audoins Gefolge, als er 568 den Marsch nach Italien antrat, auch Bajuwaren, durch deren Gebiet er wohl führte, befanden, ist von Riezler aus der Angabe des Paulus Diaconus abgeleitet worden, daß es noch zu seiner Zeit *vicos Gepidos, Vulgares, Sarmatas, Pannonios, Suavos, Noricos* gebe[42]. Doch dürfte mit den hier genannten *Norici* eher die norische Provinzialbevölkerung gemeint sein[43]. Unhaltbar ist weiterhin der Versuch von Riezler und Eberl, anhand der langobardischen Ortsnamenbildungen auf *-engo* bajuwarische Splitter im Langobardenreich aufzuspüren[44]. Das Suffix *-engo* entspricht dem bayerischen *-ing* und schwäbischen *-ingen*[45]. Es ist eine gemeingermanische Eigenheit und ermöglicht keine Rückschlüsse auf Bevölkerungsbewegungen[46]. In entsprechender Weise darf die von Langobarden und Bajuwaren gemeinsam geübte Reihen-

38) R. SCHNEIDER, Königswahl und Königserhebung im Frühmittelalter. Untersuchungen zur Herrschaftsnachfolge bei den Langobarden und Merowingern (Monographien zur Geschichte des Mittelalters 3, 1972), S. 18.

39) Paulus Diaconus, Historia Langobardorum I 26 (wie Anm. 36), S. 68; Origo gentis Langobardorum c. 5 (wie Anm. 36), S. 4.

40) KLEBEL, Langobarden (wie Anm. 23), S. 46–48; DERS., Bairische Siedlungsgeschichte (wie Anm. 25), S. 79.

41) Paulus Diaconus, Historia Langobardorum I 27 (wie Anm. 36), S. 70.

42) Paulus Diaconus, Historia Langobardorum II 26 (wie Anm. 36), S. 87; RIEZLER, Geschichte Baierns 1 (wie Anm. 2), S. 146f. Riezlers Interpretation kann sich allerdings auf die Angabe des Paulus Diaconus III 30, S. 109 stützen: *Noricorum provincia, quam Baioariorum populus inhabitat.* Daß Alboin durch bayerisches Gebiet gezogen ist, berichtet die Historia Langobardorum Florentina, hg. G. WAITZ (MGH SS rer. Lang., 1878), S. 600. Doch sind deren weitere Angaben wenig glaubhaft. Sie berichtet nämlich außerdem, daß es hier zu harten Kämpfen mit zwei bayerischen Königen gekommen sei, die dabei ihr Leben gelassen hätten. In gleicher Weise unglaubhaft ist die Aussage, daß Alboins Gemahlin aus Bayern stammte. Rosamunde war die Tochter des Gepidenkönigs (SCHNEIDER, Königswahl, wie Anm. 38, S. 22).

43) R. WENSKUS, Stammesbildung und Verfassung. Das Werden der frühmittelalterlichen gentes, ^{2}1977, S. 492.

44) RIEZLER, Geschichte Baierns 1 (wie Anm. 2), S. 147; EBERL, Bajuwaren (wie Anm. 25), S. 115–135.

45) GAMILLSCHEGG, Romania Germanica 2 (wie Anm. 7), S. 70–81; J. JUD, Die Verteilung der Ortsnamen auf -engo in Oberitalien, in: Romania Helvetica 4, 1937, S. 162–192; E. P. AEBISCHER, Pour l'histoire de suffixe d'origine langobarde -ing dans l'Italie centrale, in: Zeitschrift für romanische Philologie 61, 1941, S. 114–121.

46) E. SCHWARZ, Deutsche Namenforschung 2: Orts- und Flurnamen, 1950, S. 120.

gräbersitte nicht als Hinweis auf Bevölkerungsvermischung gewertet werden. Sie belegt lediglich die Zugehörigkeit beider Stämme zum östlich-merowingischen Reihengräberkreis[47].

Die mit Gewißheit in die bajuwarische Anfangszeit zurückreichenden Beziehungen zu den Langobarden[48] wurden unter dem ersten namentlich bekannten bayerischen Herzog Garibald I. politisch wirksam. Denn er hat seine Politik, über die nur wenige Einzelheiten bekannt sind, stark an den Langobarden ausgerichtet. Entsprechend dem mit der Heirat eingegangenen Bündnis hat er in seinen Anfangsjahren zusammen mit den Langobarden die merowingischen Interessen im mittleren und östlichen Alpenraum vertreten, sich aber nach 568, als es über Streitigkeiten in Italien rasch zum Konflikt zwischen Langobarden und Franken kam, ersteren angeschlossen[49]. Garibald hat sich in seiner Politik enger an den südlichen Nachbarn angelehnt als an die Franken, obwohl die politische Bindung des rätischen Raumes an das Merowingerreich seit Theudebert I. (534–548) fest verbürgt ist[50] und er selbst zweifelsohne in fränkischem Auftrag in Bayern amtete[51]. Er verheiratete 575 seine erste Tochter aus der Ehe mit Walderada gerade dem einflußreichen Herzog Ewin von Trient, der die Kämpfe mit den Franken hauptsächlich ausfocht[52]. Deswegen gingen diese im Jahre 589, als die Auseinandersetzung mit den Langobarden ihren Höhepunkt erreichte, schließlich auch gegen den Bayernherzog vor und vertrieben die langobardenfreundlichen Mitglieder seiner Familie. Garibalds I. Kinder Theudelinde und Gundobald fanden bei den Langobarden Exil, aus dem sie nicht mehr zurückkehrten[53]. Denn Theudelinde heiratete – wohl 589 – König Authari, obwohl sie dem Merowinger Childebert II. verlobt worden war[54]. Diese Verbindung war folgenschwer. Zum

47) WERNER, Die Herkunft der Bajuwaren und der »östlich-merowingische« Reihengräberkreis (wie Anm. 34).

48) Vgl. dazu auch: RIEZLER, Geschichte Baierns 1 (wie Anm. 2), S. 94f., 146.

49) G. LÖHLEIN, Die Alpen- und Italienpolitik der Merowinger im VI. Jahrhundert (Erlanger Abhandlungen zur mittleren und neueren Geschichte 17, 1932), S. 5–12, 70–74, 75f.; H. BÜTTNER, Die Alpenpolitik der Franken im 6. und 7. Jahrhundert, in: Historisches Jahrbuch 79, 1960, S. 75f., 78f.; R. SCHNEIDER, Die fränkische Alpenpolitik bis zum Ende des 9. Jahrhunderts (in diesem Bande).

50) Agathias von Myrna, Historiae A 4, hg. R. KEYDELL (Corpus fontium historiae Byzantinae 2, 1967), S. 13; MGH Epistolae Merov. et Karol. aevi 1, hg. W. GUNDLACH, 1892, S. 133.

51) Daß aus der fränkischen Einsetzung Garibalds I. nicht direkt auf eine fränkische Politik dieses Herzogs geschlossen werden darf, betonte: W. SCHLESINGER, Zur politischen Geschichte der Ostbewegung vor Karl dem Großen, in: Nationes 2, hg. H. BEUMANN–W. SCHRÖDER, 1975, S. 23f. Anm. 88. Diese Westorientierung wird neuerdings – wohl überzogen – in den Vordergrund gerückt bei: W. HARTUNG, Süddeutschland in der frühen Merowingerzeit. Studien zu Gesellschaft, Herrschaft, Stammesbildung bei Alamannen und Bajuwaren (Vierteljahrshefte für Sozial- und Wirtschaftsgeschichte Beiheft 73, 1983), bes. S. 90ff.

52) Paulus Diaconus, Historia Langobardorum III 10 (wie Anm. 36), S. 97; dessen Kämpfe mit den Franken erwähnt Paulus Diaconus III 9, S. 97. Diese Heirat ist auch für LÖHLEIN, Alpenpolitik (wie Anm. 49), S. 72 »die äußere Dokumentierung eines bairisch-tridentinischen Abwehrbündnisses gegen die Franken, das nicht ohne Wirkung blieb«. Zu Herzog Ewin: JARNUT, Langobardenreich (wie Anm. 21), S. 350.

53) Paulus Diaconus, Historia Langobardorum III 30 (wie Anm. 36), S. 110.

54) Paulus Diaconus, Historia Langobardorum III 30 (wie Anm. 36), S. 109f.; Origo gentis Langobardorum c. 6 (wie Anm. 36), S. 5; Andreae Bergomatis Historia, hg. G. WAITZ (ebenda) c. 1, S. 222; Fredegar,

einen verschaffte sie Authari, dem Sohn König Kleffs (572–574), der nach zehnjährigem Interregnum die Herrschaft an sich riß, zusätzliche Legitimation. Nachdem Kleff durch die Ermordung Alboins aus der Dynastie der Gausen auf den Thron gelangt war, suchte Authari eine höhere Legitimation durch den Anschluß an die ältere Königslinie der Lethingen, den auf Grund ihrer Abstammung allein Theudelinde vermitteln konnte. Diese entwickelte nach dem baldigen Tod ihres Gatten im Jahre 590 bis zu ihrem Tod 625 großen politischen Einfluß. Sie legte den Grundstein für die Bekehrung der Langobarden zum römischen Christentum. Ihre Nachkommen behaupteten die Königskrone bis zur Mitte des 7. Jahrhunderts. Denn Theudelinde wurde gestattet, auch ihren zweiten Gemahl Agilulf (590–616) zum König zu machen[55]. Auf ihre Fürsprache hin erhielt bereits 589 Gundobald das langobardische Herzogtum Asti, in dem er zu hohem Ansehen aufstieg[56]. Nach Agilulfs Tod 616 kam der Langobardenthron an Adaloald, den Sohn Agilulfs und Theudelindes[57]. Nach dessen Absetzung folgten Arioald (626–636) und Rothari (636–652), beide nacheinander verheiratet mit Theudelindes Tochter Gundeberga. Schließlich fiel die Herrschaft für kurze Zeit an Rodoald (652–653), ein Kind aus der Ehe Arioalds mit Gundeberga[58]. Mit ihm erlosch die Königsreihe aus der unmittelbaren Nachkommenschaft Theudelindes.

Auf Rodoald folgte nun deren Brudersohn Aripert I. (653–661), der Sohn Gundobalds von Asti[59]. Mit ihm trat der Mannesstamm der bayerischen Agilolfinger die Herrschaft im Langobardenreich an, die freilich über Jahrzehnte hinweg von einheimischen Gruppen hart bekämpft wurde. Doch konnte sich Ariperts I. Sohn Perctarit (671–689) gegen die Usurpatoren Grimoald von Benevent (662–671) und Alahis von Trient schließlich durchsetzen und die Krone zurückgewinnen[60]. Gleiches gelang nach ähnlichen Auseinandersetzungen Perctarits Nachfolgern Cunincpert (689–700), Liutperht (700–701), Ansprand (712) und Liutprand (712–744), mit dem die Linie der bayerischen Agilolfinger schließlich erlosch[61]. Bis ins 8. Jahrhundert hinein wurde also das Langobardenreich von Königen beherrscht, die in so enger Verbindung zu den

Chronik IV 34, hg. B. Krusch (MGH SS rer. Merov. 2, 1888), S. 133. Die Verlobung Theudelindes mit Childebert II. bezeugt Fredegar IV 34, S. 133. Zu Theudelinde vgl. aber auch: Zibermayr, Noricum (wie Anm. 20), S. 80, der ihre Zugehörigkeit zu den Agilolfingern bestreitet. Angesichts der Umstände, unter denen die Heirat erfolgte, kam sie dem »Abschluß eines langobardisch-bairischen Schutz- und Trutzbündnisses« gegen die Franken gleich (Löhlein, Alpenpolitik, wie Anm. 49, S. 73).

55) Paulus Diaconus, Historia Langobardorum III 35 (wie Anm. 36), S. 113 f.; Agilulf war nicht der Sohn Autharis, wie Fredegar, Chronik IV 34, 45 (wie Anm. 54), S. 134, 143 irrtümlich meldet.

56) Paulus Diaconus, Historia Langobardorum III 40 (wie Anm. 36), S. 133; Codex Gothanus c. 6, hg. G. Waitz (MGH SS rer. Lang., 1878), S. 10; Fredegar, Chronik IV 34 (wie Anm. 54), S. 134. Zu Gundobald: Jarnut, Langobardenreich (wie Anm. 21), S. 359; A. Bianco, Asti medioevale, Asti 1960, S. 121.

57) Paulus Diaconus, Historia Langobardorum IV 41 (wie Anm. 36), S. 133; Codex Gothanus c. 6, hg. G. Waitz (wie Anm. 56), S. 10.

58) Paulus Diaconus, Historia Langobardorum IV 41, 47, S. 133, 136.

59) Paulus Diaconus, Historia Langobardorum IV 51, S. 138 f.

60) Paulus Diaconus, Historia Langobardorum IV 51, S. 138 f.

61) Paulus Diaconus, Historia Langobardorum VI 35, S. 177.

Herzögen von Bayern standen, daß von den langobardischen Agilolfingern gesprochen wird. Aber selbst Usurpator Grimoald von Benevent hatte eine namentlich nicht bekannte Tochter Ariperts I. und somit Enkelin des bayerischen Agilolfingers Gundobald von Asti zur Gemahlin[62]. Die Versippung der Herrscherhäuser im Königreich der Langobarden und im Herzogtum Bayern war so eng, daß vermutet wurde, daß die Agilolfinger überhaupt ein langobardisches Fürstengeschlecht gewesen sein könnten[63]. Doch lassen sich für diese These keine unangreifbaren Argumente beibringen[64]. Die Annahme einer westlichen – einer fränkischen oder burgundischen – Abkunft des Herzogsgeschlechtes ist immer noch die wahrscheinlichste Lösung des Problems und fügt sich besser in den politischen Gesamtzusammenhang des frühen 6. Jahrhunderts ein[65].

Wenn das bayerische Herzogsgeschlecht aber dennoch seinen Namen vom Langobardenkönig Agilulf herleitete, wie angenommen werden muß[66], ist das ein weiterer aussagekräftiger Hinweis auf die engen Verflechtungen zwischen diesen beiden regierenden Häusern. Solche werden weiterhin durch die mögliche Verwechslung von Bayern und Langobarden bei der Darstellung des Bulgarenmordes von 631/632 bei Fredegar ersichtlich[67]. Diese genealogischen Verbindungen setzten sich auf unteren Ebenen fort. Auch die Tochter des einflußreichen Herzogs Gisulf von Friaul hatte einen namentlich nicht genannten Gatten aus Bayern[68]. Gewiß

62) Paulus Diaconus, Historia Langobardorum IV 51, S. 138. Die bei Paulus Diaconus IV 46, S. 135 erwähnte *captiva puella, sed tamen nobilis, cuius nomen Ita fuit*, die Gundobald Kinder gebar, hält RIEZLER, Geschichte Baierns 1 (wie Anm. 2), S. 184 Anm. 1 für eine Agilolfingerin. Er denkt an die in den Emmeramsmord verwickelte Uta, die nach dem Bericht Arbeos von Freising (Vita sancti Haimhrammi, hg. B. KRUSCH, MGH SS rer. Germ. 13, 1920, c. 13, S. 44) *in exilii damnationem in Ausoniam* geschickt wurde. Vgl. auch J. WIDEMANN, Kleine Beiträge zur älteren Geschichte Baierns, in: Oberbayerisches Archiv 59, 1915, S. 7.

63) W. GOEZ, Die Anfänge der Agilulfinger, in: Jahrbuch für fränkische Landesforschung 34/35, 1975, S. 145–161. Genealogische Übersichten bieten: B. SEPP, Die bayerischen Herzöge aus dem Geschlecht der Agilulfinger und die falschen Theodone, in: Oberbayerisches Archiv 50, 1897, S. 16f. Beilage 5; H. B. WOOLF, The Old Germanic Principles of Name-Giving, Baltimore 1939, S. 222–227. Vgl. auch J. E. von KOCH-STERNFELD, Das Reich der Langobarden in Italien ... in der Bluts- und Wahlverwandtschaft zu Bajoarien, 1839.

64) Kritik bei: E. ZÖLLNER, Das Geschlecht der Agilolfinger, in: Die Anfänge des Klosters Kremsmünster. Symposium 15.–18. V. 1977, redigiert S. HAIDER (Ergänzungsband zu den Mitteilungen des Oberösterreichischen Landesarchivs 2, 1978), S. 95f. Vgl. zum Problemkreis weiterhin: N. WAGNER, Zur Herkunft der Agilolfinger, in: ZBLG 41, 1978, S. 19–48.

65) E. ZÖLLNER, Die Herkunft der Agilolfinger, in: MIÖG 59, 1951, S. 245–264; Neudruck in: Zur Geschichte der Bayern, hg. K. BOSL, 1965, S. 107–134; GASTROPH, Lex Baiuwariorum (wie Anm. 19), S. 92f.; E. HLAWITSCHKA, Studien zur Genealogie und Geschichte der Merowinger und frühen Karolinger, in: Rheinische Vierteljahrsblätter 43, 1979, S. 81–95.

66) STÖRMER, Agilolfinger (wie Anm. 2), S. 2; ZÖLLNER, Agilolfinger (wie Anm. 64), S. 96; GOEZ, Agilulfinger (wie Anm. 63), S. 160 denkt dagegen an einen »mythischen Stammvater« dieses Namens.

67) Fredegar, Chronik IV 68, hg. KRUSCH (wie Anm. 54), S. 155f.; vgl. RIEZLER, Geschichte Baierns 1 (wie Anm. 2), S. 149f; REINDEL, Zeitalter der Agilolfinger (wie Anm. 13), S. 152f.

68) Paulus Diaconus, Historia Langobardorum IV 37 (wie Anm. 36), S. 131: *alia vero dicitur Baioariorum principi nupsisse*. Vgl. dagegen Anm. 69.

darf diesen Heiratsverbindungen nicht grundsätzlich großes politisches Gewicht zugesprochen werden. Das gilt vornehmlich für die Vermählung Garibalds I. mit Walderada, die auf fränkischen Druck hin erfolgte. Doch spricht die lange Kette von Heiraten über eineinhalb Jahrhunderte hinweg für sich. Es handelt sich zweifellos um mehr als um Einzelfälle, es handelt sich um ein politisches System.

Dabei fällt auf, daß die Heiratsverbindungen ziemlich einseitig von Norden nach Süden geknüpft wurden, daß fast ausschließlich bayerische Agilolfinger nach Süden heirateten. Der umgekehrte Weg ist nach Garibald I. – soweit wir das aus den Quellen ersehen können – nicht mehr beschritten worden. Doch hat Erich Zöllner aus einer undeutlichen Angabe des Paulus Diaconus[69] die Möglichkeit abgeleitet, daß auch Herzog Garibald II. eine edle Langobardin zur Gattin hatte[70]. Eine derartige Interpretation könnte von Belang für die Deutung der bayerischen Politik im ausgehenden 6. und frühen 7. Jahrhundert sein. Denn dieser Garibald II. war, wie der gleiche Name nahelegt, vermutlich ein Enkel Garibalds I., auf den 592 sein Sohn Tassilo I. gefolgt war. Garibald I. büßte im Zusammenhang mit dem fränkisch-langobardischen Ausgleich von 591 sein Amt, vielleicht sogar das Leben ein. Tassilo I. gilt als Führer der fränkischen Partei innerhalb der bayerischen Agilolfinger[71], was sich aber nicht zwingend aus den mageren Quellen ergibt. Denn Paulus Diaconus teilt lediglich die Einsetzung Tassilos I. durch den merowingischen König mit[72]. Diese braucht in keiner Weise als Besonderheit gewertet zu werden. Tassilo I. trat sein Amt in der gleichen Weise wie sein Vater an. Weiterhin ist zu bedenken, daß vom neuen Herzog keine einzige Maßnahme überliefert ist, die als frankenfreundlich bzw. langobardenfeindlich zu bewerten wäre. Wenn er nun wirklich seinen Sohn mit einer langobardischen Prinzessin verheiratet hat, ist eher das Gegenteil anzunehmen, daß er nämlich eine Politik betrieben hat, die der des Vaters durchaus vergleichbar war. Für einen Bruch in der bayerischen Außenpolitik nach Garibald I. sprechen weder Aussagen der Quellen noch sonstige zwingende Überlegungen[73].

Ein solcher muß auch nicht aus dem Herrschaftsausbau der Langobarden und der Bajuwaren abgeleitet werden. Dabei stießen beide Völker notgedrungen in Südtirol zusammen.

69) Paulus Diaconus, Historia Langobardorum IV 37 (wie Anm. 36), S. 131 überliefert, daß ein *princeps Baioariorum* eine Tochter Herzog Gisulfs von Friaul zur Gemahlin hatte. Zu Gisulf: JARNUT, Langobardenreich (wie Anm. 21), S. 354.

70) ZÖLLNER, Agilolfinger (wie Anm. 64), S. 100; so schon H. ZEISS, Quellensammlung für die Geschichte des bairischen Stammesherzogtums bis 750, in: Der Bayerische Vorgeschichtsfreund 7, 1927, S. 46.

71) Paulus Diaconus, Historia Langobardorum IV 7 (wie Anm. 36), S. 118; Fredegar, Chronik IV 34 (wie Anm. 54), S. 133f.; Gregor von Tours, Libri Historiarum IX 25 (wie Anm. 36), S. 444f. Dazu: REINDEL, Zeitalter der Agilolfinger (wie Anm. 13), S. 143f.; DERS., Mittelalter (wie Anm. 2), S. 74; GOEZ, Agilulfinger (wie Anm. 63), S. 159f.

72) Paulus Diaconus, Historia Langobardorum IV 7 (wie Anm. 36), S. 118: *His diebus Tassilo a Childeperto rege Francorum aput Baioariam rex ordinatus est.* Die Vertreibung Garibalds I. durch die Franken wird erst in Annalen des 12. Jahrhunderts angeführt: Annales St. Rudperti Salisburgenses, hg. WATTENBACH (wie Anm. 16), a. a. 580, S. 767.

73) So vor allem: BÜTTNER, Alpenpolitik (wie Anm. 49), S. 79 Anm. 56; GOEZ, Agilulfinger (wie Anm. 63), S. 160.

Noch im ausgehenden 6. Jahrhundert schoben die bayerischen Herzöge die Südgrenze ihres Siedlungsraumes, die ursprünglich am nördlichen Alpenrand gelegen war[74)], über das um die Jahrhundertmitte noch von den Breonen beherrschte tirolische Inntal[75)], das Puster- und das Eisacktal auf jeden Fall bis auf die Höhe von Säben, möglicherweise aber schon bis Bozen vor, wenn dort auch ein bayerischer Graf erst um 680 nachweisbar ist[76)]. Dieser zeitliche Ansatz der Gewinnung des südlichen Alpenrandes ergibt sich aus dem Verlauf des Awarenfeldzuges des Jahres 592, der nur über die Brenner- und Pustertalroute erfolgt sein kann[77)]. Daß diese Ausdehnung mit Waffengewalt durchgesetzt worden sei, behauptet erstmals die Kaiserchronik des 12. Jahrhunderts[78)]. Ältere oder gar zeitgenössische Quellen wissen von kriegerischen Auseinandersetzungen nichts. Wenn die Südgrenze auch viele Jahrzehnte umstritten blieb, ist diese Ausdehnung allem Anschein nach friedlich vor sich gegangen. Sie konnte die herkömmlicherweise guten Beziehungen zwischen Bajuwaren und Langobarden nicht nachhaltig trüben. Das jedenfalls läßt der gerade während des 7. Jahrhunderts feststellbare rege wirtschaftliche, kulturelle und religiöse Austausch annehmen. Die auch in Bayern aufgefundenen Goldblattkreuze sind vornehmlich in dieser Zeit über die Alpen gekommen[79)]. Als Import eben dieser Jahrzehnte wird umfänglicher langobardischer Fundstoff in frühbayerischen Gräbern – auch Münzen – gedeutet[80)]. In der Lex Bajuwariorum finden sich Berührungen zum Edictus

74) Darauf deutet vor allem die Bezeichnung Sundergau hin, sofern sie als Südgau zu deuten ist.

75) Venantius Fortunatus, Carmina, hg. F. Leo (MGH Auct. Ant. IV/1, 1881), S. 2; dazu Heuberger, Rätien (wie Anm. 15), S. 149–167.

76) Paulus Diaconus, Historia Langobardorum V 36 (wie Anm. 36), S. 156: *cum comite Baioariorum, quem illi gravionem dicunt*. Zur Grenzbildung: A. Huber, Die Grenze zwischen Baiern und Langobarden und zwischen Deutschland und Italien auf dem rechten Etschufer, in: MIÖG 2, 1881, S. 367–372.

77) Paulus Diaconus, Historia Langobardorum IV 7 (wie Anm. 36), S. 118.

78) Die Kaiserchronik eines Regensburger Geistlichen, hg. E. Schröder (MGH Dt. Chroniken 1/1, 1892), S. 202–212 vv. 6622–7135; Vgl. R. Heuberger, Die Sage von Herzog Adalger (Theodo) und der Schlacht bei Brixen, in: Der Schlern 4, 1923, S. 71–78; auch F. Tessmann, Die Langobarden in Südtirol. Studien zur Geschichte Südtirols, in: Der Schlern 24, 1950, S. 368–373, 431–436; 25, 1951, S. 5–9, 61–65, 130–132, 170–171, 270–275, 351–358, 474–478; 26, 1952, S. 29–33, 116–118, 169–174, 361–366. Tessmann geht von sehr alten und intensiven bayerisch-langobardischen Beziehungen aus, die auch in der Phase des Landesausbaues nicht gestört wurden.

79) S. Fuchs, Die langobardischen Goldblattkreuze aus der Zone südwärts der Alpen, 1938; W. Hübener (Hg.), Die Goldblattkreuze des frühen Mittelalters, 1975.

80) J. Werner, Münzdatierte austrasische Grabfunde (Germanische Denkmäler der Völkerwanderungszeit 3, 1935), S. 23–29, 41–58; Ders., Langobardischer Einfluß in Süddeutschland während des 7. Jahrhunderts im Lichte archäologischer Funde, in: Atti del 1° Congresso Internazionale di Studi Langobardi, Spoleto 1952, S. 521–524; Bott, Bajuwarischer Schmuck der Agilolfingerzeit (wie Anm. 35), S. 109, 114, 126, 177f., 197–208; H. Jung, Zur Geschichte des Münzwesens von 500 bis 800, in: Baiernzeit in Oberösterreich (wie Anm. 2), S. 43, 45; M. Menke, Sindelsdorf, in: Weilheimer Heimatblätter, 1979, S. 5–11; R. Christlein, Bajuwarische Adelsgräber des 7. Jahrhunderts von Moos-Burgstall, Landkreis Deggendorf, in: Das archäologische Jahr in Bayern 1980, 1981, S. 166–167; U. v. Freeden–H. J. Köhler, Neue bajuwarische Adelsgräber von Moos-Burgstall, Ldkr. Deggendorf, in: Das archäologische Jahr in Bayern 1981, 1982, S. 167; Hartung, Süddeutschland in der frühen Merowingerzeit (wie Anm. 51), S. 156; H.-J. Kellner, Ein Jahrzehnt Römerforschung in Bayern (1974–1983), in: Land und Reich – Stamm und

Rotharis[81]. Insgesamt gesehen findet sich langobardisches Fundmaterial aber nicht in gleicher Dichte wie im benachbarten Alamannien, woraus gefolgert werden muß, daß aus archäologischen Befunden nicht zwingend auf die politischen Verhältnisse geschlossen werden darf[82]. Je mehr sich in Bayern die Bindungen an das von inneren Kämpfen erschütterte und deswegen in seiner außenpolitischen Wirksamkeit gelähmte Frankenreich im Laufe des 7. Jahrhunderts weiter lockerten, um so enger wurden die Beziehungen zu den Langobarden.

Die bayerische Italienpolitik ist aber nicht nur im Zusammenhang mit dem Verhältnis zu den Franken zu sehen, sondern auch zu den Awaren. Unter deren Druck hatten die Langobarden ihre früheren Wohnsitze in Pannonien und in Noricum 568 verlassen. Sie waren nachgerückt und hatten schließlich sogar Binnenoricum besetzt[83]. 592, im Jahr des Herrschaftswechsels in Bayern, kam es zu ersten Auseinandersetzungen mit den Bajuwaren, die südlich der Alpen im Pustertal ausgetragen wurden. Herzog Tassilo I. errang an einem unbekannten Ort einen Sieg[84]. Weniger Erfolg hatte er bei einem erneuten Zusammenstoß im Jahre 595 wiederum im Pustertal, der 2000 bayerischen Soldaten das Leben kostete[85]. Das dürfte eine vernichtende Niederlage gewesen sein. Eine solche mußte im Jahre 610 auch Herzog Garibald II. hinnehmen[86], dem allerdings wenige Jahre später siegreiche Gegenmaßnahmen glückten. Durch einen militärischen Einfall konnte er dem weiteren Vordringen der Awaren Einhalt gebieten[87]. In der Folgezeit wurde diese Einfallspforte durch die Herzöge mit Wehrbauern gesichert, deren Ansiedlungen in den in Anlehnung an agilolfingische Herzogsnamen gebildeten Ortsbezeichnungen Tesselberg, Uttenheim, Dietenheim, Greimwalden faßbar werden[88]. Diese Maßnahmen belegen, daß die bayerische Ostgrenze in agilolfingischer Zeit auch südlich der Alpen gesichert wurde, daß also transalpine Politik zugleich ein wesentlicher Aspekt der Ostpolitik war.

Nation. Festgabe für Max Spindler zum 90. Geburtstag 1, im Auftrag der Kommission für bayer. LG hg. von A. Kraus (Schriftenreihe zur bayer. LG 79, 1984), S. 161 f.

81) E. Mayer, Die oberdeutschen Volksrechte, 1929, S. 6–46 u. ö.; Lex Baiuvariorum, hg. K. Beyerle, 1926, S. XXXIV–XXXVI.

82) J. Werner, Fernhandel und Naturalwirtschaft im östlichen Merowingerreich nach archäologischen und numismatischen Zeugnissen, in: 42. Bericht der Römisch-Germanischen Kommission 1961, S. 307–346; vgl. auch die Bemerkungen von H. Zeiss, Von den Anfängen des Baiernstammes, in: Bayerische Vorgeschichtsblätter 13, 1936, S. 33.

83) A. Kollautz, Awaren, Langobarden und Slawen in Noricum und Istrien, in: Carinthia 155, 1965, S. 619–645; M. Mitterauer, Das agilolfingische Herzogtum und sein Machtbereich in den Ostalpen, in: Der Schlern 45, 1971, S. 419–435.

84) Paulus Diaconus, Historia Langobardorum IV 7 (wie Anm. 36), S. 118.

85) Paulus Diaconus, Historia Langobardorum IV 10, S. 120.

86) Paulus Diaconus, Historia Langobardorum IV 39, S. 133.

87) Paulus Diaconus, Historia Langobardorum IV 39, S. 133.

88) E. Zöllner, Der bairische Adel und die Gründung von Innichen, in: MIÖG 68, 1960, S. 362–387; Neudruck: Zur Geschichte der Bayern, hg. K. Bosl, 1965, S. 135–171, hier S. 139 f.

Von kriegerischen Auseinandersetzungen zwischen Bajuwaren und Langobarden berichten die Quellen erstmals in der zweiten Hälfte des 7. Jahrhunderts. Doch handelt es sich hier nicht um Kämpfe der beiden Völker insgesamt, sondern um ein bayerisches Eingreifen in innerlangobardische Herrschaftsstreitigkeiten zugunsten der dortigen Verwandten. Ein solches wird von Jarnut – allerdings ohne Stützung durch Quellen – schon für die sechziger Jahre anläßlich der Rivalitäten zwischen Perctarit und Grimoald angenommen[89]. Bereits damals scheinen die bayerischen Agilolfinger ihren Verwandten gegen den Usurpator aus Benevent unterstützt zu haben. Mit Sicherheit sind sie zwei Jahrzehnte später in ähnlicher Angelegenheit wiederum in Italien anzutreffen, als sie 680 abermals zugunsten Perctarits und seines zum Mitkönig erhobenen Sohnes Cunincperts gegen den mächtigen Herzog von Trient Alahis intervenierten[90]. Das Unternehmen scheiterte. Der bayerische Herzog büßte wohl damals seine südlichen Gebiete um Bozen ein und zog in der Folgezeit die fränkischen Vorstöße von 688 und 691 auf sich[91]. Eine weitere derartige Intervention erfolgte im Jahre 700, als Herzog Theodo nach dem Tode König Cunincperts seinem von Aripert II. bekämpften Verwandten Ansprand Unterstützung gewährte. Als letzterer unterlag und vertrieben wurde, fand er zusammen mit seinem Sohn Liutprand für fast ein Jahrzehnt Exil am bayerischen Herzogshof des an Italien sehr interessierten Theudebert in Salzburg, der den damals gerade erkrankten Herzog Theodo[92] vertreten haben könnte, oder vielleicht doch Theodos selber[93]. Und es gelang ihm, seinen Schutzherrn zu erneutem Eingreifen in Italien zu veranlassen. Mit massiver bayerischer Unterstützung versuchte Ansprand 711/712 den verlorenen Thron zurückzuerobern. Doch endete auch diese Intervention mit einer blutigen Niederlage vor Pavia[94]. Da aber der siegreiche Aripert II. noch während der Schlacht im Po ertrank, konnte Ansprand trotz seiner Niederlage auf den Thron zurückkehren. Er errang dank entscheidender bayerischer Unterstützung, wenn auch nur mehr für wenige Monate, einen Erfolg über die nationallangobardische, von den Franken unterstützte Partei[95]. Abermals wurde das enge Verhältnis zwischen Langobarden

89) J. Jarnut, Beiträge zu den fränkisch-bayerisch-langobardischen Beziehungen im 7. und 8. Jahrhundert (656–728), in: ZBLG 39, 1976, S. 331–352, hier S. 339.

90) Paulus Diaconus, Historia Langobardorum V 36 (wie Anm. 36), S. 156; dazu: Jarnut, Beziehungen (wie Anm. 89), S. 339; zu Alahis: Jarnut, Langobardenreich (wie Anm. 21), S. 337f.

91) Paulus Diaconus, Historia Langobardorum VI 58 (wie Anm. 36), S. 187; Arbeo von Freising, Vita Corbiniani episcopi Baiuvariorum, hg. B. Krusch (MGH SS rer. Germ. 13, 1920) c. 30, 33, 37, S. 223f., 226; Annales Mettenses priores, hg. B. Simson (MGH SS rer. Germ. 10, 1905), S. 4, 12.

92) Salzburger Urkundenbuch 1, hg. W. Hauthaler, Salzburg 1898, S. 21; dazu: H. Wolfram, in: Geschichte Salzburgs 1 (wie Anm. 17), S. 135.

93) Paulus Diaconus, Historia Langobardorum VI, 21, 22 (wie Anm. 36), S. 172.

94) Paulus Diaconus, Historia Langobardorum VI 35 (wie Anm. 36), S. 176. Daß nach dieser Intervention bayerische Soldaten in Italien seßhaft wurden, vermutet: G. P. Bognetti, S. Maria foris portas di Castelseprio e la storia religiosa dei Langobardi, in: G. P. Bognetti–G. Chierici–A. de Capitani d'Arzago, Santa Maria di Castelseprio, Mailand 1948, S. 268; G. P. Bognetti, Milano langobarda, in: Storia di Milano 2, Mailand 1954, S. 261f.

95) Codex Gothanus, hg. Waitz (wie Anm. 56), S. 11; Jarnut, Beziehungen (wie Anm. 89),S. 345f.

und Bajuwaren durch eine politische Heirat zwischen König Liutprand (712–744) und einer Tochter Herzog Theudeberts (oder Theodos?) mit dem Namen Guntrud bekräftigt[96].

Diese erneuerten Verbindungen nahm König Liutprand zum Anlaß, sich nun auch seinerseits in innerbayerische Herrschaftsstreitigkeiten einzuschalten. Er ergriff nach dem Tode Herzog Theodos 717 zugunsten des ihm verschwägerten Herzogs Theudebert und seines Sohnes Hugibert gegen dessen Rivalen Herzog Grimoald Partei, dem er Randgebiete im Süden abnahm[97]. In diesem Zusammenhang ist auch die erste Romreise Korbinians zu sehen, da sie den Heiligen sowohl auf dem Hinweg als auch auf dem Rückweg über Pavia führte, wo er jeweils von König Liutprand mit höchsten Ehren empfangen wurde[98]. Weil Korbinian nach seiner Rückkehr die Trennung Herzog Grimoalds von seiner fränkischen Gemahlin Pilitrud forderte, ist anzunehmen, daß es hier nicht nur um ein kirchenrechtliches Problem ging, sondern um eine politische Stellungnahme in diesem innerbayerischen Konflikt. Auch auf diesem Wege wurde versucht, mit langobardischer Unterstützung den Gegnern Grimoalds, eben des in Italien sehr engagierten Herzogs Theudebert bzw. dessen Sohn Hugibert, in die Hände zu arbeiten[99]. Bezeichnenderweise entzog sich Korbinian der Verfolgung durch Grimoald durch seine Flucht in die langobardischen Gebiete um Meran[100]. Mit diesen Vorgängen enden eineinhalb Jahrhunderte enger langobardisch-bajuwarischer Zusammenarbeit. Sie wird unterbrochen, als Karl Martell durch die Feldzüge der Jahre 725 und 728 das Herzogtum Bayern wieder enger an das Frankenreich kettete und im Langobardenreich auf den söhnelos verstorbenen Liutprand und dessen Neffen Hildebrand (736–744) mit Ratchis von Friaul (744–749), Aistulf von Friaul (749–756) und Desiderius von Tuszien (756–774) Könige folgten, die nicht mehr mit den Agilolfingern in Zusammenhang stehen. Für ein halbes Jahrhundert verschwinden nun die Langobarden weitgehend aus dem Gesichtskreis der bayerischen Herzöge. Dafür war aber auch eine Umorientierung der langobardischen Politik verantwortlich, die seit König Ratchis den Ausgleich mit den Franken suchte und statt dessen ihre Hauptstoßrichtung nach Süden verlagerte[101].

96) Paulus Diaconus, Historia Langobardorum VI 43 (wie Anm. 36), S. 179f.; W. Martens, Politische Geschichte des Langobardenreiches unter König Liudprand (712–744), 1880.
97) Paulus Diaconus, Historia Langobardorum VI 58 (wie Anm. 36), S. 187; vgl. Heuberger, Rätien (wie Anm. 15), S. 208–212, 287f.
98) Arbeo von Freising, Vita Corbiniani c. 16, 21 (wie Anm. 91), S. 205, 211f.
99) Jarnut, Beziehungen (wie Anm. 89), S. 349.
100) Arbeo von Freising, Vita Corbiniani c. 30 (wie Anm. 91), S. 223.
101) O. Bertolini, Roma e i Langobardi, Rom 1972, S. 49ff.; J. T. Hallenbeck, Pavia and Rome. The Langobard Monarchy in the Eigth Century, Transactions of the American Philosophical Society 72/4, Philadelphia 1982.

Das frühe 8. Jahrhundert

Diese Veränderungen hatten aber dennoch nicht zur Folge, daß die bayerische Italienpolitik beendet wurde. Denn eben zu dieser Zeit, als die Beziehungen zu den Langobarden erkalteten, wurde ein neuer Anknüpfungspunkt gefunden, der – trotz Theudelinde – in der früheren bayerischen Politik noch keine Rolle gespielt hatte und nun bis in die Tage Tassilos III. hinein beherrschend in den Vordergrund treten sollte: das Papsttum. Der Bedeutung dieser neuen Potenz im Abendland wurde sich in Bayern erstmals Herzog Theodo bewußt, vielleicht angeregt vom Vorbild des heiligen Emmeram, der sich mit dem Plan einer Romreise trug[102], oder auch vom heiligen Korbinian, der eine solche wirklich durchführte[103]. Theodo versuchte in seinen letzten Jahren, die in eine Phase der Krise des fränkischen Königtums fielen, ein engeres Verhältnis zum Papsttum aufzubauen, um diese zumindest moralische Autorität zur Unterstützung im Kampf gegen Rivalen im Inneren und die fränkischen Zentralisierungstendenzen nach außen zu gewinnen. Dieses war nicht abgeneigt, auf derartige Bemühungen einzugehen. Benötigte es doch nach der Trennung von Ostrom einen neuen Schutzherrn gegen die sich verschärfenden langobardischen Vorstöße[104]. Noch waren die Beziehungen zu den Franken lose, keinesfalls so gefestigt, daß in Rom nicht auch zusätzliche Möglichkeiten hätten erwogen werden müssen. Bis zur Mitte des 8. Jahrhunderts kam als einer der denkbaren Schutzherrn des Papstes durchaus auch der Herzog von Bayern in Betracht. Diese Möglichkeit der Annäherung zwischen dem bayerischen Herzog und dem Papsttum wird erstmals in den Jahren 715/716 greifbar, als Theodo als der erste seines Stammes, wie es im Liber pontificalis ausdrücklich heißt, nach Rom reiste. Seine Absicht dabei war keinesfalls, nur zu beten, wie diese Hauptquelle vermerkt, sondern auch politische Fragen mit Gregor II. (715–731) zu erörtern[105]. Deren wichtigste war der Plan einer von den Franken unabhängigen, in unmittelbarer Verbindung mit Rom stehenden bayerischen Landeskirche. Denn der Herzog bemühte sich, die Kirche seines Herzogtums stärker an sich zu binden und das erschien ihm am ehesten durch Unterstellung unter Rom möglich. Gregor II. war zu einem derartigen Vorgehen auch bereit und hat entsprechende Maßnahmen angeordnet. Sein Organisationsentwurf für eine bayerische Landeskirche liegt vor[106]. Doch wurde dieser Plan, der durchaus weitergehende politische

102) Arbeo von Freising, Vita S. Haimhrammi c. 8, 12, 15, hg. B. Krusch, (wie Anm. 62), S. 38, 43, 47.
103) Arbeo von Freising, Vita Corbiniani c. 15, 16, 21 (wie Anm. 91), S. 204 f., 205, 211 f. Dazu: H. Löwe, Corbinians Romreisen, in: ZBLG 16, 1951/52, S. 409–420.
104) Vgl. E. Caspar, Geschichte des Papsttums von den Anfängen bis zur Höhe der Weltherrschaft 2, 1933, S. 669–740; J. Haller, Das Papsttum. Idee und Wirklichkeit 1, ²1950, S. 345–387.
105) Le Liber pontificalis 1, hg. L. Duchesne, Paris ²1955, S. 398: *Theodo quippe dux gentis Baioariorum cum alios gentis suae ad apostoli beati Petri limina orationis voto primus de gente eadem occurrit*; Paulus Diaconus, Historia Langobardorum VI 44 (wie Anm. 36), S. 180: *His diebus Theudo Baioariorum dux gentis orationis gratiam Romam ad beatorum apostolorum vestigia venit.*
106) Gregor II., Litterae decretales, hg. J. Merkel (MGH Leges in Folio 3, 1863), S. 451–454; vgl. dazu A. Hauck, Kirchengeschichte Deutschlands 1, ³/⁴1904, S. 379–381; Bauerreiss, Kirchengeschichte Bayerns 1 (wie Anm. 33), S. 58; H. Löwe, Die karolingische Reichsgründung und der Südosten. Studien zum Werden des Deutschtums und seiner Auseinandersetzung mit Rom, 1937, S. 6–8; H. Schmidinger, Das

Möglichkeiten in sich barg, nicht ausgeführt. Die Gründe dafür sind nicht bekannt. Sie könnten aber mit dem baldigen Tod Herzog Theodos 717 und den dadurch ausgelösten Zwistigkeiten im Herzogshaus, aber auch dem in der Folgezeit wieder gesteigerten fränkischen Einfluß zusammenhängen. In abgeschwächter Form wurde der Plan Theodos aber weiterverfolgt. Papst Gregor III. (731–741) hat tatsächlich einen für das Herzogtum Bayern zuständigen Landesbischof Vivilo geweiht[107]. Der hl. Bonifatius unternahm in päpstlichem Auftrag drei Visitationsreisen nach Bayern, mit denen die endgültige Bistumserrichtung vorbereitet wurde[108]. Herzog Odilo hat den Organisationsplan Theodos schließlich 739 zur Verwirklichung geführt. Die bayerischen Bistümer wurden nach dem Typus der romverbundenen Landeskirche eingerichtet[109]. Diese Regelung wurde ohne Rücksprache mit dem merowingischen Königshof getroffen. Sie richtete die bayerische Kirche nach dem Süden und nicht nach Westen aus. Dahinter stand das Bestreben, dem sich verstärkenden fränkischen Einfluß ein Gegengewicht entgegenzustellen.

Dieser neue Zielpunkt bayerischer Italienpolitik wurde tatsächlich in den Jahren unmittelbar nach der Bistumserrichtung politisch wirksam, als Hausmeier Pippin der Jüngere (741–768) den bayerischen Selbständigkeitsbestrebungen einen Riegel vorzuschieben bemüht war. Nun suchte Herzog Odilo verstärkt Anlehnung beim Papsttum und er fand dort Unterstützung. Denn in den Jahren 742 bis 743 weilte ein päpstlicher Legat Sergius an seinem Hof[110]. Dieser griff in auffallender Weise in die Auseinandersetzungen zwischen Franken und Bayern ein, wenn er versuchte, den Hausmeier von einem Vorstoß ins nördliche Voralpenland abzuhalten. Er verstärkte die Position Herzog Odilos so nachhaltig, daß im fränkischen Reich vermutet wurde, Sergius habe unmöglich in päpstlichem Auftrag gehandelt. Hier hat man sich noch nach dem Sieg von 743 sehr über diese ungewöhnliche Stellungnahme des Papsttums erbost. Zum ersten Mal hatte es in einen weltlichen Konflikt, der es im Grunde nicht berührte, mit Entschiedenheit eingegriffen[111].

Papsttum und die Salzburger Kirche im 8. Jahrhundert, in: Frühes Mönchtum in Salzburg, hg. E. Zwink, 1983, S. 145–155.

107) Die Briefe des Heiligen Bonifatius und Lullus, hg. M. Tangl (MGH Epistolae selectae 1, ^{2}1955), S. 71–74 Nr. 45.

108) Vita sancti Bonifatii archiepiscopi Moguntini c. 5–7, hg. W. Levison (MGH SS rer. Germ. 57, 1905), S. 22, 35f., 36–39.

109) Th. Schieffer, Winfrid – Bonifatius und die christliche Grundlegung Europas, 1954, S. 182–185.

110) Annales Mettenses priores (wie Anm. 91), S. 34f.; vgl. H. Löwe, Bonifatius und die bayerisch-fränkische Spannung. Ein Beitrag zur Geschichte der Beziehungen zwischen dem Papsttum und den Karolingern, in: Jahrbuch für fränkische Landesforschung 15, 1955, S. 85–127; Neudruck in: Zur Geschichte der Bayern, hg. K. Bosl, 1965, S. 264–328.

111) Hauck, Kirchengeschichte (wie Anm. 106), S. 533f.; Caspar, Papsttum 2 (wie Anm. 104), S. 710f.; Haller, Papsttum 1 (wie Anm. 104), S. 398f.; Schieffer, Bonifatius (wie Anm. 109), S. 208; Löwe, Die karolingische Reichsgründung (wie Anm. 106), S. 15f.

Herzog Tassilo III.

Es war vornehmlich das harte Vorgehen des Langobardenkögnis Aistulf gegen den Papst, das die sich hier anbahnenden Möglichkeiten unterband. Es veranlaßte Stephan II. (752–757) zu seinem Bittgang nach Quierzy 754, der mit dem Bündnis zwischen Papsttum und den Karolingern endete. Damit war der weiteren engen Zusammenarbeit mit dem bayerischen Herzog bereits die Grundlage entzogen. Ursache dafür war das Schutzbedürfnis der Kirche, die sich vom größeren Machtpotential der Franken wirksamere Unterstützung versprach. Der kindliche Bayernherzog Tassilo konnte dazu wegen seiner begrenzten Machtmittel keine vertretbare Alternative darstellen. Die Folgen dieser Verschiebung muß Tassilo III. aber erahnt haben. Denn er versuchte, seine Position ebenfalls durch den Ausbau der Beziehungen nach Süden zu stärken. Dabei bemühte er sich zwar weiterhin um die Unterstützung des Papsttums, baute aber letztlich wieder wesentlich mehr auf die Langobarden. Diese Rückbesinnung ist während der ersten Hälfte seiner Regierung, die deutlich unter fränkischer Oberherrschaft steht, noch nicht festzustellen, obwohl bereits der Rückzug Grifos über Bayern zu den Langobarden wieder an diesen alten Bündnispartner erinnerte[112]. Vielmehr nahm der Herzog am zweiten Feldzug König Pippins gegen den Langobardenkönig Aistulf 756 mit einem bayerischen Kontingent teil[113]. Daß die Franken gerade auf eine Beteiligung dieses Stammes großen Wert legten, läßt die Art der Berichterstattung der offiziösen Geschichtsschreibung vermuten[114]. Diese Abhängigkeit Tassilos III. fand ihren Höhepunkt in der Eidesleistung von Compiègne 757. Sie wurde aber 763 mit dem *harisliz* beendet, als Tassilo unter dem Vorwand einer Krankheit das königliche Feldlager verließ[115]. Der auf Grund der sofort eingeleiteten Gegenmaßnahmen befürchteten fränkischen Intervention suchte Tassilo durch die Erneuerung der alten bayerischen Südbeziehungen entgegenzuwirken. Er wandte sich zunächst an Papst Paul I. (757–767) und den langobardischen Königshof mit der Bitte um Unterstützung. Trotz des bestehenden Bündnisses mit dem Frankenkönig und der ausdrücklichen Warnung Pippins, sich mit seinen Feinden einzulassen, verschloß sich Paul I. diesem Antrag nicht und schickte unverzüglich eine Gesandtschaft an den Frankenkönig ab. Doch wurde diese von den Langobarden abgefangen, die an einem Ausgleich zwischen Franken und Bayern nur wenig

112) Annales Mettenses priores a. a. 748–753 (wie Anm. 91), S. 42 f.; H. L. Mikoletzky, Karl Martell und Grifo, in: Festschrift Edmund E. Stengel, 1952, S. 154.

113) Fredegar, Continuatio c. 121 (wie Anm. 54), S. 185. Zum Folgenden: W. Neumüller, Tassilo III. von Bayern und Karl der Große, in: Jahresbericht des Gymnasiums Kremsmünster 110, 1967, S. 7–34; H. Wolfram, Das Fürstentum Tassilos III., Herzogs der Bayern, in: Mitteilungen der Gesellschaft für Salzburger Landeskunde 108, 1968, S. 157–179; P. Classen, Bayern und die politischen Mächte im Zeitalter Karls des Großen und Tassilos III., in: Die Anfänge des Klosters Kremsmünster (wie Anm. 64), S. 169–187.

114) Wolfram, Fürstentum (wie Anm. 113), S. 161; W. Mohr, Die Rolle Bayerns in der Komposition der Annales Regni Francorum, in: Mitteilungen des Österreichischen Staatsarchivs 25, 1972, S. 126–134.

115) Annales regni Francorum inde ab a. 741 usque ad a. 829, hg. F. Kurze (MGH SS rer. Germ. 6, 1895) a. a. 763, S. 20, 22.

Interesse haben konnten[116]. Der Tod Pippins im Jahre 768 und die dadurch ausgelöste Krise der karolingischen Herrschaft verschafften Tassilo III. noch einmal Bewegungsfreiheit und Zeit, in der er seinen Plan der Stärkung der eigenen Position durch die Erneuerung der alten Südbeziehungen weiter verfolgen konnte. Nachdem vom Papsttum in diesen Jahren auch wegen interner Schwierigkeiten nur wenig Unterstützung zu gewinnen war[117], setzte er gezwungenermaßen mehr auf die Langobarden.

Ein erster wichtiger Baustein innerhalb dieses Systems war die Heirat mit Liutpirc, der Tochter des Königs Desiderius. Diese ist zwischen 764 und 769 anzusetzen und hatte stark politischen Charakter[118]. Da der Herzog im Jahre 769 die vielbeachtete Gründungsurkunde des Klosters Innichen auffallenderweise in Bozen *rediente de Italia* ausgestellt hat[119], wird mit Recht angenommen, daß er damals auf der Rückreise von einem Besuch beim Schwiegervater war und bei dieser Gelegenheit während der Auseinandersetzungen zwischen Grimoald und Hugibert verlorene Gebiete in Südtirol zurückerhielt[120]. Nicht zuletzt durch diese erfolgreiche Wiederbelebung des früheren Bündnisses mit den Langobarden erreichte Tassilo III. in den siebziger Jahren den Höhepunkt seiner Macht. Wie sehr er sich in dieser Zeit an diesem Nachbarn orientierte, zeigen seine Urkunden, die neben fränkischen Elementen starke Einflüsse aus dem Langobardischen aufweisen[121]. Das zeigt weiterhin der Salzburger Virgildom, der wohl als agilolfingische Zentralkirche, vielleicht sogar als Krönungskirche gedacht war und von den aus dem Süden kommenden Baumeistern nach langobardischen Vorbildern gebaut wurde[122]. Nicht zufällig steht eine seiner bedeutendsten Klostergründungen südlich der

116) Codex Carolinus, hg. W. GUNDLACH (MGH Epistolae Merow. et Karol. aevi 1, 1892), Nr. 36 S. 545f.; vgl. P. CLASSEN, Karl der Große, das Papsttum und Byzanz, in: Karl der Große 1: Persönlichkeit und Geschichte, hg. H. BEUMANN, ²1966, S. 537–608; hier S. 558.

117) BERTOLINI, Roma e i Langobardi (wie Anm. 101), S. 97–109.

118) Das Faktum der Vermählung wird in keiner zeitgenössischen Quelle festgehalten. Dennoch ist daran nicht zu zweifeln. Der deutlichste Beweis ist die Aufschrift auf dem Tassilokelch zu Kremsmünster. Beleg des 9. Jahrhunderts: Andreae Bergomatis Historia c. 3, hg. G. WAITZ, MGH SS rer. Lang., 1878, S. 223.

119) Die Traditionen des Hochstifts Freising 1, hg. Th. BITTERAUF (Quellen und Erörterungen zur bayerischen Geschichte NF 4, 1905), S. 61f. Nr. 34.

120) LÖWE, Die karolingische Reichsgründung (wie Anm. 106), S. 47; REINDEL, Zeitalter der Agilolfinger (wie Anm. 13), S. 169.

121) A. KANOLDT, Studien zum Formular der ältesten Freisinger Schenkungsurkunden 743–782, Diss. masch. Würzburg 1950; H. FICHTENAU, Die Urkunden Herzog Tassilos III. und der »Stiftbrief« von Kremsmünster, in: MIÖG 71, 1963, S. 15–19; DERS., Das Urkundenwesen in Österreich (MIÖG-Ergänzungsband 23, 1971), S. 24; DERS., Bayerns älteste Urkunden, in: Gesellschaft, Kultur, Literatur. Beiträge Luitpold Wallach gewidmet, hg. K. BOSL (Monographien zur Geschichte des Mittelalters 11, 1975), S. 185; H. WOLFRAM, Intitulatio 1: Lateinische Königs- und Fürstentitel bis zum Ende des 8. Jahrhunderts (MIÖG-Ergänzungsband 21, 1967), S. 156–184; 2, 1974, S. 473–479. Daß die Übernahme langobardischer Kanzleigebräuche nicht erst mit Tassilo III. einsetzt, macht die Einleitung der Conversio Bagoariorum et Carantanorum (hg. H. WOLFRAM, 1979, S. 34) wahrscheinlich.

122) H. VETTERS, Der Dombau des heiligen Virgil in Salzburg, in: Slavistische Forschungen 6, 1964, S. 262–273; H. SEDLMAYR, Die politische Bedeutung des Virgildomes, in: Mitteilungen der Gesellschaft für

Alpen, in Innichen. Von hieraus sollte die Grenze gegen die Slawen gesichert werden[123]. Von hieraus wurde wohl auch die Eroberung Karantaniens in Angriff genommen[124]. Auch unter Tassilo blieb der südalpine Teil seines Herzogtums somit eine wichtige Basis der Ostpolitik.

Der neue Frankenkönig Karl (768–814) faßte wohl bereits zu Beginn seiner Herrschaft den Entschluß, auch den bayerischen Herzog Tassilo III. in ein engeres Abhängigkeitsverhältnis zurückzuführen. Darauf deutet sein gezieltes schrittweises Vorgehen in den kommenden Jahren hin. Den offenen Konflikt verhinderte aber zunächst die Königinmutter Bertrada, die einen Ausgleich vermittelte. Persönlich reiste sie in den Jahren 769/770 zunächst an den bayerischen Herzogshof, dann zum langobardischen König und schließlich auch noch nach Rom[125]. Der Ausgleich wurde mit einer Heirat König Karls mit einer namentlich nicht bekannten Tochter des Königs Desiderius besiegelt, die Karl, Desiderius und auch Tassilo III. zu engen Verwandten machte. Bertradas Vermittlung wurde durch den aus dem Bayerischen stammenden und auch am fränkischen Königshof hoch angesehenen Abt Sturmi von Fulda unterstützt[126].

Doch war das Ergebnis dieses Ausgleichs nicht von Dauer. Schon 771 verstieß König Karl nach der Festigung seiner Stellung seine Gemahlin, die mit ihren beiden Söhnen an den Hof des Vaters zurückkehrte. Der war nicht gewillt, diese entehrende Behandlung hinzunehmen und versuchte dagegen anzukämpfen. Dabei schien er die Unterstützung des Papstes gewonnen zu haben, als Hadrian I. (772–795) Pippin, dem Sohn Karlmanns, die Salbung spendete. Damit war ihm zumindest die geistliche Legitimierung zuerkannt[127]. Da Tassilo III. die Folgen der Verstoßung der Königin für seine Position sehr wohl zu deuten verstand, bemühte auch er sich um die Unterstützung Papst Hadrians I., der tatsächlich 772 auch seinen Sohn Theodo taufte und wohl auch salbte[128]. Das war ein bemerkenswerter Erfolg. Theodo war der erste

Salzburger Landeskunde 115, 1975, S. 145–160; Wolfram, in: Geschichte Salzburgs 1 (wie Anm. 17), S. 147.

123) Die Traditionen des Hochstifts Freising 1 (wie Anm. 119), S. 61 f. Nr. 34; dazu K. Bosl, Die Gründung Innichens und die Überlieferung. Zum 1200. Jubiläum der Gründung Innichens durch Herzog Tassilo III., in: ZBLG 33, 1970, S. 451–469; Ders., Die Gründung Innichens und die Überlieferung, in: Der Schlern 45, 1971, S. 407–417.

124) Annales ex annalibus Iuvavensibus antiquis excerpti a. a. 772, hg. H. Bresslau (MGH SS 30/2, 1926), S. 732.

125) Annales regni Francorum a. a. 770 (wie Anm. 115), S. 30; Annales Mettenses priores (wie Anm. 91), S. 57. Vgl. dazu: Löwe, Die karolingische Reichsgründung (wie Anm. 106), S. 50 f.; Bertolini, Roma e i Langobardi (wie Anm. 101), S. 92 f.

126) Vita Sturmi c. 22, hg. G. H. Pertz (MGH SS 2, 1829), S. 376. Vgl. P. Engelbert, Sturmi von Fulda. Versuch eines Porträts, in: Studien und Mitteilungen zur Geschichte des Benediktinerordens 77, 1966, S. 85 f.

127) Le Liber Pontificalis 1 (wie Anm. 105), S. 488.

128) Annales ex annalibus Iuvavensibus antiquis excerpti, hg. von H. Bresslau (MGH SS 30/2, 1934), S. 733 a. a. 772; Annales Admuntenses, hg. W. Wattenbach (MGH SS 9, 1851), S. 572; Annales St. Rudperti Salisburgenses (ebenda), S. 769; S. Riezler, Ein verlorenes bairisches Geschichtswerk des 8. Jahrhunderts, in: Sitzungsberichte der Bayerischen Akademie der Wissenschaften, phil.-hist. Klasse, 1881, S. 255,

nichtkönigliche und nichtkarolingische Prinz, dem dieses Sakramentale gespendet wurde. Tassilo III. hatte damit erfolgreich der fränkischen Königssalbung von 754 Konkurrenz gemacht, während die Söhne König Karls diese Auszeichnung noch nicht erlangt hatten. Im Grunde ging es bei diesem Wettlauf um die Unterstützung des Papstes[129]. Wenn er sich schließlich gegen den Bayernherzog für die Fortführung des 754 eingeschlagenen Weges entschied, waren dafür allein die andauernden Spannungen mit den Langobarden verantwortlich[130]. Voll ist er dann 781 auf den fränkischen Kurs eingeschwenkt, als er den Herzog an die Einhaltung der 757 geschworenen Eide erinnerte[131]. Damit war eine wichtige Vorentscheidung gefallen. Hinter sechs Jahrzehnte der Annäherung zwischen dem Papsttum und dem bayerischen Herzogshof wurde ein vorläufiger Schlußpunkt gesetzt.

Dieser Vorgang war um so folgenschwerer, als zur selben Zeit der zweite Pol bayerischer Italienpolitik ausfiel. In den Jahren 773/774 wurde das Langobardenreich dem Frankenreich eingegliedert. Bezeichnenderweise beteiligte sich Tassilo III. an diesem Unternehmen nicht – im Gegensatz etwa zu Karls spanischem Feldzug von 778[132]. Andererseits muß aber auffallen, daß er auf dem Gipfel seiner Macht tatenlos zusah, wie sein wirkungsvollster Bundesgenosse ausgeschaltet und dadurch zugleich seine eigene Machtgrundlage untergraben wurde. Kurt Reindel begründet diesen Sachverhalt mit vertraglichen Abmachungen des Jahres 770, die dem Herzog die Hände banden[133]. Damit war Tassilo fast isoliert. Außer den Awaren blieben ihm keine Verbündeten mehr. Karl hatte mit sicherem Blick an der wirksamsten Stelle angesetzt. Doch gab sich Tassilo III. noch immer nicht geschlagen. Noch einmal versuchte er im Jahre 784 durch einen gezielten militärischen Vorstoß dem Geschehen eine Wende zu seines Schwiegervaters und seinen Gunsten zu geben. Während keine durch Quellen abgesicherten Hinweise auf eine Beteiligung am Rotgard-Aufstand der Jahre 774/775 vorliegen[134], entfachte er 784 an der bayerisch-langobardischen Grenze Kämpfe mit den Franken[135]. Offensichtlich hoffte der Herzog insgeheim auf Unterstützung aus den Reihen des soeben unterworfenen Volkes, um auf diesem Wege seine Herrschaft zu retten. Als dieses Verfahren nicht die erhofften Erfolge

261; vgl. Löwe, Die karolingische Reichsgründung (wie Anm. 106), S. 51. Gegen die Annahme einer Salbung: Mohr, Die Rolle Bayerns (wie Anm. 114), S. 130.

129) Dieser war durch die langobardische Heirat König Karls zutiefst beunruhigt worden: Codex Carolinus (wie Anm. 116), S. 540–542.

130) Classen, Karl der Große, das Papsttum und Byzanz (wie Anm. 116), S. 546–555; Bertolini, Roma e i Langobardi (wie Anm. 101), S. 49ff.

131) Annales regni Francorum a. a. 781 (wie Anm. 115), S. 58f. Wie sehr die Päpste schließlich das Vorgehen Karls gegen Tassilo III. billigten, ergibt sich auch aus dem Brief Leos III. an den König vom 20. IV. 798 (MGH Epistulae 5, hg. K. Hampe, 1899), S. 58f. Nr. 3.

132) Annales regni Francorum a. a. 778 (wie Anm. 115), S. 50; Annales Mettenses priores (wie Anm. 91), S. 66; Annales Laurissenses, hg. G. H. Pertz (MGH SS 1, 1826), S. 158.

133) Reindel, Zeitalter der Agilolfinger (wie Anm. 13), S. 173.

134) Das gegen G. C. Menis, Storia del Friuli dalle origini alla caduta dello stato patriarcale 1420, Udine 1969, S. 156f.

135) Annales Iuvavenses maximi a. a. 784 (wie Anm. 128), S. 734; Riezler, Verlorenes bairisches Geschichtswerk (wie Anm. 128), S. 258.

einbrachte, unternahm Tassilo III. 787 noch einmal einen Bittgang nach Rom um Unterstützung gegen den Frankenkönig[136]. Natürlich war dieser nach der erfolgten Parteinahme des Papstes erfolglos. Tassilos Abgesandte, Bischof Arn von Salzburg und Abt Heinrich von Mondsee, wurden unter dem Druck des gerade in Rom anwesenden Königs Karl mit dem Vorwand unzureichender Legitimation zurückgewiesen[137]. Vielmehr erneuerte Papst Hadrian I. 787 unter Androhung des Bannes noch einmal seine Ermahnung an Tassilo III., sich zu den eingegangenen Eiden zu bekennen[138]. Vielleicht ist es aber andererseits das Werk des Papstes, wenn Karl vorerst noch einmal auf militärische Aktionen verzichtete. Diese erfolgten im nächsten Jahr nach der Weigerung des Herzogs, zu Worms zu erscheinen. Am Angriff überlegener fränkischer Truppen beteiligten sich auch langobardische Soldaten. Aus dem Süden marschierte eine der drei Heeresgruppen auf, die König Karl gegen Tassilo mobilisierte[139]. Unter den Großen, die den Ingelheimer Schuldspruch des Jahres 788 verhängten, waren auch Langobarden[140].

Wer die Politik der bayerischen Agilolfinger gegenüber Italien überblickt, muß zuallererst feststellen, daß diese von deren Anfängen bis zu ihrer Absetzung immer rege war, daß hier eine der Hauptstoßrichtungen ihrer Außenpolitik lag. Die Zeitgenossen waren sich der politischen Wirksamkeit dieser alten bayerischen Südbeziehungen wohl bewußt. Nicht zufällig hat die offiziöse fränkische Hofhistoriographie Liutpirc, die aus dem Langobardenreich stammende Gemahlin Tassilos III., als die eigentliche Urheberin seines Ungehorsames bezeichnet[141] und im übrigen die Verbindungen Bayerns nach Rom und nach Pavia sehr heruntergespielt[142]. Somit darf diese Italienpolitik nicht isoliert betrachtet werden, sie ist im Zusammenhang mit der bayerischen Politik gegenüber den Franken, vereinzelt auch gegenüber den östlichen Nachbarn zu sehen. Sie bildete zusammen mit der West- und der Ostpolitik ein Kräfteviereck, innerhalb dessen sie zu würdigen ist. Erst Karl der Große hat dieses Kräftegefüge zerstört, indem er das Herzogtum von seinen alten Südbeziehungen abschnitt und nach Westen hin ausrichtete.

136) Annales regni Francorum a. a. 787 (wie Anm. 115), S. 74; Classen, Karl der Große (wie Anm. 116), S. 560.

137) Annales regni Francorum a. a. 787 (wie Anm. 115), S. 76f.; Annales Laurissenses a. a. 787 (wie Anm. 132), S. 170.

138) Annales regni Francorum a. a. 787 (wie Anm. 115), S. 76f.

139) Annales regni Francorum a. a. 788 (wie Anm. 115), S. 78; Pauli Continuatio Romana, hg. Waitz (MGH SS rer. Lang., wie Anm. 36) a. a. 788, S. 202.

140) Annales regni Francorum a. a. 788 (wie Anm. 115), S. 80; Annales Laurissenses a. a. 788 (wie Anm. 132), S. 172f.

141) Annales regni Francorum a. a. 788 (wie Anm. 115), S. 80; Annales Mettenses priores a. a. 788 (wie Anm. 91), S. 75, 76, 77; Einhard, Vita Karoli Magni, hg. O. Holder-Egger (MGH SS rer. Germ. 25, ^{6}1911), S. 14.

142) Das wird besonders in den Annales regni Francorum deutlich, die kaum Hinweise auf die enge Kooperation zwischen Tassilo III. und den Langobarden bringen.

Die karolingische Epoche

Mit der Entmachtung Tassilos III. hat das Herzogtum Bayern seine Eigenständigkeit verloren. Da die Italienpolitik ein wesentlicher Bestandteil der Politik der älteren Stammesherzöge gewesen war, wurde diese nun unterbunden und von den Karolingern in Anspruch genommen. Sie war eines der konstitutiven Elemente ihres Kaisertums[143]. Das kommt am deutlichsten in ihrer Intitulatio zum Ausdruck, die 774 durch den Zusatz *rex Langobardorum* und ab 800 durch die Ergänzung *Romanum gubernans imperium* erweitert wurde[144]. Die Karolinger ließen für eine bayerische Italienpolitik keinen Raum mehr, auch wenn die Divisio regnorum von 806 noch einmal vorsah, Italien und Bayern in einem italisch-oberdeutschen Teilreich unter König Pippin zusammenzufassen[145]. Doch wurden diese Pläne bei den tatsächlichen Reichsteilungen ab 843 nicht ausgeführt. Bereits der Vertrag von Verdun hat Italien dem Mittelreich, Bayern dagegen dem Ostreich zugeordnet und diese Trennung wurde auch bei den folgenden Teilungen beibehalten. Damit waren das nordalpine und das südalpine Vorland auseinandergerissen und unterschiedlichen Reichsteilen angegliedert. Diese Maßnahme war folgenschwer. Sie ließ schon in den Bruderkämpfen nach dem Tod Ludwigs des Frommen bayerische und italische Truppen in den zu Felde ziehenden Heeren aufeinandertreffen[146] und trug – wie im Westen – zu einer Vertiefung der völkischen Gegensätze bei. Das zeigt am deutlichsten eine Tridentiner Urkunde des Jahres 845, die *Teutisci* und *Langobardi* nicht nur sprachlich, sondern auch volksmäßig scharf voneinander abhebt. Das zeigt auf der anderen Seite eine Kasseler Glosse, die eine kulturelle Überlegenheit der Bayern gegenüber den Romanen postuliert[147]. Unterschiede, die bisher nie in den Vordergrund getreten waren, werden nun bewußt[148]. Das bringt auch die von einem Fortsetzer der Chronik Ados von Vienne verwendete Bezeichnung *marchae contra Langobardos* zum Ausdruck. Sie beinhaltet gewiß keine verwaltungsorganisatorische Neuerung; keine andere Quelle bestätigt, daß die Karolinger auf bayerischem Boden Südmarken eingerichtet haben. Diese Wendung verweist auf den südlichen Grenzraum und macht in ihrer Formulierung ebenfalls die sich hier ausbildende Polarisation deutlich[149].

143) H. Fichtenau, Karl der Große und das Kaisertum, in: MIÖG 61, 1953, S. 257–334; Zum Kaisertum Karls des Großen. Beiträge und Aufsätze, hg. G. Wolf (Wege der Forschung 38, 1972).
144) Wolfram, Intitulatio (wie Anm. 121) 1, S. 206–244; 2, S. 19–58.
145) MGH Capitularia 1, hg. A. Boretius, 1883, S. 126–130 Nr. 45. Zur bayerischen Geschichte in dieser Epoche grundlegend: K. Reindel, Bayern im Karolingerreich, in: Karl der Große 1 (wie Anm. 116), S. 220–246.
146) Agnelli liber pontificalis ecclesiae Ravennatis, hg. G. Waitz (MGH SS rer. Lang., wie Anm. 36), c. 172, 174, S. 389f. Vgl. Erchemperti Historia Langobardorum Beneventanorum, hg. Waitz (ebenda) c. 11, S. 239.
147) Tiroler Urkundenbuch 1, hg. F. Huter, 1937, S. 5 Nr. 11; vgl. zu dieser Urkunde: Stolz, Deutschtum in Südtirol (wie Anm. 10) 1, S. 47f.; 2, S. 1f.; 3/1, S. 119. – Die althochdeutschen Glossen 3, gesammelt und bearbeitet von E. Steinmeyer–E. Sievers 1895, S. 13: *tolesint uualaha spahesint peigira.*
148) Stolz, Deutschtum in Südtirol 1 (wie Anm. 10).
149) Ado von Vienne, Chronicon, Continuatio, hg. von G. H. Pertz, (MGH SS 2, 1829), S. 325. Zur Markenorganisation im norditalienischen Raum: A. Hofmeister, Markgrafen und Markgrafschaften im

Wie sehr die bayerische Italienpolitik nun der karolingischen Italienpolitik einverleibt wurde, zeigt sich bereits im Jahre 788, als Graf Gerold I. einen awarischen Vorstoß nach Friaul im Zusammenwirken mit Truppen aus dem langobardischen Gebiet abwehrte[150]. Weiterhin erfolgte die Niederwerfung der Awaren in den Jahren ab 791 durch abgestimmte Operationen von Bayern und von Friaul aus. Von diesen Grenzgebieten her wurden die Ostlande herrschaftlich erfaßt. Die Grafen in diesen beiden Gebieten wurden als *Avarici limitis custodes* gemeinsam mit dieser Aufgabe betraut[151]. In dieser Funktion wurde auch Graf Gerold II. zusammen mit Markgraf Balderich von Friaul in den zwanziger Jahren des 9. Jahrhunderts tätig. In königlichem Auftrag haben sie gemeinsam die Grenzsicherung nach Osten ausgeübt[152]. Doch unterschätzten sie die Bedrohung und ergriffen nicht die erforderlichen Gegenmaßnahmen, wie sich vor allem beim Angriff des Jahres 828 herausstellte. Deswegen setzte Ludwig der Fromme noch in diesem Jahr Markgraf Balderich ab und zerschlug die Mark Friaul. Da nun die beiden östlichen der neugebildeten Teile dem bayerischen Präfekten Gerold II. unterstellt wurden, wurde auch künftig Ostpolitik über die Alpen hinweg ausgeübt[153]. Nur aus dieser gemeinsamen Stoßrichtung nach Osten heraus ist der Streit um die kirchliche Zuständigkeit für das Ostalpenland zwischen den Bischofssitzen von Aquileja und Salzburg zu verstehen[154].

Trotz der Zuordnung Bayerns und Italiens zu unterschiedlichen Teilreichen wurden die herkömmlichen Verbindungen also nicht völlig abgerissen. Sie wurden vor allem auf einer unteren Ebene weitergeführt. Dazu trugen die Karolinger selbst bei, als sie nach 774 darangingen, die neuerworbene langobardische Provinz durch eine gezielte Adelspolitik zu sichern. Sie setzten an den entscheidenden Positionen Adelige aus nordalpinen Ländern ein, aus Franken, aus Burgund, aus Alamannien und auch aus Bayern, die ihre Herrschaft stützen sollten[155]. Von der adeligen Führungsschicht Norditaliens in diesen Jahrzehnten haben drei Viertel der Grafen und Markgrafen eine Heimat nördlich der Alpen. Allerdings blieb die Anzahl der für diese Aufgabe herangezogenen Bayern gering. Etwa 360 nachweisbaren Franken und 160 Alemannen stehen ganze 15 Bajuwaren gegenüber[156]. Gewiß ist bei diesen Zahlen mit einer hohen Dunkelziffer zu rechnen, die jedoch an den Zahlenverhältnissen nur wenig ändern

italischen Königreich in der Zeit von Karl dem Grossen bis auf Otto den Grossen 774–962, in: MIÖG-Ergänzungsband 7, 1907, S. 215–435. Siehe besonders seine Definition von *marca*, S. 239.

150) Annales regni Francorum a. a. 788 (wie Anm. 115), S. 82f.

151) Annales regni Francorum a. a. 826 (wie Anm. 115), S. 169.

152) Annales regni Francorum a. a. 826 (wie Anm. 115), S. 168–170; Conversio Bagoariorum et Carantanorum, hg. H. Wolfram, 1979, S. 47, 50.

153) Annales regni Francorum a. a. 828 (wie Anm. 115), S. 174.

154) Kahl, Zwischen Aquileja und Salzburg (wie Anm. 3).

155) E. Hlawitschka, Franken, Alemannen, Bayern und Burgunder in Oberitalien (774–962) (Forschungen zur oberrheinischen Landesgeschichte 8, 1960); neuerdings noch: K. Bosl, Gesellschaftsgeschichte Italiens im Mittelalter, 1982, S. 57–100.

156) Hlawitschka, Franken (wie Anm. 155), S. 46f. mit der aussagekräftigen Skizze, S. 40–41.

dürfte. Bezeichnenderweise wurden die wenigen Bayern kaum im langobardischen Zentralraum um Mailand, Pavia und Verona verwendet, sondern vorwiegend in den südlich anschließenden Gebieten, vor allem um Lucca und in Tuszien[157]. Die Gründe für diesen sehr zurückhaltenden Einsatz der Bayern werden in der späten Eingliederung ihres Herzogtums ins Frankenreich und in der befürchteten Unzuverlässigkeit ihrer Führungsschicht gesucht[158]. Offensichtlich wollten die Karolinger angesichts der alten und engen langobardisch-bayerischen Beziehungen kein Risiko eingehen und haben deswegen die Bayern aus ihrem Kernraum ferngehalten, nachdem sich dort auch nach 774 durchaus noch Widerstand regte[159]. Daß aber auch in Oberitalien einzelne, wenn auch namentlich nicht faßbare Bayern tätig waren, wird aus Handschriften der Lex Bajuwariorum in Oberitalien gefolgert. Die bekannteste fand sich in der vielbeachteten Bibliothek des Markgrafen Eberhard von Friaul[160]. Diese aus nordalpinen Ländern nach Italien verpflanzten Adeligen gaben die Beziehungen in ihre Heimat nicht auf. Das ist auch an bayerischen Beispielen nachzuweisen und wird etwa an den beiden aus dem Bistum Freising stammenden Bischöfen zu Vicenza, Andreas und Francho, deutlich, die auch nach ihrer Berufung noch in die Heimat kamen und in den Freisinger Traditionen sogar als Tradenten für eine Kirche im Erdinger Raum begegnen[161]. Noch deutlicher wird diese Blickrichtung beim fränkischen, aber auch im Bayerischen verwurzelten Grafen Hadumar II. von Verona, der an sein Heimatkloster Fulda Güter in Italien schenkte[162]. Vielleicht gehört auch die Schenkung eines *castaldus de Langobardia* mit dem deutschen Namen Otbert an St. Emmeram zu Regensburg in einen derartigen Zusammenhang[163]. Diese Beispiele belegen, daß gerade die karolingische Adelspolitik in Oberitalien dazu beigetragen hat, die auf der obersten Ebene unterbrochenen Beziehungen zwischen Italien und Bayern aufrechtzuerhalten.

157) Hlawitschka, Franken (wie Anm. 155), S. 40–41.
158) Hlawitschka, Franken (wie Anm. 155), S. 47.
159) Annales regni Francorum a. a. 776 (wie Anm. 115), S. 42–44; vgl. K. Brunner, Oppositionelle Gruppen im Karolingerreich, 1979, S. 43–45.
160) Handschriftenübersicht in: Lex Baiuvariorum, hg. Beyerle (wie Anm. 81), S. XCIIf.
161) Die Traditionen des Hochstifts Freising 1, hg. Bitterauf (wie Anm. 119), S. 341–344; 420–422 Nrr. 400, 492. Dazu: J. Sturm, Die Anfänge des Hauses Preysing (Schriftenreihe zur bayerischen Landesgeschichte 8, 1931), S. 92f.; A. Klingsporn, Beobachtungen zur Frage der bayerisch-fränkischen Beziehungen im 8. Jahrhundert, Diss. Freiburg 1965, S. 17–21, 96, 98; Hlawitschka, Franken (wie Anm. 155), S. 32, 166f.; W. Störmer, Adelsgruppen im früh- und hochmittelalterlichen Bayern (Studien zur bayerischen Verfassungs- und Sozialgeschichte 4, 1972), S. 56.
162) Hlawitschka, Franken (wie Anm. 155), S. 195f.; Störmer, Adelsgruppen (wie Anm. 161), S. 51f.
163) Die Traditionen des Hochstifts Regensburg, hg. Widemann (wie Anm. 18), S. 61, Nr. 61. Dieser Gastalde fehlt im Verzeichnis bei: Jarnut, Langobardenreich (wie Anm. 21). – Ob auch der Tegernseer Gründer und Gründerabt Otkar in diesen Umkreis gehört, ist angesichts der Unklarheiten, mit denen seine Person belastet ist, nicht zu entscheiden. Bejahend: Löwe, Die karolingische Reichsgründung (wie Anm. 106), S. 30–33; Prinz, Mönchtum (wie Anm. 3), S. 375f.; Bosl, Bayerische Geschichte (wie Anm. 19), S. 57f.; zurückhaltender: Zöllner, Der baierische Adel (wie Anm. 88), S. 157.

Diese Vasallen, die die Verbindungen zu ihren Heimatländern weiter pflegten, verschafften sich derartigen Einfluß, daß sich schließlich sogar lauter Widerstand dagegen regte[164].

Diese Beziehungen sollten nicht folgenlos bleiben. Sie wurden noch im endenden 9. Jahrhundert Ansatzpunkt einer neuen von Bayern ausgehenden Italienpolitik. Sie nahm ihren Beginn vom Tod des kinderlosen Kaisers Ludwig II. im Jahre 875. Dieser hatte mehrfach Ludwig dem Deutschen die Nachfolge in Italien für dessen Sohn Karlmann zugesichert. Dennoch hat Papst Johann VIII. (872–882) nicht diesen, sondern König Karl den Kahlen von Westfranken zur Nachfolge in Italien eingeladen. In den darüber ausbrechenden Auseinandersetzungen wurden nun auch die langobardisch-bayerischen Beziehungen wieder politisch wirksam[165]. Eine Versammlung des Septembers 875, welche die Nachfolge klären sollte, endete mit dem *pravum consilium, quatenus ad duo mandarent regi, id est Karoli in Frantia et Hlodovici in Baioaria*[166]. Zwei rivalisierende Parteiungen wetteiferten um eine westfränkische und eine ostfränkische Thronfolge in Italien. Um seine Ansprüche zu untermauern, sandte Ludwig der Deutsche seine Söhne Karlmann (876–880) und Karl (876–887) über die Alpen. Sie sollten ihre dortigen Parteigänger unterstützen, die vornehmlich aus dem Lager Berengars von Friaul kamen. Vor allem dessen nordostitalienische Gebiete neigten der Partei Ludwigs des Deutschen zu, dessen Pläne auf ein bayerisch-italisches Regnum im Sinne der Divisio Regnorum von 806 hinausliefen. Durchgesetzt hat sich freilich zunächst die westfränkische Partei unter Karl dem Kahlen[167]. Daran vermochte auch ein militärischer Vorstoß Ludwigs des Deutschen in das Herrschaftsgebiet des neuen Kaisers 876 nichts zu ändern. Erst ein Jahr später gelang es Karlmann 877 nach dem Tode Karls des Kahlen (840–877), die Herrschaft in Italien an sich zu bringen, die er und sein Bruder Karl dann bis 887 behaupteten. Sie wurde durch einen neuen Italienzug 884 zusätzlich abgesichert[168]. Um die Residenz mehr in die Mitte dieses bayerisch-italischen Regnums zu verlegen, hat vor allem Karlmann sein Interesse der Pfalz Ötting mehr zugewandt als dem herkömmlichen Zentralort Regensburg, der doch sehr peripher gelegen war. Von hier aus hat er vornehmlich für italienische Empfänger geurkundet[169]. Gerade unter Karlmann und Karl III. wuchsen Bayern und Italien wieder zusammen. Bis zum Tod Karls III. wurde Norditalien von einem in Bayern residierenden Kaiser beherrscht. Diese Verbindung kommt auch in der während der späten Karolingerzeit nur von

164) Miracula Sancti Columbani, hg. H. Bresslau (MGH SS 30/2, 1929), S. 1001; Attonis qui fertur Polipticum quod appellatur Perpendiculum, hg. G. Goetz (Abhandlungen der Sächsischen Akademie der Wissenschaften Leipzig 1927), S. 15; vgl. S. 7.

165) Riezler, Geschichte Baierns 1 (wie Anm. 2), S. 395–398; Hlawitschka, Franken (wie Anm. 155), S. 67–94.

166) Andreae Bergomatis Historia c. 19, hg. Waitz (wie Anm. 118), S. 229.

167) Andreae Bergomatis Historia c. 19, hg. Waitz (wie Anm. 118), S. 230; Annales Fuldenses, hg. F. Kurze (MGH SS rer. Germ. 7, 1891), S. 84 f.

168) Annales Fuldenses Cont. Ratisponensis a. a. 877, 884 (wie Anm. 167), S. 90, 110.

169) Die Urkunden der deutschen Karolinger I/1: Die Urkunden Karlmanns, bearb. P. Kehr (MGH DD ²1956), Nrr. 21–28; vgl. W. Brugger, Die herzogliche und karolingische Pfalz zu Altötting. Ein Beitrag zur Pfalzenforschung in Altbayern, in: Oberbayerisches Archiv 105, 1980, S. 87 f.

der karolingischen Kanzlei verwendeten Bezeichnung *civitas regia* für die beiden Zentralorte Pavia und Regensburg zum Ausdruck [170].

Mit dem Tod Karls III. trat Italien in die Epoche der Nationalkönige ein, die zunächst beherrscht wurde von der Auseinandersetzung zwischen dem Markgrafen Wido von Spoleto und Berengar von Friaul. Dabei versuchte letzterer, seine schwächere Position durch Verstärkung der Bande über die Alpen nach Norden zu stärken. Bereits 888 erneuerte er seine Lehensabhängigkeit gegenüber Arnulf von Kärnten, der ihm denn auch sofort 600 Mann Verstärkung zukommen ließ [171]. Als er Wido dennoch unterlag, ersuchte er 889 Arnulf um noch wirksamere Hilfe [172]. Doch konnte dieser vorerst der Bitte ebensowenig nachkommen wie dem Antrag des Papstes Formosus um militärische Unterstützung in den Jahren 890/891 [173]. Erst 893, als Gesandte des Papstes zusammen mit Adeligen aus dem Machtbereich Berengars König Arnulf erneut zum Eingreifen aufforderten, war dieser in der Lage, Folge zu leisten. Noch im gleichen Jahr unternahm Arnulfs Sohn Zwentibold gegen den sich in Pavia verschanzenden Wido einen erneuten Feldzug, der allerdings erfolglos blieb [174]. Erst als Arnulf im Folgejahr persönlich über die Alpen zog, gelang die Unterwerfung [175]. Sofort begann er, seine Herrschaft einzurichten und die Grundlage für den Erwerb der Kaiserkrone 895 zu legen. Doch verhinderte ein baldiger Schlaganfall den weiteren Ausbau seiner Herrschaft in Italien. Dennoch rissen die einmal erneuerten Bande nicht ab. Sie werden erneut faßbar im Jahre 905, als Berengar I. abermals in Bayern um Unterstützung gegen Ludwig von der Provence nachsuchte. Zu diesem Zweck zog er persönlich über die Alpen. Regino vom Prüm spricht sogar davon, daß er hier vorübergehend Exil gesucht und gefunden habe [176]. Tatsächlich konnte er noch im gleichen Jahr mit einer bayerischen Verstärkung zurückkehren. Es gelang vereinten bayerisch-friaulischen Kräften, Ludwig gefangenzunehmen und zu blenden [177]. Der Weg für Berengars I.

170) Die Urkunden der deutschen Karolinger 1/1: Die Urkunden Ludwigs des Deutschen, bearb. P. KEHR (MGH DD ²1956), Nrr. 40, 48, 62, 87, 88, 100, 101, 111, 112, 119, 161, 165; Die Urkunden Karlmanns (wie Anm. 169), Nr. 1; 1/3: Die Urkunden Arnulfs, bearb. P. KEHR (MGH DD ²1955), Nr. 117. Der Beleg für Pavia: Die Urkunden Karlmanns Nr. 4. Dazu: A. SCHULTE, Pavia und Regensburg, in: Historisches Jahrbuch 52, 1932, S. 465–476; DERS., Regensburg und seine Eigenart in der deutschen Geschichte, in: Volkstum und Kulturpolitik. Festschrift für G. Schreiber, 1932, S. 202–207; KRAUS, Civitas regia (wie Anm. 20), S. 15–20; P. SCHMID, Regensburg. Stadt der Könige und Herzöge im Mittelalter (Regensburger Historische Forschungen 6, 1977), S. 435f.

171) Annales Fuldenses a. a. 888 (wie Anm. 167), S. 117; Gesta Berengarii imperatoris, hg. E. DÜMMLER, 1871, S. 102 v. 84.

172) Die Werke Liudprands von Cremona I 20, hg. J. BECKER (MGH SS rer. Germ. 41, ³1915), S. 19.

173) Annales Fuldenses a. a. 890 (wie Anm. 167), S. 118f.

174) Annales Fuldenses a. a. 893 (wie Anm. 167), S. 122; Die Werke Liudprands I 20–22, hg. BECKER (wie Anm. 172), S. 19f.; Gesta Berengarii, hg. DÜMMLER (wie Anm. 171), S. 112–114 vv. 7–44.

175) Annales Fuldenses a. a. 894 (wie Anm. 167), S. 123f.

176) Reginonis abbatis Prumiensis Chronicon a. a. 905, hg. F. KURZE (MGH SS rer. Germ. 50, 1890), S. 150: *in Boiaria exulabat.*

177) Annales Alamannici, hg. G. H. PERTZ (MGH SS 1, 1826), S. 54; Annales Einsidlenses, hg. G. H. PERTZ (MGH SS 3, 1839), S. 140 (beide Werke fälschlicherweise a. a. 902).

Aufstieg zum Kaisertum war damit geebnet. Abermals hatte ein bayerisches Korps entscheidend in Oberitalien eingegriffen und dadurch die seit 875 erneuerten, vor allem von Berengar I. von Friaul gesuchten Verbindungen zu Bayern auf einen neuen Höhepunkt geführt.

Allerdings darf dieses Eingreifen Ludwigs des Deutschen, Karlmanns, Karls III., Arnulfs von Kärnten und Ludwigs des Kindes in die italienischen Auseinandersetzungen des späten 9. und beginnenden 10. Jahrhunderts kaum als bayerische Italienpolitik im früheren Sinne bezeichnet werden. Zutreffender ist es, dieses Eingreifen in den Rahmen der kaiserlich-karolingischen Italienpolitik zu stellen, die in dieser Spätphase wiederholt ihren Ausgang von Bayern nahm. Ein weiterer Unterschied ist, daß das bayerische Eingreifen in dieser Epoche nur noch auf Einladung aus Italien erfolgte.

Herzog Arnulf »der Böse«

Ihren Höhepunkt fanden die seit 875 erneuerten politischen Beziehungen im Italienzug Herzog Arnulfs »des Bösen« 933/934. Er ist nach dem Böhmenzug des Jahres 922 das zweite selbständige außenpolitische Unternehmen dieses Herzogs, eine weitere Konsequenz aus dem Regensburger Vertrag des Jahres 921, der Arnulf weitgehende politische Selbständigkeit zugesichert hatte, und zielte auf nichts anderes als auf den Gewinn der langobardischen Königskrone. 922 war König Rudolf von Hochburgund von Gegnern Kaiser Berengars zum König der Langobarden erhoben worden[178]. Er hatte sich zunächst der Angriffe Berengars zu erwehren und nach dessen Ermordung 924 seine Position gegen Hugo von der Provence zu verteidigen, der 926 in Pavia schließlich zum Gegenkönig erhoben wurde. Rudolf und Hugo umgingen die drohende militärische Auseinandersetzung, indem sie sich – wohl 933 – darauf einigten, daß ersterer zugunsten seiner provencalischen Interessen auf eine eigene Italienpolitik verzichtete. Freilich wurde dadurch die Lage nicht bereinigt. Denn nun wandte sich eine Gruppe Unzufriedener an den bayerischen Herzog Arnulf und trug diesem für seinen Sohn Eberhard die Langobardenkrone an: *Langobardi Eparhardum filium Arnolfi ducis in dominum acceperunt* melden die Annales Iuvavenses maximi zum Jahr 933. Der Herzog, damals auf dem Höhepunkt seiner Macht, ging auf dieses Angebot ein, nachdem bereits 926 der schwäbische Herzog Burchard in ähnlicher Absicht über die Alpen gezogen war: *Eodem anno Arnulfus dux et Udalpertus archiepiscopus cum Bawariis iter hostile in Italiam fecerunt*[179]. Dieses *iter hostile*, im Herbst 933 begonnen und bis etwa Februar 934 dauernd, endete mit einer schweren Niederlage des Herzogs[180]. Der Ereignisablauf des Kriegszuges ist von Kurt Reindel geklärt worden[181]. Aus dem Bericht Liudprands von Cremona ergibt sich, daß Arnulf das Unterneh-

178) Zur Lage in Italien: L. M. Hartmann, Geschichte Italiens im Mittelalter 3/2, 1908, S. 197–242.

179) Annales ex annalibus Iuvavensibus antiquis excerpti, hg. H. Bresslau (wie Anm. 124), S. 743.

180) Die Briefe des Bischofs Rather von Verona, hg. F. Weigle (MGH Briefe der deutschen Kaiserzeit 1, 1949), S. 13–19 Nr. 1.

181) K. Reindel, Die bayerischen Luitpoldinger 893–989. Sammlung und Erläuterung der Quellen (Quellen und Erörterungen zur bayerischen Geschichte NF 11, 1953), S. 163–170 Nr. 86; Ders., Herzog

men trotz des enttäuschenden Verlaufes mit neuen Kräften zu wiederholen beabsichtigte[182]. Doch hat sein baldiger Tod die Ausführung dieses Planes unterbunden.

Die entscheidende Frage ist, welche Umstände den bayerischen Herzog zu diesem gefährlichen Unternehmen veranlaßt haben. Keine Anhaltspunkte finden sich in den Quellen für Johann Staindels Angabe, Arnulf sei *ab exulibus Italis factiosis* ins Land gerufen worden[183]. Liudprand von Cremona dagegen legt nahe, daß der Herzog das unberechenbare Wagnis von sich aus, aus bloßer Herrschsucht auf sich genommen habe[184]. Doch wird diese Begründung durch die zeitgenössischen Salzburger Annalen ausgeschlossen, die auch für diesen Zug eine Einladung durch italienische Große bezeugen. Die Frage ist, wen sie mit der sehr allgemein gehaltenen Bezeichnung *Langobardi* im einzelnen ansprechen. Welche Gruppe im Langobardenreich rief den Herzog ins Land? Die für die Klärung dieses Problems einzigen verwertbaren Hinweise liefert Liudprands Angabe, Arnulf hätten sich in Verona Graf Milo und Bischof Rather angeschlossen[185]. Zweifellos gehörten sie zu denjenigen einheimischen Kräften, die das Unternehmen mitgetragen haben. Beide sind politisch näher einzuordnen. Milo, Graf von Verona, war ein Mann fränkischer Herkunft und somit Nachkomme jener Vasallenschicht, die von den Karolingern nach Italien geschickt worden war[186]. In den inneritalienischen Auseinandersetzungen stand er auf der Seite Kaiser Berengars. Nach Liudprand gehörte er zu dessen engsten Anhängern. Tatsächlich hat er den Tod des Kaisers durch Ergreifung und Hinrichtung des Täters gerächt[187]. Für König Hugo konnte sich Milo dagegen nicht erwärmen, er war mit den herrschenden Zuständen in Italien unzufrieden[188]. Allerdings sah er im Lande keinen Kandidaten, den er hätte unterstützen können. Deswegen wandte er sich Herzog Arnulf zu. Schwieriger ist die Haltung Bischof Rathers zu umreißen. Der frühere Mönch des Klosters Lobbes (in Belgien) war erst 928 mit dem aus Lüttich vertriebenen Bischof Hilduin nach Italien gekommen, wo er 931 gegen den Willen König Hugos Bischof von Verona geworden war. Auch

Arnulf und das Regnum Bavariae, in: ZBLG 17, 1954, S. 187–252; Neudruck in: Die Entstehung des Deutschen Reiches. Deutschland um 900, hg. H. Kämpf (Wege der Forschung 1, ³1971), S. 213–288; hier S. 278–281; Ders., Bayern im Mittelalter (wie Anm. 2), S. 100f.; auch Hlawitschka, Franken (wie Anm. 155), S. 87.

182) Liudprand von Cremona, Antapodosis III 50 (wie Anm. 172), S. 101.

183) Johann Staindel, Chronicon generale a. a. 927, in: A. F. Oefele, Rerum Boicarum Scriptores 1, Augsburg 1763, S. 459.

184) Liudprand von Cremona, Antapodosis III 49–52 (wie Anm. 172), S. 100f.; zum Bericht Liudprands: A. Schmid, Das Bild des Bayernherzogs Arnulf (907–937) in der deutschen Geschichtsschreibung von seinen Zeitgenossen bis zu Wilhelm von Giesebrecht (Regensburger Historische Forschungen 5, 1976), S. 25–37.

185) Liudprand von Cremona, Antapodosis III 49 (wie Anm. 172), S. 100.

186) Zu Milo: Hlawitschka, Franken (wie Anm. 155), S. 237–240 Nr. CXX.

187) Liudprand von Cremona, Antapodosis II 73, V 27 (wie Anm. 172), S. 69f., 146.

188) Liudprand von Cremona, Antapodosis V 27 (wie Anm. 172), S. 146: *Hugoni suspectus*.

er befand sich somit in Opposition zum herrschenden Regime[189]. Rather kann demnach nicht der Vasallengruppe zugeordnet werden, der Milo entstammte. Statt dessen stand er in im einzelnen nicht aufhellbaren verwandtschaftlichen Beziehungen zu den Luitpoldingern[190]. Dennoch hat er sich allem Anschein nach mehr kurzfristig und kurzentschlossen eine politische Entwicklung zunutze gemacht, die seiner Gegnerschaft gegen König Hugo entgegenkam. Nach dem Scheitern dieser Gruppe hat er sich denn auch rasch wieder von ihr distanziert[191]. Rather scheint also mehr als Einzelgänger zu dieser Opposition gestoßen zu sein, die in sich inhomogen war und aus unterschiedlichen Gründen Unzufriedene zusammenführte. Milo gibt zu der Vermutung Anlaß, daß sie sich vor allem aus der Königsvasallenschicht rekrutierte, die durch die Karolinger ins Land gekommen war und deren Beziehungen in die Länder nördlich der Alpen nie abgerissen waren.

Daß sich diese Gruppe Unzufriedener gerade an Herzog Arnulf von Bayern wandte, versuchte Franz Tyroller mit genealogischen Verbindungen des Herzogs zu den Unruochingern zu erklären, die über die Gattin des Herzogs herzustellen seien[192]. Doch ist diese Behauptung weder beweis- noch widerlegbar, da über die Gemahlin des Herzogs nichts bekannt ist. Der Vorgang ist aber auch ohne diese Konstruktion erklärbar, wenn er in die zugehörige historische Tradition hineingestellt wird. Er schließt sich folgerichtig an die Italienzüge des ausgehenden 9. Jahrhunderts an. Wie damals ging auch jetzt die Initiative von italienischen Großen aus. Wie sehr Herzog Arnulfs selbstbewußte und kraftvolle Politik in Italien beachtet wurde, vermag wohl noch eineinhalb Jahrhunderte später Bonizo von Sutri zu belegen, der in seinem Liber ad amicum den Herzog – sicher in Fortführung älterer italienischer Traditionen – als *rex* intitulierte[193]. Umgekehrt ist auch Arnulfs Eingehen auf diese Einladung aus dem spätkarolingischen Vorbild heraus zu erklären. Wie schon Ludwig der Deutsche, Karlmann, Karl III., Arnulf von Kärnten und Ludwig das Kind den aus Italien übermittelten Anträgen Folge geleistet hatten, kam ihnen nun auch der Luitpoldinger bereitwillig nach. Bot sich doch hier eine Möglichkeit, politische Pläne, die er seit längerem verfolgte, zu verwirklichen. Sie zielten auf eine Machterweiterung und den Erwerb einer Königskrone. Ob er dieses Ziel im entstehenden Regnum Teutonicum oder anderswo zu erreichen suchen sollte, darüber hat der Herzog wohl selbst nicht die deutlichen Vorstellungen gehabt, nach denen die Geschichtswissenschaft seit einem halben Jahrhundert sucht. Vielleicht muß man bei der

189) Zu Rather: Liudprand von Cremona, Antapodosis III 43 (wie Anm. 172), S. 95; A. Vogel, Ratherius von Verona und das 10. Jahrhundert, 2 Bände, 1854; F. Weigle, Zur Geschichte des Bischofs Rather von Verona. Analekten zur Ausgabe seiner Briefe, in: DA 5, 1942, S. 347–386.

190) Die Briefe Rathers von Verona, hg. Weigle (wie Anm. 180), S. 17 Nr. 1: *propter consanguinitatem, quam cum illorum habebat primoribus ipsoque, ut dicebat, principe.* Vgl. Weigle, Analekten (wie Anm. 189), S. 384f.

191) Liudprand von Cremona, Antapodosis III 52 (wie Anm. 172), S. 101.

192) F. Tyroller, Die Ahnen der Wittelsbacher, in: Beilage zum Jahresbericht des Wittelsbacher-Gymnasiums München 1950/51, S. 22f. Anm. 33.

193) Bonizo von Sutri, Liber ad amicum, hg. E. Dümmler (MGH Libelli de Lite, 1891), S. 580.

Interpretation des vielerörterten Eintrages der Annales Iuvavenses maximi zum Jahr 920[194], dessen Wortlaut durch Helmut Beumann nun endgültig geklärt ist[195], mehr der Unentschiedenheit dieser Umbruchszeit Rechnung tragen und mit größerer Offenheit nach allen Seiten hin rechnen. Arnulf strebte nach einem Königtum, dessen Richtung er möglicherweise selber nicht genau festlegte und von seiner Durchsetzbarkeit abhängig machte. Er wollte seine Macht ausweiten und eine Königskrone erringen, wo immer sich eine Möglichkeit dazu bot. Diese Zielsetzung mußte in erster Linie in ein rivalisierendes Königtum gegen die Ottonen münden, konnte ebensogut auf ein bayerisches Königtum hinauslaufen, aber auch auf ein die Alpen umspannendes bayerisch-langobardisch-karantanisches Südreich, das losgelöst von den übrigen ostfränkischen Stammesherzogtümern bestanden hätte. Für eine derart offene Interpretation könnte die ungewöhnliche, ja singuläre Intitulatio einer Urkunde dieses Herzogs über einen Rechtsvorgang des Jahres 908 sprechen, die in den Folgejahren bis spätestens 926 entstanden sein dürfte. Deren Titelangabe *dux Baioariorum et adiacentium regionum* verläßt den Grundsatz, daß Urkundenintitulationen immer sehr exakte geographische oder gentile Bereichsbezeichnungen verwenden[196]. Diese Abweichung ist kaum ein Zufall, sondern beabsichtigt. Sie spielt auf die Gebiete an, in denen Herzog Arnulf Interessen verfolgte, vor allem in Karantanien, aber auch in Böhmen, im fränkischen und schwäbischen Grenzraum, schließlich aber auch in Italien. Eine derartige Ausdeutung der Intitulatio eines im übrigen nach dem formalen Vorbild der Königsurkunde gestalteten Diploms wird auch durch den Nachweis wahrscheinlicher Vorlagen nicht ausgeschlossen[197]. Der Rückgriff auf ältere Formulierungen läßt Rückschlüsse auch auf die Absichten des Wiederverwenders zu. Gerade nach dem Regensburger Vertrag von 921, der das bayerische Regnum dem ostfränkischen Regnum eingliederte, hat Arnulf versucht, dieser Beschränkung durch außenpolitische Aktivitäten entgegenzuarbeiten. Damit entspricht seine Politik der der schwäbischen Herzöge bis 926. Gewiß steht die genannte ungewöhnliche Urkundenintitulatio in keinem direkten, kausalen Zusammenhang mit dem Italienzug. Sie kennzeichnet aber die politischen Absichten des

194) Annales ex annalibus Iuvavensibus antiquis excerpti (wie Anm. 124), S. 742; die Diskussion ist zusammengefaßt bei: E. Müller-Mertens, Regnum Teutonicum. Aufkommen und Verbreitung der deutschen Reichs- und Königsauffassung im früheren Mittelalter (Forschungen zur mittelalterlichen Geschichte 15, 1970), S. 36–42; seither: H. Beumann, Regnum Teutonicum und rex Teutonicorum in ottonischer und salischer Zeit, in: Archiv für Kulturgeschichte 55, 1973, S. 215–223; W. Schlesinger, Die Königserhebung Heinrichs I., der Beginn der deutschen Geschichte und die deutsche Geschichtswissenschaft, in: HZ 221, 1975, S. 529–552; H. Thomas, Regnum Teutonicorum = Diutiskono Richi? Bemerkungen zur Doppelwahl des Jahres 919, in: Rheinische Vierteljahrsblätter 40, 1976, S. 17–45; W. Giese, Der Stamm der Sachsen in ottonischer und salischer Zeit, 1979, S. 79–84.

195) H. Beumann, Die Bedeutung des Kaisertums für die Entstehung der deutschen Nation im Spiegel der Bezeichnungen von Reich und Herrscher, in: Aspekte der Nationenbildung im Mittelalter, hg. H. Beumann–W. Schröder (Nationes 1, 1978), S. 317–365.

196) Reindel, Luitpoldinger (wie Anm. 181), S. 77–80 Nr. 48.

197) Fichtenau, Urkundenwesen (wie Anm. 121), S. 117.

Herzogs allgemein und beleuchtet das Vorfeld, aus dem heraus auch dieses Unternehmen zu deuten ist.

Wie sehr Arnulfs Blick nach Süden gerichtet war, läßt sich durch weitere einzelne Beobachtungen erhellen. In diese Richtung deuten schon die Salzburger Annalen, das wichtigste historiographische Dokument, das uns für diese Zeit zur Verfügung steht[198]. Der Gesichtskreis des Annalisten ist vornehmlich auf das Herzogtum konzentriert, läßt dabei aber eine gewisse Vorliebe für den Süden erkennen und damit vorsichtige Rückschlüsse auf den politischen Horizont der Zeit zu. In diese Richtung deutet auch das zweite historiographische Zeugnis, das uns aus Bayern für diese Zeit vorliegt, das Fragmentum de Arnulfo duce[199]. Es ist in St. Emmeram zu Regensburg überliefert, dort aber kaum abgefaßt worden. Die in dieser Preisschrift niedergelegte politische Haltung läßt sich nicht mit der Haltung des Klosters im Konflikt zwischen Königtum und Luitpoldingern zur Deckung bringen[200]. Dieses Bruchstück bezeichnet den Herzog als *gloriosus dux* und als *eximius dux*. Nun handelt es sich hier gewiß um Fremdbezeichnungen in erzählenden Quellen, so daß nicht mit gleich präziser Begriffsverwendung wie in den verbindlicheren Selbstaussagen der Urkundenintitulationes zu rechnen ist. Dennoch darf versucht werden, auch dieser unschärferen Terminologie Aussagegehalt abzugewinnen. Der Begriff *gloriosus* findet sich in der agilolfingischen und der karolingischen Intitulatio. Er ist aber vor allem in den Intitulationes der langobardischen Könige und Großen verbreitet[201]. Zweifellos fließen hier mehrere Traditionsströme zusammen. Daß der anonyme Verfasser des Bruchstückes vor allem die dritte Wurzel im Auge hatte, legt der andere Titel *eximius dux* nahe, der wesentlich seltener ist und nur in der Intitulatio des langobardischen Exarchen von Ravenna vorkommt[202]. Wenn den beiden Attributen des Fragmentum de Arnulfo duce Bedeutung zugemessen werden darf, müssen sie vornehmlich als Anlehnung an langobardische Herrscherintitulationen gewertet werden und liefern damit ein weiteres Argument für die Deutung des Königsplanes und der italienischen Ambitionen Arnulfs. Der Anonymus dachte nicht nur an die Karolinger, sondern auch an die Agilolfinger und die Langobardenkönige aus dieser Familie, als er den Luitpoldinger als Nachkommen von Königen

198) Annales ex annalibus Iuvavensibus antiquis excerpti, hg. Bresslau (wie Anm. 128), S. 742–743. Zu ihnen: W. Wattenbach–R. Holtzmann, Deutschlands Geschichtsquellen im Mittelalter 1, neu hg. F. J. Schmale, 1967, S. 283; A. Lhotsky, Quellenkunde zur mittelalterlichen Geschichte Österreichs, 1963, S. 145–157; Dopsch, in: Geschichte Salzburgs 1 (wie Anm. 17), S. 199f.

199) Fragmentum de Arnulfo duce, hg. Ph. Jaffé (MGH SS 17, 1861), S. 570; dazu: Riezler, Geschichte Baierns 1 (wie Anm. 2), S. 601; Wattenbach–Holtzmann, Deutschlands Geschichtsquellen 1, hg. Schmale (wie Anm. 198), S. 264f.; H. Beumann, Die sakrale Legitimierung des Herrschers im Denken der ottonischen Zeit, in: Zeitschrift für Rechtsgeschichte Germ. Abt. 66, 1948, S. 1–45; Neudruck mit Nachträgen in: Königswahl und Thronfolge in ottonisch-frühdeutscher Zeit, hg. E. Hlawitschka (Wege der Forschung 178, 1971), S. 148–198; hier S. 164f.; Schmid, Bayernherzog Arnulf (wie Anm. 184), S. 7–9.

200) A. Schmid, Die Herrschergräber in St. Emmeram zu Regensburg, in: DA 32, 1976, S. 356–364.

201) Wolfram, Intitulatio 1 (wie Anm. 121), S. 185–205; 2, S. 120, 141f., 198f., 244 Anm. 69, 402–421.

202) Wolfram, Intitulatio 2 (wie Anm. 121), S. 418.

und Kaisern rühmte[203]. Auch das Fragmentum steht gewiß in keinem ursächlichen Zusammenhang mit dem Italienzug, ist aber ebenfalls geeignet, das Vorfeld zu erhellen, aus dem heraus dieser zu erklären ist.

Zum dritten werden Arnulfs italienische Interessen durch seine Aktivitäten im Vintschgau deutlich. Von den wenigen Urkunden, die über seine Politik Aufschluß geben, betreffen zwei dieses südliche Grenzgebiet, das im 8. Jahrhundert kurze Zeit bayerisch gewesen war, ehe es an die Herzöge von Schwaben verlorenging. Unter Herzog Arnulf kam es nun wieder an Bayern und wurde in den dreißiger Jahren von seinem Bruder Berthold verwaltet[204]. Der Vintschgau wurde wohl 926 nach dem Tode Herzog Burchards durch König Heinrich I. von diesem Herzogtum abgegliedert und den Luitpoldingern übertragen[205]. Wenn auch unwahrscheinlich bleibt, daß sich diese die Grafschaft im Rahmen ihrer italienischen Pläne selbständig angeeignet haben[206], so ist Herzog Arnulf doch gerne auf die königliche Verfügung eingegangen, weil sie sich mit seinen eigenen Absichten traf. Es ist kaum ein Zufall, wenn die einzige Herzogsurkunde Bertholds, die er in seiner neuen Funktion ausstellte, ebenfalls mit formalen Elementen der Königsurkunde gestaltet und sogar besiegelt ist[207].

Herzog Arnulfs Politik erinnert in mehrfacher Hinsicht an Tassilo III. Es sei lediglich auf die Beanspruchung der Kirchenhoheit mit der Abhaltung von Landessynoden und der Verfügung über Kirchengut sowie an das Kanzlei- und Urkundenwesen verwiesen[208]. Für die Italienpolitik gilt das aber kaum. Es besteht kein direkter Zusammenhang zwischen der agilolfingischen Italienpolitik und den luitpoldingischen Aktivitäten in diesem Raum. Letztere tragen andere, eigene Züge und unterscheiden sich vor allem durch ihren offensiv-expansiven Charakter von den Beziehungen, die Tassilo III. suchte. Entscheidend ist, daß auch Herzog Arnulf erst auf eine Einladung hin in Italien tätig wurde. Der Vorgang verweist somit mehr in die karolingische Tradition. Überhaupt spricht manches dafür, daß der Luitpoldinger seinen Italienzug nicht von langer Hand vorbereitet hat. Dieser erwächst nicht folgerichtig aus der vorherigen Politik des Herzogs, trotz der Ansätze und Hinweise, die sich hier zur Verdeutlichung des Vorfeldes finden. Auslöser war eine eben nicht vorhersehbare Einladung, die zu einem ebenfalls nicht vorhersehbaren, für den Herzog sehr günstigen Zeitpunkt eintraf, nämlich als König Heinrich I. durch den Ungarneinfall die Hände gebunden waren. Diese

203) Fragmentum de Arnulfo duce, hg. Jaffé (wie Anm. 199), S. 570: ... *quia de progenie imperatorum et regum est ortus.*

204) Reindel, Luitpoldinger (wie Anm. 181), S. 152 Nr. 78; vgl. Dens., Herzog Arnulf (wie Anm. 181), S. 281 f.

205) E. Meyer-Marthaler, Untersuchungen zur Verfassungs- und Rechtsgeschichte der Grafschaft Vintschgau im Mittelalter, Diss. Zürich 1940, S. 24 ff.; Dies., Rätien im frühen Mittelalter. Eine verfassungsgeschichtliche Studie, 1948, S. 98 f.; G. Sandberger, Bistum Chur in Südtirol, in: ZBLG 40, 1977, S. 731 f.

206) Heuberger, Rätien (wie Anm. 15), S. 210–212.

207) Reindel, Luitpoldinger (wie Anm. 181), S. 156–159 Nr. 82.

208) Fichtenau, Urkundenwesen (wie Anm. 121), S. 115–117; Schmid, Herrschergräber (wie Anm. 200), S. 363 f.

beiden Ereignisse stehen wohl in mehr als einem zufälligen zeitlichen Zusammenhang. In einer nicht planbaren Lage tat sich für Herzog Arnulf unerwartet die Möglichkeit auf, politische Gedanken, mit denen er sich seit längerem getragen hatte, zu verwirklichen. Sie war zu verlockend, um ungenutzt zu bleiben. Von luitpoldingischer Italienpolitik kann deswegen wohl nur mit großer Zurückhaltung gesprochen werden.

Ausklang

Die luitpoldingischen Aktivitäten in Italien liefen der Politik Heinrichs I. zuwider. Sie beschworen die Gefahr herauf, daß das ostfränkische Regnum, das zusammenzuhalten sein Grundziel war, gesprengt wurde, daß an der Stelle dieses Königreiches andere politische Formationen entstanden, deren südliche über die Alpen ausgriffen. Deswegen hat Heinrich I. versucht, derartigen Bestrebungen in Bayern wie in Schwaben entgegenzuarbeiten. Für dessen letzte Lebensjahre bezeugt Widukind von Corvey die Absicht, nun seinerseits einen Italienzug zu unternehmen[209]. An der Ausführung dieses Planes hat ihn allein sein baldiger Tod gehindert. Thietmar von Merseburg hat diese Angabe Widukinds mit dem Zusatz *causa oracionis* kommentiert[210]. Doch dürfte er damit kaum das Richtige getroffen haben. Mit hoher Wahrscheinlichkeit beabsichtigte Heinrich I., den italienischen Interessen der beiden südlichen Stammesherzogtümer entgegenzuwirken. Die zeitliche Abfolge der Ereignisse bestätigt diese Begründung. Der König mußte, wenn er seinen Primat durchsetzen wollte, vor allem die eigenständige Außenpolitik der Stammesherzöge unterbinden und diese seinem Kompetenzbereich vorbehalten[211]. In dieser Absicht hatte Heinrich I. schon die Heilige Lanze wohl 926 von König Rudolf von Hochburgund erworben. Bereits sie hatte ihn nicht nur mit Burgund und dem Westfrankenreich in Verbindung gebracht, sondern auch mit Italien[212]. Hier liegt die

209) Widukind von Korvei, Rerum gestarum Saxonicarum libri III, hg. H.-E. LOHMANN–P. HIRSCH (MGH SS rer. Germ. 60, 1935), S. 59.

210) Thietmar von Merseburg, Chronicon, hg. R. HOLTZMANN (MGH SS rer. Germ. NS 9, 1935), S. 23. In Anschluß an Thietmar: W. GIESEBRECHT, Geschichte der deutschen Kaiserzeit 1, hg. W. SCHILD, 1929, S. 203 f.

211) So schon: VOGEL, Rather von Verona 1 (wie Anm. 189), S. 57; R. KÖPKE, Widukind von Korvey, 1867, S. 167 f.; G. WAITZ, Jahrbücher des Deutschen Reichs unter König Heinrich I., [4]1963, S. 167 f.; W. HOLTZMANN, König Heinrich I. und die Heilige Lanze. Kritische Untersuchungen zur Außenpolitik in den Anfängen des Deutschen Reiches, 1947, S. 47–57.

212) Liudprand von Cremona, Antapodosis IV 25 (wie Anm. 172), S. 118 f.; dazu: A. HOFMEISTER, Die Heilige Lanze, 1908; H.-W. KLEWITZ, Die Heilige Lanze Heinrichs I., in: DA 6, 1943, S. 42–58; A. BRACKMANN, Zur Geschichte der heiligen Lanze Heinrichs I., in: DA 6, 1943, S. 401–411; HOLTZMANN, Heinrich I. und die Heilige Lanze (wie Anm. 211); M. LINTZEL, Zur Erwerbung der Heiligen Lanze durch Heinrich I., in: HZ 171, 1951, S. 303–310; P. E. SCHRAMM, Herrschaftszeichen und Staatssymbolik 2, 1955, S. 492–537. Dazu neuerdings mit wesentlich vertieften Einsichten in die politischen Zusammenhänge E. HLAWITSCHKA, Die verwandtschaftlichen Verbindungen zwischen dem hochburgundischen und dem niederburgundischen Königshaus. Zugleich ein Beitrag zur Geschichte Burgunds in der 1. Hälfte des 10. Jahrhunderts, in: Grundwissenschaften und Geschichte. Festschrift für Peter Acht, hg. von P. Herde

Wurzel seines geplanten Italienzuges, der ihn auch in dieser Hinsicht mit den Karolingern verbunden hätte.

Ausgeführt hat diese Pläne Heinrichs I. aber erst König Otto I. Nachdem er in seinen Anfangsjahren vornehmlich durch Auseinandersetzungen im Innern mit den Stammesgewalten beschäftigt war, spielt Italien bis zur Jahrhundertmitte in seiner Politik nur eine untergeordnete Rolle. Ein Jahrzehnt lang hat er der Einladung Berengars von Ivrea zu einem Italienzug keine Folge geleistet[213]. Das Schicksal der beiden süddeutschen Stammesherzöge 926 und 934 mag ein Grund für diese Zurückhaltung gewesen sein. Erst als die Auseinandersetzungen im Innern bereinigt schienen und Berengar ohne Rücksprache mit ihm im Dezember 950 den Königstitel annahm, schritt Otto I. hier zu Taten. Auch in seinen Urkunden zeigen sich nun verstärkt imperiale Tendenzen. Im Jahre 951 unternahm er seinen ersten Italienzug, der mit der Entmachtung Berengars endete[214]. Die Huldigung der italienischen Großen 952 zu Pavia, die Heirat des Königs mit Adelheid von Burgund sowie die Unterwerfung Berengars 952 auf der Reichsversammlung zu Augsburg und schließlich der zweite Italienzug, der in der Kaiserkrönung 961 seinen Höhepunkt fand, sind die weiteren bekannten Stationen der Italienpolitik Ottos I.[215] Die Vita Mahthildis begründet das Eingreifen des Königs mit der Absicht, *ut Berengario superbienti resisteret*. Nach Rather war dessen Ziel, *ut distortum ... ad rectitudinem ... cogeret*[216]. Die neuere Forschung hat dagegen andere, mehr innenpolitische Motive erwogen. Es sei auch darum gegangen, auf dem Umweg über Rom den deutschen Episkopat enger an das Königtum zu binden, weiterhin darum, eine Grundlage für die Ostpolitik zu schaffen. Dazu seien das verpflichtende Vorbild Karls des Großen und die Befürchtungen vor dem bevorstehenden Weltuntergang für den Fall der Zerstörung des Kaisertums gekommen. Zweifellos ist mit einem ganzen Bündel an Motiven zu rechnen. Und eines dieser Motive war auch bei Otto I. die Überlegung, daß er, wenn er ein in der karolingischen Tradition stehendes Imperium aufrichten wollte, versuchen mußte, auch die Italienpolitik an sich zu bringen. Denn er wurde hier vor eine ähnliche Lage gestellt wie sein Vater. Als Otto I. auf die Einladung Berengars hin lange nicht aufbrach, fiel von Schwaben aus sein Sohn Liudolf in Oberitalien ein. Dieser Vorstoß rief nun seinen Onkel Heinrich, Herzog von Bayern, auf den Plan, der ebenfalls

und W. Schlögl, 1976, S. 28–57; E. Hlawitschka, Die Königsherrschaft der burgundischen Rudolfinger, in: Historisches Jahrbuch 100, 1980, S. 444–456.

213) Widukind von Korvei, Rerum gestarum Saxonicarum libri III, hg. Lohmann-Hirsch (wie Anm. 209), S. 108.

214) Widukind von Korvei, Rerum gestarum Saxonicarum libri III, hg. Lohmann-Hirsch (wie Anm. 209), S. 109. Die imperialen Tendenzen wies nach: K.-U. Jäschke, Königskanzlei und imperiales Königtum im zehnten Jahrhundert, in: Historisches Jahrbuch 84, 1964, S. 288–333.

215) Widukind von Korvei, Rerum gestarum Saxonicarum libri III, hg. Lohmann-Hirsch (wie Anm. 209), S. 109f.; Continuatio Reginonis, hg. Kurze (wie Anm. 176), S. 166; zur Bedeutung Augsburgs für die Italienpolitik: W. Goez, Augsburg und Italien im Mittelalter, in: Zeitschrift für Stadtgeschichte, Stadtsoziologie und Denkmalpflege 1, 1974, S. 196–220.

216) Vita Mahthildis reginae posterior c. 15, hg. G. H. Pertz (MGH SS 4, 1841), S. 293; Die Briefe Rathers von Verona, hg. Weigle (wie Anm. 180), S. 41 Nr. 7.

in Italien tätig wurde. Er schickte eine Vorhut über die Alpen mit dem Auftrag, die italienische Bevölkerung vor den Schwaben zu warnen. Dadurch blieb dem Unternehmen Liudolfs ein nennenswerter Erfolg versagt. Da sich auch Heinrich von Bayern keine Machtposition aufzubauen vermochte, konnte sich keiner der beiden Eindringlinge halten. Schließlich wurden sie von Otto I. für seine Italienpolitik gewonnen. Am Italienzug des Jahres 951 nahmen neben schwäbischen auch bayerische Truppen teil[217]. Nun wurde in der Königskanzlei die Intitulatio Ottos I. durch den Zusatz *rex Langobardorum* oder *rex Italicorum* erweitert. Auch wenn sich diese Fassung nicht durchsetzte, sie spiegelt zumindest die Ansicht des Kanzlers und Notars Wigfrid wider, daß Italienpolitik von jetzt ab eine Angelegenheit der Ottonen war[218].

Das bayerische Kontingent war auf dem Feldzug des Jahre 951 sehr erfolgreich gewesen. *Otto rex Ytaliam per Bavaros subicit* melden annalistische Aufzeichnungen aus Passau[219]. Es leistete einen entscheidenden Beitrag zur Eroberung der norditalienischen Gebiete. Deswegen teilte Otto I. im August 952 auf der Reichsversammlung zu Augsburg das langobardische Herzogtum Friaul mit den Markgrafschaften Istrien, Aquileja, Verona und Trient seinem Bruder Heinrich, der seit 947 das Herzogtum Bayern verwaltete, zu. Das staatsrechtliche Verhältnis, nach dem diese Südgebiete Heinrich übergeben wurden, ist kaum näher zu bestimmen, nachdem die Hauptquelle, der Continuator Reginonis, lediglich vermerkt: *Marca ... Heinrico fratri regis committitur*[220]. Sigmund von Riezler dürfte kaum das Richtige getroffen haben, wenn er diesen Eintrag dahingehend ausdeutet, daß das Herzogtum Friaul »mit dem bairischen Herzogtume vereinigt (wurde), das sich nun vom Fichtelgebirge bis zur Adria erstreckte«[221]. Es ist eher an eine Verwaltung der beiden Herzogtümer in Personalunion durch Heinrich von Bayern zu denken, wofür auch die weitere Entwicklung spricht. Auf den ersten Blick wurden 952 Pläne erfüllt, die Tassilo III. und Arnulf »der Böse« geträumt haben mögen. Nun war nach der Zeit Karlmanns und Karls III. eine die Mittelalpen samt ihren nördlichen und südlichen Vorlanden umfassende Herrschaft noch einmal Wirklichkeit gewor-

217) Annales ex annalibus Iuvavensibus antiquis excerpti a. a. 952 (wie Anm. 128), S. 743. Zum Italienzug Liudolfs: Widukind III c. 6 (wie Anm. 209), S. 108; Continuatio Reginonis a. a. 951 (wie Anm. 176), S. 165; Annales Einsidlenses a. a. 951 (wie Anm. 177), S. 142; vgl. R. Köpke–E. Dümmler, Kaiser Otto der Große (Jahrbücher des Deutschen Reiches 9, 1876), S. 192–193. Dagegen nahm am Romzug des Jahres 961 allem Anschein nach kein bayerisches Kontingent teil: Riezler, Geschichte Baierns 1 (wie Anm. 2), S. 554.

218) Die Urkunden Otto I., hg. von Th. Sickel (MGH DD regum et imperatorum Germaniae 1, ^{2}1956), S. 218–220 Nrr. 138, 139, 140; vgl. Wolfram, Intitulatio 2 (wie Anm. 121), S. 137–139; H. Weisert, War Otto d. Gr. wirklich *rex Langobardorum*?, in: Archiv für Diplomatik 28, 1982, S. 23–37.

219) Notae de episcopis Pataviensibus a. a. 951, hg. G. Waitz (MGH SS 25, 1880), S. 626; auch Continuatio Reginonis a. a. 952, hg. Kurze (wie Anm. 176), S. 165 f.; Annales ex annalibus Iuvavensibus antiquis excerpti, hg. Bresslau (wie Anm. 128), S. 743: *Otto rex Italiam acquisivit cum Baiowariis.*

220) Continuatio Reginonis a. a. 952, hg. Kurze (wie Anm. 176), S. 166; ähnlich die Vita Mahthildis, hg. Pertz (wie Anm. 216) c. 15, S. 293: *Postea rex commendavit Berengarium fratri suo duci Heinrico custodiendum.*

221) Riezler, Geschichte Baierns 1 (wie Anm. 2), S. 533 f.; in gleicher Weise geht Hofmeister, Markgrafen (wie Anm. 149), S. 385 von einer Abtretung aus. Vgl. auch G. Diepolder, in: Bayerischer Geschichtsatlas, hg. M. Spindler, 1969, S. 71.

den. Doch hält diese Interpretation genauerem Zusehen nicht stand. Denn diese größte und letzte Ausweitung der Zuständigkeit Bayerns nach Süden erfolgte nicht mehr aus eigener Kraft, sondern im Verband des entstehenden deutschen Reiches durch eine Verfügung des Königs, die seinen Bruder begünstigte. Sie war Ergebnis weniger bayerischer als ottonischer Italienpolitik. Geschickt baute Otto I. die nach Süden gerichteten Interessen der beiden südlichen Stammesherzogtümer seiner Herrschaft ein und erleichterte ihnen damit den Eintritt in das entstehende Regnum. Gerade hier wird deutlich, wie sich die Bedingungen für die Italienpolitik geändert hatten. Nun teilte der ottonische König in Italien Gebiete zu und nahm sie bei ihm passender Gelegenheit wieder weg. Bereits 976 wurde das Herzogtum Friaul wieder abgegliedert und dem neugeschaffenen Herzogtum Kärnten zugeordnet[222]. Auch diese Maßnahme gehört in den Zusammenhang weniger der ottonischen Ost- als Italienpolitik, die sich hier eine sichere Landbrücke nach Italien aufbauen wollte[223]. Zu diesem Zweck werden in der Folgezeit mehrere geistliche Reichsfürsten mit Schenkungen gerade an Schlüsselstellen bedacht. Mit der Übergabe der bis dahin zur Mark Verona gehörigen Markgrafschaft Trient an den Bischof dieser Stadt durch Heinrich II. und Konrad II. 1004 und 1027[224] sowie die Überlassung von Gebieten am oberen Inn und im Eisacktal an den Bischof von Brixen durch Konrad II. und Heinrich IV.[225] wird nach der Jahrtausendwende die Bildung des Landes Tirol eingeleitet, das sich schließlich als territorialer Riegel zwischen Bayern und Italien schob. Der Bischof von Freising erhielt bereits 974 die Grafschaft Cadore[226]. Mit derartigen Schenkungen wird die herrschaftliche Erfassung Italiens durch das ottonische Kaisertum eingeleitet. Das gleiche Ziel verfolgte die Ausstattung anderer bayerischer Kirchen mit weiterem transalpinen Besitz[227]. Damit wurde der bayerischen Italienpolitik die Grundlage entzogen. Seit dem Engagement Ottos I. in Italien war hier keine eigenständige und keine konkurrierende Außenpolitik der bayerischen Herzöge mehr möglich, wie sie gegenüber Byzanz selbst auf dem Höhepunkt ottonischer Macht in den sechziger Jahren noch versucht wurde[228]. Wie Schwaben wurde nun auch Bayern politisch von Süden nach Norden umgepolt.

Diese Feststellung wird auch durch die ungewöhnlich große Anzahl bayerischer Kleriker

222) In den zeitgenössischen Quellen wird der Vorgang nicht festgehalten. Siehe: H. APPELT, Das Herzogtum Kärnten und die territoriale Staatsbildung im Südosten, in: Carinthia 166, 1976, S. 5–20.

223) Das betont APPELT, Das Herzogtum Kärnten (wie Anm. 222), S. 20.

224) Die Urkunden Konrads II., hg. H. BRESSLAU (MGH DD regum et imperatorum Germaniae 4, ^{2}1957), S. 143–146 Nrr. 101, 102.

225) Die Urkunden Konrads II., hg. BRESSLAU (wie Anm. 224), S. 146f. Nr. 103; Die Urkunden Heinrichs IV., hg. D. v. GLADISS (MGH DD regum et imperatorum Germaniae 6/2, 1959), S. 569f. Nr. 424.

226) Die Urkunden Ottos II., hg. Th. SICKEL (MGH DD regum et imperatorum Germaniae 2, ^{2}1956), S. 96 Nr. 80. Zur späteren Entwicklung in diesem Raum: J. RIEDMANN, Die Beziehungen der Grafen und Landesfürsten von Tirol zu Italien bis zum Jahre 1335, Sitzungsberichte der Österreichischen Akademie der Wissenschaften, phil.-hist. Klasse 307, 1977.

227) W. STÖRMER, Kirchlicher Fernbesitz im Alpengebiet (in diesem Band).

228) W. STÖRMER, Spielmannsdichtung und Geschichte. Die Beispiele »Herzog Ernst« und »König Rother«, in: ZBLG 43, 1980, S. 571.

nicht widerlegt, die ab der Mitte des 10. Jahrhunderts in Oberitalien begegnet. Wie Karl der Große versuchten auch Ottonen und Salier, ihre Herrschaft in Oberitalien durch den Aufbau einer neuen Führungsschicht abzusichern. Dabei stützten sie sich aber nicht mehr auf Adelige, sondern auf Geistliche und setzten eine lange Reihe von Bischöfen und Äbten ein, die ihre Herrschaft trugen[229]. Dabei griffen sie wesentlich mehr als Karl der Große auf Persönlichkeiten aus Bayern zurück. Diese begegnen vor allem in der Kirchenprovinz Aquileja. Hier stehen in den Jahren zwischen 951 und 1125 fünfzig aus Italien stammenden 27 nachweisbar und 16 wahrscheinlich aus dem nordalpinen Bereich stammende Bischöfe gegenüber, die 35 Bischöfe nicht bestimmbarer Herkunft nicht mitgerechnet. Von den herkunftmäßig auf Deutschland festlegbaren Bischöfen stammen rund drei Viertel aus Bayern. Der Patriarchenstuhl zu Aquileja selbst war von 1019 bis 1084 ununterbrochen mit aus Süddeutschland stammenden Erzbischöfen besetzt. Auch diese starke Durchsetzung des oberitalienischen Episkopats in ottonisch-salischer Zeit mit bayerischen Klerikern hat mit bayerischer Italienpolitik nichts mehr zu tun, sie steht im Zusammenhang des ottonischen Reichskirchensystems. Wie sehr die Italienpolitik nun in die Hände der Kaiser überging, macht besonders die Chronik Ottos von Freising deutlich, der sie als den Bereich anspricht, von dem das Kaisertum seine vornehmste Würde erhalte. In Ottos Sicht ist gerade die Übernahme der Italienpolitik der eigentlich konstitutive Akt bei der Errichtung des mittelalterlichen Reiches gewesen. Für Otto ist Otto I. der erste König der Deutschen, und zwar mit der bezeichnenden Begründung, *quia iam imperium a Langobardis usurpatum reduxit ad Teutonicos orientales Francos*[230].

Wie in Bayern durch diese Entwicklung seit der Mitte des 10. Jahrhunderts die Bindung an Italien abgeschwächt wurde, rückte umgekehrt dieses Herzogtum nun an den Rand der italienischen Politik. Als 1024 beim Übergang der Herrschaft von der Dynastie der Ottonen auf die Salier italienische Große die deutsche Vorherrschaft dadurch abzuschütteln suchten, daß sie einen eigenen König zu wählen trachteten, tauchte der Name des bayerischen Herzogs in diesen Planungen nicht mehr auf. Nun wurde die Krone König Robert von Frankreich und Herzog Wilhelm von Aquitanien angeboten[231].

Rückblick

Der Blick auf die Beziehungen des bayerischen Stammes zu Italien von seinen Anfängen bis in die ottonische Zeit hinein hat ergeben, daß während des gesamten betrachteten halben Jahrtausends durchaus auch enge politische Verbindungen nachzuweisen sind. Diese sind jünger als die des benachbarten schwäbischen Stammes und nahmen abwechselnd von Bayern

229) G. Schwartz, Die Besetzung der Bistümer Reichsitaliens unter den sächsischen und salischen Kaisern, 1913; R. Pauler, Das Regnum Italiae in ottonischer Zeit. Markgrafen, Grafen und Bischöfe als politische Kräfte (Bibliothek des Deutschen Historischen Instituts in Rom 54, 1982).
230) Ottonis episcopi Frisingensis Chronica sive Historia de duabus civitatibus, hg. A. Hofmeister (MGH SS rer. Germ. 45, ²1912), S. 277.
231) Hlawitschka, Franken (wie Anm. 155), S. 97.

und Italien ihren Ausgang. Im politischen Bereich waren die von Norden nach Süden wirkenden Impulse stärker als auf der kulturellen oder religiösen Ebene, wo die Kräfteströme einseitiger von Süden nach Norden verliefen. Diese politischen Beziehungen sind kontinuierlich festzustellen und nicht minder ausgeprägt als die bayerische Ostpolitik. Dennoch kann im Unterschied dazu von bayerischer Italienpolitik nur mit Zurückhaltung gesprochen werden. Sie ist am ehesten in agilolfingischer Zeit gegeben. Es ist keine unmittelbare Kontinuität ins 10. Jahrhundert hinein zu beobachten. Das Auftreten Karls des Großen hatte hier die Voraussetzungen verändert. Ab 800 erfolgt Eingreifen in Italien immer auf Einladung von dort. So verpflichtend wirkte dieses Vorbild bis zu Otto I. hin nach. Von sich aus haben bayerische Herrscher nach Karl dem Großen nicht mehr über die Alpen ausgegriffen. Überhaupt war die bayerische Italienpolitik stark von der Wirksamkeit der Machtverbände abhängig, in die das Herzogtum eingebettet war. Die bayerischen Aktivitäten in Italien waren immer dann stark, wenn die zentralisierenden Tendenzen schwach waren. Dementsprechend enden sie mit der Eingliederung Bayerns ins mittelalterliche Reich, das die Italienpolitik als Vorrecht der Kaiser betrachtete, ob zu deren Vor- oder Nachteil ist eine andere Frage[232]. Von nun an gibt es nur noch bayerisch-italienische Beziehungen. Alle späteren bayerischen Aktivitäten in Italien haben mit bayerischer Italienpolitik nichts mehr zu tun, nicht bei den Grafen von Andechs[233], nicht bei den Welfen[234] und nicht bei Kaiser Ludwig dem Bayern[235]. Deswegen ist die Italienpolitik Heinrichs I. und Ottos I. durchaus ein wirksames Mittel gewesen, das den in die gleiche Richtung zielenden Bestrebungen der beiden südlichen Herzogtümer einen Riegel vorgeschoben hat. Insofern hat Hermann Heimpels Behauptung, daß auch die ottonische Italienpolitik ein Integrationsfaktor bei der Bildung des Deutschen Reiches gewesen sei, durchaus ihre Berechtigung[236].

232) Universalstaat und Nationalstaat, hg. F. Schneider, 1941.
233) E. Herrmann, Die Grafen von Andechs und der Ducatus Meraniae, in: Archiv für Geschichte von Oberfranken 55, 1975, S. 5–35.
234) R. Goes, Die Hausmacht der Welfen in Süddeutschland, Diss. masch. Tübingen 1960.
235) F. Bock, Reichsidee und Nationalstaaten, 1943.
236) H. Heimpel, Bemerkungen zur Geschichte König Heinrichs I., Neudruck in: Königswahl und Thronfolge, hg. Hlawitschka (wie Anm. 199), S. 39–45.

Die Funktion der Bischöfe von Säben in den transalpinen Beziehungen

VON JOSEF RIEDMANN

Allein schon die großräumigen geographischen Gegebenheiten prädestinierten die Oberhirten von Säben als wichtige Faktoren in den Verbindungen zwischen dem Norden Italiens und dem Süden Deutschlands. Durch Jahrhunderte hindurch bildeten die Säbener Bischöfe in einem weiten Umkreis die einzige Verkörperung einer überregionalen Autorität. Zudem war der Sitz des Bischofs von Säben so beschaffen, daß man an ihm auf dem Weg vom Süden nach dem Norden oder umgekehrt – buchstäblich – schwer achtlos vorbeigehen konnte. Dies gilt in gleicher Weise für den im Eisacktal steil aufragenden Burgberg von Säben wie auch seit dem ausgehenden 10. Jahrhundert für die Bischofsstadt Brixen, wohin die Oberhirten damals ihre Residenz verlegten, ohne jedoch die Position in Säben beziehungsweise im darunter an der Straße liegenden Klausen aufzugeben. Säben wie Klausen bildeten bis zur Säkularisation am Beginn des 19. Jahrhunderts feste und entscheidende Punkte des weltlichen Territoriums der Brixener Kirchenfürsten.

Auf die besondere Lage des Bischofssitzes Säben an der Grenze Italiens nimmt in gewisser Hinsicht bereits die vermutlich früheste Erwähnung eines Oberhirten dieses Sprengels Bezug. Papst Pelagius I. (556–561) sandte im März 559 ein Schreiben an den *episcopus Marcellus Seuoniensis*, in dem dieser neben anderem ermahnt wurde, Priestern *ex diuersis Italiae regionibus per bellicam necessitatem dispersis atque in illis locis modo consistentibus*, wieder ihre Funktion ausüben zu lassen. In diesem Brief klingt doch sehr deutlich die geschützte Randlage des Säbener Bischofssitzes im Gebirge gegenüber seiner damaligen Ausrichtung nach dem Süden, nach Italien, an[1]. Der Bezug dieses in mehreren hochmittelalterlichen Kanonessamm-

1) An allgemeiner Literatur über die Frühgeschichte von Säben vgl. A. SPARBER, Das Bistum Sabiona in seiner geschichtlichen Entwicklung, Bressanone (= Brixen) 1942; O. MENGHIN, Von Pfaffenhofen nach Säben: Zur Kontinuität kirchlicher Strukturen in Tirol, in: Neue Beiträge zur geschichtlichen Landeskunde Tirols, 2. T. (Tiroler Wirtschaftsstudien 26), 1969, S. 263–278 (Menghins These von der schrittweisen Übertragung des Augsburger Bischofssitzes nach Säben hat keine allgemeine Zustimmung gefunden) sowie F. HUTER, Säben, Ursprung der bischöflichen Kirche Brixen, in: Der Schlern 51, 1977, S. 6–13 (jeweils mit weiterführender Literatur). – Seit Abschluß dieses Manuskriptes (1983) erschienen weitere einschlägige Publikationen von O. HAGENEDER, Die kirchliche Organisation im Zentralalpenraum vom 6. bis 10. Jahrhundert, in: Frühmittelalterliche Ethnogenese im Alpenraum (Nationes 5), 1985, S. 201–235, bes. 204–210; H. BERG, Bischöfe und Bischofssitze im Ostalpen- und Donauraum vom 4. bis zum 8. Jahrhundert, in: Die Bayern und ihre Nachbarn 1 (Österr. Akademie der Wiss. Phil.-hist. Kl. Denkschriften 179 = Veröffentli-

lungen überlieferten päpstlichen Schreibens – mit zahlreichen Varianten des *Seuoniensis* – auf einen Bischof von Säben ist anscheinend der Forschung lange Zeit entgangen. Erst die Herausgeber der Briefe Pelagius' I., Dom Pius M. Gassó und Dom Columba M. Battle[2], zwei Benediktiner im spanischen Montserrat, haben im Jahre 1956, *Deo ducente*, wie sie selbst schreiben, die Identifizierung der Lesart *Seuoniensis* mit »Säben« vorgenommen[3]. Für die Gleichsetzung spricht einmal die bereits berührte geographische Lage von Säben, wohin in der Tat Kleriker aus Italien etwa im Rahmen des Endkampfes zwischen Goten und Byzantinern, des Vorstoßes von Leuthari und Butilin nach dem Süden oder der latenten Konfrontation von Byzantinern und Franken im Nordosten der Halbinsel[4], damals hätten flüchten können. Dazu tritt aber die den spanischen Herausgebern der päpstlichen Schreiben unbekannt gebliebene Tatsache, daß der in der vorliegenden Form zwar erst im späten Mittelalter aufgezeichnete Bischofskatalog von Säben–Brixen in der anderswo nirgends bezeugten Reihe der frühesten Oberhirten in der Tat einen *episcopus Marcellus* aufweist[5] – ein meiner Meinung nach doch sehr gewichtiges Indiz für die Richtigkeit der Identifizierung und der Authentizität des Briefes. Andere Inhalte des Schreibens, die mit unserem äußerst spärlichen Wissen über die Verhältnisse dieses Raumes in der Mitte des 6. Jahrhunderts auf den ersten Blick nicht ganz übereinzustimmen scheinen – etwa die Erwähnung von *monasteria* im Sprengel des Säbener Bischofs[6], können diese Wahrscheinlichkeit nicht ernsthaft in Frage stellen.

Bald nach 559, als sich allerdings die politischen Konstellationen in diesem Gebiet entscheidend geändert hatten, begegnet dann erstmals klar erkennbar ein Säbener Bischof in der Funktion, die dem Thema dieses Kolloquiums genau entspricht. Nach Paulus Diaconus, der in diesem Abschnitt seiner Langobardengeschichte das ansonsten verlorene Werk des Secundus

chungen der Kommission für Frühmittelalterforschung 8), 1985, S. 61–108, bes. 89–92 und P. W. Haider, Von der Antike zum frühen Mittelalter, in: J. Fontana (u. a.), Geschichte des Landes Tirol 1, 1985, S. 125–264, bes. 219ff.

2) Pelagii II papae epistulae quae supersunt (556–561), ed. P. M. Gasso et Dom C. M. Battle (Scripta et documenta 8), Montisserrati 1956, Nr. 57, S. 149–152.

3) Ebenda S. 150 Anm.

4) Vgl. etwa H. Wolfram, Geschichte der Goten, ^{2}1980, S. 445 und E. Zöllner, Geschichte der Franken bis zur Mitte des sechsten Jahrhunderts, 1970, S. 98ff. und 104.

5) A. Sparber, Der Brixner Bischofskatalog, in: MIÖG 58, 1950, S. 373–385, Edition: S. 377–385. – Es fällt m. M. nach nicht ins Gewicht, daß Marcellus in diesem Verzeichnis als 8. Nachfolger des um 600 sicher bezeugten Bischofs Ingenuin erscheint. Die Reihenfolge der Säbener Oberhirten ist in dieser Überlieferung aus der Mitte des 15. Jahrhunderts offensichtlich durcheinandergeraten. So figuriert auch der vor Ingenuin bezeugte Materninus (Martianus, Maturinus) (vgl. etwa K. Reindel, Die Bistumsorganisation im Alpen-Donau-Raum, in: MIÖG 72, 1964, S. 277–310, bes. S. 293) im Katalog als 7. Nachfolger Ingenuins.

6) Im späteren Sprengel von Säben–Brixen sind vor dem 8. Jahrhundert keine Klöster bekannt. Allerdings kennt man auch keine Mönchsgemeinschaft im benachbarten Bistum Trient in dieser Zeit, obwohl der Historiograph Secundus von Trient († 612) ausdrücklich als Abt bezeugt ist; vgl. etwa W. Levison und H. Löwe, Deutschlands Geschichtsquellen im Mittelalter, 2. H., 1953, S. 205f. – Als Parallele hinsichtlich zahlreicher Mönchsgemeinschaften in einer romanisierten, christlichen Landschaft der Spätantike sei schließlich auch auf die vielen *monasteria* und *cellae* hingewiesen, die der hl. Severin in Noricum *solito more* gegründet hat; Eugippius, Vita Severini 19, 1.

von Trient († 612) ausschrieb, betätigten sich die Bischöfe Ingenuin von Säben und Agnellus von Trient als Vermittler, als im Jahre 590 die Franken einen erfolgreichen Vorstoß nach dem Süden gegen die Langobarden unternahmen. Die Besatzung des großen langobardischen Kastells *Ferruge*, das man zumeist mit der Doss Trento bei der Stadt Trient, aber bisweilen auch mit Formigar, dem heutigen Sigmundskron bei Bozen, gleichsetzt, konnte auf Grund der Intervention der beiden genannten Bischöfe gegen Zahlung eines Lösegeldes abziehen[7]. Dieses Eingreifen der beiden Bischöfe deutet wohl auch darauf hin, daß um 590 auch Säben im Einflußbereich der Langobarden, konkreter des langobardischen Herzogs von Trient, lag. Auch ein von Ingenuin mitunterzeichneter Brief von Bischöfen des Metropolitanverbandes von Aquileia an den römischen Kaiser Maurikios aus dem Jahre 591 sowie die Teilnahme Ingenuins an einer Kirchenversammlung in Marano bei Aquileia ordnen sich in diese Zusammenhänge ein[8].

Nach etwa 600 schweigen – mit Ausnahme des bereits kurz charakterisierten Bischofskatalogs – für gut eineinhalb Jahrhunderte alle schriftlichen Quellen über den Säbener Bischofsstuhl. Neue Erkenntnisse über diese Periode können wohl nur die nun schon seit einigen Jahren in Gang befindlichen Grabungen auf Säben selbst erbringen, deren Ergebnisse aber noch nicht publiziert sind. Sehr vorsichtig formuliert, deutet der archäologische Befund sehr klar auf eine Kontinuität der Säbener Kirche im 7. und 8. Jahrhundert hin[9]. Erst mit Bischof Alim beginnen in der 2. Hälfte des 8. Jahrhunderts die Nachrichten wieder zu fließen. Diese Lücke in der schriftlichen Überlieferung ist besonders bedauerlich, da zwischen 600 und 750 das Ausgreifen der Bayern über den Brenner in das Eisacktal bis hinunter in das Bozner Becken fällt[10], wobei die Stellung des hier residierenden Bischofs zur neuen weltlichen Gewalt von besonderem Interesse wäre.

Der als Schlußzeuge in der 769 ausgestellten Urkunde Herzog Tassilos III. für das Kloster Innichen im Pustertal erstmals genannte Bischof Alim von Säben[11] stand damals offenbar bereits völlig im bayerischen Einflußbereich. Alim hielt sich in den folgenden Jahren mehrfach in Bayern auf. Er begegnet in Freising und nahm an bayerischen Synoden teil. Seit 769/70 wird Alim zumeist jeweils an sehr prominenter Stelle, vor den Bischöfen Virgil von Salzburg,

7) Pauli historia Langobardorum, ed. L. Bethmann–G. Waitz (MGH SS rer. Lang.), 1878, III 31, S. 111.

8) Gregorii I papae registrum epistolarum. T. 1, edd. P. Ewald et L. M. Hartmann (MGH Epp. 1), 1891, Nr. I, 16a, S. 17–21 und Chronica patriarchum Gradensium (MGH SS rer. Langob. I), S. 393. – Siehe dazu auch K. Reindel, Christentum und Kirche, in: Handbuch der bayerischen Geschichte. 1. Bd., ^{2}1981, S. 178–189, bes. S. 187ff.

9) Darüber steht eine große Veröffentlichung von V. Bierbrauer und H. Nothdurfter in Aussicht.

10) Vgl. auch dazu jüngst K. Reindel, Grundlegung: Das Zeitalter der Agilolfinger (bis 788): I. Die politische Entwicklung, in: Handbuch der bayer. Gesch., ^{2}1, S. 101–176, bes. S. 144–148 (mit zahlreichen Literaturhinweisen) und nun auch Haider, Von der Antike (wie Anm. 1) S. 224–237.

11) Die Traditionen des Hochstifts Freising. 1. Bd., hg. von Th. Bitterauf (Quellen und Erörterungen zur bayer. u. deutschen Geschichte NF 4), 1905, Nr. 34, S. 61 f. – Über diese Urkunde und die Bedeutung der Klostergründung vgl. die Beiträge verschiedener Autoren in der Festnummer 11/12 des Jg. 45, 1971, der Südtiroler Zeitschrift »Der Schlern«.

Wisurich von Passau und Arbeo von Freising beziehungsweise deren Nachfolger, angeführt[12]. Irgendwelche Beziehungen Alims zu Aquileia, wie sie bei den Säbener Oberhirten vor 600 bestanden, lassen sich nicht nachweisen. Dies könnte einige Jahrzehnte vor 769 noch etwas anders gewesen sein, denn als im Jahre 739 auf Anregung des heiligen Bonifatius in Bayern die bekannte kirchliche Organisation begründet wurde, bildete das von Gregor III. ausdrücklich aufgenommene Argument, daß die Bayern keine Bischöfe besäßen, eine gewichtige Entscheidungshilfe[13]. Ob der offensichtliche Vorrang, dem man nach 769 Bischof Alim von Säben unter dem bayerischen Episkopat einräumte, auf ein frühes Weihedatum dieses Oberhirten – Herwig Wolfram hat dementsprechend mindestens die Zeit vor 749 erschlossen[14] – oder auf das alle anderen bayerischen Bistümer weit überragende Alter der Säbener Kirche zurückgeht, mag an dieser Stelle dahingestellt bleiben.

Den guten Beziehungen des Säbener Bischofs Alim zu Bayern und zu Tassilo III. kam besondere Bedeutung zu, da das oberste Eisacktal die wichtigste, ja vielleicht die einzige Verbindungslinie des letzten Agilolfingers zu seinem langobardischen Schwiegervater König Desiderius darstellte. Die Eheschließung Tassilos III. mit der *virga regalis Liutpirc* wird eben in die Zeit vor 769 gesetzt[15], dem Jahre, in welchem sich Bischof Alim nach dem Ausweis der Urkunde für Innichen beim Herzog in Bozen aufhielt. Die Datierung der Herzogsurkunde

12) Freisinger Traditionen (wie Anm. 11) Nr. 39, S. 66ff. (770 Freising): B. Alim erster Zeuge nach Herzog Tassilo und vor den Bischöfen Arbeo, Virgil und Wisurich. Sodann erscheint Alim auf der vom Herzog präsidierten bayerischen Kirchenversammlung in Dingolfing 770/72; MGH Concilia, T. 2, ed. A. Werminghoff, 1906, Nr. 15, 97: der Säbener nach Manno von Neuburg und vor Virgil, Wisurich, Sindpert und Arbeo. Schließlich begegnet Alim auch in dem Teil des Salzburger Verbrüderungsbuches, der 784 von Bischof Virgil angelegt wurde; Necrologia Germaniae, T. 2, ed. S. Herzberg-Fränkel (MGH Necr. 2), 1904, S. 12, bzw. Das Verbrüderungsbuch von St. Peter in Salzburg. Vollständige Faksimile-Ausgabe im Originalformat der Handschrift A 1 aus dem Archiv von St. Peter in Salzburg. Einführung von K. Forstner (Codices selecti phototypice impressi 51), 1974, fol. 10. In dieser Zusammenstellung der lebenden Bischöfe kommt »die Absicht besonders deutlich zum Ausdruck, die bairische Kirche, aber auch nur diese, als eine abgeschlossene Gesammtheit darzustellen«; S. Herzberg-Fränkel, Über das älteste Verbrüderungsbuch von St. Peter in Salzburg, in: NA 12, 1887, S. 53–107, bes. S. 70.

13) Die Briefe des hl. Bonifatius und Lullus, hg. von M. Tangl (MGH Epp. sel. 1), 1916, Nr. 45, S. 71ff. Ob mit dieser Aussage der Beweis dafür vorliegt, daß Säben in der 1. Hälfte des 8. Jahrhunderts nicht mehr und noch nicht als Bischofssitz existierte (vgl. so R. Heuberger, Rätien im Altertum und Frühmittelalter = Schlern-Schriften 20, 1932, S. 190ff.), scheint zweifelhaft. Immerhin bestünde auch die Möglichkeit, daß Säben damals noch zur Kirchenprovinz von Aquileia gehörte und deshalb nach Auffassung des hl. Bonifaz und des Papstes nicht zur *provincia gentis Baiovariorum* zählte. Überdies konnte Säben seiner ganzen Tradition nach als ausgesprochenes Bistum der romanisierten Alpenbevölkerung und nicht der Bajuwaren gelten.

14) H. Wolfram, Grenze und Mission. Salzburg vom heiligen Rupert zum heiligen Virgil, in: Mitteilungen der Gesellschaft für Salzburger Landeskunde 115, 1975, S. 51–79, bes. S. 79 und ergänzend dazu Derselbe, Vier Fragen zur Geschichte des heiligen Rupert, in: Festschrift St. Peter zu Salzburg 582–1982, 1982, S. 2–25, bes. S. 3f. Anm. 5.

15) Vgl. die verschiedenen von der Forschung vorgeschlagenen Jahre für die Eheschließung (763–769) bei Reindel, Grundlegung (wie Anm. 10), S. 169 Anm. 137.

trägt sogar den wichtigen Zusatz: *actum in Bauzano rediente de Italia*[16]. Dieses Zusammentreffen von Herzog und Bischof war gewiß kein zufälliges, denn Bozen liegt nicht im Säbener, sondern im Trienter Sprengel. Wenn dann im Zusammenhang mit der letzten Phase der Auseinandersetzung Karls des Großen mit Tassilo im Jahre 784 eine Konfrontation zwischen Bayern und Franken, die inzwischen das Langobardenreich erobert hatten, bezeugt ist[17], so spiegelt sich auch darin die Wichtigkeit des Eisacktales für die bayerischen Verbindungen nach dem Süden beziehungsweise für eine eventuelle Expansion vom Süden nach dem Norden.

Schließlich fügt sich ganz ausgezeichnet in den Zusammenhang der skizzierten Beziehungen Bischof Alims zu Herzog Tassilo und der besonderen Bedeutung des Säbener Bischofs für die Kontakte nach dem Süden eine Nachricht, die aus viel späterer Zeit überliefert ist. Der Humanist Aventin berichtet in seiner Bayerischen Chronik von der Entsendung einer feierlichen Gesandtschaft nach Rom durch Herzog Tassilo III. und seine Familie, wobei Bischof Alim von Säben an der Spitze dieser Mission gestanden hat. Doch Karl der Große ließ die bayerische Abordnung nicht passieren. Die weltlichen Herren, darunter zwei auch sonst namentlich nachweisbare Grafen, mußten umkehren, nur dem Säbener Oberhirten und Abt Atto von Mondsee wurde die Weiterreise in die Ewige Stadt gestattet[18]. Die Folge dieses Zwischenfalles war nach Aventin eine starke Verstimmung zwischen Tassilo und Karl, die erst durch die auch anderweitig bezeugte Intervention Papst Hadrians I. und durch das bekannte Treffen des Königs mit dem Herzog in Worms im Jahre 781 vorübergehend ausgeräumt wurde. Die Erzählung von der römischen Gesandtschaft Alims findet sich nur bei Aventin, dessen Vorlage nicht bekannt ist. Doch gerade unter Berücksichtigung der auch sonst nachweisbaren engen Beziehungen Alims zum bayerischen Herzog sowie in Anbetracht der Lage des Säbener Bischofssitzes verdient diese Angabe über die Reise Alims im Auftrag Tassilos nach Rom erhöhte Glaubwürdigkeit. Die Mission ist in die Zeit um 780, jedenfalls nach 774, der Eroberung des Langobardenreiches durch Karl, zu datieren. Sie steht zudem in einer langen Tradition von direkten Kontakten der Agilolfinger mit dem Papsttum im 8. Jahrhundert. Die politische Bedeutung dieser Verbindung als Gegengewicht zum Hegemonialstreben Karls des Großen hatte allerdings durch die Allianz der Karolinger mit der römischen Kirche eine entscheidende Einbuße erfahren.

Alims Tätigkeit im Dienste Tassilos III. und in der Umgebung dieses Herzogs verhinderte aber offenbar nicht, daß sich der Säbener Bischof nach 788, nach dem Sturz der Agilolfinger, ebenso der Gunst Karls des Großen erfreute. Der am Hofe Karls so einflußreiche Alkuin verlieh

16) Freisinger Traditionen (wie Anm. 11) Nr. 34, S. 62.

17) Annales regni Francorum, ed. F. Kurze (MGH SS rer. Germ.), 1885, S. 78.

18) Johannes Turmair's genannt Aventinus Bayerische Chronik, hg. v. M. v. Lexer (Johannes Turmair's genannt Aventinus sämmtliche Werke 5, 1886), 2. Bd., S. 109. – Über die Herleitung dieser Nachricht aus der verlorenen Darstellung des Kanzlers Tassilos III. Creontius-Crantz vgl. S. Riezler, Ein verlorenes bairisches Geschichtswerk des achten Jahrhunderts, in: Sitzungsberichte der königl. bayer. Akademie der Wissenschaften. Hist. Kl. 3, 1881, S. 247–291, bes. S. 272 f. – Über Crantz vgl. die vorsichtigen Formulierungen von F. Brunnhölzl, Die lateinische Literatur, in: Handbuch der bayer. Geschichte^{2}1, 1981, S. 582–607, bes. S. 585 f.

im Jahre 800 gegenüber dem Salzburger Metropoliten Arn seiner Wertschätzung des Säbener Oberhirten mit warmen Worten Ausdruck. Alkuin apostrophierte Alim als *pater carissimus*[19], und eine spätere Tradition schreibt Karl dem Großen auch die Ausstellung der ersten Immunitätsurkunde für die Kirche von Säben zu[20]. Am deutlichsten fand die bevorzugte Stellung Alims bei der Einrichtung der Salzburger Kirchenprovinz im Jahre 798 ihren Niederschlag. Alim steht an der ersten Stelle der von Papst Leo III. angesprochenen Bischöfe der *provincia Baiowariorum*, denen die neue Metropolitanverfassung mitgeteilt und denen Gehorsam gegenüber dem neuen Erzbischof Arn anbefohlen wird[21]. Die Umorientierung Säbens vom Süden, von der Kirchenprovinz Aquileia, nach dem Norden, die sich bereits seit 769 klar abzeichnete, war nun endgültig vollzogen[22]. Die Konsequenzen dieses Schrittes lassen sich kaum abschätzen. Aus dem am weitesten nach Norden vorgeschobenen Bistum Italiens war der südlichste Bischofssprengel Bayerns geworden. Diese »Umpolung« erleichterte zweifellos die Eindeutschung des späteren Deutschtirol, und nicht zufällig begegnet unter den Nachfolgern des knapp nach 800 gestorbenen Alim kein romanischer Name mehr[23].

Gegenüber der agilolfingischen Periode trat die »geopolitische« Bedeutung Säbens für die weiträumigen Beziehungen zwischen Nord und Süd in der Karolingerzeit wieder etwas in den Hintergrund. Die Bindelinien zwischen dem karolingischen Frankenreich und Italien verliefen

19) Epistolae Karolini aevi. T. 2, rec. E. Duemmler (MGH Epp. 4), 1895, Nr. 208, S. 346 und ähnlich ebenda Nr. 193, S. 321.

20) Die Verleihung der Immunität an das Bistum Säben wird erstmals 916 in der einschlägigen Bestätigung durch Konrad I. erwähnt. Frühere Immunitätsdiplome, wie sie seit Ludwig d. Deutschen (845) für Säben erhalten sind, nennen Karl d. Großen nicht; vgl. die Übersicht bei L. Santifaller, Zur Geschichte des ottonisch-salischen Reichskirchensystems (Österr. Akademie der Wissenschaften. Sitzungsberichte. Phil.-hist. Kl. 229/1), ^{2}1964, S. 84.

21) Epistolae Karolini aevi. T. 3, rec. E. Duemmler et K. Hampe (MGH Epp. 5), 1899, Nr. 3, S. 58f. und ähnlich ebenda Nr. 5, S. 60ff.

22) Daß die Integration Säbens in die bayerische Kirche sich bereits in agilolfingischer Zeit (seit 769) sehr deutlich abzeichnete, wurde oben S. 95ff. dargelegt. Als weiteres Indiz für die Zugehörigkeit Alims von Säben zur bayerischen Kirche unter den Karolingern noch vor der Einrichtung der Metropolitanverfassung in Bayern 798 sei auf die Eintragung Alims im Prager Sakramentar verwiesen. Hier findet sich der Säbener Oberhirte zusammen mit mehreren bayerischen Bischöfen sowie Angehörigen des karolingischen Königshauses verzeichnet. Der Zusatz ist in das Jahr 794 zu datieren; vgl. A. Dold–L. Eizenhöfer, Das Prager Sakramentar II (Texte und Arbeiten I/38–42), 1949, bes. S. 23 und 28. Die vermutliche Entstehung des Sakramentars in Verona (B. Bischoff, Panorama der Handschriftenüberlieferung aus der Zeit Karl des Großen, in: Ders., Mittelalterliche Studien. 3. Bd., 1981, S. 5–38, bes. S. 25, und Ders., Die südostdeutschen Schreibschulen und Bibliotheken in der Karolingerzeit 2, 1980, S. 258–261) ist für diese Interpretation des Zusatzes ohne Belang.

23) Bis in die Zeit Alims tragen alle Säbener Oberhirten im Bischofskatalog lateinische oder griechische Namen, nach Alim beginnen die germanischen Namensformen. Nur Zerito und Zacharias in der 2. Hälfte des 9. Jahrhunderts lassen sich bei dieser Aufteilung nicht zweifellos einordnen; vgl. Sparber, Bischofskatalog (wie Anm. 5), S. 377f. Diese Beobachtung, die mit unserem Wissen über die allgemeinen Verhältnisse in diesem Raum bestens in Einklang steht, spricht schließlich auch für die Zuverlässigkeit des Bischofskatalogs.

nach 788 weiter im Westen. Bezeichnenderweise gibt es keine sicheren Anhaltspunkte dafür, daß Karl der Große je den Brenner benutzt hätte. Ähnliches gilt auch für die unmittelbaren Nachfolger Karls[24]. Erst als sich im Osten des Frankenreiches wieder ein eigenes *regnum* ausbildete und die ostfränkischen Herrscher Kontakte nach dem Süden suchten, erfuhren auch die Tiroler Pässe wieder eine Aufwertung. So dürfte Ludwig der Deutsche, als er im Jahre 857 mit Ludwig II. in Trient zusammentraf, zumindest seinen Rückweg über die Alpen durch das Gebiet des späteren Tirol genommen haben[25].

Eine ganz wesentliche Aufwertung erlebte das Eisacktal und damit die Säbener Kirche aber sodann mit dem Zeitpunkt, als die ostfränkischen Könige begannen, nach der Kaiserkrone zu streben. Die erste überlieferte Schenkung eines Königs für Säben stammt von König Arnulf, der im Jahre 893 Bischof Zacharias das Jagdrecht in einem der Kirche entfremdeten großen Forstbezirk wieder zusicherte[26]. Dieses Gebiet sollte zum territorialen Rückgrat des künftigen geistlichen Reichsfürstentumes Brixen werden. Nur einige Monate nach der Ausstellung dieser Urkunde trat Arnulf seinen ersten Italienzug an. Nachdem der König Weihnachten 893 in Aibling bei Rosenheim gefeiert hatte und die nächste sichere Aussage über die Aufnahme des Herrschers durch die Veronesen berichtet, bietet sich die Brennerroute als nächstliegende benutzte Verbindung nach dem Süden an[27]. Kaum in den Norden zurückgekehrt, wandte sich Arnulf im Jahre 895 abermals nach Italien, um dort die Kaiserkrone entgegenzunehmen. Der letzte bezeugte Aufenthaltsort des Königs unmittelbar vor Antritt des Romzuges ist Ötting: *per vallem Tridentinam* kehrte Arnulf nach dem Bericht der Fuldaer Annalen wiederum nach Bayern zurück[28]. Also kann sowohl für die Hin- wie auch für die Rückreise der Brenner als kürzeste und bequemste Verbindung gelten.

Es wäre verlockend, die vom jungen Ludwig im Jahre 901 vorgenommene Schenkung des Meierhofes Brixen an Bischof Zacharias[29] ebenfalls mit Plänen des Königs oder seiner Umgebung für ein Ausgreifen nach Italien in Zusammenhang zu bringen, aber damit bewegen wir uns wohl schon zu sehr auf dem Boden der Spekulation[30]. Die kurzfristigen langobardisch-

24) Vgl. etwa die Itinerare Karl des Großen und Ludwigs des Frommen im Anhang des 2. Bandes von C. Brühl, Fodrum, gistum, servitium regis (Kölner Historische Abhandlungen 14), 1968.

25) Böhmer–Mühlbacher, Reg. Imp. ²I, 1908, Nr. 1212a und 1427a. – Vgl. zur »Tiroler« Geschichte dieser Zeit nun J. Riedmann, Mittelalter, in: J. Fontana (u. a.), Geschichte des Landes Tirol 1 (wie Anm. 1) S. 265–661, bes. 270–298.

26) Die Urkunden der deutschen Karolinger. 3. Bd.: Die Urkunden Arnolfs, bearb. v. P. Kehr (MGH DD ex stirpe Karol. 3), 1940, Nr. 115, S. 170f.

27) Böhmer–Mühlbacher, Reg. Imp. ²I, Nr. 1892c und 1892e.

28) Ebenda Nr. 1912 und 1918b.

29) Die Urkunden der deutschen Karolinger. 4. Bd.: Die Urkunden Ludwig des Kindes, bearb. v. Th. Schieffer (MGH DD ex stirpe Karol. 4), 1960, Nr. 12, S. 113ff.

30) Vielleicht im Zusammenhang mit der von H. Beumann herausgearbeiteten Betonung des Kaisergedankens beim letzten ostfränkischen Karolinger? Vgl. H. Beumann, Die Einheit des ostfränkischen Reiches und der Kaisergedanke bei der Königserhebung Ludwigs des Kindes, in: Archiv für Diplomatik 23, 1977, S. 142–163.

italischen Ambitionen des bayerischen Herzogs Arnulf 933/34[31], der in mancher Hinsicht in den Spuren der letzten Agilolfinger wandelte, hinterließ in bezug auf Säben keine erkennbaren Spuren. Wohl aber erfuhren Brenner und Eisacktal unter Otto I. eine entschiedene Erhöhung ihrer Bedeutung. Bereits der erste Vorstoß Ottos in die Apenninenhalbinsel im Jahre 951 erfolgte höchstwahrscheinlich über den Brenner[32]. Schon damals dürfte Bischof Wisunt von Säben ein Parteigänger des Königs gewesen sein, denn der von Ottos Bruder Heinrich geblendete Salzburger Erzbischof Herold erhielt im Jahre 955 Säben als Verbannungsort zugewiesen[33]. Zu den mittelbaren Vorbereitungen des zweiten Eingreifens Ottos in Italien kann man wohl auch die Übertragung der Alten Kapelle in Regensburg an Bischof Richpert von Säben zählen, die der Herrscher wahrscheinlich zu Weihnachten 960 vornahm, als auf einem großen Reichstag eben in der bayerischen Metropole Gesandte und Flüchtlinge aus Italien den König um seine Intervention im Süden baten und eine positive Antwort erhielten[34]. Bereits im Sommer des folgenden Jahres brach Otto mit einem gewaltigen Heer nach dem Süden auf. Die beiden Fixpunkte Augsburg im Norden und Trient im Süden legen auch in diesem Fall ein Überschreiten des Brenners nahe[35].

Parallel zu der durch die Kaiserkrönung Ottos I. neu begründeten Verbindung zwischen einem mehr oder weniger mächtigen Herrscher nördlich der Alpen und dem in Rom verankerten Imperium Romanum wuchs das Gewicht der wenigen durch die Alpen führenden Straßenzüge und der dort ansässigen Gewalthaber, und gewiß nicht zufällig schwillt nun seit den Ottonen auch die Überlieferung von kaiserlichen Schenkungen an die Oberhirten von Säben an. So bestätigte im Jahre 967 König Otto II. nach dem Vorbild seines Vaters dem Bischof Richpert auf Lebenszeit die Alte Kapelle zu Regensburg – immerhin eine traditionsreiche Pfalzkapelle der bayerischen Metropole[36]. Otto II. befand sich 967 gerade auf dem Weg zu seinem in Oberitalien weilenden Vater und er konnte sich wohl selbst von der Bedeutung des neuen Zentrums Brixen für die Nord-Süd-Route ein Bild machen, als er eben in Brixen die entsprechende Urkunde ausfertigen ließ. Übrigens begegnet in diesem Diplom von 967 erstmals Brixen als Bischofssitz, wenn auch die Bezeichnung der *sedes episcopalis* noch einige Jahrzehnte hindurch zwischen Säben und Brixen – oder beides – schwanken wird[37]. In den folgenden

31) Siehe dazu K. Reindel, Bayern vom Zeitalter der Karolinger bis zum Ende der Welfenherrschaft, in: Handbuch der bayer. Geschichte ^{2}1, S. 247–349, bes. S. 287f.

32) Böhmer–Ottenthal, Reg. Imp. II/1, 1893, Nr. 196b.

33) H. Dopsch, Die Zeit der Karolinger und Ottonen, in: Geschichte Salzburgs. Bd. I/1, 1981, S. 157–228, bes. S. 206.

34) Böhmer–Ottenthal, Reg. Imp. II/1, Nr. 289d.

35) Ebenda Nr. 307a–c.

36) Die Urkunden der deutschen Könige und Kaiser. Bd. 2: Die Urkunden Ottos II. hg. v. Th. Sickel (MGH DD 2), 1888, Nr. 14, S. 21f. Über die Alte Kapelle vgl. jetzt P. Schmid, Regensburg. Stadt der Könige und Herzoge im Mittelalter (Regensburger historische Forschungen 6), 1977, S. 67ff. und 154. Bischof Richpert († vor 977) erfreute sich nur kurz des Besitzes dieser Kirche; vgl. ebenda S. 68 Anm. 190.

37) Am besten ablesbar an den einschlägigen Diplomen für Säben–Brixen in der Edition von L. Santifaller, Die Urkunden der Brixner Hochstifts-Archive 845–1295 (Schlern-Schriften 15), 1929. Auch Brixner

Dezennien erwiesen sich Otto II., Otto III. sowie Heinrich II. mehrmals als Wohltäter der Brixener Kirche und ihrer Oberhirten. Wenn auch als Beweggründe für diese Gnadenerweise in den Urkunden zumeist die üblichen, allgemeinen Wendungen vom Lohn für die erwiesenen Dienste oder das im Himmel zu erwartende Entgelt für das gottgefällig Werk angeführt sind[38]), so ist doch der Gesichtspunkt der Sicherung der eben damals sehr häufig frequentierten Brennerroute nicht aus dem Auge zu verlieren – es ist dies der gleiche Beweggrund, der dann nahtlos zur Verleihung der Grafschaftsrechte im Eisack- und Inntal an die Brixener Kirchenfürsten durch Konrad II. im Jahre 1027 führte[39]).

Es sei ferner die Vermutung gestattet, daß die Schlüsselposition, die Säben–Brixen für den Brennerweg zweifellos besaß, neben der bescheidenen Ausstattung dieser Kirche dazu beigetragen hat, daß die Nachfolger des hl. Ingenuin bei den Romzügen des Reichsoberhauptes selbst nur in sehr geringem Maße herangezogen wurden. Im bekannten Verzeichnis des militärischen Aufgebotes, das Otto II. nach Italien in Marsch setzte, figuriert Bischof Albuin von Säben persönlich mit bescheidenen 20 Mann – wesentlich weniger, als die in etwa vergleichbaren Bischöfe von Augsburg (100), Konstanz und Chur (je 40), ja nur die Hälfte des Aufgebotes, das die Äbte der Reichenau, von St. Gallen und von Ellwangen zu stellen hatten[40]). Tatsächlich lassen sich die Oberhirten von Säben–Brixen nur selten im Gefolge des Kaisers in dem ihrem Sitze so nahen Italien nachweisen. Allein Bischof Albuin weilte im Jahre 983 bei Otto II. in Verona, und der gleiche Bischof mag Heinrich II. im Jahre 1004 bei dessen Vorstoß in den Süden ein Stück weit das Geleit gegeben haben, denn dieser Herrscher übergab in Trient das Gebiet von Veldes (Bled) in Krain der Brixener Kirche und ihren Oberhirten[41]).

Die vermittelnde Funktion von Säben zwischen Süd und Nord erschöpfte sich aber nicht in der eminenten strategischen Position des Bischofssitzes. Die Oberhirten von Säben verfügten

Traditionsaufzeichnungen bieten vereinzelt bis zu Beginn des 11. Jahrhunderts noch die Variante *Sabiniensis ecclesia*; Die Traditionsbücher des Hochstifts Brixen, hg. v. O. Redlich (Acta Tirolensia 1), 1886, Nr. 55, S. 22 und Nr. 63, S. 25.

38) Vgl. übersichtlich in den Brixner Urkunden (wie Anm. 37), Nr. 8–16, S. 11–21.

39) Siehe dazu als neuere Arbeit I. Rogger, I principati ecclesiastici di Trento e di Bressanone dalle origini alla secolarizzazione del 1236, in: I poteri temporali dei Vescovi in Italia e in Germania nel Medioevo (Annali dell'Istituto storico italo-germanico in Trento. Quaderno 3) Bologna 1979, S. 177–223 (mit reichen Literaturhinweisen).

40) Bester Druck der Aufgebotsliste bei K. Uhlirz, Jahrbücher des Deutschen Reiches unter Otto II. und Otto III. 1. Bd., 1902, S. 247–253. Vgl. dazu L. Auer, Der Kriegsdienst des Klerus unter den sächsischen Kaisern, in: MIÖG 79, 1971, S. 316–407, bes. S. 372 ff. – Es wäre demnach für den Oberhirten von Säben eine ähnliche Funktion anzunehmen, wie sie Auer, S. 373, für den Churer Bischof damals beschreibt: »... hat sich der Churer Bischof wie sein Vorgänger unter Otto dem Großen dem Heer wahrscheinlich auf dem Durchmarsch durch seine Diözese angeschlossen und wohl hauptsächlich für sicheres Geleit, Unterkunft, Verpflegung und Spanndienst gesorgt«. Dabei stand Hildibald von Chur aber selbst an der Spitze eines Aufgebotes von 40 Mann!

41) Böhmer–Mikoletzky, Reg. Imp. II/2, 1950, Nr. 899 und Böhmer–Graff, Reg. Imp. II/4, 1971, Nr. 1560.

spätestens seit dem Ende des 9. Jahrhunderts über Besitzungen im bayerischen Alpenvorland[42] sowie seit 960 über Stützpunkte in der bayerischen Hauptstadt Regensburg. Der Hof in Regensburg, den Heinrich II. im Jahre 1002 der bischöflichen Kirche von Säben übereignete, blieb bis zur Säkularisierung im Besitz dieses Hochstifts, und das gleiche gilt für die ebenfalls 1002 vom Reichsoberhaupt übergebenen Besitzungen in Teugn an der Donau in der Nähe von Regensburg[43]. Diese Verankerung der Bischofskirche am Eisack in Bayern hängt zum Teil wohl auch mit der Zugehörigkeit der Oberhirten zu bayerischen Adelssippen zusammen[44]. Bemerkenswerterweise reichen die Besitzungen von Säben–Brixen im Süden nicht über das heutige Südtirol hinaus, also weniger weit, als etwa der Grundbesitz des Hochstiftes Freising[45]. Wohl aber verfügte Säben–Brixen sehr bald nach der Jahrtausendwende über ausgedehnte Rechte im Raum von Kärnten und Krain[46]. Diese Streuung deutet doch auch auf die Orientierung von Brixen nach dem Norden und dem Osten hin, während die alten Bindungen nach dem Süden spätestens seit dem ausgehenden 8. Jahrhundert in auffälliger Weise reduziert sind.

Die Rolle der unmittelbaren Pforte auf dem Weg von Deutschland nach Italien – und umgekehrt – übernahm nun mehr und mehr die Kirche von Trient, die seit dem 11. Jahrhundert in gleicher Weise über Rechte in der Poebene wie auch im bayerischen Alpenvorland verfügte[47]. Und gerade eine Arbeit aus jüngster Zeit hat diese Funktion von Trient am Beginn

42) Freisinger Traditionen (wie Anm. 11) Nr. 1029, S. 773: Tauschgeschäft zwischen den Bischöfen Waldo von Freising und Zacharias von Säben mit Gütern in der Umgebung von Freising (895–899). Die im ausgehenden 10. Jahrhundert einsetzenden Brixner Traditionen (wie Anm. 37) nennen immer wieder Besitz dieser Kirche im Alpenvorland; vgl. ebenda Nr. 2, 3, 16, 25, 28 usw.

43) Vgl. oben S. 100 (Alte Kapelle) sowie: Die Urkunden der deutschen Könige und Kaiser. 3. Bd.: Die Urkunden Heinrichs II. und Arduins, bearb. v. H. Bresslau (MGH DD 3), 1900–1903, Nr. 27, S. 30 und Nr. 31, S. 34 f. – Siehe dazu jetzt wiederum Schmid, Regensburg (wie Anm. 36), S. 109, 124 f. und 129. Mit gebotener Vorsicht ist in diesem Zusammenhang auch die Kassianskirche in Regensburg, die älteste Pfarrkirche der Stadt, einzuordnen. Die Übertragung des Kultes des legendären ersten Bischofs von Säben, Kassian, in die bayerische Metropole müßte aber bereits in agilolfingischer Zeit erfolgt sein; vgl. Schmid, S. 92 (mit weiteren Literaturangaben).

44) Zumindest die Bischöfe seit Albuin (977–1004) gehörten nachweislich dem bayerischen Adel an; vgl. etwa die einzelnen Hinweise bei A. Sparber, Die Brixner Fürstbischöfe im Mittelalter, Bozen 1968.

45) Siehe dazu die einschlägigen Ausführungen von W. Störmer in diesem Band.

46) Am besten erkennbar in den einzelnen Eintragungen in den Brixner Traditionen (wie Anm. 37) und in den Diplomen für diese Kirche; Die Urkunden der Brixner Hochstifts-Archive (wie Anm. 37). Eine Übersicht bietet auch I. Rogger, I principati (wie Anm. 39), S. 186 ff.

47) Trient besaß seit dem 11. Jahrhundert einen Gutskomplex bei Mantua, vgl. Rogger, I principati (wie Anm. 39), S. 184, und auch bisher noch nicht systematisch untersuchte Rechte im bayerischen Alpenvorland sowie im Tiroler Inntal; vgl. die Bemerkung von P. Acht in der von ihm besorgten Edition: Die Traditionen des Klosters Tegernsee 1003–1242 (Quellen und Erörterungen zur bayer. und deutschen Geschichte NF 9/1), 1952, Nr. 165, S. 129. In der 2. Hälfte des 12. Jahrhunderts erklärte der bayerische Graf Siboto von Neuburg-Falkenstein, daß er vom Bischof von Trient ungefähr 400 (!) Mansen zu Lehen trage; Codex Falkensteinensis. Die Rechtsaufzeichnungen der Grafen von Falkenstein, bearb. v. E. Noichl (Quellen und Erörterungen zur bayer. und deutschen Geschichte NF 29), 1978, Nr. 2, S. 6. – S.

des 11. Jahrhunderts ganz deutlich werden lassen. Gerd Althoff konnte die zahlreichen, in einem Trienter Diptychon verzeichneten Großen des Reiches als Gefolge Heinrichs II. sehr wahrscheinlich machen, als sich der Herrscher in den Jahren 1004, 1013 und 1021 auf dem Zug nach dem Süden in Trient aufhielt. Unter den für das Gebetsgedenken namentlich Festgehaltenen überrascht die große Zahl oberitalienischer Bischöfe[48]. Offensichtlich trachteten nicht wenige dieser geistlichen Herren danach, möglichst bald mit dem Reichsoberhaupt persönlich Kontakt aufzunehmen, wenn dieses über die Alpen stieg. Trient war nun dazu der prädestinierte Ort und nicht Brixen.

Säben–Brixen hat hingegen – überspitzt formuliert – innerhalb eines relativ kurzen Zeitraumes einen Wandel von einem romanischen, nach dem Süden orientierten Bischofssitz *Sabiona* zum bayerischen Bistum Brixen durchgemacht. Die Bajuwarisierung der Alpentäler am Inn, Eisack und Rienz und indirekt darüber hinaus auch an der Etsch hängt mit diesem Prozeß engstens zusammen.

dazu demnächst J. Riedmann, Rechte und Besitzungen des Hochstifts Trient in Bayern im hohen Mittelalter, in: Atti del Congresso »La Regione Trentino-Alto Adige nel Medio Evo«. Vol. 2, Rovereto 1986.

48) G. Althoff, Gebetsgedenken für Teilnehmer an Italienzügen. Ein bisher unbeachtetes Trienter Diptychon, in: Frühmittelalterliche Studien 15, 1981, S. 36–67. S. jetzt auch Testimonia chronographica ex codicibus liturgicis. Studia et editio paravit H. Rogger (Monumenta liturgica ecclesiae Tridentinae saeculo XIII antiquiora, Vol. 1) Trento 1983–84.

Arbeo von Freising, der deutsche Abrogans und die bairisch-langobardischen Beziehungen im 8. Jahrhundert

VON JOCHEN SPLETT

Legenden sind schwer aus der Welt zu schaffen; erst recht dann, wenn man darauf verzichtet, an ihrer Stelle neue in die Welt zu setzen. Eine solche ›Legende‹ im Bereich der althochdeutschen Glossenforschung ist die, daß Arbeo von Freising ursächlich mit der Verdeutschung des lateinischen Abrogans, eines alphabetisch geordneten Synonymenwörterbuchs, in Zusammenhang stehe. Diese von Georg Baesecke aufgestellte These besagt: »Dieser Arbeo dürfte den lateinischen Abrogans aus Italien, und zwar, wie sich aus der Vita Corbiniani vermuten läßt, aus Pavia heimgebracht und dann als Bischof eine Übersetzung ins Deutsche veranlaßt haben: um seine Kleriker Vokabeln zu lehren, besonders die kostbaren, die er als modisch-barocken Stilaufputz begehrte[1].« Hier ist zunächst einmal auf die sehr vorsichtige Formulierung hinzuweisen, die den hypothetischen Status der Aussage hervorhebt. Dennoch muß gesagt werden, daß Baesecke seine Auffassung als durchaus gesichert angesehen hat. So heißt es in der postum von Ingeborg Schröbler im Jahre 1953 herausgegebenen zweiten Lieferung der ›Frühgeschichte des deutschen Schrifttums‹ zu Arbeo: »Ein riesenartig vorweltlicher Held der Barbaries, nicht nur in der Grammatica und aller Bildung, zwischen insularer und fränkischer Kirche, zwischen Deutsch und Langobardisch, Romanisch und Lateinisch, Tirol und Freising; Lehrer, Jurist, Politiker, Bischof und Verfasser von Heiligenleben, liebenswert doch auch in sanften lebensvollen Zügen der Menschlichkeit, nicht nur des Priesters, die uns plötzlich aus seinem Fremdtum anblicken; der erste deutsche Verfasser, den wir mit Namen wissen, aber nirgends als Verfasser eines deutschen Schriftwerks bezeugt, während ein großes einzigartiges Wörterbuch in seinem Bereiche entsteht, einzigartig, weil kein andres Werk unsre Schriftwelt unmittelbar, ohne Vermittlung der Kirche mit der Antike verknüpft[2].« Damit ist eine direkte Verbindung hergestellt zu den früheren Äußerungen in seinem berühmten Buch ›Der deutsche Abrogans und die Herkunft des deutschen Schrifttums‹ aus dem Jahre 1930, in dem er seine Auffassungen detailliert dargelegt hatte. Dort heißt es: »Es kann aber doch keinem Zweifel unterliegen, daß der Arbeonische Stil nur durch Schulung und Vorbild gelernt werden konnte, mit andern Worten: Arbeo hat seine Kanzlisten, seit er Bischof war, erst erzogen, nach seinem

1) G. BAESECKE, Der deutsche Abrogans, Text *ab_1 (Altdeutsche Textbibliothek 30, 1931), S. VIII.
2) G. BAESECKE, Frühgeschichte des deutschen Schrifttums, 2. Lfg. hg. v. I. Schröbler (G.B., Vor- und Frühgeschichte des deutschen Schrifttums 2, S. 101 ff., 1953), S. 135.

Bildungsideal umgestellt, und **ihm** hat der Wunsch, den Inhalt jener Wörterbücher auch für seine ungebildeten oder anders gebildeten deutschen Kleriker zugänglich und dem erstrebten hohen Ziele dienstbar zu machen, den so unübersehbare ungeheure Folgen – nämlich das gesamte deutsche Schrifttum – heraufführenden Gedanken eingegeben, die Wörterbücher, zunächst einmal den kleineren Abrogans, zu verdeutschen; das Vorbild mögen griech.-lateinische Glossare geliefert haben, wie sie Arbeo in Italien sehen und benutzten konnte und die Überwindung des Barbarismus, der im Niederschreiben deutscher Worte lag, war ihm bereits geglückt[3].«

Diese Auffassung ist – mehr oder weniger apodiktisch – in die einschlägigen Handbücher und Literaturgeschichten[4] aufgenommen worden und bestimmt noch heute weitgehend das Bild vom Beginn althochdeutscher Schriftlichkeit. Ganz in dieser Linie steht beispielsweise der Arbeo-Artikel von Harald Wunder in der neuen Auflage des Verfasserlexikons – trotz kritischer Hinweise im vorangehenden Abrogans-Artikel[5] –: »Seit den grundlegenden Untersuchungen *Baeseckes* gilt die Annahme, daß Arbeo um 770 die ahd. Übersetzung des → ›Abrogans‹ veranlaßt habe. Bildungsgang, literarisches Interesse, Glossenbenutzung in den Viten, manieristische Neigungen, Romanismen u. a. lassen, trotz mancher offener Fragen, seine Urheberschaft als durchaus plausibel erscheinen[6].«

Im Folgenden soll gezeigt werden, daß dies keineswegs plausibel ist. Zwar ist es hier allein schon aus zeitlichen Gründen nicht möglich, die Argumentationsschritte Baeseckes im einzelnen vorzuführen und kritisch zu erläutern, aber es dürfte vollauf genügen, einige tragende Elemente seiner Konstruktion als unhaltbar zu erweisen.

Zunächst ein paar Worte zur handschriftlichen Überlieferung[7], die ja Ausgangspunkt und Fundament einer jeden Argumentation bilden muß, und zu unmittelbar damit zusammenhängenden Fragen. Der Abrogans ist – abgesehen von einem textkritisch belanglosen Fragment im Cod. Aug. CCXLVIII (fol. 40r–59v) – nur mit althochdeutscher Glossierung überliefert. Im Cod. lat. 7640 der Pariser Nationalbibliothek – kurz Pa genannt – steht das Althochdeutsche interlinear. Die Handschrift ist von mehreren Schreibern in einer einheitlichen, für Glossen ungewöhnlich prächtigen Reinschrift geschrieben. Sie bricht mit fol. 132 im Buchstaben I ab, die zweite Hälfte ist verloren gegangen, vermutlich schon im 17. Jahrhundert. Dem Abrogans voraus steht auf fol. 1–123 das bis heute noch nicht edierte Glossar ›Abavus maior‹. Die

3) G. Baesecke, Der deutsche Abrogans und die Herkunft des deutschen Schrifttums, 1930, S. 134.

4) Vgl. z. B. H. de Boor, Geschichte der deutschen Literatur von den Anfängen bis zur Gegenwart, 1, ⁹1979, S. 15; M. Wehrli, Geschichte der deutschen Literatur vom frühen Mittelalter bis zum Ende des 16. Jahrhunderts, 1980, S. 48f.; F. Brunhölzl, Geschichte der lateinischen Literatur des Mittelalters, 1, 1975, S. 236.

5) J. Splett, Abrogans deutsch, in: Die deutsche Literatur des Mittelalters. Verfasserlexikon, 2. Auflage, hg. K. Ruh, 1, 1978, Sp. 13f.

6) Sp. 416.

7) Vgl. B. Bischoff, Paläographische Fragen deutscher Denkmäler der Karolingerzeit, in: Ders., Mittelalterliche Studien 3, 1981, S. 95ff. Um Literaturhinweise vermehrter Wiederabdruck aus: Frühmittelalterliche Studien 5, 1971, S. 101–134.

Handschrift ist in den Anfang des 9. Jahrhunderts zu datieren. Nach Bernhard Bischoff[8] ist sie entgegen Baeseckes Lokalisierung in Murbach[9] aufgrund paläographischer Kriterien aller Wahrscheinlichkeit nach dem Regensburger Kreis um Bischof Baturich zuzuordnen. Sprachlich ist die althochdeutsche Glossierung als bairisch mit alemannischen Einflüssen zu charakterisieren. Insgesamt bietet diese Handschrift die beste Überlieferung, ist aber unbestritten eine Abschrift.

Die älteste Handschrift ist der Cod. 911 der St. Galler Stiftsbibliothek (K), der noch dem Ende des 8. Jahrhunderts zuzurechnen ist. Hier sind die althochdeutschen Interpretamente hinter die lateinischen Lemmata gesetzt. Eine vor allem aufgrund der wenig sorgfältigen Schrift nicht näher eingrenzbare Anzahl von Schreibern war an der Niederschrift beteiligt. Außerdem ist von Belang, daß die althochdeutsche Glossierung deutlich in zwei Teile zerfällt und daß dieser Einschnitt nicht mit einem Schreiberwechsel zusammenfällt, also bereits der Vorlage zuzusprechen ist. Der sprachlich altertümlichere erste Teil (Ka) ist alemannisch, der wesentlich umfangreichere zweite Teil (Kb) ist alemannisch mit fränkischen Besonderheiten. Entgegen Baesecke[10] ist sie – worauf Karl Löffler schon 1929 hingewiesen hat[11] – nicht in St. Gallen geschrieben worden. Eine genauere Lokalisierung als eine Zuweisung an die südwestdeutsche Schreibprovinz ist nach Bischoff, der die bisher ausführlichste und präziseste Beschreibung im Kommentarband zur entsprechenden Faksimileausgabe geliefert hat[12], nicht möglich.

Der dritte Textzeuge (Ra) ist als selbständiger Teil auf fol. 76–91 des Sammelcodex Aug. CXI der Badischen Landesbibliothek Karlsruhe überliefert; er stammt aus dem frühen 9. Jahrhundert. Seine Schriftheimat ist nicht die Reichenau – wie schon Karl Preisendanz[13] festgestellt hat –, sondern nach Bischoff ein nicht näher bestimmbares oberrheinisches Skriptorium. Die Schrift ist einheitlich und wirkt gegenüber Reichenauer Händen wie ›ungepflegter Wildwuchs‹. Die althochdeutsche Glossierung ist wie im St. Galler Codex hinter die lateinischen Lemmata eingereiht; zudem handelt es sich hier um eine stark kürzende und verbessernde Überarbeitung. Der Sprachstand ist alemannisch mit bairischen Spuren.

Trotz vieler ungelöster, möglicherweise unlösbarer Fragen kann immerhin als gesichert gelten, daß der deutsche Abrogans um die Mitte des 8. Jahrhunderts im oberdeutschen Sprachgebiet abgefaßt worden ist und daß K und Ra auf eine gemeinsame Vorlage zurückgehen, die wiederum zusammen mit Pa den Archetypus konstituiert. Weiterhin steht fest, daß sich Baeseckes Lokalisierungen der Abrogans-Handschriften – Ra hatte er entgegen dem Urteil von

8) Bischoff, Paläographische Fragen (wie Anm. 7), S. 96ff.

9) Baesecke, Abrogans (wie Anm. 3), S. 4.

10) Baesecke, Abrogans (wie Anm. 3), S. 13.

11) K. Löffler, Die St. Galler Schreibschule in der 2. Hälfte des 8. Jahrhunderts, in: Palaeographia Latina 6, 1929, S. 44f.

12) B. Bischoff, Anlage, Schrift und Ausstattung der St. Galler ›Abrogans‹-Handschrift, in: Das älteste deutsche Buch. Die ›Abrogans‹-Handschrift der Stiftsbibliothek St. Gallen. Im Facsimile hg. u. beschrieben v. B. Bischoff, J. Duft, St. Sonderegger, St. Gallen 1977, S. 61–82.

13) Zitiert in Baesecke, Abrogans (wie Anm. 3), S. 17.

Preisendanz dennoch der Reichenau zugesprochen[14] – aufgrund paläographischer Kriterien als unzutreffend erwiesen haben. Dadurch ist grundlegenden Teilen seiner Argumentation der Boden entzogen, andererseits aber die Lokalisierung des Archetypus in Freising noch nicht widerlegt. Immerhin ist zu bedenken, daß unbekannte, sonst nicht in Erscheinung getretene Skriptorien die Glossarüberlieferung tragen. Die Beschränkung auf bekannte Zentren der Schriftlichkeit, von der Baesecke wie selbstverständlich ausging, ist so ohne weiteres nicht mehr haltbar.

In diesem Zusammenhang gewinnen die Einwände Werner Schröders neues Gewicht, die er bereits im Jahre 1959 vorgebracht hat und die offensichtlich kaum beachtet worden sind. Er bringt den Aspekt der, heute würde man sagen, ›Textsorte‹ ins Spiel und erhebt von daher Einspruch gegen die Thesen Baeseckes: »So verlockend es ist, die überlieferten althochdeutschen Denkmäler mit namentlich bekannten lateinischen Schriftstellern in Verbindung zu bringen, man sollte die krampfhafte Verfassersuche besser aufgeben. Die Anonymität der Masse des althochdeutschen Schrifttums ist nicht zufällig, sie ist der Ausdruck für seine Einschätzung durch die Autoren selbst und ihre Auftraggeber. Bei den staatlichen Verdeutschungsaufträgen zu kirchlichen Zwecken waren die Namen der Ausführenden so gleichgültig wie bei der Fuldaer Gemeinschaftsarbeit am althochdeutschen Tatian. Im Falle der Isidorsippe entzündete der Auftrag einmal überraschend sprachliche Meisterschaft. Der Heliand ist ein Sonderfall, der aus heimischer Tradition erklärt werden muß. Wo ernstlich literarische Ansprüche erhoben werden, wie es bei Otfrid und Notker der Fall ist, da nennen sich auch die Verfasser, bescheiden und stolz zugleich. Anerkannte lateinische Schriftsteller wie Arbeo, Hraban, Walahfrid hätten sich dagegen verwahrt, mit – möglicherweise aus ihrer Schule hervorgegangenen – deutschen Vokabelsammlungen in ursächlichen Zusammenhang gebracht zu werden[15].«

Zu Recht wendet sich Schröder gegen eine Verwischung der Grenzen zwischen Literaturdenkmälern und solchen Sprachdenkmälern, die diesen Anspruch – auch nach Auffassung der damaligen Zeit – nicht erheben können. Zu letzteren zählt der Abrogans, und wie bei allen anderen althochdeutschen Glossaren und Glossensammlungen ist die Anonymität seiner Übersetzer nicht zufällig, sondern als Gattungsmerkmal zu fassen. Auch dies läßt eine direkte Verbindung des Abrogans und seiner Verdeutschung mit Arbeo zumindest fraglich erscheinen.

Auf einen weiteren, möglicherweise gewichtigeren Gesichtspunkt ist hinzuweisen. Schon 1930 hat Dietrich von Kralik[16] in seiner Rezension des Abrogans-Buches von Baesecke darauf aufmerksam gemacht, daß die Glossierung, vor allem die interlineare Glossierung lateinischer Schriften in die Muttersprache auf die Iren und Angelsachsen zurückgehe. Auch im Altengli-

14) Baesecke, Abrogans (wie Anm. 3), S. 18 und das Schema S. 116.

15) W. Schröder, Grenzen und Möglichkeiten einer althochdeutschen Literaturgeschichte (Berichte über die Verhandlungen der Sächsischen Akademie der Wissenschaften zu Leipzig, philologisch-historische Klasse, 105, Heft 2), 1959, S. 58.

16) D. von Kralik, Bespr. v. Baesecke, Abrogans (wie Anm. 3), in: Deutsche Literaturzeitung 52, 1931, Sp. 1466 f.

schen stehen ja bekanntlich am Beginn der handschriftlichen Überlieferung Übersetzungen lateinischer Wörterbücher. Die Pariser Abrogans-Handschrift zeigt noch deutlich Spuren der insularen Glossierungsart; so etwa in ihrer »kleineren, dünnen und spitzen Zwischenzeilenschrift«[17]. Darüber hinaus steht aufgrund charakteristischer Abschreibfehler außer Frage, daß der Archetypus in angelsächsischer Schrift geschrieben war. Die Übersetzung des ersten deutschen Wörterbuchs ist also nicht in eine italienisch-langobardische, sondern in die irisch-angelsächsische Tradition einzuordnen. Baesecke selbst hat denn auch seine Auffassung insofern revidiert, als er nicht mehr – wie bereits zitiert[3] – die griechisch-lateinischen Glossare als Vorbild der althochdeutschen Abrogans-Übersetzung annimmt: »Wenn aber *PaRa [= Archetypus] insular geschrieben war, so schloß es sich ja an die großen angelsächsischen Glossenwerke an, die wir in England seit dem 7. Jahrhundert haben, aber seit dem letzten Drittel des 8. auch in deutschen Abschriften finden und schon in früheren Zeiten voraussetzen müssen[18].«

Bedenken hinsichtlich eines ursächlichen Zusammenhangs der Abrogans-Verdeutschung mit Bischof Arbeo ergeben sich auch daraus, daß die insulare Schrift zu dieser Zeit nicht als typisch für die Freisinger Schreibschule gelten kann. So stellt Bischoff im ersten Band seines Werkes über die südostdeutschen Schreibschulen und Bibliotheken in karolingischer Zeit fest: »Unter Bischof Arbeo, dem ältesten Schriftsteller Bayerns, der langobardische Bildung in sich aufgenommen hatte und mit Bischof Virgil von Salzburg, dem irischen Gegenspieler des Bonifatius, befreundet war, zerteilt sich plötzlich das Dunkel. Wir finden eine fest gegründete Schule von einheitlich augebildeten Schreibern, die sich einer schlichten frühkarolingischen Minuskel bedienen, und neben ihnen mehrere individuelle Hände, bei denen man z.T. vermuten darf, daß sie aus fremden Skriptorien mit ausgebildeten Schriftstilen hervorgingen[19].«

Außerdem wendet sich Bischoff in einer Anmerkung ausdrücklich gegen die anderslautenden Ausführungen Baeseckes[20] und hält diese Kritik auch in den beiden folgenden Auflagen aufrecht: »Wenn Baesecke ... im Verfolg seiner bahnbrechenden Glossarforschungen die insulare Schrift von Clm 6297 als typisch für den Zustand der Schrift unter Arbeo bezeichnet, so sind damit die tatsächlichen Verhältnisse, wie sie sich aus den Codices ermitteln lassen, nahezu auf den Kopf gestellt. Vier Tafeln seines Werkes mit insularer Schrift, nach Clm 6297, 6237, 6433 und 6298 sind nicht imstande, Baeseckes Behauptung wirksam zu stützen. Der angelsächsische Clm 6298, das ›Homiliarium S. Corbiniani‹ hat aus der Freisinger Schriftgeschichte ganz auszuscheiden; ... Die Schrift der drei anderen Codices stammt eben von dem einen ›Fremdling‹. Die einzigen sonstigen direkt insularen Spuren aus Freising und seiner Umgebung sind in

17) Von Kralik (wie Anm. 16), Sp. 1467.

18) Baesecke, Frühgeschichte (wie Anm. 2), S. 104. Vgl. auch Baesecke, Bischof Arbeo von Freising, in: Beiträge zur Geschichte der deutschen Sprache und Literatur 68, 1945/46, S. 78.

19) B. Bischoff, Die südostdeutschen Schreibschulen und Bibliotheken in der Karolingerzeit, 1: Die bayrischen Diözesen, [3]1974, S. 60. Die erste Auflage erschien 1940 in Leipzig.

20) Baesecke, Abrogans (wie Anm. 3), S. 97.

Clm 6434 Korrekturen auf fol. 18r etc. (wohl irisch) und die Mischschrift auf fol. 62r, in Clm 6382 (vielleicht importiert) Korrekturen; ferner das Kalenderfragment aus Tegernsee oder Ilmmünster[21].« In seiner Rezension der ersten Auflage des genannten Buches von Bischoff kann Baesecke[22] dieser Kritik nur entgegenhalten, daß vor allem mit Verlusten von Codices mit insularer Schrift gerechnet werden muß und daß durch den Schreiber Peregrinus angelsächsische Schrift für Freising nachgewiesen ist. Aber es kann nicht ausgeschlossen werden, daß die entsprechenden Codices von außerhalb stammen.

Wilhelm Wissmann[23] ist noch einen Schritt weitergegangen und hat versucht, über die dargelegte, allgemein akzeptierte Rolle der irisch-angelsächsischen Tradition hinaus altenglischen Einfluß auch in der Wortwahl dieses althochdeutschen Glossars nachzuweisen. Die von ihm in diesem Zusammenhang aufgeworfene Frage, wie die Übereinstimmung im Wortbildungstyp ›Partizip + *-līh*‹ zwischen dem Altenglischen und dem Althochdeutschen des Abrogans zu deuten ist, kann hier übergangen werden. Auch die spezifischen Probleme brauchen hier nicht erörtert zu werden, die diese Wortbildung – vertreten etwa durch eine Übersetzungsgleichung wie *intolerabilis : uncadolēntlīh* bzw. *unþoligendlíc* ›unerträglich‹[24] – aufwirft. Selbst wenn dieser Typus wirklich aus dem Altenglischen entlehnt sein sollte, müßte eine längere Vorgeschichte unmittelbaren Kontakts angenommen werden. Sobald aber der Typus im Althochdeutschen vorlag – und dies ist nach Wissmann zur fraglichen Zeit der Fall –, können einzelne Übereinstimmungen nicht mehr als Entlehnungen aus altenglischen Glossaren interpretiert werden. Altenglische Spuren im Abrogans meint Wissmann dennoch in drei Fällen sicher nachweisen zu können. Das althochdeutsche Interpretament *rap* zu lat. *fustis* (St. I, 249, 17)[25] faßt er im Rückgriff auf die Deutung dieser Glosse durch Karl Helm[26] als ae. *rap*, das einem ahd. *reif* entspricht, und zwar habe der Glossator *fustis* ›Stock‹ mit *funis* ›Seil‹ verwechselt. Nun ist im Abrogans ein paar Seiten vorher (St. I, 242, 17) *funes* ohne Rückgriff auf das Altenglische mit *reif(f)a* übersetzt. Zudem sind andere ebenso ›sichere‹ bzw. ›unsichere‹ Erklärungen gegeben worden. Besonders der Vorschlag von Eberhard Gottlieb Graff[27] ist zu erwägen, der Verschreibung für *stap* ›Stock‹ annimmt. Dann wäre das anlautende *s* unter Einfluß des auslautenden *s* von unmittelbar vorausgehendem *fustis* ausgefallen und *t* in *r* verschrieben. Möglicherweise ist aber auch *fustis* mit *furtum* ›Diebstahl‹ verwechselt worden

21) Bischoff, Schreibschulen (wie Anm. 19), S. 62, Anm. 4.

22) G. Baesecke, Bespr. v. Bischoff, Schreibschulen (wie Anm. 19), in: Anzeiger für deutsches Altertum 60, 1941, S. 12–19. Wiederabgedruckt in: G.B., Kleinere Schriften zur althochdeutschen Sprache und Literatur, hg. W. Schröder, Bern 1966, S. 285–291. Vgl. S. 14f. bzw. S. 287.

23) W. Wissmann, Die Bildungen auf *-lih* von Partizipien und der Abrogans, in: Festgabe für Ulrich Pretzel, 1963, S. 308–315.

24) Wissmann, Bildungen (wie Anm. 23), S. 313.

25) St.I. = E. Steinmeyer und E. Sievers, Die althochdeutschen Glossen I: Glossen zu biblischen Schriften, 1879, Neudr. Dublin 1968.

26) K. Helm, Worterklärungen zum Keronischen Glossar, in: Zeitschrift für deutsche Wortforschung 15, 1914, S. 272.

27) E. G. Graff, Althochdeutscher Sprachschatz 2, 1836, Neudr. 1963, Sp. 352.

und so *rap* als *ra[u]p* zu fassen. Allerdings stört die Bedeutungsdifferenz von ›Diebstahl‹ und ›Raub‹[28]. Als weiteren Fall führt Wissmann die Abrogansglosse *Nocticorax : nahkela* der St. Galler Handschrift (St. I, 217, 28) an. Das *e* in *nahkela* sei nur vom Altenglischen her zu erklären; direkte Vorlage sei das *nacthegelae* des Erfurter Glossars[29]. Diese Annahme ist aber äußerst problematisch, da das *e* in dieser verderbten Glosse – in der Karlsruher Handschrift steht die unverkürzte und zutreffende Form *nahtagala* ›Nachtigall‹ – auch im Zusammenhang der ungerechtfertigten Wortverkürzung entstanden sein kann. Wie dem auch sei, für den Archetypus können die beiden angeführten Glossierungen nicht in Anspruch genommen werden, weil die entsprechenden Stellen in der Pariser Handschrift nicht überliefert sind; sie fallen in den Bereich des verlorengegangenen Teils von Pa.

So bleibt nur noch eine Stelle übrig: »Lat. *anus, vetula* wird im Abrogans durch *artopet, araltet* übersetzt (4, 31). Warum *artopet*? *toben* ist *insanire, delirare, artoben* ›*brutescere, stultus fieri*‹. Nun übersetzt das Part. praes. *dobendi* im Erfurter und Corpusglossar lat. *decrepita*, was bei Terenz Attribut zu *anus* ist und sonst durch *valde senex* glossiert wird. Ich kann nicht glauben, daß dieses Zusammentreffen zufällig ist[30].«

Diese Deutung würde entweder eine Glossenverschiebung oder ein bewußtes Zurückgreifen auf einen Terenztext voraussetzen. Dafür gibt es keinerlei Anhaltspunkte. *vetula* ›alte Frau‹ ist vom Glossator als Adjektiv aufgefaßt und auf *vetulus* ›alt, gebrechlich‹ bezogen worden. Von daher beeinflußt ist *anus* ›alte Frau‹ mit dem adjektivisch gebrauchten Part. Perf. *artopet* wiedergegeben. Da an. *dofna* ›kraftlos werden, erlahmen‹ bedeutet, spricht nichts dagegen, auch für ahd. *irtoben* neben ›den Verstand verlieren, unvernünftig werden‹ die Bedeutung ›kraftlos, alt werden‹ anzusetzen[31]. Die Beweisführungen Wissmanns können also die These vom altenglischen Einfluß auf die Abrogans-Übersetzung nicht erhärten. Seine Hoffnung, es sei nicht aussichtslos, weiter nach entsprechenden Spuren zu suchen, hat sich bisher trotz intensiver Bemühungen[32] als trügerisch erwiesen. Die sonst anzutreffenden Übereinstimmungen im Wortschatz mit dem Altsächsischen und dem Altenglischen sind als westgermanische Altertümlichkeiten zu werten. Diese Ansicht, die Wilhelm Braune[33] schon vor über sechzig Jahren vertreten hat und die sich auf die Untersuchungen Erich Gutmachers[34] zum Althochdeutschen Tatian stützen konnte, gilt also weiterhin.

28) Vgl. Splett, Abrogans-Studien. Kommentar zum ältesten deutschen Wörterbuch, 1976, S. 369.

29) Wissmann, Bildungen (wie Anm. 23), S. 315. Vgl. dazu Splett, Abrogans-Studien (wie Anm. 28), S. 311.

30) Wissmann, Bildungen (wie Anm. 23), S. 315.

31) Vgl. Splett, Abrogans-Studien (wie Anm. 28), S. 55f.

32) Dies läßt sich aufgrund der Aufarbeitung des gesamten Abroganswortschatzes (vgl. Anm. 28) nunmehr begründet feststellen.

33) W. Braune, Althochdeutsch und angelsächsisch, in: Beiträge zur Geschichte der deutschen Sprache und Literatur 43, 1918, S. 361ff.

34) E. Gutmacher, Der wortschatz des althochdeutschen Tatian in seinem verhältnis zum altsächsischen, angelsächsischen und altfriesischen, in: Beiträge zur Geschichte der deutschen Sprache und Literatur 39, 1914, S. 1–83, 229–289, 571–577.

Nachdem die Rolle des Altenglischen soweit geklärt ist, muß nun andererseits Baeseckes These vom langobardischen Einfluß geprüft werden. In seiner ›Frühgeschichte des deutschen Schrifttums‹ heißt es: »Mit der Vorstufe *PaRa der drei Haupthandschriften könnte aber auch die ursprüngliche Übersetzung erreicht sein. Es läßt sich bairische Sprache schon für *PaRa festlegen, und da wir Herkunft der lateinischen Vorlage aus der Lombardei annehmen müssen, weil sie eine Fülle nicht nur italienischer, sondern gerade lombardisch-italienischer Vulgarismen aufweist, so werden wir das Bairische auch für die ursprüngliche Übersetzung festhalten, wenn es obendrein selbst viele langobardische Wörter aufweist[35].« Zunächst ist in diesem Zusammenhang darauf hinzuweisen, daß Baesecke selbst[36] über den tatsächlichen Anteil Arbeos an der Abrogans-Übersetzung keine eindeutige Auskunft hat geben können. Aufgrund unterschiedlicher Wortbedeutungen in den von Arbeo verfaßten Heiligenviten einerseits und der Glossarverdeutschung andererseits erscheint ihm die alleinige Verfasserschaft des Freisinger Bischofs fraglich, und auch Herbert Thoma[37] gibt zu bedenken, daß man diesem Mann nicht gern für all den »schönen Unsinn«, der sich hier findet, verantwortlich machen möchte. Nicht einmal die Frage, ob ein oder mehrere Übersetzer am Werke waren, lasse sich eindeutig entscheiden. Daß Gedanke, Planung und Inangriffnahme der Verdeutschung auf Arbeo zurückgehen, davon ist Baesecke allerdings fest überzeugt. Dabei spielen für ihn die langobardischen Einflüsse im Althochdeutsch des Abrogans eine wichtige Rolle. Wie steht es aber nun damit?

»Die Spuren italienischen Lateins in der Vorlage unseres deutschen Textes haben ihre Gegenstücke in ihm selbst: *Hymnus* ist durch *imno, laudem* durch *lop edo cantico* wiedergegeben, *Diaconus* durch *iacuno* (sprich *ǧacuno*), *storia* ›Binse‹ als *historia* verstanden usw. Dazu kommt ein Wort, das nur langobardisch ist: *(h)ariman* in der Glosse (*Cacule* ›Offiziersdiener‹) *servi militum scalkha milizzo edho herimanno* (Gl I, 86, 24–26) (mit nachträglichem Umlaut). Es ist hier eine sachverständige (mit ›oder‹ angeknüpfte) Eigenzugabe des Übersetzers wie jene über die *Lancpartâ*, diese aber setzt noch unbedingte Kenntnis des Landes und seiner Einrichtungen voraus: sie meint die an gewissen politisch und wirtschaftlich wichtigen Orten, zumal zum Grenzschutz und zuerst bei der Eroberung an der friaulischen Grenze unter Herzögen angesiedelten Krieger, die wie ihre byzantinischen Vorgänger dort gegen Zins auf Staatsgut saßen und dafür immer kriegsbereit zu sein hatten«[38]. Ein einziges ›langobardisches‹ Wort führt Baesecke an; von »viele[n] langobardische[n] Wörter[n]« kann keine Rede sein. Aber selbst das *heriman* des Abrogans ist nicht langobardisch, sondern althochdeutsch. Die überlieferten Formen des Langobardischen, die man jetzt bei Florus von der Rhee[39] übersicht-

35) Baesecke, Frühgeschichte (wie Anm. 2), S. 104.

36) Baesecke, Abrogans (wie Anm. 3), S. 134 f.

37) H. Thoma, ›Glossen, althochdeutsche‹, in: Reallexikon der deutschen Literaturgeschichte, 2. Auflage hg. W. Kohlschmidt und W. Mohr, 1, 1958, Sp. 583 f.

38) Baesecke, Frühgeschichte (wie Anm. 2), S. 111.

39) F. van der Rhee, Die germanischen Wörter in den langobardischen Gesetzen, Diss. Utrecht, Rotterdam 1970, S. 83 ff.; vgl. auch W. Bruckner, Die Sprache der Langobarden, Straßburg 1895, Neudr.

lich aufgelistet findet, weisen ausnahmslos *h*-Aphärese und nicht umgelautetes *a* im Bestimmungswort auf. Genaugenommen könnte allenfalls von einem Lehnwort aus dem Langobardischen gesprochen werden. Aber auch inhaltlich ergeben sich Bedenken. Es läßt sich nicht begründen, warum dem Abrogans-Beleg die zitierte spezielle Bedeutung des Wortes im Langobardischen zuzusprechen ist. Da *heriman* noch an zwei weiteren Stellen bezeugt ist, kann die Wortbedeutung bei Beachtung der hier geltenden Übersetzungsprinzipien aus dem Abrogans selbst ermittelt werden. Der handschriftliche Befund ist folgender:

St. I, 80, 24–26	Pa	K	Ra
Classis	*kazaoha*	*kizoa*	*kizoa*
nauigia	*scef*	*endi scef*	
militum	*milizzo anti*	*milizzo endi*	
	[harimanno	*[herimanno*	
St. I, 86, 24–26			
Cacule	*frā*	*framkhehta*	
serui militum	*scalcho milizzo*	*scalkha milizzo*	
		[edho herimanno	
		[edho eouuelihhes	
		[mannes	
St. I, 142, 37–144,3			
Falanx	*aigilaihi*	*eikileihhi*	*eingilihi*
multitudo	*manaki*		
militum	*heri*	*herimanno heri*	
exercitus	*hari*	*heri*	

Das Wort *heriman* bzw. in der in der Pariser Handschrift noch nicht umgelauteten Form *hariman* übersetzt in allen drei Fällen lat. *miles* ›Soldat, Krieger‹. Eine speziellere Bedeutung ergibt sich weder aus dem Zusammenhang der jeweiligen Glossengruppe, noch von der allgemein im Abrogans anzutreffenden Einzelwortwiedergabe im Sinne einer Vokabelübersetzung. Ein verläßlicher Rückschluß auf die Wortwahl des Archetypus ist genaugenommen nur im ersten Fall möglich; vielleicht gilt das auch für den letzten Beleg, da das in der Pariser Handschrift überlieferte *heri* aus ursprünglichem *herimanno* verkürzt sein könnte. Gegen langobardische Entlehnung sprechen außerdem die Verbreitung dieses Wortes in den übrigen

1963, S. 206. Zur Forschungslage vgl. VAN DER RHEE, Die Erforschung des Langobardischen. Kurzer Überblick über die Forschungsprobleme, in: Jahrbuch für Internationale Germanistik 10, 1978, Heft 2, S. 77–86, und auch die Abhandlungen zum Rahmenthema ›Stand und Aufgaben der Langobardenforschung‹ im folgenden Jahrgang des Jahrbuchs: 11, 1979, Heft 1, S. 57–110.

germanischen Sprachen: ae. *hereman* als Übersetzung von *miles*[40], an. *hermaðr* ›Krieger‹[41] sowie die Überlieferung von mhd. *her(e)man* ›Krieger‹, die zeitlich und landschaftlich weit gestreut ist: bezeugt in der ›Jüngeren Judith‹ (um 1140, md.), im ›König Rother‹ (um 1160, mfrk. für ein bayerisches Publikum), in Meister Ottes ›Eraclius‹ (Anfang 13. Jh., hess. oder thür.) und im Liederbuch der Augsburgerin Klara Hätzlerin (a. 1471)[42]. Schon 1939 hat Charles T. Carr[43] im Zusammenhang seiner Untersuchung der nominalen Zusammensetzungen im Germanischen dieses Kompositum zutreffend als germanisch eingestuft. Wortbildungsmäßig weist es keinerlei Besonderheit auf[44], es ist ein althochdeutsches Erbwort.

Darüber hinaus muß die grundsätzliche Frage gestellt werden, inwiefern einzelne, sprachgeographisch charakteristische Wörter zur Lösung der Verfasserfrage bei einem übersetzten Synonymenwörterbuch beitragen können. Die großen Anforderungen hinsichtlich der Synonymik zwingen dazu, alle nur erdenklichen Wörter heranzuziehen, ungeachtet ihrer sonst möglicherweise nur begrenzten Verbreitung und Verwendung. Selbst den wenigen Abrogans-Wörtern, für die – etwa das zitierte althochdeutsche Lehnwort *iacuno* ›Diakon‹[45] – oberitalienische Herkunft festzustehen scheint, ist nicht mehr abzugewinnen, als daß sie spätestens Mitte des 8. Jahrhunderts ins Oberdeutsche übernommen worden sind. Genauere Datierung, Lokalisierung oder gar Zuweisung an einen bestimmten Personenkreis ist mit ihrer Hilfe nicht möglich.

Eine ganz andere Frage ist die nach dem Entlehnungsweg sogenannter ostgermanischer Kulturlehnwörter ins Bairische, also die Frage, ob sie über die Donaustraße stromaufwärts oder über die Alpenstraßen von Oberitalien aus entlehnt wurden. Es handelt sich dabei um Wörter wie ahd. *tuldī* ›Fest‹ oder ahd. *pherintac* ›Freitag‹. Eberhard Kranzmayer[46] hat sich bekanntlich im Rahmen seiner historischen Dialektgeographie mit diesem Problemkreis befaßt und im Gegensatz zu Friedrich Kluge[47] für die Alpenstraßen plädiert. Wie hier auch zu entscheiden ist und ungeachtet der Tatsache, daß die entsprechende Wortliste möglicherweise reduziert werden muß[48], dieser Entlehnungsvorgang liegt zeitlich vor dem Einsetzen althochdeutscher

40) Vgl. J. Bosworth und T. N. Toller, An Anglo-Saxon Dictionary, Oxford 1898, Neudr. 1954, S. 533.
41) Vgl. R. Cleasby und G. Vigfusson, An Icelandic-English Dictionary, London ²1957, S. 259.
42) Vgl. die Nachweise bei H. Tiefenbach, Studien zu Wörtern volkssprachiger Herkunft in karolingischen Königsurkunden, 1973, S. 68.
43) Ch. T. Carr, Nominal Compounds in Germanic, Oxford 1939, S. 49.
44) Vgl. L. Voetz, Komposita auf -man im Althochdeutschen, Altsächsischen und Altniederfränkischen, 1977, S. 128 ff.
45) Vgl. A. Waag, Die Bezeichnungen des Geistlichen im Althoch- und Altniederdeutschen, 1931, S. 47 f.; vgl. aber hier Anm. 67.
46) E. Kranzmayer, Die bairischen Kennwörter und ihre Geschichte, Wien 1960, S. 30 ff.
47) F. Kluge, Gotische lehnworte im althochdeutschen, in: Beiträge zur Geschichte der deutschen Sprache und Literatur 35, 1909, S. 158 ff.
48) Vgl. vor allem J. Knobloch, Recherches sur le vocabulaire de la mission mérovingienne, in: Orbis 9, 1960, S. 427–437, und die entsprechenden Wortartikel und Wortlisten von G. Müller und Th. Frings, Germania Romana II. Dreißig Jahre Forschung. Romanische Wörter, 1968; jetzt auch P. Wiesinger,

Überlieferung und kann daher zur Frage der Verbindung Arbeos mit dem Abrogans nichts beitragen. Vielmehr hat Kranzmayer die Thesen Baeseckes ungeprüft übernommen, als Stütze seiner Argumentation eingesetzt und so mit dazu beigetragen, daß dessen Abrogans-Bild zur gängigen Auffassung geworden ist.

Nun hat Baesecke die Lokalisierung der Abrogans-Übersetzung in Freising zwar vom Wortschatz her abzusichern versucht, den eigentlichen Nachweis aber mit lautlichen Kriterien geführt[49]. Zum Vergleich zieht er die in Freisinger Urkunden bezeugten deutschen Eigennamen heran, die aber nicht in originaler Überlieferung, sondern nur in Kopien des Mönches Cozroh aus den 20er Jahren des 9. Jahrhunderts erhalten sind. Da auch der Abrogans nur in den drei genannten Handschriften vorliegt, die sämtlich Abschriften, wenn nicht gar Abschriften von Abschriften sind, muß er Rekonstruiertes mit Rekonstruiertem vergleichen. Es versteht sich fast von selbst, daß diese durch die ungünstige Überlieferungslage erzwungene Vorgehensweise einen äußerst geringen Grad an Sicherheit bieten kann. Erschwerend kommt hinzu, daß – wie schon angeführt – die Lokalisierung der Pariser Handschrift in das im alemannischen Gebiet gelegene Kloster Murbach aus paläographischen Gründen nicht mehr haltbar ist. Damit entfällt die Möglichkeit, ihre alemannischen und vereinzelt fränkischen Besonderheiten zwanglos zu erklären. Bereits Elias Steinmeyer[50] hatte sie ja in Auseinandersetzung mit Rudolf Kögel, der sie zunächst als bairisch, später als bairische Abschrift einer alemannischen Vorlage eingestuft hatte[51], als alemannische Abschrift einer bairischen Vorlage ausgewiesen. Wenn nun die Vermutung von Bischoff[52] zutrifft, daß sie dem Regensburger Kreis um Bischof Baturich zuzuordnen ist, dürfte es schwierig werden, die Alemannismen von Pa im Rahmen des von Baesecke[53] ausgebauten Stemmas zu erklären. Der Ansatz weiterer nicht überlieferter Handschriften – erst recht die Annahme einer solchen zwischen Original bzw. Archetypus einerseits und Pariser Handschrift andererseits – könnte zwar als Ausweg gewählt werden, würde aber die Unsicherheit der Rekonstruktion des Archetypus noch steigern. Dabei ist – wie überhaupt – mit Karl Bohnenberger[54] in Rechnung zu stellen, daß das Althochdeutsche, zumindest das der Glossen und Glossare, Klostersprachen repräsentiert, die nicht so ohne weiteres mit den sie

Gotische Lehnwörter im Bairischen. Ein Beitrag zur sprachlichen Frühgeschichte des Bairischen, in: Frühmittelalterliche Ethnogenese im Alpenraum, hg. H. Beumann und W. Schröder (Nationes. Historische und philologische Untersuchungen zur Entstehung der europäischen Nationen im Mittelalter 5), 1985, S. 153–200.

49) Baesecke, Abrogans (wie Anm. 3), S. 83ff.

50) E. Steinmeyer, Bespr. v. R. Kögel, Über das Keronische glossar, 1879, in: Anzeiger für deutsches Altertum 6, 1880, S. 141.

51) R. Kögel, Keronisches glossar (wie Anm. 50), S. XXIVff. und XLVII; R. Kögel, Zu den Murbacher denkmälern und zum Keronischen glossar, in: Beiträge zur Geschichte der deutschen Sprache und Literatur 9, 1884, S. 357.

52) Bischoff, Paläographische Fragen (wie Anm. 7), S. 97f.; vgl. auch den früheren Hinweis von ihm in dem Beitrag ›Paläographie‹, in: Deutsche Philologie im Aufriß, hg. W. Stammler, 1, ^{2}1957, Sp. 408.

53) Baesecke, Abrogans (wie Anm. 3), S. 77 und 116; Baesecke, Text *ab_1 (wie Anm. 1), S. XII.

54) K. Bohnenberger, Zu *gân / gên / gangan*, in: Beiträge zur Geschichte der deutschen Sprache und Literatur 59, 1935, S. 238 u. Anm. 1.

umgebenden Orts- und Landschaftssprachen identifiziert werden dürfen. Diese Kritik ist vor allem gegen Argumentationen Baeseckes gerichtet, der z. B. die Form *adara* statt *andara* der St. Galler Handschrift mit der *n*-losen Dialektform *ādər* des Murbacher Münstertals erklärt[55].

Weitere Unsicherheitsfaktoren ergeben sich aus der Textsorte ›Glossar‹. Die für eine Rekonstruktion notwendige Voraussetzung, daß das Original eine gewisse Regelmäßigkeit der Schreibung aufweist, kann hier nicht allgemein unterstellt werden. Baeseckes Vergleich[56] mit der, übrigens auch nur relativen Einheitlichkeit beim Althochdeutschen Isidor, dem althochdeutschen Tatian, Otfrids Evangelienbuch und Notkers Schriften berücksichtigt nicht die gravierenden Unterschiede in der Textkohärenz. Noch nicht einmal innerhalb der jeweiligen lateinischen Synonymengruppe versucht der Abrogans-Übersetzer, den vorliegenden Glossenzusammenhang zu berücksichtigen; Ausgangspunkt der Übersetzung ist das Einzelwort. Die Synonymik spielt erst dann eine Rolle, wenn ihm ein lateinisches Lemma oder Interpretament unverständlich ist oder ihm aus Synonymenmangel kein entsprechendes althochdeutsches Wort zur Verfügung steht[57]. Einschübe, selbst innerhalb einer Synonymengruppe, Wechsel der Übersetzer und Schreiber oder zeitliche Unterbrechungen können so durchaus dem Original zugeschrieben werden und brauchen nicht generell der Überlieferung angelastet zu werden. Der Konjekturalkritik sind hier sehr enge Grenzen gesetzt und damit auch der Erstellung eines überzeugenden Handschriftenstemmas. Werner Schröder hat zu Recht vor einem übertriebenen Stemmaglauben im Bereich der Glossenforschung gewarnt: »Wo der Umfang einer Glossierung mit der Vorlage nicht zweifelsfrei gegeben ist, wie überall, wo nur einzelne Wörter des Textes verdeutscht sind, wachsen die Schwierigkeiten ins Ungemessene. Nicht ohne Grund habe ich vor der mir von Baesecke (Beitr. 68, 1945, 116) zugedachten Aufgabe, den Urtext der ältesten bairischen Glossierung von Gregors Evangelienpredigten herzustellen, resigniert, um so mehr, als mir die Überlieferung nicht auf bloß eine Wurzel zurückzuweisen schien ... Ich kann denn auch Baeseckes unbedingtes Vertrauen auf die ›unmittelbar befreiende‹ Wirkung des Stemmas (D. A., S. IV) nicht ohne weiteres teilen, glaube vielmehr, daß es ihn gelegentlich verführt hat, die wechselseitige Abhängigkeit verwandter Texte zu überschätzen und sie für geradliniger zu halten, als sie gewesen ist. Der geschichtliche Zusammenhang der erhaltenen Reste ist fast immer nur über hypothetische Vorstufen herzustellen, und diese Sternchen-Größen sind stets problematisch[58].«

Berücksichtigt man die angeführten Argumente, so zeigt sich, daß es keine stichhaltigen Gründe gibt, Freising als Entstehungsort und Arbeo mit seinem Kreis als Urheber der Abrogans-Übersetzung anzunehmen. Speziell von langobardischem Einfluß kann keine Rede sein. Der Archetypus fügt sich, soweit erkennbar, in allen seinen sprachlichen Aspekten – also graphemisch, phonetisch-phonologisch, morphologisch und lexikalisch – in das frühe Oberdeutsch, genauer wohl in das Altbairische ein. Diese Feststellung ist nunmehr abgesichert durch

55) Baesecke, Abrogans (wie Anm. 3), S. 48, Anm. 1.
56) Baesecke, Text *ab$_1$ (wie Anm. 1), S. XIV.
57) Splett, Abrogans-Studien (wie Anm. 28), S. 30f.
58) Schröder, Grenzen (wie Anm. 15), S. 49.

die 1976 erschienenen Abrogans-Studien[59], in denen unter anderem in Form eines fortlaufenden Kommentars die sprachlichen Probleme aufgearbeitet sind. Es ist immerhin bemerkenswert, daß Baesecke seine Thesen vor einer solchen, meines Erachtens notwendigen Grundlegung aufgestellt hat. Hinsichtlich der Lokalisierung ist demnach eine genauere Fixierung innerhalb des bairischen Sprachgebietes nicht möglich; oder positiv ausgedrückt: Der Abrogans ist etwa Mitte des 8. Jahrhunderts in einem der oberdeutschen, genauer wohl bairischen Skriptorien übersetzt worden. Wird mit dieser Feststellung eine nur vorgetäuschte Präzision auf das ihr zukommende Maß reduziert, so wird durch die Zurückweisung einer Autorschaft Arbeos darüber hinaus ein besseres Verständnis dieses Sprachdenkmals ermöglicht. Denn die Zuschreibung des Abrogans an einen bekannten Autor bedeutet keinen Erkenntnisfortschritt, sondern versperrt die Einsicht in die speziellen Entstehungs- und Überlieferungsbedingungen der Textgattung ›Glossar‹. Um dies zu verdeutlichen, muß auch kurz auf den lateinischen Teil eingegangen werden.

Nur am Rande gestreift werden kann die Frage nach seiner Herkunft. Nach Baeseckes Meinung stammt er aus Oberitalien; Arbeo habe ihn – möglicherweise aus Pavia – nach Freising gebracht[60]. Dies ist eine reine Vermutung; für die Verifizierung derartiger Thesen fehlen zur Zeit nahezu alle Voraussetzungen. Die Zusammenhänge zwischen dem Abrogans und den näher verwandten Glossaren wie etwa dem Abba-Glossar, dem Abavus minor, dem Affatim-Glossar oder dem zweiten Erfurter Glossar sind bis heute nicht geklärt. Nicht einmal die Entlehnungsrichtungen sind im Einzelfall eindeutig festzustellen, wenn man vom Abavus maior absieht, in dem all diese Wörterbücher zusammengefaßt sind. Auch der Abrogans ist dabei herangezogen worden, und zwar in einer weniger verderbten Form als in den überlieferten Handschriften[61]. Da sich mit Hilfe von Abavus-maior-Glossen – aber auch mit Hilfe der anderen Glossare, vornehmlich des Abba-Glossars – eine ganze Reihe von Verderbnissen der althochdeutschen Übersetzung erklären lassen, muß dieser eine solche vollständigere, bessere Version zugrunde gelegen haben. Das reicht aber keinesfalls aus, um ein auch nur einigermaßen verläßliches Bild des Archetypus zu gewinnen. Die nicht geringen Probleme, die sich bei einem Rekonstruktionsversuch des althochdeutschen Abrogans ergeben, vervielfältigen sich bei dem Versuch, den lateinischen Abrogans zu rekonstruieren. Diese allgemeinen Hinweise sind wichtig, um die Tragfähigkeit der Argumente in diesem Bereich richtig einzuschätzen. Erst durch eine umfassende Aufarbeitung der spätantik-frühmittelalterlichen Glossare könnte eine Basis geschaffen werden, die neue hinreichend abgesicherte Erkenntnisse ermöglichen würde.

Der Nachweis oberitalienischer Formen in einem lateinischen Glossar, das im oberdeutschen Raum verdeutscht worden ist, ist an sich nichts Außergewöhnliches. Ob deswegen die der Übersetzung zugrunde liegende Version aus der Lombardei stammt, ist damit keineswegs erwiesen. Neben geographischen sind auch zeitliche Aspekte zu berücksichtigen. Falls es

59) Vgl. Anm. 28.

60) Baesecke, Text *ab_1 (wie Anm. 1), S. VIII; Baesecke, Frühgeschichte (wie Anm. 2), S. 101 f.

61) Vgl. W. Wissmann, Zum Abrogans, in: Fragen und Forschungen im Bereich und Umkreis der germanischen Philologie. Festgabe für Theodor Frings, 1956, S. 92.

zutrifft, daß Aldhelm zu den Autoren gehört, die zu diesem Glossar beigesteuert haben[62], so ist der terminus post quem das Ende des 7. Jahrhunderts. Bis zur Mitte des 8. Jahrhunderts müssen dann noch folgende Entwicklungen stattgefunden haben: 1. Der Weg über Glossare, die Aldhelms ›De laudibus virginitatis‹ exzerpiert haben; denn spätestens seit den Forschungen von Robert Brans[63] steht fest, daß der Abrogans nicht aus Primärquellen, sondern aus lateinisch-lateinischen Glossaren geschöpft hat. 2. Die Fortführung über den Buchstaben G hinaus, an dem der Abrogans usprünglich zu Ende war. Dieser Einschnitt ist in der Pariser Handschrift noch durch einen Asteriskus[64], in der St. Galler Handschrift durch ein *finit* mit vier, sternförmig angeordneten Punkten davor[65] gekennzeichnet. 3. Die Einfügung von Erklärungen biblischer Namen am Ende eines jeden Buchstabens, die den Instructiones des Lyoner Bischofs Eucherius entnommen sind[66]. Diese Entwicklung müßte insgesamt in Oberitalien stattgefunden haben, wenn man Baeseckes Auffassung zustimmt; denn ein Hin und Her über die Alpen wäre äußerst unwahrscheinlich.

Die aufs Ganze gesehen spärlichen Nachweise oberitalienischer Formen[67] durch Baesecke überzeugen nicht immer, wobei hier dahingestellt bleiben mag, ob die angeführten lautlichen bzw. graphemischen Eigenheiten nur das Latein Oberitaliens kennzeichnen: »**Conuescit ab* α 88.33 für *congessit* setzt erstens das oberitalienische *ss* < *sc* voraus ... und zweitens, daß *v* statt *gu* für germanisches *w* eintreten kann ...: das ist lombardisch und venetianisch[68].« Diese apodiktische Behauptung übergeht einfach die komplizierte Überlieferungslage an dieser Stelle. Der Abrogans bietet hier folgende Glossierung:

62) Vgl. J. Stalzer, Zu den hrabanisch-keronischen Glossen, in: Στρωματεῖς. Grazer Festgabe zur 50. Versammlung deutscher Philologen und Schulmänner, Graz 1909, S. 88f.
63) R. Brans, Das Reichenauer Glossar Rf nebst seinen näheren Verwandten Bib. 9 und Bib. 12, Straßburg 1914, S. 100ff.
64) Vgl. Lichtdrucke nach althochdeutschen Handschriften. Codd. Par. Lat. 7640, S. Gall. 911, Aug. CXI, Jun. 25, Lobcow. 434, hg. G. Baesecke, 1926, Bl. 17, Z. 13 (f. 131^2ra, Z. 13).
65) Vgl. Faksimile-Band (wie Anm. 12), S. 142, Z. 15.
66) Vgl. Stalzer, Glossen (wie Anm. 62), S. 83ff.
67) Die von Baesecke, Abrogans (wie Anm. 3), S. 101f., angeführten graphischen bzw. lautlichen Erscheinungen lassen sich nur als romanisch, nicht als speziell oberitalienisch einstufen. So ist etwa die Verwechslung von *x* und *s* allgemein spätantik – vgl. V. Väänänen, Introduction au latin vulgaire (Bibliothèque française et romane. Série A, 6, Paris 1963), § 123, S. 68 –; der Verlust des auslautenden *s* spricht sogar gegen Oberitalien, da gerade dort Erhalt des auslautenden *s* in der Volkssprache bis ins 12./13. Jahrhundert anzunehmen ist – vgl. W. von Wartburg, Die Ausgliederung der romanischen Sprachräume (Bibliotheca Romanica 1, 8, Bern 1950), S. 20ff. Die Graphie *ia* anstelle von *dia*, die darauf zurückgeht, daß beide die Aussprache *ža* repräsentieren, ist nicht speziell oberitalienisch, und damit ist selbst der für Baesecke so wichtige *(d)iaconus*-Beleg hinfällig. Für freundliche Auskunft in diesen in die Kompetenz der Romanisten gehörenden Fragen habe ich Herrn Kollegen Johannes Kramer (Siegen) zu danken.
68) Baesecke, Abrogans (wie Anm. 3), S. 101.

St. I, 88, 33–34	Pa	K
Conuescit (Pa), *Couescit* (K)	*prahta*	*prahta*
conportauit	*catrauc*	*kitruac*

Graff[69] faßt *conportauit* als Verschreibung für *conpotauit*, so daß hier die Wörter *convescere* ›zusammen speisen‹ und *compotare* ›zusammen trinken‹ anzusetzen wären. Die althochdeutsche Übersetzung aber habe *convexit* und *comportavit* – also *convehere* ›zusammentragen, herbeischaffen‹ und *comportare* gleicher Bedeutung – erklären wollen. *catrauc* sei daher nicht in *catranc*, sondern in *catruac* zu verbessern. Da allerdings germ. *ō* in der Pariser Handschrift nie als *ua* erscheint und diese Graphie auch der Vorstufe abzusprechen ist, dürfte eher Verschreibung für *catroac* anzunehmen sein. Kögels Ansatz *catranc* zu *gitrinkan* ›zusammen trinken‹, das dem angenommenen *compotare* entsprechen würde, scheitert daran, daß dann die Übersetzung von *convescere* mit *bringan* ›herbei-, zusammenbringen‹ nicht zu deuten wäre. Der Ansatz einer Glosse *Convescit, compotavit* überzeugt auch dann nicht, wenn wie bei Graff die althochdeutsche Übersetzung anders erklärt wird, zumal die beiden Wörter soweit erkennbar in keinem lateinischen Glossar innerhalb einer Glossengruppe anzutreffen sind. Nicht *convescere*, nicht *congerere*, sondern *convehere* dürfte hier anzusetzen sein. Das läßt sich stützen durch die Glosse *Convexit: conportavit* des Glossars AA. *Conuescit* wäre dann auf einer nicht näher bestimmbaren Vorstufe aus *Convexit* verschrieben. Aber auch mit einer Glossenkompilation ist zu rechnen, die mehr als einmal im Abrogans anzutreffen ist. Dann würde es sich hier um zwei verschiedene Glossengruppen handeln, die im Laufe der Überlieferung zusammengefaßt worden sind und deren Kontamination nunmehr keine sichere Rekonstruktion des ursprünglichen Zustandes zuläßt. Wie dem auch sei, Baeseckes Ansatz *Congessit* zu *congerere* ›zusammentragen‹ ist demgegenüber allein schon deswegen äußerst unwahrscheinlich, weil eine entsprechende Glossengruppe in den lateinischen Glossaren offensichtlich nicht nachzuweisen ist.

Die Möglichkeit, auf der graphisch-lautlichen Ebene einigermaßen verläßliche Daten für eine Lokalisierung zu gewinnen, ist wegen der uneinheitlichen Sprachgestalt des Abrogans meines Erachtens sehr gering. Selbst die Mittellateiner sind hier mitunter allzu optimistisch. Dazu ein Beispiel. In dem 1981 veröffentlichten Beitrag ›Untersuchungen zur Überlieferung und zur Orthographie der Kosmographie des Aethicus‹ von Otto Prinz[70], in dem er die These von Heinz Löwe[71], der Salzburger Bischof Virgil, ein Ire, sei der Verfasser der Kosmographie,

69) E. G. Graff, Diutiska. Denkmäler deutscher Sprache und Literatur 1, 1826, S. 188, Anm. 119 f. Vgl. zu dieser Glossengruppe Splett, Abrogans-Studien (wie Anm. 28), S. 153 f., mit den entsprechenden Nachweisen.

70) O. Prinz, Untersuchungen zur Überlieferung und zur Orthographie der Kosmographie des Aethicus, in: Deutsches Archiv für die Erforschung des Mittelalters 37, 1981, S. 474–510.

71) H. Löwe, Ein literarischer Widersacher des Bonifatius. Virgil von Salzburg und die Kosmographie des Aethicus Ister (Abhandlungen der Akademie der Wissenschaften und der Literatur, geistes- u. sozialwiss. Kl., 1951, Nr. 11, Mainz 1952), S. 903–988; Ders., Salzburg als Zentrum literarischen Schaffens im 8. Jahrhundert, in: Mitteilungen der Gesellschaft für Salzburger Landeskunde 115, 1975, S. 99–143.

zu widerlegen versucht, heißt es: »Der Ausgangspunkt der Aethicus-Überlieferung wird eher in einem zentralen Gebiet zu suchen sein; dafür spricht schon die Lokalisierung der vorhandenen Handschriften und die schnelle Verbreitung des Werkes, wie durch Bibliothekskataloge erwiesen wird, nämlich 821 in Reichenau, 831 in St. Riquier, 863 in Friaul, im 9. Jh. in St. Gallen, Fulda, Lorsch, Murbach usw. Gewisse orthographische Besonderheiten weisen, wie oben erwähnt (s. S. 496), nach St. Gallen ... [72]« An der besagten Stelle wird nun festgestellt: »Die Schreibweise *still(a)* für *stella* ist ausgesprochen selten und sonst nur noch bei Fredegar und in einer Glosse aus St. Gallen nachweisbar. Auch *bilu(a)* ist schwach belegt, vorwiegend in Glossen, so in St. Gallen und Reichenau.«

In der Anmerkung wird bezüglich der St. Galler Glosse *stilla* auf den Abrogans verwiesen, und zwar auf folgende Stelle:

St. I, 16, 37–18,1	Pa	K	Ra
Artus (Pa, K) *Arctus* (Ra)	*fornonti*	*foranontig*	*fornontic*
stelle (Pa) *stille* (K)	*dero sipuneo*	*thero sterno*	
septemtrionales (Pa)	*sipurstirneo*	*sipunsterneo*	
[semtemtrionales (K)			
[VIIItrionanalis (Ra)			
uel si in caelum (Pa, K)	*edo in himile*	*edho in himile*	
[ū sidus in cęlo (Ra)			

Einmal abgesehen davon, daß die St. Galler Abrogans-Handschrift nicht in St. Gallen geschrieben ist, sondern nur allgemein der südwestdeutschen Schreibprovinz zugeordnet werden kann, was aber die Argumentation von Prinz nur modifizieren würde, könnte man seine Feststellung durch eine weitere Abrogansglosse stützen:

St. I, 247, 23–25	K	Ra
Sidera	*sternon*	*sterno*
stille (K) *stelle* (Ra)	*sterna*	
uel signa	*edho zaichan*	

Zieht man aber alle *stella*-Belege des Abrogans heran, so zeigt sich, daß die Interpretation von Prinz so nicht zu halten ist. An einer Stelle weisen nämlich alle drei Handschriften die *e*-Form, an einer anderen alle drei die *i*-Form auf:

St. I, 16, 33–36	Pa	K	Ra
Astra	*zaihan*	*zaihchan*	*zeihan*
sidera	*sedhal*	*sedal*	
caeli (Pa, K) *cęli* (Ra)	*himilo*	*himilo*	
uel stelle (Pa, K)	*edo sterna*	*edho sterna*	
[ū. stellas (Ra)			

72) Prinz, Untersuchungen (wie Anm. 69), S. 502.

St. I, 58, 1–3	Pa	K	Ra
Butis (Pa, K) *Butis* (Ra)	*stuffala*	*stuffala*	*stuffala*
stilla comisq; quasi	*fahses deo so*	*fahses theo so*	
[comam (Pa) *stilla*	*[sama fahs*	*[sama siama fahs*	
[amomis (K) *stilla*			
[comis qui quasi (Ra)			
habens (Pa, K)	*habendi si*	*habendis*	

Das Nebeneinander von *stella* und *stilla* ist damit für den Archetypus gesichert, zumindest aber die Form *stilla*, falls man die *stella*-Belege[73] als spätere Angleichung an die gängige Schreibung interpretiert. Auch durch die Glosse *Maria : seo / stilla maris*[74] der Samanunga, einer Ende des 8. Jahrhunderts wohl in Regensburg entstandenen Bearbeitung des Abrogans, ist die *i*-Form für den bairischen Bereich gesichert[75]. Wie die folgenden im ›Corpus Glossariorum Latinorum‹ aufgeführten Glossen, deren Interpretamente *stilla*-Schreibungen aufweisen, zu datierten und zu lokalisieren sind, kann hier auf sich beruhen bleiben. Sie dürften insgesamt wohl kaum auf St. Galler Schreibgewohnheiten zurückzuführen sein; und so belegen auch sie die Problematik von Lokalisierungsversuchen, die sich auf einzelne Glossenbelege stützen.

Boetes stilla idest septenario (Glossar AA; CGL V, 443, 41)[76]
Butis stilla comis qui quasi cornua habet (Abba-Glossar; CGL IV, 586, 26)[77]
Pliada VI stillae insimul (Nachtrag zum Abba-Glossar; CGL IV, 298, 28)
Vesperago stilla (Abba-Glossar; CGL IV, 295, 46)

Ähnlich verhält es sich mit *belua/bilua*, das im Abrogans nur an einer Stelle bezeugt ist und wo die Pariser Handschrift im Gegensatz zu den beiden anderen die *e*-Form aufweist[78]. Der älteste, in Nordostfrankreich geschriebene Leidener Codex PBL 67 F[79] und noch zwei weitere der vier Codices, die der Ausgabe des Affatim-Glossars zugrunde liegen, haben mit *Biluae*

73) In Ra ist noch einmal *stelle* (St. I, 265, 1) ohne althochdeutsche Entsprechung innerhalb der Glossengruppe *Uesperugo, stelle uespere* bezeugt. In K ist diese Glosse zu *Uesperugo, Uespere* verkürzt.
74) St. I, 212, 23. Vgl. auch SPLETT, Samanunga-Studien. Erläuterung und lexikalische Erschließung eines althochdeutschen Wörterbuchs (Göppinger Arbeiten zur Germanistik 268), 1979, S. 112.
75) Vgl. L. WÜLLNER, Das Hrabanische Glossar und die ältesten bairischen Sprachdenkmäler, 1882, S. 76; SPLETT, Samanunga-Studien (wie Anm. 73), S. 8 u. Anm. 14.
76) Vgl. auch die unter Leitung von W.-M. LINDSAY von der Academia Britannica herausgegebenen Glossaria Latina, hier Bd. 5, Paris 1931, Neudr. 1965, S. 145 ff.
77) Vgl. LINDSAY, Glossaria Latina 5 (wie Anm. 75), S. 9 und S. 33 (BU 22).
78) St. I, 58, 18; vgl. dazu SPLETT, Abrogans-Studien (wie Anm. 28), S. 115.
79) Vgl. B. BISCHOFF, Panorama der Handschriftenüberlieferung aus der Zeit Karls des Großen, in: DERS., Mittelalterliche Studien 3, 1981, S. 14, Anm. 45.

bestiae maris[80] die *i*-Schreibung; ebenso die fünf Handschriften des Abba-Glossars mit der Glosse *Biluae bestiae marinae*[81].

Baeseckes zähes Festhalten an Arbeos Urheberschaft und an den langobardischen Beziehungen des Abrogans trotz aller schon früher erhobener Einwände hat einen ganz bestimmten Grund. Ihm ging es um den Nachweis, daß das althochdeutsche Schrifttum nicht vom angelsächsisch-fränkischen Nordwesten, sondern vom langobardisch-bairischen Südosten seinen Ausgang genommen habe. Nicht kirchliche Vermittlung, sondern unmittelbare Anknüpfung an antike Tradition glaubte er damit erwiesen zu haben: »Seine [= Arbeos] Übersetzung des Abrogans, eines unkirchlich-antiken Wörterbuches, des nach unsern bisherigen Kenntnissen einzigen unmittelbar aus dem Altertum übernommenen und zugleich des ersten Buches unseres Schrifttums, stellt aber jedenfalls mit seinen Abkömmlingen gegenüber den sonstigen Gaben des germanischen Südostens etwa in der Baukunst oder auch der Heldendichtung (mit den Gestalten Dietrichs und Hildebrands) das Vermächtnis an unser Schrifttum im eigentlichsten Sinne dar und wirkt nun auf Karls Nordwesten: hier ist es oder war es einmal umgekehrt, hier hatte der Südosten ein älteres Eigenes[82].« Dieses von Baesecke in den 30er Jahren entworfene Bild vom Beginn des althochdeutschen Schrifttums, an dem er zeitlebens festgehalten hat, hat sich im Laufe der Zeit als immer fragwürdiger herausgestellt. Althochdeutsche Textglossierung ist, wenn auch aufgrund der schlechten Überlieferungslage nur spärlich, schon knapp ein halbes Jahrhundert früher in angelsächsisch beeinflußten Skriptorien des Nordwestens nachzuweisen[83]. Von der ungerechtfertigten Vermischung von Sprachzeugnissen und Literaturdenkmälern war schon die Rede.

Aber auch der Abrogans selbst kann nicht ›unkirchlich‹ genannt werden, was auch immer dieser von Baesecke nicht näher erläuterte Terminus bezeichnen mag. Der in allen drei Handschriften überlieferte Titel *INCIPIUNT GLOSAE EX NOUO ET VETERIS TESTAMENTI*[84] ist keineswegs so unbegründet oder gar irreführend, wie Kögel[85] glaubte feststellen

80) CGL IV, 488, 33; vgl. auch S. XXIX.

81) CGL IV, 211, 46; vgl. auch LINDSAY, Glossaria Latina 5 (wie Anm. 75), S. 32 (BE 20). Zu den Handschriften vgl. CGL IV, S. XV ff.

82) G. BAESECKE, Frühgeschichte des deutschen Schrifttums, 1. Lfg., 1950, S. 40.

83) Vgl. J. HOFMANN, Altenglische und althochdeutsche Glossen aus Würzburg und dem weiteren angelsächsischen Missionsgebiet, in: Beiträge zur Geschichte der deutschen Sprache und Literatur 85, Halle 1963, S. 27–131, vor allem S. 36 ff. und S. 42 f.; R. BERGMANN, Mittelfränkische Glossen (Rheinisches Archiv 61, ²1977), S. 325 ff., allerdings ohne die notwendige Unterscheidung von Sprachzeugnissen und Literaturdenkmälern im Sinne W. SCHRÖDERS; nunmehr zusammenfassend die Habilitationsschrift von L. VOETZ, Studien zu den Anfängen althochdeutscher Textglossierung (Münster 1982), deren erster Teil unter dem Titel ›Die St. Pauler Lukasglossen‹ (Studien zum Althochdeutschen 7), 1985, inzwischen erschienen ist.

84) St. I, 2, 1 ff.; in den Samanunga in der Form *Inchoant Congregationes Verborum Ex nouo Et uetere Testamento* (St. I, 3, 5–10).

85) R. KÖGEL, Geschichte der deutschen Litteratur bis zum Ausgange des Mittelalters 1: Bis zur Mitte des elften Jahrhunderts, Teil 2: Die endreimende Dichtung und die Prosa der althochdeutschen Zeit, Straßburg 1897, S. 426.

zu können. Josef Stalzer hatte schon 1909 für über 200 lateinische Abrogans-Lemmata die Bibel als Primärquelle nachgewiesen, nicht eingerechnet die schon erwähnten Eucherius-Glossen[86]. Was an Hieronymus, Sulpicius Severus oder Aldhelm unkirchlich sein soll, deren Schriften ebenfalls – vermittelt über lateinische Glossare – als Primärquelle in Frage kommen, wird nicht dargelegt. Die allgemein vertretene Ansicht, der Abrogans habe als ›Stilwörterbuch‹ gedient, als Hilfsmittel zum Erlernen ausgefallener lateinischer Wörter, ist wohl zu revidieren. Auf die eingeschobenen Erläuterungen biblischer Namen trifft das von Anfang an nicht zu. Ebensowenig passen Glossengruppen in dieses Bild, die nicht Synonyme aufzählen, sondern Sacherklärungen bieten wie z. B. die Abrogansglosse *Elimentum : cęlum, terra, aer, sol, ignis*[87]. Die flektierten lateinischen Lemmata, die gegenüber denen in Normalform die Mehrzahl ausmachen, bewahren eine Stufe, die sich eher zur Erklärung schwieriger Textstellen, als zur Vermittlung seltener Wörter bei der ›Textproduktion‹ eignet. Was allenfalls für den lateinischen Abrogans trotz der genannten Einwände gelten könnte, ist hinsichtlich des lateinisch-althochdeutschen Abrogans nicht haltbar. Wenn es ums Erlernen schwieriger, im Sinne des asianischen Stils ausgefallener Wörter gegangen wäre, so hätte es keiner althochdeutschen Übersetzung bedurft. Die Erläuterung durch die gängigen lateinischen Interpretamente hätte vollkommen genügt. Es dürfte wohl kaum ein Zufall sein, daß gerade das unter den lateinischen Glossaren übersetzt wurde, das sich durch seine Überschrift als Bibelglossar auswies. Das mühsame Unterfangen der Abrogans-Verdeutschung wird eher verständlich, wenn es darum ging, ein Hilfsmittel zum besseren Verstehen der Heiligen Schrift zu schaffen, als wenn es darum gegangen wäre, lateinisch schreibenden Autoren ein antikes Stilideal zu vermitteln. Das aber fügt sich auch von der Zweckbestimung her ganz zwanglos in die vom Missionsgedanken getragene angelsächsisch-fränkische Tradition. In ihrem Bereich setzt das althochdeutsche Schrifttum ein. Dagegen sind von den Langobarden noch nicht einmal Spuren derartiger volkssprachiger Bemühungen bekannt.

86) Stalzer, Glossen (wie Anm. 62), S. 80 ff. Zum Problem des biblischen Wortschatzes im Abrogans vgl. den weiterführenden Beitrag des Verfassers ›Zur Frage der Zweckbestimmung des Abrogans‹, der inzwischen in Collectanea Philologica. Festschrift für Helmut Gipper zum 65. Geburtstag, Bd. 2, 1985, S. 725–735, erschienen ist und in dem nachgewiesen wird, daß es sich beim Abrogans um ein ›sekundäres‹ Bibelglossar handelt.

87) St. I, 118, 19–24. Vgl. auch den Glossentyp *Hyena*: *bestia cuius pupille lapideae sunt* (St. I, 170, 19–22).

Alemannisch-italische Beziehungen vom späten fünften bis zum siebenten Jahrhundert aufgrund archäologischer Quellen

VON MANFRED MENKE

Vorbemerkung

Als nach mehr als einem Jahr seit der Tagung in Irsee Helmut Beumann anregte, an Stelle des leider viel zu früh verstorbenen Rainer Christlein*) den archäologischen Beitrag zu den alemannisch-italischen Beziehungen beizusteuern, stellten sich zunächst erhebliche Bedenken ein. Obwohl nun ein Beitrag vorliegt, kann dieser Bericht tatsächlich nur als Ersatz für die durch Rainer Christleins Schicksal entstandene Lücke angesehen werden. Dem Wunsch des Herausgebers kam ich allein aus der Einsicht nach, daß zum Tagungsthema der Beitrag der Archäologie nicht nur erwünscht, sondern vonnöten ist. Denn die Geschichte der frühmittelalterlichen *gentes* reicht mit ihren Anfängen bis weit in die Zeit vor Einsetzen der Schriftquellen zurück. Zwar vermitteln die archäologischen Quellen allein noch keine Einblicke in die Ereignisgeschichte, wohl dagegen zum besiedlungsgeschichtlichen Geschehen, teils wohl auch in das Gefüge der Siedelgemeinschaften. Bei günstiger Quellenlage läßt sich vielleicht sogar ein so dichtes chronologisch-geographisches Netz knüpfen, daß die Anbindung an die politisch-historische Ereignisgeschichte möglich wird. Mithin resultiert dieser Bericht letztlich aus der Verpflichtung der archäologischen Disziplin, die ihr möglichen Erkenntnisse mit in die historische Fragestellung einzubringen.

*) H.-J. Kellner, Rainer Christlein, 21. 10. 1940–20. 3. 1983 (in: Bayerische Vorgeschichtsblätter 49, 1984, S. 1–8).

Das Dargestellte trägt den Charakter eines Forschungsberichtes, in dem gesicherte Erkenntnisse neben offenen Fragen und zukünftigen Aufgaben stehen. Den Bericht anzufertigen, war letztlich nur deshalb möglich, weil in dieselbe Zeit die Ausarbeitung eines Kollegs fiel über »Alemannen, Baiern und Langobarden. Die südgermanischen *gentes* der Völkerwanderungszeit und des Frühmittelalters nach archäologischen Quellen«, das ich im Sommersemester 1984 an der Justus-Liebig-Universität Gießen las.

Einleitung

Das Thema erfordert im Grunde eine umfangreiche Monographie auf der Basis der Gesamtheit der archäologischen Quellen der betreffenden Regionen von der zweiten Hälfte des fünften Jahrhunderts an bis in die Zeit um 700, teils auch noch darüber hinaus. Dabei wären sowohl die einschlägigen archäologischen Quellen und Befunde Italiens zu analysieren, als auch die zahlreichen Gräberfelder, Siedlungsmaterialien, aufgesammelten Fundstücke usw. aus den alemannisch besiedelten Landstrichen der Nordschweiz sowie Südwestdeutschlands vom Bodensee bis zum Neckar-Main-Gebiet und vom Rhein bis weit nach Bayern hinein, ferner auch das linksrheinische, als alemannisch anzusprechende archäologische Quellengut aus dem Elsaß, aus der Pfalz und aus Rheinhessen bis zum Beginn des sechsten Jahrhunderts. Mitzudiskutieren wären außerdem diejenigen Fundstücke aus mitteldeutschen (thüringischen) Reihengräberfeldern, die auf Beziehungen zu Italien weisen. Und immer wieder hätte man den Blick ins Mitteldonaubecken zu richten, vor allem auf das Quellengut der dortigen, als gepidisch bezeichneten Periode nach dem Untergang des Attila-Reiches, aber auch auf die langobardisch bestimmte Periode bis 568, und zwar in beiden Fällen unter dem Gesichtspunkt von Fernverbindungen mit Alemannien einerseits und mit Italien andrerseits. Denn nur auf diese Weise wären solche, auf alemannischen Fundplätzen anzutreffende und fremd erscheinende Sachaltertümer, deren mitteldonauländische Herkunft wahrscheinlich gemacht werden kann, verläßlich von denen zu trennen, die im alemannischen Quellengut der Zone nordwärts der Alpen als italisch-germanisch oder italisch-romanisch zu bestimmen sind. Diese ganz unterschiedlichen Blickrichtungen von Alemannien aus, in den Osten einerseits und über die Alpen nach Italien andrerseits, haben ganz besonders für die alemannische Frühzeit Bedeutung. Dagegen stellen die alemannisch-fränkischen Beziehungen eine Frage für sich dar, die hier gelegentlich nur am Rande mitbehandelt werden kann. Ein eigenes umfangreiches Kapitel wäre ferner für die aus Italien stammenden Münzfunde in der Zone nordwärts der Alpen zu schreiben, die über die Rheinlande und Thüringen bis nach Südskandinavien reichen. Auch sie wären als Quelle italischer Verbindungen in ihrer Gesamtheit deshalb zu überschauen, um den Anteil und die Gewichtigkeit der aus Alemannien stammenden, italischen Fundmünzen zuverlässig abschätzen zu können. Dabei wäre nach der Methode regionaler Differenzierungen vorzugehen, lassen doch allein die archäologischen Quellen des eng zu umgrenzenden, alemannisch besiedelten Raumes am Basler Rheinknie erhebliche, von Fundplatz zu Fundplatz voneinander abweichende Verhältnisse erkennen, vor allem bei dem jeweiligen Anteil an auswärtigem Formengut. Doch versteht sich, daß für eine Kongreßstudie eine solche Fülle von Vorarbeiten nicht geleistet werden kann.

Zu den alemannisch-italischen Beziehungen auf der Grundlage der archäologischen Quellen hat die ältere Forschung ebenso wie die jüngere in erheblichem Umfang sowohl zahlreiche Einzelbelege veröffentlicht, als auch gewichtige zusammenfassende Studien. Als beispielhafte Arbeiten der vorhergegangenen Generation sind vor allem die Untersuchungen der Skandinavier zu nennen: Bernhard Salin[1)], Nils Aberg[2)], Sune Lindquist[3)] und Wilhelm Holmquist[4)]. Für die italisch-alpenländischen und -voralpenländischen Beziehungen stehen die Namen von Paul Reinecke[5)], Hans Zeiß[6)], Herbert Kühn[7)], Siegfried Fuchs[8)], Walter Veeck[9)] und Joachim Werner[10)]. Nach dem Zweiten Weltkrieg entstehen zahlreiche weitere Arbeiten

1) Die altgermanische Thierornamentik. Typologische Studie über germanische Metallgegenstände aus dem IV. bis IX. Jahrhundert, nebst einer Studie über irische Ornamentik (1904). Neue Auflage (1935).
2) Die Goten und Langobarden in Italien (1923); The Occident and the Orient in the Art of the Seventh Century. Vitterhets Akademiens Handlingar Bd. 56. Part II, Lombard Italy (1945). Part III, The Merovingian Empire (1947).
3) Vendelkulturen ålder och ursprung. Kungl. Vitterhets Historie och Antikvitets Akademiens Handlingar, Del 36,1 (1926).
4) Kunstprobleme der Merowingerzeit. Vitterhets Akademiens Handlingar Bd. 47 (1939).
5) Wenn auch heute überholt, boten Reineckes weiträumige Übersichten der damaligen Forschung brauchbare Orientierungshilfen; so z. B.: Zu Grabfunden langobardischer Zeit aus Italien (in: Germania 25, 1941, S. 42–47). Für den Südosten sind zu nennen: Die archäologische Hinterlassenschaft der Awaren (in: Germania 12, 1928, S. 87–98); Zur Geschichte des Steigbügels (in: Germania 17, 1933, S. 220–222); Keszthely-Bronzen aus dem Westen? (in: Germania 22, 1938, S. 255–257).
6) Die Nordgrenze des Ostgotenreiches (in: Germania 12, 1928, S. 25–34); Die merowingischen Grabfunde von Straubing (in: Jahresbericht des Historischen Vereins Straubing und Umgebung 31, 1928, S. 36–40); Das Kontinuitätsproblem im rätischen Flachland (in: Bayerische Vorgeschichtsblätter 11, 1933, S. 41–54); Ein Vorwort zur Chronologie des Reihengräberfeldes Schretzheim, B.-A. Dillingen (in: Bayerische Vorgeschichtsblätter 14, 1937, S. 12–26); Baierische Reihengräber des 6. Jahrhunderts bei Irlmauth, BA. Regensburg (gemeinsam mit R. Eckes in: Bayerische Vorgeschichtsblätter 15, 1938, S. 44–56). Mitwirkung bei: Ludwig Schmidt, Die Westgermanen (erste Lieferung des zweiten Teils; 1940. Nachdruck 1970).
7) Die germanischen Bügelfibeln der Völkerwanderungszeit in der Rheinprovinz[2] (1965); Die germanischen Bügelfibeln der Völkerwanderungszeit in Süddeutschland (Bd. 1 u. 2; 1974); Die germanischen Bügelfibeln der Völkerwanderungszeit in Mitteldeutschland (1981).
8) Die langobardischen Goldblattkreuze aus der Zone südwärts der Alpen (1938).
9) Die Alamannen in Württemberg. Germanische Denkmäler der Völkerwanderungszeit. Bd. 1 (1931).
10) Münzdatierte Austrasische Grabfunde. Germanische Denkmäler der Völkerwanderungszeit. Bd. 3 (1935). – Beachtenswert ist die frühzeitige Kritik der skandinavischen Forschung an Werners Chronologie: H. Arbman, Stildrag i folkvandringstidens konst (in: Fornvännen 40, 1945, S. 88–101; deutsches Resümee: S. 101).

Joachim Werners[11] sowie die stilkundlichen Monographien von Günther Haseloff[12] und Helmut Roth[13]. Gehaltvolle Studien veröffentlichen u. a. ferner Volker Bierbauer[14], Rainer Christlein[15], Hermann Dannheimer[16], Gerhard Fingerlin[17], Robert und Ursula

11) Stellvertretend seien hier nur die folgenden Monographien genannt: Das alamannische Fürstengrab von Wittislingen. Münchner Beiträge zur Vor- und Frühgeschichte Bd. 2 (1950); Das alamannische Gräberfeld von Bülach. Monographien zur Ur- und Frühgeschichte der Schweiz. Bd. 9 (1953); Das alamannische Gräberfeld von Mindelheim. Materialhefte zur bayerischen Vorgeschichte 6 (1955); Katalog der Sammlung Diergardt (Völkerwanderungszeitlicher Schmuck) Bd. 1. Die Fibeln (1961); Die Langobarden in Pannonien. Beiträge zur Kenntnis der langobardischen Bodenfunde vor 568. Bayerische Akademie der Wissenschaften. Philosophisch-historische Klasse. Abhandlungen – Neue Folge, Heft 55 A und B (1962).

12) Die germanische Tierornamentik der Völkerwanderungszeit. Studien zu Salins Stil I. Vorgeschichtliche Forschungen Bd. 17, I–III (1981). Ergänzend dazu W. Holmqvist in: Fornvännen 78, 1983, S. 136–142.

13) Die Ornamentik der Langobarden in Italien. Eine Untersuchung zur Stilentwicklung anhand der Grabfunde. Antiquitas. Reihe 3, Bd. 15 (1973). Rez.: Prähist. Zeitschr. 50, 1975, 208 ff. (Milojčić).

14) Die ostgotischen Grab- und Schatzfunde in Italien. Biblioteca degli »Studi Medievali« Bd. 7 (1975); Alamannische Funde der frühen Ostgotenzeit aus Oberitalien. In: Georg Kossack und Günter Ulbert (Hrsg.), Studien zur vor- und frühgeschichtlichen Archäologie. Festschrift für Joachim Werner zum 65. Geburtstag. Münchner Beiträge zur Vor- und Frühgeschichte. Ergänzungsband 1 (1974) S. 559–577.

15) Stellvertretend für Christleins zahlreiche Alemannen-Studien seien hier nur die folgenden Monographien genannt: Das alamannische Reihengräberfeld von Marktoberdorf im Allgäu. Materialhefte zur bayerischen Vorgeschichte 21 (1966); Das alamannische Gräberfeld von Dirlewang bei Mindelheim. Materialhefte zur bayerischen Vorgeschichte 25 (1971); Der Runde Berg bei Urach I. Die frühgeschichtlichen Kleinfunde außerhalb der Plangrabungen. Abhandlungen der Heidelberger Akademie der Wissenschaften. Philosophisch-historische Klasse. Jahrgang 1974, 1. Abhandlung (1974); Der Runde Berg bei Urach III. Kleinfunde der frühgeschichtlichen Perioden aus den Plangrabungen 1967–1972. Heidelberger Akademie der Wissenschaften. Kommission für Alamannische Altertumskunde. Schriften Bd. 4 (1979); Die Alamannen. Archäologie eines lebendigen Volkes ^{2}(1979).

16) Die germanischen Funde der späten Kaiserzeit und des frühen Mittelalters in Mittelfranken. Germanische Denkmäler der Völkerwanderungszeit. Serie A, Bd. 7 (1962); Thalmässing. Ein bairischer Friedhof der Merowingerzeit mit bedeutenden Zeugnissen frühmittelalterlicher Fernverbindungen (in: Bayerische Vorgeschichtsblätter 24, 1959, S. 57–67); Neue Reihengräberfunde aus Bayerisch-Schwaben (in: ebd. 25, 1960, S. 179–202); Eine völkerwanderungszeitliche Grubenhütte bei Irl, Ldkr. Regensburg (in: ebd. 32, 1967, S. 97–104); Altdorf und Oberdorf (in: Blätter für oberdeutsche Namenforschung 11, 1970, S. 24–32); Zur frühmittelalterlichen Topographie von Mindelheim (in: Zeitschrift des Historischen Vereins für Schwaben 64–65, 1970–71, S. 85–90); Zur Geschichte von Brenz und Sontheim im frühen Mittelalter (in: Fundberichte aus Schwaben, Neue Folge 19, 1971, S. 298–308).

17) Grab einer adligen Frau aus Güttingen, Ldkr. Konstanz. Badische Fundberichte. Sonderheft 4 (1964); Die alamannischen Gräberfelder von Güttingen und Merdingen in Südbaden. Germanische Denkmäler der Völkerwanderungszeit. Serie A, Bd. 12 (1971). Man beachte zur Chronologie-Methode die kritischen Bemerkungen H. Aments (in: 51.–52. Bericht RGK 1970–1971, S. 322–323). – Imitationsformen byzantinischer Körbchen-Ohrringe nördlich der Alpen (in: Fundberichte aus Baden-Württemberg 1, 1974, S. 597–627); Zur alamannischen Siedlungsgeschichte des 3.–7. Jahrhunderts. In: W. Hübener (Hrsg.), Die Alemannen in der Frühzeit. Veröffentlichungen des Alemannischen Instituts Nr. 34 (1974) S. 45–88; Ein alamannisches Reitergrab aus Hüfingen. In: Kossack und Ulbert (Hrsg., wie Anm. 14, S. 591–628). Wichtige Vorabveröffentlichung zu Hüfingen: Neue alamannische Grabfunde aus Hüfingen. Texte zu einer Ausstellung. Herausgegeben vom Förderkreis für die ur- und frühgeschichtliche Forschung in Baden e. V. (1977); Kastellorte und Römerstraßen im frühmittelalterlichen Siedlungsbild des Kaiserstuhls.

Koch[18], Max Martin[19], Rudolf Moosbrugger-Leu[20], Peter Paulsen[21] sowie Frauke Stein[22]. Den besonders wichtigen Gesichtspunkt der archäologischen Quellen zur Missions- und

Archäologische Aspekte fränkischer Herrschaftssicherung im südlichen Oberrheintal. In: J. WERNER und E. EWIG (Hrsg.), Von der Spätantike zum frühen Mittelalter. Aktuelle Probleme in historischer und archäologischer Sicht. Vorträge und Forschungen Bd. 25 (1979) S. 379–409.

18) R. KOCH, Bodenfunde der Völkerwanderungszeit aus dem Main-Tauber-Gebiet. Germanische Denkmäler der Völkerwanderungszeit. Serie A, Bd. 8 (1967); Ein reiches frühmerowingisches Frauengrab aus Kirchheim am Neckar (Kr. Ludwigsburg; in: Fundberichte aus Schwaben, Neue Folge 18 I, 1967, S. 238–254); Die merowingerzeitlichen Grabfunde aus St. Martin zu Kirchheim unter Teck (Kr. Nürtingen; in: ebd. 19, 1971, S. 309–337). – U. KOCH, Die Grabfunde der Merowingerzeit aus dem Donautal um Regensburg. Germanische Denkmäler der Völkerwanderungszeit. Serie A, Bd. 10 (1968); Das Reihengräberfeld bei Schretzheim. Ebd. Bd. 13 (1977); Alamannische Gräber der ersten Hälfte des 6. Jahrhunderts in Südbayern (in: Bayerische Vorgeschichtsblätter 34, 1969, S. 162–193); Handwerker in der alamannischen Höhensiedlung auf dem Runden Berg bei Urach (in: Archäologisches Korrespondenzblatt 14, 1984, S. 99–109); Die fränkischen Gräberfelder von Bargen und Berghausen in Nordbaden. Forschungen und Berichte zur Vor- und Frühgeschichte in Baden-Württemberg Bd. 12 (1982). – Diese wohl erst in der Zeit der Stufe Alemannisch III oder IV einsetzenden Reihengräberfelder sind deshalb wichtig, weil diese Räume in Stufe I und möglicherweise noch in Stufe II sicher alamannisch besiedelt sind. Gleiches gilt auch für das Reihengräberfeld von Klepsau: Das fränkische Gräberfeld von Klepsau, Hohenlohe-Kreis (in: Archäologisches Korrespondenzblatt 10, 1980, S. 71–79); zum archäologischen Quellenmaterial vgl. man vorläufig noch den Ausstellungskatalog des Badischen Landesmuseums Karlsruhe »Neue Funde aus frühmittelalterlichen Adelsgräbern in Klepsau und Hüfingen« (1978).

19) Das fränkische Gräberfeld von Basel-Bernerring. Basler Beiträge zur Ur- und Frühgeschichte Bd. 1 (1976); Die Schweiz im Frühmittelalter. Vom Ende der Römerzeit bis zu Karl dem Großen (1976); Das spätrömisch-frühmittelalterliche Gräberfeld von Kaiseraugst, Kt. Aargau. Basler Beiträge zur Ur- und Frühgeschichte Bd. 5, Teil B: Katalog und Tafeln (1976); dazu auswertend: Die spätrömisch-frühmittelalterliche Besiedlung am Hochrhein und im schweizerischen Jura und Mittelland. In: WERNER und EWIG (Hrsg., wie Anm. 17), S. 411–446; Die Romanen. In: Ur- und frühgeschichtliche Archäologie der Schweiz. Bd. 6. Das Frühmittelalter (1979), S. 11–20.

20) Die frühmittelalterlichen Gürtelbeschläge der Schweiz. Ein Beitrag zur Geschichte der Besiedlung der Schweiz durch die Burgunder und Alamannen. Monographien zur Ur- und Frühgeschichte der Schweiz. Bd. 14 (1967); – dazu ergänzend die folgenden Rezensionsbeiträge: H. DANNHEIMER (in: Jahrbuch der schweizerischen Gesellschaft für Ur- und Frühgeschichte 54, 1968–69, S. 186–195); M. MARTIN, Bemerkungen zu den frühmittelalterlichen Gürtelbeschlägen der Westschweiz (in: Zeitschrift für Schweizerische Archäologie und Kunstgeschichte 28, 1971, S. 29–57); – Die Schweiz zur Merowingerzeit. Die archäologische Hinterlassenschaft der Romanen, Burgunder und Alamannen. Handbuch der Schweiz zur Römer- und Merowingerzeit (hrsg. von A. ALFÖLDI) Bd. A und B (1971); Die Alamannen und Franken. In: Ur- und frühgeschichtliche Archäologie der Schweiz. Bd. 6. Das Frühmittelalter (1979) S. 39–52; gemeinsam mit H. KELLER, Der Adel. Die archäologischen Zeugnisse (in: ebd., S. 53–64).

21) Insbesondere sind zu nennen: Alemannische Adelsgräber von Niederstotzingen (Kreis Heidenheim). Veröffentlichungen des staatlichen Amtes für Denkmalpflege Stuttgart. Reihe A, Vor- und Frühgeschichte, Heft 12/I (1967); gemeinsam mit H. SCHACH-DÖRGES, Das alamannische Gräberfeld von Giengen an der Brenz (Kreis Heidenheim). Forschungen und Berichte zur Vor- und Frühgeschichte in Baden-Württemberg Bd. 10 (1978).

22) Das alamannische Gräberfeld von Göggingen, Ldkr. Augsburg (in: Bayerische Vorgeschichtsblätter 26, 1961, S. 75–197); Adelsgräber des achten Jahrhunderts in Deutschland. Germanische Denkmäler der Völkerwanderungszeit. Serie A, Bd. 9 (1967).

Kirchengeschichte diskutiert sehr ausführlich 1961 Vladimir Milojčić anläßlich seines Vorberichtes zum Ausgrabungsbefund in Solnhofen (Altmühltal)[23], eine Forschungsrichtung, die in dem 1975 von Georg Kossack ins Leben gerufenen Forschungsprojekt zum spätantiken und frühmittelalterlichen Bischofssitz von Säben in Südtirol ihre Fortsetzung findet[24]. Besonderes Gewicht kommt schließlich den von Milojčić und Christlein betriebenen Ausgrabungen in der alemannischen Höhensiedlung des Runden Berges bei Urach auf der Schwäbischen Alb zu[25]. In allen diesen Arbeiten sowie in zahlreichen Veröffentlichungen anderer Autoren sind sowohl die Quellenbefunde für die zu behandelnde Thematik ediert, als auch Argumente, Überlegungen und Thesen zu den transalpinen Verbindungen der Alemannen aufgezeigt.

Die notwendige Auswahl aus den Quellen wie aus den Erörterungen dazu ist von der Fragestellung her bestimmt. Dabei unterscheidet der Archäologe zunächst nicht nach der Qualität oder dem Gehalt der Aussagen, die die einzelnen Quellenbelege zur Frage der transalpinen Verbindungen ermöglichen, sondern er strebt Erkenntnisse aufgrund von Regelbefunden an. Denn der Einzelbefund läßt nur höchst selten ein wertendes Urteil zu. Erst die Summe der Einzelbefunde gestattet ihm, Wesentliches von weniger Bedeutsamem zu trennen. Seine Fragestellung ist infolgedessen rein der archäologischen Methode verpflichtet; das heißt, daß ihr zunächst weder ein historisches Moment anhaftet, noch, daß sie von Geschehnissen der Ereignisgeschichte ausgeht oder gar darauf zielt. Dennoch umfaßt die Thematik auch einen historischen Aspekt, und zwar in erster Linie aus wirtschafts- und verkehrsgeschichtlicher Sicht heraus, weniger von der Ereignisgeschichte her. Denn nur sehr selten sind die archäologischen Quellen geeignet, das historische Geschehen zu illustrieren oder gar die Kenntnisse darüber zu

23) Ergebnisse der Grabungen von 1961–1965 in der Fuldaer Propstei Solnhofen an der Altmühl (Mittelfranken. In: 46.–47. Bericht RGK 1965–1966, S. 133–174.). – Dazu auch unten S. 172.

24) Ausgrabungskampagnen von 1975 bis 1982. – Man vgl. auch den Hinweis bei K. Schwarz in: Ausgrabungen in Deutschland, gefördert von der Deutschen Forschungsgemeinschaft 1950–1975. Teil 2 (1975) S. 387f. Abb. 45,2. Jüngst: V. Bierbrauer in: Nationes 5 (1985) S. 42ff.

25) Außer den beiden in Anm. 15 genannten Monographien sind erschienen: B. Kaschau, Der Runde Berg bei Urach II. Die Drehscheibenkeramik aus den Plangrabungen 1967–1972. Heidelberger Akademie der Wissenschaften. Kommission für Alamannische Altertumskunde. Schriften Bd. 2 (1976); J. Stadelmann, Der Runde Berg bei Urach IV. Funde der vorgeschichtlichen Perioden aus den Plangrabungen 1967–1974. Ebd. Bd. 7 (1981); U. Koch, Der Runde Berg bei Urach V. Die Metallfunde der frühgeschichtlichen Perioden aus den Plangrabungen 1967–1981. Ebd. Bd. 10 (1984) – Man vgl. auch R. Christlein, Anzeichen von Fibelproduktion in der völkerwanderungszeitlichen Siedlung Runder Berg bei Urach (in: Archäologisches Korrespondenzblatt 1, 1971, S. 47–49); Ders., Spathascheidenbeschläge des fünften und frühen sechsten Jahrhunderts vom Runden Berg bei Urach, Württemberg (in: ebd. S. 179–183); U. Koch, Die frühmittelalterlichen Funde vom Runden Berg bei Urach (in: ebd. 12, 1982, S. 81–92); Dies. (wie Anm. 18); V. Milojčić, Der Runde Berg bei Urach. Ergebnisse der Untersuchungen von 1967–1974. In: Ausgrabungen in Deutschland, gefördert von der Deutschen Forschungsgemeinschaft 1950–1975. Teil 2: Römische Kaiserzeit im freien Germanien-Frühmittelalter I (1975) S. 181–198; Ders., Zu den bisherigen Ergebnissen der Untersuchungen am Runden Berg bei Urach. 1968–1975. In: H. Jankuhn und R. Wenskus (Hrsg.), Geschichtswissenschaft und Archäologie. Untersuchungen zur Siedlungs-, Wirtschafts- und Kirchengeschichte. Vorträge und Forschungen Bd. 22 (1979) S. 519–544.

erweitern. Eines der wenigen diesbezüglichen Beispiele ist die langobardische Landnahme Italiens von 568, die in der Tat mit Hilfe der archäologischen Quellen vor allem unter besiedlungsgeschichtlichen Gesichtspunkten mit solchen Details angereichert werden kann, die den Schriftquellen nicht zu entnehmen sind.

Indes lassen sich wirtschafts- und verkehrsgeschichtliche Beziehungen aufgrund archäologischer Quellen nicht gänzlich ohne Rückblick auf die Ereignisgeschichte anstellen, zumal nicht für solche Regionen und Zeitabschnitte, wie sie das Thema dieser Abhandlung umreißt. Denn zu unterschiedlich, zu wechselhaft, aber auch zu intensiv und zu eindeutig spielen die politisch-historischen Geschehnisse in die Verkehrs- und wirtschaftlichen Beziehungen zwischen der alemannisch besiedelten Zone nordwärts der Alpen und dem zeitgleichen Italien hinein. Wechselhaftes Geschehen ist besonders für die Zone südwärts der Alpen kennzeichnend, weil für sie nach dem Ende des weströmischen Kaisertums die Aufeinanderfolge mehrerer, doch stets nur kurzlebiger Reichsbildungen aufzuzeigen ist. Die Zone nordwärts der Alpen dagegen, in der es niemals zu einer alemannischen Reichsbildung kommt, nimmt sich den italischen Geschehnissen gegenüber scheinbar eher als Konstante aus. Vordergründig betrachtet scheint sogar, als habe immer nur ein und dieselbe »Alemannia« die Beziehungen zu Italien vom fünften bis ins achte Jahrhundert unterhalten. Oder in umgekehrter Richtung gesehen scheint es, als seien die Verkehrsverbindungen, soweit sie über die archäologischen Quellen erkennbar werden, von Italien aus stets zu denselben Alemannen, im sehr allgemeinen Sinne, gelaufen, zwar mit unterschiedlichen regionalen Schwerpunkten und wohl auch periodischen Verschiebungen, aber doch in die alemannisch besiedelten Gebiete schlechthin. Denn bislang ist weder die Alemannia der späten Völkerwanderungszeit und des frühen Mittelalters nach dem Gefüge ihrer archäologischen Quellen gegliedert, noch gar ihre territoriale Umgrenzung wirklich verläßlich zu umschreiben, und infolgedessen lassen sich schon gar nicht oder doch nur höchst ungenau die Veränderungen, wie sie aus den archäologischen Quellen zu erschließen sind, für die hier in Rede stehende Zeitspanne ermitteln und darstellen.

Daß jedoch der alemannisch besiedelte Raum vom fünften bis zum siebenten Jahrhundert erheblichen Veränderungen unterworfen ist, darf als historisches Faktum gelten. Die einschlägigen Studien der Geschichtswissenschaft zeigen das sehr deutlich[26]. Doch muß man bereits diesen Gedanken präziser fassen. Denn die Schriftquellen lassen im allgemeinen nur Aussagen über alemannische Machtausdehnung und Herrschaftsbestrebungen zu, eventuell noch über den Verlust von Landbesitz und politischem Einfluß. Das muß sich nicht und wird sich auch nicht beständig im archäologischen Quellengut der alemannisch besiedelten Räume widerspiegeln. Ganz im Gegenteil: die Ereignisgeschichte liefert eindeutige Beispiele dafür, daß der Verlust politischer Selbständigkeit keineswegs zugleich auch mit alemannischer Entvölkerung einhergeht; andrerseits wissen wir aufgrund der Schriftquellen aber doch wieder von solchen Alemannen, die sich fremder Herrschaft durch die Flucht entziehen[27]. Das Bild verkompliziert

26) Dazu unten S. 132 mit Anm. 30; S. 143–174.
27) Unten S. 157, 164f.

sich ferner noch dadurch, daß – weil es nicht zu einer alemannischen Reichsbildung kommt – Alemannien als Siedelraum ein offenbar uneinheitliches Gefüge aufweist, auch auf kleinräumigem Gebiet, wofür als Beispiel zum einen die Region um das Basler Rheinknie stehen mag, zum anderen dann aber auch das Mittelneckargebiet[28], und daß dieses Gefüge von der historischen Forschung zudem noch unterschiedlich beurteilt wird, ja teilweise sogar kontrovers. Darauf ist noch zurückzukommen.

Der Archäologe hat sich infolgedessen Rechenschaft darüber abzulegen, was er meint, wenn er von Alemannien spricht oder von Beziehungen und Verbindungen der Alemannen mit anderen Regionen, in unserem Fall mit den sehr viel präziser beschreibbaren politischen Einheiten, wie sie die italischen *regna* darstellen. Methodisch gesehen, hätte er den italischen *regna* die politisch-historische »Alemannia«[29] gegenüberzustellen. Doch sie gibt es offensichtlich nicht[30]. Versucht er statt dessen, die italischen *regna* schlicht mit den alemannisch

28) Unten S. 144–151.

29) Zur alemannischen Frühzeit seit erster schriftlicher Erwähnung zum Jahre 213 vgl. man L. SCHMIDT, Geschichte der deutschen Stämme bis zum Ausgang der Völkerwanderung. Zweite Abteilung. Die Westgermanen² (erste Lieferung des zweiten Teils, 1940; Nachdruck 1970) S. 224–314. – K.F. STROHEKKER, Die Alemannen und das spätrömische Reich. In: W. MÜLLER (Hrsg.), Zur Geschichte der Alemannen. Wege der Forschung 100 (1975) S. 20–48. Derselbe Vortragstext erschien gleichzeitig auch in: HÜBENER (Hrsg., wie Anm. 269), S. 9–26. – Wichtig für die alemannische Frühzeit auch R. WENSKUS, Stammesbildung und Verfassung. Das Werden der frühmittelalterlichen gentes.² (1977) S. 494–512. – Zum Alemannia-Begriff und seiner frühesten Erwähnung am Ende des 3. Jahrhunderts siehe man bei G. ALFÖLDY, Die Alemannen in der Historia Augusta (in: Jahrbuch des Römisch-Germanischen Zentralmuseums Mainz 25, 1978, S. 196–207, bes. S. 200ff.).

30) SCHMIDT (wie Anm. 29) S. 290f. betont, daß die Alemannen keine politische Einheit bilden; er argumentiert u. a. mit Theoderichs Brief an seinen Schwager Chlodowech, in dem im Gegensatz zur *gens Francorum* lediglich von *Alamannici populi* die Rede ist. – Ganz deutlich in diesem Sinne auch O. FEGER, Zur Geschichte des alemannischen Herzogtums (in: Zeitschrift für Württembergische Landesgeschichte 16, 1957, S. 41–94). Wiederabgedruckt in: MÜLLER (Hrsg., wie Anm. 29) S. 151–222 (danach im folgenden zitiert). – STROHECKER spricht sich in dem Sinne aus, daß nur den Alemannen keine Staatengründung gelang (wie Anm. 29, S. 43). – Zur Klientel-Rolle des Alemannen Vadomar um die Mitte des 4. Jahrhunderts siehe man L. VÁRADY, Epochenwechsel um 476. Odoaker, Theoderich d. Gr. und die Umwandlungen (1984) S. 51. – Bezüglich der unten mehrfach auszuführenden Verbindungen der alemannischen Siedelgebiete mit dem Mitteldonau- und Karpatenbecken erscheint nicht unwichtig, daß diejenigen Barbaren, die mit Beginn des fünften Jahrhunderts in Raetien eindringen, entweder nur als Wandalen und Sueben bezeichnet werden oder aber als Alanen: SCHMIDT a. a. O. 272. Wichtig auch ebd. 186 (»Zu Anfang des fünften Jahrhunderts zogen die Wandalen und Alanen von Ungarn nach Gallien; ihnen schlossen sich auch Teile der Quaden, d. h. wohl besonders die an der unteren March ansässigen Gaue, an.«). Man vgl. auch STROHECKER a. a. O. 42. Zu den um 469 im Raum von Orleans siedelnden Alanen vgl. man SCHMIDT a. a. O. 44 mit Anm. 1. Weitere einschlägige Hinweise zu Alanen des fünften Jahrhunderts im Westen bei SCHMIDT, Geschichte der deutschen Stämme bis zum Ausgang der Völkerwanderung. Erste Abteilung. Die Ostgermanen² (1941; Nachdruck 1969) S. 108f. 134. 303. 311. 437. 473f. – Man siehe ferner bei E. EWIG, Der Raum zwischen Selz und Andernach vom 5. bis zum 7. Jahrhundert. In: WERNER und EWIG (Hrsg.; wie Anm. 17), S. 271–296, bes. S. 274ff. – Zur Frage eines nicht existierenden alemannischen Reiches vgl. man ferner noch H. K. SCHULZE, Die Grafschaftsverfassung der Karolingerzeit in den Gebieten östlich des Rheins. Schriften

besiedelten Räumen der Zone nordwärts der Alpen in Zusammenhang zu bringen, gerät er in eine methodisch bedingte noch schwierigere Situation. Denn dann ist er gehalten, mit Hilfe seiner Quellen zunächst die alemannisch besiedelten Räume zu umschreiben und sie gegenüber solchen Landstrichen abzugrenzen, die beispielsweise in der Frühzeit fränkisch oder thüringisch, burgundisch oder romanisch besiedelt sind, oder dann später, seit dem frühen sechsten Jahrhundert, auch baierisch. Dazu aber reichen seine methodischen Möglichkeiten nicht hin, höchstens in sehr allgemeiner Weise; und man hat sich klar vor Augen zu halten, daß Alemannisches gegenüber Fränkischem, Thüringischem, Bairischem usw. archäologisch überhaupt nur deshalb so zu benennen ist, weil wir die Ergebnisse der historischen Forschung auf die räumliche Verbreitung bestimmter archäologischer Ausdrucksformen projizieren. Die archäologischen Quellen sprechen in dieser Hinsicht keinesfalls aus sich selbst heraus, höchstens dergestalt, daß der Archäologe imstande ist, fremdartig Erscheinendes von dem regionalen Regelbefund zu sondern und gelegentlich auch das regional Fremdartige dem Regelbefund einer anderen Region angliedern kann.

Daß methodische Überlegungen dieser Art nicht nur theoretischer Natur sind, zeigt sich im archäologischen Schrifttum immer dann, wenn nicht das Quellenmaterial der Siedelschwerpunkte eines der frühmittelalterlichen germanischen Stämme diskutiert wird, sondern das ihrer Grenzzonen. Aus der Fülle der Beispiele sei hier nur der ostalemannische Siedelraum der ersten Hälfte des sechsten Jahrhunderts herausgegriffen und seine kontroverse Beurteilung unter besiedlungsgeschichtlicher Fragestellung und in bezug auf seine Abgrenzung gegen frühbairische Siedelgebiete[31], eine Diskussion, in die auch die historische Forschung eingreift[32].

zur Verfassungsgeschichte Bd. 19 (1973). Zweiter Teil. Untersuchungen zur Grafschaftsverfassung bei den ostrheinischen Stämmen I. Die Alamannen; 1. Die Verfassung der vorkarolingischen Zeit (S. 53–65, bes. S. 57). – Die jüngste Stellungnahme stammt von D. GEUENICH, Zur Landnahme der Alemannen (in: Frühmittelalterliche Studien 16, 1982, S. 25–44, bes. S. 34–37 [Zur Frage eines alemannischen Einkönigtums]). – Man sehe auch unten S. 146, 173f.

31) Man vgl. die Stellungnahmen R. CHRISTLEINS gegen U. KOCH und diejenige V. BIERBRAUERS gegen CHRISTLEIN, die archäologische Gruppe Irlmauth im Donauabschnitt etwa zwischen Neuburg a. d. Donau und Straubing betreffend: R. CHRISTLEIN, Ausgrabungen eines Gräberfeldes des 5.–7. Jahrhunderts bei Bittenbrunn, Ldkr. Neuburg a. d. Donau (in: Jahresbericht der bayerischen Bodendenkmalpflege 8–9, 1967–68 [1971], S. 87–103, bes. S. 92–94, 98–100 mit Anm. 19). BIERBRAUER (wie Anm. 14, 1974, S. 575f., Anm. 73) kann jedoch CHRISTLEIN deshalb nicht wirklich widerlegen, weil er dessen Angaben auf S. 100 unberücksichtigt läßt. Und daß der Raum um Bittenbrunn alemannisches Siedelgebiet darstellt, soll ja gerade bewiesen werden, läßt sich mithin nicht als Argument verwenden. Zu dieser Frage auch unten Anm. 459. – Zu der Problematik, Alemannisches gegenüber Fränkischem mit Hilfe der archäologischen Quellen abzusondern, siehe G. FINGERLIN (wie Anm. 17; 1979) S. 382f.

32) Zuletzt ausführlich: K. REINDEL, Die Bajuwaren. Quellen, Hypothesen, Tatsachen (in: Deutsches Archiv für Erforschung des Mittelalters 37, 1981, S. 451–473); DERS., Staat und Herrschaft in Raetien und Noricum im 5. und 6. Jahrhundert (in: Verhandlungen des Historischen Vereins für Oberpfalz und Regensburg 106, 1966, S. 23–41). A. KRAUS, Die Herkunft der Bayern. Zu Neuerscheinungen des letzten Jahrzehnts. In: Augsburger Beiträge zur Landesgeschichte Bayerisch-Schwabens. Bd. 1. Bayerisch-schwäbische Landesgeschichte an der Universität Augsburg 1975–1977. Vorträge, Aufsätze, Berichte.

Dieselbe Problematik tritt auch bei der Frage nach den nördlichen Grenzprovinzen des italischen Ostgotenreiches Theoderichs auf, wie sie seit nunmehr zwei Gelehrtengenerationen und bemerkenswerterweise bislang ohne abschließenden Konsens erörtert wird[33]. Und blicken wir gar ins Mitteldonaubecken, wo die Schriftquellen gleichfalls nur sehr allgemeine Angaben über die Siedelräume der verschiedenen *gentes* enthalten, so sind dort die besiedlungsgeschichtlichen Fragen ebenso wenig gelöst wie in Zentraleuropa. Die Diskussion über die Wohnsitze der Goten, Heruler, Rugier, Skiren, Gepiden, Langobarden, Slawen, Awaren usw., aber auch der Romanen spätantiker Tradition ist infolgedessen äußerst lebendig, ohne daß dafür die Belegstellen im einzelnen zitiert werden müßten[34].

Hrsg. von P. FRIED (1979) S. 27–46; P. FRIED, Zur Entstehung und frühen Geschichte der alemannisch-baierischen Stammesgrenze am Lech. In: ebd. S. 47–67. Man vgl. auch W. SCHLESINGER, Zur politischen Geschichte der fränkischen Ostbewegung vor Karl dem Großen. In: H. BEUMANN und W. SCHRÖDER, Nationes. Historische und philologische Untersuchungen zur Entstehung der europäischen Nationen im Mittelalter. Bd. 2: Althessen im Frankenreich, hrsg. von W. SCHLESINGER (1975) S. 9–61, bes. 14f. mit Anm. 26. – Ferner unten S. 150 mit Anm. 104; auch Anm. 69.

33) Nur die wichtigsten Studien seien angeführt: H. ZEISS, Die Nordgrenze des Ostgotenreiches (in: Germania 12, 1928, S. 25–34); R. HEUBERGER, Das ostgotische Rätien (in: Klio. Beiträge zur Alten Geschichte 33, Neue Folge 12, 1937, S. 77–109); F. BEYERLE, Süddeutschland in der politischen Konzeption Theoderichs des Großen. In: Grundfragen der alemannischen Geschichte. Vorträge und Forschungen. Hrsg. vom Konstanzer Arbeitskreis für mittelalterliche Geschichte Bd. 1. Mainauvorträge 1952 (1962) S. 65–81 (gegen die Ansichten ZEISS'); K. REINDEL (wie Anm. 32; 1981), der auf die Gültigkeit der Notitia Dignitatum und damit auf die Donaugrenze abhebt (bes. S. 465–471); DERS., wie Anm. 32 (1966) S. 35f.; WOLFRAM (wie Anm. 54) S. 390f., der REINDELS Überlegungen nicht mehr berücksichtigen kann. – Man vgl. auch unten S. 158ff. Gegen die jüngere historische Forschung (BEYERLE, EBERL, REINDEL) bezieht der Archäologe V. BIERBRAUER Stellung: Zur ostgotischen Geschichte in Italien. In: Studi Medievali, 3. Serie Bd. 14,1 (1973) S. 1–37, bes. S. 4–8. Nachgedruckt in: DERS.; Die Ostgotischen Grab- und Schatzfunde in Italien (wie Anm. 14) S. 17–52. Doch kann BIERBRAUER sich wiederum auch nur auf die Argumente der älteren historischen Forschung stützen. Auch in seiner jüngsten Stellungnahme zu dieser Frage verwirft er die Argumente der jüngeren historischen Forschung (wie Anm. 14, 1974, S. 574). Aufgrund des neuen archäologischen Quellenmaterials aus dem Reihengräberfriedhof von Straubing-Alburg gelangt jedoch R. CHRISTLEIN zu gleichartiger Anschauung wie Beyerle und Reindel und rechnet mit ostgotischen Stützpunkten an bedeutenden Plätzen in Bayern, beispielsweise auch für Straubing-Alburg an der rätischen Donau: Ein bajuwarischer Friedhof des 5.–7. Jahrhunderts von Straubing-Alburg, Niederbayern. In: Das archäologische Jahr in Bayern 1980 (1981) S. 154; DERS., Ostgotischer Fibelschmuck aus dem bajuwarischen Gräberfeld von Straubing-Alburg, Niederbayern; ebd. 1981 (1982) 168. – Zur Frage der ostgotischen Nordgrenze ausführlicher unten S. 158ff., mit Anm. 168, 185.

34) Eine gute Übersicht bietet I. BÓNA, Ein Vierteljahrhundert der Völkerwanderungszeitforschung in Ungarn (1945–1969); (in: Acta Archaeologica Academiae Scientiarum Hungaricae 23, 1971, S. 265–336); DERS., Gepiden in Siebenbürgen – Gepiden an der Theiß (in: ebd. 31, 1979, S. 9–50); DERS., Abriß der Siedlungsgeschichte Ungarns im 5.–7. Jahrhundert und die Awarensiedlung von Dunaujváros (in: Archeologické rozhledy 20, 1968, S. 605–618. 701. 702.). Die Versuche, aufgrund ausgewählter archäologischer Quellen die Siedelgebiete beispielsweise der Ostgoten, Skiren, Sarmaten, Gepiden, Heruler und Sueben zu bestimmen, wie dieses durch A. KISS verschiedentlich geschehen ist, bleibt methodisch so lange unbefriedigend, wie nicht das gesamte archäologische Quellenmaterial mit berücksichtigt wird. Man vgl. A. KISS, Germanischer Grabfund der Völkerwanderungszeit in Jobbágyi. Zur Siedlungsgeschichte des Karpaten-

Was schließlich will der Archäologe damit sagen, wenn er trotz solcher Vorbehalte dennoch ein Gräberfeld einer alemannisch besiedelten Region wie beispielsweise das von Basel-Bernerring, das auf der südlichen Seite des Basler Rheinknies liegt, als fränkisch bezeichnet[35]? Keine Frage ist, daß die Landschaft nördlich des Rheinknies bis weit ins Nordbadische der Oberrheinebene und in die Neckarlandschaften hinein als alemannischer Siedelraum zu gelten hat[36]. Handelt es sich bei der zum Basler Reihengräberfeld gehörenden Ansiedelung um eine fränkische Enklave, um eine Diaspora, die eventuell bis in die Zeit von Chlodowechs Alemannensieg von 496/97[37] zurückreicht? Oder beginnt hier fränkische Ansiedelung erst in der Zeit Theudeberts, als dieser sich gegen 538 anschickt, auch dem Frankenreich einen Gebietsanteil aus dem Bestand des ehemaligen weströmischen Imperiums einzuverleiben? Der Chronologie der Bernerring-Nekropole zufolge könnte diese Erklärung nur für die Bestattungen der Spätzeit gelten[38]; ein fränkischer Siedelungsbeginn müßte demnach in die Vor-

beckens in den Jahren 454–568 (in: Alba Regia. Annales musei Stephani Regis 19, 1981, S. 167–185); DERS., Ein Versuch, die Funde und das Siedlungsgebiet der Ostgoten in Pannonien zwischen 456–471 zu bestimmen (in: Acta Archaeologica Academiae Scientiarum Hungaricae 31, 1979, S. 329–339); DERS., Die Skiren im Karpatenbecken, ihre Wohnsitze und ihre materielle Hinterlassenschaft (in: ebd. 35, 1983, S. 95–131). – W. POHLS Studie »Die Gepiden und die Gentes an der mittleren Donau nach dem Zerfall des Attilareiches« in: H. WOLFRAM und F. DAIM (Hrsg.), Die Völker an der mittleren und unteren Donau im fünften und sechsten Jahrhundert. Berichte des Symposiums der Kommission für Frühmittelalterforschung. 24. bis 27. Oktober 1978, Stift Zwettl, Niederösterreich. Österreichische Akademie der Wissenschaften. Philosophisch-historische Klasse. Denkschriften, 145. Bd. Veröffentlichungen der Kommission für Frühmittelalterforschung Bd. 4 (1980) S. 239–305, gewinnt dann an zusätzlichem Wert, wird dann aber zwangsläufig auch weniger aussagebestimmt, sofern man die sich auf archäologische Quellen gründenden Argumente überliest. Das jedoch ist deshalb notwendig, weil die archäologische Gepidenforschung noch nicht den Stand erlangt hat, der es erlaubte, die Korrelierung mit den Schriftquellen vorzunehmen. Der eindrucksvollen Gepiden-Monographie D. CSALLÁNYS, Archäologische Denkmäler der Gepiden im Mitteldonaubecken (454–568 u. Z.). Archaeologica Hungarica. N.S. 38 (1961) müßte unbedingt erst ein weiterer Band mit dem inzwischen neu angefallenen und noch zu analysierenden Quellenstoff folgen. – Man vgl. zu POHL auch BÓNAS Rezension des Symposium-Bandes (in: Germania 60, 1982, S. 651–656, bes. S. 655 f.). – Man sehe auch unten Anm. 433. – Die Frage der pannonischen »Franken« darf aufgrund der Studie N. WAGNERS als erledigt betrachtet werden: Zur Herkunft der Franken aus Pannonien (in: Frühmittelalterliche Studien 11, 1977, S. 218–228). – Zum Stand der Geschichtsforschung zu diesen Fragen siehe VÁRADY (wie Anm. 30) S. 99 ff., 105 ff.

35) MARTIN (wie Anm. 19). – Die Skepsis der historischen Forschung drückt W. SCHLESINGER aus (wie Anm. 32, S. 34); methodische Bemerkungen: ebd. Anm. 276; – man vgl. zu dieser Frage auch die Ausführungen G. FINGERLINS (wie Anm. 17 [1979] S. 382–385). – Bewußt distanzieren möchte ich mich jedoch von der Argumentationsebene W. SCHNEIDERS, die archäologisch-methodisch nicht zu akzeptieren ist: W. SCHNEIDER, Arbeiten zur alamannischen Frühgeschichte (1976), bes. S. 161–170: Franken in den merowingischen Gräbern Alamanniens. Zu Basel-Bernerring: ebd. S. 166. Zu diesen Fragen auch unten S. 246 ff. – D. GEUENICH (wie Anm. 30, S. 41) hat M. MARTIN offenbar mißverstanden.

36) Man vgl. A. DAUBER, Die Reihengräber der Merowingerzeit. In: Historischer Atlas von Baden-Württemberg. 5. Lieferung, Karte und Erläuterungen III, 7 (1976).

37) Ausführlich dazu SCHLESINGER (wie Anm. 32) S. 13 mit Anm. 21.

38) MARTIN (wie Anm. 19) S. 136–141; Belegungsdauer etwa 540/550–590/600. Dazu ausführlicher unten S. 246 ff.

Theudebert-Zeit fallen. Muß man überhaupt nach einem passenden Datum der Ereignisgeschichte suchen, um den durch das Ethnikum-Attribut gekennzeichneten besiedlungsgeschichtlichen Befund plausibel machen zu können? Oder läßt er sich im Zusammenhang mit unserer Thematik nicht einfach übergehen? Diese letzte Frage ist ganz entschieden mit einem klaren Nein zu beantworten. Denn weil im Bernerring-Gräberfeld beispielsweise Münzbeigaben aus ostgotischen Emissionen vorliegen, stellt sich gerade für diesen Platz die Frage nach den Beziehungen zu Italien; und selbstverständlich besitzen die Münzen aus der Bernerring-Nekropole dieselbe Aussagekraft und denselben Argumentationswert wie Münzfunde von anderen Plätzen zwischen dem Oberrhein-Bodensee-Raum, dem Tal der Iller und den Siedelgebieten beiderseits des Neckars, ebenso aber auch von Fundplätzen der Oberrheinischen Tiefebene links des Stroms. Auf diesen archäologischen Sachverhalt ist unten noch ebenso ausführlicher zurückzukommen, wie auf die Bernerring-Nekropole an sich und ihre Benennung in stammeskundlicher Hinsicht. Freilich ist die Archäologie dazu angehalten, ihre Gründe für ein so definitives Attribut in ethnischer Hinsicht wie im Fall des Basler Bernerring-Gräberfeldes darzulegen; und sie hat deutlichzumachen, was sie mit einer solchen Kennzeichnung wirklich aussagen will. Denn der Historiker verbindet mit dem Begriff »fränkisch« klare und eindeutige Vorstellungen zur politischen Ereignisgeschichte. Dazu jedoch kann der Archäologe mit seinen Quellen keinen eindeutigen Beitrag leisten. Für ihn bedeutet deshalb das Etikett »fränkisch« für die Basler Bernerring-Nekropole zunächst nichts anderes, als daß es sich hier um den Bestattungsplatz eines germanischen Siedelverbandes handelt, der im Vergleich zu anderen Gräberfeldern der Region eben nicht als typisch alemannisch erscheint, und zwar deshalb nicht, weil ein Teil des archäologischen Quellengutes als fremdartig für diese Region anzusehen ist. Seiner Methodik verpflichtet, sucht er deshalb die formenkundliche Herkunft des fremdartigen Quellenstoffes in Gebieten außerhalb der Alemannia und findet sie im Fall der Bernerring-Nekropole in fränkisch besiedelten Landschaften, aber auch anderswo[39].

Vor welchen Schwierigkeiten der Archäologe steht, will er archäologisch Gleichförmiges in verschiedene ethnisch-stammeskundliche Siedelverbände scheiden, sei am konkreten Beispiel der Grabbeigabensitte der Franzisken erläutert. Zugrunde liegt Wolfgang Hübeners Verbreitungskarte von 1977, ergänzt durch die Karten und Listen desselben Autors von 1980 (Abb. 1)[40]. Daß die Franziska die typische Beilwaffe der Franken ist, weiß man seit langem[41]. In chronologischer Hinsicht umfaßt die Sitte, diese Waffe auch als Grabbeigabe zu verwenden, eine Zeitspanne von rund 100 Jahren; denn das früheste, absolut datierbare Beispiel ist das

39) Ebd. 146ff. »Nach allem stammen die Bernerringer Zuwanderer am ehesten aus hessischen Landschaften zwischen Mittelrhein und Harz, die Kontakte mit den im Osten anschließenden Stammesgebieten besaßen.« (S. 153). – Dazu auch unten S. 248.

40) Waffennormen und Bewaffnungstypen der frühen Merowingerzeit (in: Fundberichte aus Baden-Württemberg 3, 1977, S. 510–527, Karte 2 zu S. 519); Ders., Eine Studie zu den Beilwaffen der Merowingerzeit (in: Zeitschrift für Archäologie des Mittelalters 8, 1980, S. 65–127).

41) U. Dahmlos, Francisca – bipennis – securis. Bemerkungen zu archäologischem Befund und schriftlicher Überlieferung (in: Germania 55, 1977, S. 141–165).

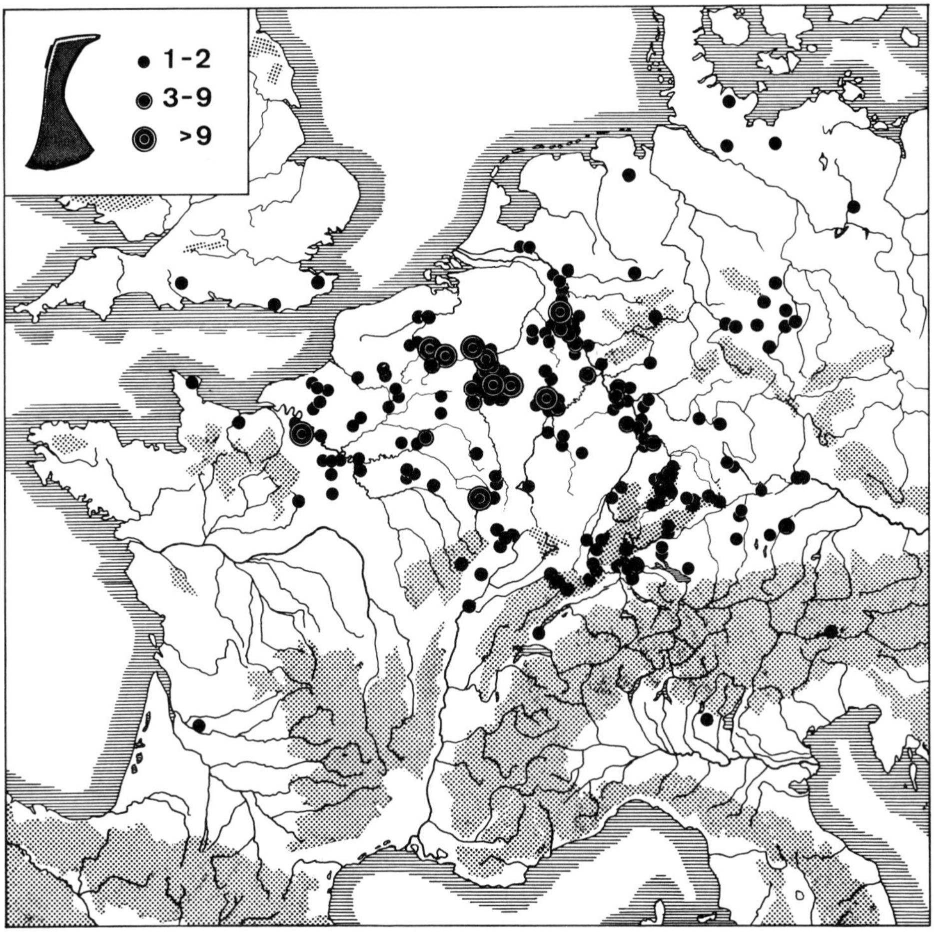

Abb. 1 Verbreitungsbefund zur ursprünglich fränkischen Grabsitte der Franziska-Beigabe als Akkulturationsbeispiel bei Alemannen, Baiern, Thüringern und Sachsen. Stufe Alemannisch I–III. Nach W. Hübener (wie Anm. 40) mit Ergänzungen. Zu S. 136–140.

Childerichgrab in Tournai von 482[42], das jüngste das münzdatierte Prunkgrab von Morken am Niederrhein, unweit von Tolbiacum-Zülpich, mit dem terminus post quem von 578[43]. Hübeners Karten geben die wirkliche Verbreitung dieser Grabsitte sicher richtig wieder, so daß unsere Abbildung auf einem realistischen Quellenbild fußt. Keine Frage ist jedoch, daß auch noch nach 578, bzw. nach dem Ende des sechsten Jahrhunderts, die Franziska weiterhin als Waffe vorhanden gewesen sein wird; nur entzieht sie sich vom siebenten Jahrhundert an dem archäologischen Nachweis, und zwar allein aufgrund einer veränderten Beigabensitte. Abbildung 1 spiegelt deshalb vordergründig nur die Verbreitung eines Grabsittenkreises des sechsten Jahrhunderts wider[44].

Tournai wie Morken liegen beide in Kernräumen fränkisch besiedelter Landschaften. In unserem Zusammenhang interessieren jedoch nicht die zahlreichen Franzisken aus den fränkisch besiedelten Landschaften Nordfrankreichs, Belgiens, des Mittel- und des Niederrheins, ebensowenig die einzelnen Belege aus Aquitanien, Angelsachsen sowie von sächsischen, thüringischen und burgundischen Fundplätzen, auch nicht der Einzelfund aus Lienz in Osttirol. Wir fragen vielmehr, wie die Franziskafunde aus denjenigen Gebieten zu beurteilen sind, die wir herkömmlich als alemannisch besiedelt ansprechen, beispielsweise rechts des Oberrheins, aber auch im Elsaß, ferner am Obermain und an der oberen Altmühl. Zeigen hier überall die Grabfunde Frankengräber an? Sind sie als »fränkisch« im Sinne der archäologischen Kennzeichnung des Reihengräberfeldes Basel-Bernerring anzusprechen? Oder bedeuten sie lediglich fränkischen Einfluß, oder richtiger alemannische Akkulturationsformen nach fränkischem Vorbild? Wahrscheinlich treffen wir mit letzterer Annahme das Richtige, doch ist damit unsere Frage nur zu einem Teil beantwortet. Denn was sagen die Gräberfelder mit Franziskafunden der ersten Hälfte des sechsten Jahrhunderts im Regensburger Donaubogen und auf der Münchner Schotterebene aus? Fassen wir mit ihnen die am weitesten nach Osten vorgeschobenen Alemannensiedlungen oder müssen wir hier bereits Baiern vermuten, die gleichfalls fränkische Bestattungssitten übernehmen? Oder tritt uns hier eine lediglich sekundäre, alemannische Sitte entgegen? Eventuell gar auch eine thüringische, was aufgrund anders

42) Zur Fundkritik: Hübener 1980 (wie Anm. 40) S. 79; ferner unten Anm. 274. – Man vgl. aber die Franziska aus Haillot (Prov. Namur) Grab 11: Böhme (wie Anm. 308) S. 290f. Taf. 91, 17, die kaum jünger als Mitte 5. Jahrhundert sein kann. – Pliening (Ldkr. Ebersberg) Grab 151 entzieht sich vorläufig noch der sicheren Beurteilung (unten Anm. 438).

43) Ebd. 79 (Solidus des oströmischen Kaisers Tiberius II. Constantinus, 578–582); K. Böhner, Das Grab eines fränkischen Herrn aus Morken im Rheinland. In: W. Krämer (Hrsg.), Neue Ausgrabungen in Deutschland (1958) S. 432–468. – Die Chronologie des sehr reich ausgestatteten Grabes 32 aus Tauberbischofsheim-Dittigheim, von D. Planck ins späte 6. Jahrhundert datiert, ist noch nicht deutlich genug zu überschauen: Planck in: Archäologische Ausgrabungen 1976. Bodendenkmalpflege in den Reg.-Bez. Stuttgart und Tübingen (1977) S. 55–58.

44) Ob auch die Franziska aus Villa Cogozzo bei Brescia einen Grabfund darstellt, ist nicht zu entscheiden (Bierbrauer, wie Anm. 14, 1974, S. 562). Gleiche Vorbehalte gelten für das Fundstück aus Lienz in Osttirol (Hübener, wie Anm. 40, 1980, S. 95). In Novaki Martski bei Zagreb gehört eine Franziska zu einem Eisendepotfund des 8. oder 9. Jahrhunderts (ebd. S. 95).

erkennbarer archäologischer Verbindungen der Regionen untereinander, methodisch gesehen, nicht auszuschließen ist? Oder haben wir in diesem Fall doch einmal dem archäologischen Verbreitungsbefund die Ereignisgeschichte zu unterlegen, und zwar dergestalt, daß wir von 496/97 an mit stets weiter nach Osten ausgreifender Frankisierung zu rechnen haben, die dann von 536 an auch die Raetia Secunda mit einbezieht, allerdings nur wiederum deren »westbaierisch« besiedelten Teil? Zeichnet sich hier um die Mitte des sechsten Jahrhunderts bereits jenes zweigeteilte Baiern ab, das bezüglich des achten Jahrhunderts die äußerst lebhaft geführte Kontroverse innerhalb der historischen Forschung[45] ausgelöst hat? Wir beantworten diese Fragen deshalb nicht, weil die Voraussetzung dafür wiederum nur die archäologische Analyse aller einschlägiger Grabfunde sein kann, und stellen lediglich fest, daß wir derzeit noch vor den gleichen methodischen Schwierigkeiten bezüglich stammeskundlicher Identifizierung archäologischer Befunde stehen, die oben bereits angesprochen sind.

Diese schlagen aber, bleiben wir noch bei dem Beispiel der Franzisken-Verbreitung, voll auf unsere Thematik durch. Denn wie haben wir die italische Franziska aus Villa Cogozzo bei Brescia[46] zu beurteilen? Daß dieses Exemplar aus der Zone nordwärts der Alpen stammen wird, dürfte ebenso unbestreitbar sein wie ihre unpräzise Datierung im zeitlichen Rahmen zwischen dem Childerich-Grab und der Morken-Bestattung[47]. Volker Bierbrauer meint, es handele sich um ein alemannisches Relikt aus der Zeit der Geschehnisse nach 506/07[48], doch läßt sich fränkische, burgundische oder baierische Herkunft definitiv ausschließen? Unter methodischen Gesichtspunkten zweifellos nicht. Und wenn wir daran denken, daß z. B. gleichgemusterte Bügelfibelpaare des ostgotisch-italischen Typs sowohl in Reggio nell' Emilia als auch im thüringischen Gispersleben bei Erfurt auftreten, der thüringische Fibelfund möglicherweise italischen Ursprungs ist und dafür die Ereignisgeschichte der Zeit von 510 bis 531 als Hintergrund entsprechender Fernbeziehungen anzusehen sein soll[49], so wird man

45) Zum Stand der Diskussion zwischen F. Prinz und A. Kraus vgl. man Prinz, Bayerns agilolfingische Kloster- und Adelsgeschichte und die Gründung Kremsmünsters. In: Die Anfänge des Klosters Kremsmünster. Symposium 15.–18. Mai 1977. Ergänzungsband zu den Mitteilungen des Oberösterreichischen Landesarchivs Bd. 2 (1978) S. 25–50, bes. 35 ff. Widerspruch gegen Prinz ferner durch W. Störmer: ebd. S. 161 Anm. 59. – Zu den von Prinz gegen Kraus mitverwendeten archäologischen Argumenten vgl. man bei M. Menke, Neue Ergebnisse der Archäologischen Landeskunde zur baierischen Besiedlung des alpennahen Raumes. In: H. Friesinger und F. Daim (Hrsg.), Die Bayern und ihre Nachbarn. Teil 2. Berichte des Symposiums der Kommission für Frühmittelalterforschung, 25.–28. Oktober 1982, Stift Zwettl, Niederösterreich. Österreichische Akademie der Wissenschaften. Philosophisch-historische Klasse. Denkschriften, 180. Bd. Veröffentlichungen der Kommission für Frühmittelalterforschung, Bd. 9 (1985) S. 27–68, bes. S. 34 f. Anm. 27.

46) Wie Anm. 44.

47) Wie Anm. 42–43.

48) Wie Anm. 14 (1974) S. 573, 576. Man sehe in diesem Zusammenhang auch die Bemerkungen zur Methode bei R. Christlein, Alemannen (wie Anm. 15) S. 20 f.

49) J. Werner, Ostgotische Bügelfibeln aus bajuwarischen Reihengräbern (in: Bayerische Vorgeschichtsblätter 26, 1961, S. 68–75, bes. S. 75; Abb. der Fibelpaare ebd. Taf. 5). Auffallend ist der Qualitätsunter-

außer alemannischer, fränkischer, burgundischer und baierischer Herkunft der italischen Franziska außerdem auch noch thüringische mit in Betracht zu ziehen haben. Darüber hinaus dürfte feststehen, daß spätestens seit der Zeit Theudeberts I. Tausende von Franzisken bei fränkischen Heerzügen mit nach Italien gebracht werden und zweifellos Hunderte davon auf italischem Boden verbleiben. Solche Überlegungen nötigen dem Archäologen ein äußerst zurückhaltendes Urteil über ein einzelnes Fundstück ab. Mehr noch: er tut gut daran, Einzelfunde dieser Art gänzlich aus der Thematik der alemannisch-italischen Beziehungen auszuklammern. Denn für eine auch nur halbwegs verläßliche Deutung fehlt ihm jede methodische Handhabe.

Beide hier zur Verdeutlichung der Problematik angeführten Beispiele, das fränkische Gräberfeld von Basel-Bernerring sowie der fränkische Grabbrauch der Franziska-Beigabe, zwingen den Archäologen eingedenk des Schwierigkeitsgrades und der Vielschichtigkeit der Problematik, nach einer Verfahrensweise zu suchen, die den verschiedenartigen Anforderungen des Themas gerecht wird. Zum einen will er ja, obschon auf archäologischer Quellenbasis argumentierend, dennoch nicht die historische Dimension der Thematik aus den Augen verlieren. Zum anderen muß er aber vor allem dem Historiker gegenüber verständlich bleiben; er hat also seine archäologischen Befunde und Erkenntnisse vor dem Hintergrund der Ereignisgeschichte darzustellen. Zum dritten ist er gezwungen, deshalb selektiv und ausschnitthaft zu arbeiten, weil die Thematik vielschichtig ist und die Quellenbefunde ihres Umfangs wegen das Thema beständig zu sprengen drohen. Zum vierten sollen Auswahl der Quellen und die daraus ableitbaren Befunde doch wiederum stellvertretend für die Aussagemöglichkeiten der Archäologie zu diesem Thema an sich stehen können. Und zum fünften schließlich ist für den Archäologen wie für den Historiker einsichtig zu machen, in welcher Weise dem zunächst noch ziemlich amorphen Begriff einer Alemannia oder Alemannien Konturen abzugewinnen sind, die der Thematik angemessen erscheinen.

Bei dieser Sachlage und den verschiedenartigen Anforderungen kommt der Archäologe nicht umhin, die Ergebnisse der historischen Forschung bezüglich der großen Linien der Italien betreffenden Ereignisgeschichte, vor allem unter dem Gesichtspunkt ihrer Auswirkungen auf die Zone nordwärts der Alpen, ebenso kursorisch zu rezipieren wie diejenigen zur Alemannen-Frage. Denn nur auf diese Weise ist der Alemannen-Begriff mit schärferen Konturen zu

schied zuungunsten der Reggio-Fibeln. So lassen die Gispersleben-Fibeln beispielsweise noch deutlich stilisierte Tierköpfe am Bügelansatz außen an der Fußplatte erkennen, die Reggio-Fibeln dagegen nicht. Dieses Merkmal tritt an skandinavischen Fibeln auf, ferner an »skandinavoiden« Fibeln in fränkisch besiedelten Gebieten, aber auch an Fibeln der gepidisch besiedelten Großen ungarischen Tiefebene. Zu »skandinavoiden« Fibeln vgl. man BIERBRAUER (wie Anm. 14, 1975, Taf. 60, 1–3); als gepidisches Beispiel die Fibel aus Szentes-Nagyhegy Grab 77, vergesellschaftet mit Adlerkopfschnalle: CSALLÁNY (wie Anm. 34) Taf. 33. – Der Fibelvariante Gispersleben-Reggio wird man auch das fragmentarische Exemplar aus Salzburg-Siezenheim zuzuordnen haben. (WERNER a. a. O. Taf. 7,4). Man sehe dazu auch unten S. 215f. mit Anm. 462–468.

versehen. Natürlich ließe sich dieses Ziel angenähert auf archäologischer Quellenbasis allein erreichen, allerdings nur, sofern die Gesamtheit der Quellen zu den Alemannen wie zu den von anderen germanischen *gentes* besiedelten Randprovinzen berücksichtigt würde. Diesen methodischen Weg hier zu gehen, ist, wie oben ausgeführt, nicht möglich. Zusätzlich besteht eine weitere Schwierigkeit darin, ein Periodisierungsschema zu wählen, das auch die historischen Dimensionen der Thematik erkennen läßt. Denn weder wohnt einer archäologischen, relativchronologischen Stufenfolge an sich ein historisches Moment inne, noch den gebräuchlichen absolutchronologischen Zeitbegriffen der Archäologie, die im allgemeinen nicht auf die Ereignisgeschichte bezogen werden können. So umfaßt beispielsweise der archäologische Zeitbegriff »zweite Hälfte des fünften Jahrhunderts« in Italien entweder noch die Spätphase des weströmischen Imperiums oder aber das italische Odoaker-Reich oder schließlich auch noch das Reich Theoderichs, aus der Sicht der Geschichtsforschung drei höchst unterschiedliche historische Faktoren. Für andere Zeitabschnitte gilt ähnliches.

Nicht zuletzt auch hat der Archäologe dem Historiker die Gewähr dafür zu bieten, daß er aus seinem immensen Quellenmaterial, das zudem, ganz im Gegensatz zu dem des Historikers, praktisch in beliebigem Umfang vermehrt werden kann und täglich auch angereichert wird, dasjenige auswählt, das vor allem die historische Seite der Fragestellung beleuchtet. Denn letztlich stehen Fragen zur Herausbildung der europäischen Nationes des frühen und hohen Mittelalters zur Diskussion, dagegen nicht archäologische Spezialuntersuchungen[50]. Und bei alledem ist mitzubedenken, daß den transalpinen Beziehungen der alemannischen Frühzeit zum einen in Italien eine Grundschicht des archäologischen Quellenmaterials gegenübersteht, deren Wurzeln eindeutig im Ostgermanischen des Mitteldonaubeckens liegen und die ebenso eindeutig bis in die Zone nordwärts der Alpen durchschlagen. Zum anderen aber haben wir insbesondere für die alemannische Frühzeit ebenso auch mit direkten Kontakten zum in dieser Zeit germanisch besiedelten Mitteldonaubecken zu tun. Aus diesem Sachverhalt resultiert die besondere Schwierigkeit, daß im Alemannischen ganz offensichtlich zwei Quellenströme zusammentreffen, die beide fremdartiges, d. h. südöstliches Quellengut mit sich führen, das – weil letztlich von gleichem Ursprung – einander sehr ähnlich bis identisch sein kann, obwohl ganz unterschiedlicher Herkunft. Bedenkt man dabei außerdem, daß das Mitteldonaubecken seinerseits wiederum enge Verbindungen mit Byzanz aufweist, so ist beispielsweise spätantikes Formengut in alemannischen Fundverbänden unter Umständen ebensogut über den südöstlichen Quellenstrom erklärbar wie über den der Alpenpässe, von Gallien einmal ganz abgesehen. Solche Überlegungen haben besonders dann zu greifen, wenn man z. B. den Münzzufluß beurteilen will. Für die hier zu behandelnde Thematik folgert daraus, daß trotz der primären transalpinen Blickrichtung die archäologischen Quellen des Südostens stets mit im Auge zu

50) Man vgl. auch das Vorwort W. SCHLESINGERS zu Nationes Bd. 2 (wie Anm. 32) S. 7f. sowie R. WENSKUS, Randbemerkungen zum Verhältnis von Historie und Archäologie insbesondere mittelalterliche Geschichte und Mittelalterarchäologie. In: JANKUHN und WENSKUS (wie Anm. 25) S. 637–657.

behalten sind. Aus der Summe dieser Vorbemerkungen ergibt sich für den Gang der Untersuchung der folgendermaßen zu umschreibende methodische Weg:

1. Thematisch bezogener knapper Abriß der Ereignisgeschichte für Italien einerseits und für Alemannien andrerseits, der jedoch das Mitteldonaubecken mitzuberücksichtigen hat. 2. Daraus abgeleitet ein Periodisierungsschema, in das sich die historischen Zäsuren einfügen lassen. 3. Darstellung der Befunde, wie sie vom archäologischen Quellenstoff abzuleiten sind, und zwar an Hand einschlägiger Beispiele, die für die einzelnen Stufen oder historischen Perioden schlaglichtartig das jeweils Typische aufscheinen lassen. Auf vergleichende zeitschichtenspezifische Untersuchungen muß dabei verzichtet werden, so wichtig sie für weiterführende Interpretationsversuche auch sein mögen. 4. Der Versuch, spezifisch alemannische Züge der Gesamtthematik herauszuarbeiten und zwar unter dem Gesichtspunkt von vielleicht erkennbarem, regelhaftem Verhalten der Alemannen bezüglich ihrer transalpinen Beziehungen. 5. Abschließend eine Antwort dahingehend zu versuchen, ob Alemannien als ein sich homogen darstellendes, aber dennoch in sich gegliedertes Gefüge anzusehen ist, oder ob wir von mehreren Einheiten mit unterschiedlichen Zügen auszugehen haben.

Um den Umfang dieser Studie zu begrenzen, ist nur der Zeitraum von der Mitte des fünften Jahrhunderts bis in den Beginn des siebenten Jahrhunderts ausführlicher zu behandeln. Die Thematik in dieser Weise einzuschränken, läßt sich deshalb vertreten, weil bereits in das späte sechste Jahrhundert eines der einschneidensten Ereignisse fällt: die langobardische Landnahme Italiens des Jahres 568. Sie hat zur Folge, daß von diesem Zeitpunkt an die transalpinen Beziehungen in ganz erheblichem Umfang archäologisch sichtbarer werden als in der Periode davor. Die Ursache dafür ist jedoch nicht das langobardische Italien allein, sondern mit eine Rolle spielt, daß von 568 an im Mitteldonaubecken der germanische Faktor für immer ausfällt. Denn dort bestimmen von 568 an allein Awaren und slawenstämmige Völker sowie Romanen die Ereignis- wie die Besiedlungsgeschichte. Zwar reißen deshalb keineswegs die Verbindungen zwischen der Alemannia und dem Mitteldonaubecken ab, wie vor allem das von nun an im Alemannischen auftretende archäologische Quellengut awarischer Herkunft besonders bei den ostalemannischen Siedelgruppen belegt. Aber die Archäologie ist durch diese Zäsur in die Lage versetzt, von nun an langobardische Einflüsse im Alemannischen defintiv als transalpine Verbindungen zu werten. Natürlich ist denkbar, daß Awarisches auch über Italien den Weg in die Alemannia findet, wie das zum Teil die ältere Forschung sieht[51]. Doch wird man unmittelbaren alemannisch-awarischen Beziehungen wohl den Vorzug einzuräumen haben[52].

51) Z. B. WERNER, Bülach (wie Anm. 11; 1953) S. 63 f.; KOCH, Donautal (wie Anm. 18; 1968) S. 132.
52) Dazu unten S. 311–322.

Überblick über die politisch-historische Ereignisgeschichte

Die hier referierend vorzutragende Ereignisgeschichte soll nicht dazu benutzt werden, historische Geschehnisse und archäologische Befunde miteinander zu kombinieren, um auf diese Weise zu einer scheinbar präzisierenden archäologischen Datierung gelangen zu können[53]. Vielmehr soll sie allein dazu dienen, Raum und Zeit, für die die jeweiligen archäologischen Befunde gelten, in ihren historischen Dimensionen zu veranschaulichen. Wenn dann ein archäologischer Befund mit Hilfe der politisch-historischen Ereignisgeschichte weitergehend auszudeuten ist, so darf das als willkommener Erkenntniszuwachs gelten. Diesem Abschnitt liegen die zusammenfassenden Übersichten und Standardwerke der historischen Disziplin zugrunde, und in Einzelfällen greife ich auf Spezialuntersuchungen zurück[54]. Die Geschehnisse im Großen laufen in Italien so ab, daß auf die Endphase Westroms 476 das Odoaker-Reich als erstes germanisch geführtes Staatsgebilde auf italischem Boden folgt[55]. An seine Stelle tritt von 493 an das Ostgotenreich Theoderichs, und zwar mit verstärkten Ausgriffen auf die westlichen und nördlichen randalpinen Zonen. 553 ist die Restitution durch Kaiser Justinian im Sinne eines rein spätantiken Staates vollendet, der sich allerdings eine kurze Phase lang fränkischer Herrschaftsbestrebungen in Italien erwehren muß, die jedoch 563 mit der endgültigen Vertreibung der Franken aus Oberitalien für immer beendet sind. 568 erfolgt dann die langobardische Landnahme, ohne daß Ostrom dadurch gänzlich aus Italien verdrängt werden kann. Denn in der langobardischen Frühzeit bleibt der Exarchat von Ravenna zunächst noch mitentscheidend. Kulturhistorisch stellt in allen Perioden das in spätantiker Tradition fortbestehende Romanentum einen wichtigen Faktor dar. Seine Auswirkungen auf die Zone nordwärts der Alpen lassen sich neben den jeweiligen germanischen Einflüssen bis ans Ende der alemannischen Reihengräberfelder am Beginn des achten Jahrhunderts nachweisen.

53) Man vgl. die Mahnungen W. Schlesingers (wie Anm. 32) S. 11 und 17 Anm. 40.
54) Die Kompetenz liegt in jedem Fall bei der historischen Forschung. An Standardwerken sind zu nennen: Schmidt, Die Westgermanen² (wie Anm. 29); Ders., Die Ostgermanen² (wie Anm. 30); Feger (wie Anm. 30); Strohecker (wie Anm. 29); E. Zöllner, Geschichte der Franken bis zur Mitte des sechsten Jahrhunderts (1970); H. Löwe, Deutschland im fränkischen Reich. In: Gebhardt, Handbuch der deutschen Geschichte⁹ Bd. 2 (Taschenbuch-Ausgabe⁷ 1982); H. Wolfram, Geschichte der Goten. Von den Anfängen bis zur Mitte des sechsten Jahrhunderts. Entwurf einer historischen Ethnographie² (1980); F. Lotter, Severinus von Noricum. Legende und historische Wirklichkeit. Monographien zur Geschichte des Mittelalters 12 (1976); Ders., Zur Rolle der Donausueben in der Völkerwanderungszeit (in: Mitt. hist. für österreichische Geschichtsforschung 76, 1968, S. 275–298); L. Várady, Das letzte Jahrhundert Pannoniens. 376–476 (1969); Ders., Epochenwechsel um 476. Odoaker, Theoderich d. Gr. und die Umwandlungen (1984). Für das italische Langobardenreich verwendete ich außerdem J. Jarnut, Geschichte der Langobarden. Urban-Taschenbücher Bd. 339 (1982). Sehr informativ schließlich auch Schlesingers Aufsatz »Zur politischen Geschichte der fränkischen Ostbewegung vor Karl dem Großen« (wie Anm. 32).
55) Várady (wie Anm. 54; 1984).

Alemannien – wir behalten diesen nicht im Sinne eines Reiches[56] anzuwendenden Begriff bewußt im folgenden bei und meinen damit die Gebiete, die von der Mitte des fünften Jahrhunderts an entweder alemannisch besiedelt sind oder aber den Herrschaftsbereichen alemannischer *reges*[57] unterstehen – stellt sich gegenüber Italien anders dar. Wir geben dabei zunächst die Thesen voraus, die Otto Feger erstmals 1957 veröffentlicht und die seit 1975 neugedruckt vorliegen[58]. Ich zitiere teils im Wortlaut[59]:

1. Die Entwicklung der politischen Macht im alemannischen Raum führt im Verlauf des fünften Jahrhunderts zu einer Konzentration aus einer Vielzahl von Kleinkönigen zu einem einzigen Königtum.

2. Die fränkische Oberhoheit über Alemannen am Ende des fünften bzw. zu Beginn des sechsten Jahrhunderts berührt die inneren Verhältnisse des Landes kaum; die politische Macht und deren Basis in Form von umfänglichem Grundbesitz verbleiben dem bisherigen Königsgeschlecht, das unter Verzicht auf den Königstitel lediglich zur Heerfolge – damit zum teilweisen Verzicht auf eigene Außenpolitik – und möglicherweise zu Tributzahlungen gezwungen wird. Die alemannischen Herzöge können deshalb bald eine gewichtige Rolle in der Politik der fränkischen Merowinger übernehmen.

3. Ein alemannisches Kraftfeld entsteht im Verlauf des fünften Jahrhunderts im westlichen Bodenseegebiet; sein Zentrum liegt im Hegau, seine Ausstrahlungen richten sich vor allem nach Süden in den Thurgau und den Zürichgau. Gegen Ende des sechsten Jahrhunderts und danach entsteht hier das Hausgut und die wichtigste Machtgrundlage des alemannischen Herzogtums[60].

4. Auf das Bodensee-Herzogtum als maßgeblicher Faktor im alemannischen Raum geht die Gründung des Bistums Konstanz zurück, das bereits im Jahre 613 bestanden haben soll[61] und dessen Sprengel sich mit dem Herrschaftsbereich des Bodensee-Herzogtums deckt.

5. Gleichfalls im Jahre 613 besteht auch das Bistum Augsburg, nach dem Abreißen der Tradition aus der Spätantike hier wieder eingerichtet; doch spiegelt es offensichtlich auch einen eigenständigen, weltlichen Herrschaftsbereich wider, ebenso wie das Straßburger Bistum seit der Mitte des siebenten Jahrhunderts[62].

6. Für das siebente Jahrhundert habe man für Alemannien mit dem zentralalemannischen Kernherzogtum des Bodenseeraumes zu rechnen, an das im Westen wie im Osten (um

56) FEGER (wie Anm. 30) S. 152–156. SCHLESINGER glaubt eine ähnliche Reichsbildung der Alemannen wie die der Thüringer erkennen zu können (wie Anm. 32) S. 12. Man vgl. dagegen bei GEUENICH (wie Anm. 30) S. 34ff.

57) Dazu FEGER (wie Anm. 30) S. 152–156. – B. BEHR, Das alemannische Herzogtum bis 570. Geist und Werk der Zeiten. Arbeiten aus dem Historischen Seminar der Universität Zürich. Heft 41 (1975) S. 4ff. – GEUENICH (wie Anm. 30) S. 32ff.

58) Wie Anm. 30.

59) Ebd. 221f.

60) Ebd. 185ff.

61) Ebd. 201.

62) Ebd. 218f. – Zu den Grenzen des Bistums Augsburg: FRIED (wie Anm. 32) S. 57ff.

Straßburg und um Augsburg) zwei gleichfalls alemannische, doch weniger mächtige Herrschaftsbereiche anschließen[63]. Diesen drei politischen Einheiten läßt sich aller Wahrscheinlichkeit nach noch eine vierte im Norden Alemanniens angliedern, im Alb- und Neckarraum, vielleicht mit dem Zentrum im Raum von Cannstatt, wo Herzog Gottfried, die zentrale Person im alemannischen Aufbegehren gegen die arnulfingischen Hausmeier, um 700 begütert ist und urkundet[64].

7. Der große Einschnitt in der Geschichte Alemanniens falle nicht in die Zeit von 497 (Chlodowechs Alemannensieg) bis 536 (Witigis' Abtretung der ostgotischen Herrschaft über die Alemannen an die Franken), sondern dieser Einschnitt werde erst durch die karolingischen Hausmeier im frühen achten Jahrhundert herbeigeführt[65]. Gemeint sind die Alemannenkriege der Franken 709–712 gegen die Herzöge Gottfried und Willihari, als deren Folge umfangreiche Konfiszierungen des Herzogsgutes anzusehen sind und dessen Umwandlung in fränkisches Fiskalgut; insgesamt Vorgänge, die die entscheidende Schwächung der alemannischen Herzogsmacht beabsichtigen und auch bewirken[66].

Fassen wir Fegers Ansichten von 1957 zusammen, so haben wir zum einen von verfassungsgeschichtlichen Veränderungen bei den Alemannen im fünften Jahrhundert auszugehen und zum anderen, am Beginn des siebenten Jahrhunderts, von einer politisch-territorial weniger aufgegliederten Alemannia, als diese für das vierte Jahrhundert von Ammianus Marcellinus beschrieben wird. Sie reicht etwa vom linksrheinischen Straßburg bis in den Augsburger Raum.

Andere Vorstellungen als Feger veröffentlicht 1975 Bruno Behr[67]. Behr rechnet für eine viel längere Zeitdauer mit einem territorial stark aufgesplitterten Gefüge, und infolgedessen fällt bei ihm die Phase der Herzogsverfassung entsprechend knapp aus. Doch erscheinen Behrs Ansichten weniger fundiert als die Fegers, schon allein deshalb, weil Behr die gemischte Argumentation anwendet[68], ein methodisch nicht unbedenklicher Ansatz, wie ihn in noch extremerer Weise Wolfgang Hartung vertritt[69]. Insgesamt gesehen, muß jedoch die

63) Feger (wie Anm. 30) S. 219.
64) Ebd. 219, 221. Behr (wie Anm. 57) S. 196. Man vgl. auch unten S. 172f.
65) Feger (wie Anm. 30) 222.
66) Ebd. 220.
67) Wie Anm. 57.
68) Insgesamt gesehen, muß die Geschichtswissenschaft die Argumente und Thesen Behrs beurteilen, insbesondere seine Auffassung zur Chronologie der Chlodowech-Gibuld-Schlacht, bei der sich Behr auf R. Weiss beruft (angeblich im Jahre 506; ebd. 39f. mit Anm. 223). Schlesinger hält entgegen Weiss an dem Jahre 496, eher noch an 497 fest: wie Anm. 32, S. 13 mit Anm. 21. Behrs Ansicht konnte Schlesinger nicht mehr berücksichtigen. Man vgl. dazu auch Lotter, Severinus (wie Anm. 54) S. 225f. mit Anm. 170; ferner noch Reindel (wie Anm. 32; 1966) 34f. und unten Anm. 128 und S. 156f.
69) Süddeutschland in der frühen Merowingerzeit. Studien zu Gesellschaft, Herrschaft, Stammesbildung bei Alamannen und Bajuwaren. Vierteljahresschrift für Sozial- und Wirtschaftsgeschichte. Beiheft 73 (1983). Hartungs eklektisch-archäologische Arbeitsweise erlaubt dem Archäologen, auf eine Stellungnahme zu verzichten; seine historischen Thesen müssen von der Geschichtsforschung beurteilt werden. – Folgende Rez. sind mir bekannt geworden: K. Reindel (in: DA 40, 1984, S. 302–304); A. Kraus (in:

Geschichtswissenschaft die Argumente und Thesen Behrs und Hartungs beurteilen, insbesondere auch Behrs Auffassung zur Chronologie der Chlodowech-Schlacht[70]. Letztendlich aber, und das allein ist hier entscheidend, stimmen Feger und Behr darin überein, daß es eine Alemannia im Sinne eines einzigen Reiches mit zentraler Führung nicht gegeben habe, sondern daß mehrere Teilherrschaften und eigenständige, regionale Machtgebiete in Rechnung zu stellen sind. Das braucht gesamtalemannische Politik nicht auszuschließen, bedeutet aber zweifellos auch, daß man in Alemannien sicherlich regional unterschiedliche Interessen wahrnimmt, und zwar voneinander unabhängig[71].

Dieses Ergebnis ist für den weiteren Gang unserer Untersuchungen insofern nicht unwichtig, weil auch die Archäologie aufgrund ihrer eigenen Quellen Regionalteilungen erkennen kann und in besonders günstig gelagerten Fällen einzelnen Plätzen sogar zentralörtliche Funktion zuweisen darf. Doch bevor wir auf solche Fragen näher eingehen, ist Alemannien zuvor in seiner historisch-geographischen Umschreibung näher zu beleuchten. Dabei setzen wir mit unseren Betrachtungen um die Mitte des fünften Jahrhunderts ein[72].

Für einen Zeitpunkt noch vor dem Jahr 455, d. h. noch vor Attilas Zug nach Gallien und den dadurch bewirkten politischen und daraus wiederum hervorgehenden besiedlungsgeschichtlichen Veränderungen, wird mitgeteilt, daß der Frankenkönig Childerich als Foederat des Heermeisters Aetius gegen Alemannen kämpft[73]. Das kann allem Ermessen nach in dieser Periode nur in Gallien selbst geschehen. Ungewiß bleibt, ob der Anlaß lediglich ein alemannischer Beutezug ist oder bereits der alemannische Versuch, in linksrheinischen Landstrichen auf Dauer Fuß zu fassen. Nach 454, d. h. nach dem Sieg der weströmisch-fränkisch-westgotischen Allianz über Attila auf den Katalaunischen Feldern und nach dem Tode des Aetius, aber noch bevor Avitus als Kaiser den weströmischen Thron besteigt, fallen am südlichen Oberrhein linksrheinische Gebiete an die Alemannen[74]. Im Jahre 457 dringen Alemannen, über einen rätischen Paß kommend, nach Italien ein[75], werden aber auf den Campi Canini[76] im Tessin oberhalb des Lago Maggiore von reichsrömischen Truppen geschlagen; ihre Zahl kann nicht sonderlich hoch gewesen sein, denn es ist von nur 900 alemannischen Kriegern die Rede[77]. Doch wird für einen Zeitpunkt nach der Schlacht des Aegidius bei Orléans gegen die Westgoten

Zeitschr. für bayerische Landesgeschichte 48, 1985, S. 525–527). Beide Rez. lehnen deutlich Hartungs Thesen ab. – Man sehe auch bei Menke (wie Anm. 45) S. 33 Anm. 25.

70) Wie Anm. 68. Man vgl. auch die Rez. von H. Keller (in: Zeitschrift für Geschichte des Oberrheins Bd. 124 [N.F. 85], 1976, S. 398–399), der sich sehr distanziert dazu äußert.

71) Feger (wie Anm. 30) S. 153f.; Geuenich (wie Anm. 30) S. 34–37, dazu auch unten S. 325f.

72) Wie Anm. 29; Geuenich (wie Anm. 30) S. 25ff.

73) Löwe (wie Anm. 54) S. 40. – Einzelheiten zu dieser Phase bei Ewig (wie Anm. 30) S. 276ff.

74) Schlesinger (wie Anm. 32) S. 12f. mit Anm. 15; Behr (wie Anm. 57) S. 33, 53; Ewig (wie Anm. 30) S. 279ff.

75) Behr (wie Anm. 57) S. 33.

76) Ebd.; Schmidt, Westgermanen (wie Anm. 29) S. 275.

77) Strohecker (wie Anm. 29) S. 44 mit Anm. 52; Behr (wie Anm. 57) S. 33.

von 463 durch Gregor von Tours mitgeteilt, daß Childerich im Bunde mit Odoaker, beide offensichtlich als römische Foederierte, solche Alemannen unterwerfen, die zuvor Teile Italiens durchziehen[78]. Dabei wird es sich kaum um dieselben Alemannen handeln, über die 457 römische Truppen siegreich bleiben, wenn nun Barbarenführer vom Durchsetzungsvermögen eines Childerichs und eines Odoakers gemeinsam gegen Alemannen aufgeboten werden müssen. Für annähernd dieselbe Zeit darf jene vielzitierte Stelle bei Jordanes in Anspruch genommen werden, wo dieser über Sueben berichtet, die durch die von den Ostgoten Thiudimirs besiedelten Teile Pannoniens in Dalmatien einfallen[79], auf dem Rückmarsch jedoch von Thiudimir im Gebiet des Balaton geschlagen werden, daß aber deren *dux* Hunimund, trotz der großmütigen Behandlung durch Thiudimir sich zu weiter westlich siedelnden, offenbar stammesverwandten Suaven (Alemannen) absetzt und daß an diese Suaven angrenzend im Westen Franken siedeln, im Süden Burgunder, im Norden Thüringer und im Osten Baiern. Diese sogenannten Donausueben des Hunimund und ihre westlichen Stammesverwandten sind für die Alemannenfrage besonders wichtig. Friedrich Lotter behandelt sie in einer eigenen Studie von 1968[80]. Lotter hält die Angaben des Jordanes für korrekt[81], ein – nebenbei bemerkt – mitentscheidender Gesichtspunkt in bezug auf die Siedlungsgeschichte der Baiern[82].

Zu der uns interessierenden Frage nach der geographischen Umschreibung Alemanniens führt Lotter aus, daß Thiudimir und sein Ostgotenheer im Winter 469/70 die zugefrorene Donau überschreiten, um die Hunimund-Suaven und Alemannen vom Rücken her überraschen zu können[83]. Dieser Plan gelingt, Thiudimir verwüstet das Alemannenland und kehrt nach Pannonien zurück[84]. Lotter zufolge ist Thiudimirs Donauübergang dort zu suchen, wo die Donau in nordöstlicher Richtung fließt[85], das wäre etwa die gesamte Flußstrecke vom Südtrauf der Alb bis zum Regensburger Donauknie. Die Frage ist jedoch, was man als alemannisches Hinterland (Rücken) anzusehen hat. Wie allgemein angenommen wird, siedeln die Thiudimir-Goten südlich des Balaton[86]. Siedeln Alemannen und Hunimund-Suaven in dieser Zeit ausschließlich in Landstrichen nördlich der Donau, etwa im Gebiet der Schwäbischen Alb und

78) Behr (wie Anm. 57) S. 33.
79) Schmidt, Ostgermanen (wie Anm. 30) S. 274f.; Lotter, Donausueben (wie Anm. 54); Várady (wie Anm. 54; 1984) S. 101; ebd. 103 mit Anm. 222 (zum Suavia- und Suavi-Begriff).
80) Wie Anm. 54.
81) Ebd. 276f. – Man vgl. zu dieser Frage auch Pohl (wie Anm. 34) S. 274ff., der jedoch »gemischt« argumentiert, ferner Várady (wie Anm. 54; 1969) S. 339ff. sowie Wolfram (wie Anm. 54) S. 311, 322, 329ff.
82) Dazu Reindel (wie Anm. 32; 1981) S. 452. Man vgl. auch bei Schlesinger (wie Anm. 32) S. 17.
83) Lotter, Severinus (wie Anm. 54) S. 216 datiert den Thiudimir-Feldzug auf den Winter 469/70. Man vgl. in diesem Zusammenhang auch die Gedanken zum Attila-Zug von 451 nach Gallien, die Ewig vorträgt (wie Anm. 30) S. 277 Anm. 27.
84) Lotter, Donausueben (wie Anm. 54) S. 276; Wolfram (wie Anm. 54) S. 329ff.; Pohl (wie Anm. 34) S. 266f.
85) Donausueben (wie Anm. 54) S. 291.
86) Man vgl. Várady (wie Anm. 54; 1969) S. 339ff.; Wolfram (wie Anm. 54) S. 325.

am oberen und mittleren Neckar, ebenso auch am Basler Rheinknie, nicht jedoch zwischen Bodensee und Schwäbischer Alb, kann ein vom Rücken her geführter Stoß nur über die Donaustrecke etwa zwischen Ulm und Ingolstadt vorgetragen werden, möglicherweise über die Geislinger Steige. Sein Ziel wäre dann der Raum etwa um Esslingen und Urach gewesen. Thiudimirs Ostgotenheer müßte dann von Pannonien aus durchs Wiener Becken, durch Nieder- und Oberösterreich und das bayerische Voralpenland (wo Jordanes für diesen Zeitpunkt bereits Baiern kennt) bis zur nordöstlich fließenden Donau gezogen sein[87]. Nicht auszuschließen ist jedoch, daß die Donau westlich des Bayerischen Waldes und noch unterhalb Regensburgs überschritten wird. Dann wäre der Weg durch Mittelfranken und möglicherweise das Altmühltal aufwärts denkbar, um über die Frankenhöhe hinweg ins Alemannenland einzufallen. Ein solcher Zug hätte allerdings die Gelbe Bürg bei Gunzenhausen umgehen müssen, hätte sie vielleicht aber auch zum Ziele gehabt. Ein Blick auf die Verbreitungskarte der Franzisken-Beigabe (Abb. 1) verdeutlicht diese Ausführungen zur Geographie. Die Karte spiegelt zwar erst die Zeit nach 469/70 wider, doch ist für einen Teil der Fundplätze eindeutig höheres Alter nachweisbar[88]. Mitzubeachten ist in diesem Zusammenhang der ostgotische Heerzug nach Binnennoricum von 469/471, wo sich der Bischofsort Tiburnia im Kärtner Drautal gezwungen sieht, die gotische Belagerung durch Tributzahlungen abzuwenden[89].

Oben bereits ist angemerkt, daß noch vor 455 (Kaiser Avitus 455–456) Alemannen westlich des südlichen Oberrheins, d.h. im Elsaß siedeln[90]. Von hier aus dringen sie in nördlicher Richtung bis in die Pfalz und bis nach Rheinhessen vor, aber auch in südwestlicher Richtung durch die Burgundische Pforte bis in den Raum von Mandeure, Besançon, und Langres[91]. Noch in den 70er Jahren, also noch zu Lebezeiten Childerichs und Severins von Noricum, kann ein Alemannenkönig Gibuld/Gebavult[92] einerseits bis ins gallische Bistum Troyes an der

87) Lotter, Severinus (wie Anm. 54) S. 216.

88) Man vgl. dazu Christlein, Alamannen (wie Anm. 15) passim und seine Angaben zur Chronologie im Regesten-Teil seines Buches (S. 129–174); Ders., Die frühe Alemannenzeit. 3. bis frühes 5. Jahrhundert n. Chr. In: Historischer Atlas von Baden-Württemberg. 3. Lieferung, Karte und Erläuterungen (1974); Ders., (wie Anm. 31).

89) Lotter, Severinus (wie Anm. 54) S. 106, 193, 197, 204, 213.

90) Strohecker (wie Anm. 29) S. 45; Schlesinger (wie Anm. 32) S. 16.

91) Zu dieser »gallischen« Alemannia Beyerle (wie Anm. 33) S. 72; ferner Löwe (wie Anm. 54) S. 42; Schlesinger (wie Anm. 32) S. 13 Anm. 15. Zur alemannischen Westexpansion sehe man vor allem auch die diesbezüglichen Angaben bei E. Ewig, Bemerkungen zur Vita des Bischofs Lupus von Troyes. In: K. Hauck und H. Mordek (Hrsg.), Geschichtsschreibung und geistiges Leben im Mittelalter. Festschrift für H. Löwe zum 65. Geburtstag (1978) S. 14–26, bes. S. 20; ferner Ewig (wie Anm. 30) S. 280ff.

92) Für die Gleichsetzung beider Namen: Feger (wie Anm. 30) S. 155; Reindel (wie Anm. 32, 1966) S. 32 Anm. 80; Lotter, Severinus (wie Anm. 54) S. 128 Anm. 167; Geuenich (wie Anm. 30) S. 36f. mit Hinweis auf die Untersuchungen E. Ewigs zur Vita des Bischofs Lupus von Troyes von 1978 (ebd. Anm. 89); doch braucht Namengleichheit nicht zugleich auch Personenidentität zu bedeuten (ebd. S. 37); skeptisch dagegen Strohecker (wie Anm. 29) S. 48 Anm. 62; auch Schlesinger (wie Anm. 32) S. 15 Anm. 32; ablehnend: Behr (wie Anm. 57) S. 41f.; Schulze (wie Anm. 30) S. 59f.

oberen Seine raubend und plündernd vordringen, d. h. bis in dieselbe Gegend, in der rund zwanzig Jahre vorher der Hunnenmacht ein entscheidender Stoß versetzt wird[93]. Andrerseits sucht zur gleichen Zeit ein Alemannenheer unter König Gibuld die ufernorischen Städte Quintanis, Batavis und Lauriacum heim[94], wo Gibuld mit Severin selbst zusammentrifft[95]. Bei Gibulds Angriff auf Batavis/Passau sollen auch Hunimund und seine Donausuaven mitbeteiligt sein[96]. Zeitlich schließt offenbar ein verheerender Feldzug nach Binnennoricum an, bei dem auch wieder der Bischofssitz Tiburnia in Gefahr gerät[97], nachdem hier zuvor Goten als ungebetene Gäste erscheinen. Ausgangspunkt für diese alemannischen Unternehmen dürfte nach dem oben Dargestellten und unter der Voraussetzung, daß Hunimund tatsächlich mitbeteiligt ist, entweder das ostalemannische oder das nordalemannische Siedelgebiet sein[98]; das Hochrheingebiet mit Hegau und Basler Rheinknieregion können dafür wohl ebenso ausscheiden wie das Elsaß oder die linksrheinischen Gebiete der Pfalz und Rheinhessen. Die Gebiete westlich der Burgundischen Pforte müssen von den Alemannen noch vor 480 an die Burgunder abgetreten werden[99]. Walter Schlesinger umschreibt für diese Zeit den alemannisch besiedelten und beherrschten Raum mit seinen West-, Nord- und Ostgrenzen[100] in dem Sinne, daß die linksrheinische Heerstraße von Worms bis nach Kaiseraugst auf alemannischem Gebiet verläuft und auch das Elsaß noch alemannisch ist. Im Norden scheint die Grenzzone zwischen Worms und Mainz zu verlaufen, dann auf das östliche Taunusvorland zu, das für 375 durch Ammianus Marcellinus als alemannisch besiedelt ausgewiesen ist. Auch Aschaffenburg und Würzburg liegen möglicherweise noch in Alemannien[101]. Nördlich des Regensburger Donau-

93) Zu den Vorgängen bei Troyes außer L. Schmidt auch Feger (wie Anm. 30) S. 155; Lotter, Severinus (wie Anm. 54) S. 128 Anm. 167; Behr (wie Anm. 57) S. 41 ff.; Ewig (wie Anm. 91) S. 17 f.

94) Lotter, Severinus (wie Anm. 54) S. 192–196.

95) Ebd. – Behr (wie Anm. 57) S. 33 f. – Schlesinger (wie Anm. 32) S. 15 erwähnt den Briefwechsel zwischen Gibuld und Severin, Lotter die Kontakte zwischen Gibuld und dem Bischof von Troyes (wie Anm. 54 [1976] S. 128 Anm. 167, S. 192); zu beiden Quellen vergleichend: Ewig (wie Anm. 91).

96) Lotter, Donausueben (wie Anm. 54) S. 193, 216; Ders., Severinus (wie Anm. 54) S. 202 ff.; Wolfram (wie Anm. 54) S. 332 f.

97) Lotter, Severinus (wie Anm. 54) S. 84, 97, 199.

98) Reindel erwägt, auf M. Heuwieser gestützt, ob nicht der Alemannenkönig Gibuld seine Residenz in Regensburg gehabt haben könnte; denn Flachlandraetien sei in den 60er Jahren des 5. Jahrhunderts völlig von Alemannen beherrscht gewesen (wie Anm. 32; 1966) S. 32. Zurückhaltender formuliert Reindel 1981 (wie Anm. 32) S. 467. – Gänzliche Ablehnung der Regensburg-These bereits bei Schmidt, Westgermanen (wie Anm. 29) S. 274 f. – Man vgl. auch unten Anm. 104 sowie S. 156 und 163.

99) Löwe (wie Anm. 54) S. 42; Schlesinger (wie Anm. 32) S. 13 Anm. 15.

100) Wie Anm. 32, S. 16 f. mit Anm. 37–40.

101) Schlesinger hebt auf die unsichere Überlieferung durch den anonymen Geographen von Ravenna ab; dazu vgl. man die bei Schlesinger angegebene Literatur (wie Anm. 32) S. 16 f. mit Anm. 40. – 1976 erörtert F. Staab diese Frage nochmals: Ostrogothic Geographers at the Court of Theodoric the Great. A study of some sources of the Anonymous Cosmographer of Ravenna (in: Viator. Medieval and Renaissance Studies 7, 1976, S. 27–64, bes. S. 48 ff.). – Ferner Behr (wie Anm. 57) S. 53: Worms, Altrip, Speyer, Straßburg, Breisach, Basel und Elsässisch Zabern seien alemannisch, Mainz, Bingen, Oberwesel, Boppard,

bogens, in den Tälern der Oberpfalz, können Thüringer den Alemannen benachbart sein, von denen mitgeteilt wird, daß die Donau die Südgrenze ihres Machtbereiches markiere[102]. Für die Zeit Theoderichs hält Schlesinger deshalb eine geographische Aufeinanderfolge in Nord-Süd-Richtung von Sachsen-Thüringen-Alemannien-Italien für durchaus erwägenswert[103]. In der Raetia Secunda siedeln entweder Alemannen oder bereits Baiern oder noch Romanen[104]. Denn daß dieser Raum im späten fünften Jahrhundert unbewohnt bleibt, ist unwahrscheinlich. Die Ostgrenze Alemanniens im Voralpenland des fünften Jahrhunderts bleibt den Schriftquellen nach unbestimmt; um die Mitte des sechsten Jahrhunderts scheint sie in der Gegend des Lechs zu verlaufen[105]. Das Bistum Chur in Raetia Prima ist um diese Zeit zweifelsohne noch fester Bestandteil der Romania[106]. Die Maxima Sequanorum dagegen gehört zum Burgunderreich,

Trier, Neumagen, Andernach, Remagen, Bonn, Köln usw. seien fränkisch. – Besonders informativ ist die Übersicht bei BEYERLE (wie Anm. 33) S. 72ff.

102) BEYERLE (wie Anm. 33) S. 76f.; SCHLESINGER (wie Anm. 32) S. 15.17. – Man vgl. auch oben S. 147f.; ferner EWIG (wie Anm. 30) S. 277 Anm. 27.

103) Wie Anm. 32, S. 17, Anm. 42. – Man sehe auch oben S. 147, unten S. 156.

104) Man vgl. oben Anm. 98; unten S. 156. – REINDEL fügt der Baiern-Frage neue Gedanken in der Weise an, daß er zum einen die Angaben des Jordanes als nicht zutreffend für die Zeit um 469/70 verwirft. Zum anderen erwägt er, ob Germanen, die zuvor im böhmischen Kessel siedeln, nicht auf Theoderichs Veranlassung hin verstärkt in Gebieten südlich der Donau zu siedeln beginnen. Der Baiern-Name, wie ihn Jordanes, Cassiodor und Venantius Fortunatus verwenden, sei nicht ethnisch, sondern nur territorial zu verstehen (wie Anm. 32, 1981, S. 452, 467, 472f.). Doch gerade dann, wenn REINDELS Ansicht zutrifft, ist die Frage nach den Bewohnern der voralpenländischen Raetia Secunda und des westlichen Teils von Ufernoricum für die zweite Hälfte des 5. Jahrhunderts nur um so schwieriger zu beantworten. Oder auch um so leichter: denn dann können entweder nur Alemannen (Juthungen, evtl. auch Sueben) in Betracht kommen oder von Alemannen beherrschte (bedrängte) Provinzialromanen, weil siedlungsleeres Gebiet die am unwahrscheinlichsten wirkende Antwort darstellt. – Zu Stellungnahmen der Archäologie zu dieser Frage vgl. man R. CHRISTLEIN, Das Gräberfeld auf dem Ziegelfeld bei Lauriacum-Lorch und die Vita Severini (in: Ostbaierische Grenzmarken. Passauer Jahrbuch für Geschichte, Kunst und Volkskunde 20, 1978, S. 144–152); DERS., Romanische und germanische Funde des fünften Jahrhunderts aus den Passauer Kastellen Batavis und Boiotro (in: ebd. 22, 1980, S. 106–118); DERS., Die rätischen Städte Severins. Quintanis, Batavis und Boiotro und ihr Umland im 5. Jh. aus archäologischer Sicht. In: Severin zwischen Römerzeit und Völkerwanderung. Ausstellungskatalog zur oberösterreichischen Landesausstellung 24. April bis 26. Oktober 1982 im Stadtmuseum Enns (1982) S. 217–253; DERS., Das spätrömische Kastell Boiotro zu Passau-Innstadt. Formen der Kontinuität am Donaulimes im raetisch-norischen Grenzbereich, in: WERNER und EWIG (Hrsg.; wie Anm. 19) S. 91–123. – Zur alpenrandnahen Besiedlung aufgrund archäologischer Quellen vgl. man MENKE (wie Anm. 45). – Zur Kontinuität der Romania in Flachlandraetien über das Ende des 4. Jahrhunderts hinaus sehe man E. KELLER, Die spätrömischen Grabfunde in Südbayern. Münchner Beiträge zur Vor- und Frühgeschichte Bd. 14 (1971) S. 190. Für den Regensburger Raum sind archäologische Hinweise zu Romanen erst wieder in Grabfunden des 7. Jahrhunderts auszumachen und sollen angeblich eine sozial niedriger stehende Schicht widerspiegeln: U. KOCH (wie Anm. 18, 1968) S. 132.

105) SCHLESINGER (wie Anm. 32) S. 17; ferner FRIED (wie Anm. 32) und unten S. 133, 163.

106) SCHLESINGER (wie Anm. 32) S. 20 Anm. 62. – ZEISS meint 1928, daß Chur dem ostgotischen Machtbereich angehöre (wie Anm. 33, S. 34). Man vgl. auch unten Anm. 202.

das sich von der Bourgogne über die Franche Comté bis zur Durance erstreckt[107]. Das Nordschweizer Gebiet südlich des Hochrheins ist historisch offenbar nicht eindeutig zu beurteilen[108], doch betont Schlesinger, daß für die Zeit vor 500 keine Schriftquellen existieren, die Alemannen in der heutigen Nordschweiz sicher bezeugen[109].

Es ist zu betonen, daß allein die Schriftquellen, so unvollständig diese auch sein mögen und so widersprüchlich sie auszudeuten sind, den Zugang zu den wirklichen, paläoethnologischen Verhältnissen im Voralpenland des späten fünften Jahrhunderts ermöglichen. Das wird auch sehr deutlich in Kurt Reindels jüngster diesbezüglicher Studie[110]. Reindel hebt dabei den Wert der Notitia Dignitatum für Raetien hervor[111]. Daß dieses Staatshandbuch, das letztmalig 427/28 redigiert und Nachträge bis zum Jahre 437 enthält[112], auch noch in der ersten Hälfte des fünften Jahrhunderts für Raetien Anwendung findet, kann vorausgesetzt werden. Das wird indirekt unterstrichen durch Reindels Hinweis auf die Juthungensiege des Aetius in Raetien und Noricum von 429 bis 431. Bei der Gelegenheit wird außerdem darüber informiert, daß die Provinzbewohner Nori und Vindelici genannt werden[113]. Das aber können nur die alten Namen aus der Frühzeit der Provinzen sein; mithin finden die Juthungen von 429/431 bei der Provinzialbevölkerung Unterstützung. Nach dem Tode des Aetius (gest. 454) scheinen Germanen unbehelligt von römischen Truppen in Raetien festen Fuß fassen zu können, was noch keineswegs den de-jure-Verzicht auf die Provinz bedeuten muß[114]. Die Germanen der post-Aetius-Zeit können aber nur Alemannen sein[115]. In der Zeit Severins von Noricum scheint Flachlandraetien und der Westteil Ufernoricums uneingeschränkt den Gibuld-Alemannen offenzustehen[116].

In Italien herrscht inzwischen seit 476 eben jener Odoaker königlichen Geblüts, der 463 oder bald darauf gemeinsam mit Childerich als römischer Foederat zur Alemannenbekämpfung herangezogen wird, danach zum Jahre 469 wieder im Mitteldonaubecken beim Heer seines Vaters, des Skirenkönigs Edika erscheint[117], nach der Niederlage am Fluß Bolia, die die

107) Löwe (wie Anm. 54) S. 20f.; Schlesinger (wie Anm. 32) S. 12. – R. Heuberger dagegen meint, daß die östlichen Teile der Maxima Sequanorum zum Ostgotenreich gehörten: Das ostgotische Rätien (in: Klio. Beiträge zur Alten Geschichte 33 N.F. 12, 1937, S. 77–109, bes. S. 77f., 87, 95).

108) Heuberger (wie Anm. 107) S. 86f., 96f.; Schmidt, Westgermanen (wie Anm. 29) S. 276, 284f. (zu Windisch: ebd. 283f.; Heuberger S. 78); Zöllner (wie Anm. 54) S. 56. – Ferner auch unten S. 244.

109) Wie Anm. 32, S. 13 Anm. 15.

110) Wie Anm. 32 (1981). – Man vgl. auch oben S. 150 mit Anm. 104.

111) Wie Anm. 32 (1981) S. 465.

112) Reindel (wie Anm. 32; 1966) S. 27. – Für den Osten vgl. man Várady (wie Anm. 54; 1984) S. 125ff., ferner Tejral (wie Anm. 280) S. 55f., mit Hinweis auf Várady (wie Anm. 54; 1969).

113) Reindel (wie Anm. 32; 1966) S. 28. – Zu den Juthungen siehe man auch unten Anm. 1181.

114) Ebd. 28f. – Man vgl. auch unten S. 155.

115) Jüngste Stellungnahme bei Geuenich (wie Anm. 30) S. 27–30.

116) Wie Anm. 98; Heuberger (wie Anm. 107) S. 46. – Kritisch äußert sich Geuenich (wie Anm. 30) S. 36.

117) Wolfram (wie Anm. 54) S. 330ff.; Pohl (wie Anm. 34) S. 274.

Ostgoten 469 der suebisch-skirisch-rugisch-erulisch-turklingisch-sarmatisch-gepidischen Koalition beibringen, mit einer aus Skiren, Turklingen, Rugiern und Erulern zusammengesetzten Gefolgschaft (nebst Anhang und Troß) zunächst nach Ufernoricum zieht[118], Severin von Noricum in seiner Klosterzelle aufsucht[119], von diesem die spätere Thronerhebung geweissagt bekommt[120], zugleich auch von Severin den Ratschlag erhält, sich mit seiner Gefolgschaft dem Kaiser Anthemius zur Verfügung zu stellen[121], 470/71 auch von Anthemius in die Palastgarde aufgenommen wird[122], bis 476 in Rom unter vier weiteren Kaisern Dienst versieht, um dann schließlich 476 selbst die Macht an sich zu reißen[123]. Odoaker verfügt zweifellos über genügend Machtmittel, um Italien vor möglichen Alemanneneinfällen wirksam schützen zu können. Ob eventuell sein Heereszug ins Rugierland von 487/88 und die Zwangsevakuierung der ufernorischen Provinzialbevölkerung[124] sowie die Wüstlegung eben desselben Landes[125], dessen Städte nur wenige Jahre zuvor Gibulds Alemannen zum Beutemachen dienen, auch mit Absichten auf Alemannien verbunden sind, bleibt eine mangels Quellenbelege offene Frage[126]. Immerhin gibt Lotter zu bedenken, daß Severin sich noch der Ostgoten bedient, um die von Westen her andrängenden Alemannen abzuwehren[127]. Wenn auch nicht ausdrücklich bezeugt, so darf doch wohl als gewiß gelten, daß mit Odoakers Maßnahmen im Rugierland und in der ufernorischen Provinz den Alemannen Gibulds zugleich ein Riegel vor weiterem Ausgreifen in den Osten vorgeschoben ist. Möglicherweise ist das sogar der Grund, warum sich die Alemannen vielleicht schon 487 rheinabwärts wenden, um die Rheinfranken heimzusuchen, allerdings bei Tolbiacum-Zülpich durch den Ripuarier Sigebert eine Niederlage hinnehmen müssen[128]. Die Niederlage der Alemannen bei Zülpich, ebenso aber auch das wiedererstarkte

118) Lotter, Severinus (wie Anm. 54) S. 203ff.
119) Ebd. 190f.; Reindel (wie Anm. 32; 1966) S. 31; Pohl (wie Anm. 34) S. 274.
120) Lotter, Severinus (wie Anm. 54) S. 84, 137.
121) Ebd. 249.
122) Ebd. 203ff.; Várady (wie Anm. 54; 1984) S. 33.
123) Várady (wie Anm. 54; 1984) S. 26ff., 63ff.
124) So Lotter, Severinus (wie Anm. 54) S. 25, 118, 159f., 163ff., 278ff.
125) Ebd. 175f.
126) Reindel betont, daß die Rugier der Severin-Zeit als Schutzmacht im Auftrage Roms anzusehen sind (wie Anm. 32 [1966] S. 30); mithin geht Odoaker gegen eine germanische *gens* vor, die dem Westkaiser verbunden war. – Zu den Rugiern vgl. man Pohl (wie Anm. 34) S. 278–280 sowie unten Anm. 147; ferner auch Várady (wie Anm. 54; 1984) S. 33; 40 Anm. 51; 106 Anm. 232.
127) Severinus (wie Anm. 54) S. 276.
128) Löwe (wie Anm. 54) S. 42 mit Anm. 10; Reindel datiert die Schlacht bei Tolbiacum mit Vorbehalt in das Jahr 487 (wie Anm. 32 [1966] S. 34); Schlesinger (wie Anm. 32) S. 15 mit Anm. 31. – Anders sieht Behr die Ereignisgeschichte (wie Anm. 57) S. 39f. (dazu vgl. man oben Anm. 68). Zöllner unterscheidet eindeutig zwischen der Sigibert-Schlacht bei Tolbiacum/Zülpich und der erst darauffolgenden Chlodowech-Schlacht gegen Gibuld von 496/97 an unbekanntem Ort (wie Anm. 54) S. 56. Sigiberts Alemannenschlacht datiert er in die Zeit um 490 (ebd. S. 34). Schmidt rechnet mit nur einer einzigen Schlacht und dem Jahr 496/97 oder 497: Westgermanen (wie Anm. 29) S. 278–281. – Strohecker zufolge bleiben die Ereignisse undeutlich (wie Anm. 29) S. 46. – Ausführlich dazu Ewig (wie Anm. 30) S. 284f. und Staab (wie

Burgunderreich im Südwesten[129] zeigen allerdings an, daß die Westflanke gegenüber den Alemannen standzuhalten vermag. Deshalb sind vielleicht gerade nun beide Norica besonders gefährdet. Denn Beute und Tribute in Form von gemünztem Gold sind nur dort einzutreiben, wo noch das Wirtschaftsgefüge des spätantiken Staates intakt ist, nicht dagegen im Inneren Germaniens. So gesehen, steht den gewiß nicht aus eigenem Antrieb friedfertig werdenden Alemannen tatsächlich nur noch Noricum als Einfallstor in die antiken Provinzen offen, sieht man von den direkten, transalpinen Routen nach Italien einmal ab[130]. Möglicherweise ist über Odoaker zu erklären, warum Alemannen nun keine Angriffe mehr gegen Italien vortragen, wurden in Italien eingedrungene Alemannen doch bereits 463 von ihm gemeinsam mit Childerich gezüchtigt[131]. Ebenso werden die seit 493 in Italien tonangebenden Goten Theoderichs von den Alemannen sicherlich nicht weniger respektiert als Odoaker, ist es doch Theoderichs Vater, der ihnen nur zwanzig Jahre zuvor in ihrer eigenen *patria*, noch dazu in strengstem Winter, die Grenzen ihrer militärischen Fähigkeiten aufzeigt. Gleichfalls in ihrer eigenen *patria* schlägt 496/97 auch Chlodewech die Alemannen Gibulds vernichtend, nach Erich Zöllner die fränkische Antwort auf den alemannischen Einfall bis an den Niederrhein nur wenige Jahre zuvor[132]. Aus den Ereignissen bis 497 insgesamt läßt sich vielleicht herauslesen, wie sehr in der zweiten Hälfte des fünften Jahrhunderts die Alemannen von den anderen, Machtpolitik betreibenden germanischen *gentes* als Störenfriede im Spiel der politischen Kräfte empfunden werden, insbesondere von den Franken. So gesehen, stellt sich die Alemannia des späten fünften Jahrhunderts geradezu als ein natürliches, fast sogar notwendiges Okkupationsziel der Franken dar[133].

Das Vorgehen Odoakers an der mittleren Donau ist vielleicht ein mit entscheidender Grund für Theoderich, das Bündnis mit Kaiser Zeno abzuschließen, dessen erklärtes Ziel die Beseitigung der Odoaker-Herrschaft in Italien ist[134]. Der Vertrag sichert Theoderich die Statthalterschaft über die italische Präfektur zu, zu der ganz Italien einschließlich der nördlichen Provinzen Liguria, Alpes Cottiae, Venetia et Histria, Raetia Prima und Raetia Secunda gehören, dann aber auch über die Diözese Illyricum mit den Provinzen Noricum

Anm. 101) S. 46ff. – W. MENGHIN datiert die Tolbiacum-Schlacht irrtümlich in das Jahr 496 (in: Germania 62, 1984, S. 135). Man vgl. auch oben S. 152 und unten S. 157; 176 Anm. 282.

129) STROHECKER (wie Anm. 29) S. 46.

130) Auf den kaum plausibel zu machenden Umstand, daß für die Alemannen der Gibuld-Zeit keine Angriffe gegen das südalpine Italien überliefert sind, weist bereits STROHECKER hin (wie Anm. 29) S. 44f. mit Anm. 53. – Hinzuweisen ist in diesem Zusammenhang auch auf die »Beutegemeinschaft« als konstitutive Grundlage des völkerwanderungszeitlichen-frühmittelalterlichen Gefolgschaftswesens (KELLER, wie Anm. 70, S. 399). Zu den ganz andersartigen Vorstellungen derjenigen Barbarenreiche, die auf spätantiker Tradition fußen, siehe man VÁRADY (wie Anm. 54; 1984) S. 36f.

131) Wie Anm. 78.

132) Wie Anm. 54, S. 56. – EWIG (wie Anm. 30) S. 284f.

133) Dazu vgl. man LÖWE (wie Anm. 54) S. 42f; unten S. 156f.

134) Zuletzt und ausführlich dazu VÁRADY (wie Anm. 54; 1984) S. 37ff.

Ripense, Noricum Mediterraneum, Pannonia Prima, Pannonia Secunda, Savia und Dalmatia. Das jedoch ist die de-jure-Formel von 488. Denn de facto wird Italien bis zum Südrand der Alpen von Odoaker beherrscht. Sirmium, die Hauptstadt der Pannonia Secunda, ist von Gepiden besetzt. Auch die Pannonia Prima ist in dieser Zeit zweifellos germanisch besiedelt, ohne daß in diesem Zusammenhang auf Details eingegangen werden müßte[135]. Nur die Provinzen Savia und Dalmatia sind wohl nicht in germanischer Hand, sondern hier gebietet allem Anschein nach der byzantinische Kaiser. Mit der für Theoderich siegreichen Schlacht von 488 über die Gepiden am Fluß Ulca (Slawonien)[136] kämpfen sich die Goten den Weg frei, und 489 stehen sie auf italischem Boden. Im folgenden Jahr leistet der Westgote Alarich II. Theoderich Waffenhilfe gegen Odoaker, und zugleich fällt der Burgunderkönig Gundobad in Oberitalien ein. Nicht ganz eindeutig ist allerdings, ob Gundobad mit seinem Eingreifen in den Krieg gegen Odoaker lediglich eigene burgundische Expansionsabsichten verfolgt oder auf seiten Theoderichs steht. Letzteres ist jedoch aus zwei Gründen wahrscheinlicher. Denn zum einen spricht das noch immer mit Rom andauernde Foedus dafür, daß die Burgunder zu dem von dem oströmischen Kaiser legitimierten Theoderich in der Bündnispflicht stehen[137], zum anderen läßt nach der Ausschaltung Odoakers und nach Theoderichs Schilderhebung ein zwischen diesem und Gundobad 494 geschlossener Freundschaftsvertrag den Schluß auf ein (noch) ungetrübtes Verhältnis zu. Auf Theoderichs Seite stehen ferner jene Rugier unter ihrem König Friedrich, die 487 von Odoaker überfallen und im darauffolgenden Jahr bei ihrem Versuch, das Rugierland zurückzuerobern, von Odoakers Bruder Hunulf zurückgeschlagen werden, und die infolgedessen ihre eigene Rechnung mit Odoaker zu begleichen haben. Die Rugier kämpfen unter Friedrich als selbständiger Heeresteil[138].

Nach dreijähriger Belagerung Odoakers in Ravenna treffen dieser und Theoderich 493 eine Art Friedensvereinbarung, die Theoderich allerdings nur dazu nutzt, Odoaker persönlich umzubringen[139]. Mit Hilfe der Rugier wird Theoderich zum König ausgerufen[140] und hält im gleichen Jahr um die Hand der Schwester des Frankenkönigs Chlodowech an, der seinerseits den fränkischen Machtbereich seit der Schlacht bei Soisson von 486/87 gegen Syagrius um den

135) Ebd. 99ff., 105.

136) Ausführlich dazu H. Löwe, Theoderichs Gepidensieg im Winter 488/89. Eine historisch-geographische Studie. In: E. Born (Hrsg.) Historische Forschungen und Probleme. Peter Rassow zum 70. Geburtstag dargebracht von Kollegen, Freunden und Schülern (1961) S. 1–16; Wolfram (wie Anm. 54) S. 348f.; ferner auch unten S. 209 mit Anm. 433.

137) Zum Zeitpunkt (494) und zu den dynastischen Verbindungen zwischen den Ostgoten und Burgundern sehe man Schmidt, Ostgermanen (wie Anm. 30) S. 150f., 339; Beyerle (wie Anm. 33) S. 67; Löwe (wie Anm. 54) S. 23, 42f. – Man vgl. auch unten S. 156f.

138) Schmidt, Ostgermanen (wie Anm. 30) S. 123; Wolfram (wie Anm. 54) S. 349, 351, 371; Várady (wie Anm. 54; 1984) S. 40 Anm. 51.

139) Wolfram (wie Anm. 54) S. 352; Várady (wie Anm. 54; 1984) S. 35.

140) Wolfram (wie Anm. 54) S. 353, 357f.; Várady (wie Anm. 54; 1984) S. 53f. – D. Claude, Zur Königserhebung Theoderichs des Großen (in: Hauck und Mordek [Hrsg., wie Anm. 91] S. 1–13). – Várady (wie Anm. 54; 1984) S. 53f.

übriggebliebenen weströmischen Reichsteil in Nordgallien erweitert hat. Clodowech willigt in die Heirat ein, erweist sich sonst gegenüber Theoderich jedoch eher zurückhaltend[141]. Den fränkisch-gotischen Gegensatz, von Chlodowech dem Tolosianischen Westgotenreich gegenüber schon ebenso deutlich zum Ausdruck gebracht wie gegenüber den Alemannen[142], erfährt jetzt indirekt auch bereits Theoderich. Dessen Herrschaft über ganz Italien einschließlich Siziliens ist 493 jedoch noch nicht in dem Maße durch Konstantinopel legitimiert, wie das zuvor für Odoaker zutrifft; diesen Status durch Kaiser Anastasius erreicht Theoderich erst 497[143]. Bemerkenswert ist diese Jahreszahl vor allem deshalb, weil sie möglicherweise indirekt mit Chlodowechs Alemannensieg über Gibuld im Zusammenhang zu sehen ist. Denn dessen Folge scheint die Aufteilung der bis dahin souveränen Alemannia in einen fränkischen Gebietsteil außerhalb der ehemaligen Provinzgrenzen und einen ostgotischen innerhalb des Geltungsbereiches der Notitia Dignitatum zu sein, und erst damit konnte Theoderich seine vertraglich übernommene Aufgabe, die Restitution der italischen Präfektur, dem Kaiser in Konstantinopel als vollendet melden[144].

Wie weit zu dieser Zeit die reale Macht des Ostgoten in die Alpen hineinreicht, ist unbekannt, zweifellos jedoch bis zu den Südaustritten der Alpenpässe. Die Ostgotenherrschaft erstreckte sich aber sicher bis nach Slowenien, d.h. bis in die Savia hinein. Doch bleibt wiederum unbekannt, wer gegen Ende des fünften Jahrhunderts in den beiden Pannonien siedelt und wer hier herrscht: in der Sirmiensis möglicherweise noch Gepiden, also Gegner sowohl Konstantinopels als auch Theoderichs, in der Pannonia Prima zu dieser Zeit sicher noch keine Langobarden, die hier erst eine Generation später eindringen[145]. Daß mit den Ereignissen im Rugierland und mit der von Odoaker befohlenen Zwangsaussiedlung der Noriker nach Italien und der Wüstlegung des Landes auch ein de-facto- oder gar ein de-jure-Verzicht auf Noricum Ripense durch Ostrom einhergeht und daß dieser auch für Theoderich bindend sei, wie Hans Zeiß unterstellt[146], müßte noch einmal genauer diskutiert werden[147]. Auf die Angaben des Eugippius in dessen Vita Severini von 511 gestützt, spricht Kurt Reindel davon,

141) Schmidt, Ostgermanen (wie Anm. 30) S. 339; Beyerle (wie Anm. 33) S. 67ff.; Zöllner (wie Anm. 54) S. 54; Löwe (wie Anm. 54) S. 41; Wolfram (wie Anm. 54) S. 388.

142) Löwe (wie Anm. 54) S. 40f.; Zöllner (wie Anm. 54) S. 54ff.

143) Löwe (wie Anm. 54) S. 23; Wolfram (wie Anm. 54) S. 353ff.; Claude, Die ostgotischen Königserhebungen. In: Daim und Wolfram (Hrsg., wie Anm. 34) S. 149–186, bes. S. 155f. Várady (wie Anm. 54, 1984) S. 23, 48, 54ff., 60f.

144) Man vgl. die in Anm. 143 zitierte Literatur; ferner unten S. 158 mit Anm. 168; S. 161.

145) Die antiken Quellenbelege diskutiert zuletzt Várady (wie Anm. 54; 1984) S. 99–104 (Interpretationsprobleme der »antiqui barbari« Cassiodors), S. 105–122 (Politische und quellenkritische Erwägungen über den Aufenthalt der Langobarden in Pannonien).

146) Wie Anm. 33, S. 33f. – Man vgl. auch oben S. 151.

147) Man vgl. dazu Beyerle (wie Anm. 33). – Reindel (wie Anm. 32; 1966, S. 33) führt aus, daß Kaiser Zeno, noch bevor er Theoderich mit dem Italien-Auftrag betraute, anscheinend die Rugier gegen Odoaker zu gewinnen versuchte; man vgl. auch oben S. 152 mit Anm. 126. – Besonders wichtig in der Frage der römischen Provinzen nordwärts der Alpen und Konstantinopels Einstellung dazu: ebd. S. 33ff.; Ders. (wie

daß in den 60er Jahren des fünften Jahrhunderts Flachlandraetien zur Gänze von Alemannen beherrscht wird, daß diese bereits nach Noricum hineindrängen und daß ihr König Gibuld seine feste Residenz in Regensburg haben könnte[148]. Für die Bezeichnung »von Alemannen beherrscht« hat man aber wohl entweder einzusetzen »von Alemannen besiedelt«, oder aber man muß Siedelgruppen anderer Stammesherkunft oder, wie für Noricum, romanische Provinzialbevölkerung[149] annehmen, denn daß sich zwischen Schwäbischer Alb und Inn im späten fünften Jahrhundert eine ausgedehnte Zone unbesiedelten Landes erstrecken könne, wird zwar in der Literatur vielfach geäußert, ist aber inzwischen archäologischerseits zumindest für Teilbereiche widerlegbar[150]. Hält man dagegen an der These weitgehend siedlungsleerer Landstriche fest, müßte man in Umkehrung von Reindels Beschreibung für Ufernoricum[151] Flachlandraetien als einen zwar nicht »herrschaftsfreien«, aber doch siedlungsleeren Raum bezeichnen, eine gewiß unbehagliche Vorstellung. Gleiches gibt auch Reindel zu erkennen, wenn er hervorhebt, daß zwischen dem Herrschaftsbereich des Thüringerkönigs Herminafried und Theoderichs Ostgotenreich kaum ein »herrschaftspolitisches Vakuum« denkbar sei[152]. Solche Überlegungen sowie seine Vorstellungen zur Gültigkeit der Notitia Dignitatum und zur Ereignisgeschichte des Voralpenlandes nach dem Tod des Aetius 454 sind die Gründe, weshalb Reindel, wie vor ihm bereits Franz Beyerle[153] und bewußt im Gegensatz zu den Ansichten von Hans Zeiß und Richard Heuberger[154], dafür eintritt, daß die Nordgrenze des Theoderichreiches mit den alten Provinzgrenzen an Donau, Iller und Rhein übereinstimmen muß, daß mithin von Anfang an nicht unerhebliche, alemannisch besiedelte Gebiete innerhalb der Ostgotenherrschaft liegen. Die alemannisch besiedelten Landstriche nördlich und nordwestlich der Provinzgrenzen bis ins Maingebiet einerseits und über den Rhein hinüber andrerseits wären demgegenüber gewissermaßen als das »freie« Alemannien zu bezeichnen.

497 sieht Choldowech den Zeitpunkt als günstig an, fällt in dieses hier so bezeichnete freie Alemannien ein und bleibt Sieger[155]. Ob dabei für Chlodowech auch die Überlegung mit eine Rolle spielt, daß es nur eine Frage der Zeit sein wird, bis daß der in Italien so erfolgreiche Theoderich von seinem durch Kaiser Zeno verbrieften Recht auf die beiden Raetia machtpolitisch dergestalt Gebrauch macht, daß er noch darüberhinaus auf die freie Alemannia übergreift, und daß er ihm deshalb zuvorkommen muß, zumal seit 494 der Freundschaftsvertrag zwischen Theoderich und dem Burgunder Gundobad besteht, oder ob Chlodowechs Angriff tatsächlich

Anm. 32; 1981) S. 469f. (teils entgegengesetzte Interpretation gegenüber Zeiss). – Man vgl. auch oben Anm. 33; unten S. 158f.

148) Wie Anm. 98.

149) Zu Noricum und Raetien: Reindel (wie Anm. 32; 1966) S. 23ff. – Man vgl. auch oben S. 150 mit Anm. 104, unten S. 157 mit Anm. 161.

150) Man vgl. oben Anm. 31, 33 (R. Christlein) und Anm. 104 (R. Christlein).

151) Wie Anm. 32 (1966) S. 33.

152) Wie Anm. 32 (1981) S. 471.

153) Wie Anm. 33.

154) Wie Anm. 33 (Zeiss) und Anm. 107 (Heuberger).

155) Man vgl. die in Anm. 68 und 128 angegebene Literatur, ferner oben S. 153.

nur den fränkischen Gegenschlag für die Ereignisse bei Tolbiacum bedeutet[156], muß dahingestellt bleiben[157]. Vielleicht schon jetzt, spätestens jedoch nach dem alemannischen Aufstand von 506/507[158] gehen auf linksrheinischer Seite die alemannischen Gebiete in Rheinhessen, der Pfalz und im Elsaß verloren und fallen an die fränkische Herrschaft, ebenso die alemannisch besiedelten Landstriche an Main und Neckar[159]. In welcher Weise Chlodewechs Alemannensieg von 496/97 auch besiedlungsgeschichtliche Folgen für das rechtsrheinische Alemannien und die Landstriche am nördlichen Oberrhein und im Untermaingebiet hat, ist eine Frage, deren Beantwortung bislang in erster Linie wohl der methodischen Schwierigkeiten wegen noch nicht zufriedenstellend gelungen ist[160]. Gleiches gilt für die Begrenzung alemannischer Besiedlung nach Osten[161]. Wichtig in diesem Zusammenhang sind Reindels Angaben, daß Theoderich in seiner diplomatischen Mission an Chlodowech von 506/07 solche Alemannen, die ohnehin innerhalb der Grenzen seiner Herrschaft siedeln, von denen unterscheidet, die einerseits in seinen Herrschaftsbereich flüchten, und die andrerseits als »erschöpfte Reste« in den alten alemannischen Siedelgebieten verbleiben[162]. Wenn dabei Theoderich seinem Schwager Chlodowech vorschlägt, die Alemannenfrage auf diplomatischem Wege zu lösen[163], d. h. daß man Grenzverhandlungen aufnehmen solle[164], so zeigt sich darin zweierlei: 1. Der Angriff Chlodowechs nach Alemannien hinein ist entweder zuvor mit Theoderich abgesprochen, der Stillhalten garantiert, oder er findet nachträglich aus realpolitischer Einschätzung der Lage die Billigung Theoderichs. 2. Alemannien selbst oder die Alemannen sind ledliglich Verhandlungsobjekt, mithin eine – politisch gesehen – quantité négligeable. Diese Einschätzung deckt sich mit der Behrs, der darauf verweist, daß Alemannen an den seit dem fünften Jahrhundert üblichen, vielfachen dynastischen Verbindungen zwischen den führenden Stammesfamilien erst vom achten Jahrhundert an teilhaben[165]. Darin kann sich wiederum zweierlei ausdrücken:

156) Zum Burgundervertrag von 494: oben S. 154 mit Anm. 137; zu Tolbiacum: oben S. 153 mit Anm. 132, auch Anm. 128.
157) Man vgl. dazu Löwe (wie Anm. 54) S. 41–43.
158) Ebd. 42. – Man vgl. auch die oben in Anm. 128 zitierte Literatur, ferner unten S. 164, 273.
159) Theoderichs Brief von 506/07 an seinen Schwager Chlodowech, die Alemannen betreffend, bestätigt im Grunde einen von Chlodowech in Kauf genommenen Absichtenkonflikt zwischen ihm und Theoderich. Denn an dem von Chlodowech geschaffenen machtpolitischen Faktum ändert Theoderichs Brief nichts mehr. Man vgl. dazu Beyerle (wie Anm. 33) S. 67ff.; Schlesinger (wie Anm. 32) S. 13 mit Anm. 21; Reindel (wie Anm. 32; 1981) S. 470f.
160) Man vgl. dazu die Bemerkungen Schlesingers (wie Anm. 32) S. 48, Anm. 276 sowie oben S. 135 mit Anm. 35; ferner Ewig (wie Anm. 30) S. 285. – Fingerlin (wie Anm. 17 [1979] S. 393) erwägt, ob nicht auch das rechtsrheinische Breisach bereits zu dieser Zeit fränkisch wird; man vgl. auch unten S. 177, 244f., 249.
161) Dazu oben S. 150, unten Anm. 194.
162) Wie Anm. 32 (1966) S. 34f.; 1981 S. 470f.
163) Schmidt, Westgermanen (wie Anm. 29) S. 279.
164) Reindel (wie Anm. 32; 1966) S. 35.
165) Wie Anm. 57, S. 135f.; in gleichem Sinne auch Geuenich (wie Anm. 30) S. 37.; man vgl. auch unten S. 160.

Entweder gelten die Alemannen bei den anderen *gentes* so sehr als Plage, daß man sie gewissermaßen ausschließt und isoliert; oder aber der Geblütsadel der Alemannen besitzt nicht die rangmäßige Qualität wie bei Goten, Franken, Burgundern, Thüringern usw. An diese alemannische »Besonderheit« zu erinnern, ist vor allem deshalb notwendig, weil nirgendwo sonst in so starkem Maße wie bei den Alemannen die archäologische Forschung den Adelsbegriff anwendet[166].

Noch ein weiterer Gesichtspunkt scheint mir zu Reindels Gedanken nicht unerheblich. Wenn dieser Autor so nachdrücklich auf Theoderichs Selbstverständnis als Restitutor der italischen Präfektur in den Grenzen der Notitia Dignitatum abhebt[167], so befindet sich Theoderich damit Chlodowech gegenüber ganz eindeutig in der besseren Ausgangsposition. Denn jener kann sich nur auf seinen Schlachtenerfolg berufen; Theoderich dagegen hat einen Besitztitel für einen Teil des alemannisch besiedelten Raumes vorzuweisen, der schon deshalb nicht zur Verhandlung stehen kann, weil er von Byzanz verbrieft ist[168]. Wenn Hans Zeiß das anders sieht und argumentiert, daß weder die zeitgenössischen noch die späteren Autoren Hinweise auf ostgotischen Landgewinn für die Zone nördlich des Alpennordrandes auf Kosten der Alemannen enthalten, so liefert bereits Franz Beyerle gegen Zeiß die Begründung dafür mit

166) Die Belegstellen im einzelnen zu zitieren, führte ins Uferlose. Den Stand der methodischen Forschung dazu vgl. man bei Kossack, Prunkgräber. Bemerkungen zu Eigenschaften und Aussagewert. In: Kossack und Ulbert (wie Anm. 14) S. 3–33, bes. S. 18ff.; 24f. (zu Childerich und Chlodowech); zu der dort angesprochenen »Investitur« durch die Übersendung der äußeren Herrschaftszeichen vgl. man auch das Beispiel Theoderich: Claude (wie Anm. 140); Ders., (wie Anm. 143) S. 155f., 176ff.; zuletzt Várady (wie Anm. 54; 1984) S. 40, 54, 56.

167) Wie Anm. 32 (1966) S. 27, 35f. – Man vgl. auch oben S. 155.

168) Den Überlegungen Reindels lassen sich die folgenden Gedanken anfügen: Geht man von einem Staatsvertrag zwischen Kaiser Zeno und Theoderich aus, der dem Italienzug zugrunde liegt (dazu Várady wie Anm. 54; 1984, S. 37ff.), so kann allein das Staatshandbuch die Grundlage bezüglich der geographischen Grenzen gewesen sein, dagegen nicht nur höchst unvollkommen definierbare Siedelzonen der Alpenregion oder des Voralpenlandes. Die Verhältnisse so und nicht anders zu sehen, erfordern die allgemeine spätantike Staatspraxis ebenso wie das Selbstverständnis Ostroms wie auch Theoderichs ganzer Werdegang. Theoderichs Auftrag der Rückgewinnung der italischen Präfektur läßt sich gerade in territorialer Hinsicht allein von Byzanz und den Schriftquellen aus beurteilen. – Wolfram (wie Anm. 54, S. 391ff.) weist ausdrücklich auf verläßlich fixierte Grenzen hin, betont aber zugleich auch die Schwierigkeit der Forschung, diese Grenzen zu definieren. Sein Bild eines dreifach, geographisch gestaffelten Grenzsicherungssystems über die Alpen hinweg (über mehr als 350 km, in der Luftlinie gemessen), braucht deshalb nicht unrealistisch zu sein. Bezüglich der von ihm erwähnten, den Barbaren überlassenen ehemaligen Provinzgebieten (ebd. S. 391) bleibt aber auch Wolfram die Argumentation schuldig, daß diese Zonen wirklich und de jure bei der letztmalig nachweisbaren redaktionellen Überarbeitung der Notitia Dignitatum der Jahre bis 437 ausgeschieden wurden (dazu oben Anm. 33). – Will man dagegen in bezug auf die ostgotischen Stationierungsorte sowie die Grenzen und Grenzbefestigungen des Theoderich-Reiches archäologisch argumentieren (man vgl. bei Wolfram a. a. O. S. 370f., 380), hat man sich vor Augen zu halten, daß dazu derzeit weder die Ausgrabungsbefunde noch die methodischen Mittel hinreichen. Man vgl. auch Reindel (wie Anm. 32; 1966) S. 36; ferner unten S. 230 mit Anm. 532.

denselben Argumenten wie Reindel[169]. Und eben weil der von Byzanz an Theoderich übertragene Besitztitel auf die teilweise alemannisch besiedelten Provinzen anzuwenden ist, erübrigt sich eine militärische Intervention Theoderichs innerhalb der Provinzen[170], zumal kaum anzunehmen ist, daß etwa eine »Residenz« Gibulds östlich der Iller und südlich der Donau zu suchen ist[171]; im Gegenteil, diese wird man am ehesten am Nordwestrand der Schwäbischen Alb oder in den Neckarlanden vermuten[172]. Und der römische König Odoaker in Ravenna einerseits und *rex* Gibuld, der Anführer eines beutegierigen Alemannenheeres andrerseits, stellen zwar jeder für sich gegenüber Theoderich einen machtpolitischen Faktor dar, doch von so ungleichem Gewicht, daß ganz verschiedene Maßstäbe anzulegen sind.

Wenn ferner Richard Heuberger die scheinbar bereits fast gänzlich vollzogene Loslösung beider Raetia sowie Binnennoricums von Italien damit zu begründen versucht, daß an den römischen Synoden der Jahre 499, 501 und 502 weder raetische noch norische Bischöfe erscheinen[173], braucht das erstens nicht zu heißen, daß Ostrom sich aller Ansprüche auf die Nordprovinzen begeben habe, und wäre zweitens genauer über die Geschichte der Bistümer Raetiens und Noricums zu erläutern, und zwar insbesondere unter den Gesichtspunkten der Kontinuität und des Zusammenhangs zwischen Staat und Kirche[174]. Gerade aber die römischen Synoden sind Heubergers entscheidendes Argument für seine von Zeiß übernommene Ansicht, daß die Grenze des Theoderichreiches nicht über den Nordrand der Alpen hinausreiche; alle anderen Angaben Heubergers besitzen noch weniger zwingende Beweiskraft[175]. Kaum nachvollziehbar ist auch, wie Zeiß meint, in Byzanz habe man die alpen- und voralpenländischen Provinzen der italischen Präfektur gegen Ende des fünften Jahrhunderts quasi bereits vergessen, und das sei der Grund für die fehlenden Nachrichten über Ostroms Ansprüche auf diese Gebiete[176]. Eine solche Ansicht erfordert Belege dafür, daß schon in dieser Zeit die Notitia Dignitatum nur noch archivalischen Wert besessen habe. In merkwürdiger Inkonsequenz widerlegt Zeiß sich schließlich selbst, wenn er damit gegen Schmidt argumentiert, daß im Nordwesten und Nordosten eben Rhein und Donau als Grenzen des ostgotischen Machtbereiches zu gelten haben[177]. Damit beschreibt Zeiß genau den Zustand,

169) ZEISS (wie Anm. 33) S. 30f.; BEYERLE (wie Anm. 33) S. 69.
170) BEYERLE (wie Anm. 33) S. 69ff.
171) Dazu oben Anm. 98 und S. 156 mit Anm. 148.
172) Dabei denkt man natürlich in erster Linie an Plätze wie den Runden Berg bei Urach oder die Gelbe Bürg bei Gunzenhausen: unten S. 171 mit Anm. 256, auch S. 181, 227f.
173) Wie Anm. 107, S. 79f.
174) Man vgl. dazu etwa bei REINDEL, Die Bistumsorganisation im Alpen-Donau-Raum in der Spätantike und im Frühmittelalter (in: Mitteilungen des Instituts für Österreichische Geschichtsforschung 72, 1964, S. 277–310, bes. 293ff.).
175) Ebd. 80f., 93f. – Das gilt auch für HEUBERGERS These, daß sich Theoderich nicht erst seit 494 um die nordalpinen Provinzen hätte kümmern können, sondern bereits vorher (ebd. 94f.). Hierzu vgl. man WOLFRAMS Darstellungen zu den für Italien entscheidenden Jahren bis 493 (wie Anm. 54) S. 350ff.
176) Wie Anm. 33, S. 33.
177) Ebd. 34.

den die Notitia Dignitatum in der Linienführung des Donau-Iller-Rhein-Limes aufweist[178]. Gleichfalls mit der Gültigkeit der bestehenden Provinzgrenzen läßt sich zwanglos erklären, weshalb in dem Schreiben Theoderichs an Chlodowech jeglicher Hinweis darauf fehlt, daß die Franken an den Grenzen des von Alemannen besiedelten gotischen Machtbereichs auf gotische Truppen stoßen, sofern sie die Alemannen auf gotisches Gebiet zu verfolgen gedächten[179]. Denn auch am fränkischen Hof ist die Linienführung der Provinzgrenzen zweifellos bekannt und Chlodowech selbst sicher darüber informiert, in welcher Weise Theoderich vom byzantinischen Kaiser für die Aufgabe legitimiert ist, die italische Präfektur für Ostrom zurückzugewinnen. Byzanz ist nämlich auch für Chlodowech die politische Instanz des Abendlandes, erhält doch er selbst von Kaiser Anastasius 508 das Ehrenkonsulat verliehen[180]. Der alemannisch besiedelte Raum ist dagegen lediglich Verhandlungsobjekt, seit 497 zudem führungslos und offensichtlich ohne eine Geblütadelsfamilie vom Range der Amaler oder Merowinger, zudem noch rein barbarisch, d.h. ohne jegliche Bindung an die Traditionen eines der beiden spätantiken kaiserlichen Weltreiche.

Darin liegt offenbar ein ganz entscheidender Unterschied zu den Ostgoten und Merowingern. Er kommt auch darin zum Ausdruck, daß, wie oben bereits erwähnt, die vielfachen dynastischen Verbindungen eigentlich aller germanischer *gentes* untereinander in den Randgebieten zu West- und Ostrom seit dem fünften Jahrhundert die Alemannen ganz offensichtlich ausklammern. Auch ist über Bündnisse mit Alemannen bis zum Schlachtentod Gibulds nichts bekannt[181], sieht man von den Ereignissen um Hunimund von 469/70 ab. Nach dem Tod des Königs und damit nach dem Verlust ihrer politischen Selbständigkeit an die Franken[182] treten Alemannen entweder nur als fränkische *duces* mit entsprechendem Aufgebot oder als Hilfstruppen der ostgotischen Grenzwacht oder als Teil des regulären ostgotischen Heeres auf[183], niemals jedoch als Bündnispartner. Sind die politischen Ereignisse in den Jahren zwischen 496/97 und 506/07 so richtig gesehen, hieße das, daß alle alemannischen Siedelgruppen innerhalb der durch die Notitia Dignitatum festgeschriebenen Provinzgrenzen wohl bereits seit Odoakers endgültiger Ausschaltung durch Theoderich im Jahre 493 der Ostgotenherrschaft unterstehen.

178) J. Garbsch, Der spätrömische Donau-Iller-Rhein-Limes. Kleine Schriften zur Kenntnis der römischen Besetzungsgeschichte Südwestdeutschlands, hrsg. vom Limes-Museum Aalen (1970).

179) Dagegen vgl. man bei Zeiss (wie Anm. 33) S. 30 und die gegenteilige Ansicht bei Beyerle (wie Anm. 33) S. 68.

180) Beyerle (wie Anm. 33) S. 66f. mit Anm. 4; Zöllner (wie Anm. 54) S. 67ff. Beyerle wie Zöllner sehen darin in erster Linie eine politische Demonstration und den Beginn einer oströmisch-fränkischen Entente, was gleichfalls die Respektierung reichsrömischen Gebietes durch Chlodowech voraussetzt. – Zu dem bereits problematischen Verhältnis zwischen Anastasius und Theoderich im Jahre 508 vgl. man Várady (wie Anm. 54; 1984) S. 21f.

181) Wie Anm. 165.

182) Schlesinger (wie Anm. 32) S. 19.

183) Schmidt, Westgermanen (wie Anm. 29) S. 284; Wolfram (wie Anm. 54) S. 393f.; Reindel (wie Anm. 32; 1981) S. 470. Ferner ist auf H. Kellers einschränkende Bemerkungen zu Behrs Ansichten hinzuweisen (wie Anm. 70).

Daraus resultieren dann aber gewissermaßen natürliche Verkehrsbeziehungen dieses Teiles der Alemannia nach Italien. Sie dauern praktisch ein halbes Menschenalter an bis zu dem ereignisschweren Zeitpunkt von 536/37, als Witigis infolge des Kriegsbeginns mit Byzanz die ostgotische Alemannia an Theudebert I. abtritt. Diese besonderen ostgotisch-alemannischen Beziehungen politischer Natur sind unten nochmals, und zwar unter archäologischer Fragestellung aufzugreifen[184].

Erkennt man die oben dargestellten Sachverhalte zu den Ereignissen von 496/97 und 506/07 sowie die Argumentation dazu an, muß man von 497 an von einer fränkischen Alemannia außerhalb der alten Provinzgrenzen nach der Notitia Dignitatum und einer ostgotischen Alemannia innerhalb dieser Grenzen ausgehen[185]. Ludwig Schmidt wäre infolgedessen dahingehend zu präzisieren, daß 497 nur diejenige Alemannia, die nicht ostgotisch ist, unter fränkische Herrschaft fällt[186]. Dann aber kann auch durchaus zutreffen, was Erich Zöllner als Folge von 497 erwägt, nämlich realen Gebietsgewinn für rheinfränkische Ansiedlung in Teilen der nun fränkischen Alemannia, möglicherweise sogar im Sinne von Aussiedelmaßnahmen[187]. Ludwig Schmidt geht vorher in seinem Urteil noch sehr viel weiter, denn er führt die Gebiete namentlich auf, die nun fränkischen Siedlern von den Alemannen überlassen werden müssen, nämlich diejenigen »jenseits der Nordgrenze des fränkischen Herzogtums Alemannien: diese lief vom Hesselberg bei Wassertrüdingen im Osten über den Hohenberg bei Ellwangen nach dem Lemberg bei Affalterbach und dem Hohenasperg, von da mit einer südlichen Ausbuchtung, die den nördlichen Schwarzwald noch den Franken zuwies, in die Gegend der Hornisgrinde, von hier die Oos entlang über den Rhein und von da den Selzbach aufwärts nördlich vom Hagenauer Forst bis zum Kamm der Vogesen«[188]. In ähnlicher Weise sieht das auch Walter Schlesinger so für den Raum, der sich etwa vom Hesselberg aus nach Norden und Osten erstreckt; Schlesinger verweist in demselben Zusammenhang auf die landeskundliche Analyse der archäologischen Quellen durch Hermann Dannheimer für Mittelfranken, die genauere räumliche Differenzierung ermöglicht[189]. Dannheimer stellt den Stand der Forschung bis 1973 dergestalt dar, daß im frühen sechsten Jahrhundert alemannische Besiedelung bis etwa zur Süd-Nord-fließenden Rednitz-Regnitz reicht, alemannischer Einfluß nach Osten allerdings noch darüber hinaus. In den unterfränkischen Mainlanden dagegen und in den mittelfränkischen Gäulandschaften siedeln im sechsten Jahrhundert bereits sogenannte Rhein-

184) Unten S. 214ff.
185) Diese Prämisse liegt den unten folgenden archäologischen Abschnitten zugrunde.
186) Westgermanen (wie Anm. 29) S. 281.
187) Wie Anm. 54, S. 57, 206f.; SCHMIDT, Westgermanen (wie Anm. 29) S. 281f. mit Angaben zur Geographie. – R. SPRANDEL lehnt Aussiedelmaßnahmen als Folge der Schlacht von 496/97 ab (nach ZÖLLNER, wie Anm. 54, Anm. 2).
188) Westgermanen (wie Anm. 29) S. 281f.; man vgl. auch ebd. 200, Anm. 2 den Hinweis auf Gebietsabtretungen in der Größenordnung von einem Drittel. – Zur Tertia, die italische Romanen an die Theoderich-Goten abzutreten hatten, sehe man WOLFRAM (wie Anm. 54) S. 368f.
189) Wie Anm. 32, S. 37f. mit Anm. 190.

franken[190]. Mittelfranken stellt übrigens einen der wenigen archäologischen Räume dar, in denen paläoethnographische Studien zum Frühmittelalter erfolgversprechend sind.

Schwieriger als die fränkische ist die ostgotische Alemannia in ihrer geographischen Ausdehnung zu umschreiben. Ludwig Schmidt führt 1940 aus, daß die Gibuld-Alemannen gegen Ende des fünften Jahrhunderts bis an den Inn vorgerückt seien[191], womit er natürlich die Einmündung des Flusses bei Batavis-Passau in die Donau meint. Die Frage ist demnach, wie es um den Raum zwischen Donau, Inn und Alpenrand bestellt ist, eben um die Raetia Secunda, durch die in dem strengen Winter von 469/70 das Thiudimir-Heer zieht. Ist es dieses Land, das von den Goten verwüstet wird? Die Vita Severini bezeugt für diese Zeit die noch intakte Kastellreihe von Lauriacum donauaufwärts bis etwa in den Isarmündungswinkel, bis Quintanis-Künzing. Sicher lebt auch in der Umgebung von Sorviodunum-Straubing eine zahlenmäßig nicht geringe Bevölkerung; die archäologischen Befunde sprechen hier dank der systematischen Forschungen Rainer Christleins eine deutliche Sprache[192]. Doch darf man die archäologischen Quellen als Niederschlag einer alemannischen Siedelgemeinschaft auffassen? Für eine Antwort sind erst noch die Publikationen abzuwarten, die Christlein selbst nicht mehr vergönnt gewesen sind. Wie vor allem ist es jedoch um das Hinterland der Donau-Grenzzone bestellt? Für Juvavum-Salzburg mit Cucullis-Kuchl können wir Romanen voraussetzen; Severin zieht hier vorbei[193]. Die Quellenstellen sagen für diese Gegend jedoch nichts über Alemannen aus; wir befinden uns ja auch in Noricum[194].

Was aber steht real an Schriftquellen für den Raum zwischen Iller und Inn, Donau und Alpenrand zur Verfügung? Im Grunde spricht nur eine einzige Quelle: die Aufzeichnungen des anonymen Geographen von Ravenna. Wenn auch die kritischen Studien dazu vor mehr als 30 Jahren abgefaßt worden sind, so ist dennoch zu versuchen, ob sie nicht mit Gewinn auch noch für unsere Frage heranzuziehen sind[195]. Trotz aller Vorbehalte zu diesem Schriftzeugnis

190) Wie Anm. 16; 1962. DERS., Im Spiegel der Funde. Die Besiedlungsgeschichte nach den archäologischen Quellen. In: W. BUHL (Hrsg.), Karolingisches Franken (1973) S. 71–108, bes. S. 97.
191) Westgermanen (wie Anm. 29) S. 197.
192) Man vgl. die in den Anm. 33 und 104 aufgeführten Veröffentlichungen CHRISTLEINS.
193) LOTTER, Severinus (wie Anm. 54), passim.
194) Weil für den Archäologen die eingangs erwähnten methodischen Schwierigkeiten bestehen, alemannische Siedelgruppen randlicher Zonen mit Hilfe seiner Quellen zu identifizieren oder gar von solchen aus frühestbaierischer Zeit zu scheiden, läßt sich die ostgotische Alemannia in ihrer östlichen Ausdehnung nur höchst vage und keineswegs widerspruchsfrei umgrenzen. – Man vgl. die in den Anm. 32, 98, 104 angegebene Literatur. – Zum ostgotischen Noricum siehe man die Bemerkung bei WOLFRAM, der mit einem ostgotischen Außenposten für den Stadtbezirk von Juvavum rechnet (wie Anm. 54) S. 391 Anm. 58. Zu der Fibel vom ostgotischen Typ aus Salzburg-Siezenheim siehe man unten S. 216 mit Anm. 470. Allerdings besitzt dieses Fundstück keine Argumentationskraft für WOLFRAMS These zur Ereignisgeschichte.
195) Die jüngste Bearbeitung in: Quellen zur Geschichte der Alamannen IV. Quellen zur Geschichte der Alamannen vom Geographen von Ravenna bis Hermann von Reichenau. Übersetzt von C. DIRLMAIER, durchgesehen und mit Anmerkungen versehen von K. SPRIGADE. Heidelberger Akademie der Wissenschaften. Kommission für Alamannische Altertumskunde. Schriften Bd. 6 (1980), S. 9–12. – Man vgl. auch Anm. 207; außerdem STAAB (wie Anm. 101).

insgesamt legt Franz Beyerle mit Nachdruck Wert auf sein Untersuchungsergebnis, daß der Alemannien betreffende, eigenständige Abschnitt, in sich wiederum gegliedert, durchaus als vertrauenswürdig anzusehen ist[196]. Obgleich, wie die Quelle insgesamt, sehr viel später entstanden, gibt dieser Abschnitt die Verhältnisse der Zeit wohl nach 505, aber noch vor 537 wieder[197]. Nach Beyerle umfaßt der Alemannien-Abschnitt vier geographisch gegliederte Unterabschnitte. Dieses sind 1. eine Gruppe älteren alemannischen Besitzes in Gallien (Langres, Besançon, Nantes, Mandeure), 2. die Gruppe alemannischer Städte am Rhein von Worms bis zum Bodensee, 3. eine Gruppe elsässischer, schweizerischer und oberschwäbischer Ortsnamen, 4. alemannische Plätze im Umkreis Augsburgs, am Neckar und bis zum Main[198]. Beyerle glaubt identifizieren zu können (wobei ich hier nur die ostalemannischen Plätze anführe): Augsburg, Neuburg a. d. Donau[199], die Reisensburg bei Günzburg, Kreen bei Altdorf (Ldkr. Marktoberdorf)[200], Staffelsee (Insel Wörth?, Ldkr. Weilheim-Schongau) sowie Gauting bei München; Theodoricopolis sei zwischen Iller und Würm zu suchen[201]. Peter Volk versucht jüngst, Cariolon-Theodoricopolis mit Zirl-Martinsbühel in Tirol gleichzusetzen[202]. Unter der Voraussetzung, daß Beyerles Lesungen neuerer philologisch-kritischer Prüfung standzuhalten vermögen, wäre aufgrund dieser Quelle für die östliche Begrenzung alemannischer Besiedlung im ersten Drittel des sechsten Jahrhunderts eine gedachte Linie anzugeben, die südlich der Donau etwa bei Günzburg einsetzt, über Augsburg in den Münchner Raum verläuft, dann westlich des Starnberger Sees auf die Römerstraße bei Murnau zu und von dort entweder über Garmisch-Partenkirchen oder über die Kesselbergroute, Mittenwald und Scharnitz zum Seefelder Sattel, den Zirler Berg hinab und bis ins Tiroler Inntal. Germanische Ansiedelungen östlich dieser Linie bis zum bayerischen Inn hätte man als nicht-alemannisch anzusprechen[203]. Der Weg in die fränkische Alemannia wäre vom Günzburger Raum aus über

196) Wie Anm. 33, S. 72.

197) Ebd. 72 mit Anm. 12; man vgl. auch SCHLESINGER (wie Anm. 32) S. 16f. mit Anm. 37, 40, 41; ferner DIRLMEIER und SPRIGADE (wie Anm. 195) S. 9. – STAAB (wie Anm. 101) S. 45f., 54.

198) BEYERLE (wie Anm. 33) S. 72f.

199) Ebd. 73 Nr. 30 »Nova«. Hier wäre zu fragen, ob nicht auch das »ad Novas« der Tabula Peutingeriana gemeint sein könnte. Man vgl. bei REINECKE, Die örtliche Bestimmung der antiken geographischen Namen für das rechtsrheinische Bayern (in: Der bayerische Vorgeschichtsfreund 4, 1924, S. 17–48). Ad Novas liegt auf der Route von Augusta Vindelicorum nach Abodiacum (ebd. 36).

200) Zu Altdorf (Ldkr. Marktoberdorf) vgl. man DANNHEIMER (wie Anm. 16, 1970).

201) BEYERLE (wie Anm. 33) S. 75f.

202) Zur Identifizierung der The(o)doricopolis des Anonymus von Ravenna (in: Archäologisches Korrespondenzblatt 1, 1971, S. 123–128). – Die Ansicht der älteren Forschung zur baierischen oder alemannischen Besiedlung des Raumes um Zirl bei SCHMIDT, Westgermanen (wie Anm. 29) S. 203. Gegen die Identifizierung von Theodoricopolis mit Chur spricht sich dezidiert O. P. CLAVADETSCHER aus, hält jedoch Bregenz oder eine militärische Neugründung im Bodenseegebiet für möglich; in: WERNER und EWIG (Hrsg., wie Anm. 17) S. 164. – ZÖLLNER denkt ähnlich wie CLAVADETSCHER an eine eher nur ephemere Bezeichnung (ebd. S. 263), die dann in der Zeit der gesamtfränkischen Alemannia nach 536 getilgt sein müßte.

203) Man vgl. dazu oben S. 150 und die in den Anm. 32, 98, 104 und 105 genannte Literatur.

die Schwäbische Alb (Geislinger Steige) etwa nach Thurigoberga vorstellbar. Beyerle glaubt diesen Ortsnamen entweder mit Stuttgart-Untertürkheim oder mit dem römischen Kastellort Köngen gleichsetzen zu können[204]. Untertürkheim ist Cannstatt ebenso benachbart wie dem Ailenberg[205]; Köngen liegt eine kurze Strecke neckaraufwärts, ungefähr auf halbem Weg zwischen Cannstatt und dem Runden Berg bei Urach[206]. Allerdings ist zu fordern, gerade weil sich mit den geographisch-historischen Bezügen von Cannstatt bis Zirl ein weites Spekulationsfeld öffnet, daß die kritische Neubewertung des Ravennater Geographen Franz Beyerles und Peter Volks Ansichten prüft[207].

Mitzubeachten ist für die Frage, wie weit sich alemannische Besiedelung nach Osten erstreckt, die Ereignisgeschichte der Jahre von 505 bis 508. Geht man mit Schmidt, Löwe, Zöllner und Schlesinger davon aus, daß es nur eine große Alemannenschlacht Chlodowechs gibt, nämlich die von 496/97, und daß die alemannische *perfidia* im Brief Theoderichs an Chlodowech nur als mißglückte alemannische Rebellion zu deuten ist[208], dann kann Chlodowechs anschließende Strafexpedition nur die fränkische Alemannia betreffen. Dabei gelingt es offenbar einem Teil der Alemannen, sich rechtzeitig in die ostgotische Alemannia in Sicherheit zu bringen. Auf sie würde sich dann die vielzitierte Textstelle beziehen, in der die Anweisung Theoderichs an die Provinzialen Noricums steht, den durchziehenden Alemannen deren ermüdete Rinder (Zugtiere) gegen die eigenen, frischen Tiere auszuwechseln[209]. Dabei ist nicht einmal so sehr entscheidend, ob sich diese Vorgänge tatsächlich auf den Zeitpunkt von 506/07 beziehen oder doch schon auf 496/97. Wichtiger ist Schmidts Hinweis, daß Theoderich auf die in seinen Herrschaftsbereich geflohenen Alemannen nicht humanitäre, sondern lediglich staatspolitische Überlegungen anwendet, und zwar in dem Sinne, daß die Flüchtlinge als Kolonisten und Soldaten in das Ostgotenreich eingegliedert werden[210]. Dabei wird man auch an die überlieferte Funktion der Alemannen als ostgotische Grenzwachtsiedler zu denken

204) Wie Anm. 33, S. 75.
205) Dazu unten S. 196–198.
206) Dazu vgl. man auch unten S. 196 die Hinweise zur archäologischen Topographie des Ailenberges.
207) Man vgl. bei DIRLMEIER und SPRIGADE, die jedoch die Überlegungen VOLKS nicht zur Kenntnis genommen haben: wie Anm. 195, S. 11 mit Anm. 33. Außerdem fehlt der Hinweis auf STAAB (wie Anm. 101). – Man vgl. auch oben Anm. 202 (CLAVADETSCHER).
208) SCHMIDT, Westgermanen (wie Anm. 29) S. 278ff., 282ff.; LÖWE (wie Anm. 54) S. 42f.; BEYERLE (wie Anm. 33) S. 67f.; ZÖLLNER (wie Anm. 54) S. 56f.; S. 57 Anm. 1; REINDEL (wie Anm. 32, 1966) S. 34f.; SCHLESINGER (wie Anm. 32) S. 13, Anm. 21.
209) SCHMIDT, Westgermanen (wie Anm. 29) S. 280, 284, 303; LOTTER (wie Anm. 54; 1968) S. 278; REINDEL (wie Anm. 32; 1968) S. 39, (1981) S. 471; SCHMIDT, Ostgermanen (wie Anm. 30) S. 348f. meint, daß die in den Osten umgesiedelten Alemannen möglicherweise als Grenzwächter für Sirmium oder eine andere Stadt vorgesehen waren. – ZÖLLNER scheint sich mit B. BILGERIS Ansicht von 1971 zu identifizieren, daß geflohene Alemannen im vorarlbergischen Rheingau angesiedelt werden. In: WERNER und EWIG (Hrsg., wie Anm. 17) S. 264.
210) Westgermanen (wie Anm. 29) S. 283.

haben[211]. Bei dem alemannischen Treck durch Noricum wird es sich zudem um eine nicht unbeträchtliche Zahl von Neusiedlern handeln, sonst wäre wohl kaum der ostgotische Verwaltungsapparat bis in seine höchste Spitze hinein bemüht worden. Reindel steuert außerdem den Gedanken bei, daß eher ein Zug ungefähr längs der Donau in Frage komme, als daß der Treck etwa die Route über die Tauern-Pässe genommen habe[212]. Zudem läßt sich aus der Weisung an die Noriker an sich schließen, daß der Alemannentreck in Noricum noch längst nicht sein Ziel erreicht, sondern vielleicht gerade nur den halben Weg zurückgelegt hat. Friedrich Lotter zufolge sei das Ziel die pannonische Suavia, die ebenfalls zu Theoderichs Herrschaftsbereich gehört[213]. Wie schon vor 100 Jahren Hans von Schubert, wird man auch heute wiederum an den von Theoderich befohlenen Gepiden-Treck zu Grenzwachtzwecken in die ostgotischen Besitzungen Galliens erinnern; in diesem Falle weist Theoderich die Provinzbewohner Venetiens und Liguriens an, frische Zugtiere zu stellen[214]. Es wäre zu untersuchen, in welchem Umfange derartige Siedler-Rochaden zur geläufigen Praxis spätantiker Staatsverwaltung gehören. Daß sich solche staatlich gelenkten Umsiedlungsaktionen aller Wahrscheinlichkeit nach im archäologischen Quellenbild niederschlagen, bedarf keiner näheren Begründung. Doch muß es späteren Studien vorbehalten bleiben, die für den Alemannenzug im Gebiete östlich von Noricum in Frage kommende Quellenbasis der Zeit um 500 zu diskutieren. Der Versuch bietet durchaus Aussicht auf Erfolg. Dagegen ist es müßig, nach archäologischen Zeugnissen, beispielsweise zum alemannischen Verwüstungszug von 536 in die Provinz Venetia[215], zu suchen, oder auch zu anderen Kriegszügen[216]. Wir halten fest, daß wir am Beginn des sechsten Jahrhunderts mit Alemannen auch weit außerhalb der ostgotischen Alemannia zu rechnen haben. Die westlichen Landstriche des Mitteldonaubeckens, das ungarische Transdanubien, kommt dafür wohl am ehesten in Betracht[217].

211) So beispielsweise mit Angaben zur älteren Literatur WOLFRAM (wie Anm. 54) S. 393 mit Anm. 74. – Man vgl. ferner bei VÁRADY (wie Anm. 30) S. 75 und 104 mit Anm. 227.
212) Wie Anm. 32; 1966, S. 39.
213) Wie Anm. 54 (1968) S. 278f.; man vgl. dazu auch VÁRADYS Ausführungen zur Savia und zu den Donausueben (wie Anm. 54; 1984) S. 99ff.
214) Nach ZEISS (wie Anm. 33) S. 31 mit Anm. 36.
215) »Alamannen waren wohl auch die Sueben, die 536 in Venetien einfielen«: SCHMIDT, Westgermanen (wie Anm. 29) S. 199; ZEISS (wie Anm. 33) S. 32. – HEUBERGER denkt dagegen eher an Baiern oder an pannonische Sueben (wie Anm. 107) S. 16f. – ZÖLLNER betont, daß es sich um reichsfränkische Alemannen handele (wie Anm. 54) S. 89; man hat dann jedoch an eine unmittelbare Folge im Zusammenhang mit Witigis' Abtretung der westalpenländischen Besitzungen und den Goldtribut zu denken. – BEHR (wie Anm. 57) S. 77 denkt an die ostgotischen Waffenlager als Ziel dieses Heerzuges.
216) Zum Einfall nach Ligurien vgl. man ZEISS (wie Anm. 33) S. 32; HEUBERGER (wie Anm. 107) S. 104; ZÖLLNER (wie Anm. 54) S. 90; zur Stärke der fränkischen Heere von mehreren Hunderttausend: ebd. 209.
217) Eine der zukünftigen Aufgaben der Archäologie Transdanubiens wird sein, dasjenige Quellenmaterial systematisch zu analysieren, das dort chronologisch in die Vor-Langobarden-Zeit gehört, jedoch nicht mehr als ostgotisch im Sinne der Thiudimir-Zeit bezeichnet werden kann. Dazu vgl. man auch unten S. 341. Zu den 507 im Osten siedelnden Alemannen vgl. man auch WOLFRAM (wie Anm. 54) S. 273; ferner VÁRADY (wie Anm. 30) S. 99ff. und S. 166ff. mit Anm. 222, 230; S. 174.

An dieser Stelle ist ein kurzer Ausblick auf den Westen, nach Gallien, vonnöten, wo die inzwischen mit den Burgundern verbündeten Franken über die Westgoten herfallen. Nach deren Sieg über Alarich II. begnügt Theoderich sich bezeichnenderweise nicht mit einer diplomatischen Mission, sondern ein ostgotisches Heer zieht 508/509 nach Gallien gegen Franken und Burgunder[218]. Es bleibt insoweit erfolgreich, als das ehemals westgotische Gebiet zwischen Rhône und Durance nun der ostgotischen Herrschaft unterstellt wird. An der Durance, der vormaligen Grenze des Burgunderreiches, die jetzt die unmittelbare ostgotische Grenze zum Frankenreich Chlodowechs darstellt, läßt Theoderich eine Kastellreihe errichten oder wieder instandsetzen[219]. Diese Ereignisse sind für unsere Thematik deshalb nicht unwichtig, weil dadurch alemannisch-italische Beziehungen geographisch gewissermaßen bis ins südöstliche Gallien erweitert werden. Und das wiederum kann heißen, daß in Alemannien angetroffene Fundstücke scheinbar ostgotisch-italischer Herkunft in Wirklichkeit ebensogut auch ostgotisch-provenzalischer Abkunft sein können. Methodische Kriterien, das eine vom anderen zu trennen, besitzt die Archäologie nämlich nicht. Die Zeit bis ins dritte Jahrzehnt des sechsten Jahrhunderts stellt für das ostgotische Reich eine Art Konsolidierungsphase dar. 523 wird die Grenze in Gallien bis zur Drôme vorgeschoben; den Grenzschutz versehen Gepiden aus der Pannonia Secunda[220]. Infolgedessen können wir von diesem Zeitpunkt an in Gallien mit archäologischem Formengut auch des Mitteldonaubeckens rechnen[221].

526 stirbt Theoderich, nachdem er zuvor seinen 10jährigen Enkel Athalarich, den Sohn seiner Tochter Amalaswintha mit dem bereits nicht mehr lebenden Westgoten Eutharich, zum Nachfolger ernannt hat. Sein Tod ist für alle diejenigen ein Signal, die in offener oder verdeckter Gegnerschaft zum Ostgotenreich stehen. Der Langobardenkönig Wacho nutzt als erster die Gunst der Stunde und fällt über die in der Pannonia Prima und der Valeria siedelnden Sweben (d. h. Alemannen) her. Spätestens von diesem Zeitpunkt an siedeln die Langobarden in Transdanubien[222]. 530 versuchen die Gepiden, Sirmium den Ostgoten zu entreißen, doch wird ihr Vorhaben unter der Königinmutter Amalaswintha vereitelt. Im gleichen Jahr gibt sie allerdings den Gebietsstreifen nördlich der Durance an die Burgunder zurück, vielleicht aus Gründen der Beschwichtigung[223]; denn Wacho verlobt zur selben Zeit eine seiner Töchter mit dem Franken Theudebert I., Theuderichs Sohn und Nachfolger (534–548), eine zweifellos hochpolitische Allianz, wie Jörg Jarnut formuliert[224]. Aus ostgotischer Sicht stehen damit die

218) Zöllner (wie Anm. 54) S. 65 f.; Schmidt, Ostgermanen (wie Anm. 30) S. 343 ff.; Várady (wie Anm. 30) S. 21.
219) Schmidt, Ostgermanen (wie Anm. 30) S. 345.
220) Man vgl. bei Wolfram (wie Anm. 54) S. 373, 397 f.; oben S. 165.
221) Zu Gepiden in Italien am Beginn des 6. Jahrhunderts sehe man bei Wolfram (wie Anm. 54) S. 373.
222) Nach Várady (wie Anm. 30, 1984) S. 105 ff. siedeln Wacho-Langobarden bereits seit 508/511 in Pannonien nördlich der Drau. Man vgl. auch bei Jarnut (wie Anm. 54) S. 21; ferner unten S. 168 mit Anm. 230.
223) Schmidt, Ostgermanen (wie Anm. 30) S. 164 f.; Wolfram (wie Anm. 54) S. 412.
224) Wie Anm. 54, S. 21 f.

Gegner sowohl an den westlichen Alpenpässen als auch an der gesamten Ostflanke, und Wacho ist außerdem noch mit den Gepiden verbündet, die die Sirmiensis bedrängen.

Theuderich I. nutzt die neue politische Konstellation zunächst 531 mit der Unterwerfung des mit Ravenna freundschaftlich verbundenen Thüringerreiches. Von 532 bis 534 zwingen die fränkischen Teilkönigreiche dann die Burgunder unter ihre Herrschaft[225]. 534 läßt Theuderich den Thüringerkönig Herminafrid ermorden; Amalaberga flieht an den Hof von Ravenna. 534 greift schließlich auch Kaiser Justinian in das Geschehen ein; das Wandalenreich Hilderichs wird vom byzantinischen Patrizius Belisar vernichtet, und mit den dadurch gleichfalls byzantinisch gewordenen Inseln Sardinien und Korsika steht Byzanz jetzt rings um die italisch-ostgotischen Küsten aufmarschiert. In Ravenna hat der Gote Theodahat Amalaswintha verbannt und selbst den Thron bestiegen. Jordanes zufolge ist ihre Ermordung durch Theodahat der casus belli für Justinian, um direkt das Ostgotenreich Theodahats anzugreifen[226]. 536 landet Belisar zunächst auf Sizilien, dann auf dem Festland bei Reggio di Calabria. Eine zweite byzantinische Flotte unter Mundus greift Salonae und die Dalmatia an[227]. Theodahat sucht den Erfolg in Verhandlungen mit Theudebert, um sich dessen Bündnishilfe gegen Justinian zu versichern. Innergotische Spannungen führen allerdings zur Beseitigung Theodahats durch seinen Heerführer Witigis, der danach den Ostgotenthron besteigt. Während Belisar im November 536 bereits Neapel und im folgenden Monat Rom einnimmt, führt Witigis die Verhandlungen mit Theudebert I. zu dem Ende, daß für ein Stillhalteabkommen die Ostgoten den Franken zum einen zweitausend Pfund gemünzten Goldes (Solidi) zu zahlen haben, zum anderen die ostgotischen Gebiete in Gallien an die Franken abzutreten sind sowie auch die Raetia Prima[228]. Entweder gleichfalls noch 536 oder im darauf folgenden Jahr ist Witigis gezwungen, Theudebert auch noch die Herrschaft über jene Alemannen zuzugestehen, die 506/07 Theoderich vor fränkischem Zugriff bewahrt. Allein durch drohende Haltung und Abwarten fallen dem Frankenreich die Früchte seiner Politik in den Schoß. Politisch gesehen sind somit die Verbindungen Alemanniens mit Italien abgeschnitten. Ob der vielzitierte Brief Theudeberts an Kaiser Justinian, in dem der fränkische König auf die Ausdehnung seiner Herrschaft bis zur Donau und der Grenze Pannoniens, d. h. bis nach Ufernoricum hinein, verweist, bereits in diese Zeit der Anfänge der gesamtfränkischen Alemannia gehört, ist umstritten[229]. Theudebert muß jedoch in jedem Fall davon ausgehen, daß der Empfänger in Byzanz sehr genaue Vorstellungen über den Verlauf der pannonischen Grenzen besitzt, und zwar aufgrund der Notitia. Ihr zufolge reicht die fränkische Macht demnach bis zu einer Linie, die noch westlich von Vindobona/Wien, Scarabantia/Sopron, Savaria/Szombathely und Siscia/

225) Dazu Löwe (wie Anm. 54) S. 49f.

226) Wolfram (wie Anm. 54) S. 417. – Zu dem Verhältnis zwischen Theodahad und Kaiser Justinian sehe man Várady (wie Anm. 54; 1984) S. 59.

227) Behr (wie Anm. 57) S. 65, 76; Wolfram (wie Anm. 54) S. 417.

228) Zöllner (wie Anm. 54) S. 89 mit Anm. 3; Wolfram (wie Anm. 54) S. 423.

229) Man vgl. die entsprechenden Überlegungen bei Beyerle (wie Anm. 33) S. 77ff.; Zöllner (wie Anm. 54) S. 91ff.; Schlesinger (wie Anm. 32) S. 14f.; Behr (wie Anm. 57) S. 68ff.

Sissak verläuft. Mitzubedenken hat man ferner, daß in Pannonien vielleicht schon seit 508/511 Langobarden siedeln, sicher aber seit 522/526[230]. Die Frage der fränkischen Ostmark reicht mithin bis in die Zeit Theudeberts I. zurück. Schlesinger zufolge verläuft die Ostgrenze des fränkischen Machtbereichs um die Mitte des sechsten Jahrhunderts auf einer Linie, die in etwa durch die Flußgebiete des Lechs und der fränkisch-thüringischen Saale bis mindestens zur Einmündung der Unstrut markiert werden kann[231].

538 gelingt Belisar die Einnahme von Mailand, Bergamo und Novara; Pavia dagegen kann von den Goten, wahrscheinlich in Verbindung mit Rugiern, gehalten werden. Ein rugisches Kontingent ist für Pavia (Ticinum) für das Jahr 540 bezeugt. 538 oder 539 räumt Witigis die Dalmatia, ein Bündnisangebot Witigis' an Wacho lehnt dieser unter Hinweis auf die Allianz mit Justinian ab[232]. Noch im selben Jahr belagert und erobert Belisar die Ravenna vorgelagerte Festung Osimo und beginnt im Anschluß mit der Belagerung von Ravenna selbst. Erst zu diesem Zeitpunkt, nachdem die Goten nichts mehr zu verhandeln haben, fällt auch Theudebert in Oberitalien ein[233]. Im folgenden Jahr übergibt Witigis Ravenna, seine Königsherrschaft ist damit zu Ende (540).

Theudeberts Belagerung von Verona bleibt militärisch erfolglos. Totila, der neue König auf dem Ostgotenthron, kauft sich Theudebert gegenüber dadurch den Rücken frei, daß er im Vertrag von 545 Venezien an die Franken abtritt, sonst aber beide Parteien ihren Besitzstand gegenseitig anerkennen. Nach Prokop unterstehen den Franken im Jahre 548, in dem Theudebert I. stirbt, »einige Gegenden von Ligurien, die Cottischen Alpen und ein großer Teil von Venetien«[234]. Totila gelingt es bereits 546, Rom zurückzuerobern. Ein Versuch Totilas, durch Einheirat in das fränkische Königshaus, dieses zur Allianz gegen Byzanz zu gewinnen, mißlingt, obwohl durch den Vertrag zwischen Justinian und Audoin von 547/548 erkennbar wird, in welcher Richtung sich das Kräfteverhältnis zu verschieben beginnt. Denn Justinian schenkt an die Langobarden das »Gemeinwesen der Noriker« sowie »Kastelle in Pannonien«[235]. 549 gewinnt Totila, obwohl auf sich allein gestellt, sogar Sizilien zurück, verliert jedoch 552 gegen das mit langobardischen Kontingenten aufgefüllte byzantinische Heer des Narses die Schlacht am Mons Lactarius bei Neapel. 553 lehnt der Frankenkönig Theudebald ein

230) Die Frühdatierung neuerdings bei VÁRADY (wie Anm. 54; 1984) S. 105 ff. mit eingehenden Erörterungen zu den besiedlungsgeschichtlichen Folgerungen und Hinweisen zur Kontinuitätsfrage. VÁRADY rechnet infolgedessen mit rund 60jähriger Dauer der Langobardenansiedlung in Pannonien. Dazu auch WERNER, Die Langobarden in Pannonien (wie Anm. 11) S. 142 f. – Man vgl. auch die Angaben LÖWES zu Vorstößen der Franken und Sachsen nach Pannonien bald nach 482 (wie Anm. 54) S. 52. – Man vgl. auch unten S. 170 mit Anm. 246.

231) Wie Anm. 32, S. 19 f. (unter Ausklammerung der Baiern-Frage), S. 37 f. (für das 7. und 8. Jahrhundert).

232) JARNUT (wie Anm. 54) S. 22.

233) ZÖLLNER (wie Anm. 54) S. 89 f.; LÖWE (wie Anm. 54) S. 51.

234) Die Quellenangaben bei ZÖLLNER (wie Anm. 54) S. 94 Anm. 7.

235) JARNUT (wie Anm. 54) S. 23; VÁRADY (wie Anm. 54; 1984) S. 106 f. – Zu Totilas Heiratsversuch sehe man EWIG (wie Anm. 30) S. 287.

letztes Hilfegesuch Totilas ab, denn die Franken stehen inzwischen in Nordostitalien selbst im Krieg gegen Justinian[236]. Das Ostgotenreich endet 553 mit König Teja.

Daß zu dieser Zeit auch den Franken das Gesetz des Handelns aus der Hand geglitten ist, zeigt sich am Verhalten der beiden alemannischen Heerführer Butilin und Leuthari, die gegen den Willen ihres fränkischen Königs 553 die Ostgoten unterstützen[237]. 561 widersteht der ostgotische Comes Widin in Verona letztmalig den Byzantinern, und 563 vertreibt das byzantinische Heer die Franken aus ihren ostgotischen Eroberungen[238]. Die fränkische Herrschaft über Teile Liguriens, der Cottischen Alpen und Venetiens umfaßt mithin eine Spanne von nur 24 Jahren. Ganz Italien einschließlich des Caput Adriae, der adriatischen Gegenküste sowie Korsika und Sardinien unterstehen nun Ostrom.

Im Mitteldonaubecken haben sich die machtpolitischen Verhältnisse dahingehend entwikkelt, daß zwar 565 die Gepiden mit Hilfe Ostroms die Langobarden in Transdanubien besiegen, doch nicht ihrer Selbständigkeit berauben können. 566 schließt der Langobarde Alboin in konsequenter Einschätzung der Kräfteverhältnisse ein Bündnis mit den Awaren gegen die Gepiden. Alboin verspricht, im Falle des Sieges das Gepidenland der Ungarischen Tiefebene den Awaren zu überlassen[239]. Vereint werden 567 die Gepiden aufgerieben, ihr Reich hat damit nach rund einhundert Jahren aufgehört zu bestehen, und die Awaren rücken in die Theiß-Ebene ein[240]. Fast mutet es unwahrscheinlich an, daß Awaren, noch bevor sie im Theiß-Tiefland siedeln, mit Absichten auf Beute und Tribute nach Zentraleuropa einfallen, ganz ähnlich wie ein rundes Jahrhundert zuvor die Alemannen ihre Nachbarn heimsuchen. Denn Schlesingers Ausführungen zufolge sehen sich die Franken »in Thüringen an der Elbe« erstmals 562/63, dann wohl auch 565/66 gezwungen, sich gegen Awaren zu wehren[241]. Auch die Baiern werden nicht verschont; und 596 bezahlt Brunichilde nochmals Tribute, um Thüringen vor den Awaren zu retten[242].

Im dem neuen Vertrag von 567/68 bietet Alboin den Awaren seine transdanubischen Wohnsitze an, allerdings mit einer gewissen Rückkehrgarantie, ruft im April 568 die langobardische Heeresversammlung ein und überschreitet bereits im Mai desselben Jahres den Isonzo in Richtung Italien. Mit ihm zieht ein Hilfskontingent von 20000 Sachsen, und bis zum Herbst

236) Zöllner (wie Anm. 54) S. 96f.; Jarnut (wie Anm. 54) S. 25.

237) Löwe (wie Anm. 54) S. 52; Zöllner (wie Anm. 54) S. 98ff.; Schlesinger (wie Anm. 32) S. 31f.; Behr (wie Anm. 57) S. 75–100 (ausführliche Darstellung auch zu den Heerzügen durch ganz Italien). – Zu den Kriegen auf eigene Faust des alemannischen Brüderpaares auch G. Gottlieb, Die Nachrichten des Agathias aus Myria über das Christentum der Franken und Alemannen (in: Jahrbuch des Römisch-Germanischen Zentralmuseums Mainz 16, 1969 [1971], S. 149–158).

238) Werner (wie Anm. 11; 1962) S. 13. – Behr (wie Anm. 57) S. 101 ist der Ansicht, daß die Franken bereits 561 aus Italien vertrieben werden.

239) Schmidt, Ostgermanen (wie Anm. 30) S. 540ff.; Jarnut (wie Anm. 54) S. 26.

240) Schmidt, Ostgermanen (wie Anm. 30) S. 584; Jarnut (wie Anm. 54) S. 26; Várady (wie Anm. 54; 1984) S. 120f.

241) Schlesinger (wie Anm. 32) S. 22; Werner (wie Anm. 11, 1962) S. 13; unten S. 313, 319f.

242) Ebd. 35.

sind Cividale, Aquileia, Vicenza und Verona in langobardischer Hand; der byzantinische Widerstand ist nur schwach[243]. 569 dringen die Langobarden bis in die westliche Lombardei vor. Mailand fällt, doch Pavia muß drei Jahre lang belagert werden. Noch während der Belagerung überschreitet Alboin bereits den Apennin[244]. Justinians Restaurationsbemühungen ist noch nicht einmal der Erfolg von einem Jahrzehnt beschert. Für das Mitteldonaubecken bedeutet der Abzug der Langobarden nach Italien und die diesem Ereignis vorausgehende Vernichtung der Gepiden, daß mit dem Jahr 568 die Geschichte germanischer *gentes* zwischen Karpatenbecken und Ostalpenraum für immer zu Ende gegangen ist. Von nun an siedeln in diesen Landstrichen nur noch Reitervölker aus den Steppen einerseits und aus dem Nordosten eindringende Slawenstämmige andrerseits. Erst das erneute Ausgreifen in den Osten durch die Baiern seit etwa dem siebenten Jahrhundert schafft noch einmal in gewissem Umfang neue Verhältnisse, die dann bis ins hohe Mittelalter fortdauern.

Der langobardisch-byzantinische Krieg endet mit der Einnahme Pavias im Jahre 572, in dem aber auch Alboin durch seinen Waffenträger Helmegis und offenbar mit Wissen seiner gepidischen Gemahlin Rosamunde einem Mordanschlag erliegt[245]. Mit Hilfe der Byzantiner entführen Helmegis und Rosamunde den langobardischen Königsschatz in das byzantinisch gebliebene Ravenna. In Pavia wird Clef zum König erhoben. Das romanische Italien erfährt durch Clef noch härtere Bedrückungen als unter Alboin, in dessen Zeit schon die Flucht der geistlichen Führungsschicht Mailands und Aquileias in die noch von Byzanz gehaltenen Städte fällt. Unter Clef kommt es ferner zu Spannungen mit Alboins Sachsen-Kontigent, und 573 ziehen die Sachsen über die Alpen in ihre alten (danubischen?) Sitze zurück, werden hier jedoch von Sueben (Alemannen?) vernichtet[246], ohne daß Verläßliches über die Geographie dieses Geschehens ausgesagt werden kann[247]. König Clef fällt 574 durch die Hand eines seiner Gefolgsleute.

Langobardischen Einfällen in die südlichen Besitzungen der Franken, besonders in die Provence seit 569, folgt in diesen Gebieten 574/75 eine Niederlage der Langobarden durch die Franken, und 577 besiegt ein fränkisches Heer den langobardischen *dux* Ragilo am südlichen Alpenrand, dem sich weitere fränkisch-langobardische Auseinandersetzungen in Oberitalien anschließen. Erst 584 gelingt es dem inzwischen mit Kaiser Mauricius verbündeten Childebert II., den Langobarden einen Frieden aufzuzwingen[248]. Es ist dieses die Zeit des langobardi-

243) Jarnut (wie Anm. 54) S. 34. Jarnut schätzt die Kopfzahl der langobardischen Fara auf 100000–150000; ca. 20000 sollen Sachsen gewesen sein; hinzuzurechnen sind noch riesige Viehherden. Zur Fara selbst: ebd. 47ff.

244) Ebd. 34.

245) Ebd. 35f.

246) Ebd. 36. – Man vgl. auch die Angaben Löwes zu den Sachsen in Pannonien der Zeit bald nach dem Tode Severins (oben Anm. 230); ferner Wenskus (wie Anm. 29) S. 493, 497; auch oben Anm. 243, unten S. 298.

247) Man vgl. auch oben S. 165 mit Anm. 217, unten S. 281; Anm. 833; S. 341.

248) Jarnut (wie Anm. 54) S. 38f.

schen Interregnums, das durch die Herrschaft der *duces* (Paulus Diaconus nennt die Zahl 35) gekennzeichnet ist und während dessen Dauer die beiden Großdukate Spoleto und Benevent entstehen[249]. 584 jedoch erwählen die Langobarden mit Authari, dem Sohn Clefs, wiederum einen König, dem es 585 zum einen gelingt, die Franken zurückzuschlagen, und zum anderen einen Waffenstillstand mit Byzanz auszuhandeln. Authari löst ferner seine Verlobung mit Childeberts Schwester Chlodoswinda, besiegt 588 abermals die Franken und heiratet 589 bei Verona Theodolinda, die Tochter des Baiernherzogs Garibald und Enkelin König Wachos[250]. Aus dieser Verbindung resultiert die äußerst dauerhafte langobardisch-baierische Allianz, die 616, nach dem Tode Agilulfs, in die über 100 Jahre dauernde bairische Dynastenherrschaft über die Langobarden einmündet[251]. In die Agilulf-Zeit fallen so bedeutsame Ereignisse wie ein erneuter Friedensschluß mit den Franken im Jahre der Königserhebung Agilulfs 591, der langobardische Feldzug von 593 gegen Papst Gregor, der die Plünderung Roms nur durch Tributzahlungen abwenden kann, der langobardisch-byzantinische Krieg mit seinen Höhepunkten in den Jahren 602 und 603, in denen Agilulf die Städte in der östlichen Poebene erobert (u. a. Cremona, Mantua, Padua), der »ewige Friede« mit den Franken von 604, Agilulfs Sieg über den rebellierenden Comes Gisulf II. von Friaul mit Hilfe awarischer Kontingente im Jahre 610, aber auch die Gründung des Klosters Bobbio im nordwestlichen Apennin durch Columban und mit der Unterstützung Agilulfs[252].

Westlich Alemanniens fallen gegen Ende des sechsten Jahrhunderts das Elsaß und der Thurgau an das Burgunderreich Theuderichs II.[253], so daß von diesem Zeitpunkt an archäologisches Quellengut, das formenkundlich als burgundisch anzusprechen ist, dort nichts ungewöhnliches darstellt. Obwohl Alemannien in dieser Zeit politisch noch an das Frankenreich angebunden ist[254], rechnet man in Italien um das Jahr 600 mit einem Alemanneneinfall[255]. Schlesinger erwägt, daß alemannische *duces* wie Leutefred und Uncelen an solchen Plätzen residierten, wie sie die archäologische Landesforschung für die Gelbe Bürg bei Gunzenhausen in Mittelfranken und auf dem Runden Berg bei Urach am Nordwesttrauf der Schwäbischen Alb kennt[256]. In Bodman am Bodensee sitzt zu Beginn des siebenten Jahrhunderts Gunzo, *dux Alemannorum*[257]. Der Alemanneneinfall ins Burgundergebiet bis

249) Ebd. 37.

250) Ebd. 40ff.; Reindel in: M. Spindler (Hrsg.), Handbuch der bayerischen Geschichte Bd. 1. Das alte Bayern. Das Stammesherzogtum bis zum Ausgang des 12. Jahrhunderts^2 (1968; Nachdruck 1971) S. 106. – Man sehe auch unten S. 299.

251) Jarnut (wie Anm. 54) S. 55f.

252) Ebd. 45, 54, 69, 125. – Man sehe auch unten S. 277, 285ff. (Zofinger Kirchenbau).

253) Löwe (wie Anm. 54) S. 88 (zum Jahre 596).

254) 588 fällt der *dux Alamannorum* Leutefred bei Childebert II. in Ungnade, wird vom Frankenkönig abgesetzt, der dafür den *dux Uncelen* einsetzt: Schlesinger (wie Anm. 32) S. 32.

255) Löwe (wie Anm. 54) S. 87.

256) Wie Anm. 32, S. 32 und wie Anm. 144; zu diesen Plätzen vgl. man oben Anm. 172, unten S. 227f.

257) Behr (wie Anm. 57) S. 154–158, 162. – Zur Gleichsetzung von Gunzo/Uncelen sehe man Schlesinger (wie Anm. 32) S. 33.

Aventicum-Avenches des Jahres 610 könnte unter seiner Führung stattgefunden haben[258]. Bemerkenswert an diesem alemannischen Versuch, tief in den Alpen-Jura-Raum bis auf altes Romanengebiet einzudringen, ist die zeitliche Paralellität mit den Ereignissen um Aguntum, wo im selben Jahr der Baiernherzog Garibald II. den Vorstoß der Slawen zum Stehen bringen kann[259].

Die alemannische Ereignisgeschichte des siebenten Jahrhunderts ist eng mit der des Frankenreichs verbunden. Dieser Sachverhalt findet seinen Ausdruck ebenso in den Geschehnissen am fränkischen (und burgundischen) Hof, bei denen mehrfach alemannische Herzöge mitwirken[260], wie auch in der Teilnahme des *dux* Crodebertus an Dagoberts I. Feldzug gegen Samo von 631/32[261]. Für unsere Thematik ist die Ereignisgeschichte des siebenten Jahrhunderts vor allem aus zwei Gründen von geringerem Interesse. Denn erstens berührt sie kaum noch Italien, zweitens aber ist ein Kennzeichen der alemannischen Ereignisgeschichte dieser Zeit, daß die alemannischen Herzöge in hohem Maße eigenmächtig die Geschehnisse mitbestimmen. Das gilt für Gunzo ebenso wie für Crodebertus, Leutharius oder Gotfried, der um 700 in Cannstatt urkundet und seinen vicus Biberburg unweit Cannstatts an das Kloster St. Gallen schenkt[262]. Hans K. Schulze besonders hebt das Heterogene der »Alemannia« hervor und betont den alemannischen Regionalismus in dieser Zeit[263]. Daraus ergibt sich, daß man auch für die archäologischen Beziehungen mit sehr verschiedenen regionalen Einflüssen zu rechnen hat. Doch ist an dieser Stelle bereits auf die offensichtliche Diskrepanz zwischen Schriftquellen und archäologischem Befund hinzuweisen. Denn obwohl die Nachrichten zur Ereignisgeschichte des siebenten Jahrhunderts fast nichts über alemannisch-italische Beziehungen enthalten, lassen die archäologischen Quellen sehr intensive transalpine Verbindungen erkennen, und zwar sowohl über einzelne Fundstücksgattungen als auch über die Architektur der Kirchenbauten, wie uns Vladimir Milojčić am Beispiel von Solnhofen im Altmühltal zeigt[264]. Dieses ist wiederum deshalb erwähnenswert, weil beispielsweise die am Beginn des siebenten Jahrhunderts von Luxeuil ausgehenden Einflüsse Alemannien nur an seiner westlichen Peripherie erreichen[265]. Ich schließe die kursorische Übersicht zur politisch-historischen Ereignisgeschichte ab mit dem Hinweis auf die antifränkischen Rebellionen der Zeit um 700 und

258) Schlesinger (wie Anm. 32) S. 33.
259) Löwe (wie Anm. 54) S. 89; Reindel (wie Anm. 250) S. 112. Die inhaltliche Parallelität zwischen beiden Ereignissen besteht darin, daß den heidnischen Angreifern in beiden Fällen christlich-katholische Verteidiger gegenüberstehen.
260) Wie Anm. 257; Behr (wie Anm. 57) S. 160ff. *(dux Leutharius).*
261) Ebd. 159ff.; Löwe (wie Anm. 54) S. 86–88; Reindel (wie Anm. 250) S. 115f., 118. – Man vgl. auch unten S. 299.
262) Schulze (wie Anm. 30) S. 63. – Man vgl. auch oben S. 145, unten S. 196, 198.
263) Ebd. 58ff. – Man vgl. auch oben S. 144f., unten S. 343.
264) Wie Anm. 23. – Man vgl. auch unten S. 286 und die in Anm. 855 zusätzlich angeführte Literatur.
265) Löwe (wie Anm. 54) S. 75, 98ff. – Umfassende Untersuchung: F. Prinz, Frühes Mönchtum im Frankenreich. Kultur und Gesellschaft in Gallien, den Rheinlanden und Bayern am Beispiel der monastischen Entwicklung (4.–8. Jahrhundert), (1965).

die daraus resultierenden fränkischen Kriegszüge gegen Alemannenherzöge in den Jahren 709 bis 712[266] und erwähne als letztes die Ereignisse des Jahres 746 bei Cannstatt am Neckar (sog. alemannisches Blutbad)[267] nur noch deshalb, weil sich Cannstatt auch den archäologischen Quellen zufolge offensichtlich als einer der alemannischen Zentralorte darstellt, doch im Gegensatz zu den Schriftquellen bereits für die alemannische Frühzeit der zweiten Hälfte des fünften Jahrhunderts[268].

Als Resultat der im Vorstehenden referierten Überlegungen und Ergebnisse der historischen Forschung steht eine in mehrfacher Hinsicht differenzierte Alemannia. Auf sie hebe ich bei den im folgenden darzustellenden archäologischen Befunden im Sinne einer Arbeitshypothese ab. Ich bin mir im klaren, daß dieses Bild einer differenzierten Alemannia gründlicher Prüfung seitens der Geschichtsforschung bedarf, und enthalte mich deshalb jeglicher, zusätzlicher Argumentation auf der Basis der archäologischen Quellen, die dieses Bild untermauern könnten, um eingedenk der Warnungen Walter Schlesingers Zirkelschlüssen keinen Vorschub zu leisten[269]. Der besseren Überschaubarkeit wegen fasse ich meine Thesen zu einer zu differenzierenden Alemannia in den folgenden sechs Punkten zusammen:

1. Die freie Alemannia umfaßt nach der Mitte des fünften Jahrhunderts ungefähr den Raum vom Taunussüdrand bis sicher zum Nordwesttrauf der Schwäbischen Alb und bis zum Basler Rheinknie, nicht jedoch Landstriche südlich des Hochrheins. Auf linksrheinischer Seite gehört ein Gebietsstreifen hinzu, der ungefähr von Worms bis zur Burgundischen Pforte reicht. Im Nordosten wird man Main- und Mittelfranken hinzuzurechnen haben. Unbestimmt bleibt dagegen der Raum südlich der Donau (Oberschwaben) und vor allem die Begrenzung der alemannischen Siedelgebiete in östlicher Richtung. Die so geographisch umschreibbare, freie Alemannia dauert in dieser Form bis zur Konsolidierung Theoderichs Macht in Italien im Jahre 493.

2. Von 493 an, nachdem Theoderich allein in Italien herrscht, unterliegen diejenigen alemannischen Siedelverbände, die innerhalb der alten Grenzen der Provinzen Raetia Prima und Raetia Secunda wohnen, dem Restitutionsanspruch Ostroms auf die Provinzen und damit real dem Theoderich-Reich. Diese ostgotische Alemannia dauert bis 536. Die Ostgrenze des alemannischen Siedelgebietes südlich der Donau wird in dieser Zeit möglicherweise durch die Angaben des Geographen von Ravenna nach dem Deutungsversuch Beyerles von 1952 markiert.

266) Löwe (wie Anm. 54) S. 110; Schlesinger (wie Anm. 32) S. 43.
267) Dazu kritisch Schlesinger (wie Anm. 32) S. 46f., 52 mit Anm. 296.
268) Dazu unten S. 198 mit Anm. 393.
269) Wie Anm. 32, S. 11. – Zur archäologischen Landeskunde der alemannischen Siedelgebiete sehe man W. Hübener, Der Beitrag der frühgeschichtlichen Archäologie zur geschichtlichen Landeskunde des alemannischen Raumes. In: Hübener (Hrsg.), Die Alemannen in der Frühzeit. Veröffentlichungen des Alemannischen Instituts Freiburg/Br. Nr. 34 (1974) S. 27–44. – Zu einer, allerdings regional begrenzten Besiedlungsgeschichte sehe man G. Fingerlin, Zur alamannischen Siedlungsgeschichte des 3.–7. Jahrhunderts. Ebd. S. 45–88.

3. Die freie Alemannia ist von 493 an auf das Gebiet nördlich und nordwestlich der raetischen Provinzgrenzen reduziert.
4. 496/97 wird die freie Alemannia außerhalb der Provinzgrenzen zur fränkischen Alemannia. Eine freie Alemannia existiert nicht mehr.
5. Im Jahre 536 wird die ostgotische Alemannia der fränkischen zugeschlagen und bleibt von nun an fränkisch.
6. Spätestens seit dem Beginn des sechsten Jahrhunderts existiert eine alemannische Exklave im Westteil des Mitteldonaubeckens; sie untersteht dem Ostgotenreich ebenso wie die raetische Alemannia. Ob auch sie 536 an die Franken abgetreten wird, oder im Gepiden- oder Langobardenreich aufgeht, bleibt unbestimmt[270].

Zur archäologischen Periodisierung

Der archäologische Teil des Themas erfordert die Gliederung nach Zeitschichten, Stufen oder Perioden. Alle drei Benennungen meinen im Grunde dasselbe. Ein für Alemannien gültiges Chronologiesystem existiert jedoch nicht[271] und kann ebensowenig auf umfassender Quellenbasis eigens für diesen Zweck erarbeitet werden. Denn es wäre in ähnlicher Weise zu erstellen, wie das von Kurt Böhner bei der chronologischen Gliederung der merowingerzeitlichen

270) Man vgl. oben S. 165 mit Anm. 217, ferner Anm. 230, 246. – Mitentscheidend für diese Frage ist die Interpretation des Theudebert-Briefes an Kaiser Justinian: oben S. 167.

271) Übersicht über den Stand der Forschung bei Christlein, Alamannen (wie Anm. 15) S. 14f. – Werners, auf Münzdatierung beruhendes System von 1935 (wie Anm. 10), erwies sich als ungeeignet, weil die absolut-chronologischen Zeitansätze bis zu einem Jahrhundert zu spät angesetzt wurden. Die endgültige Korrektur wird K. Böhner verdankt: Zur Zeitstellung der beiden fränkischen Gräber im Kölner Dom (in: Kölner Jahrbuch für Vor- und Frühgeschichte 9, 1967–1968, S. 124–135, bes. 126f., erschienen 1968; wiederabgedruckt: wie Anm. 319); Ders. bereits vorher: Die fränkischen Altertümer des Trierer Landes. Germanische Denkmäler der Völkerwanderungszeit. Serie B. Die fränkischen Altertümer des Rheinlandes. Bd. 1 (1958) bes. S. 15–17. – Das bedeutet, daß die absoluten Zeitangaben zum archäologischen Quellenmaterial in der vor 1968 erschienen Literatur ganz anderes Formengut zur Grundlage haben können als von etwa 1970 an. Mithin ist in jedem einzelnen Fall zu prüfen, auf welchen Kriterien die jeweiligen absolutchronologischen Angaben beruhen. – W. Veecks Vorschlag zur Chronologie von 1931 (wie Anm. 9) S. 94ff. hat sich nicht durchsetzen können. – Zu G. Fingerlins Kritik von 1971 an Böhner (wie Anm. 17, S. 146ff.) hat H. Ament 1972 Stellung genommen und Fingerlins Kritik zurückgewiesen (wie Anm. 17). – Man vgl. zum Problem der relativen und absoluten Chronologie der Merowingerzeit auch W. Hübener in: Hübener (Hrsg., wie Anm. 269) S. 34–37; ferner unten S. 186 mit Anm. 327. – Ob sich das abstrakte Chronologieschema durchsetzen wird, das H. Ament kürzlich in zwei Studien vorgeschlagen hat, scheint deshalb fraglich, weil die inhaltlichen Definitionen der einzelnen Stufen und Phasen noch ausstehen (wie Anm. 278; 327). – Zur »Kurzlebigkeit« von Forschungsergebnissen zur absoluten Chronologie insbesondere für Italien, jedoch mit den entsprechenden Konsequenzen auch für die Zone nordwärts der Alpen, sehe man bei H. Roth, Die ornamentgeschichtliche Stellung der »neuen« langobardischen Bügelfibeln in Hannover und New York (in: Germania 56, 1978, S. 533–546, bes. S. 541f. mit Tab. 1 und Anm. 19).

Grabfunde des Trierer Landes angewendete Verfahren[272]. Das aber würde bedeuten, alle geschlossenen Grab- und Schatzfunde zunächst nach der relativchronologischen Methode Oskar Montelius' zu ordnen, um im Anschluß daran jene Grabinventare zu markieren, die über die Münzbeigabe oder über dendrochronologische Kriterien einen terminus post quem besitzen[273]. Damit wäre bereits eine ziemlich verläßliche Basis vorhanden. Sie ließe sich zusätzlich durch von außen herangetragene Vergleiche absichern, beispielsweise über entsprechend erarbeitete Chronologien für Rheinfranken oder für die fränkischen Zentralbereiche Galliens, wo über das Childerichgrab von 482[274] sowie das der Arnegunde von 565/568[275], ferner über das dendrochronologisch datierte Grab 10 aus Arlon (Belgien; terminus post quem: 535)[276] weitere absolutchronologische Fixpunkte zur Verfügung stehen. Außerordentlich hilfreich sind allerdings die Ortschronologien einzelner alemannischer Gräberfelder, deren Ergebnis zumeist eine Phasentabelle ist, der man solche absolutchronologische Zeitansätze einfügt, die entweder münzdatierten Grabinventaren oder auswärtigem Fundmaterial abgewonnen sind. Man muß jedoch klar sehen, daß zwar beispielsweise Rainer Christleins Ortschronologie für das ostalemannische Reihengräberfeld von Marktoberdorf im Allgäu von 1966 noch weitgehend unabhängig von den Stufenschemata anderer Plätze entsteht, daß jedoch bei anderen, später publizierten Arbeiten schon wieder auf Marktoberdorf Bezug genommen wird[277]. Das ist zwar keineswegs zu verwerfen, doch irgendwann schließen sich die Argumentationskreise wieder. Das aber bedeutet letztlich Zirkelschlüsse[278]. Dem läßt sich in gewisser

272) Wie Anm. 271 (1958).
273) Zur MONTELIUS-Methode und ihrer Anwendung auch auf die völkerwanderungszeitlichen und frühmittelalterlichen Grabinventare sehe man BÖHNER (wie Anm. 271; 1968) S. 125: »In den großen rheinischen Museen liegen einige Tausend von geschlossenen Grabfunden, die alle Voraussetzungen für die Anwendung der von O. MONTELIUS formulierten Methode erfüllen, welche darauf beruht, daß die durch typologische Untersuchungen festgestellten Entwicklungsstufen der einzelnen Gegenstände durch ›sichere Funde‹, in denen sie auftreten, zu bestimmten Perioden kombiniert werden«.
274) Eine Monographie ist von J. WERNER in Aussicht gestellt. Man vgl. vorläufig: DERS., Neue Analyse des Childerichgrabes von Tournai (in: Rheinische Vierteljahresblätter 35, 1971, S. 43–46); DERS., Der goldene Armring des Frankenkönigs Childerich und die germanischen Handgelenkringe der jüngeren Kaiserzeit. Mit einem Anhang von Ludwig PAULI (in: Frühmittelalterliche Studien 14, 1980, S. 1–49), mit Angaben zur älteren Literatur seit 1655. – Leicht zugängliche Abbildungen und Informationen in: Ausstellungskatalog Paris »Childeric-Clovis. Rois des Francs 482–1983. De Tournai à Paris, naissance d'une nation« (1983).
275) A. FRANCE-LANORD und M. FLEURY, Das Grab der Arnegundis in Saint-Denis (in: Germania 40, 1962, S. 341–359); man vgl. dazu die weiteren Informationen in: Dossiers d'archéologie 32, 1979, S. 6–91 (Découverts à Saint-Denis. Bijoux et parures mérovingiens de la reine Aregonde belle-fille de Clovis).
276) H. ROOSENS et J. ALENUS-LECERF, Sépultures mérovingiennes au »Vieux Cimetière« d'Arlon. Archaeologica Belgica 88 (1965) S. 47ff; ROOSENS ebd. 213 (1979) S. 124–127.
277) Marktoberdorf: CHRISTLEIN (wie Anm. 15). Als eines der jüngsterschienenen Beispiele ist auf die Monographie von U. KOCH zu Bargen und Berghausen zu verweisen (wie Anm. 18) S. 23f.
278) Und nicht etwa nur Verwirrung, wie AMENT meint: Zur archäologischen Periodisierung der Merowingerzeit (in: Germania 55, 1977, S. 133–140, bes. S. 136). – Wenig befriedigend beispielsweise

Weise dadurch begegnen, daß man Bezugssysteme nichtalemannischer Gräberfelder mitberücksichtigt, wie das Ursula Koch 1982 für die nordbadischen Reihengräberfelder von Bargen und Berghausen versucht[279], doch auch dieses Verfahren ersetzt nicht die Montelius-Methode. Im folgenden ist deshalb zu prüfen, ob und gegebenenfalls in welcher Weise eine chronologische Gliederung der archäologischen Quellen möglich ist, die zwar primär archäologischer Natur sein muß, dennoch aber auch für die historische Fragestellung des Themas anwendbar ist. Dabei fragen wir in erster Linie unter dem Gesichtspunkt transalpiner Beziehungen und möchten historischen Zeitmarken nicht von vornherein die Qualität archäologischer Fixpunkte zuschreiben. Denn der Gang der Forschung zeigt deutlich, daß diese Methode zu Fehlurteilen führen kann. Das weist Jaroslav Tejral am Beispiel der Jahreszahl von 409 für Transdanubien nach[280], und Renate Pirling bringt entsprechende Korrekturen an, die sich auf das Urteil der älteren Forschung zum Jahr 568 für die fränkische und alemannische Chronologie beziehen[281]. Den umgekehrten Weg beschreitet infolgedessen Rainer Christlein bei seinem Versuch, den auffälligen Schatzfundhorizont der alemannischen Höhenburg des Runden Berges bei Urach am Nordwesttrauf der Schwäbischen Alb zu erklären. Auf dem Runden Berg markieren deponierte Edelmetallfundstücke einen Zeitpunkt, der aufgrund der Querverbindungen zur fränkischen Stufe II des Trierer Landes (nach Kurt Böhner) um das Jahr 500 liegt[282].

G. Clauss, Reihengräberfelder von Heidelberg-Kirchheim. Badische Fundberichte. Sonderheft 14 (1971) S. 14f. »Vorbemerkung zur Datierung«, S. 82ff. »Zur Chronologie«; ferner Chr. Neuffer-Müller, Der alamannische Adelsbestattungsplatz und die Reihengräberfriedhöfe von Kirchheim am Ries (Ostalbkreis). Forschungen und Berichte zur Vor- und Frühgeschichte in Baden-Württemberg Bd. 15 (1983) S. 19f.: »Vorbemerkungen zur Datierung«, S. 102ff.: »Die Belegungsabfolge«.

279) Wie Anm. 18, S. 24 Abb. 4. – Direkt zu vgl. ist die entsprechende Tabelle bei Neuffer-Müller (wie Anm. 278) S. 19. Doch ist in keinem der beiden Schemata sichergestellt, daß sich die den Stufen oder Phasen zugrunde liegenden Quellenmaterialien auch inhaltlich-formenkundlich entsprechen. Eben das aber ist für den regionalen (alemannischen) wie überregionalen (alemannisch-fränkischen) Vergleich zu fordern. An diesen Beispielen zeigt sich besonders deutlich, daß wir ohne den von Böhner vorgeschlagenen methodischen Weg auf Dauer nicht auskommen können (man vgl. oben Anm. 273).

280) Mähren im 5. Jahrhundert. Die Stellung des Grabes 32 aus Smolín im Rahmen der donauländischen Entwicklung zu Beginn der Völkerwanderungszeit. Studie AÚČAV v Brně 3 (1973) S. 55f.; man vgl. auch unten S. 178 mit Anm. 292.

281) Chronologische Aspekte der fränkisch-langobardischen Kulturbeziehungen. In: Atti del 6° congresso internazionale di studi sull' alto medioevo. Milano, 21–25 Ottobre 1968. Bd. 1 (1980) S. 151–168. – Man vgl. auch oben Anm. 271 sowie V. Milojčićs in gewohnter Weise deutlich ausgesprochene Gedanken (in: 49. Bericht RGK 1968, S. 112 mit Anm. 5) zu H. Bott, Rezension von: J. Werner, Die Langobarden in Pannonien ([wie Anm. 11] in: Germania 42, 1964, S. 342). – Daß Stilelemente und einzelne Fundstücke, die man bislang durch Langobarden vermittelt worden sah, möglicherweise schon in die italisch-ostgotische Periode gehören, deutet Bierbrauer an (wie Anm. 14; 1975) S. 14. – Man vgl. auch unten S. 181 und S. 233 mit Anm. 554.

282) Christlein, Der Runde Berg III (wie Anm. 15) S. 18ff. – W. Menghins Kritik an Christleins Ergebnis zur Chronologie des Quellenstoffes vom Runden Berg (wie Anm. 128, S. 135) zielt deshalb an der Sache vorbei, weil der Rezensent die Ergebnisse der historischen Forschung selbst ungenau wiedergibt.

Auch läßt sich der Abbruch einiger Gräberfelder Alemanniens in dieselbe Zeit datieren[283]. Erst aufgrund solcher Vorüberlegungen erwägt Christlein einen Zusammenhang zwischen dem Verbergungshorizont des Runden Berges und Chlodewechs Alemannenschlacht gegen Gibuld von 496/97, bzw. den daraus resultierenden Ereignissen des Jahres 506/07[284]. Der Formenbestand der deponierten Goldschmiedeerzeugnisse vom Runden Berg (Fibeln, Arm- und Ohrringe, d. h. Frauenschmuck), aber auch die einzeln gefundenen Spathascheidenbeschläge wie an Goldgriffspathen, ferner Fibelgußformfragmente sowie ein byzantinisches Münzgewicht (exagium)[285] (Abb. 7,1) erhalten auf diese Weise das Jahr 496 als frühestmöglichen und das Jahr 507 als spätestmöglichen terminus ante quem. Das aber bedeutet, daß dieses Quellenmaterial bereits um die Wende vom fünften zum sechsten Jahrhundert ausgebildet gewesen sein muß. Die gleiche Aussagekraft als absolut-chronologischer Fixpunkt könnte vielleicht auch der Breisacher Münsterberg erlangen[286].

Fragt man dagegen nach dem Wert der Zeitmarke von 493 für die archäologische Chronologie, so vermag man nicht recht zu erkennen, in welcher Weise dieses Jahr, von dem an Theoderich Alleinherrscher in Italien ist, von seinen Gefolgsleuten zum König von Italien ausgerufen wird und in die Merowingerdynastie einheiratet, als absolutchronologischer Fixpunkt zu verwenden ist. So wichtig dieses Datum auch für die Geschichte Alemanniens erscheint, so wenig stellt es, methodisch gesehen, einen terminus post quem einerseits für die archäologischen Quellen Italiens, andrerseits in bezug auf ostgotischen Einfluß in die alemannisch besiedelte Zone dar. Eher bietet sich schon das Jahr 489 an, der Zeitpunkt, von dem an Theoderich in Italien steht und der zweifellos die Qualität eines terminus post quem für ostgotischen Einfluß in die Zone nordwärts der Alpenpässe besitzt, und zwar nicht nur für die alemannisch besiedelten Gebiete, sondern für die Raetia Secunda insgesamt, wie das die Forschung am Beispiel der Bügelfibeln vom ostgotischen Typ auch sieht[287]. Anders verhält es sich jedoch wohl mit den numismatischen Quellen. Denn wir müssen damit rechnen, daß

Denn in dem von Menghin angeführten Zöllner-Zitat ist keineswegs davon die Rede, daß die Schlacht von Tolbiacum/Zülpich gegen Sigibert 496 stattfindet, sondern für 496/97 nennt Zöllner erst den zweiten Schlag »an einem unbekannten Schlachtort«, den Kampf zwischen Chlodowech und Gibuld (dazu auch oben S. 152 mit Anm. 128). Wichtiger ist jedoch Christleins Ergebnis, daß von Böhners Stufe II deren jüngerer Formenbestand auf dem Runden Berg fehlt. Böhners Stufe II umfaßt jedoch den Zeitraum von etwa 450–525. Deshalb gelangt Christlein zu der von ihm vertretenen Vorstellung. Man kann mithin durchaus bereits die Ereignisgeschichte von 496/97 für das Ende der älteren Siedlungsperiode heranziehen. – Zu den relativchronologischen Konsequenzen, die sich aus der archäologischen Analyse des Schatzfundhorizontes vom Runden Berg ergeben, vgl. man unten S. 225, 236f.

283) Christlein, Der Runde Berg III (wie Anm. 15) S. 20 mit Anm. 146.

284) Ebd. 21. Zu 506/07 vgl. man auch oben S. 157 mit Anm. 158.

285) Zum Münzgewicht: Christlein, Der Runde Berg I (wie Anm. 15) S. 27, Taf. 10, 9; ferner die in Anm. 25 genannte Literatur.

286) Fingerlin (wie Anm. 17; 1979) S. 393. – Man vgl. auch oben S. 157 mit Anm. 160.

287) Zuletzt Bierbrauer (wie Anm. 14; 1975) S. 113. Man vgl. aber unten S. 214ff. mit Anm. 458, 461–465.

Odoaker noch bis 493 in Ravenna prägen läßt und daß erst von diesem Jahr an die Ravennater Emissionen Theoderichs in Italien umlaufen und damit auch über die Alpenpässe gelangen[288]. Darauf ist unten noch zurückzukommen.

Die Frage ist allerdings, ob sich italisch-ostgotisches Formengut einerseits in Italien selbst, andrerseits in den nordalpinen Landschaften so verläßlich von Ostgermanisch-Odoaker-zeitlichem trennen läßt, daß man ostgermanisch-italische Einflüsse wirklich erst von 489 an erwarten darf oder nicht doch schon von 476 an, dem Ende des weströmischen Kaisertums? Konkret gefragt: Wann beispielsweise gelangen Münzen aus Odoaker-Emissionen in die Zone nordwärts der Alpen? Liefen sie in Italien noch nach 493 um, oder hat man bezüglich der Odoaker-Münzen eventuell mit der damnatio memoriae zu rechnen, wofür es in der Antike zahlreiche Beispiele gibt[289]? Sind ferner für die Zeit vor Theoderich transalpine Verbindungen gänzlich auszuschließen, oder gelangen doch schon in der Zeit Odoakers außer Münzen auch Schmuckstücke und Trachtassessoires in die alemannisch besiedelten Gebiete? Daß italisch-ostgermanische Silbermünzen sowie solche des Exarchats von Ravenna gewissermaßen in Form eines fränkischen »Münzstromes« erst seit 539 über die Alpen gelangen, wie Joachim Werner ausführt[290], bedarf noch ausführlicherer Begründung. Vorläufig wird man deshalb eher mit kontinuierlichen Münzzufluß seit der Odoaker-Zeit zu rechnen haben[291]. Für Alemannien, Thüringen, Sachsen und bis Südskandinavien ist allerdings jeglicher Münzzufluß stets nur als Import gemünzten Edelmetalls anzusehen, dagegen nicht als Kurant. Aus solchen Überlegungen insgesamt ergibt sich für die archäologische Periodisierung Alemanniens, daß man vorsorglich das Jahr 476 als terminus post quem für italisch-ostgermanische, die ostgotischen mit einzubeziehende, transalpine Beziehungen wählt, und nicht die Zeitmarken von 493 und 489, und zwar ungeachtet dessen, daß die Odoaker-zeitlichen archäologischen Quellen Italiens scheinbar nur mangelhaft zu überschauen sind[292]. Das Jahr 493 könnte allerdings insofern

288) Man siehe dazu J. WERNER, Fernhandel und Naturalwirtschaft im östlichen Merowingerreich nach archäologischen und numismatischen Zeugnissen (in: 42. Bericht RGK 1961, S. 307–346, bes. S. 324 Abb. 12, S. 338f.).

289) Zum Wert solcher Befunde für die archäologische-numismatische Chronologie vgl. man das Beispiel des römischen Lagers von Hofheim am Taunus. Dazu zuletzt M. MENKE (in: Jahresbericht der bayerischen Bodendenkmalpflege 21, 1980, S. 84f. Anm. 20).

290) Wie Anm. 288, S. 322.

291) Man vgl. die Graphik bei WERNER (wie Anm. 288, S. 324 Abb. 12), ferner die unter Odoaker in Mailand für Zeno geprägte Siliqua im Inventar (Grabfund) von Konarzew (Masowien): zuletzt BIERBRAUER (wie Anm. 14; 1975) S. 139f. mit Anm. 171. Zum Konarzew-Fund sehe man E. PETERSEN, Der ostelbische Raum als germanisches Kraftfeld im Lichte der Bodenfunde des 6.–8. Jahrhunderts (1939) S. 74–76.

292) Methodisch unhaltbar ist BIERBRAUERS Überlegung, daß die Chronologie der archäologischen Quellen Italiens ostgermanischer Formenprovenienz durch die Schriftquellen bestimmt sei (wie Anm. 14 [1975] S. 15). Dazu auch unten S. 191 mit Anm. 351, S. 209 mit Anm. 432, S. 216 mit Anm. 465. – Kritik an BIERBRAUERS und auch WERNERS Methodenverständnis veröffentlicht zudem jüngst die skandinavische Forschung: U. NÄSMAN, Zwei Relieffibeln von der Insel Öland (in: Prähistorische Zeitschrift 59, 1984, S. 48–80, bes. S. 67–69). – Man sehe auch unten Anm. 481.

Bedeutung erlangen, als von diesem Zeitpunkt an verstärkt mit ostgotisch-italischem Formengut in der ostgotischen Alemannia zu rechnen ist, von 536 an im selben Raum dagegen dann mit fränkischem[293)]. Möglicherweise treten fränkische Einflüsse nur verstärkt in Erscheinung; denn daß die ostgotische Alemannia bis 536 gegenüber archäologischem Quellenmaterial fränkischer Abkunft gänzlich abgeschottet sein könnte, erscheint nicht nur unglaubhaft, sondern läßt sich auch widerlegen, wie anderenorts auszuführen ist[294)]. Mit in Rechnung zu stellen ist, daß auch noch nach 536 Fundstücke ostgotischer Abkunft den Weg über die Alpen finden können. Denn in Verona beispielsweise halten sich Ostgoten bis 561. Im Einzelfall läßt sich das jedoch nicht entscheiden. Die Fundmünzen dagegen sind sicherer zu beurteilen, denn meist kennt man den Münzherren und oft dazu auch noch den Prägeort[295)].

In welcher Weise sich die Ereignisgeschichte der Jahre seit 536 auf das archäologische Quellenmaterial der alemannisch besiedelten Gebiete auswirkt, müßte auf umfassender Grundlage neu untersucht werden, und zwar unter dreifacher Fragestellung: 1. Sind solche Fundmaterialien vorhanden, denen definitiv ostgotische Provenienz zugeschrieben werden kann, und zwar in dem Sinne, wie das die Forschung für die fränkischen Rheinlande für die Zeit von 539 an glaubt nachweisen zu können[296)]? 2. Ist ein verstärkter Zustrom fränkischen Formengutes in die bis 536 ostgotische Alemannia deutlich zu belegen? 3. Sind für die in Rede stehende Zeit Stilelemente nachweisbar, die neu auftreten und weder aus den Kunststilen der zeitlich vorhergehenden Denkmälergruppen alemannischer oder fränkischer Herstellung abgeleitet werden können, denen jedoch möglicherweise italisch-byzantinische Herkunft zugeschrieben werden darf? Weil gerade diese dritte Frage wohl positiv zu beantworten ist, wird man in Übereinstimmung mit der älteren Forschung der Zeitmarke von 536 Argumentationswert zubilligen müssen[297)].

293) Ganz unterschiedlich beurteilt die ältere Forschung den Wert des Jahres 536 als archäologische Zeitmarke: Positiv dazu VEECK (wie Anm. 9) S. 93f. mit Hinweis auf vorangegangene Studien bezüglich fränkischer Einflüsse auf alemannisches Quellenmaterial; positiv äußert sich auch WERNER (wie Anm. 10) S. 28 bezüglich der italisch-ostgotischen Verbindungen mit der Zone nordwärts der Alpen. Gegen VEECK äußert sich WERNER dann ebd. S. 75. – BÖHNER (wie Anm. 271, 1958, S. 16) lehnt es aus Gründen der Methodik ab, Daten der Ereignisgeschichte a priori als archäologische Zeitmarken zu verwenden. – Ich selbst hebe auf diesen Zeitpunkt vor allem deshalb ab, weil über die durch O. DOPPELFELD 1959 im Kölner Dom ausgegrabenen, reich ausgestatteten Grüfte ganz unabhängig von allen Überlegungen zur Ereignisgeschichte ein archäologisch-numismatisch bestimmter absolutchronologischer Fixpunkt gewonnen ist, der ziemlich genau mit dem Jahr 535/36 übereinstimmt. Dazu vgl. man BÖHNER (wie Anm. 271; 1968). Entsprechenden Fundstücken oder Stilelementen aus alemannischen Gräbern kommt infolgedessen diese Zeitmarke als terminus ab quo oder post quem zu.

294) Verf. demnächst im Zusammenhang mit der Baiern-Frage.

295) Man vgl. das Beispiel der Siliqua aus dem Konarzew-Inventar: oben Anm. 291.

296) So WERNER (wie Anm. 288) S. 321f.

297) Wie Anm. 293. – In diesem Zusammenhang ist nützlich, zwei Zitate Walter VEECKS in Erinnerung zu rufen (Die Reihengräberfriedhöfe des frühen Mittelalters und die historische Forschung. in: 16. Bericht RGK 1925-26, S. 35–46): »Die Erkenntnis typisch alamannischer Formen gibt uns ein Hilfsmittel an die Hand, nun auch den Anteil der Alamannen an den frühen Grabfeldern des unteren Neckarlandes und des

Ganz eindeutig wirkt sich schließlich das Datum der langobardischen Landnahme im Sinne eines terminus post quem auf die archäologischen Quellen Alemanniens aus. Italisch-langobardische Goldschmiedeerzeugnisse gelangen in nicht unerheblichem Umfang in die Zone nordwärts der Alpen, alemannische Gold- und Silberschmiede wenden Ornamentdetails langobardischen Ursprungs an, der Fundmünzenspiegel ist deutlich langobardisch mitgeprägt[298]. Ebenso treten bestimmte Waffenformen sowie Beschlagstücke des Pferdegeschirrs des langobardenzeitlichen Italiens im alemannischen Quellengut auf, desgleichen Keramik in langobardischer Formentradition. Im Bestattungsbrauchtum der Alemannen wie auch der Baiern schlägt sich die italisch-langobardische Sitte der Goldblattkreuze nieder, die ohne die italischen Vorbilder in der Zone nordwärts der Alpen wohl unerklärbar bleibt. Das alles ist der Forschung seit langem bekannt, und sie schließt deshalb auf sehr intensive transalpine Beziehungen der hier siedelnden germanischen *gentes* mit dem langobardenzeitlichen Italien. Das Jahr 568 besitzt infolgedessen ebenso die Qualität einer archäologischen Zeitmarke wie die Jahre 536 und 476. Durch die Zeitmarke von 536 lassen sich die 92 Jahre von 476 bis 568 in zwei unterschiedlich lange Zeitabschnitte unterteilen. Für die 60 Jahre von Odoaker bis Witigis wären für Alemannien deutliche italisch-ostgermanische Einflüsse anzunehmen; die nur etwa halb so lange Zeitspanne von 536 bis 568 wäre negativ durch reduzierte ostgotische Einflüsse zu umschreiben, positiv dagegen durch den verstärkten Niederschlag fränkischen Formenguts im alemannischen Quellenmaterial als Folge der Ereignisgeschichte der Zeit Theudeberts I., Theudebalds und dem Beginn der drei fränkischen Teilreiche Austrien, Neustrien und Burgund unter den Herrschaften der Söhne Chlothars I., dem Zeitalter der Westgotin Brunichilds. Mit 568 kommt als neuer Faktor das italisch-langobardische zum alemannisch-fränkischen Quellenmaterial hinzu, ohne daß deshalb fränkisches völlig aussetzte. Aufgrund der Bemerkungen Renate Pirlings wird man jedoch neu zu bestimmen haben, was tatsächlich als italisch-langobardischer Einfluß zu werten ist[299]. Daß langobardische Stilelemente sich von 568 an sehr nachhaltig im alemannischen Fundbestand niederschlagen, steht insgesamt jedoch nicht zur Diskussion. Mir scheint deshalb gerechtfertigt, die drei Zeitmarken von 476, 536 und 568 versuchsweise als archäologische Periodengrenzen für Alemannien anzuwenden, um damit ein den italischen Verhältnissen parallel zugeordnetes Periodisierungsschema zu erhalten. Die Periode von 476 bis 536 bezeichne ich für das archäologische Quellenmaterial Alemanniens als

Rheingebiets und damit die ursprüngliche Ausdehnung des alamannischen Stammesgebietes vor ihrer Niederlage gegen die Franken zu bestimmen. Sie ermöglicht uns ferner, den Schluß unserer Historiker zu bestätigen, daß die Alamannen aus den Landstrichen an der Mittel- und Unterelbe nach Süddeutschland gekommen sind« (S. 40). – »In der Zeit von 496 bis 536 haben sich kaum fränkische Kultureinflüsse bei den Alamannen bemerkbar gemacht, vielmehr ist anzunehmen, daß sie allem Fränkischen ablehnend gegenüberstanden. Das wurde anders, als sie 536 unter fränkische Herrschaft kamen...« (S. 43). – Man hat dabei mitzubeachten, daß Veeck u. a. auch ein Teil der Schretzheimer Grabfunde bekannt war und daß seine Ansicht über die Herkunft beispielsweise von U. Koch eben am Beispiel des Schretzheimer Quellenmaterials aufs beste bestätigt worden ist (unten S. 236f., 281).

298) Werner (wie Anm. 10) S. 13.

299) Wie Anm. 281.

Alemannisch I, den Zeitabschnitt von 536 bis 568 infolgedessen als Alemannisch II. Der terminus ante quem des Runden Berges von 496/507 fiele somit in Stufe Alemannisch I. Mit dem Jahr 568 setzt Stufe Alemannisch III ein. Darüber hinaus ist eine Parallelisierung mit der Ereignisgeschichte beim derzeitigen Forschungsstand nicht möglich, obschon die archäologischen Quellen zu den Alemannen des siebenten Jahrhunderts sich gleichfalls in Stufen gliedern lassen[300]. Allen weiteren Überlegungen zur Stufengliederung sei jedoch die Frage vorangestellt, ob und in welcher Weise das vorgeschlagene Periodenschema mit den von der archäologischen Forschung bereits erarbeiteten Chronolgiebefunden übereinstimmt.

Methodisch gesehen wäre es zweifellos falsch, die alemannischen Fundstücke und Befunde aufgrund ihrer herkömmlichen absolutchronologischen Einschätzung (z. B. »erstes Drittel 6. Jh.«, »zweite Hälfte des 6. Jahrhunderts«, »um 600«) auf die Stufen Alemannisch I–III aufzuteilen. Stattdessen ist zu versuchen, den aus der Ereignisgeschichte abgeleiteten Zeitmarken solche absolutchronologisch fixierten Leitfunde anzugliedern, die einerseits archäologische Stilstufengrenzen markieren und die andrerseits nach Möglichkeit unabhängig von der Ereignisgeschichte datierbar sind. Diese letztgenannte Bedingung ist ohne eine umfassende Neuanalyse aller einschlägigen italisch-langobardischen sowie alemannischen Quellen für die Zeitmarke bis 568 freilich nicht erfüllbar. Denn dem steht vor allem der mangelhafte Forschungsstand für Italien entgegen, so daß ein wirklich verläßliches Urteil über die italische Chronologie erst nach der teils Neu-, teils aber auch noch Erstedition der italischen Quellen möglich sein wird, wie sie 1980 Joachim Werner angekündigt hat[301]. Doch wirkt sich diese Einschränkung für unseren Zusammenhang deshalb nicht gravierend aus, weil die italische Zeitmarke von 568 in bezug auf ihre transalpinen Auswirkungen generell gesehen nicht zur Diskussion stehen kann. Allerdings läßt sich erst nach den für Italien noch zu leistenden Vorarbeiten entscheiden, was von dem italischen Quellengut wirklich in die langobardische Periode zu datieren ist und was bereits in die vorlangobardische, jedoch nicht mehr ostgotische Phase gehört. Stufe Alemannisch I, die Zeit von 476 bis 536 umgreifend, läßt sich im Alemannischen (wie auch im Fränkischen) zum größeren Teil durch die archäologische Leitform der Goldgriffspatha umschreiben. Die jüngste Bearbeitung dieser Denkmälergruppe und ihre formenkundliche Differenzierung geschieht 1976 durch Hermann Friedrich Müller, der, etwas verallgemeinert gesehen, eine childerichzeitliche Phase von einer chlodowechzeitlichen unterscheiden kann[302]. Gleichartige Beschlagstücke vom Runden Berg belegen sehr wahrscheinlich nur Müllers ältere

300) Dazu unten S. 300 ff., 327 ff.

301) Stand und Aufgaben der frühmittelalterlichen Archäologie in der Langobardenfrage. In: Atti... Milano 1980 (wie Anm. 281) S. 25–46, bes. 34, 38 f., 45.

302) H. F. MÜLLER, Das alamannische Gräberfeld von Hemmingen (Kreis Ludwigsburg). Forschungen und Berichte zur Vor- und Frühgeschichte in Baden-Württemberg Bd. 7 (1976) S. 99 Abb. 50. Bestätigend: AMENT (in: Bericht RGK 58, 1977, S. 655 ff.). – Zu den zur Spathagruppe zugehörenden Schwertscheidenortbändern vgl. man W. MENGHIN, Schwertortbänder der frühen Merowingerzeit. In: KOSSACK und ULBERT (Hrsg., wie Anm. 14) S. 435–469 (Typengruppen 3–4); S. 468 Nr. 90, S. 469 Nr. 114.

Gruppe[303], die demnach bis in die Zeit um 500 anzudauern scheint. Weil jedoch in Müllers chronologisch zu interpretierender Tabelle alemannische Goldgriffspathen in beiden Phasen vorkommen[304], ist Stufe Alemannisch I zumindest in die (childerichzeitliche) Phase I a und in die (chlodowechzeitliche) Phase I b zu untergliedern. Eindeutig jünger als die Goldgriffspathen der Phase I b muß aber das Prunkgrab von Planig (bei Worms, Rheinhessen) eingestuft werden, so daß dieses Inventar als Leitfund einer Phase Alemannisch I c gelten kann[305].

Wenn auch diejenigen Quellen zur alemannischen Archäologie, die in die Zeit vor Stufe Alemannisch I fallen, im Zusammenhang mit unserem Thema nicht mitzudiskutieren sind, empfiehlt sich dennoch ein kurzer Ausblick auf die archäologischen Chronologiesysteme der alemannischen Frühzeit vor 476. Die Unterschiede im alemannischen Quellenbild für die jüngere Kaiserzeit des vierten und frühen fünften Jahrhunderts einerseits und für die frühe Reihengräberperiode (Alemannisch I) andrerseits gestatten vorerst nicht, das Chronologieschema der kaiserzeitlichen Germania Magna[306] konsequent über die Stufen C 1 bis C 3 und D hinaus fortzuschreiben. Dem steht außerdem entgegen, daß die archäologische Kaiserzeit-Chronologie raumübergreifend konzipiert und anwendbar ist. Für Südwestdeutschland und

303) Christlein (wie Anm. 15), Der Runde Berg I (1974) Taf. 9, 10, wahrscheinlich auch Taf. 12,12 (Ortband an die Form »Andernach« bei Menghin anzuschließen [wie Anm. 302]); Der Runde Berg III (1979) Taf. 4, 1–6. – Man vgl. ferner bei Christlein (wie Anm. 25 [Spathascheidenbeschläge] S. 181), wo dieser die streifentauschierten Scheidenbeschläge (diese für Müllers ältere Phase kennzeichnend) von den gittertauschierten (für Müllers jüngere Phase kennzeichnend) absetzt. Christlein zufolge endet die Gruppe der Goldgriffspathen abrupt gegen das Jahr 500 oder bald danach (Alamannen [wie Anm. 15] S. 86). Höchstwahrscheinlich denkt er dabei an die Ereignisgeschichte der Jahre 496/97 bis 506/07. Das könnte für Alemannien zwar zutreffen. Doch für den fränkischen Bereich hat man nach anderen Gründen zu suchen. Dazu unten S. 187ff.

304) Wie Anm. 302; ältere alemannische Spathen z. B. Hemmingen Grab 25, Basel-Gotterbarmweg Grab 19, Gültlingen Grab von 1901, Entringen (Krs. Tübingen), Heilbronn-Rosenberg; jüngere Spathen: Hemmingen Grab 2, Basel-Kleinhüningen Gräber 63 und 212, Blumenfeld (Kr. Engen), Baden-Oos.

305) P. T. Kessler, Merowingisches Fürstengrab von Planig in Rheinhessen (in: Mainzer Zeitschrift 35, 1940, S. 1–13). – Zur Chronologie des Planig-Grabes sehe man H. Ament, Fränkische Adelsgräber von Flonheim in Rheinhessen. Germanische Denkmäler der Völkerwanderungszeit, Serie B. Die fränkischen Altertümer des Rheinlandes. Bd. 5 (1970) S. 62–64.

306) Grundlegend noch immer H. J. Eggers, Zur absoluten Chronologie der römischen Kaiserzeit im freien Germanien (in: Jahrbuch des Römisch-Germanischen Zentralmuseums Mainz 2, 1955, S. 196–244). Eggers Studie wiederabgedruckt in: H. Temporini und W. Haase (Hrsg.), Aufstieg und Niedergang der römischen Welt. Geschichte und Kultur Roms im Spiegel der neueren Forschung 2. Principat. Bd. 5,1 (1976) S. 3–64. – Zu den jüngeren Perioden sehe man J. Reichstein, Die kreuzförmige Fibel. Zur Chronologie der späten römischen Kaiserzeit und der Völkerwanderungszeit in Skandinavien, auf dem Kontinent und in England. Offa-Bücher Bd. 34 (1975), bes. S. 98–112; Ders., Stufengliederung der späten Kaiserzeit und der Völkerwanderungszeit anhand von Grabfunden mit kreuzförmigen Fibeln. In: G. Kossack und J. Reichstein (Hrsg.), Archäologische Beiträge zur Chronologie der Völkerwanderungszeit. Antiquitas. Reihe 3, Bd. 20 (1977) S. 53–56. – Ferner noch K. Godłowski, The Chronology of the Late Roman and Early Migration Periods in Central Europe. Prace Archeologiczne Bd. 11 (1970).

Nordbayern weist das Erwin Keller nach[307]. In beiden Gebieten wird aber auch, quellenmäßig bedingt, ein duales Chronologiesystem angewendet. Denn Kellers Schema, das ausschließlich nur für denjenigen Teil des Fundmaterials gilt, der formenkundlich mit dem der Germania Magna übereinstimmt, steht dasjenige für den Formenbestand spätrömischer Herkunft gegenüber[308]. Beide Schemata ergänzen sich dergestalt, daß die älteste spätrömische Fazies (Spätrömisch 1) noch während der Dauer der Stufe C 3 in der zweiten Hälfte des vierten Jahrhunderts einsetzt, die beiden folgenden Phasen (Spätrömisch 2 und 3) dann die Zeit bis um die Mitte des fünften Jahrhunderts ausfüllen, wogegen Stufe C 3 spätestens in der Zeit um das Jahr 400 endet[309]. Die Zeit um 400 markiert zugleich auch das Ende des römischen Münzumlaufs in Süddeutschland[310], ohne daß damit das Ende der Stufe C 3 begründet wäre.

Die Zeit um die Mitte des fünften Jahrhunderts läßt sich in Südwestdeutschland dem derzeitigen Kenntnisstand nach in erster Linie durch einzelne attilazeitliche Fundinventare nachweisen[311]. Dazu zählen u. a. der Grabfund von Altlußheim bei Mannheim (Nordbaden) mit goldblechverkleideter Spathascheide sowie der Goldfund von Wolfsheim bei Mainz (Rheinhessen), münzdatiert über einen Solidus Valentinians I. (364–375), dessen terminus post quem gegenüber der archäologischen Datierung allerdings unverhältnismäßig früher liegt[312]. Auch das Grabinventar von Mainz-Kostheim mit Gürtelbeschlägen im spätrömischen Metall-

307) Zur Chronologie der jüngerkaiserzeitlichen Grabfunde aus Südwestdeutschland und Nordbayern. In: Kossack und Ulbert (Hrsg.; wie Anm. 14) S. 247–291.

308) H.W. Böhme, Germanische Grabfunde des 4. bis 5. Jahrhunderts zwischen unterer Elbe und Loire. Studien zur Chronologie und Bevölkerungsgeschichte. Münchner Beiträge zur Vor- und Frühgeschichte Bd. 19 (1974). – Ders., Die Bedeutung der spätrömischen Chronologie Nordgalliens für das nordwestdeutsche Küstengebiet im 4.–5. Jahrhundert n. Chr. In: Kossack und Reichstein (Hrsg.; wie Anm. 306) S. 17–28. – Zum »vormerowingischen« Alter des spätrömischen Formenbestandes vgl. man auch die Bemerkung Aments (wie Anm. 278) S. 138. – Man sehe auch E. Keller, Möglichkeiten der Synchronisation spätrömischer Fundgruppen aus den Provinzen an Oberrhein und oberer Donau mit elbgermanischen der jüngeren Kaiserzeit. In: Kossack und Reichstein (Hrsg.; wie Anm. 306) S. 11–16. – Ferner noch R. Koch, Spätkaiserzeitliche Fibeln aus Südwestdeutschland. In: Kossack und Ulbert (Hrsg.; wie Anm. 14) S. 227–246.

309) Böhme (wie Anm. 308; 1974) S. 155–157; Keller (wie Anm. 307) S. 273.

310) K. Christ, Antike Fundmünzen Südwestdeutschlands. Münzfunde, Geldwirtschaft und Geschichte im Raume Baden-Württembergs von keltischer bis in alamannische Zeit. 1. Teil. Untersuchung. Vestigia. Beiträge zur Alten Geschichte Bd. 3 (1960) S. 150 ff. – H. J. Kellner in: Spindler (Hrsg., wie Anm. 250) S. 69. – Für Flachlandraetien sehe man außerdem Keller (wie Anm. 104) S. 188 ff. – Zu den identischen Verhältnissen in der Schweiz siehe man Martin in: Werner und Ewig (Hrsg.; wie Anm. 17) S. 418, 430, 432.

311) Zusammenfassende Übersicht bei J. Werner, Beiträge zur Archäologie des Attila-Reiches. Bayerische Akademie der Wissenschaften. Philosophisch-historische Klasse. Abhandlungen. Neue Folge Heft 38 (1956), bes. S. 82 ff.

312) Zur Datierung von Altlußheim und Wolfsheim in die Zeit zwischen 420 und 450: ebd. 88. – Die Spatha aus Altlußheim auch bei Christlein, Alamannen (wie Anm. 15) Taf. 41 abgebildet.

stil sowie der Restbestand eines Grabinventars von Mundolsheim bei Straßburg (Elsaß) gehören hierher[313]. Siedlungen dieser Periode fehlen keineswegs[314]. Weil diese attilazeitlichen Fundinventare teils noch Formengut mitumfassen, das nur von demjenigen der jüngeren Kaiserzeit Innergermaniens ableitbar ist (z. B. die Goldfibel mit umgeschlagenem Fuß aus Wolfsheim), oder von ostgermanischen Fundinventaren des Mitteldonaubeckens[315], kann man diese Quellen gewissermaßen der germanischen, völkerwanderungszeitlichen Stufe D angliedern.

313) Zu beiden Fundinventaren WERNER (wie Anm. 311) passim, Taf. 55; 62, 4–5. – Zur 1979 gefundenen Goldcloisonné-Schnalle von Wolfsheim sehe man BERNHARD (wie Anm. 314) S. 82f. Abb. 15,10.

314) Zu hochgelegenen Plätzen: Anm. 25 (Runder Berg), DANNHEIMER, (wie Anm. 16 [1962] 129ff.: Gelbe Bürg u. a.); allgemein: J. WERNER, Zu den alamannischen Burgen des 4. und 5. Jahrhunderts. In: Speculum Historiale. Festschrift für Johannes SPÖRL (1965) S. 439–453; wiederabgedruckt in: MÜLLER (Hrsg.; wie Anm. 29) S. 67–90. – R. CHRISTLEIN, Alamannen (wie Anm. 15) S. 39–49 (Das Bild der Siedlungen). – Von Bedeutung auch die neu entdeckten Plätze in Jechtingen, Kr. Emmendingen (spätantikes Kastell auf der Sponeck und nahe gelegene alemannische Siedlung); dazu FINGERLIN (in: Archäologische Nachrichten aus Baden 20, 1978, S. 17–19); DERS. (wie Anm. 17; 1979) S. 389–391 mit weiterer Literatur. – Ferner DERS., Der Zähringer Burgberg, eine neuentdeckte Höhensiedlung der Völkerwanderungszeit, Gemeinde Gundelfingen, Kreis Breisgau-Hochschwarzwald. In: Archäologische Ausgrabungen in Baden-Württemberg 1983 (1984) S. 181–184. – Zu den Besiedlungsverhältnissen am Oberrhein sehe man H. BERNHARD, Germanische Funde der Spätantike zwischen Straßburg und Mainz (in: Saalburg-Jahrbuch 38, 1982, S. 72–109). – Zu den Besiedlungsverhältnissen in der Umgebung von Mainz: M. MÜLLER-WILLE und J. OLDENSTEIN, Die ländliche Besiedlung des Umlandes von Mainz in spätrömischer und frühmittelalterlicher Zeit (in: Bericht RGK 62, 1981, S. 261–314).

315) Geht man mit J. WERNER davon aus, daß Wolfsheim als ein Beispiel mitteldonauländischer Bestattungssitten der ersten Hälfte des 5. Jahrhunderts (Attila-Zeit) anzusehen ist (Die frühgeschichtlichen Grabfunde vom Spielberg bei Erlbach, Ldkr. Nördlingen, und von Fürst, Ldkr. Laufen a. d. Salzach, in: Bayerische Vorgeschichtsblätter 25, 1960, S. 164–179, bes. S. 176, 178; ferner wie Anm. 274 [1980] S. 3), so hat man die Goldfibel aus Wolfsheim mit ähnlichen Edelmetallfibeln des Mitteldonaubeckens zu vergleichen. Dazu zählen u. a. Smolín (Grab 32), Belgrad-Čukarica, Csongrád, Tiszalök, auch Zamość (Ukraine) und Rakovac (Kroatien). Die Literatur dazu ist umfangreich. Mit Ausnahme von Belgrad-Čukarica sind wohl alle diese Fibeln in die Attilazeit, bzw. in die erste Hälfte des 5. Jahrhunderts zu datieren (man vgl. etwa Tejral [wie Anm. 280] S. 30f.). Belgrad-Čukarica dürfte aufgrund des gegossenen, kerbschnittverzierten Bügelfibelpaares jünger sein, gehört jedoch aufgrund der goldenen Polyederohrringe mit tordiertem Bügel noch eindeutig ins 5. Jahrhundert und gewiß nicht erst an dessen Ende. Das Goldohrringpaar aus Čukarica besitzt Analogien außer im Mitteldonaubecken auch in den südalemannischen Frauengräbern von Mahlberg (Ortenau), Mengen (Breisgau) und Basel-Kleinhüningen (dazu unten S. 203 ff.). Das Grabinventar aus Belgrad-Čukarica abgebildet bei BIERBRAUER (wie Anm. 14; 1975) Taf. 78, 2–7; man vgl. auch die Angaben zu den Fibeln mit umgeschlagenem Fuß aus Čukarica bei: WERNER, Zu einer elbgermanischen Fibel des 5. Jahrhunderts aus Gaukönigshofen, Ldkr. Würzburg. Ein Beitrag zu den Fibeln vom »Typ Wiesbaden« und zur germanischen Punzornamentik (in: Bayerische Vorgeschichtsblätter 46, 1981, S. 225–254, S. 249f. mit Anm. 52). – In Mecklenburg dauern die Fibeln mit umgeschlagenem Fuß bis in die Zeit der Nydam-Fibeln: REICHSTEIN (wie Anm. 306, 1975) S. 83ff. – Das Jonglieren mit Zeitspannen um ein Jahrzehnt mehr oder weniger für Wolfsheim, wie bei H. BÖHME (in: Archäologisches Korrespondenzblatt 4, 1974, S. 165ff.) und H. BERNHARD (wie Anm. 314, S. 84), führt in der Sache nicht weiter. – Zum Typ der Fibeln mit umgeschlagenem Fuß auch unten Anm. 475.

Deren absolutchronologisches Alter wäre jedoch noch näher zu ermitteln[316]. Die formenkundliche Anbindung an die frühe Reihengräberzeit ist über Prunkgräber der Art wie Blučina bei Brünn (Mähren), Fürst bei Laufen (Chiemgau), das Childerichgrab sowie andere Inventare gegeben[317]. Stufe D ginge, so gesehen, Alemannisch I im großen und ganzen voraus.

Der Zäsur von 536 entspricht in der Zone nordwärts der Alpen ungefähr der Beginn einer Stilstufe, die vorzugsweise durch den Formenbestand der fränkischen, münzdatierten Prunkbestattungen von Krefeld-Gellep (Grab 1782; terminus post quem: Solidus nach Anastasius 491/518)[318] und unter dem Kölner Dom umschreibbar ist (Frauengrab; ferner das annähernd zeitgleiche Knabengrab)[319]. Dieser Formenbestand läßt sich deutlich gegenüber älterem absetzen, und zwar dergestalt, daß ein Inventar wie das des Planiger Prunkgrabes gewissermaßen von der Gräbergruppe mit Goldgriffspathen zu den Prunkspathen mit sogenanntem Ringknauf wie Krefeld-Gellep überleitet[320]. Der durch Krefeld-Gellep und die Gräber unter dem Kölner Dom widergespiegelte Zeitstil weist darüberhinaus deutliche Beziehungen zum zeitgleichen italisch-byzantinischen, das heißt zum vorlangobardischen Formengut Italiens auf[321]. Als eines der hervorstechendsten Merkmale darf bei den Arbeiten in Edelmetall die Kombination von Goldcloisonné mit Goldfiligran gelten[322]. Der Beginn der Stufe Alemannisch II ist infolgedessen durch das Auftreten solcher Fundstücke definiert, die dem Formenbestand der beiden oben genannten fränkischen Prunkgräber entsprechen. Die italische Prunkspatha mit Ringknauf aus dem südlich des Apennin gelegenen Reihengräberfeld von Nocera Umbra (Grab 1)[323] ist unten in anderem Zusammenhang noch ausführlich zu diskutieren.

316) Zu der in Anm. 306 genannten Literatur (Reichstein, Godłowski) vgl. man noch die Übersichten bei: H. Geisslinger, Horte als Geschichtsquelle, dargestellt an den völkerwanderungs- und merowingerzeitlichen Funden des südwestlichen Ostseeraumes. Offa-Bücher Bd. 19 (1967); K. Godłowski, Die Chronologie der spätrömischen Kaiserzeit und der frühen Völkerwanderungszeit in Nord-Ost-Polen (in: Rocznik Białostocki 12, 1974, S. 9–109; deutsches Resümee S. 102–109); E. Bakka, Stufengliederung der nordischen Völkerwanderung und Anknüpfung an die kontinentale Chronologie. In: Kossack und Reichstein (Hrsg.; wie Anm. 306) S. 57–60.

317) Nach Werner (wie Anm. 274 [1980] S. 3f.) folgen auf die durch Wolfsheim und Fürst dargestellte Phase der ersten Hälfte des 5. Jahrhunderts Grabinventare wie Blučina, Apahida, Pouan und Tournai.

318) R. Pirling, Ein fränkisches Fürstengrab aus Krefeld-Gellep (in: Germania 42, 1964, S. 188–216).

319) O. Doppelfeld, Das fränkische Frauengrab unter dem Chor des Kölner Domes (in: Germania 38, 1960, S. 89–113); Ders., Das fränkische Knabengrab unter dem Chor des Kölner Domes (in: Germania 42, 1964, S. 156–188); Ders. und W. Weyer, Die Ausgrabungen im Dom zu Köln. Kölner Forschungen Bd. 1 (1980), S. 264ff. – Ebd. S. 377–391 auch K. Böhners Aufsatz »Zur Zeitstellung der beiden fränkischen Gräber im Kölner Dom« von 1968 (wie Anm. 271) wiederabgedruckt.

320) Ament (wie Anm. 305) S. 62f.

321) Pirling (wie Anm. 281) S. 152f.; (wie Anm. 318) S. 209.

322) Beispielsweise an dem Rosettenfibelpaar aus dem Kölner Dom: Doppelfeld (wie Anm. 319; 1960) Taf. 15,11; dgl. an dem Pferdegeschirrbesatz aus Krefeld-Gellep: Pirling (wie Anm. 318) Taf. 47, 1.2.

323) Åberg, Goten und Langobarden (wie Anm. 2) S. 99 Abb. 157; gute Fotoabbildung in: H. Roth (Hrsg.), Kunst der Völkerwanderungszeit. Propyläen Kunstgeschichte Supplementbd. 4 (1979) Taf. 98. – Dazu auch unten S. 231ff. mit Anm. 539, 546, 551–553.

Das Ende der Stufe Alemannisch II fällt mit dem Beginn der Stufe III zusammen; doch haben wir gleitenden Übergang anzunehmen. Definiert ist der Beginn von Alemannisch III durch die ältesten Belege zu Fundstücken italisch-langobardischer Provenienz, wie solche von 568 an zu erwarten sind[324]. Nach 568 sind infolge des langobardischen Kontinuums von Italien aus keine archäologisch relevanten Zeitmarken mehr zu erwarten. Es sei denn, die noch zu erarbeitende, eigenständige archäologische Chronologie des italischen frühmittelalterlichen Quellenmaterials vermittelt neue Einsichten, was durchaus möglich erscheint. Das Ende der Stufe Alemannisch III hat man infolgedessen aus den Quellen der Zone nordwärts der Alpen allein zu ermitteln, wie auch alle anderen absolutchronologischen Daten zur alemannischen Stufenfolge des siebenten Jahrhunderts. In welcher Weise wir von der Zeit der Stufe Alemannisch III an mit verbindlichen Erkenntnissen rechnen dürfen, sei durch den Hinweis auf das Arnegunde-Grab im fränkischen Zentralort St. Denis bei Paris verdeutlicht. Denn dieses Inventar und sein Kunststil ist über die Identifizierung der merowingischen Königsgemahlin verläßlich auf die Zeit um 565/570 datierbar[325]. Dieser Zeitansatz entspricht jedoch dem Auftreten des langobardischen Kunststils in Italien wie im Alemannengebiet; und er entspricht zugleich auch dem terminus ante quem der langobardisch-pannonischen Archäologie. Auf solche Weise erhalten wir schließlich absolutchronologische Bezugssysteme für Zentraleuropa, die in der Qualität ihrer Aussagekraft dem circummediterranen Datierungssystem für das frühe zweite Jahrtausend in der Konzeption Fritz Schachmeyers ebenbürtig sind[326]. Die Archäologieforschung zur Merowingerzeit strebt an, derartige Bezugssysteme in Zukunft mit der relativchronologischen Stufenfolge nach der Methode Oskar Montelius' verknüpfen zu können. Daß jedoch die Montelius-Methode der erste Schritt sein muß, wissen wir seit Kurt Böhners Studie zu den fränkischen Altertümern des Trierer Landes von 1958[327].

324) Nach Ansicht der älteren Forschung sollen langobardisch-alemannische Verkehrsbeziehungen erst von 591 an möglich gewesen sein (WERNER [wie Anm. 10] S. 28f.). Diese Ansicht hat sich als Fehlinterpretation herausgestellt: WERNER (wie Anm. 301) S. 36. – Die Rehabilitation der Zeitmarke von 568 durch WERNER bereits 1962: Die Langobarden in Pannonien (wie Anm. 11) S. 88ff.

325) Dieses von M. FLEURY vorgeschlagene Datum bestätigt u. a. BÖHNER, Zur archäologischen Chronologie der Merowingerzeit. In: Actes du VIIIe Congrès International des Sciences Préhistoriques et Protohistoriques, Prag 21–27 août 1966. Bd. 2 (1971) S. 999–1001. – Ferner auch M. LAST in: Hoops RE^{2} Bd. 1 (1973) S. 429.

326) Die orientalisch-mittelmeerischen Grundlagen der vorgeschichtlichen Chronologie (in: Prähistorische Zeitschrift 34–35, erste Hälfte, 1949–50, S. 17–48).

327) Wie Anm. 271. – Den Wert der von BÖHNER mehrfach postulierten MONTELIUS-Methode (wie Anm. 271, 1968; 325) hebt auch AMENT hervor: Chronologische Untersuchungen an fränkischen Gräberfeldern der jüngeren Merowingerzeit im Rheinland (in: Bericht RGK 57, 1976, S. 285–336). Jedoch lassen sich Bedenken gegen dessen weiterführende Gedanken nicht unterdrücken. Denn daß auch mehrere Gräberinventare eines Teils eines Gräberfeldes gemeinsam als geschlossener Fund zu werten seien (ebd. S. 288), ist nicht nur aus Gründen der Methodik anfechtbar, sondern man fragt sogleich auch, was damit gewonnen wäre. Denn, realistisch betrachtet, lassen im allgemeinen nur Beginn und Ende der Gesamtbelegung Rückschlüsse auf siedlungsgeschichtliche Fragen zu, sofern man überhaupt dieses Ziel anvisiert. Denn

Der archäologische Befund

Stufe Alemannisch I (476–536): Alemannien, Italien und das Mitteldonaubecken

Unsere historisch ermittelte Zeitmarke für den Beginn von Alemannisch I, das Jahr 476, fällt zeitlich ungefähr mit dem von dem italischen Datum unabhängig gewonnenem Einsetzen der Goldgriffspathengruppe zusammen. Deren absolutchronologischer Fixpunkt ist das Childerichgrab von 482, dem jedoch die Zeitgruppe Blučina-Pouan noch vorausgeht, so daß der Beginn der Gruppe tatsächlich ziemlich genau dem italischen Datum entspricht[328]. Die älteren Gräber mit Goldgriffspathen scheinen zum Teil Einzelgräber zu sein; die Waffen an sich lassen sich von attilazeitlichen Prunkschwertern des Typs wie Altlußheim ableiten[329], hängen formenkundlich aber auch ebenso mit Silbergriffspathen wie Wien-Leopoldau zusammen[330]. Die Goldgriffspathen der frühesten Reihengräberphase setzen Hermann Ament zufolge um 480 ein[331]. Eingedenk archäologischer Datierungsspielräume, ist die Zeitmarke 476 ohne Zweifel mit einbegriffen. Von alemannischem Siedelgebiet stammen die acht Goldgriffspathen Basel-Kleinhüningen, Grab 63 (nördlich des Rheins), Gültlingen (Ldkr. Calw, zwei Exemplare), Entringen (Ldkr. Tübingen), Sindelfingen (Ldkr. Böblingen), Pleidelsheim (Ldkr. Ludwigsburg), Ulm und Baden-Oos; nördlich der alemannischen Vorkommen liegen die rheinhessischen Fundorte Flonheim, Rommersheim und Planig sowie jener mit der Bezeichnung »bei Frankfurt«, und aufgrund des polychromen Goldcloisonné-Beschlages aus Groß-Karben wird man höchstwahrscheinlich auch für dieses Gräberfeld der südlichen Wetterau eine Prunkspatha mit Goldgriff anzunehmen haben[332]. Berücksichtigt man die eingangs versuchsweise

doch wohl unmöglich ist, mit einer Form oder einem Stilelement, das auf diese Art chronologisch fixiert worden wäre, entsprechende Analogien zu datieren. Die Folge wäre doch eine Kette von Zirkelschlüssen! Natürlich ist legitim, ein auf kombinationsstatistische Weise nicht gruppenmäßig zuzuordnendes Grab über die horizontalstratigraphische Methode einem Belegungsabschnitt anzugliedern. Doch verläßlich ist ein solches Ergebnis niemals, und infolgedessen lassen sich auch keine weiterführende Folgerungen daran anknüpfen. Wozu die horizontalstratigraphische Methode wirklich taugt, ist, die zuvor erstellte Gruppenkombination daraufhin zu überprüfen, ob ihr chronologisch bedingte Gründe unterstellt werden können, die sich dann im Belegungsablauf eines Gräberfeldes widerspiegeln können (oder auch nicht). Daß mit Hilfe der horizontalstratigraphischen Methode aber auch noch andersartige Erkenntnisse zu gewinnen sind, hat R. Christlein demonstriert, nämlich vergleichende Untersuchungen zum Gefüge der Bestattungsplätze einer besiedlungsgeschichtlich einheitlichen Region (Die Alamannen [wie Anm. 15] S. 16ff.). Dadurch, daß Christlein diesen Weg zur strukturanalytischen Forschung aufgezeigt hat, übertrug er uns zugleich auch die Aufgabe, diesen Weg weiterzubeschreiten.

328) Zur Unterteilung der Goldgriffspathen-Gruppe vgl. man Ament (wie Anm. 305) S. 62, ferner oben S. 181f. mit Anm. 304.

329) Wie Anm. 312. Christlein, Alamannen (wie Anm. 15) Taf. 41.

330) Werner (wie Anm. 311) Taf. 19, 1–3.

331) Wie Anm. 305, S. 63f.

332) Verbreitungskarte bei Ament (wie Anm. 305) S. 52 Abb. 4; zugehörige Liste ebd. 51 Anm. 74. Pleidelsheim: Christlein, Alamannen (wie Anm. 15) Taf. 42. – Zu Groß-Karben sehe man unten Anm. 539.

umschriebenen Grenzen Alemanniens zu seiner Frühzeit, gehen möglicherweise auch diese letztgenannten Goldgriffspathen auf alemannische Bestattungen zurück, doch kann es sich auch um fränkische Gräber handeln[333].

Die Gruppe der Goldgriffspathengräber umfaßt als Chronologiestufe den Raum von Blučina in Mähren bis zum fränkischen Tournai, vom alemannischen Basler Rheinknie bis zur Ile de France[334]. Am Mittel- und Niederrhein, im Gebiet der Maas, in Kent sowie am Oberlauf der Themse sind zur selben Zeit solche Spathen verbreitet, die im Gegenteil zu den aus attilazeitlichem Kulturerbe hervorgehenden Goldgriffspathen im spätrömischen Formenbestand wurzeln[335]. Ein Neufund dieser Gruppe stammt aus dem Reihengräberfeld von Hemmingen (Ldkr. Ludwigsburg)[336]. Die Hemminger Gräber sind zwar teilweise beraubt, dennoch lassen sich Grab 21 sowie zwei weitere Spathagräber verläßlich beurteilen[337]. Ostgermanische Grabinventare wie jene aus Blučina und aus dem siebenbürgischen Érmihályfalva (dieses münzdatiert über eine Solidus-Nachprägung Theodosius II.; terminus post quem 443) sind in Hermann Friedrich Müllers neue Untersuchungen zur Goldgriffspathengruppe miteinbegriffen und der childerichzeitlichen Phase zuzuordnen[338]. Wie eng jedoch beide Spathagruppen formal und damit auch chronologisch verzahnt sind, läßt sich an der Goldgriffspatha des neuentdeckten Pleidelsheimer Reihengräberfriedhofes erkennen, ein gleichfalls alemannisches Gräberfeld und von dem Hemmingener rund 30 km entfernt. Denn die Pleidelsheimer Goldgriffspatha weist Merkmale beider Zeitgruppen Müllers auf[339] und ist zudem über das silbervergoldete, kerbschnittverzierte und mit Granateinlagen versehene Schwertscheidenmundstück engstens mit dem Érmihályfalva-Grab in Siebenbürgen verbunden. Dieser Befund drückt ebenso klar die Beziehungen zwischen dem zentralalemannischen

333) Man vgl. bei AMENT (wie Anm. 305) S. 164 f. – Zur Nordgrenze der alemannischen Siedelgebiete der Frühzeit vgl. man die Überlegungen STAABS (wie Anm. 101) S. 48 f.
334) Wie Anm. 332.
335) WERNER, Zu fränkischen Schwertern des 5. Jahrhunderts (Oberlörick-Samson-Abingdon). In: Germania 31, 1953, S. 38–44; DERS., Fränkische Schwerter des 5. Jahrhunderts aus Samson und Petersfinger (in: Germania 34, 1956, S. 156–158). Ergänzend: MÜLLER (wie Anm. 302) S. 43 ff. (Hemmingen Grab 21).
336) MÜLLER (wie Anm. 302) S. 43 ff. Taf. 7 A; 15 (Grab 21). Zur Datierung dieser Spatha in die Attila-Zeit: unten Anm. 350.
337) Ebd. Gräber 2, 21, 25.
338) Ebd. 99 Tabelle Abb. 50. WERNER datiert den Grabfund von Érmihályfalva in die Zeit um 500, und in eine auf Apahida und die Gräbergruppe um Bácsordas folgende Stufe (wie Anm. 10, S. 32 f.; wie Anm. 311 S. 31 f. [hier Érmihályfalva als gepidisches Grab bezeichnet], S. 44). Aufgrund der nahezu identischen Scheidenmundbleche können Érmihályfalva und Pleidelsheim nur gleichzeitig sein, gehören sicher beide noch MÜLLERS älterer Gruppe an und sind sicher nicht jünger als die Goldgriffspatha des Childerich-Grabes.
339) Man vgl. die Unterscheidungskriterien bei MÜLLER (wie Anm. 302) S. 97 ff. – Zur Pleidelsheimer Goldgriffspatha sehe man CHRISTLEIN, Alamannen (wie Anm. 15) S. 162, Regeste Nr. 285; Taf. 42. Unten Anm. 341.

Siedelraum und dem Mitteldonaubecken aus, wie die Hemmingener Spatha aus Grab 21 Verbindungen mit den fränkischen Landschaften zwischen Niederrhein und Seine verdeutlicht. Reflektiert man die Ereignisgeschichte, entsprechen zeitlich die alemannischen Beutezüge bis zur österreichischen Donau einerseits und bis in den Raum von Zülpich bei Köln andrerseits; es ist die Zeit König Gibulds, ohne daß damit ausgedrückt werden soll, daß es sich bei den alemannischen Schwertfunden um fränkisches oder ostgermanisches Beutegut handelt. Ganz andere Faktoren sind wohl in Rechnung zu stellen[340].

An dieser Stelle sei erlaubt, auch einmal einen Blick auf das Individuum zu werfen, das hinter den archäologischen Quellen zu sehen ist. Denn im Falle des mit 30–40 Jahren verstorbenen Pleidelsheimer Goldgriffspathaträgers ist dessen persönliches Schicksal aufgrund der anthropologischen Analyse erkennbar; eine schwere Knochenentzündung machte ihn zum Krüppel. Die anthropologische Forschung beurteilt den Befund folgendermaßen: »Eine schwere Knochenkrankheit hatte diesen noch relativ jungen Amtsträger befallen. In seiner Bewegungsfähigkeit war er äußerst eingeschränkt. Er hatte Schmerzen, zumindest im Verlauf der Krankheit, hatte ein dickes Bein und Beschwerden beim Gehen. Möglicherweise gebrauchte er dazu eine Stütze. Er war also keineswegs der strahlende Held, wie man ihn sich gerne unter einem mit reichen Beigaben bestatteten germanischen Krieger vorstellen möchte. Es mag hier die Überlegung angestellt werden, daß ein Amt von einem schwer Erkrankten ausgeübt werden konnte, d. h. die Krankheit war kein Grund, ihn dessen zu entheben«[341].

Im zeitgleichen Italien fehlen Belege zur Gruppe der Goldgriffspathen, weil ostgotischen Bestattungssitten zufolge Waffen nicht in die Gräber gelangen. Doch wird man entsprechende Fundstücke für die Odoaker-Zeit, d. h. vor 488 oder 493 erwarten dürfen. Denn im Mitteldonaubecken, aus dem Odoaker und seine Ostgermanen nach Italien ziehen, ist die Denkmälergruppe der Goldgriffspathen sehr gut bekannt, wie in erster Linie Blučina belegt, in erweitertem Sinne dann auch Érmihályfalva in Siebenbürgen und Komárom an der Donau[342]. Odoaker

340) Ebd. (Müller) 100: »Es ergibt sich ein Bild vielschichtiger und in ihren Ausmaßen nur bruchstückhaft erkennbarer Einflüsse, an denen die verschiedensten Kulturgebiete der Zeit teilhatten.« Man vgl. ferner unten S. 196–199.

341) In: Menschen des Frühen Mittelalters im Spiegel der Anthropologie und Medizin. Ausstellungskatalog des Württembergischen Landesmuseums Stuttgart[2] (1983) S. 72ff. (Zitat S. 73).

342) Komárom: J. Hampel, Alterthümer des frühen Mittelalters in Ungarn Bd. 1–3 (1905); Bd. 2, S. 46–47, Bd. 3 Taf. 40. Zur Verbindung des Fundortes Komárom an der pannonischen Donau mit der Goldgriffspatha-Gruppe sehe man Ament (wie Anm. 305) S. 56f. – Eine Prunkspatha der vom alemannischen Hemmingen bis nach Südengland verbreiteten Form veröffentlichte kürzlich A. Kiss: Völkerwanderungszeitliches, germanisches Langschwert von Dunapentele/Dunaújváros (in: Alba Regia. Annales Musei Stephani Regis 19, 1981, S. 145–165); wahrscheinlich handelt es sich um einen Donau-Baggerfund. Der Chronologie dieser Spathagruppe zufolge könnte das Fundstück von Odoakers Gefolgschaft aus Gallien mit an die pannonische Donau gebracht worden sein. Doch ist müßig, über das Ethnikon des ursprünglichen Besitzers zu spekulieren, ebenso über fränkischen Waffenexport ins Mitteldonaubecken zu dieser Zeit, wie indirekt aus den verschiedenen Überlegungen des Autors Kiss hervorgeht. Kiss erwägt deshalb folgerichtig Herstellung der Waffe in Pannonien selbst (ebd. S. 148). Mitteldonauländischen Ursprungs

selbst steht rangmäßig sicherlich nicht hinter dem Goldgriffspathaträger Childerich zurück. Doch lassen andrerseits die odoakerzeitlichen Grabschätze aus dem siebenbürgischen Apahida bei Klausenburg[343] erkennen, daß in Grabinventaren, die zu den prunkvollsten überhaupt gehören, archäologisch ganz unscheinbare Waffen vorkommen. Bei allen Regionalvergleichen hat man infolgedessen die negative Auslese des Filters der Bestattungssitten zum einen und des der Überlieferungsbedingungen zum anderen zu berücksichtigen.

Dennoch entzieht sich die Zone südlich der Alpen nicht gänzlich der Beurteilung. Auszugehen ist von einem Schwertscheidenortband vom Typ Samson aus dem Museum Verona[344]. Der Typ gilt als fränkisch, und seine Zeitstellung scheint auf die zweite Hälfte des fünften Jahrhunderts beschränkt zu sein[345]. Volker Bierbrauer dagegen hält das Veroneser Fundstück für alemannisch, und es sei mit der italischen Ansiedelung alemannischer Flüchtlinge der Ereignisse von 506/07 in Zusammenhang zu bringen[346]. Eine ausgezeichnete Analogie zum Veroneser Fundstück findet sich im Reihengräberfeld von Hemmingen, d. h. im zentralalemannischen Siedelraum. Die zugehörige Spatha ist das dortige Exemplar mit gegliedertem Elfenbeingriff, die formal wie chronologisch nicht von den Goldgriffspathen zu trennen ist[347]. Die Ausstattung des Hemminger Grabes mit Prunkspatha, Schild, Ango und spätrömischer Kerbschnittschnalle stellt den Regelbefund aus fränkischen Gräbern dar[348]. Der Ango scheint

dürfte wohl ebenso die odoakerzeitliche Prunkspatha aus Felpéc (Komitat Győr–Sopron) sein (ebd. 149 Abb. 5), und zwar aufgrund des Dekors des erhaltenen, silbervergoldeten Scheidenmundbeschlages. Gute Abbildung und zudem in informativer Gegenüberstellung zu einem der Gürtelschlösser der (im weitesten Sinne gefaßten) Gruppe von Gáva-Domolospuszta-Bácsordas bei I. Bóna, The Dawn of the Dark Ages. The Gepids and the Lombards in the Carpathian Basin (1976) Taf.-Abb. 41. – Den Grabfund aus Érmihályfalva (Siebenbürgen) bezeichnet Werner als gepidisch (wie Anm. 311, S. 31 f.). Eine formenkundlich nahezu identische Analogie zu Érmihályfalva gehört zur Prunkspatha aus Basel (Gräberfeld Gotterbarmweg, nördlich des Rheins, Grab 19). Weitere Analogien stammen aus den alemannischen Grabfunden von Gültlingen (Goldgriffspatha), Heilbronn-Rosenberg sowie aus dem Komárom-Fund. Man vgl. dazu Menghin (wie Anm. 302) S. 448 ff. mit Abb. S. 11; Werner (wie Anm. 10) S. 33. – Menghin korrigiert Werners zu späte Datierung, in dem er die zweite Hälfte des 5. Jahrhunderts, d. h. die Odoaker-Zeit, miteinbezieht: a. a. O. S. 449. – Man vgl. auch unten Anm. 368.

343) Hampel (wie Anm. 342) Bd. 1, S. 310; Bd. 2 S. 39 ff. Bd. 3 Taf. 32–36 (1. Grabfund). – K. Horedt und D. Protase, Das zweite Fürstengrab von Apahida, Siebenbürgen (in: Germania 50, 1972, S. 174–220). – J. Werner, Namensring und Siegelring aus dem gepidischen Grabfund von Apahida, Siebenbürgen (in: Kölner Jahrbuch für Vor- und Frühgeschichte 9, 1967–1968, S. 120–123). Werner bestätigt Horedts Annahme, daß der Omharus des ersten Apahida-Grabschatzes ein Gepidenkönig und Nachfolger Ardarichs war (ebd. 122). – Man vgl. auch unten S. 196.

344) Bierbrauer (wie Anm. 14; 1974) S. 563, Abb. 3; Menghin (wie Anm. 302) S. 467 Nr. 71 (Typ Samson).

345) Menghin, ebd. 449 ff.

346) Wie Anm. 344, S. 572, 575 f.

347) Man vgl. die Gegenüberstellung beider Formen bei Christlein, Alamannen (wie Anm. 15) Taf. 42; Müller (wie Anm. 302) S. 43 ff.

348) Müller (wie Anm. 302) S. 95 ff.

anzuzeigen, daß die Zeit derjenigen Grabinventare, die unmittelbar der Attila-Periode folgen, bereits überschritten ist[349]. Andrerseits hat man den mit entsprechenden Schwertscheidenbeschlägen regelhaft vergesellschafteten spätrömischen Kerbschnittschnallentyp in die Stufe Spätrömisch 3 zu datieren, die nur bis zur Mitte des fünften Jahrhunderts reicht[350]. Daraus folgert, daß für Schwertortbänder wie Hemmingen Grab 21 und das Veroneser Fundstück nur solch ein Abschnitt innerhalb der zweiten Hälfte des fünften Jahrhunderts in Frage kommen kann, der noch deutlich vor 500 liegt. Eine Datierung in den Beginn des sechsten Jahrhunderts erscheint gezwungen. Alemannische Vermittlung ist für das italische Fundstück durchaus denkbar, fränkische allerdings nicht auszuschließen. Höchstwahrscheinlich gehört die Veroneser Ortbandzwinge zu einer Spatha, die in der Odoaker-Zeit aus der Zone nordwärts der Alpen nach Italien gelangt. Sie wird zweifellos nicht der einzige archäologische Quellenbeleg für germanischen, nordalpenländischen Fundstoff der Vor-Theoderich-Zeit sein, auch wenn wir mit intensiveren Beziehungen erst von 493 an werden rechnen können[351].

Besonders gute Beispiele für die alemannisch-transalpinen Beziehungen in Stufe Alemannisch I stellen die wohl fast immer vergoldeten Spangenhelme vom Typ Baldenheim dar[352], allerdings unter der Voraussetzung, daß es sich dabei tatsächlich um italische Fabrikate handelt. Joachim Werner, und ihm folgend auch Volker Bierbrauer, nehmen ostgotisch-italische Herkunft an, und die Waffenschmiede sollen Romanen sein[353]. Doch wirklich zu beweisen ist das bisher nicht. So erwägt Kurt Böhner beispielsweise, ob die fränkischen Fundstücke nicht

349) Ebd. 101.

350) Zum Typ der bronzenen Kerbschnittschnalle aus Hemmingen Grab 21 (MÜLLER wie Anm. 302, S. 45, Taf. 7 A,7) sehe man BÖHME (wie Anm. 308, 1974, S. 73): Variante zum Typ Krefeld-Gellep; auch die zugehörige Spatha ist mit der des Hemmingener Grabes typenmäßig gleich: man vgl. BÖHME Taf. 77 mit MÜLLER Taf. 7 A. – Zur Datierung des Schnallentypes und der beiden Inventare Hemmingen Grab 21 sowie Krefeld-Gellep Grab 43 in Stufe Spätrömisch III (ca. 400–450), d.h. in die Attila-Zeit, ebd. S. 83. Die Vergesellschaftung desselben Schnallentyps mit einem Spathaortband ähnlich dem verwandten Typ Wageningen liegt neuerdings auch noch aus Wenigumstadt (Ldkr. Aschaffenburg) vor: CHR. RYTKA und L. WAMSER in: Das archäologische Jahr in Bayern 1981 (1982) S. 158f. Abb. 136 (zu weiteren frühen Grabinventaren aus Wenigumstadt sehe man a. a. O. [1983] S. 120f.) – Zur bisherigen Verbreitung dieser Ortbandtypen sehe man bei MENGHIN (wie Anm. 302) S. 452 Abb. 13a. – Hinzuweisen ist hier auch auf eine mit einem frühen Bügelfibelpaar vergesellschaftete Kerbschnittschnalle gleichen Typs aus Weingarten, Kr. Ravensburg, Grab 241 (unten Anm. 428).

351) Zu dieser Frage sehe man auch oben S. 179 mit Anm. 292 und unten S. 211ff.

352) Bei Schlettstadt im Elsaß. – R. HENNING, Der Helm von Baldenheim und die verwandten Helme des frühen Mittelalters (1907). Dazu zuletzt: R. PIRLING, Ein Spangenhelm des Typs Baldenheim aus Leptis Magna in Libyen. In: KOSSACK und ULBERT (Hrsg., wie Anm. 14) S. 471–482, mit älterer Literatur; ferner noch BIERBRAUER (wie Anm. 14, 1975) S. 194–199 (zu den mittelitalischen Fundstücken aus Montepagano, Prov. Teramo, und Torricella Pelingna, Prov. Chieti). – In nur oberflächlicher Kenntnis der BIERBRAUERSCHEN Arbeit veröffentlichte jüngst L. PAULI schulmeisterhaft und in abgelegenem Zusammenhang eine Teilverbreitungskarte (in: Germania 61, 1983, 465f. Abb. 3).

353) WERNER (wie Anm. 288) S. 320; BIERBRAUER (wie Anm. 352) S. 198. – Man vgl. auch unten Anm. 368.

aus fränkischen Werkstätten stammen können[354], und Renate Pirling vermutet sogar fahrende Waffenschmiede[355], ganz in derselben Weise, wie Werner das für Goldschmiede derselben Zeit annimmt[356].

Man kennt inzwischen 22 europäische Fundorte des Helmtyps Baldenheim. Sie reichen vom byzantinischen Makedonien bis an den Niederrhein und von Mittelitalien bis zur Ostseeinsel Gotland[357]. Gewiß hat man für Italien mit entsprechenden Werkstätten zu rechnen, ebenso gewiß auch mit solchen des oströmischen Reiches, möglicherweise auch im fränkischen und burgundischen Westen und vielleicht sogar im germanisch besiedelten Osten. Unwahrscheinlich ist das nicht. Denn nicht recht vorstellbar ist, daß, um ein Beispiel zu nennen, Odoaker, von Severin an Kaiser Anthemius weiterempfohlen, barhäuptig oder mit einem Beutehelm bedeckt 473 in Rom einreitet, um erst dort seine Waffen als Kommandant der Palastgarde zu empfangen. Und sicher wird ebenso in Theoderichs Heerzug von 488 der eine oder andere vergoldete Spangenhelm mitgeführt. Waffenschmiede an sich wird man wohl generell als Teilnehmer jedes völkerwanderungszeitlichen und frühmittelalterlichen Heereszuges vorauszusetzen haben. Wenn dagegen für die Sepulturen des Childerich und derer aus Apahida keine entsprechenden Helme bezeugt sind, braucht das keineswegs zu bedeuten, daß es diesem Personenkreis zu Lebzeiten auch an entsprechendem Besitz mangelte. Das Gegenteil ist gewiß der Fall, denn die Tradition prunkhaft gearbeiteter Helme für die militärische Führungsschicht wird seit der späten Kaiserzeit über die Völkerwanderungszeit hindurch bis ins frühe Mittelalter hinein niemals unterbrochen gewesen sein[358]. In bezug auf die alemannischen Vorkommen der Prunkhelme vom Typ Baldenheim scheint mir bezeichnend zu sein, daß die Exemplare aus den Reihengräberfeldern von Gammertingen (Ldkr. Sigmaringen) und Gültlingen (Ldkr. Calw) in den zentralalemannischen Siedelräumen angetroffen werden. In Gültlingen setzt der dortige

354) In: Das frühe Mittelalter. Führer durch das Römisch-Germanische Zentralmuseum in Mainz Bd. 1 (1972) S. 92.

355) Wie Anm. 352, S. 481.

356) Zur Verbreitung frühgeschichtlicher Metallarbeiten (Werkstatt-Wanderhandwerk-Handel-Familienverbindung). In: Antikvariskt arkiv 38. Early Medieval Studies 1 (1970) S. 65–81. – Dazu auch unten S. 226.

357) Fundliste bei Pirling (wie Anm. 352) S. 472f. Anm. 5. Zum Neufund aus Heracleia (makedonisches Jugoslawien) sehe man Bierbrauer (wie Anm. 352) S. 198 Anm. 372. – Für den Helm von Tuna auf Gotland erwägt Werner, ob er nicht auch über das gepidische Ostungarn auf die Ostseeinsel gelangt sein könnte (wie Anm. 10), S. 67, Anm. 7. Dazu auch unten Anm. 480.

358) J. Werner, Zur Herkunft der frühmittelalterlichen Spangenhelme (in: Prähistorische Zeitschrift 34–35, 1949–1950, erste Hälfte, S. 178–193, bes. S. 183f.). – Zur Erbeutung des goldenen Prunkhelmes Kaiser Valentinians I. durch Alemannen in der Schlacht bei Solicinium des Jahres 368 sehe man H. Klumbach in: H. Klumbach (Hrsg.), Spätrömische Gardehelme. Münchner Beiträge zur Vor- und Frühgeschichte Bd. 15 (1973) S. 11. Zur Identifizierung Soliciniums mit Sülchen bei Rottenburg a. Neckar sehe man Ph. Filzinger, Die römische Besetzung Baden-Württembergs in: Ph. Filzinger, D. Planck, B. Cämmerer (Hrsg.), Die Römer in Baden-Württemberg (1976) S. 113.

Reihengräberfriedhof scheinbar mit dem Helmgrab von 1901 ein[359]. Zugehörig sind die eine der beiden Gültlingener Goldgriffspathen, Schild, Franziska, Lanze, eine Glasschale, eine Gürtelschnalle mit Meerschaumbügel[360], eine Gold-Cloisonné-Schnalle (in der Art ähnlich dem Apahida-Stil) sowie weitere Gold- und Silberbeschläge[361]. Die Goldgriffspatha gehört in Müllers ältere Gruppe[362], der Gültlingener Friedhof damit, wie Hemmingen, zu denjenigen Plätzen, die in Phase Alemannisch I a einsetzen. Helm und Spatha des Gültlingener Grabes entstehen demnach offensichtlich in der Zeit des Hunnenzuges oder bald danach. Denn der Gültlingener ist zweifellos Zeitgenosse der römischen Foederaten Childerich und Odoaker, die um 470 gegen in Italien eingedrungene Alemannen aufgeboten werden[363].

Auch der Helm von Baldenheim im Elsaß stammt aus einem Reihengräberfriedhof[364]. Wo der Baldenheimer Helm entsteht und wie der jünger zu datierende alemannische Panzerreiter aus Gammertingen[365] sowie der Mann mit Goldgriffspatha aus Gültlingen in den Besitz ihrer Helme gelangen, bleibt ungewiß. Rainer Christleins anregende Gedanken zum alemannischen Wirtschaftsgefüge zeigen die in Betracht zu ziehenden Möglichkeiten auf[366]. Italische Her-

359) Zur archäologischen Beurteilung des Gültlingener Gräberfeldes sehe man Christlein, Alamannen (wie Anm. 15) S. 147 Regeste Nr. 151. – Man vgl. auch unten S. 195 mit Anm. 376.

360) Meerschaum ist petrographisch Sepiolith und wohl kleinasiatischer Herkunft. – Die zur Gültlingener Schnalle zugehörige Beschlägplatte fehlt. Im Vergleich mit der Sepiolith-Schnalle aus Flonheim Grab 5 (mit Goldgriffspatha: Ament, wie Anm. 305, Farbtafel nach S. 56) könnte zum Gültlingener Schnallenbügel formal ein nierenförmiges Goldcloisonné-Beschläg gehören, z. B. das Stück bei Veeck (wie Anm. 9, Taf. 31,3); doch erscheint dieses gegenüber dem Bügel vielleicht etwas zu klein, was an den Originalen zu prüfen wäre. Eine andere Möglichkeit der Rekonstruktion ist, aus den Gültlingener goldgefaßten Steinen (Veeck ebd. Taf. 31,4a–c) einen Beschlägplattentyp zu rekonstruieren, etwa der Form, wie sie im Frauengrab aus Laa a. d. Thaya vorliegt. Zu Laa a. d. Thaya vgl. man Werner (wie Anm. 311) Taf. 9,3c. – Zur magischen Funktion des Sepioliths und anderer Mineralien, die zu sogenannten Schwertperlen verarbeitet wurden, sehe man Werner (ebd. S. 35). – Zur Verbreitung der an sich seltenen Sepiolithbügelschnallen sehe man Ament (a. a. O. 67, Anm. 145), mit drei Fundorten des gepidisch besiedelten südungarischen Tieflands östlich der Theiß (Komitate Csongrád und Békés), Blučina (Mähren), Altenerding (bei München), Gültlingen, Flonheim, Bad Kreuznach und Kempstone (Südengland). Die Flonheimer Schnalle geht auf mitteldonauländische Vorbilder zurück (ebd. 68). Bei einer Antwort auf die Frage der Herkunft der Sepiolithbügelschnallen hat man die geologischen Vorkommen des Minerals mitzuberücksichtigen. Ohne Zweifel ist die Gültlingener Prunkschnalle entweder auf Verbindungen zum Mitteldonaubecken zurückzuführen oder auf solche mit dem mährischen Raum (Blučina), der seinerseits wieder auf die Zone östlich der Karpaten verweist. – Man vgl. zu diesen Fragen auch unten S. 199 f. – Westermanns Atlas zur Weltgeschichte (1967, Karte S. 38 f.) weist das Vorkommen des Minerals für die Antike in der Gegend von Dorylaeum im Grenzgebiet der römischen Provinzen Bithynia und Asia aus.

361) Im einzelnen dazu Veeck (wie Anm. 9) S. 259 mit Tafelverweisen.

362) Wie Anm. 302, S. 99 Abb. 5.

363) Man vgl. oben S. 146 f.

364) Henning (wie Anm. 352); leicht zugängliche Abbildung bei Christlein, Alamannen (wie Anm. 15) Taf. 43.

365) Ldkr. Sigmaringen. W. Gröbbels, Der Reihengräberfriedhof von Gammertingen (1905). Christlein, Alamannen (wie Anm. 15) S. 90 Abb. 63, S. 144, Regeste Nr. 125. – Ferner unten S. 323 ff.

366) Alamannen (wie Anm. 15) S. 105 und Text zu Taf. 43.

kunft der alemannischen Prunkhelme ist denkbar, doch trotz aller bisheriger Untersuchungen zu dieser Denkmälergattung[367)] nicht beweisbar. Gültlingen stellt zweifelsfrei eine Bestattung der Phase Alemannisch I a dar; italische Herkunft für den Helm unterstellt, hieße dann aber italische Odoaker-Zeit einschließlich der letzten Jahre des weströmischen Kaisertums[368)]. Daß in Italien ebenso wie jenseits der Adria Helme vom Baldenheimer Typ mehrfach in Ruinen verborgen werden, muß nicht im Sinne kultisch-religiöser Deponierungen aufgefaßt werden, sondern kann auch in dem Sinne verstanden werden, daß es sich um versteckte Stücke handelt. Bei Alemannen, Franken und Thüringern sowie bei den Germanen des Mitteldonaubeckens stammen, wohl mit Ausnahme der beiden Exemplare aus Also Szemeréd (Komitat Saky-Ipolyság; heutige Slowakei)[369)], alle Helme aus Grabfunden[370)]. Nur aus diesem quellenabhängigen Grunde werden uns für die Verhältnisse bei den Alemannen sehr viel genauere Einsichten vermittelt als für das zeitgleiche Italien. Die bislang ungelöste Frage der Herkunft der frühmerowingerzeitlichen Spangenhelme gestattet derzeit jedoch keine verläßliche Aussage. Jeder neue Versuch, zu einer verbindlichen Antwort zu gelangen, hat davon auszugehen, daß die Spangenhelme vom Baldenheimer Typ sich in fast allen Merkmalen von den spätrömischen Prunkhelmen aus kaiserlichen Waffenfabriken unterscheiden[371)]. Die von allen Bearbeitern der

367) Zuletzt BIERBRAUER (wie Anm. 352).

368) Man vgl. oben S. 187 mit Anm. 328, 331. Das Gültlingener Grab ordnet sich in MÜLLERS Tabelle (wie Anm. 338) der childerichzeitlichen Phase ein. – Die frühesten Exemplare der Helme vom Baldenheimer Typ entstehen demnach eindeutig in vor-ostgotisch-italischer Zeit. In diesem Sinne ist BIERBRAUERS Ansicht zu korrigieren (wie Anm. 352, S. 198); denn auch für die italischen Exemplare dieser Fundgattung gibt es keine archäologischen Argumente dafür, daß nur das Jahr 489 als terminus post quem in Betracht kommen könne. – Man vgl. auch oben S. 191 mit Anm. 353. – WERNERS Datierung des Gültlingener Grabes ebenso wie für Basel-Gotterbarmweg Grab 19 in die Zeit um 500 aufgrund seiner Chronologie des siebenbürgischen Érmihályfalva-Inventars (wie Anm. 10, S. 33) ist im oben angegebenen Sinne zu berichtigen. Man vgl. auch oben Anm. 342. – Das Schuppenmuster auf den Wangenklappen und dem Helmgerüst des Gültlingener Exemplars (VEECK, wie Anm. 9, S. 85, Abb. 10) ist BÖHNER zufolge orientalischen Ursprungs (wie Anm. 354).

369) J. EISNER, Zwei Helme mit Vierspangenkonstruktion (in: Jahrbuch für prähistorische und ethnographische Kunst 13–14, 1939–40, S. 145 ff.).

370) BIERBRAUER (wie Anm. 352, S. 199 Abb. 17); man sehe auch oben Anm. 352 (PAULI).

371) Doch hat man ebenso zu berücksichtigen, daß mit Typ Baldenheim nicht zum ersten Male ein neues Konstruktionsprinzip auftritt. Ein Technikwandel ist auch für die Kaiserzeit des 3. Jahrhunderts nachweisbar: KLUMBACH (wie Anm. 358) S. 10. Gleich beachtenswert ist KLUMBACHS Hinweis, daß die frühmittelalterlichen Helme vom skandinavischen Vendel-Typ doch wiederum in der Fertigungstradition der spätkaiserzeitlichen Helme des 4. Jahrhunderts stehen (ebd. S. 14). Zum Helmtyp Conceşti des frühen 5. Jahrhunderts (Fundort am oberen Pruth; Grabfund?) sehe man ebd. S. 14, 91 ff. Dieser Typ weist bereits eine Art Spangenkonstruktion aus Eisen auf (Querstreifen: ebd. Taf. 36, 2), so daß sich eine entwicklungsgeschichtliche Reihe konstruieren läßt vom Typ Conceşti über den Vierspangentyp Ninive/Also Szemeréd zum Sechsspangentyp Baldenheim (zu Ninive: WERNER, wie Anm. 358). Der Vierspangentyp ist außer in Mesopotamien sowie in Libyen und Ägypten nur im Mitteldonaubecken, in Dalmatien, in Mittelitalien und mit einem Exemplar in Burgund verbreitet. In den alemannischen, fränkischen und thüringischen Grabinventaren tritt nur der Sechsspangentyp auf. Man vgl. die Verbreitungskarte bei

Helme des Baldenheimer Typs stets hervorgehobenen Übereinstimmungen bis in Details sprechen für Arbeiten in zentralen Werkstätten ähnlich den spätkaiserzeitlichen in Konstantinopel und Antiochia[372]. Dort wird durch einen *barbariarius* eine Arbeitsleistung von sechs mit vergoldetem Silberblech überzogenen Helmen pro Monat gefordert. Hans Klumbach nimmt auf Grund dessen in gewissem Maße Serienproduktion für die spätkaiserzeitlichen Prunkhelme an[373]. Da die merowingerzeitlichen Spangenhelme kaum höheren Aufwand erfordern als die spätkaiserzeitlichen, darf man vor allem unter dem Eindruck der oftmals nahezu identischen Einzelmerkmale der insgesamt einander sehr ähnlichen Helmexemplare gleiches auch für Typ Baldenheim erwägen. Waffenfabriken wie die in Konstantinopel haben sicherlich niemals ihre Produktion unterbrochen, ebensowenig wie die aller anderen Provinzen, sofern ihr Gefüge die Völkerwanderungszeit überdauert. Typ Baldenheim kann deshalb durchaus noch im Italien der späten Kaiserzeit entstanden sein, ebenso aber auch in Konstantinopel oder in einer der Werkstätten der Donauprovinzen. Die alemannischen *potentes* der Zeit Odoakers, Childerichs und Gibulds verfügen über mannigfache Möglichkeiten, in den Besitz derartiger Prunkwaffen zu gelangen[374]. Vor allem aber pflegen sie nachweislich personengebundene Beziehungen mit dem Mitteldonaubecken[375].

Geht man von der chronologisch zu begründenden Annahme aus, daß der Alemanne aus Gültlingen mit Helm, Goldgriffspatha, »östlicher« Sepiolith-Bügelschnalle und Goldcloisonné-Schnallen nach Art des Apahida-Stils gewissermaßen als Begründer des neuen Darstellungsgehabes im alemannischen Siedelraum zwischen Stroh-Gäu und Oberem Gäu anzusehen ist, nicht dagegen als Siedlungsgründer[376], so könnte man das zweite Gültlinger Grab mit Goldgriffspatha als Nachfolgenden im dynastischen Sinne werten. Denn diese zweite Goldgriffspatha ist in Müllers jüngere Gruppe eingebunden[377]. Wir dürfen deshalb für Gültlingen in gewissem Sinne mit einer Ortstradition prunkhafter Grabausstattungen rechnen. Dem älteren Goldgriffspathen-Alemannen geht zu Lebzeiten die Attila-Zeit unmittelbar voraus, und es dürfte keine Frage sein, daß das, was die attilazeitlichen Grabschätze von Altlußheim in

PIRLING (wie Anm. 352) S. 474 sowie WERNER (wie Anm. 358) und KLUMBACH (Hrsg., wie Anm. 358) S. 31. – Der Zeitabstand zwischen Typ Conceşti und dem Sechsspangenhelm aus Gültlingen (Goldgriffspathagrab) beträgt jedoch höchstens ein Menschenalter.

372) KLUMBACH (wie Anm. 358) S. 12.

373) Ebd. 12f.

374) Wie Anm. 366. – Zu den Begriffen *potentes* und *maiores natu* sehe man allgemein: H. GRAHN-HOEK, Die fränkische Oberschicht im 6. Jahrhundert. Studien zu ihrer rechtlichen und politischen Stellung. Vorträge und Forschungen. Sonderband 21 (1976).

375) Man vgl. beispielsweise den oben erwähnten Schriftverkehr zwischen *rex* Gibuldus und Severinus von Noricum: oben S. 149 mit Anm. 95 sowie die Vita Odoakers: oben S. 151f.

376) Man vgl. dazu AMENT (wie Anm. 305) S. 62 sowie oben S. 192f. mit Anm. 359. Unbekannt bleibt, ob das Gültlingener Grab mit Helm und Goldgriffspatha wirklich die älteste Bestattung dieses Friedhofes darstellt oder ob ihr nicht solche Grabinventare vorausgehen, wie sie durch die systematische Ausgrabung im unweit entfernten Hemmingen aufgedeckt worden sind, z. B. Hemmingener Gräber 39, 43, 50, 53, 54: MÜLLER (wie Anm. 302) Taf. 10 C. E, 13 B–D.

377) Wie Anm. 302, S. 99 Abb. 50 »Gültlingen 1889«.

Nordbaden und Wolfsheim in Rheinhessen bieten, das neue, unvermittelt auftretende, alemannische Darstellungsgehabe mitbewirken. Denn wie das von Gültlingen nur unweit entfernte Gräberfeld Hemmingen zeigt, führt von den frühvölkerwanderungszeitlichen Bestattungssitten in diesem Raum kein gedanklich unmittelbar nachvollziehbarer Weg zum älteren Gültlinger Helm- und Goldgriffspathagrab. Daß es dazu kommt, bedarf des Vorbildes oder Anstoßes von außen. Kulturgeographisch gesehen, kommt dafür aber nur der Osten in Frage, nicht der transalpine Süden, und eher personengebundene Beziehungen innerhalb der sozialen Schicht der *potentes* als allgemeinere Verbindungen politisch-historischen Hintergrundes.

Von ausschlaggebender Bedeutung für das Erkennen auswärtiger Beziehungen der Alemannen in Phase I a ist der Apahida-Stil. Eponymer Fundort ist Apahida bei Klausenburg in Siebenbürgen. 1889 wird hier das Omharus-Grab entdeckt, ebenso ein Inventar königlichen Ranges wie das des Childerich und wie der zweite Apahida-Grabschatz von 1968[378]. Doch gehen beide dem Childerichgrab zeitlich wohl noch voraus[379]. Im merowingerzeitlichen Westen läßt sich der Apahida-Goldcloisonnéstil u. a. zum einen im Childerich-Grab, zum anderen in der Ailenberg-Sepultur aus Rüdern bei Esslingen am Neckar nachweisen[380]. Die Rüderner Goldcloisonné-Schnalle (Abb. 2) gleicht den Goldschnallen aus beiden Apahida-Grabschätzen so sehr, daß man in ihr eine siebenbürgisch-gepidische Goldschmiedearbeit zu sehen hat[381]. Ihr Fundort ist der Ailenberg, Stuttgart gegenüber rechts des Neckars gelegen, ein isolierter, topographisch das Neckartal überragender Bergkegel[382]. Nur etwa fünf Kilometer neckarabwärts liegt gleichfalls auf der rechten Seite des Flusses der Ort Cannstatt, wo 746 der alemannische Adel gegen Karl rebelliert und im sogenannten Blutbad von Cannstatt von den Franken endgültig ausgeschaltet wird[383]. In der zweiten Hälfte des fünften Jahrhunderts wird die Kuppe des Ailenberges als Bestattungsplatz gewählt, und zwar für einen Sonderfriedhof, der offenbar nur zwei Sepulturen umfaßt; die Grabschächte sind aus dem Fels herausgemeißelt[384]. Obschon 1852 ganz unsachgemäß geborgen, ist für eines der Gräber ein reich gewandeter Mann mit seinen Waffen ausgewiesen. Mit Spatha, goldblechbeschlagenem Lang-

378) Wie Anm. 343.

379) Zumindest der Grabschatz von 1968: Horedt und Protase (wie Anm. 343) S. 212. – Auf Formbeziehungen zwischen Apahida I und dem Grabfund von Gáva im Theißbogen aufgrund von Zierdetails weist Werner hin (wie Anm. 10) S. 32 Anm. 5.

380) R. Christlein, Waffen aus dem völkerwanderungszeitlichen Grabfund von Esslingen-Rüdern (in: Germania 50, 1972, S. 259–263); Ders., Alamannen (wie Anm. 15) S. 163 f., Regeste Nr. 299, Taf. 19, 20, 45 unten Mitte (jeweils mit älterer Literatur).

381) Die Goldcloisonné-Schnalle des Ailenberges ist in der älteren Literatur immer wieder behandelt oder zitiert worden, zumeist unter dem Fundortnamen »Rüdern«. Alle Belegstellen dafür anzugeben, betrachte ich nicht als meine Aufgabe. Man vgl. die Abbildungen bei Christlein (wie Anm. 380) mit denen bei Hampel (wie Anm. 342) Taf. 36 und Horedt und Protase (wie Anm. 343) Taf. 39, 3.

382) Zur Topographie: Christlein, Alamannen (wie Anm. 15) S. 163 Abb. 130 Nr. 299; Taf. 19.

383) Dazu Schlesinger (wie Anm. 267).

384) Zur Fundgeschichte und zum Befund: Christlein (wie Anm. 380, 1972).

sax (Abb. 2), Reflexbogen und Pfeilköcher[385] spiegelt das Waffeninventar die Ausstattung eines Höhergestellten aus der Zeit nach Attilas Heerzug nach Gallien des Jahres 452 wider. Relativchronologisch ist die Zeit der älteren Goldgriffspathen in Betracht zu ziehen, mithin Phase Alemannisch I a[386]. Vom Waffengurt und der persönlichen Ausstattung ist nur die cloisonnierte Goldschnalle im Apahida-Stil übriggeblieben[387], zu der im sonstigen alemannischen Fundbestand gleichwertige Analogien fehlen. Direkt ist die Ailenberg-Schnalle dagegen den wohl werkstattgleichen Prachtgarnituren beider Apahida-Funde anzuschließen[388]. Doch nähme sie innerhalb des zweiten Apahida-Grabschatzes einen eher bescheidenen Platz ein. Allerdings wissen wir nicht, wie reichhaltig das Ailenberg-Grab ursprünglich ausgestattet gewesen ist. Auf östliche Beziehungen weisen außer der Prunkschnalle noch der Reflexbogen samt Köcherinhalt, denn die dreikantigen Eisenpfeilspitzen sind im alemannischen Westen nur als Fremdgut des Mitteldonaubeckens vorstellbar[389]. Ebenso scheint der auffällig plastisch ausgeführte Winkelkerbschnitt der goldenen Saxgriffhülse (Abb. 2) ein Merkmal zu sein, dessen ältere Vorkommen auf mitteldonauländische Edelmetallarbeiten beschränkt bleiben[390]. Absolutchronologisch fällt die Bestattung in eine Zeit, die wahrscheinlich eher vor Childerichs Tod liegt als danach, sofern für Apahida sicherzustellen ist, daß die Arbeiten tatsächlich zur Zeit Attilas entstehen[391]. Historisch gesehen, wäre damit die Zeit König Gibulds umschrieben, doch ist Gibuld selbst zweifellos nicht mit der Ailenberg-Sepultur zu identifizieren. Denn als dieser letzte Alemannenkönig 496/97 gegen Chlodowech Schlacht und Leben verliert, ist seit der Prunkbestattung auf dem Ailenberg wohl bereits eine Generation vergangen, zumal

385) Ebd. 260ff. – Dreikantpfeilspitzen u. a. im Grab von Blučina.

386) Zugrunde liegt die Überlegung, daß das Restinventar vom Ailenberg die karpatenländische Stilstufe Apahida-Blučina widerspiegelt, mithin die vor-childerichzeitliche Phase der Goldgriffspathagruppe; man vgl. auch bei Ament (wie Anm. 305) S. 62, doch mit der Einschränkung, daß das Gültlingener Grab (mit Spangenhelm von 1901) nicht später als das Childerichgrab datiert werden kann (oben Anm. 368).

387) Christlein (wie Anm. 381).

388) Wie Anm. 381.

389) Christlein (wie Anm. 380; 1972) S. 262f. mit Anm. 21.

390) Man vgl. u. a. den Zierstil an den sog. gotischen Gürtelschnallen der Attila-Zeit; z. B. Hampel (wie Anm. 342) Bd. 3 Taf. 11, 1,5; Csallány (wie Anm. 34) Taf. 195,10 (identische Abbildung bei Bóna, Dawn [wie Anm. 342] Taf.-Abb. 6); alle drei Beispiele aus dem Theiß-Tiefland. – Ljubljana: Bierbrauer (wie Anm. 14, 1975) Taf. 82,1. Donauländischer Herkunft ist Bierbrauer zufolge auch eine entsprechende Gürtelschnalle von italischem Fundort (»Fano«): ebd. S. 132 mit Taf. 58,2. Zur Chronologie einer durch entsprechenden, geometrischen Kerbschnitt gekennzeichneten mitteldonauländischen Stilphase, die noch vor die Stilphase Gáva-Domolospuszta-Bácsordas einzuordnen ist, vgl. man ebd. S. 132 mit Anm. 154. 155. Gleichfalls in die Attila-Zeit gehören Werner zufolge entsprechende Kerbschnittfibeln: wie Anm. 311, S. 21, Taf. 49,5 (Grabfund von Léva-Levice); Ders., Studien zu Grabfunden des 5. Jahrhunderts aus der Slowakei und der Karpatenukraine (in: Slovenská Archeológia 7, 1959, S. 422–438, bes. 428ff. mit Taf. 6, 5–12). – Hinzuweisen ist an dieser Stelle auch auf das Fibelpaar aus Mahlberg (Ortenau), das auf den Kopfplatten denselben plastisch ausgeführten Winkelkerbschnitt trägt (dazu ausführlicher unten S. 203 mit Anm. 414). – Auf goldbeschlagene Hiebschwerter der Attila-Zeit verweist auch Ament (wie Anm. 305) S. 63 Anm. 127.

391) Oben S. 196 mit Anm. 379.

Chlodowech kaum eine solche kultische Überhöhung seines Gegners geduldet haben könnte. Die Ailenberg-Bestattung bleibt infolgedessen anonym. Dem Platz an sich wird man jedoch ohne Frage zentralörtliche Bedeutung beizumessen haben. Dabei ist die alemannische Höhenburg des Runden Berges bei Urach am Rand der Schwäbischen Alb mitzubeachten, denn in der Luftlinie beträgt die Entfernung zu diesem südlich des Ailenberg gelegenen alemannischen Zentralort nur etwa 30 km[392].

Unterhalb des Ailenberges, gleichfalls auf der rechten Seite des Neckars, erstrecken sich die umfangreichen alemannischen Reihengräberfelder von Stuttgart-Untertürkheim und Stuttgart-Cannstatt, die beide bereits im fünften Jahrhundert einsetzen, in ihren Anfängen mithin zeitgleich zur Ailenberg-Sepultur sein dürften; auch auf der Stuttgarter Flußseite liegen alemannische Bestattungsplätze[393]. Für Cannstatt weisen die archäologischen Quellen außerdem ein sehr reich ausgestattetes Männergrab der Zeit um 700 aus[394]. Für Untertürkheim ist dagegen eine silbervergoldete Bügelfibel hervorzuheben, zu der zwar einerseits eine Analogie von der alemannischen Höhenburg der Gelben Bürg (bei Gunzenhausen; Mittelfranken) bekannt ist, die aber andrerseits ihrem formenkundlichen Ursprung nach nur aus dem Mitteldonaubecken stammen kann, wie ähnliche Fibeln aus Großwardein (westliches Siebenbürgen) und aus Dombovár (Komitat Tolna) belegen[395]. Der Grabfund aus Dombovár wird als ostgotenzeitlich im Sinne der Periode vor 488/89 angesehen[396].

Den über den Ailenberg deutlich zu machenden Verbindungen zwischen einem alemannischen Zentralort am oberen Neckar und dem gepidischen Zentralort königlichen Ranges von Apahida im Herzen Siebenbürgens entsprechen chronologisch der Hof Childerichs in Tournai und in Italien das Odoaker-Reich. Theoderich befindet sich zu dieser Zeit entweder noch in

392) Zum Runden Berg und dem Zeitpunkt des Abbruchs der dortigen älteren Siedelperiode oben S. 176f. mit Anm. 282–285.

393) Christlein, Alamannen (wie Anm. 15) S. 163 Karte Abb. 130, S. 168 Karte Abb. 133. Untertürkheim: S. 169, Regeste Nr. 346, Cannstatt: S. 168, Regeste Nr. 340; Stuttgart-Münster: S. 343, Regeste Nr. 343.

394) Ebd. 168, Regeste 340, Taf. 104, links.

395) Stuttgart-Untertürkheim: O. Paret, Die frühschwäbischen Gräberfelder von Groß-Stuttgart und ihre Zeit. Veröffentlichungen des Archivs der Stadt Stuttgart Heft 2 (1937) S. 28f. Abb. 6,2. – Großwardein (Nagyvárad, heute Oradea); Bronzefibelpaar, Spiralkerbschnitt mit Granatrundeln: Csallány (wie Anm. 34) S. 109, Taf. 208, 1.2. – Dombovár; silbervergoldet, plastisch ausgeführter Winkelkerbschnitt: Archaeologiai Értesitö 21, 1901, S. 179 Abb. 1–5 (Grabinventar); Hampel (wie Anm. 342) Bd. 1, S. 321 Abb. 809; Dannheimer (wie Anm. 16, 1962) S. 21 Abb. 3,5; ebd. Taf. 2,4; 17,3 (Gelbe Bürg). In dieselbe Gruppe gehört auch die bei Hampel Bd. 3, Taf. 10,3 abgebildete ungarische Fibel, zu der eine Analogie aus Vyškov (Haná) vorliegt: J. Tejral, Völkerwanderungszeitliches Gräberfeld bei Vyškov (Mähren). Studie AÚČAV v Brně II 2 (1974) S. 46. Abb. 5.1; zur Fibelgruppe insgesamt ebd. S. 15f. mit Hinweisen auf Fundstücke aus Brigetio, Stinkenbrunn, Soporul de Cimpie (Rumänien) usw. – Zugehörig ferner eine Fibel aus Smolín (Bez. Břelav): Ders., Morava na sklonku antiky (Mähren an der Neige der Antike). Monumenta Archaeologica Bd. 19 (1982) S. 215 Abb. 93,2. Man vgl. auch das Exemplar aus Blučina-Nivky: ebd. S. 105 Abb. 39, 4; Taf. 18, 3.6.

396) Annibaldi und Werner (wie Anm. 428) S. 366. Dazu vgl. man S. 209 mit Anm. 432.

Makedonien oder bereits am Hofe zu Konstantinopel. Die Gepiden haben möglicherweise schon Sirmium besetzt. Welcher Art die Verbindungen zwischen der alemannischen Persönlichkeit und dem gepidischen Machtzentrum sind, die aufgrund der archäologischen Argumente unterstellt werden dürfen, wissen wir im einzelnen nicht. Denkt man bei dem, was auf dem Gipfel des Ailenberges an persönlichem Gut mit ins Grab gegeben wird, an Gastgeschenke aus dem Osten, wird man damit höchstwahrscheinlich das Richtige getroffen haben. Denn es lassen sich weitere archäologische Argumente dafür anführen, daß der Alemanne vom Neckar mit den Gebräuchen des Ostens vertraut gewesen sein muß.

So erschließt sich die Bedeutung des für die Bestattung ausgewählten, topographisch hervortretenden Bergkegels über ein anderes Denkmal gleicher Zeitstellung. Denn Topographie, Bestattungsbrauchtum und Ranghöhe des Toten vom Ailenberg sind offenbar identisch mit dem Denkmal des sogenannten Königshügels Žuraň bei Brünn in Mähren, jener Platz, von dem aus 1805 Napoleon die Dreikaiserschlacht von Austerlitz dirigiert und gewinnt[397)]. Auch auf der Spitze des Žuraň ist ein Hochstehender aus der zweiten Hälfte des fünften Jahrhunderts inmitten einer kleinen, in den Fels eingehauenen Gruppe von Grabschächten bestattet[398)], und Joachim Werner denkt sogar an einen Angehörigen des langobardischen Königshauses der Lethinger, etwa an Tatos Vater Cleph oder an Tatos Großvater Godehoc, schließt andrerseits aber einen Herulerkönig nicht aus[399)]. Er sieht den Žuraň mit den schwedischen Königshügeln von Altuppsala, dem Ottarshügel in Uppland und dem Ingjaldshügel in Södermanland in sinngemäßem Zusammenhang, und man wird deshalb zu überlegen haben, ob nicht auch der Ailenberg dieser Denkmälerreihe anzuschließen ist[400)]. Mit Italien haben der Ailenberg wie auch der Žuraň vielleicht insofern etwas gemeinsam, als solche Begräbnisplätze möglicherweise die Ausdrucksform des Barbaricums darstellen, der auf antikem Boden der Mausoleumsbau entspricht[401)]. Synoptisch betrachtet, repräsentieren der Ailenberg mit dem benachbarten Cannstatt einen Höhepunkt alemannischer Machtentfaltung in der zweiten Hälfte des fünften Jahrhunderts, dann aber auch das politische Ende Alemanniens rund dreihundert Jahre später.

Personengebundene, deutlich ostgermanisch ausgerichtete Beziehungen sind für Stufe Alemannisch I außer über die Ailenberg-Bestattung auch über Quellenbelege des Apahida-Stils aus alemannischen Frauengräbern nachzuweisen, beispielsweise über eine der beiden Goldcloisonné-Scheibenfibeln aus der Prunkbestattung von Schwenningen unweit der alemannischen Höhenburg des Lochensteins (Schwarzwald-Baar-Kreis), eine »der reichsten Grabausstattun-

397) Die archäologischen Befunde zum Žuraň sind übersichtlich bei WERNER zusammengestellt und analysiert (wie Anm. 11, 1962) S. 105–108.

398) Es handelt sich um zwei, West-Ost ausgerichtete, beraubte Grüfte und fünf Pferdegräber (wie Anm. 397, S. 106).

399) Ebd. 108.

400) Ebd. 106f. – Datierung der Žuraň-Gräber: zweite Hälfte des 5. Jahrhunderts (S. 107). WERNER sieht in dem Befund des Žuraň ein rein germanisches Denkmal aus der Zeit nach der Nedao-Schlacht von 454/455 (S. 108f.).

401) Z. B. Ravenna: R. HEIDENREICH und H. JOHANNES, Das Grabmal Theoderichs zu Ravenna (1971). Leicht zugängliche Abbildung bei ROTH (Hrsg., wie Anm. 323) Taf. 68.

gen, die aus der Völkerwanderungszeit bekannt geworden sind«, wie Rainer Christlein formuliert[402]. Durch die auf den Rand aufgesetzten Granatkügelchen ist dieses Fundstück dem Apahida-Stil zuweisbar. Das einbeschriebene gleicharmige (griechische) Kreuz ist für westliche Cloisonné-Arbeiten singulär, findet sich dagegen auf entsprechenden pontischen Altertümern dieser Zeit sowie auf ostgermanischen aus Italien. Es bleibt Ermessenssache, in dem Ornament das christliche Heilszeichen zu sehen[403], doch läßt es sich als zusätzliches Argument für die Herstellung der Schwenninger Fibel weit im Osten verwenden. Der Apahida-Stil an sich weist auf einen gepidischen Goldschmied; schließt jedoch pontischen Ursprung für das alemannische Fundstück nicht gänzlich aus. In Goldschmiedeerzeugnissen aus Apahida findet auch die zweite Schwenninger Cloisonné-Fibel ihre Analogien[404]. Das Alter des Schwenninger Grabinventars ist dagegen über das Bügelfibelpaar und den zugehörigen Silberschmuck zu bestimmen[405]. Ohne hier auf Einzelheiten eingehen zu können, wird man sagen dürfen, daß die Bestattung spätestens in die durch frühalemannische Bügelfibeln gekennzeichnete Phase des Runden Berges zu datieren ist[406]. Mithin repräsentiert Schwenningen sehr wahrscheinlich einen späteren Abschnitt als Phase I a, wohl Phase I b[407]. Das Scheibenfibelpaar als solches scheint älter als das Bügelfibelpaar zu sein; Christlein spricht infolgedessen von »Erbstük-

402) Alamannen (wie Anm. 15) S. 165, Regeste Nr. 316, mit älterer Literatur; Taf. 48 (Teilabbildung); Germania 23, 1939, Taf. 5,1; Fundberichte aus Schwaben N.F. 12 (2), 1938–1951, Taf. 23, 2.

403) Man vgl. z. B. ein Medaillon aus Olbia: Roth (Hrsg., wie Anm. 323) Taf. 26, unten Mitte; dgl. ein Ohrringpaar aus dem Schatzfund von Reggio nell' Emilia: Bierbrauer (wie Anm. 14; 1975) Taf. 33, 7.8; Bierbrauer spricht die Trägerin als Christin an: ebd. 167.

404) Germania 23, 1939, Taf. 5,2; Fundberichte aus Schwaben N.F. 12 (2), 1938–1951, Taf. 23,2; Horedt und Protase (wie Anm. 343) S. 207 Anm. 89.

405) W. Veeck, Ein alamannisches Frauengrab aus Schwenningen a. N. (in: Germania 23, 1939, S. 40–42, Taf. 5–6). Ebd. 42 betont Veeck die stilistischen Analogien zwischen der Schwenninger Goldcloisonné-Scheibenfibel und der Goldcloisonné-Schnalle vom Ailenberg bei Rüdern.

406) Gemeint sind Fibeln wie bei Christlein, Der Runde Berg I (wie Anm. 15; 1974) Taf. 30, 1.3, die sich u. a. auch durch jenen plastisch modellierten Winkelkerbschnitt auszeichnen, wie er oben in Anm. 390 an anderen Edelmetallarbeiten aufgezeigt ist. Auch wenn die ältere Siedlung des Runden Berges erst 506/07 zugrunde gegangen sein sollte (oben S. 176 f. mit Anm. 282–284), dürften die entsprechenden Fibelformen bereits im 5. Jahrhundert fertig ausgebildet gewesen sein und gehören somit noch in die Zeit der jüngeren Goldgriffspathen (Phase Alemannisch Ib). Anzuschließen ist das Bügelfibelpaar aus dem Schwenningener Grab: Veeck (wie Anm. 405) Taf. 6, 1.2. – Die Schwenningener Eisenschnalle mit Bronzedorn und Silberbeschlag (ebd. Taf. 6,13) entspricht typenmäßig der Gürtelschnalle des siebenbürgischen Grabes der Goldgriffspathen-Zeit aus Érmihályfalva (zu diesem Grab oben S. 188 mit Anm. 338). – Die Stilstufe Schwenningen vertritt auch eine Bügelfibel aus Fützen bei Blumberg (Ldkr. Donaueschingen): Friedrich Garscha, Die Alamannen in Südbaden. Katalog der Grabfunde. Germanische Denkmäler der Völkerwanderungszeit. Serie A Bd. 11 (1970) S. 58, Taf. 83, 5; besseres Foto bei Christlein, Die Alamannen (wie Anm. 15, 1979) Taf. 52,2. Anzuschließen ist ferner eine Fibel aus Ulm aufgrund ihres granatbesetzten Bügels (ebd. Taf. 52,9), deren plastisch modellierter Winkelkerbschnitt auf der Kopfplatte zum Mahlberger Fibelpaar überleitet (dazu unten S. 203 f. mit Anm. 414).

407) Dazu unten S. 214 ff.

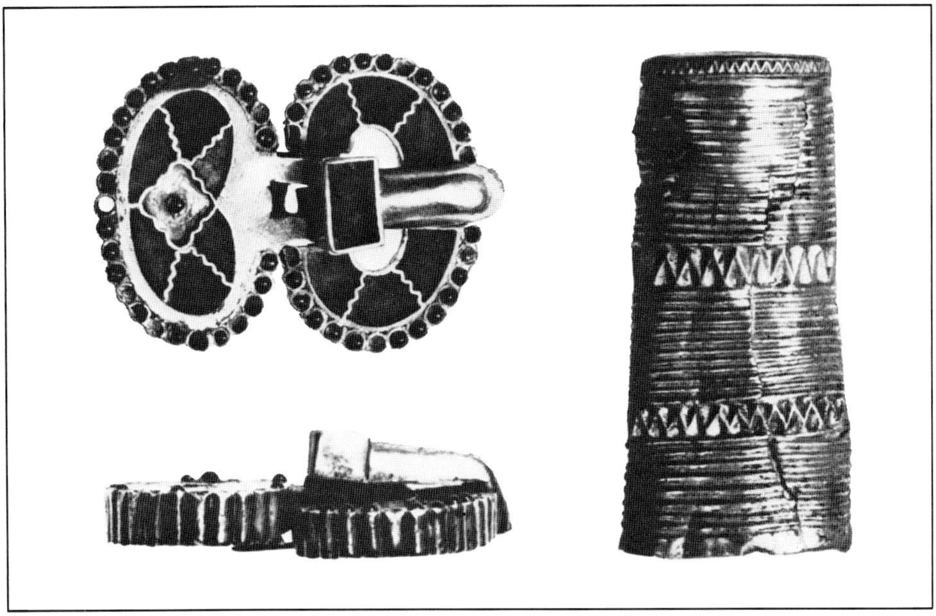

Abb. 2 Goldcloisonné-Schnalle im siebenbürgischen Apahida-Stil und zugehörige Goldblechverkleidung des Saxgriffes aus der Prunkbestattung vom Ailenberg unweit von Cannstatt als Beispiel für frühalemannische Beziehungen ins Karpatenbecken. Stufe Alemannisch I (Phase Ia). Länge der Schnalle 5,5 cm, Höhe des Saxgriffes 6,4 cm. Nach R. Christlein (wie Anm. 380). Zu S. 196ff.

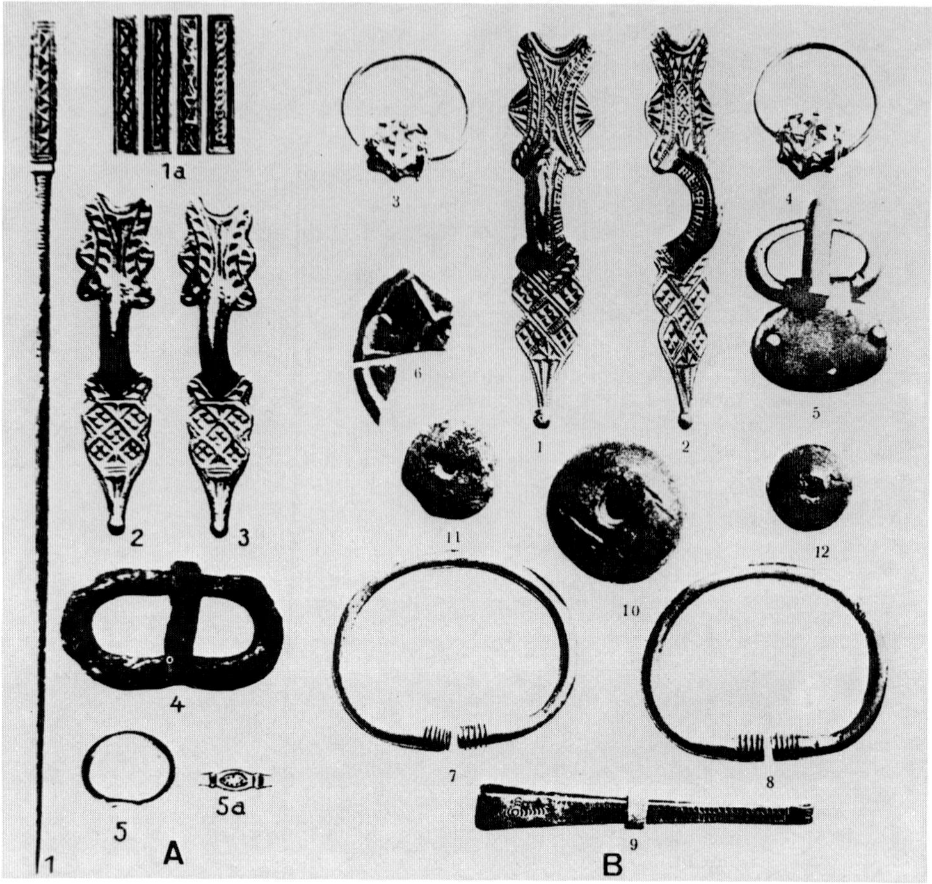

Abb. 3 Gleichgemusterte Silberfibeln aus Frauengräbern als Beispiel für frühalemannische Beziehungen ins Mitteldonaubecken. Stufe Alemannisch I (Phase Ia). Links: Basel-Gotterbarmweg (nördlich des Rheins), rechts: Miszla (Komitat Tolna, südöstliches Transdanubien). Maßstab ca. 1:2. Nach E. Vogt und A. Szendrey (wie Anm. 429). Zu S. 208ff.

ken«[408]. Nicht gesichert ist für Schwenningen, ob die prunkhaft ausgestattete Frau innerhalb eines größeren Ortsfriedhofes beerdigt wird, oder einer kleineren Familiensepultur angehört[409].

Gewißheit darüber besteht jedoch im Fall des in ähnlicher Weise prunkhaft ausgestatteten Fraubengrabes von Mahlberg in der südbadischen Ortenau, Straßburg gegenüber[410]. Seine Datierung in die Frühphase von Alemannisch I ist in mehrfacher Hinsicht gesichert, am augenscheinlichsten jedoch über die Fundstücke auswärtiger Provenienz dieses Inventars. Dazu werden der Silberlöffel in spätantiker Formentradition, das Paar Goldohrringe ostgotischer Form und der in Cloisonné-Technik gearbeitete Goldfingerring gerechnet[411]. Das Paar silberner Pferdchen-Fibeln geht wohl auf eine alemannische Werkstatt zurück, besitzt seine Vorbilder aber in den spätrömisch-byzantinischen Pferdefibeln[412]. Der übrige Silberschmuck (Halsring, Armring, Schnallen und Riemenzungen) dürfte gleichfalls aus einer alemannischen Goldschmiedewerkstatt stammen. Geht das in Kerbschnittmanier gearbeitete silbervergoldete Bügelfibelpaar singulärer Form tatsächlich auf alemannische Fertigung zurück, wie Gerhard Fingerlin annimmt[413], so liegen jedoch unzweifelhaft solche ostgermanischen Vorbilder zugrunde, deren Kennzeichen, wie an den Mahlberger Fibeln, die gekerbten Bügeldrähte sind[414]. So augenfällig das Ortenau-Grab auch Beziehungen mit Italien für die Frühphase von

408) Die Alamannen (wie Anm. 15; 1979) S. 100.

409) Nach den Berichten W. Veecks wurden 1938 fünf Bestattungen in vier Gräbern bei Bauarbeiten nachgewiesen; eine systematische Untersuchung des Platzes unterblieb offenbar; wie Anm. 405; Ders. (in: Fundberichte aus Schwaben N.F. 12 [2], 1938–1951, S. 128–130); Christlein, Die Alamannen (wie Anm. 15, 1979) S. 165, Regeste Nr. 316.

410) G. Fingerlin, Ein reiches alamannisches Frauengrab aus Mahlberg in der südlichen Ortenau (in: Archäologische Nachrichten aus Baden 23, 1979, S. 26–31); Ders. (in: Fundberichte aus Baden-Württemberg 8, 1983, S. 402–409 mit Taf. 224–226); Christlein, Die Alamannen (wie Anm. 15; 1979) Taf. 46 (Teilinventar). – Zur Geschichte der Ortenau im Hochmittelalter und zur Diskussion ihrer Besiedlungsgeschichte einschließlich der Frage nach voralemannischen, d. h. romanischen Siedlern sehe man bei Helmut Maurer, Confinium Alamannorum. Über Wesen und Bedeutung hochmittelalterlicher »Stammesgrenzen«. In: H. Beumann (Hrsg.), Historische Forschungen für Walter Schlesinger (1974) S. 150–161.

411) Fingerlin (wie Anm. 410; 1979) S. 29 hält diese Stücke für italisch-ostgotisch.

412) Ein Exemplar ging verlustig. Zu den Pferdchenfibeln vgl. man u. a. bei U. Koch (in: Bayerische Vorgeschichtsblätter 34, 1969, S. 168f.); Verbreitungskarte und Fundliste bei Werner, Sammlung Diergardt (wie Anm. 11) Taf. 55, Verbreitungskarte 10. Jüngster Hinweis bei Müller, Hemmingen (wie Anm. 302) S. 83. Bierbrauer gibt an, daß dieser Kleinfibeltyp seit dem letzten Drittel des 5. Jahrhunderts vorkommt (wie Anm. 14, 1974, S. 565 Anm. 15).

413) Wie Anm. 410 (1979) S. 30; S. 27 Abb. 1; (1983) Taf. 224, 1.2.

414) Gemeint ist die Formengruppe Schwellin-Úherce aus der ersten Hälfte des 5. Jahrhunderts, die die gleichen klammerartig befestigten Bügelkerbdrähte aufweist. Man vgl. dazu H. Zeiss, Ein Fibelfund des 5. Jahrhunderts von Schwellin, Kr. Köslin. Pommern (in: Germania 21, 1937, S. 34–39); Ders., und C. S. Nicolăescu-Plopşor, Ein Schatzfund der Gruppe Untersiebenbrunn von Coşoveni (Kleine Walachei) (in: Germania 17, 1933, S. 272–277 mit Abb. 1). – Zum Grabfund von Úherce (Böhmen): B. Svoboda (in: Germania 40, 1962, S. 87 Abb. 2). – Man vgl. auch entsprechende Beispiele bei J. Werner, Zu einer elbgermanischen Fibel des 5. Jahrhunderts... (wie Anm. 315), ferner die Fibel aus dem Schatzfund

Alemannisch I zu verdeutlichen scheint, wofür nicht zuletzt die Ortenau selbst als wichtiger Teil des antiken Verkehrsnetzes spricht[415)], so kritisch wird man gerade diesen Gesichtspunkt zu prüfen haben. Beispielsweise muß der Silberlöffel keineswegs zwingend italischer Herkunft sein, vielmehr kann dafür auch das linksrheinische Gallien in Frage kommen, ebenso die Romania südlich des Hochrheins. Ganz gleich, wie man derartige Löffel in ihrer Zweckbestimmung zu werten hat[416)], im spätantiken Basel, in Kaiseraugst, in Avenches, Lausanne, Genf

von Zamość (polnische Ukraine): T. Sulimirski (in: Archeologia Polski 11, 1966, S. 118–173, bes. S. 120, 122). – Für das Mahlberger Bügelfibelpaar ist außerdem der sehr plastisch ausgeführte Winkelkerbschnitt auf der Kopfplatte kennzeichnend. Dieses Merkmal verbindet über die oben Anm. 406 erwähnte Fibel aus Ulm, mit gleich ausgestalteter Kopfplatte wie das Mahlberger Fibelpaar, dieses über die Bügelausgestaltung mit dem Schatzfundhorizont des Runden Berges (wie Anm. 406, Taf. 30,1). Eine Verbreitungskarte liefert U. Koch (wie Anm. 18, 1967) S. 244f. Liste 213; Taf. 91,2. Sie umfaßt außer alemannisch besiedelten Gebieten auch die Räume von Regensburg und München. Das von Koch mit angeführte Fibelpaar aus Alcagnano (Prov. Vicenza) datiert Bierbrauer in das späte 5. Jahrhundert, bzw. in die Zeit um 500 (wie Anm. 14, 1974) S. 571 mit Taf. 37, 5.6. – Kochs Liste kann u. a. noch Weingarten Grab 92 angefügt werden (wie Anm. 428, Abb. 2,1.2). – Anzuschließen sind über die Kopfplattenausgestaltung der Mahlberger Fibeln u. a. zwei Fibelpaare des Reihengräberfeldes von Hemmingen, Kr. Ludwigsburg (wie Anm. 302, Taf. 17, 1–4), ferner Herten, Kr. Lörrach (Grab 31): Garscha (wie Anm. 406) 93, Taf. 83, 1.2; auch Lorch-Lauriacum, Ziegelfeld, Grab 25/1953: Ae. Kloiber, Die Gräberfelder von Lauriacum. Das Ziegelfeld. Forschungen in Lauriacum Bd. 4–5 (1957) Taf. 51,1; dazu siehe man auch R. Christlein, Das Gräberfeld auf dem Ziegelfeld bei Lauriacum-Lorch und die Vita Severini (in: Ostbaierische Grenzmarken. Passauer Jahrbuch für Geschichte, Kunst und Volkskunde 20, 1978, S. 144–152). – Zu den verwandten Formen wie Hemmingen, Herten, Lauriacum usw. zusammenfassend: Müller, Hemmingen (wie Anm. 302) S. 103f. – Daß es sich insgesamt nur um einen Formenbestand des 5. Jahrhunderts handeln kann, betonen Müller wie auch Christlein unabhängig voneinander (man vgl. auch oben Anm. 390). – Als Ausgangsform für diese Gruppe ist sehr wahrscheinlich eine Form anzusehen, wie sie aus Šaratice (Mähren, Grab 12) vorliegt: Tejral (wie Anm. 395) S. 107 Abb. 40,3; Taf. 20,5. Šaratice hängt über die Palmettenzier formenkundlich seinerseits eng mit der entsprechenden Fibel aus Pusztabakod (Komitat Pest) zusammen: Hampel (wie Anm. 342) Bd. 3 Taf. 1,2; oben Anm. 414. Auch die zweite Fibel aus Lauriacum Grab 25/1953 ist hier mitzuberücksichtigen: Kloiber a. a. O. Taf. 51,3. – Im erweiterten Sinn handelt es sich insgesamt um Beispiele, denen auch die entsprechenden Fibeln aus Krefeld-Gellep anzuschließen sind (Gräber 9 und 1232; zu Grab 9 bereits Kühn [wie Anm. 458] S. 83; 421 f.; Taf. 62 Nr. 1,38). Doch führt der formenkundliche Weg aller Wahrscheinlichkeit nach von Pusztabakod und Šaratice aus über Lauriacum ins Alemannengebiet einerseits und zur Form Krefeld-Gellep andrerseits. Vom Typ Pusztabakod aus scheint dann ein weiterer Strang unmittelbar in den germanisch besiedelten Norden zu verweisen. Dazu sehe man Dannheimer (wie Anm. 16, 1962) S. 24f. und Reichstein (wie Anm. 306, 1977) S. 56; beide Autoren gründen jeweils auf der älteren Forschung. – Man vgl. auch unten S. 217 mit Anm. 478. Daß auch das krimgotische Gebiet bei der formenkundlichen Analyse der Serie insgesamt mitzuberücksichtigen ist, belegen entsprechende südrussische Silbergußfibeln: Werner (wie Anm. 11, 1961) S. 29f. Nr. 106, 107, 110; Taf. 25, 27. Die Angaben zur Chronologie der Fibel Nr. 110 bedarf erneuter Prüfung. Zu dem Fibelpaar Nr. 106 sehe man die Zeichnung bei Ambros (wie Anm. 428) Abb. 2,2.

415) Man vgl. dazu bei Fingerlin (wie Anm. 410, 1979, S. 26).

416) Man vgl. V. Milojčić, Zu den spätkaiserzeitlichen und merowingischen Silberlöffeln (in: 49. Bericht RGK 1968, S. 111–148), der für einen Teil dieser Fundstücke deren Verwendung bei der Eucharistie-Feier nachweist (bes. S. 128–133). Gegen Milojčić spricht sich jedoch Bierbrauer aus, der in den Löffeln

oder Chur ist diese Altertümergruppe ebenso vorauszusetzen wie in den Städten südlich des Alpenkammes, eine Überlegung, die auch für andere Fundstückgattungen gültig ist. Kommen somit für den spätantiken Mahlberger Silberlöffel außer Italien noch die näher gelegenen italischen und gallischen Provinzen als Herkunftsgebiete in Betracht, so sind dieselben kritischen Überlegungen auch auf den Mahlberger Goldschmuck anzuwenden. Gewiß, der Cloisonné-Fingerring besitzt eine gute Analogie in Grab 126 des Reihengräberfeldes von Basel-Kleinhüningen (nördlich des Rheins), ein ebenso zweifelsfrei alemannisches Frauengrab wie Mahlberg selbst. Kleinhüningen ist münzdatiert (terminus post quem 425/455); Rudolf Moosbrugger-Leu erwägt für den Bestattungszeitpunkt die Jahre um 475, Max Martin die zweite Hälfte des fünften Jahrhunderts, Rainer Christlein das Ende des fünften Jahrhunderts und Volker Bierbrauer einen Zeitpunkt nach 506/07[417]; italische Ostgotenzeit seit 489 ist deshalb für den Mahlberger Ring möglich.

Höheres Alter hat man dagegen für das Mahlberger Goldohrringpaar mit Granateinlagen anzunehmen. Denn dieser Typ mit tordiertem Ringbügel fehlt im ostgotischen Fundmaterial Italiens, ist jedoch, außer in Basel-Kleinhüningen und im südbadischen Reihengräberfriedhof von Mengen (Breisgau)[418] mehrfach im Mitteldonaubecken nachweisbar, auch im Schwarzmeerbereich. Bierbrauer zufolge gehören sämtliche Exemplare dieses tordierten Typs dem fünften Jahrhundert an und stellen ostgermanische Arbeiten dar. Die Form soll in den Donauprovinzen zu Beginn des fünften Jahrhunderts aus römischer Mode übernommen worden sein[419]. Ein identisches Ohrringpaar wie Mahlberg stammt außer aus dem westsiebenbürgischen Perjámos[420] ferner auch aus Belgrad-Čukarica, ist dort zum einen mit einer Fibel der Typenreihe wie im attilazeitlichen Grabfund von Wolfsheim (Rheinhessen) vergesellschaftet, und zum anderen mit einem spiralkerbschnittverzierten Bügelfiberpaar donauländischen Stils[421]. Daraus resultiert für das Belgrader Grab ein Zeitpunkt, der zweifellos vor dem des

ausschließlich Tischgeräte des profanen Gebrauchs sehen möchte (wie Anm. 14, 1975, S. 184–188, mit der nach Milojčićs Studie erschienenen Literatur). – Man siehe ferner die Fundnachträge und Ergänzungen zu Milojčić bei D. Sherlock, Zu einer Fundliste antiker Silberlöffel (in: 54. Bericht RGK 1973, S. 203–211).

417) Moosbrugger-Leu in: Die frühmittelalterlichen Gräberfelder von Basel. Führer durch das Historische Museum Basel 3 (1982) S. 26 (16 Prägungen des Valentinianus III. [425–455], vier des Theodosius II. [408–450]). Martin, Die Schweiz im Frühmittelalter (wie Anm. 19) S. 49 Abb. 33. Christlein in: Die Alamannen (wie Anm. 15; 1979) S. 80. Bierbrauer (wie Anm. 14; 1974) S. 565: »Zeit um 500 und erstes Drittel des 6. Jahrhunderts«; S. 567: »erstes Drittel des 6. Jahrhunderts«.

418) Kleinhüningen (zweite Hälfte 5. Jahrhundert): Martin (wie Anm. 417) S. 72f. Abb. 51. Mengen: Garscha (wie Anm. 406) Taf. 15 A 1. – Bierbrauers pauschale Datierung »6. Jahrhundert« ist argumentativ nicht abgesichert (wie Anm. 14; 1975) S. 245 Nr. 19.

419) Wie Anm. 14 (1975) S. 165; S. 246f. Nr. 36, 38, 51; Taf. 78, 6.7.

420) Hampel (wie Anm. 342) Bd. 3, Taf. 7,1.2; vergesellschaftet u. a. mit einem Paar Silberblechfibeln; Kovrig (wie Anm. 481) Taf. 38a.

421) Bierbrauer (wie Anm. 14; 1975) Taf. 78, 2–7. Sein Gedanke, daß für das Belgrader Fibelpaar italische Herkunft nicht auszuschließen sei und dafür als Beleg eine gänzlich anders geartete, fundortlose Fibel aus einer italienischen Sammlung zu zitieren, entspricht nicht herkömmlicher archäologischer Methodik (man vgl. ebd. 111f. mit Anm. 77 und Taf. 27,4 mit Taf. 78, 2.3). – Auch oben Anm. 315.

ostgotischen Fundmaterial Italiens liegt. Für das alemannische Grab in der Ortenau bedeutet die ostgermanische Verbreitung der tordierten Goldohrringe, daß auch die beiden Mahlberger Exemplare nur aus dem Mitteldonaubecken in das Gebiet zwischen Schwarzwald und Rhein gelangt sein können. Italische Herkunft ist infolgedessen für keines der Mahlberger Fundstücke verläßlich zu beweisen. Dennoch aber stellt dieser Grabfund eine hervorragende Quelle nicht nur für die frühalemannische Besiedlungsgeschichte der Ortenau dar, sondern ebenso auch für die Fernverbindungen in der Frühzeit von Alemannisch I. Fingerlin bringt das Mahlberger Grab aufgrund seiner isolierten Lage abseits eines für Mahlberg zu unterstellenden Ortsreihengräberfeldes in gedanklichen Zusammenhang mit der Ailenberg-Sepultur[422)]. Der Ortenau mit der Mahlberger Sondersepultur liegt auf der linken Rheinseite der alemannische Bestattungsplatz von Baldenheim gegenüber. Ob der Baldenheimer Prunkhelm[423)] gleich früh innerhalb Stufe Alemannisch I anzusetzen ist wie das Mahlberger Grab, bedarf noch neuen Untersuchungen. Viel später wird er kaum datiert werden können. Zusammengesehen bezeugen beide Plätze, daß der Rhein in dieser Zeit und auf dieser Stromstrecke durch Alemannien fließt. Man möchte meinen, daß dafür nur die Periode bis zu Chlodowechs Alemannensieg von 496/97 in Betracht kommt[424)].

Die alemannisch-ostgermanischen Beziehungen zum Mitteldonaubecken und vielleicht sogar noch darüber hinaus, wie sie einerseits an den beiden alemannischen Beispielen des Apahida-Stils (Ailenberg bei Cannstatt und Schwenningen) erkennbar werden, andrerseits auch über das Inventar aus der Ortenau, gehören zweifelsfrei in die Phase Alemannisch I a. Die Einzelsepulturen (Sonderfriedhöfe) Ailenberg und Mahlberg dürfen als typisch für diese Zeit gelten. Doch zeigt Hemmingen an, daß zur selben Zeit bereits die Reihengräberfriedhöfe einsetzen, und über das Goldgriffspathengrab von Gültlingen 1901 sowie über Grab 19 aus Basel-Gotterbarmweg, beide im älteren, childerichzeitlichen Teil der Tabelle Müllers eingeordnet[425)], ist dasselbe bezeugt. Mit Hemmingen, Gültlingen und dem Ailenberg, denen sich weitere Fundplätze dieser alemannischen Frühzeit angliedern lassen, kristallisiert sich zwischen Nagold, Enz, Neckar und noch darüber hinaus ein Raum beständiger Besiedelung heraus, der bald nach der Mitte des fünften Jahrhunderts ein offenbar festes Gefüge aufweist. Stellvertretend dafür kann die Höhenburg des Runden Berges bei Urach angesehen werden, die jedoch randlich zu der umschriebenen Landschaft liegt und dessen Siedlungsbeginn auch noch früher anzusetzen ist; man rechnet mit der zweiten Hälfte des vierten Jahrhunderts[426)]. Auch in

422) Wie Anm. 410 (1979) S. 31.
423) Henning (wie Anm. 352).
424) Man vgl. oben S. 157; ferner Fingerlin (wie Anm. 17; 1979) S. 379–381, 393f.
425) Wie Anm. 302, S. 99 Abb. 50. Man vgl. auch Anm. 342 und 368.
426) Man sehe dazu Lothar Bakker (in: Bonner Jahrbücher 183, 1983, S. 922f.); Christlein rechnet mit kontinuierlicher Besiedlung seit dem Limesfall (wie Anm. 15; 1974) S. 34; Ders., Die Alamannen (wie Anm. 15) S. 84. – Bakker urteilt auf der Grundlage der Drehscheibenkeramik. Die Fibelserie des Runden Berges scheint dagegen doch auf Besiedlungskontinuität seit der spätkaiserzeitlichen Stufe C hinzuweisen (man vgl. Anm. 427).

Hemmingen scheinen einzelne Gräber auf einen Beginn noch in der völkerwanderungszeitlichen Stufe D hinzuweisen, doch ist die Frage kontinuierlicher Belegung für Hemmingen derzeit nicht ganz sicher zu beantworten[427]. Bemerkenswert für Hemmingen ist jedoch, daß von dem Zeitpunkt an, von dem »reihengräberzeitliches« Formengut der Stufe Alemannisch I a auftritt, dieses sogleich auch typisch Mitteldonauländisches mitaufweist. Gemeint ist beispielsweise die spiralrankenverzierte Bügelfibel aus Hemmingen Grab 24, für die Müller als Parallelen ein Fibelpaar aus Szekszárd-Palánk (Komitat Tolna; südliches Transdanubien) anführt, das dort in ostgotisch-pannonische Zeit datiert ist[428], mithin in die Zeit Thiudimirs und damit in die Zeit seines Alemannen-Feldzuges des Winters 469/70.

427) Als »vor-reihengräberzeitlich« könnte man vielleicht den Fundstoff aus den Hemmingener Gräbern 33, 39, 43, 50, 53, 54 einstufen; doch handelt es sich dabei insgesamt um Frauengräber: MÜLLER (wie Anm. 302) Taf. 9 B, 10 C.E, 13 B–D. Dennoch dürfte es keine Frage sein, daß die eisernen Armbrustfibeln aus den Gräber 43, 50, 53 in der Formtradition der spätkaiserzeitlichen Armbrustfibeln der Stufe C 2/3 stehen; der C 2/3-Formenbestand (nach E. KELLER, wie Anm. 307) fehlt jedoch in Hemmingen. Wie das relativchronologische Verhältnis der oben genannten sechs Gräber zu dem Hemmingener Spathagrab 21 zu sehen ist, bleibt eine vorläufig noch offene Frage. Zum absolutchronologischen Alter des Spathagrabes 21 sehe man oben S. 191 mit Anm. 350. – Eine eiserne Armbrustfibel wie Hemmingen Grab 43 und Grab 50 ist für den Runden Berg nachgewiesen: CHRISTLEIN, Der Runde Berg III (wie Anm. 15) Taf. 1,7. Fibeln der spätkaiserzeitlichen Serien sind auf dem Runden Berg mehrfach bezeugt: ebd. Taf. 1, 2–4; Der Runde Berg I, Taf. 10, 2–5.

428) MÜLLER (wie Anm. 302) S. 47ff. Taf. 5 B 2; 19,1; S. 109 (Hemmingen Grab 24). – Zum Grab aus Szekzárd-Palánk (Komitat Tolna) sehe man die Bemerkungen BIERBRAUERS (in: Bayerische Vorgeschichtsblätter 36, 1971, S. 146f.). – Das Fibelpaar aus Szekzárd-Palánk, Grab 11, inzwischen veröffentlicht bei Á. SALAMON und L. BARKÓCZI, Pannonien in nachvalentinianischer Zeit (376–476). Ein Versuch zur Periodisierung. In: Severin zwischen Römerzeit und Völkerwanderung (1982; wie Anm. 104) S. 147–178, bes. S. 164, 166 Abb. 14,1 a–b; DIES., Archäologische Daten zur Periodisierung des spätrömischen Pannonien (376–476). In: A. K. AMBROS und J. ERDÉLY (Hrsg.), Altertümer der Völkerwanderungszeit. 5.–8. Jahrhundert. Symposium über die völkerwanderungszeitliche Archäologie der nordpontischen und mitteldonauländischen Stämme. Moskau 1978 (1982; russ.) S. 31–49, Abb. 11, 1–2. – Zu einer gleichartigen Fibel aus Sokolnice (Mähren): AMBROS, ebd. 107–121, Abb. 2, 3. – Zu weiteren Fibeln dieses Typs aus dem Gräberfeld von Sokolnice (Bez. Brünn-Land) siehe man TEJRAL (wie Anm. 458; 1973) S. 305 Abb. 1, 3; DERS., (wie Anm. 475; 1976) S. 18 (Hinweis auf Exemplare aus Kníníce bei Boskovice [Bez. Blansko, Mähren], Hács-Bendekpuszta, südlich des Balaton [Komitat Somogy] und Szöreg bei Szeged [Komitat Csongrád]) und Taf. 1, 4.5 (Sokolnice). – Zugehörig zu dieser Fibelgruppe auch das Exemplar aus der mittelitalischen Gräbergruppe von Acquasanta: G. ANNIBALDI u. J. WERNER, Ostgotische Grabfunde aus Acquasanta, Prov. Ascoli Piceno (Marche); (in: Germania 41, 1963, S. 356–373; die Fibel ebd. 360 Nr. 4, 370; Taf. 41,4). – Als verwandte Formen lassen sich dem Acquasanta-Fundstück Fibeln wie aus Dabronc-Ötvöspuszta (Komitat Veszprém) oder auch aus Szöreg (Komitat Csongrád) anschließen. Dabronc: K. BAKAY, N. KALICZ, K. SÁGI, Veszprém megye régészeti topográfiája Bd. 3 (1970), S. 69 Abb. 21, 1.2; wiederabgebildet bei BIERBRAUER (wie Anm. 14, 1975), S. 60 Abb. 6. Szöreg: BÓNA (wie Anm. 342) Taf.-Abb. 7; CSALLÁNY (wie Anm. 34) S. 154, Taf. 168, 18 (Grab 19). – Ein Fibelpaar mitteldonauländischer Formenprovenienz liegt auch aus dem Reihengräberfeld von Weingarten (Bodenseegebiet) vor: E. M. NEUFFER, Das alamannische Gräberfeld von Weingarten, Kr. Ravensburg. In: Ausgrabungen in Deutschland, gefördert von der Deutschen Forschungsgemeinschaft 1950–1975. Teil 2: Römische Kaiser-

Überlegungen und Studien zum Beginn der frühalemannischen Reihengräberfelder vom Typ Hemmingen ließen sich in vielfacher Weise fortsetzen. Das aber betrachte ich nicht als eine Aufgabe im Rahmen der Thematik. Es muß der Hinweis genügen, daß die Basler Reihengräberfelder auf der nördlichen Rheinseite ganz sicher ebensofrüh einsetzen wie Hemmingen und gleichfalls von ihrem Belegungsbeginn an mitteldonauländischen Edelmetallschmuck aufweisen. Am Beispiel des Inventars aus dem Gotterbarmweg-Grab 20 und dem aus Miszla (Komitat Tolna) sei das augenscheinlich gemacht (Abb. 3). Anderes ließe sich für die Region am Hochrhein noch anschließen[429]. Wichtig ist, daß mehrfach die donauländischen Analogien zu Fundstücken der Phase Alemannisch I a aus dem südlichen Transdanubien stammen (Komitate Tolna, Somogy, Baranya), jedoch nicht ausschließlich. Und wichtig ist außerdem, daß Vertreter der mitteldonauländischen Fibelfamilie wie Szekszárd/Hemmingen auch nach Italien gelangen. Aus der kleinen Gräbergruppe von Acquasanta bei Ascoli Piceno (adriatisches Mittelitalien) stammt eine entsprechende, silbervergoldete Bügelfibel[430]. Sie soll erst als Folge des Theoderich-Zuges 489 nach Italien gelangt sein, doch zeigen die Fundstücke aus Szekszárd und Hemmingen an, daß entsprechendes bereits vor 473, dem Zeitpunkt der Abwanderung der Goten aus dem Mitteldonaubecken, über weite Strecken hinweg den Weg in den Westen findet, und Werner selbst räumt für die mitteldonauländischen Analogien zu Acquasanta die Zeit-

zeit im freien Germanien – Frühmittelalter I (1975) S. 238–253; S. 240 Abb. 2, 6.7 (sowie unten Anm. 429). Die zugehörige Bronzeschnalle in spätrömischem Kerbschnittstil (ebd. Abb. 2,5) findet sich im allgemeinen in Gräbern, die mit Waffen ausgestattet sind. Zum Schnallentyp und seiner Datierung sehe man oben S. 191 mit Anm. 350.

429) Basel-Gotterbarmweg Grab 20: E. Vogt, Das alamannische Gräberfeld am alten Gotterbarmweg in Basel (in: Anzeiger für Schweizerische Altertumskunde 32, 1930, S. 145–164; Taf. 10 Grab 20, 1–5); Miszla: A. Szendrey, A miszlai gót sirlelet (in: Archaeologiai Értesitö 42, 1928, S. 222–225; Taf. 7). J. Werner bezeichnet das Basler Fibelpaar als Repliken nach westungarischer Vorlage (wie Anm. 428, S. 370). – Zum Detail der gestempelt erscheinenden Rautenmuster auf den Fibelfußplatten sehe man unten Anm. 504. – Zweifellos mitteldonauländischer Formenprovenienz sind auch das Fibelpaar aus Grab 6 sowie das entsprechende Fundstück aus Grab 33 des Basler Gräberfeldes (Vogt a. a. O. Taf. 7, 4.5; 11 Grab 33, 4). Die zweite Fibel aus Grab 33 (ebd. Taf. 11, Grab 33,5) besitzt gleichfalls eine ungarnländische Analogie: Hampel (wie Anm. 342) Bd. 1, S. 321 Abb. 805. Anzuschließen ist ferner eine Fibel aus dem Pusztabakod-Fund (Komitat Pest): ebd. Bd. 3, Taf. 1,2 (zu diesem Fundstück auch oben Anm. 414). Und zur selben Gruppe gehört auch die Kleinfibel aus Basel-Kleinhüningen Grab 74: Moosbrugger-Leu (wie Anm. 20, 1971) Bd. B, Taf. 47,6 (vergesellschaftet mit Typ Fingelsham). – Man sehe ferner auch J. Werner, Zu den donauländischen Beziehungen des alamannischen Gräberfeldes am alten Gotterbarmweg in Basel. In: R. Degen, W. Drack, R. Wyss (Hrsg.), Helvetia Antiqua. Festschrift Emil Vogt (1966) S. 283–392. Werner weist in diesem Aufsatz auf das gepidische Fibelpaar aus Basel-Kleinhüningen und seine Analogie aus Csongrád hin: ebd. 283; zu Csongrád: Csallány (wie Anm. 34) S. 226, Taf. 211, 14.15. – Zu derselben Fibelserie gehört dann auch das oben Anm. 428 zitierte Fibelpaar aus Weingarten am Bodensee, zu dem wiederum eine mustergleiche Fibel aus einem der gepidischen Gräberfelder von Szentes (Komitat Csongrád) bekannt ist: Csallány a. a. O. S. 28 (Grab 29, Nr. 8), Taf. 14,6; dazu auch unten Anm. 481. Ferner noch unten Anm. 495.

430) Annibaldi und Werner (wie Anm. 428) Taf. 41,4.

spanne von 453 bis 488 ein[431]. Odoakerzeitliches Alter ist deshalb für die mitteldonauländische Fibel aus Acquasanta ebenso in Betracht zu ziehen wie theoderichzeitliches. Dafür gibt es zudem noch andere Argumente. So weist Werner zum einen darauf hin, daß die Analogien für einige der Acquasanta-Fundstücke aus reich ausgestatteten Frauengräbern des Mitteldonaubeckens stammen. Deren Verbreitung reicht vom Theißbogen im Norden bis zur Drau-Donau-Linie[432]. Ostgoten siedeln hier jedoch nur bis 473, und der Theoderich-Zug, der 488 von Novae in Untermösien ausgeht, berührt diese Räume nicht[433].

So gesehen, sind wiederum Ostgermanen der Zeit vor 488, jedoch keine Theoderich-Ostgoten für die ostgermanischen Fundstücke Mittelitaliens in Betracht zu ziehen. Das wären möglicherweise die Odoaker-Leute, können allerdings auch die Rugier Theoderichs sein. Zu entscheiden ist das im einzelnen nicht. Wenn jedoch Werner beispielsweise die Gürtelschnalle aus dem Frauengrab von Dombovár (Komitat Tolna) als Parallele für die mit Masken versehenen Acquasanta-Schnallen heranzieht[434], und andrerseits Hermann Dannheimer die Fibel aus ebendemselben Dombovár-Grabfund als Analogie zu einem Fibelfund von der alemannischen Höhenburg der Gelben Bürg am Hahnenkamm in Mittelfranken aus der Zeit um die Mitte des fünften Jahrhunderts benennt[435], so zeigt das zum einen den Datierungsspielraum für das Dombovár-Grabinventar an. Zum anderen aber, und das ist das bedeutsamere, gelangt ganz offensichtlich während ein und derselben Phase Formengut des Mitteldonaubeckens sowohl nach Italien als auch in die alemannischen Zentren Südwestdeutschlands. Für Alemannien kann aber das Jahr 489 nicht als terminus post quem gelten, vielmehr ist für den alemannischen Fundstoff mitteldonauländischer Herkunft das Jahr 473, in dem die Ostgoten zu ihrem Balkanzug aufbrechen, als terminus ante quem zu werten, sofern Dombovár tatsächlich eine ostgotische Bestattung darstellt. Ist Dombovár dagegen nicht als ostgotisch anzusehen[436], sondern nur allgemein als ostgermanisch, verliert dieser Grabfund aber seine Qualität als terminus post quem für die italischen Analogien. Damit aber wird nicht nur in ganz erheblichem

431) Wie Anm. 428, S. 368.

432) ANNIBALDI und WERNER (wie Anm. 428) S. 366f. mit Abb. 8. Man vgl. dazu auch WERNERS Einwände gegen ÅBERG (wie Anm. 10, S. 32f. Anm. 5) und versteht nicht so recht, warum das Jahr 488 dennoch als archäologischer terminus für das Mitteldonaubecken zu gelten habe. – Man sehe auch bei NÄSMAN (wie Anm. 292) S. 67–69.

433) Das hat 1961 detailliert Heinz LÖWE klargestellt: Theoderichs Gepidensieg im Winter 488/489. Eine historisch-geographische Studie (wie Anm. 136). Da 488 die Gepiden Sirmium besetzt halten und der Ulca-Schlachtenort, der bei Vinkovce zu lokalisieren ist, mit gepidischen Befestigungen (Erdwerken) versehen ist, hat man mit gepidischer Besiedlung bis über die Donau hinaus zu rechnen, für Transdanubien nördlich der Drau ferner mit Sarmaten und Rugiern, im nördlichen Transdanubien dann mit Skiren und Sueben (ebd. S. 12). Zum Siedelgebiet der Skiren im südlichen Donau-Theiß-Tiefland und zu ihrer Eigenschaft als Foederierte sehe man bei VÁRADY (wie Anm. 54, 1984) S. 31. – Zur gepidischen Westgrenze in langobardischer Zeit sehe man BÓNAS Karte (wie Anm. 342, S. 36f.) sowie unten Anm. 480. – WOLFRAM zufolge könnte der Fluß Ulca die Reichsgrenze gebildet haben (wie Anm. 54) S. 349.

434) Wie Anm. 428, S. 366.

435) Wie Anm. 16 (1962) S. 21f.

436) Diese Möglichkeit räumt WERNER indirekt ein (wie Anm. 428) S. 368.

Maße das Jahr 489 als absolutchronologischer Fixpunkt für die archäologischen Quellen mitteldonauländischer Herkunft in Italien in Frage gestellt, sondern man möchte fast annehmen, daß sich der terminus in sein Gegenteil umwandelt: in einen terminus ante quem oder eventuell auch ad quem. Was sich demnach bei vordergründiger Betrachtung möglicherweise als alemannisch-italische Beziehung der Phase Alemannisch I a darbietet, ist in Wirklichkeit vielleicht nur der archäologische Niederschlag ein und derselben Quelle, deren Ausflüsse verschiedene Richtungen nehmen. Die Quelle ist das ostgermanisch besiedelte Mitteldonaubecken, wahrscheinlich von der Zeit an, nachdem das Hunnenreich mit der Schlacht am Nedao aufgehört hat zu bestehen und nur noch Germanen die Ereignisgeschichte dieses Raumes bestimmen. Die archäologischen Ausflüsse ins Alemannische wie ins Italische sind einerseits zweifellos als personengebundene Fernbeziehungen zu werten, wie besonders am Beispiel des Ailenberges erkennbar wird, andrerseits hat man sie im weiteren Sinne doch wiederum als Folgen der Ereignisgeschichte anzusehen. Stellvertretend dafür sind die Namen Hunimund, Vidimir, Odoaker, vielleicht sogar auch noch Severin von Noricum zu nennen, bei dessen Rückzug nach Italien durchaus das eine oder andere Edelmetallschmuckstück donauländisch-germanischer Abkunft nach Italien gelangt sein kann. Gewiß nicht kommen Theoderichs Leute mit leeren Händen nach Italien, doch seit rund 20 Jahren siedeln in Italien bereits Odoakers Leute[437].

Erkennt man jedoch das Mitteldonaubecken als kulturellen Zentralraum mit der größten Ausstrahlungskraft während der Zeit nach der Zerschlagung des Hunnenreiches an, so wird man auch gewisse transalpine Verbindungen zu relativieren haben. Denn dann nämlich ist keineswegs mehr gewiß, daß eine Goldcloisonné-Schnalle aus dem fränkischen Köln, die fast identisch mit einem der Acquasanta-Fundstücke ist, aus dem ostgotischen Italien an den südlichen Niederrhein gelangt[438], sondern beide Stücke können von gleicher Hand weit im Osten hergestellt und ganz unabhängig voneinander sowohl nach Mittelitalien als auch an den Rhein gelangt sein. Diese Annahme wird zum einen durch Kurt Böhners Gedanken von 1968 gestützt[439], hier allerdings etwas modifiziert angewendet; zum anderen spricht für diese Annahme, daß Details der Ornamentik beider Schnallen, so zum Beispiel die zentralen getreppten Mittelfelder, ferner auch die blattförmigen Muster an einer Schmuckgarnitur aus Olbia (Pontusregion) wiederkehren[440]. Natürlich ist durch diese Annahme ein Weg für die

437) Einzelheiten, auch in bezug auf das *tertium* des Landbesitzes, bei VÁRADY (wie Anm. 54, 1984) S. 30ff.

438) So J. WERNER, Eine ostgotische Prunkschnalle von Köln-Severinstor (in: Kölner Jahrbuch für Vor- und Frühgeschichte 3, 1958, S. 55–61). Das Acquasanta-Fundstück stellt WERNER zufolge eine »sicher in Italien entstandene Goldschmiedearbeit« dar (wie Anm. 428) S. 370. – Eine weitere, allerdings weniger qualitätvolle Analogie zu den Cloisonné-Schnallen aus Köln und Acquasanta liegt aus Pliening bei München (Ldkr. Ebersberg) vor. Unveröffentlicht, nach Schausammlung der Prähistorischen Staatssammlung München, möglicherweise Grab 151: SAGE (wie Anm. 499; 1973) S. 283, Anm. 146. – Oben Anm. 42.

439) Wie Anm. 271 (1967–1968) S. 128.

440) B. ARRHENIUS in: H. ROTH (Hrsg., wie Anm. 323) Taf. 26.

Cloisonné-Schnallen nicht auszuschließen, der in einer pontischen Werkstatt beginnt, dann über Novae in Niedermoesien und Aquileia bis Ravenna und dann weiter nach Acquasanta einerseits und Köln andrerseits führt. Und gut vorstellbar ist ferner, daß das Kölner Fundstück auf demselben Weg an den Niederrhein gelangt, auf dem 493 Theoderichs Brautwerber über die Alpen ziehen. Doch nur die transalpinen Verbindungen im Auge zu haben und den Osten dabei unberücksichtigt zu lassen, das gestatten die Quellen nicht. Deshalb ist für das Kölner Fundstück außer italischer Abkunft auch die direkte ostgermanische aus dem Mitteldonaubekken oder dem Pontusgebiet mit zu erwägen.

Dem Indizienbeweis, wie er im Vorstehenden für vor-theoderichzeitliche archäologische Quellen ostgermanischer Herkunft in Italien geführt ist, lassen sich außer dem oben bereits behandelten Veroneser Spathascheidenortband weitere, direkte Belege anfügen. Greift man an dieser Stelle die Frage nach Beispielen für den Apahida-Stil in Italien auf, wird man eine Antwort am ehesten über die beiden Bügelfibeln in Cloisonné-Technik aus dem Schatzfund von Desana (Prov. Vercelli) versuchen[441]. Volker Bierbrauer hält sie für ostgotisch-italische Arbeiten aus dem ersten Drittel des sechsten Jahrhunderts[442]. Für Apahida-Stil der Desana-Fibeln sprechen folgende Zierdetails: 1. die Adlerkopfbekrönungen, 2. die sechseckigen Wabenzellen auf den Fibelbügeln, 3. die gereihten S-förmigen Zellen im mittleren Kreisbogen der Kopfplatten, 4. die kleeblattförmige Zelle in der Mitte der Kopfplatten, 5. die runden, randgereihten halbkugeligen Zelleinlagen, 6. die feingeperlten Randleisten ringsum, 7. gewellte Goldstege (auf den Fibelkopfplatten mit der kleeblattförmigen Zelle verbunden); Bierbrauer nennt teilweise dieselben Merkmale[443]. Geht man von den Konturlinien (Umrissen) der Desana-Fibeln aus, entsprechen sie mit halbrunder Kopfplatte und langschmalem Fuß, dessen Oberteil deutlich einzieht, denen der teils gleichfalls cloisonné-verzierten, teils aber auch steinbesetzten Fibeln frühvölkerwanderungszeitlicher Schatzfunde und Grabschätze, beispielsweise Szilágy-Somlyó (Siebenbürgen, hier auch die runden randparallel angeordneten Zellen an der Kopfplatte[444]), Rábapordány (Komitat Györ-Sopron)[445] oder Untersiebenbrunn (Marchfeld)[446]. Der Fußumriß mit dem einziehenden Oberteil ist ferner für eine Variante der großen Silberblechfibeln kennzeichnend, beispielsweise für Untersieben-

441) Bierbrauer (wie Anm. 14; 1975) S. 264ff., Taf. 6,1.2; 7, 1–3.
442) Ebd. 115ff.
443) Zu den angeführten Details vgl. man jeweils bei Horedt und Protase (wie Anm. 343): Taf. 46, 1–4 (Adlerköpfe); Taf. 32b; 39,1.2; 46, 3.4 (Wabenzellen); Taf. 32b; 36, 1a–4a; 51, 4a; 52, 1–3 (S-förmige Zellen); Taf. 34, 1a. 3a (kleeblattförmige Zellen); Taf. 32; 33, 1.2; 34, 2a.b. 3a; 36; 39, 1–3; 40, 5.6a. 8a (halbkugelige Zelleinlagen; bei den Desana-Fibeln allerdings anstelle der Granatkügelchen grünes Glas); Taf. 46, 1–4 (feingeperlte Randborten); Taf. 32; 34, 1–3; 39, 3a; 40, 8a; 48, 3–9; 49; 50; 53–56. – Bierbrauer (wie Anm. 14; 1975) S. 116f.
444) Hampel (wie Anm. 342) Bd. 1, S. 318 Abb. 795; Bd. 3 Taf. 21, 6.7.
445) N. Fettich (in: Jahrbuch für prähistorische und ethnographische Kunst 1, 1926, S. 19 Abb. 2.3.); Tejral (wie Anm. 280) Taf. 3.8.9.
446) W. Kubitschek (in: Jahrbuch für Altertumskunde 5, 1911, S. 32–74) Taf. 1,1.2.

brunn[447], für Lom (bulgarische Donauseite)[448] oder für das Fibelpaar vom Teiritzberg (Niederösterreich; nahezu identische Proportionen wie Desana)[449]. Keine Frage, das Desana-Fibelpaar stellt einen Typ dar, der nur im Mitteldonaubecken im weitesten Sinne zur Attila-Zeit oder bald danach entstanden sein kann; italisch-ostgotische Herstellung dürfte auszuschließen sein.

Gleiches ist auch für das Fibelpaar mit der Fundortangabe »Fano« (Prov. Pesaro) anzunehmen. Alle Argumente dafür liefert bereits Bierbrauer[450]. Hinzufügen lassen sich noch die Hinweise auf die Adlerkopfbekrönungen, ähnlich denen aus dem Apahida-Grabschatz[451] sowie die Verwendung größerer, oval geschliffener Almandine (Granaten?), ein Stilelement, das einerseits für die im südlichen Rußland gefundenen frühvölkerwanderungszeitlichen, sogenannten Diademe typisch ist, andrerseits für die Riemenzunge aus dem Grab von Blučina in Mähren[452]. Gehört ferner zum »Fano«-Fibelpaar eine mit plastischem Winkelkerbschnitt verzierte Gürtelschnalle[453], so wird damit das frühe Alter des Fundes ebenso unterstrichen wie seine Herkunft aus dem Mitteldonaubecken, und zwar für beides, für das Fibelpaar wie für die Gürtelschnalle[454]. Und wiederum mit teils denselben Argumenten, die für die Fibeln aus Desana und aus »Fano« anzuwenden sind, läßt sich vor-theoderichzeitliches Alter für eine Fibel aus Testona (Prov. Torino)[455] nachweisen. Kopf- wie Fußplatte dieses Fundstücks spiegeln in ihrer regelmäßigen Gliederung und den ovalgeschliffenen Einlagen zudem sehr deutlich den Stil der Blučina-Riemenzunge wider. Als weiteres Argument für ihre Abkunft aus östlichem, frühvölkerwanderungszeitlichem Formenbestand ist für alle drei italischen Fibelfunde (Desana, Fano, Testona) anzuführen, daß sie sich in keiner Weise mit demjenigen Quellenmaterial des Mitteldonaubeckens verknüpfen lassen, für das Grabinventare wie Gavá, Domolospuszta oder Bácsordas stellvertretend stehen, und das tatsächlich teilweise sehr eng mit Fundstücken Italiens zu verbinden ist[456]. Die Fibeln aus den piemontesischen Fundorten Desana und Testona sowie aus »Fano« (Adriaküste) spiegeln eine gänzlich andere, offensichtlich ältere und wohl auch andersartig verbreitete Formenwelt wider. Man möchte ihr das Attribut »skirisch-nomadisch«

447) Ebd. Taf. 2,2.
448) Germania 26, 1942, Taf. 10 A (I. Welkov).
449) K. Kriegler, Zwei Silberblechfibeln vom Teiritzberg (in: Wiener Prähistorische Zeitschrift 18, 1931, S. 59–62, Abb. 1).
450) Wie Anm. 14 (1975) S. 114f; 340f. Taf. 59, 1.2.
451) Wie Anm. 443.
452) Man vgl. bei Werner (wie Anm. 311) Taf. 13,3; 26,1; 29,8. – Zu Blučina: ebd. Taf. 22,10. K. Tihelka, Das Fürstengrab bei Blučina, Bez. Brno-Land, aus der Zeit der Völkerwanderung (in: Památky Archeologické 54, 1963, S. 467–498; tschechisch). Ders., The Nobleman's Grave of Blučina, Brno-County, Dated by the Period of Great Migration (in: Slovenská Archeológia 14, 1966, S. 411–416).
453) Bierbrauer (wie Anm. 14; 1975) S. 115; 340f.; Taf. 58,2.
454) Man vgl. oben S. 197 mit Anm. 390.
455) Bierbrauer (wie Anm. 14; 1975) S. 316ff., Taf. 40,1.
456) Oben S. 209 mit Anm. 432–436. –Man vgl. auch die Überlegungen bei U. Näsman (wie Anm. 292) S. 65–69.

unterlegen, ein Gedanke, der sich natürlich an Odoakers Herkunft orientiert. Aus den vielfachen Formenverbindungen zu Szilágy-Somlyó, Apahida und Blučina ergibt sich das Alter dieser Fundgruppe eindeutig, das man vielleicht am besten mit der Zeitspanne von Attila bis Odoaker umgrenzt. Es liegen keine zwingenden Argumente vor, für ihr Auftreten in Italien erst das Jahr 489 als terminus post quem anzunehmen.

Die ausführlichere Diskussion zur Fibelgruppe Desana-Testona-»Fano« stellt nur scheinbar ein Abschweifen vom Thema dar. Denn es ist notwendig aufzuzeigen, daß nicht erst mit der Theoderichzeit archäologische Quellen östlicher Abkunft in Italien auftreten, sondern bereits zur Odoakerzeit, d.h. in eben derselben Phase wie im Alemannischen (Alemannisch Ia). In Italien hat man den ostgermanischen Fundstoff dieser Frühzeit aber in erster Linie mit der Ereignisgeschichte vom Beginn der 70er Jahre des fünften Jahrhunderts in Zusammenhang zu sehen. Personengebundene Beziehungen, wie sie über die alemannische Ailenberg-Sepultur sowie über Schwenningen und Mahlberg erkennbar sind, dürften für Italien wohl ausscheiden. Vielmehr wird der ostgermanische Fundstoff in erster Linie auf die seit der Odoaker-Zeit hier siedelnden Gemeinschaften zurückzuführen sein, auch wenn personengebundende Beziehungen mit den Herkunftsräumen fortbestanden haben können. Unmittelbare transalpine Verbindungen von Italien aus lassen sich in dieser Zeit über den archäologischen Quellenbestand nicht nachweisen, sofern man die Spangenhelme vom Baldenheimer Typ nicht ausschließlich unter italischem Blickwinkel sieht. Die unter Odoaker emittierten Münzen und deren Vorkommen in der Zone nordwärts der Alpen erfordern eigenständige Untersuchungen[457]. Das hervorstechendste Merkmal der alemannischen Fernbeziehungen in Phase Ia sind die Verbindungen mit dem Südosten, mit den germanischen *gentes* des Mitteldonaubeckens.

457) Ein sicheres Urteil ist derzeit nicht einmal für den Reggio-Schatzfund möglich, der außer den zahlreichen Pretiosen noch 60 stempelfrische, Byzanz-Kaiserlegenden aufweisende Solidi mitumfaßt (Übersicht bei Bierbrauer, wie Anm. 14 [1975] S. 304f.). Die Münzreihe setzt mit konstantinopolitanischen Marcian-Emissionen ein (terminus post quem: 450); Schlußmünzen sind entweder ein Solidus des Basiliscus und Marcus desselben Prägeortes (terminus post quem: 476) oder drei Ravennater Prägungen für Zeno (terminus post quem: 474). Abgesehen davon, daß Bierbrauer den Basiliscus-und-Marcian-Solidus entgegen seiner Angabe auf S. 304 (stempelfrisch) auf S. 202 als »leicht abgenutzt« bezeichnet, sind die folgenden numismatisch-historischen Fragen zu stellen: 1. Woher anders als aus der Staatskasse von Byzanz gelangen stempelfrische Goldemissionen nach Italien, deren Prägezeitpunkte offenbar mehr als 20 Jahre auseinanderliegen? 2. Auf welche Weise wurde im Westreich nach 476 der Wirtschaftskreislauf (Geldverkehr) aufrechterhalten? Allein durch oströmische Emissionen, Jahressubsidien und dergleichen? Allein durch die Agrarbesteuerung, der Romanen wie Barbaren unterworfen waren? 3. Wer besaß in Ravenna von 474 an das Prägerecht, u.a. für Zeno-Solidi, wenn nicht Odoaker? (Bierbrauer S. 202: Odoaker-Prägungen fehlen im Reggio-Schatz, obschon Ravennater Emissionen für Zeno ausgewiesen sind; man vgl. jedoch seine Angaben zu der in Mailand unter Odoaker für Zeno geprägten Siliqua: S. 139f. mit Anm. 171). Dazu auch oben S. 178 mit Anm. 291. – Der Archäologe wird zweifellos keine kompetenten Antworten auf diese Fragen geben können, ebenso wenig wie zu anderen numismatischen Beispielen aus jüngerer Zeit. Verbindliche Antworten hat man nur von solchen quellenmäßig abgesicherten Untersuchungen zu erwarten, wie sie beispielsweise Várady führt (wie Anm. 54, 1984, S. 26ff.). – In bezug auf die Verhältnisse in Alemannien siehe die Bemerkungen Christleins: »...gehörte Alamannien zum Währungsgebiet jener

Phase Alemannisch I b

Transalpine Verbindungen zwischen Italien und Alemannien scheinen mit der italischen Ostgotenzeit (ungefährer terminus post quem: 493) einzusetzen. In den alemannisch besiedelten Räumen, aber auch im östlich angrenzenden Bayern, lassen sich die Fibeln vom ostgotischen Typ möglicherweise als archäologisches Kriterium für Phase Alemannisch I b verwenden. Denn offenbar erst in dieser Zeit und noch nicht in Alemannisch I a scheinen sie im archäologischen Quellenmaterial auf. Der Grund dürfte in Theoderichs nun uneingeschränkter Italienherrschaft liegen, die sich, wie eingangs dargestellt, auch auf die italischen Provinzen nördlich der Alpen erstreckt. Doch hat man klar zu sehen, daß zahlenmäßig das alemannische Gebiet in der Verbreitung der Fibeln vom ostgotischen Typ sehr deutlich gegenüber den östlich angrenzenden Zonen abfällt (Abb. 4). Im alemannischen Voralpenland sind Bügelfibeln vom ostgotischen Typ nur für Lörrach, Eichstetten und Singen am Hohentwiel bezeugt, in Bayern dagegen eine Massierung zum einen im Großraum München und zum anderen im Donautal zwischen Bittenbrunn bei Neuburg a. d. Donau und Straubing[458]. Den Fibelfund von Siezenheim bei Salzburg (Noricum) miteinbezogen heißt das, daß die Verbindungen von Italien aus offensicht-

Silberprägungen, die als legitime Nachfolger der Trierer Münze das ganze 5. und frühe 6. Jahrhundert hindurch emittiert und akzeptiert wurden. ... Der Ursprung des Goldstroms war vom Beginn des 6. Jahrhunderts an fast ausschließlich das ostgotische, später dann das byzantinische Oberitalien. Vor allem die Silberwährung des Südens konnte die fränkischen Argentei minuti völlig aus dem Geldumlauf in Alamannien, aber auch in den ostfränkischen Ländern am Rhein, verdrängen« (wie Anm. 15, 1979) S. 109. – Selbstverständlich bedürfen auch diese Angaben der Nachprüfung auf umfassender Quellenlage durch die numismatisch-wirtschaftsgeschichtliche Forschung. – Man vgl. auch die Datierung des Reggio-Schatzes bei U. Näsman (wie Anm. 292) S. 68 f.

458) Unter der Bezeichnung »Fibeln vom ostgotischen Typ« verstehe ich Herbert Kühns formenkundlich sehr weit gefaßten »Typ von Aquileia« in: H. Kühn, Die germanischen Bügelfibeln der Völkerwanderungszeit in der Rheinprovinz. Die germanischen Bügelfibeln der Völkerwanderungszeit I. Teil[2] (1965) S. 95–101. – J. Werner nennt sie »ostgotische Bügelfibeln« (wie Anm. 49), in gleicher Weise verfährt V. Bierbrauer: Zu den Vorkommen ostgotischer Bügelfibeln in Raetia II (in: Bayerische Vorgeschichtsblätter 36, 1971, S. 131–165 = Vorabdruck aus seiner Münchner Dissertation »Die ostgotischen Grab- und Schatzfunde Italiens und Jugoslawiens«; gedruckt als »Die ostgotischen Grab- und Schatzfunde in Italien« [wie Anm. 14]; ebd. S. 85–114 die formenkundliche Analyse, Typenvergesellschaftung, Datierungshinweise usw.). – Ich wende im folgenden die Bezeichnung »Fibeln vom ostgotischen Typ« deshalb durchgehend an, um die Interpretationsmöglichkeiten nicht von vorn herein durch die Typenbezeichnung einzuengen. – Man sehe auch bei J. Tejral, Skelettgräber aus Mistřin, Polkovice, Šlapanice und Tasov und ihre Stellung im Rahmen der mährischen Völkerwanderungszeit (in: Památky Archeologické 64, 1973, S. 301–339, bes. S. 334). Entschieden spricht sich Tejral gegen die Bezeichnung »ostgotische Fibeln« in seiner jüngsten Monographie aus: Morava na sklonku antiky (wie Anm. 395) S. 242 (deutsches Resümee). – Grundlage meiner Abb. 4 ist Bierbrauers Verbreitungskarte (a. a. O. [1971] S. 157, Abb. 9) mit folgenden Ergänzungen für das süddeutsche Voralpenland: Eichstetten (Ldkr. Breisgau-Hochschwarzwald), Fibelpaar: G. Fingerlin (in: Archäologische Nachrichten aus Baden 16, 1976, S. 14); R. Christlein, Die Alamannen (wie Anm. 15; 1979) S. 140, Regeste Nr. 93. G. Fingerlin stellte freundlicherweise ein Foto zur Verfügung; danach gehört das Fibelpaar zur Variante Bittenbrunn/Dunafoldvár (Bierbrauer, a. a. O. [1971] Taf. 10, 3.4.). – Alteglofsheim (Ldkr. Regensburg), Einzelfibel: V. Bierbrauer und U. Osterhaus,

lich in viel stärkerem Maße über die östlichen Pässe (Brenner, Tauern, Katschberg) laufen, als über St. Gotthard und Splügen-Paß. Die damit verbundenen vielfältigen neuen Fragen, vor allem zur Besiedlungsgeschichte der Räume östlich Alemanniens müssen allerdings ausgeklammert bleiben[459]. Von weiterreichenderer Bedeutung ist dann auch Bierbrauers eher beiläufig getroffene Feststellung, daß die Fibeln vom ostgotischen Typ in der Raetia Secunda zum Zeitpunkt der Ereignisse von entweder 497 oder 506/07 bereits vorhanden sind[460]. Dieser in besiedelungsgeschichtlicher Hinsicht sehr wichtige Befund kann nur unter einheitlicher Fragestellung für den Raum zwischen Oberrhein und Salzach betrachtet werden, soll hier jedoch nur angemerkt, aber nicht weiter verfolgt werden[461]. Für den Beginn der Bügelfibeln vom ostgotischen Typ in Italien ist der münzdatierte Schatzfund von Reggio nell' Emilia mit seinem terminus post quem von 476[462] maßgebend. Wenn Volker Bierbrauer ausführt, daß

Ein Frauengrab des frühen 6. Jahrhunderts aus Alteglofsheim, Ldkr. Regensburg. Ein Nachtrag zu BVbl. 36, 1971, 131ff. (in: Bayerische Vorgeschichtsblätter 38, 1973, S. 94–100). – Straubing-Alburg, vier Fibelpaare: CHRISTLEIN (wie Anm. 33, 1982).

459) Dazu oben S. 133 mit Anm. 31; S. 150 mit Anm. 104. – In welcher Weise eher unscheinbar wirkende Siedlungsfunde gegenüber auch sehr reich ausgestatteten Grabinventaren die Erkenntnisse fördern können, hat DANNHEIMER am Beispiel der Ortsflur von Irl (Gemeinde Barbing, Ldkr. Regensburg) aufgezeigt. Denn ihm gelang der Nachweis eines Siedlungsüberrestes, nur etwa 200 m von dem eponymen Gräberfeld der Gruppe Irlmauth entfernt, den er begründet in das 5. Jahrhundert datiert. Daß die Siedlung und die benachbarten Bestattungsplätze in keinem ursächlichen Zusammenhang stehen, wird man kaum behaupten können. DANNHEIMER äußert sich auch dementsprechend positiv. In methodischer Hinsicht ergibt sich aus DANNHEIMERS Untersuchung wie auch aus CHRISTLEINS Anmerkungen zum Belegungsbeginn der Friedhöfe der Gruppe Irlmauth (wie Anm. 31 und 502), daß nur die subtile Analyse aller erreichbaren Quellen verläßliche Einblicke in die Besiedlungsgeschichte gestattet. U. KOCHS These von einer eingewanderten Schicht reicher und privilegierter Alemannen, die in den 30er und 40er Jahren des 6. Jahrhunderts an der Donau bei Regensburg und Straubing bestattet werden, war infolgedessen bereits bei der Konzeption überholt (wie Anm. 18, 1968, S. 133f.). Man vgl. auch oben S. 133 mit Anm. 31. Der landesgeschichtlichen Forschung, die die archäologischen Quellen verständlicherweise nicht selbständig beurteilen kann, ist dagegen kein Vorwurf zu machen, wenn sie entsprechende Hypothesen der Archäologie bei ihren Untersuchungen mitberücksichtigt. – Zum Befund und zur Topographie bei Irlmauth: H. DANNHEIMER, Eine völkerwanderungszeitliche Grubenhütte bei Irl, Ldkr. Regensburg (Oberpfalz). In: Bayerische Vorgeschichtsblätter 32, 1967, S. 97–103.

460) Wie Anm. 14 (1974) S. 575. Seiner Datierung von 1971 zufolge treten die Fibeln vom ostgotischen Typ in der Zone nordwärts der Alpen von ca. 500 bis 530/40 auf (wie Anm. 458, S. 154).

461) Die Fibeln vom ostgotischen Typ stellen somit für das in Abb. 4 ausgewiesene bayerische Verbreitungsgebiet eine archäologische Fazies dar, die eindeutig vor der für die Zeit um 530/540 angenommenen baierischen Einwanderung liegt: J. WERNER, Die Herkunft der Bajuwaren und der »östlich-merowingische« Reihengräberkreis. In: Aus Bayerns Frühzeit, Friedrich WAGNER zum 75. Geburtstag. Schriftenreihe zur bayerischen Landesgeschichte Bd. 62 (1962) S. 229–250; wiederabgedruckt in: K. BOSL (Hrsg.), Zur Geschichte der Bayern. Wege der Forschung Bd. 60 (1965) S. 12–43. WERNER formuliert hier: »Daß die Bajuwaren schon zur Zeit des Ostengotenkönigs Theoderich im Lande ansässig waren, ist aus mehreren Gründen unwahrscheinlich« (ebd. S. 244). – In diesem Zusammenhang ist nochmals auf BIERBRAUERS Argumentation von 1974 hinzuweisen (wie Anm. 14, S. 575f. Anm. 73); dazu oben S. 133 mit Anm. 31.

462) BIERBRAUER (wie Anm. 14; 1975) S. 202; 304ff. Taf. 32–35. – Dazu oben S. 213 mit Anm. 457. Zu dem Reggio-Fibelpaar siehe man auch Anm. 49.

dieser reiche, aus Gold- und Silberschmuck bestehende sowie 60 Solidi aus Emissionen von Marcian bis Basilicus und Marcus umfassende Schatz erst nach 490 verborgen wird[463], ist das wahrscheinlich nicht falsch gesehen. Doch als Argument dafür das silberne Bügelfibelpaar mit dem Hinweis anzuführen, daß entsprechende Grabfunde für diesen Fibeltyp aus der Zeit vor 489/90 nicht nachweisbar seien[464], stellt einen geradezu klassischen Zirkelschluß dar; denn 489, das Jahr, in dem Theoderich italischen Boden betritt, wird ja zuvor als der für das gesamte italisch-ostgermanische Fundmaterial gültige terminus post quem verwendet[465]. Als spätest möglicher, numismatischer terminus post quem sind für den Reggio-Schatzfund die drei in Ravenna geprägten Solidi des Zeno anzusehen[466], denn sie stellen Odoaker-Emissionen dar und sind in Ravenna bis zum Tode Zenos 491, vielleicht sogar bis zum Tode Odoakers 493 möglich. Bierbrauers Annahme, daß der Reggio-Schatz zur Zeit des Theoderich-Odoaker-Krieges in den Ruinen kaiserzeitlicher Baulichkeiten versteckt wird[467], besitzt einen sehr hohen Wahrscheinlichkeitsgehalt. Man möchte sogar glauben, daß er hastig an dem Tage von einem Odoaker-Parteigänger verborgen wird, an dem die Goten nach Odoakers Ermordung durch Theoderich über dessen Leute herfallen, um ihnen samt Familien den Garaus zu machen[468]. So überspitzt betrachtet, wäre der 15. März 493 der terminus ante quem für das Einsetzen der Silberfibeln vom ostgotischen Typ in Italien.

Ein guß- und ornamentgleiches Silberfibelpaar wie im Schatzfund von Reggio nell' Emilia liegt aus dem thüringischen Gräberfeld von Gispersleben (Kr. Erfurt) vor[469]. Ebenso dürfte das Fibelfragment von Salzburg-Siezenheim von derselben Hand gefertigt sein[470]. Guß- und mustergleich sind auch je ein Fibelpaar des ostgotischen Typs aus Torriano bei Pavia und aus dem alemannischen Reihengräberfeld von Lörrach in Südbaden[471]. Wäre sichergestellt, daß zu den Torriano-Fibeln die Gürtelschnalle »Pavia« als Bestandteil desselben Grabinventars gehört[472], müßte Zeitgleichheit mit dem Reggio-Schatzfund bestehen, denn der Schnallentyp »Pavia« stellt eine Form des ostgermanisch besiedelten Mitteldonaubeckens dar[473]. Deshalb ist in keiner Weise verwunderlich, wenn eine Bügelfibel des ostgotischen Typs aus »Pavia« selbst ihre genauen Entsprechungen in einem Fibelpaar aus einem der Gräberfelder des Gepidenzen-

463) Ebd. 203.
464) Ebd. 202f.
465) Wie Anm. 292 und mit besonderem Bezug auf U. Näsman.
466) Ausführlich dazu in Anm. 457.
467) Wie Anm. 14 (1975) S. 204.
468) Dazu Wolfram (wie Anm. 54) S. 352f.; Várady (wie Anm. 54; 1984) S. 35.
469) Wie Anm. 49.
470) Man vgl. bei Werner (wie Anm. 49) Taf. 7,4 mit Taf. 5. Bierbrauer fügt noch je eine Fibel aus dem Gräberfeld von Krainburg und vom Kastell Feistritz-Duel im Kärntner Drautal an (wie Anm. 14; 1975) S. 91f. – Zum Siezenheimer Fundstück auch oben Anm. 194 und S. 214f.
471) Bierbrauer (wie Anm. 14; 1975) S. 89; Unterschiede bestehen in der Ausgestaltung der Fibelfüße. Torriano: ebd. Taf. 42, 1.2; Lörrach: Garscha (wie Anm. 406) Taf. 17,1.
472) Ebd. 318.
473) Annibaldi und Werner (wie Anm. 428) S. 363, 366, Taf. 47,1.

trums von Szentes (östlich der Theiß) besitzt[474]. Mit dem Szentes-Fibelpaar wird jedoch zugleich die mitteldonauländische Wurzel für die italische Entwicklung der Fibelgruppe sichtbar. Denn es wäre falsch, in dem Szentes-Fibelpaar italisch-ostgotischen Schmuckexport zu sehen[475], ebenso wie in einer anderen Szentes-Fibel[476], für die guß- und mustergleiche Analogien aus Aquileia vorliegen[477]. Ornamentdetails wie das Palmettenmuster auf den Fibelkopfplatten aus Aquileia sind in Italien ohne Parallele, dagegen im Mitteldonaubecken für dic zweite Hälfte des fünften Jahrhunderts ausgewiesen[478]. Das Aquileia-Grab dürfte mithin

474) Szentes-Kökényzug Grab 81: CSALLÁNY (wie Anm. 34) S. 37f. Taf. 18, 4.5.; BÓNA (wie Anm. 342) Taf.-Abb. 24; BIERBRAUER (wie Anm. 14, 1975), Taf. 38,3. BIERBRAUER bezeichnet das italische Fundstück als gepidisch, ebenso eine nahezu identische Fibel aus San Andrea di Grottamare (Prov. Ascoli Piceno): ebd. S. 125f.

475) Im Sinne ostgotisch-italischer Herstellung. BIERBRAUERS Datierung der beiden italischen Gepiden-Fibeln (»erste Hälfte des 6. Jahrhunderts«: ebd. S. 125) ist zu allgemein und höchstwahrscheinlich auch zu korrigieren. Denn daß der mit dem Szentes-Fibelpaar vergesellschaftete silberne Polyederohrring (Kökényzug Grab 81) ebenso eine Form des 6. Jahrhunderts darstelle wie das silberne Polyederohrringpaar aus Grab 59 derselben Gepiden-Nekropole (so BIERBRAUER, ebd. S. 245 Nr. 24), ist ohne genauere Argumentation nicht glaubhaft. Zumindest wäre für Grab 59 nachzuweisen, daß ein eisernes Fibelpaar vom Typ mit umgeschlagenem Fuß in Schulterlage (CSALLÁNY a. a. O. S. 34) östlich der Theiß noch für das 6. Jahrhundert typisch wäre. In Mähren, dessen völkerwanderungszeitliches Fundmaterial durch J. TEJRAL umfassend analysiert wurde, ist dieser Fibeltyp eindeutig in die dortige Frühstufe datiert, d. h. eher in die erste, als in die zweite Hälfte des 5. Jahrhunderts: J. TEJRAL, Grundzüge der Völkerwanderungszeit in Mähren: Studie AÚČAV v Brně IV 2 (1976) S. 17; TEJRAL hebt außerdem die Kulturbeziehungen und Formzusammenhänge mit den gepidischen Siedelgebieten der Großen Ungarischen Tiefebene ausdrücklich hervor: ebd. S. 99. – Man sehe dazu auch die Übersicht bei J. SZYDLOWSKI, Die eingliedrigen Fibeln mit umgeschlagenem Fuß in Österreich im Rahmen ihres Vorkommens in Mitteleuropa (in: Archaelogia Austriaca 63, 1979, S. 21–29), bes. S. 24ff. – Zum Typ der Fibeln mit umgeschlagenem Fuß auch oben S. 184 mit Anm. 315. – Schließlich weist der zum Szentes-Grabinventar 59 gehörende prismatische Glasperlentyp ebenfalls eher auf die Frühstufe der Völkerwanderungszeit, denn auf das 6. Jahrhundert. – In welcher Weise sich die Formverbindungen zwischen Mähren und der Großen Ungarischen Tiefebene noch weitergehend analysieren lassen, sei hier nur mit den Hinweisen auf Szentes-Kökényzug Grab 29 (münzdatiert, terminus post quem 364/375: CSALLÁNY a. a. O. S. 27f. Taf. 14, 1–8) und Vyškov Grab 1 (TEJRAL wie Anm. 395 S. 41f. Abb. 1) angemerkt. In beiden Gräbern fanden sich silberne Polyederohrringe ein und desselben Typs der älteren völkerwanderungszeitlichen Stufe Mährens (TEJRAL, a. a. O. [1976] S. 12f.). Damit ist deutlich, wie früh im Gepidengebiet bereits die gegossenen spiralkerbschnittverzierten Bügelfibeln einsetzen. Denn man wird die ganz erhaltene, silbervergoldete Bügelfibel des Szentes-Grabes (CSALLÁNY a. a. O., Taf. 14,6) trotz ihres kleineren Formats nicht von der Stilgruppe Domolospuszta trennen können, ohne daß hier die übereinstimmenden Details im einzelnen aufzuzählen wären. Auf Detailanalogien zwischen solchen Gepidenfibeln und italischen Fundstücken weist BIERBRAUER hin (a. a. O. S. 126). Auch eine italische Fibel unbekannten Fundortes (ebd. Taf. 49,2) gehört in solche Formzusammenhänge. Die zeitliche Priorität der entsprechenden Gepidenfibeln des Theißgebietes gegenüber einem italisch-ostgotischen Chronologieansatz läßt sich also mehrfach und auf eindeutige Weise belegen.

476) CSALLÁNY (wie Anm. 34), S. 102 Nr. 8, Taf. 104, 8; BIERBRAUER (wie Anm. 14, 1975) Taf. 72,8.

477) BIERBRAUER a. a. O. S. 105; Taf. 1,1.2.

478) Ebd. 105. Beispiel für das Mitteldonaubecken: ebd. Taf. 76, 1.2. (Grabfund von Belgrad-Zemun); zur Datierung in die Stilgruppe Gáva-Domolospuszta-Bácsordas: ebd. 66, 128 (»Mitte und zweite Hälfte des

eines der frühesten des ostgotischen Italiens sein, und frühostgermanischer Fundstoff ist für Aquileia ferner noch über die mehrfach in dieser Hinsicht ausgewertete Maskenschnalle mit Spiraldekor ausgewiesen[479)]. Die Bügelfibeln aus dem Schatzfund von Reggio nell' Emilia, aus »Pavia« und aus Aquileia besagen insgesamt dasselbe: noch im späten fünften Jahrhundert tritt dieser sogenannte ostgotische Fibeltyp in Italien auf. Seine mitteldonauländischen Voraussetzungen sind unbestreitbar, doch liegen sie allem Anschein nach eher im gepidisch (?) besiedelten Theißtiefland mit Gáva im Norden und Belgrad im Süden[480)] als in Transdanubien mit den Fundorten Domolospuszta (Komitat Baranya) oder Répcelak (Komitat Vas)[481)]. Der Zeitansatz für das Mitteldonaubecken liegt sicher etwas später als diejenige Phase, die durch Apahida, Szilágy-Somlyó und Blučina widergespiegelt wird.

5. Jahrhunderts«), mit Hinweis auf die italischen Analogien zur silbernen Gürtelschnalle von Zemun aus dem Schatzfund von Desana (Provinz Vercelli) und aus Brescia (?). Man vgl. auch oben Anm. 414.

479) Annibaldi und Werner (wie Anm. 428) S. 363, 366ff., Taf. 42,1; Bierbrauer (wie Anm. 14; 1975) S. 133f., 335f., Taf. 40,2.

480) Die Forschung über die Siedelgebiete der Gepiden ist im Fluß. Der jüngste Stand der ungarischen Forschung bei Bóna (wie Anm. 34; 1979 [argumentativ], wie Anm. 342, S. 36f. [kartographisch, für die Mitte des 6. Jahrhunderts, d. h. für die langobardische Phase Pannoniens]). Die Angaben bei Pohl (wie Anm. 34, S. 269) haben Bónas ältere Verbreitungskarte von 1968 zur Grundlage. Zur Westausdehnung der Gepiden im 5. Jahrhundert sehe man oben S. 209 mit Anm. 433, zur Verbreitung nach Norden sehe man bei Werner (mit Annibaldi, wie Anm. 428) S. 368 mit Hinweis auf I. Kovrig. – Erinnert sei in diesem Zusammenhang auch daran, daß Werner zufolge die Gepiden für die Vermittlung der Spangenhelme vom Baldenheimer Typ des 5. Jahrhunderts nach Skandinavien in Betracht zu ziehen sind: wie Anm. 10, S. 67 Anm. 7. – Zur Chronologie der Spangenhelme oben S. 192ff. mit Anm. 368. – Zu der vieldiskutierten ostskandinavischen gleicharmigen Fibel aus Grab 84 des gepidischen Gräberfeldes von Szentes-Nagyhegy: Csallány, (wie Anm. 12) S. 139ff. mit Abb. 4. Sehr gute Fotoabbildungen der Szentes-Fibel bei Bóna (wie Anm. 342) Taf.-Abb. 29, 30.

481) Die unumgängliche Neubearbeitung der Fibeln vom ostgotischen Typ unter dem Gesichtspunkt ihrer formenkundlichen Genese nach archäologischer Methodik und ohne aus der Ereignisgeschichte abgeleitete Hypothesen hat von der Serie Domolospuszta-Szentes (Kökényzug Grab 29)-Bereg (Umgebung, Karpatoukraine)-Sirmium (Sremska Mitrovica) auszugehen, in die dann die Fibelpaare von Répcelak und »Gegend von Reggio nell' Emilia« einzubeziehen sind. Ein zweiter Strang ergibt sich von Skandinavien aus, und zwar von der Serie der Bügelfibeln vom Typ När (Gotland)-Dalshøj (Bornholm), die anscheinend über Fundstücke wie aus Thennes (Dép. Somme) und Douvrend (Dép. Seine-inférieure) zum Typ von San Andrae di Grottamare (Prov. Ascoli Piceno) führt. Weil nordgermanischer Tierstil jedoch zum einen in den zoomorphen Bügelknöpfen und Fibelfüßen der mitteldonauländischen, teils auch in denen italischer Fibeln aufscheint, zum anderen als »Randtierbildungen« (z. B. an der Bügelfibel aus der Umgebung von Bereg sowie an der Gürtelschließe von Gyula), wird man zu untersuchen haben, ob der skandinavische Strang nicht auch direkt ins Mitteldonaubecken führt und von dort aus nach Italien gelangt. Dieser Gedanke leitet sich in erster Linie aus dem Grabschatz von Konarzew (Mittelpolen) her, mit entsprechend tierstilverzierter Gürtelschließe, einem Fünfknopfbügelfibelpaar, das dem Szentes-Fibeltyp nahesteht und wie dieses mit einem silbernen Polyederohrring vergesellschaftet ist, und zu dem außerdem eine unter Odoaker für Zeno geprägte Siliqua gehört. Gegenstücke zur Konarzew-Gürtelschließe stammen aus Gyula (Komitat Békés) und Vecchiazzano (Prov. Forli). Der Gedanke wird ferner durch Überlegungen zur ostskandinavischen Fibel vom gleicharmigen Typ aus Szentes-Nagyhegy Grab 84 gestützt. – Gute Abbildungen zu den in dieser

Geht man davon aus, daß die in der Zone nordwärts der Alpen anzutreffenden Bügelfibeln vom ostgotischen Typ aus Italien stammen, wofür die gleichartigen Fibelpaare aus Reggio nell' Emilia - Gispersleben einerseits und Torriano-Lörrach andrerseits sprechen könnten, so hat man dennoch zwei Befunde mit im Auge zu behalten. Zum einen finden sich die unmittelbaren Vorformen beispielsweise zum Typ Torriano-Lörrach in der Pontus-Region Südrußlands, teils auch wohl auf dem nördlichen Balkan, und zur Fibel aus Alteglofsheim (Ldkr. Regensburg) scheint eine werkstattgleiche Analogie aus den krimgotischen Siedelgebieten selbst vorzuliegen[482]. Diese Befunde erfordern, mit Entwicklungsstadien zu rechnen, die bereits in die Zeit der Thiudimir-Goten fallen. Der zweite zu berücksichtigende Sachverhalt ergibt sich daraus, daß in Italien gefundene Fibeln vom ostgotischen Typ ihre Analogien im Fundstoff des Mitteldonaubeckens besitzen (mustergleiche Fibeln sowohl in Aquileia als auch im ungarischen Szentes), ein nur schwer deutbarer Befund, sofern man an italische Herstellung der Fibeln denkt. Dieses Beispiel steht zudem nicht allein und wirft neue Fragen auf. Denn wie hat man unter der Prämisse, daß Fibeln vom ostgotischen Typ stets aus Italien stammen sollen, die mustergleichen Exemplare aus den Reihengräberfeldern von Bittenbrunn bei Neuburg a. d. Donau, Eichstetten bei Freiburg im Breisgau[483] und aus dem ungarischen Dunaföldvár zu erklären[484]? Gehen sie insgesamt auf das ostgotische Italien zurück, oder keine von ihnen? Stammen gar die Fundstücke aus Bittenbrunn und Eichstetten aus dem Mitteldonaubecken? Wir verfolgen diese Fragen deshalb nicht weiter, weil zuvor umfangreiche Studien zu den gepidischen Grabfunden anzustellen wären[485].

Anm. aufgezählten Fundstücken bei: ANNIBALDI und WERNER (wie Anm. 428, Taf. 45: Domolospuszta); CSALLÁNY (wie Anm. 34, Taf. 14,6: Szentes-Kökényzug; dazu auch oben Anm. 429; Taf. 192: Gyula; Taf. 204: Bereg, Umgebung); BÓNA (wie Anm. 342, Taf.-Abb. 2: Bereg, Umgebung; Taf.-Abb. 29–30: Szentes-Nagyhegy Grab 84); BIERBRAUER (wie Anm. 14; 1975, Taf. 78,1: Sirmium; Taf. 48,1.2: Reggio, Umgebung; Taf. 60,1–3: Thennes und Douvrend; Taf. 23,1: Grottamare; Taf. 47,1: Vecchiazzano; Taf. 80,1.2: Konarzew und Gyula; S. 139f. mit Anm. 171: Angaben zur Konarzew-Siliqua); KOVRIG in: ROTH (Hrsg., wie Anm. 323, Taf. 39a: Répcelak); SALIN (wie Anm. 1, S. 201 Abb. 483: När, S. 55 Abb. 120: Douvrend); O. KLINDT-JENSEN, Bornholm i Folkevandringstiden og forudsaetningerne i tidlig jernalder (1957), Frontispiz, S. 105 Abb. 79 (Dalshøj); PETERSEN (wie Anm. 291, S. 74 Abb. 109–110: Konarzew). – Die jüngst veröffentlichten Gedanken U. NÄSMANS zu diesen Fragen wurden erst nach der Drucklegung des Manuskriptes bekannt; man sehe auch oben Anm. 292, 432, 456, 465, ferner NÄSMAN (wie Anm. 292) S. 65–73.

482) Zum Typ Torriano-Lörrach (wie Anm. 471) vgl. man bei KÜHN (wie Anm. 458) Taf. 63 Nr. 4,1–4; Nr. 64, 17 (Bosnien); zum Typ Alteglofsheim (wie Anm. 458) vgl. man bei KÜHN a. a. O. S. 159, Taf. 78 Nr. 12 C »Taman«. WERNER (wie Anm. 11, 1961, S. 31 Nr. 119) hält zwar die Fundangabe »Taman« für apokryph, aber er stellt nicht in Abrede, daß es sich nur um eine krimgotische Form handeln kann, und führt die »Taman«-Fibel als verwandte Form zu dem krimgotischen Fibelpaar aus »Kerč« an (ebd. Taf. 30 Nr. 119).

483) Wie Anm. 458 und 496.

484) Deutliche Vorbehalte gegen BIERBRAUERS Methode, die archäologischen Befunde mit Hilfe der Schriftquellen zu interpretieren, bei AMENT (in: 51.–52. Bericht RGK 1970–1971, S. 291).

485) Dazu sehe man Anm. 480 und 481.

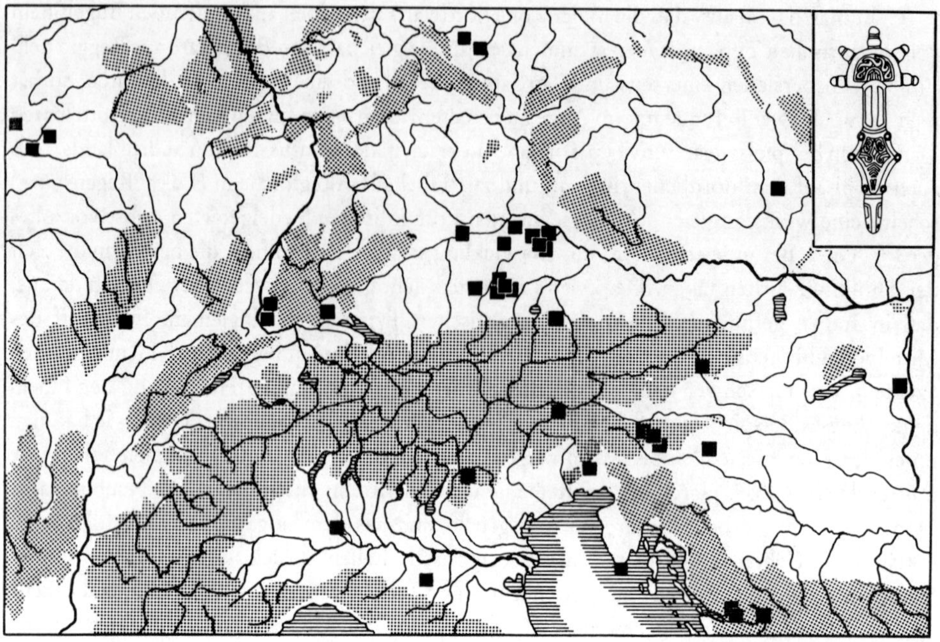

Abb. 4 Verbreitungsbefund zu Fibeln vom ostgotischen Typ (ältere Serie) als Beispiel für alemannische und baierische Beziehungen entweder ins Mitteldonaubecken oder nach Italien der Zeit Theoderichs. Stufe Alemannisch I (Phase Ib). Nach V. Bierbrauer (wie Anm. 458) mit Ergänzungen. Zu S. 214ff.

Statt dessen wenden wir uns dem Verbreitungsbefund an sich zu (Abb. 4). Den drei Vorkommen des gewiß alemannisch besiedelten Gebietes (Lörrach, Eichstetten und Singen am Hohentwiel) stehen 13 Gräber östlich des alemannischen Alpenvorlandes gegenüber[486]. Alteglofsheim südlich Regensburgs ausgenommen, stammen alle anderen Vorkommen einschließlich der drei alemannischen aus großen Reihengräberfeldern[487]. Da die Zahl der alemannischen Grabfunde dieser Zeit gewiß nicht hinter der aus der östlich anschließenden Zone zurücksteht, sondern zweifellos höher liegt, wirkt die Disproportion in Wirklichkeit noch größer. Das wirft die Frage nach den Ursachen auf. Wir müssen uns für den hier zu behandelnden Zusammenhang mit der etwas vordergründigen Antwort zufrieden geben, daß, sofern diese Fibeln wirklich aus Italien stammen, Brenner, Katschberg und Tauernpässe gegenüber Splügen und St. Gotthard die offenbar intensiveren Verkehrsrouten darstellen[488],

486) Die Fundorte bei Bierbrauer (wie Anm. 458) S. 157 Abb. 9 mit Anm. 130; Nachträge oben Anm. 458.
487) Natürlich ist auf allen Plätzen zu dieser Zeit, um das Jahr 500, nur mit sehr wenigen Gräbern zu rechnen.
488) Oben S. 214f.

erinnern uns aber gleichzeitig auch der Vorbehalte bezüglich alemannischer Verbindungen mit dem Südosten. In der Frage der Chronologie der Fibeln vom ostgotischen Typ verzichten wir aus methodischen Gründen auf alle aus den Schriftquellen abgeleiteten historischen Vorgaben und argumentieren statt dessen allein auf archäologischer Basis. Für Italien bleibt dann nur der münzdatierte Schatzfund aus Reggio nell' Emilia mit dem terminus post quem von 491 oder 493[489]. Im alemannischen Gebiet steht uns mit Lörrach ein geschlossenes Grabinventar zur Verfügung. Die mitteldonauländischen Analogien zum Cloisonné-Goldring datiert Volker Bierbrauer in die zweite Hälfte des fünften Jahrhunderts oder in die Zeit um 500[490]. Die silbervergoldete Vogelkopfnadel findet sich als Typ im südbadischen Reihengräberfeld von Sasbach (Ldkr. Emmendingen) mit früh-alemannischen Silberbügelfibeln ähnlich wie in Hemmingen vergesellschaftet[491], zweimal im Basel-Gotterbarmweg und hier jeweils mit ähnlich frühen Fibelformen zusammen[492], in dem prunkhaft ausgestatteten Grab 19 von Irlmauth bei Regensburg[493] sowie im ufernorischen Lauriacum, und auch hier wiederum mit demselben frühen Fibeltyp vergesellschaftet wie in Sasbach. Das Lauriacum-Grab wird von Rainer Christlein mit archäologischen Argumenten in die Zeit unmittelbar vor dem Auszug Severins nach Italien datiert[494]. Vom Lörracher Grabinventar spricht aufgrund der Beifunde zu dem Fibelpaar nichts gegen eine Datierung in die Zeit der Phase I b[495].

Neue Gesichtspunkte zum Alter der Bügelfibeln vom ostgotischen Typ steuert Christlein über das Reihengräberfeld von Bittenbrunn bei. Denn Grab 4 mit einer entsprechenden Fibel

489) Oben S. 216.

490) Wie Anm. 458, S. 154.

491) GARSCHA (wie Anm. 406) Taf. 14 A; Hemmingen: MÜLLER (wie Anm. 302) Taf. 17,3.4; jedoch anderes Kopfplattenmuster.

492) Eine Verbreitungskarte mit Fundortliste bei U. KOCH (wie Anm. 18, 1968) S. 247 Liste 7 A, Taf. 94,7. – Basel-Gotterbarmweg, Grab 3: VOGT (wie Anm. 429), Taf. 7; Grab 12: ebd. Taf. 8.

493) KOCH a. a. O. S. 177f. Grab 19; Taf. 19; 82, 1–7; 83, 12.13.

494) KLOIBER (wie Anm. 414) Taf. 51,1 (Nadel), Taf. 51,2 (Fibel); zum Typ der Fibel oben Anm. 414. – CHRISTLEIN (wie Anm. 414) S. 150f.

495) Mitzubeachten ist auch der silberne Polyederohrring mit gestempelt erscheinendem Rautenmuster: GARSCHA a. a. O. S. 205, Taf. 16,2. Ein identisches Silberohrringpaar ist aus Kadelburg (Ldkr. Waldshut) bekannt: ebd. 177, Taf. 90,1. Eine gleichartig gestempelt erscheinende Raute tritt aber auch auf der oben bereits angeführten »mitteldonauländischen« Fibel aus Basel-Gotterbarmweg Grab 33 auf (oben Anm. 429: VOGT a. a. O. Taf. 11 Grab 33,4). Ferner stellt das Rautenmuster das kennzeichnende Zierdetail des Fibelpaares vom Typ Miszla dar (Abb. 3) sowie des Bügelfibelpaares aus Basel-Kleinhüningen Grab 126, das wiederum mit dem gleichartig verzierten Fibelexemplar aus Alteglofsheim formenkundlich eng verbunden ist (Abb. 5; unten Anm. 504). Dergleichen darf man gewiß nicht als zufällig werten. Ganz im Gegenteil: Solche Details helfen uns die Formengeschichte verstehen zu lernen und bilden in diesem Fall zusätzliche Indizien, die auf sehr frühe Zeitstellung für das Lörracher Grabinventar ebenso verweisen wie auf Zusammenhänge mit der Formenwelt des Mitteldonaubeckens und noch darüber nach Osten hinaus. Wenn dagegen die gestempelt erscheinenden Rauten beispielsweise auf dem Bügelfibelpaar aus Hahnheim (Kr. Oppenheim, Rheinhessen) durch eine Teja-Siliqua erst in die zweite Hälfte des 6. Jahrhunderts datiert sind, zeigt dieser Befund die Dauer des betreffenden Musterdetails an. Zum Hahnheimer Grabinventar: WERNER (wie Anm. 10) S. 83; 122 M 108 Taf. 4 A.

liegt in einem Bestattungsabschnitt dieser Nekropole, dem eine Gräbergruppe vorausgeht, die teils an völkerwanderungszeitliches Material Innergermaniens anschließt, teils auch wohl an die Stufe Spätrömisch 3, teils aber auch an Frühformen rheinfränkischer Reihengräberfelder[496]. Mustergleiche Fibeln zum Typ Bittenbrunn fehlen im ostgotischen Italien, Analogien sind jedoch außer aus dem südbadischen Eichstetten, aus Ungarn, Polen, von der Côte d' Or sowie aus dem nordfranzösischen Département Somme bekannt[497]. Datierende Hinweise ergeben sich über diese auswärtigen Fundstücke nicht, wohl aber über das Gräberfeld Bittenbrunn selbst, dessen Belegung noch im fünften Jahrhundert einsetzt[498]. Sicher wird man auch dann weiterkommen, wenn die drei großen Nekropolen von München-Aubing, Altenerding-Klettham nördlich Münchens und Straubing-Alburg ediert und analysiert sind[499]. Über Beifunde, wie kleine Adlerfibeln beispielsweise, läßt sich derzeit nur der relativchronologische Zusammenhang mit dem Gräberfeld von Irlmauth und dem oben schon angeführten Grab 19 herstellen. Auch aus Irlmauth stammt eine Bügelfibel des ostgotischen Typs, doch ist die Diskussion um die »Gruppe Irlmauth« weder in chronologischer Sicht noch im Hinblick auf die besiedelungsgeschichtlichen Fragen und die damit zusammenhängende Frage nach der Ostausdehnung alemannischer Besiedlung in Stufe Alemannisch I abgeschlossen[500]. Aussagekräftig stellt sich aber wiederum der Alteglofsheim-Befund dar, nur rund 10 km von Irlmauth

496) Wie Anm. 31, S. 92ff. mit Beilage 6; Ders., Die Alamannen (wie Anm. 15; 1979) S. 17 Abb. 7. – Grab 4 liegt in jenem Friedhofsteil, der relativchronologisch der Schretzheimer Ortsstufe 1 unmittelbar vorausgeht und den Christlein mit der absolutchronologischen Zeitspanne von 490–525 angibt. Weil jedoch der Beginn des Schretzheimer Reihengräberfeldes aufgrund der Querverbindungen zum Runden Berg in ältere Zeit zurückzuverlegen ist, etwa in den Anfang des 6. Jahrhunderts oder gar in die Jahre um 500, verschiebt sich infolgedessen auch das Ende der zweiten Belegungsphase in Bittenbrunn. Dadurch ist dann aber auch die Chronologie der Bittenbrunner Fibel vom ostgotischen Typ korrigiert, und zwar dergestalt, daß höchstens nur noch das erste Jahrzehnt des 6. Jahrhunderts in Frage kommen kann, und zwar als Bestattungszeitpunkt. In den Besitz der Fibel vom ostgotischen Typ gelangt die Bittenbrunnerin gewiß noch im 5. Jahrhundert, höchstwahrscheinlich sogar zu einem Zeitpunkt, als beispielsweise Theoderich noch in Novae stand. – Zur Korrektur des Anfangsdatums für Schretzheim sehe man unten S. 225, 236f.

497) Bierbrauer (wie Anm. 14; 1975) S. 95f.; oben S. 219 mit Anm. 483.

498) Christlein (wie Anm. 31) bes. S. 94ff. – Zur absoluten Chronologie der Stufe Spätrömisch 3 sehe man oben S. 183.

499) Straubing-Alburg: oben Anm. 33 (Christlein); Altenerding-Klettham: W. Sage, Das Reihengräberfeld von Altenerding in Oberbayern I. Katalog der anthropologischen und archäologischen Funde und Befunde. Germanische Denkmäler der Völkerwanderungszeit. Serie A, Bd. 14 (1984); zu ausgewählten und kommentierten Grabinventaren sehe man Sage, Gräber der älteren Merowingerzeit aus Altenerding, Ldkr. Erding, Oberbayern (in: 54. Bericht RGK 1973, S. 212–289). – München-Aubing: H. Dannheimer, Untersuchungen zur Besiedlungsgeschichte Bayerns im frühen Mittelalter. In: Ausgrabungen in Deutschland, gefördert von der Deutschen Forschungsgemeinschaft 1950–1975. Teil 2: Römische Kaiserzeit im freien Germanien-Frühmittelalter I (1975) S. 229–233; Ders., Ausgrabungen des bajuwarischen Reihengräberfeldes von München-Aubing (in: Germania 41, 1963, S. 133–134); Ders., Der Holzbau am Rande des Reihengräberfeldes von München-Aubing (in: Germania 44, 1966, S. 326–338).

500) Oben S. 133 mit Anm. 31; S. 215 mit Anm. 459.

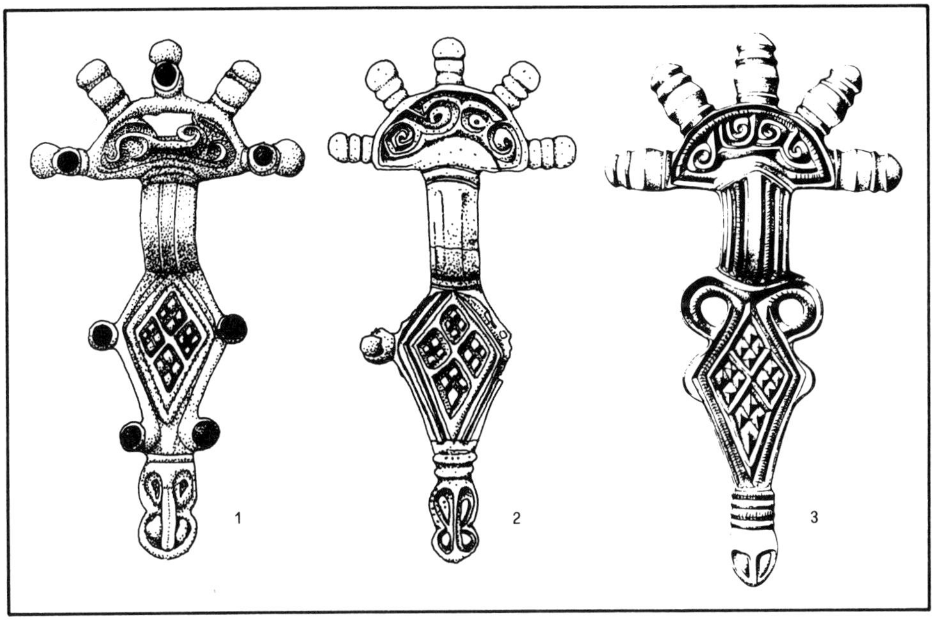

Abb. 5 Wohl werkstattgleiche Fibeln vom ostgotischen Typ aus dem krimgotischen Siedelgebiet (1) und aus der Raetia Secunda (2) und alemannische Nachformung aus Basel-Kleinhüningen (3). Stufe Alemannisch I (Phase Ib). Maßstab ca. 3:4. Nach H. Kühn (wie Anm. 482), V. Bierbrauer und U. Osterhaus (wie Anm. 458), R. Moosbrugger-Leu (wie Anm. 417). Zu S. 222ff.

entfernt[501]. Vergesellschaftet mit einem Armring spätrömischer Form, was bereits für hohes Alter des Grabinventars spricht[502], besitzt die Alteglofsheimer Fibel nicht nur eine werkstattgleiche Analogie im krimgotischen Gebiet (Abb. 5), sondern ein nahverwandtes Fibelpaar liegt auch aus Basel-Kleinhüningen vor (Grab 126), ist münzdatiert (terminus post quem 425/

501) Bierbrauer und Osterhaus (wie Anm. 458).
502) Ebd. 96, Abb. 2,2; zu Kellers Typ 6a gehörend, der im Alpenvorland des 4. Jahrhunderts von der Maxima Sequanorum bis Noricum verbreitet ist: Keller (wie Anm. 104) S. 101. – Derselbe Typ liegt aus dem Reihengräberfeld von Irlmauth vor, nur unweit von Alteglofsheim entfernt: U. Koch (wie Anm. 18, 1968) S. 179 Grab 25; Taf. 37,3; zum Typ und seiner spätrömischen Formprovenienz: ebd. S. 51. Beachtenswert ist, daß zu diesem Grab ursprünglich auch eine Eisenfibel in Beckenlage gehörte, ein Befund, den Christlein mitverwertet bei seiner Kritik an U. Kochs Chronologie und Interpretation der Gruppe Irlmauth, deren Beginn seinen Untersuchungen zufolge noch in das 5. Jahrhundert fällt (wie Anm. 31, S. 100 mit Anm. 19). Dazu auch oben Anm. 31, 459. – Ein eiserner Armring, ursprünglich zweifellos derselben oder sehr ähnlichen Form wie Alteglofsheim, gehört in Altenerding-Klettham zu einem Beigabenensemble, an dessen Datierung in das 5. Jahrhundert nun ganz gewiß keine Zweifel bestehen können: Sage (wie Anm. 499) S. 316f. Grab 1299; Taf. 156,29. Dagegen spricht auch nicht das bronzene, gepunzte Vogelfibelpaar (ebd. Taf. 197, 9.10), sofern man das Vorkommen entsprechender Kleinfibeln im Karpatenbecken zum Maßstab nimmt. Man vgl. beispielsweise die mit Einglättkeramik vergesellschaftete

455) und gehört sicherlich noch zu einer Bestattung des fünften Jahrhunderts[503]. Archäologische Argumente, die eine Datierung Kleinhüningens oder Altegolfsheims ins sechste Jahrhundert erzwingen könnten, fehlen[504]. Für Alteglofsheim ist außerdem noch der anthropologische Befund mitauswertbar. Denn der Schädel der erwachsenen Frau ist künstlich deformiert, was nur im Säuglingsalter geschehen kann und als hunnisch-ostgermanische Sitte angesehen wird.

Vogelfibel aus Šaratice (Mähren, Grab 17): Tejral (wie Anm. 395) Taf. 20,6.7. Derselbe Armringtyp in Bronze liegt auch aus einem der spätrömischen Lauriacum-Gräber vor: Ae. Kloiber, Die Gräberfelder von Lauriacum. Das Espelmayrfeld. Forschungen in Lauriacum Bd. 8 (1962) S. 50f. (Körpergrab 621 alt), Taf. 19,2. – Als eines der transdanubischen Beispiele sei hier nur auf Grab 7 der Nekropole von Csákvár (Komitat Fejér) hingewiesen: Á. Salamon und L. Barkóczi, Bestattungen von Csákvár aus dem Ende des 4. und am Anfang des 5. Jahrhunderts (in: Alba Regia 11, 1971, S. 35–80; Abb. 6,22); Dies., Pannonien in nachvalentinianischer Zeit (376–476). Ein Versuch zur Periodisation. In: Severin zwischen Römerzeit und Völkerwanderung (wie Anm. 104), S. 147–178; S. 155 Abb. 6, Grab 7. – Bierbrauer nimmt statt dessen für die Tierkopfarmringe aus Alteglofsheim wie aus Irlmauth an, daß es sich in beiden Fällen um aufgelesenes und wiederverwendetes Fundgut handeln könne (a. a. O. S. 97). Das Weiterleben spätrömischen Formengutes bezeugen jedoch nicht zuletzt die goldenen Zwiebelknopffibeln in den post-attilazeitlichen Grabschätzen von Apahida, Blučina und Tournai.

503) Oben S. 219 mit Anm. 482 (»Taman«); S. 205 mit Anm. 417 (Kleinhüningen Grab 216).

504) Zwar in Details voneinander abweichend (seitliche Ansätze, Fibelfuß), kann aber doch kein Zweifel bestehen, daß es sich bei den drei Fibeln nach Ausgestaltung ihrer Kopf- und Fußplatten um denselben Grundtypus handelt, zumal die von Bierbrauer angeführten Parallelen in noch höherem Maße von dem Alteglofsheimer Fundstück abweichen (a. a. O. Taf. 12). Und wenn Bierbrauer außerdem noch die Fibeln aus dem Konarzew-Fundinventar als Analogie zu Alteglofsheim anführt (ebd. S. 98 Anm. 8), so ist das ein weiteres, deutliches Argument für die Datierung noch ins 5. Jahrhundert (zu Konarzew oben S. 218 mit Anm. 481). – Die entscheidende Argumentation zur Chronologie und kulturgeschichtlichen Interpretation des Alteglofsheimer Einzelgrabes liefert indirekt jedoch J. Tejral. Denn eines der Typenkennzeichen der Alteglofsheim-Fibel und ihrer Analogien »Taman« und Kleinhüningen Grab 126 (Abb. 5), die vierfachen Stempelrauten auf den Fußplatten, tritt auch in der völkerwanderungszeitlichen Frühstufe Mährens (einschließlich Niederösterreichs und Nordwestungarns) auf, z. B. in Mistřin, Wien-Salvatorgasse, Brigetio, ferner an den allerdings anders gestalteten Fibeln aus Miszla und Basel-Gotterbarmweg (oben Abb. 3). Diese Frühstufe wurzelt in der mitteldonauländischen Formenwelt, und deshalb bezeichnet Tejral sie als prälangobardisch. Auch wenn das eine oder andere Grab dieser Gruppe noch in den Beginn des 6. Jahrhunderts zu datieren wäre, wofür es derzeit keine objektiven, archäologischen Kriterien gibt, kann Tejral zufolge nicht daran gezweifelt werden, daß auch noch die Endphase dieser Frühstufe in das 5. Jahrhundert zu datieren ist. Ausgebildet worden ist der mährische Formenbestand als solcher noch während oder bald nach der Blučina-Zeit. Dazu zählt Tejral zu Recht auch Fibelpaare wie Šlapanice, die der Form Reggio-Gispersleben verwandt sind, und deshalb zur Gruppe der Fibeln vom ostgotischen Typ gehören. Bei der mährisch-niederösterreichischen Frühstufe handelt es sich zudem, wie in Alteglofsheim, entweder um Einzelgräber oder nur kleine Gräbergruppen. Ein weiteres Merkmal ist, wiederum wie Alteglofsheim, der Befund künstlich deformierter Schädel (dazu unten Anm. 506). – Alle Angaben nach Tejral (wie Anm. 458, 1973, deutsche Zusammenfassung S. 332–336); Ders. (wie Anm. 395, 1982), S. 242f. In beiden Veröffentlichungen finden sich alle entsprechenden Abbildungen. Zu einglättverzierter Keramik aus dieser Gruppe und zu alemannischen Analogien vgl. man unten S. 250 mit Anm. 649. – Die Brigetio-Fibel ist aus zwei Fragmenten im Ungarischen Nationalmuseum Budapest zu rekonstruieren (Inventar-Nr. 43/1881.8 und 62.50.2); unter letztgenannter Inv.-Nr. ist der Fibelfuß mit anderer Fundortangabe aufgeführt, dementsprechend Csallány (wie Anm. 34) Taf. 109,4 zu korrigieren.

Ebenso wie sich für die Alteglofsheimer Fibel aufgrund der krimgotischen Analogie ostgermanische Herkunft erschließen läßt, so stammt sicher auch ihre Besitzerin aus dem Osten[505]. Im Raum zwischen Regensburg, München und Straubing sind künstlich deformierte Schädel in Gräbern der Zeit um 500 keineswegs selten[506]. Das macht nachdenklich, nicht nur in bezug auf die Herkunft dieser Menschen, sondern auch in bezug auf die Fibeln vom ostgotischen Typ, einschließlich der aus den südalemannischen Reihengräberfriedhöfen.

Ein weiteres, relativchronologisches Argument zum Alter der Bügelfibeln vom ostgotischen Typ läßt sich über einen zweiten ostalemannischen Befund gewinnen. Wenn nämlich diese Fibeln im alemannischen Siedelgebiet wie auch östlich davon stets aus Reihengräberfeldern stammen, ausgenommen das Einzelgrab mit künstlicher Schädeldeformierung von Alteglofsheim, dann hat man zu fragen, warum dieser Typ beispielsweise im Reihengräberfeld von Schretzheim (Ldkr. Dillingen) fehlt[507]. Die Antwort ist indirekt bereits von Christlein gegeben. Denn er stellt die für Bittenbrunn ermittelten Belegungsphasen denen des Schretzheimer Gräberfeldes gegenüber, und es ergibt sich dabei klar, daß Schretzheim erst unmittelbar nach der Phase, die die Bittenbrunner Fibel mit umfaßt, einsetzt[508]. Bügelfibeln vom ostgotischen Typ fehlen in Schretzheim demnach aus Gründen der Chronologie. Relativchronologisch fällt der Beginn Schretzheims jedoch noch in die Zeit der Siedlung des Runden Berges. Denn die Autorin kann in zwei Fällen Typengleichheit mit Fibeln des dortigen Schatzfundhorizontes nachweisen[509]. Das aber heißt, daß Schretzheim noch in Phase Alemannisch I b einsetzen muß. Das Ende dieser Phase ist jedoch nicht durch den Siedlungsunterbruch auf dem Runden Berg markiert, sondern fällt mit dem Ende der jüngeren Spatha-Gruppe Müllers zusammen. Insofern kann trotz Typengleichheit zwischen Fundstücken vom Runden

505) Zum anthropologischen Befund von Alteglofsheim a. a. O. S. 99f. (K. GERHARDT).

506) GERHARDT (wie Anm. 505); H. HELMUTH, Zwei künstlich deformierte Schädel aus Altenerding (in: 54. Bericht der RGK 1973, S. 304–317); P. SCHRÖTER, Künstlich deformierte Schädel aus dem bajuwarischen Gräberfeld von Straubing-Alburg, Niederbayern. In: Das archäologische Jahr in Bayern 1981 (1982) S. 170f.; U. KOCH (wie Anm. 18, 1969) S. 180 (alemannische Bestattungsplätze). – Für Österreich sehe man E.-M. WINKLER und L. WICKE, Hunnenzeitliche Skelettfunde mit künstlich deformierten Schädeln aus Gaweinstal in Niederösterreich (in: Archaeologia Austriaca 64, 1980, S. 119–137). Für Mähren sehe man die in Anm. 504 genannten Veröffentlichungen TEJRALS. Für Jugoslawien sehe man M. SLABE, Künstlich deformierte Schädel der Völkerwanderungszeit in Jugoslawien im Lichte ihrer Aussagekraft. In: Probleme der Völkerwanderungszeit im Karpatenbecken. Symposium Novi Sad 1976 (1978) 67ff. – Der Fundbestand bis 1962 ist bei WERNER kartiert (wie Anm. 11, 1962) S. 117 Abb. 28; S. 178ff. (Fundliste). WERNERS Angabe »erste Hälfte 6. Jahrhundert« wird man tunlichst mit Zurückhaltung werten, denn sie gründet sich auf den älteren Forschungsstand zur archäologischen Chronologie der Gruppe Irlmauth einerseits und auf den unterstellten archäologischen Fixpunkt 488 andrerseits. Die oben angeführten jüngeren Veröffentlichungen weisen gegenüber WERNERS Verbreitungskarte nun einen weiteren deutlichen Verbreitungsschwerpunkt für Südbayern aus. Ob dieser überhaupt noch ins 6. Jahrhundert hineinreicht, ist nicht erwiesen.

507) U. KOCH (wie Anm. 18) 1977.

508) Wie Anm. 496.

509) Wie Anm. 507, S. 48. – Dazu auch unten S. 236f.

Berg und aus dem Schretzheimer Gräberfeld dieses tatsächlich erst nach dem Ende der älteren Siedlung des Runden Berges einsetzen. Für die Bügelfibeln vom ostgotischen Typ aus alemannischen Reihengräberfeldern ergibt sich daraus, daß sie offenbar nur bis in einen frühen Abschnitt der Phase Alemannisch I b reichen. Das aus den Beifunden des Lörracher Fibelpaares ableitbare frühe Alter dieses Grabes bestätigt sich infolgedessen. Das in Torriano bei Pavia gefundene Pendant zum Lörracher Fibelpaar kann jedoch, weil Lörrach von Italien abhängen soll, nicht später datiert werden als Lörrach selbst. Möglicherweise gehört zum Torriano-Fund ja auch tatsächlich die Gürtelschnalle aus Pavia[510)]. Deren früh-theoderichzeitliches Alter ist jedoch nicht strittig. Bügelfibeln des ostgotischen Typs gelangen demzufolge allem Anschein nach bereits vom späten fünften Jahrhundert an von Italien aus über die Alpen[511)], teils wohl aber auch direkt aus dem Osten. Die Zeitspanne ist schwer abzuschätzen, ist vielleicht überhaupt wohl nur von kurzer Dauer. Dafür spricht die geringe Zahl der Fundstücke ebenso wie der Schretzheim-Befund zur Chronologie. Immerhin stehen uns mit Singen und Eichstetten zwei weitere Fibelfunde außer Lörrach zur Verfügung. Werners Ansicht, daß der Typ Singen jünger sei als Typ Lörrach-Torriano, hat sich nicht bestätigen lassen[512)], und eine stilistisch als jüngerer einzustufende Gruppe ist in Alemannien bisher nicht nachweisbar[513)]. Außerdem fällt auf, daß die Bügelfibeln vom ostgotischen Typ nur in der an die Romania grenzenden südalemannischen Randzone vorkommen, in den zentral-alemannischen Siedelgebieten der Neckarlande einschließlich des westlichen Mittelfrankens sowie in Oberschwaben dagegen zu fehlen scheinen, obschon beispielsweise für Thalmässing (Ldkr. Hilpoltstein) weitgespannte Fernverbindungen geradezu als kennzeichnend gelten können[514)]. Zeitgleiche Edelmetallfibeln alemannischer Herstellung sind zudem zahlreich in diesen Räumen verbreitet[515)]. Am Beispiel der gleichgemusterten Bügelfibelpaare aus Reggio nell' Emilia und dem thüringischen Gispersleben verdeutlicht Joachim Werner, daß derartige Verbreitungsbefunde weder mit Handel noch mit der Mobilität ihrer Besitzer erklärt werden können, sondern daß man sich den Goldschmied, den *faber aurifex*, als Fahrenden vorzustellen habe; allerdings scheinen unmittelbar personengebundene Beziehungen über weite Entfernungen hinweg mit eine Rolle zu spielen[516)]. Die Fibeln aus den alemannischen Gräbern von Lörrach, Eichstetten und Singen dürften demnach wohl in erster Linie als der archäologische Niederschlag

510) Wie Anm. 472.
511) Um welche Typen es sich dabei im einzelnen handelt, ist unter den in Anm. 481 genannten Voraussetzungen neu zu erarbeiten.
512) Bierbrauer (wie Anm. 458) S. 150f.
513) Ebd. 156 Abb. 8. Der einzelne südbayerische Fundpunkt stellt München-Aubing Grab 219 dar, das eine Fibel mit rechteckiger Kopfplatte ergeben hat (ebd. Taf. 8,6). Der Hinweis auf die Querriefung des Fibelfußes als chronologisches Indiz überzeugt nicht (ebd. S. 151). Werner bezeichnet das Fundstück als Unikum (wie Anm. 49) S. 72. Dazu auch unten S. 238 mit Anm. 576; S. 243.
514) Dannheimer (wie Anm. 16; 1959).
515) Man vgl. z. B. U. Koch (wie Anm. 18, 1969) S. 167ff., Abb. 4; Dies. (wie Anm. 18; 1968) Taf. 93, Karte 5. – Zum Verhältnis der Alemannen der Gibuld-Zeit zu Italien siehe man auch oben S. 153.
516) Werner (wie Anm. 288) S. 315ff.; Ders. (wie Anm. 356).

personengebundener Verbindungen ins Italien der frühen Ostgotenzeit aufzufassen sein. In ähnlicher Weise wie die Mahlbergerin aus der Ortenau oder die Alemannin, die über Kleinhüningen Grab 126 ausgewiesen ist, stellt man sich auch in Lörrach, Eichstetten und Singen gewissermaßen auswärtig-modisch-exklusiv dar. Die Frau aus der Ortenau wird sogar exklusiv bestattet, d. h. außerhalb des herkömmlichen Ortsfriedhofes, ebenso wie die Frau aus Alteglofsheim bei Regensburg, die zu Lebzeiten allein schon aufgrund der Turmschädelsitte als exklusive Erscheinung des Ostens Aufmerksamkeit beansprucht. Wir haben davon auszugehen, daß wohl das Darstellungsgehabe der Alemanninnen aus Lörrach, Eichstetten und Singen als Grund für das Vorkommen der Fibeln vom ostgotischen Typ anzusehen ist. Man nutzte offenbar dafür entweder die allgemeinen Verkehrsverbindungen der nordalpinen Romania mit dem italischen »Mutterland« oder aber die altgewohnten Beziehungen mit dem Osten.

Die Männer der betreffenden sozialen Schicht stellen sich anders dar. Deren Rangabzeichen sind in erster Linie die prunkhaft wirkenden Spathen, oftmals verbunden mit vergoldeten oder in Goldcloisonné-Technik gearbeiteten Gürtelschnallen, teils in den Ortsgräberfeldern bestattet, teils allerdings auch exklusiv in Sondersepulturen, von denen die des Ailenberges die am sichtbarsten herausragendste darstellt. Personenbezogene Verbindungen mit Italien scheinen ihre vergoldeten Spangenhelme, die keineswegs nur auf Phase I a beschränkt sind, anzuzeigen, sofern es sich dabei tatsächlich um italische Fabrikate handelt. Zusammen mit den Reihengräberfriedhöfen, von denen wohl eine Vielzahl als Sondersepultur begonnen haben wird[517], besagen Reihengräberfriedhöfe wie Sondersepulturen Alemanniens dasselbe: An allen Plätzen siedeln alemannische *potentes,* mit welchen Titeln diese in den Schriftquellen auch immer belegt sein mögen oder nicht belegt sind. Auch wenn wir bisher nur die geringere Zahl der ursprünglich vorhandenen Siedelregionen dieser *potentes* mit Hilfe der Quellengattung Grabfunde kartographisch nachweisen können, spiegeln doch die bisher bekannt gewordenen Beispiele zusammengenommen schon jetzt dasselbe Bild wider, das Ammianus Marcellinus anläßlich der Schlacht bei Straßburg des Jahres 357 beschreibt: die Vielzahl alemannischer *reguli, optimates, primates* usw.[518], ganz gleich, ob diese Bezeichnung des vierten Jahrhunderts auch noch auf die alemannischen *potentes* der zweiten Hälfte des fünften Jahrhunderts anwendbar ist oder nicht; das soziale Gefüge scheint unverändert geblieben zu sein. Burgplätze wie der Runde Berg und die Gelbe Bürg, sehr wahrscheinlich wohl auch der Lochenstein, weisen Siedlungskonstanz aus. Auf der Gelben Bürg entstehen neue Schanzwerke bezeichnen-

517) Der archäologische Nachweis ist verständlicherweise schwierig und setzt absolut verläßliche Ausgrabungsbefunde von hinreichendem Umfang ebenso voraus wie nicht antik geplünderte Gräber und eine so subtile methodische Analyse, daß die relativchronologische Phasengliederung nicht weitmaschiger als die Generationenfolge ist. Die Schwierigkeiten und die sich daraus ergebende kontroverse Beurteilung ist unten am Beispiel des Gräberfeldes von Güttingen dargestellt (S. 273 ff.). Zu den alemannischen Bestattungssitten der Frühzeit sehe man bei Christlein, Die Alamannen (wie Anm. 15) S. 50ff. Eine informative Übersicht zu fränkischen wie auch zu alemannischen Befunden bietet Ament (wie Anm. 305) S. 130ff.
518) Dazu Strohecker (wie Anm. 29), S. 32ff. – Man sehe auch Ewig (wie Anm. 30) S. 272f.

derweise bereits in spätrömischer Zeit und nicht erst in Phase Alemannisch I a[519]. Im Fundbestand des Runden Berges ist für verschiedene Phasen der älteren Siedelungsperiode die Anfertigung kunsthandwerklicher Kleinaltertümer von alemannischer Hand nachweisbar[520], dagegen fehlen solche Fundstücke, die die Verbindung mit Italien aufzeigen, es sei denn, das bronzene Münzgewicht (Abb. 7,1) gehört bereits in Stufe Alemannisch I und nicht zur zweiten Besiedlungsphase des Runden Berges[521]. Italische Glasgefäße sind auf dem Runden Berg in Proben zwar nachweisbar, aber bleiben auf die spätrömische Zeit (drittes und viertes Jahrhundert) beschränkt; chronologisch folgen bezeichnenderweise Gläser ostmediterraner Herkunft und an diese schließen zeitlich wiederum solche aus den fränkischen Rheinlanden an[522]. Legt man die archäologischen Indizien zugrunde, vermitteln alle Landschaften im Raum zwischen der Frankenhöhe im Osten bis hinüber auf die gallische Rheinseite in bezug auf das Siedlungswesen und das diesem zugrundeliegende Sozialgefüge ein von konservativem Verhalten geprägtes Bild. Merkwürdig kontrastierend steht diesem Befund das Geöffnetsein für östliche Darstellungsformen gegenüber, vor allem bei der führenden Schicht. Der Mann vom Ailenberg läßt dieses Verhalten ebenso erkennen, wie der behelmte Goldgriffspathaträger aus Gültlingen, die sich »östlich« darstellende Alemannin aus Mahlberg in der Ortenau ebenso wie die aus Schwenningen auf der Baar. Doch sind es gerade diese beiden Frauengräber, über deren silbervergoldete, alemannische Bügelfibelpaare trotz der Neuerungen doch wieder alemannischer Konservativismus erkennbar wird. Denn beide beauftragen offensichtlich alemannische Goldschmiede mit der Herstellung der nun Mode werdenden silbervergoldeten Bügelfibelpaare, und zwar unter Einfluß der Goldschmiedearbeiten des Mitteldonaubeckens im weitesten Sinne[523], und verzichten gewissermaßen, im Gegensatz zu ihren Zeitgenossinnen aus den

519) Zu den Ausgrabungen auf der Gelben Bürg sehe man F.-R. Herrmann, Neue Ausgrabungen in Mittelfranken (in: Jahrbuch des Historischen Vereins für Mittelfranken 85, 1969–1970, bes. S. 211–227); Ders., Ausgrabungen an den Ringwallanlagen der Gelben Bürg bei Dittenheim. In: Probleme der Zeit. Zeitschrift für Wissenschaft, Wirtschaft und Kultur (1970) S. 36–41.

520) Wie Anm. 25 (R. Christlein); Ders., Der Runde Berg III (wie Anm. 15) S. 11f.

521) Christlein, Der Runde Berg I (wie Anm. 15) S. 27; Der Runde Berg III (wie Anm. 15) S. 11.

522) Christlein, Der Runde Berg III (wie Anm. 15) S. 14f.

523) Dazu oben Anm. 414, am Beispiel des plastisch ausgeführten Winkelkerbschnittes. – Fragt man ferner beispielsweise nach dem zeitlich vorausgehenden Vorbild für die Musterkombination von Stufenmäander in Kerbschnitttechnik und Kreisaugenwellenranke in Niellotechnik, beides auf einem der silbervergoldeten Bügelfibelpaare vom Runden Berg (Christlein, Der Runde Berg I, wie Anm. 15, Taf. 30, 4.7.), findet man Entsprechendes, doch in qualitätvollerer Ausführung, auf der Répcelak-Fibel (Transdanubien; oben Anm. 481). – Das Mahlberger Bügelfibelpaar (oben Anm. 410) weist auf der Mittelleiste der Fußplatten das sogenannte Paragraphenmuster in Niellotechnik auf, das ein typisches Zierdetail der Goldschmiedearbeiten der Gruppe von Gáva-Domolospuszta-Bácsordas darstellt. An dem Gáva-Fibelpaar treten als ein weiteres Zierelement unregelmäßig angeordnete, eingepunzte kleine Kreisaugen hinzu (auf den angenieteten Tierköpfen der Kopf- und Fußplatten); in ganz derselben Weise ist auch der Zentralteil der Kopfplatten des Mahlberger Fibelpaares verziert. Solche Detailkombinationen, denen sich zahlreiche weitere Beispiele anschließen lassen, wird man keinesfalls als Zufälligkeiten bagatellisieren können. Sondern es sind Indizien, die uns Einblicke in die Formgeschichte des frühalemannischen Goldschmiedehandwerks ermöglichen.

Reihengräberfeldern in Lörrach, Eichstetten und Singen am Hohentwiel, auf die italisch-ostgotische Bügelfibelmode. Das Ortenau-Grabinventar wie das von der Baar stehen in diesem Punkt stellvertretend für die Dutzende zeitgleicher Frauengräber, die ebenfalls die neuen »national-alemannischen« Bügelfibelpaare im Raum zwischen unterem Neckar, Jagst, Wörnitz, Donau, Iller, Bodensee und Rhein einschließlich der alemannisch besiedelten gallischen Seite tragen und damit bestattet werden. Auch auf dem Runden Berg und auf der Gelben Bürg, wo natürlich Familien der tonangebenden alemannischen Schicht siedeln, stellt man sich in gleicher Weise »alemannisch« dar, nachdem sich der spätrömische Stil des Metallkunsthandwerks überlebt hat. Auf der Gelben Bürg kommt bezeichnenderweise noch die mitteldonauländische Komponente in Form einer »ungarischen« Bügelfibel hinzu[524]. Der Bügelfibeltyp »Gelbe Bürg« mit zoomorph ausgestaltetem Fuß und Spiralranken in Kerbschnittmanier auf der Kopfplatte[525] spiegelt einerseits sicherlich das Formempfinden eines alemannischen Goldschmiedes wider, ist jedoch andrerseits nicht ohne mitteldonauländische Vorbilder[526] denkbar. In dieser unter südöstlichem Einfluß sich zum »national-alemannischen« Stil wandelnden Formenwelt der Trachtutensilien finden sich an italischem Einfluß nur die drei Vorkommen sogenannter ostgotischer Bügelfibeln am Südrand der Alemannia, der italisch gefärbten Romania benachbart, das heißt in einem Raum, der das Vorland zu den Paßübergängen nach Italien darstellt. In den zentralalemannischen Siedelräumen fehlt Italisches ebenso wie im linksrheinischen, »gallischen« Alemannien. Hier, wie auch in den zentralalemannischen Gebieten an Enz und mittlerem Neckar (Gültlingen), finden sich an »nichtalemannischem« Quellengut allein die Prunkhelme vom Baldenheimer Typ, Abzeichen von *potestas* ihrer Besitzer. Käme man über bisherige Mutmaßungen hinaus und ließe sich wirklich absichern, daß diese Helme in Italien entstehen, wären sie wohl die überzeugendsten archäologischen Belege für personengebundene Beziehungen alemannischer *potentes* mit Italien, deren Anfänge dann allerdings noch in die späte Kaiserzeit, d. h. vor 476 fallen müßten[527].

An einem Beispiel jedoch kann die Archäologie aufzeigen, daß die transalpinen Beziehungen in Phase Alemannisch Ia oder Ib nicht nur in Süd-Nord-Richtung, sondern auch umgekehrt gesehen werden müssen. Denn aus Alcagnano (Prov. Vicenza) liegt eine Fundstückskollektion vor, deren Analogien sonst nur aus Grabinventaren der alemannisch besiedelten Regionen bekannt sind[528]. Man wird deshalb Volker Bierbrauer zustimmen können, wenn

524) Oben S. 198 mit Anm. 395.

525) DANNHEIMER (wie Anm. 16, 1962) S. 44f.; Taf. 3, 1.3; 18, 5.6.

526) Ebd. Taf. E, 3–6 »westliche« Analogien; zu dem verwandten Typ von Hemmingen (MÜLLER, wie Anm. 302, Taf. 17, 1–4) und dessen mitteldonauländischen Wurzeln sehe man oben Anm. 414. – Noch zu untersuchen ist, in welcher Weise der »ungarische« Silbergußfibeltyp mit Spiralrankenkerbschnitt aus Hemmingen Grab 24 (wie Anm. 428) an der Formenprovenienz des Typs der Gelben Bürg beteiligt ist. Mitzuberücksichtigen ist ferner der Typ aus Dabronc-Ötvöspuszta (oben Anm. 428; dort weitere Fundstücke des Mitteldonaubeckens).

527) Oben S. 194 mit Anm. 368.

528) BIERBRAUER (wie Anm. 14; 1974), S. 571. Oben Anm. 414 (U. KOCH).

er die Fibeln sowie auch andere Fundstücke aus der Gräbergruppe bei Alcagnano als alemannisch anspricht[529]. Denn Formbeziehungen bestehen einerseits zum Fibelpaar aus der Ortenau, andrerseits zu denen des Runden Berges sowie zu weiteren Bestattungsplätzen Zentralalemanniens[530]. Infolgedessen läßt sich für die italischen Vorkommen frühalemannischen Formengutes der gedankliche Zusammenhang mit der Ereignisgeschichte von 496/97 oder 506/07 herstellen. Es sind durchaus, wie Bierbrauer hervorhebt, alemannische Refugiés vorstellbar, doch daß es sich dabei um ostgotische Grenzwachtsiedler handeln soll[531], erscheint unglaubhaft. Spricht schon allein die Lage der zugehörigen Siedlungen weit rückwärts der nur in den Alpentälern denkbaren Sperren, so kann die ältere historische Forschung, auf die Bierbrauer sich stützt, heute keine Glaubwürdigkeit mehr bezüglich der Nordgrenze des Theoderichreiches beanspruchen[532].

Phase Alemannisch I c

So wie das Gültlinger Grab mit Spangenhelm und Goldgriffspatha die Frühzeit von Alemannisch I repräsentiert (Phase Ia), so steht das münzdatierte Grab mit vergoldetem Spangenhelm, Ringbrünne und goldcloisonné-beschlagener Spatha aus Planig bei Kreuznach an der Nahe (terminus post quem 457/474)[533] für die Spätzeit (Phase Ic). Diese relativchronologische Zuordnung des Planig-Inventars ist über mehrere, voneinander unabhängige Indizien abgesichert: 1. die Spatha erscheint aufgrund andersartiger Ziertechniken nicht in Müllers Tabelle der

529) Wie Anm. 528, S. 573.
530) Wie Anm. 414. Man vgl. auch bei Bierbrauer (wie Anm. 528 Taf. 37, 5.6) die Ausgestaltung der Fibelfußplatten mit Winkelkerbschnitt, der durch schräg angeordnete Rillengruppen begrenzt wird, und dieselbe Detailkombination an einer der Fibeln vom Runden Berg: Christlein, Der Runde Berg I (wie Anm. 15) Taf. 30,3; zu dem Paragraphen-Muster auf denselben Alcagnano-Fibeln in Niellotechnik vgl. man das in gleicher Weise angeordnete Zierdetail auf einem anderen Fibelpaar des Runden Berges: ebd. Taf. 31.2.3; oben Anm. 523.
531) Wie Anm. 14 (1974) S. 576. – Dazu auch oben S. 164f.
532) Im einzelnen dazu oben S. 155f. Will man aber doch an alemannischen Grenzwachtsiedlern in der Po-Ebene festhalten (Bierbrauer, wie Anm. 14, 1974, S. 560, Abb. 1), so lassen sich diese nur mit der von Wolfram beschriebenen innersten, italischen Linie des dreigliedrigen und mehrere hundert Kilometer tief gestaffelten ostgotischen Grenzsicherungssystems verbinden (Wolfram, wie Anm. 54, S. 380 mit Anm. 126; S. 391ff.). Das aber ist bereits an sich deshalb höchst unwahrscheinlich, weil die gegen Norden aufgebauten Sperren sich in erster Linie nur gegen Alemannen (oder Franken?) richten können und deshalb wohl kaum mit Alemannen besetzt werden. Wie am Beispiel der Gepiden aufzuzeigen ist, entspricht es zudem ostgotischer Staatspraxis, Fremdvölker gerade in den entferntesten Regionen anzusiedeln, im Falle der Gepiden diese im Westalpenbereich (dazu oben S. 165 mit Anm. 214). Plausibel ist dagegen, wenn man annimmt, daß Alemannen an den Ostgrenzen der Gotenherrschaft Aufgaben zu übernehmen haben, d. h. in Provinzen der illyrischen Diözese (Pannonia, Savia, Dalmatia). – Im übrigen besteht keine Notwendigkeit, die Fundgruppe von Alcagnano unbedingt mit der schriftlich überlieferten Ereignisgeschichte zu verknüpfen. Das bedeutet, daß von Bierbrauers alternativen Interpretationsmöglichkeiten die erstgenannte zutrifft (a. a. O. S. 575).
533) P. T. Kessler, Merowingisches Fürstengrab von Planig in Rheinhessen (in: Mainzer Zeitschrift 35, 1940, S. 1–13).

Spathamerkmale der Childerich- und der Chlodowechzeit; 2. der goldene Saxscheidenbeschlag aus Planig ist in jener Goldfiligrantechnik verziert, die im allgemeinen in der Gruppe der Goldgriffspathagräber noch fehlt, dagegen für die auf die Goldgriffspathen folgende Gruppe der Ringknaufschwertgräber typisch ist; 3. der Taschenbügel in Goldcloisonné-Technik entspricht in so vielen Details dem aus Krefeld-Gellep (Grab 1782, münzdatiert; terminus post quem 491/518)[534], daß man an die Herstellung von ein und derselben Hand glauben möchte; 4. Planig weist den Typ der Schilddornschnalle auf[535], der in Grabfunden der Phasen Alemannisch I a und I b fehlt, für Alemannisch II dagegen die kennzeichnende Schnallenform darstellt. Die Forschung weist aufgrund dieser Indizien Planig eine Zwischenstellung zwischen der alemannisch-fränkischen Goldgriffspathen-Gräbergruppe und der fränkischen Gräbergruppe vom Typ Krefeld-Gellep 1782/Kölner Dom/Chaouilley Grab 20 usw. zu, für die u. a. goldcloisonné-beschlagene Ringknaufschwerter typisch sind und die ihrerseits münzdatiert um 530 einzusetzen scheint[536]. Ob Planig eine alemannische oder fränkische Bestattung darstellt, ist nicht entscheidbar[537]. Im zentralalemannischen Siedelgebiet entspricht den cloisonnierten Spathascheidenbeschlagstücken von Planig ein gleichartiger Beschlag aus Möglingen (Ldkr. Ludwigsburg)[538].

Goldcloisonnéarbeiten wie die Spathabeschläge aus Planig und Möglingen, deren Kennzeichen die Mittelrosette, die systematisch gereihten Felder, teils auch vegetabilische Dekorelemente und Goldstege mit Ausbuchtungen sind, wird man erst dann ihrer Herkunft nach verläßlich bestimmen können, wenn diese Denkmälergruppe insgesamt aufgearbeitet ist. Möglingen in Württemberg, Planig, Eich und Rommersheim in Rheinhessen, Großkarben in der südlichen Wetterau, Basel-Kleinhüningen (Grab 212) oder auch Cividale und Nocera Umbra (Grab 1) in Italien stellen nur einige Beispiele dar[539]. Apahida in Siebenbürgen und auch

534) Saxscheidenbeschlag: ebd. Taf. 2,4; Taschenbügel: ebd. Taf. 2,1; Taschenbügel aus Krefeld-Gellep: Pirling (wie Anm. 318), Taf. 46,1.
535) Kessler a. a. O. Taf. 4,5 Nr. 1.
536) Dazu Ament (wie Anm. 305) S. 62ff. – Zu den Kölner Gräbern: Böhner (wie Anm. 271; 1967–68) S. 133. Knabengrab: »Ende der Stufe II – schematisch in das erste Viertel des 6. Jahrhunderts«; Frauengrab: »Beginn der Stufe III – schematisch etwa dem zweiten Viertel des 6. Jahrhunderts«.
537) Zur Lage des Fundortes im spätantiken Verkehrsraum zwischen Bingen, Kreuznach, Alzey und Mainz sehe man bei Ament (wie Anm. 305) S. 154 Abb. 18. Zu der zwischen Worms und Mainz für die alemannische Frühzeit anzunehmenden alemannisch-fränkischen Grenzzone sehe man oben S. 149.
538) Planig (wie Anm. 533) Taf. 3.2; Möglingen: Veeck (wie Anm. 9) S. 227, Taf. 31,9; Ament (wie Anm. 305) S. 21 Abb. 2.2.
539) Eich: Werner (wie Anm. 438), Taf. 11,12; Rommersheim: P. T. Kessler und W. Schnellenkamp, Ein frühmerowingisches Grab bei Rommersheim (Eichloch) in Rheinhessen (in: Mainzer Zeitschrift 28, 1933, S. 118–125, Abb. 3,4.5); zu dem unmittelbar benachbarten Frauenprunkgrab aus Rommersheim sehe man unten Anm. 763; Groß-Karben: W. Jorns, Zu merowingischen Neufunden aus Oberhessen und Starkenburg (in: Fundberichte aus Hessen 1, 1961, S. 82–110, bes. 100f. Abb. 10,15; ferner oben S. 187); Kleinhüningen, Grab 212: R. Laur-Belart, Neue Alamannengräber in Klein-Hüningen (in: Urschweiz 10, 1946, S. 66–73, Abb. 50 unten); R. Moosbrugger-Leu und H. Keller in: Ur- und frühgeschichtliche Archäologie der Schweiz, Bd. 6. Das Frühmittelalter (1979) S. 55, Abb. 3 oben links; Cividale: Åberg (wie

Regöly (Komitat Tolna, südliches Transdanubien)[540] bezeugen, daß die ältesten Vorkommen offensichtlich im Mitteldonaubecken zu suchen sind, doch wäre gerade bei den dortigen Beispielen noch der Anteil des spätantiken, circumpontischen Kunsthandwerks genauer zu bestimmen. Wenn Joachim Werner blatt- und blütenartige Muster in Goldcloisonné-Technik als Erzeugnisse italisch-spätantiker Werkstätten ansieht[541], dann fragt man sich, ob eine entsprechende Goldcloisonné-Scheibenfibel aus dem ostalemannischen Heidenheim a. d. Brenz[542] nicht gleichfalls italischen Ursprungs sein könnte, wobei ein solches Stück dann in die Spät- oder Post-Theoderichzeit zu datieren sein wird. Die Qualitätsstufe der Goldschmiedearbeit aus Heidenheim wird von ähnlichen und offenbar auch etwas jüngeren Goldcloisonné-Scheibenfibeln aus dem alemannischen Beringen (Kanton Schaffhausen) oder auch aus dem fränkischen Arnegundegrab nicht mehr erreicht[543]. Bezüglich derartiger Fundstücke und ihrem Anteil an Italischem kommt eine Schlüsselstellung im Alemannischen dem Reihengräberfriedhof von Hüfingen auf der Baar zu, der seit 1975 von Gerhard Fingerlin ausgegraben wird und in mehrfacher Hinsicht deutliche Verbindungen mit der Zone südwärts der Alpen aufweist[544]. In Hüfingen findet sich die Cloisonné-Technik auch mit Goldfiligran kombiniert, wie das in ähnlicher Weise für das Bügelfibelpaar in Goldcloisonné- und Filigrantechnik aus dem fränkischen Frauengrab unter dem Kölner Dom (münzdatierter terminus post quem: 526/534) belegt ist[545]. Damit wäre bereits der Kunststil der Stufe Alemannisch II erreicht.

Von den Prunkwaffen (Spatha, Sax) des Planig-Inventars lassen sich die oben bereits angedeuteten direkten Formverbindungen mit Italien herstellen, und zwar mit einer goldbe-

Anm. 2) S. 85, Abb. 139; Nocera Umbra: wie Anm. 323. – Man sehe auch Werner (wie Anm. 438). Dieselbe Stilstufe ist auch im neu ausgegrabenen Gräberfeld von Hüfingen auf der Baar nachweisbar (unten Anm. 544).

540) Apahida: Horedt und Protase (wie Anm. 343) Taf. 32; Regöly: Gy. Mészáros, Das Fürstengrab von Regöly aus der Frühvölkerwanderungszeit (in: Archaeologiai Értesitö 97, 1970, S. 66–92, Abb. 10,1; 11,3); Kovrig (wie Anm. 481) Taf. 31a. Letztlich gehören auch die oben S. 210 (mit Anm. 438) behandelten Goldcloisonné-Schnallen aus Acquasanta und Köln-Severinstor in denselben Formzusammenhang.

541) Zuletzt mit Annibaldi (wie Anm. 428) S. 370 mit Taf. 41,2; Werner korrigiert hier seine Ansicht zur Chronologie gegenüber 1958 (wie Anm. 438) und schwächt auch seine Beurteilung der mitteldonauländischen Analogien in ethnischer Hinsicht ab (S. 368). Er verweist jedoch über Anm. 42 ausdrücklich auf die von ihm 1958 zusammengestellte Gruppe entsprechender Goldcloisonné-Schnallen (a. a. O. S. 57).

542) Veeck (wie Anm. 9) S. 173, Taf. 26 A, 1; Christlein, Die Alamannen (wie Anm. 15; 1979) Taf. 57, unten rechts.

543) Beringen: Christlein a. a. O. Taf. 56; Grab der Arnegunde: wie Anm. 275 (1962) Taf. 31,5.6; 33,6.7; (1979) S. 56f. mit sehr guten Abbildungen.

544) Christlein a. a. O. S. 152, Regeste Nr. 198; G. Fingerlin, Neue alamannische Grabfunde aus Hüfingen. Texte zu einer Ausstellung (1977). – K. Eckerle in: Neue Funde aus frühmittelalterlichen Adelsgräbern in Klepsau und Hüfingen. Ausstellungskatalog des Badischen Landesmuseums Karlsruhe (1978) S. 36ff., 59ff. – Der oben Anm. 539 gegebene Hinweis bezieht sich auf ebd. 36 Abb. 29 (Grab 356).

545) Fingerlin (wie Anm. 544) S. 19 Abb. 9, oben links. – Zu den mediterranen Beziehungen von Hüfingen sehe man auch eine kleine Glasamphore: Christlein, Die Alamannen (wie Anm. 15; 1979) Taf. 65.

schlagenen Ringknaufspatha aus Grab 1 des Reihengräberfeldes von Nocera Umbra (Prov. Perugia, Umbrien) am Apennin[546]. Das Cloisonné-Scheidenmundstück aus Nocera Umbra ist nahezu identisch mit den Cloisonné-Beschlägen der Planiger Parierstange und den Schlaufenbeschlägen[547]. Aufgrund dieser Übereinstimmungen tritt Joachim Werner zunächst auch für fränkische Abkunft des Scheidenmundstückes aus Nocera Umbra ein, das über Pannonien nach Mittelitalien gelangt sein soll[548], widerruft jedoch seine Meinung später, um italisch-ostgotische Herstellung annehmen zu können[549]. Gegen diese neue Ansicht bezieht dann Kurt Böhner Stellung, der an Anregungen aus dem Osten denkt[550], womit nur das Mitteldonaubekken gemeint sein kann und insbesondere sein siebenbürgischer Teil mit den prunkhaft ausgestatteten Apahida-Gräbern. Die Goldfiligranarbeiten derselben Spatha hält Werner für italische Arbeiten[551]. Die Schwierigkeiten der älteren Forschung[552] bezüglich eines verläßlichen Urteils über die gold- und goldcloisonné-beschlagene Spatha aus Nocera Umbra Grab 1 rühren jedoch allein daher, daß man für die Spatha wie auch für alle anderen Fundstücke dieses Gräberfeldes sowie für die des gleichfalls mittelitalischen Reihengräberfriedhofes von Castel Trosino[553] nicht die Methode archäologischer Formanalyse anwendet, sondern stattdessen von der auf der Ereignisgeschichte fußenden Hypothese ausgeht, daß diese Plätze nur langobardisch sein können und demzufolge für den gesamten Fundbestand der terminus post quem von 571 zu gelten habe, ein methodisch bedenklicher Ansatz[554]. Deshalb hat man ganz konkret an beide

546) Wie Anm. 323.
547) Wie Anm. 538.
548) Die Schwerter von Imola, Herbrechtingen und Endrebacke. Studien zu mitteleuropäischen und skandinavischen Metallarbeiten aus der ersten Hälfte des 7. Jahrhunderts (in: Acta Archaeologica Kopenhagen 21, 1950, S. 45–81; ebd. 58 Anm. 67).
549) Wie Anm. 438, S. 57 Nr. 7.
550) Wie Anm. 271, 1967–1968, S. 128.
551) Wie Anm. 548, S. 58 Anm. 67. – Man vgl. dazu auch unten S. 306.
552) Auch noch bei Ament (wie Anm. 305) S. 22, 52f.
553) R. Mengarelli, La necropoli barbarica di Castel Trosino. In: Monumenti Antichi della Reale Accademia dei Lincei. Bd. 12 (1902) S. 145–380. – A. Pasqui und R. Paribeni, Necropoli barbarica di Nocera Umbra. In: ebd. Bd. 25 (1919) S. 137–352. Eine erste archäologische Analyse beider Gräberfelder bei Lindquist (wie Anm. 3) S. 162–187. – Die Neubearbeitung durch O. v. Hessen kündigte Werner 1980 an (wie Anm. 301).
554) Der Fixpunkt 571 noch bei Ament (wie Anm. 552), indirekt auch noch bei Bierbrauer, Frühgeschichtliche Akkulturationsprozesse in den germanischen Staaten am Mittelmeer (Westgoten, Ostgoten, Langobarden) aus der Sicht des Archäologen. In: Atti... Milano 1980 (wie Anm. 281) S. 89–105, bes. S. 97–102. – Anders äußert sich allerdings Werner in derselben Kongreßpublikation. Ebenso visionär wie verschlüsselt formuliert er: »Mir scheint, daß wir im Zeichen der Mailänder Ausstellung und der archäologischen Referate unseres Kongresses vor einer neuen Etappe in den archäologischen Studien zur Langobardenzeit stehen, sowohl was das essentiell Langobardische *vor* 568 wie was die *nach* 568 in Italien erfolgten Wandlungen betrifft. Wie Moses beim Anblick des gelobten Landes sehe ich die großen Möglichkeiten, die sich für die Erkenntnis des spezifisch langobardischen Formengutes als eines Erbes aus der Zeit vor 568 im Vergleich zu den sogenannten Neuerungen auf italischem Boden ergeben, letztere doch wohl im Gefolge einer Akkulturation. Das Material, das diese Erkenntnisse vermitteln kann, steckt nicht

goldbeschlagenen Ringknaufspathen aus Nocera Umbra[555] die doppelte Frage zu richten, nämlich erstens, in welcher Weise sich Prunkschwerter dieser Art wirklich mit dem langobardischen Quellenmaterial Pannoniens verbinden lassen, und zweitens, ob solche Arbeiten nicht doch italisch-ostgermanischen Ursprungs und vorlangobardischen Alters sind?

Löst man sich von der von der älteren Forschung vorgegebenen Hypothese, gelangt man zu unkomplizierter Einschätzung. Denn Goldfiligrantechnik ähnlichen Stils wie die Spathagriffbeschläge aus Nocera Umbra weist auch der Saxscheidenbeschlag aus Planig auf[556]; sie ist ferner in Krefeld-Gellep Grab 1782 bezeugt, und die entsprechenden Fundstücke werden von Renate Pirling bezeichnenderweise als fränkische Arbeiten unter italisch-byzantinischem oder italisch-ostgotischem Einfluß eingeschätzt[557]. Ein filigranverzierter Goldfingerring mit Chalcedon-Gemme und antiker Figurenszene aus dem Gelleper Grab stellt aber sicher eine italische Arbeit dar, so daß italische Goldfiligrantechnik für Gellep Grab 1782 direkt ausgewiesen ist[558]. Woher im Gelleper Grab der vergoldete Spangenhelm und ein Silberlöffel stammen können, ist oben an den Beispielen aus Baldenheim und Gültlingen für die Helme diskutiert, für den Silberlöffel am Beispiel des Ortenau-Grabes[559]. Goldcloisonné mit Goldfiligrantechnik kombiniert (Planig, Nocera Umbra, Krefeld-Gellep) ist demnach sicher für den fränkisch besiedelten Raum wie für Mittelitalien ausgewiesen. Anzufügen ist das münzdatierte Frauengrab unter dem Kölner Dom (terminus post quem 526/534)[560]. Ein gleichartiger, goldener, filigranverzierter Saxscheidenbeschlag wie aus Planig stammt aus Grab 20 der fränkischen Nekropole von Chaouilley (Dép. Meurthe-et-Moselle)[561]. Das Schwert dieses Grabes gehört zur Gruppe der Ringknaufspathen. Wie früh die Ringknaufspathen generell

mehr in der Erde, es ist in ausreichender Menge ausgegraben worden und damit effektiv vorhanden. Nur muß es ediert und kommentiert werden...« (wie Anm. 301, S. 45). – WERNER scheint sich damit derjenigen Anschauung zu nähern, wie sie seit 60 Jahren von einem Teil der skandinavischen Forschung vertreten wird, daß nämlich nicht erst die langobardische Besetzung beispielsweise des Kastells von Nuceria im Jahre 571 als terminus post quem für die ersten Bestattungen auf dem Gräberfeld von Nocera Umbra in Betracht kommen kann, sondern daß auf den mittelitalischen Gräberfeldern bereits vorher bestattet wird: LINDQUIST (wie Anm. 3) S. 173ff., 182ff. – Man vgl. auch WERNER (wie Anm. 10) S. 29 Anm. 1; S. 41 Anm. 2; S. 74ff.; (wie Anm. 548) S. 56. – N. ÅBERGS Kritik an LINDQUIST (in: Mannus 19, 1927, S. 271–284) ist sicher in manchem berechtigt, vor allem, was die paläoethnische Zuweisung betrifft. Doch LINDQUISTS Ansicht, daß die mittelitalischen Gräberfelder auch vorlangobardische Bestattungen mitumfassen, kann auch ÅBERG nicht widerlegen. – Zur Frage des Bestattungsbeginns der mittelitalischen Gräberfelder sehe man auch unten S. 265; zur Chronologie des Fibeltyps Castel Trosino/Trossingen unten Anm. 586 und 810.

555) ÅBERG (wie Anm. 2) S. 99 Abb. 157, 158.

556) Wie Anm. 534.

557) Wie Anm. 318, S. 192ff. mit Taf. 47, 1.2; 52,1 (Pferdegeschirrbeschläge), S. 208f., 215.

558) Ebd. 191 mit Taf. 48,1.

559) Ebd. 211, 215. Man vgl. oben S. 204f.

560) Wie Anm. 319.

561) H. ARBMANN, Verroterie cloisonnée et filigrane (in: Meddelanden från Lunds Universitets Historika Museum 1950, S. 136–172; S. 153f. Abb. 15).

einsetzen, zeigt Vera I. Evison am Beispiel des Grabes 21 aus Petersfinger (Grafschaft Wiltshire, angelsächsisches Britannien) auf[562]. Die Petersfinger Schwertscheide gehört zum Typ Samson/Hemmingen Grab 21 (Elfenbeingriffspatha)[563]. Berücksichtigt man diese archäologischen Argumente gegenüber der aus der italischen Ereignisgeschichte abgeleitete Hypothese, gelangt man für die gold- und cloisonnébeschlagene Spatha aus Nocera Umbra Grab 1 zu einer Datierung, die der der Gräber wie Planig und Krefeld-Gellep 1782 entspricht. Langobardische Arbeit kann auch deshalb nicht in Betracht gezogen werden, weil von langobardischen Fundstücken der pannonischen Phase kein formenkundlich nachvollziehbarer Weg zu den Prunkschwertern von Nocera Umbra führt. Nur transalpine Beziehungen lassen sich aufzeigen, doch weniger ins Alemannische, als eher in die fränkisch besiedelten Landschaften.

Relativchronologisch kommt jedoch Phase Alemannisch I c in Betracht. Nur am Rande sei erwähnt, daß Cloisonné-Arbeiten des Stils Planig-Möglingen-Nocera Umbra im Mitteldonaubecken dieser Zeit nicht fehlen, wie mit einer Cloisonné-Schnalle aus der Umgebung von Szentes (Komitat Csongrád, Theiß-Tiefland) zu belegen ist[564], was in Kenntnis der Apahida-

562) The Dover Ring-sword and Other Sword-rings and Beads (in: Archaeologia or Miscellaneous Tracts Relating to Antiquity 101, 1967, S. 63–118; bes. 67f.; 82 Nr. 3; 106 Abb. 3a–f.

563) Wie Anm. 335.

564) Archaeologiai Értesitö 30, 1910, S. 91f. Abb. 3; WERNER (wie Anm. 438) S. 58 Abb. 5. – Die Szentes–Schnalle besitzt eine Analogie zum einen in Arcy-Ste. Restitue (WERNER, wie Anm. 429, S. 287, Abb. 3,11), zum anderen (mit nierenförmigem Beschläg, doch entspricht hier der Schnallenbügel nebst Dorn) in dem Goldgriffspathagrab 319 aus Lavoye (Lothringen): R. JOFFROY, Le Cimetière de Lavoye (Meuse). Nécropole mérovingienne (1974) S. 96 Abb. 72. Das Grab ist münzdatiert: Triens des Zeno (474–491; ebd. 92). Die Goldgriffspatha ist typenmäßig nicht verläßlich einzuordnen: AMENT (wie Anm. 305) S. 53; doch lassen AMENTS Ausführungen keine Zweifel zu, daß Lavoye Grab 319 noch der Gruppe Kölner Dom-Gellep Grab 1782 (mit Ring-Schwertern, Goldfiligran usw.) vorausgeht (ebd. 62f.). Dieselbe Zeitstellung wie Planig ist deshalb für Lavoye Grab 319 mit in Betracht zu ziehen. – Im Falle der Szentes-Schnalle läßt WERNER unentschieden, ob es sich dabei um einen unmittelbaren Abkömmling des Typs Blučina handelt, ob eventuell fränkische Herstellung in Betracht kommt oder gar italisch-ostgotische (wie Anm. 429, S. 288). WERNERS Verbreitungskarte (ebd. 289, Abb. 4) zumeist älterer Gürtelschnallen, die, wie er betont, in erster Linie als ein Spiegelbild germanischer Bestattungssitten anzusehen ist, läßt jedoch trotz des Übergewichts an Fundorten in Nordgallien deutlich die Verbindungen zwischen den alemannisch und den gepidisch besiedelten Räumen erkennen. Mitzuberücksichtigen ist bei WERNERS Ausführungen, daß ihm damals die Veröffentlichung des zweiten Grabschatzes von Apahida noch unbekannt war. Gerade aber Apahida II zeigt den Primat der karpatenländischen Goldschmiedekunst gegenüber dem Westen auf. Dieser Primat ist überdies noch im östlichen Nomadenstil ebenso verwurzelt wie im Kunstgewerbe der Pontusregion. Die Goldcloisonné-Arbeiten des Childerich-Grabes und verwandte Denkmäler im fränkischen wie alemannischen Raum wirken demgegenüber westlich-atraditionell, können infolgedessen letztendlich nur vom östlichen Quellenmaterial her beurteilt werden. Entsprechende Denkmäler des mediterranen Gebietes einschließlich Nordafrikas sind zwar in einzelnen Belegstücken bekannt, doch ist deren Basis noch zu schmal, um argumentativ zur Provenienzfrage beitragen zu können. – Am Beispiel der Prunkschnalle aus Vyškov in Mähren (Grab 14), die WERNER ins frühe 6. Jahrhundert datiert (wie Anm. 429, S. 286), argumentiert TEJRAL die besondere Bedeutung des karpatenländischen Formenbestandes in bezug auf Formenprovenienz und korrigiert dementsprechend WERNERS Datierung

Funde auch ganz verständlich wirkt. Als Ergebnis der vom Planiger Helmgrab ausgehenden Überlegungen halten wir deshalb fest, daß für die Zeit von Alemannisch I c zwar transalpine Beziehungen nachweisbar sind, aber nicht deutlich zu erkennen ist, ob und in welcher Weise Alemannen daran beteiligt sind oder eventuell nur Franken. Wir erinnern in diesem Zusammenhang daran, daß in die Zeitspanne von Alemannisch I b Chlodowechs Alemannenkrieg von 496/97 fällt und daß nach dem oben Ausgeführten von diesem Zeitpunkt an mit einer zweigeteilten Alemannia gerechnet werden muß: mit der fränkischen außerhalb der ehemaligen Provinzgrenzen und mit der ostgotischen in den alemannisch besiedelten Teilen der Raetia Prima und der Raetia Secunda. Im Schretzheimer Gräberfeld (außerhalb der Provinzgrenze gelegen), dessen Beginn, wie oben dargelegt, noch in Stufe Alemannisch I b fällt, weist offenbar nichts aus der ältesten Belegungsphase (Schretzheimer Ortsstufe 1) auf italische Verbindungen, dagegen manches nach Thüringen und in das westliche Mitteldonaubecken, aber auch in den nordfranzösischen Raum[565]. Der Grund dafür ist höchstwahrscheinlich im Besiedlungsvorgang an sich zu suchen. Denn wenn für Schretzheims Ortsstufe 1 gleiches Fundmaterial ausgewiesen ist wie für den Runden Berg[566], so bedeutet das nach archäologischer Methode Gleichzeitigkeit zumindest im Sinne zeitlicher Berührung innerhalb ein und derselben Phase, auch wenn dabei zwischen zwei solch verschiedenen Ereignissen wie dem Ende einer Burgsiedlungsperiode und dem Belegungsbeginn eines Reihengräberfriedhofes einer etwas entfernteren Region ein halbes oder auch ganzes Jahrzehnt vergangen sein kann. Deshalb ist oben der Belegungsbeginn Schretzheims gegenüber dem Siedlungsunterbruch auf dem Runden Berg als zeitlich aufeinander folgende besiedlungsgeschichtliche Ereignisse dargestellt. Ursula Koch liest nun aus dem Schretzheimer Fundmaterial heraus, daß nicht Alemannen als Siedlungsgründer in Frage kommen, sondern in erster Linie wohl Thüringer, doch diese ihrerseits wiederum skandinavisch vermischt; auch sei mit Franken des Sommegebietes zu rechnen[567]. Doch fehlt einheimisch-alemannisches Formengut in Schretzheims Ortsstufe 1 keineswegs gänzlich[568]. Dabei handelt es sich bezeichnenderweise um eines jener Fibelpaare, für die plastisch ausgeführter Winkelkerbschnitt kombiniert mit Spiralhaken typisch ist und die als Eigenschöpfungen frühestalemannischer Bügelfibelherstellung anzusehen sind[569].

Daß im Schretzheimer Reihengräberfeld auch solche Fibelformen vorkommen, die vorwiegend im thüringisch besiedelten Gebiet auftreten, ist nicht zu übersehen. Sofern man sich jedoch von Kochs Vorstellungen etwas löst und den Fibelformenbestand des Schatzfundhori-

dergestalt, daß ebenso das 5. Jahrhundert durchaus in Betracht zu ziehen ist. Das wiederum muß sich auf die Chronologie des westlichen Reihengräberkreises auswirken, beispielsweise auf Altenerding-Klettham Grab 106, das Tejral zitiert (wie Anm. 395; 1974) S. 19ff.; 43 Abb. 2,4; 51; Taf. 3,4. – Zu Altenerding Grab 106: Sage (wie Anm. 499, 1973) S. 106ff. (Grabinventar), S. 283f.

565) U. Koch, Schretzheim (wie Anm. 18) S. 184, 187ff.

566) Anm. 496, 509, 571.

567) Wie Anm. 18, S. 187–190.

568) Ebd. 187 (Grab 472).

569) Ebd. 48 mit Anm. 1. – Zum plastisch ausgeführten Winkelkerbschnitt oben Anm. 414.

zontes vom Runden Berg als Richtschnur wählt, wird man nicht umhin kommen, die Schretzheimer Fibelpaare der Gräber 145, 472 und 502 zum einen als zeitgleich mit dem Runden Berg, d.h. mit Phase Alemannisch Ib, anzusehen und zum anderen diese Gräber als alemannische Bestattungen anzusprechen[570]. Oder aber man müßte konsequent auch für den Runden Berg von auswärts Zugezogene unterstellen, eine eher unwahrscheinliche Annahme. Man hat ferner zu bedenken, daß Schretzheims Ortschronologie auf den oben skizzierten Datierungskreisen beruht und absolutchronologisch nur sehr bedingt aus dem Schretzheimer Fundmaterial selbst gewonnen werden kann, so daß mit sehr erheblichen Datierungsspielräumen zu rechnen ist[571]. Die Ansiedelung bei Schretzheim setzt demnach höchstwahrscheinlich nicht erst zu Beginn der 30er Jahre des sechsten Jahrhunderts als mittelbare Folge der Einverleibung Thüringens durch die Franken ein[572], sondern wohl bereits eine Generation früher. Ein Datum für die Gründung der Ansiedelung um das Jahr 500 ist auch dann in Rechnung zu stellen, sofern die ältesten Bestattungen tatsächlich erst gegen 525 angelegt werden. Daß gleichzeitig thüringisches, skandinavisches und fränkisches Formengut nachweisbar wird, läßt sich am ehesten als Folge der Geschehnisse von 497 bis 506/07 erklären, vielleicht sogar mit fränkischer Siedlungspolitik in der nun fränkischen Alemannia. Wenn dann von der Schretzheimer Ortsstufe 2 an in hohem Maße wiederum Verbindungen zum Mitteldonaubekken aufscheinen[573], braucht das nach allem bisher Dargestellten nicht mehr zu verwundern. Wichtig für unsere Thematik ist jedoch Kochs Hinweis, daß italisch-mediterranes Formengut in Schretzheim bereits für die Zeit nach 539 (Frankeneinfall nach Italien) nachweisbar wird, daß aber andrerseits von 568 an auch mit zugezogenen Langobarden zu rechnen sei, und zwar mit solchen, die direkt von Pannonien aus donauaufwärts ziehen, nicht von Italien aus über die Alpen an die Donau[574]. Lösen wir uns auch von der aus der Ereignisgeschichte abgeleiteten, archäologisch jedoch unbeweisbaren Prämisse, das älteste Schretzheimer Formengut italischer Herkunft (Bronzekasserolle aus Grab 74) gehe auf die fränkische Besetzung Venetiens zurück, so wird man trotzdem nicht in Zweifel zu ziehen haben, daß mit frühen Rosetten- und S-Fibeln usw. (Schretzheimer Ortsstufe 2) ungefähr die Phase Alemannisch Ic (Planig-Möglingen) zu umschreiben ist. Fremdartige Formen fehlen weitgehend, abgesehen von der gegossenen Bronzekasserolle (Grab 74), die deshalb als mediterranes Einfuhrgut angesprochen wird, weil sie auf der Drehbank nachgearbeitet ist, ein technisches Merkmal, das nur mediterranen Ursprungs sein kann[575]. Wenn Koch dabei auf die zahlreichen Parallelen im mittelitalischen

570) Koch a.a.O. 48 mit Hinweisen zu Form- und Detailanalogien.

571) Man sehe dazu Kochs Vorbemerkungen zur Chronologie von Schretzheim, wo wiederum in erster Linie ein aus der Ereignisgeschichte abgeleitetes Datum einen entscheidenden chronologischen Fixpunkt darstellen soll (a.a.O. S. 15). Man vgl. dazu wiederum oben S. 175f. mit Anm. 278–281, oben S. 236 mit Anm. 565.

572) So Koch a.a.O. S. 190.

573) Ebd. 184f.

574) Ebd. 185. – Man sehe dazu auch oben S. 170 mit Anm. 246.

575) Ebd. 154; Taf. 24,2; Dies., Mediterranes und langobardisches Kulturgut in Gräbern der älteren Merowingerzeit zwischen Main, Neckar und Rhein. In: Atti... Milano (1980; wie Anm. 281) S. 108. – Man

Gräberfeld von Nocera Umbra (Prov. Perugia) verweist, muß sie unter der Annahme, daß es sich dort um eine langobardische Nekropole handele, zugleich das bedeutend höhere Alter der Schretzheimer Kasserolle gegenüber den italischen Fundstücken einräumen, so daß dem Anschein nach zeitlich unmittelbar Entsprechendes in Gräbern Italiens fehlt. Hier haben jedoch sicher dieselben Überlegungen einzusetzen wie zur Ringknaufspatha aus Nocera Umbra Grab 1. Das Schretzheimer Bronzegeschirr aus Grab 74 muß man aber in jedem Fall als einen der wenigen Belege für Verbindungen mit Italien der Phase Alemannisch I c ansprechen, allerdings nur unter der Voraussetzung, daß sich seine Herkunft beispielsweise aus Chur, Avenches, Gallien oder dem byzantinischen Südosten ausschließen läßt. Italisch-ostgotische Fibeln oder Gürtelschnallen der von Joachim Werner stilistisch ermittelten Spätphase des ostgotischen Fundmaterials[576)], das sich nordwärts der Alpen vielleicht mit Phase Alemannisch I c parallelisieren ließe, fehlt, wie oben angemerkt, in den alemannisch besiedelten Landschaften generell, ist mithin auch nicht in Schretzheim zu erwarten.

Von der alemannischen Besiedlungsgeschichte her gesehen fällt das Ende der Stufe I c möglicherweise mit jenem Einschnitt zusammen, der durch das Abbrechen kleiner, aber doch zumeist reicher ausgestatteter Gräbergruppen gekennzeichnet ist. Die entsprechenden alemannischen Befunde zeigt 1969 Ursula Koch auf. Als Zeitpunkt erwägt sie etwa die Mitte des sechsten Jahrhunderts[577)]. Das könnte durchaus mit der Zeit um 535 zusammenfallen. Doch ist beim derzeitigen Forschungsstand nicht auszuschließen, daß dieses besiedlungsgeschichtliche Ereignis auch erst nach der Mitte des sechsten Jahrhunderts liegt, mithin in Stufe Alemannisch II fiele. Ebenso ungewiß bleibt ferner, ob das Ende der betreffenden Gräberfelder einen wirklichen, scharf begrenzten Zeithorizont markiert oder statt dessen einen Vorgang mit größerer zeitlicher Tiefe. Bedeutsam ist der Befund vor allem aber deshalb, weil er nicht regional beschränkt ist, sondern sich in allen alemannisch besiedelten Landstrichen nachweisen läßt: im Südalemannischen für Basel-Gotterbarmweg, Ebergingen (Ldkr. Waldshut) und Hugstetten (Ldkr. Freiburg i. Br.), im Zentralalemannischen für Stuttgart-Stammheim, Stuttgart-Münster, Nagold (Ldkr. Calw), Ditzingen und Kirchheim am Neckar (beide Ldkr. Ludwigsburg), Heilbronn-Böckingen und Heilbronn-Rosengarten, im Nordalemannischen für Heidelberg-Kirchheim und Dossenheim (Ldkr. Heidelberg), im Ostalemannischen für Heidenheim a. d. Brenz und Lechhausen (Augsburg gegenüber)[578)]. Den möglichen Ursachen für die Vorgänge an sich kann hier nicht weiter nachgespürt werden, zumal die Frage zusätzlich noch eine »östliche« Dimension mitumfaßt. Denn dieselben Befunde lassen sich für entsprechende Gräbergruppen im Donautal von Regensburg bis Straubing nachweisen, ferner in den

vgl. in diesem Zusammenhang auch das münzdatierte Grab 307 bis aus Lavoye (Dép. Meuse) mit Triens des Anastasius, Kaserolle und Henkelkrug: Joffroy (wie Anm. 564) S. 86ff. Abb. 67–68; Taf. 31.

576) Wie Anm. 49, S. 72; Bierbrauer (wie Anm. 458) S. 151; 156 Abb. 8 (Verbreitungskarte). – Zu dem vereinzelten Fundpunkt München-Aubing siehe man oben Anm. 513.

577) Wie Anm. 18 (1969) S. 180.

578) Ebd. 180ff.

oberbayerischen Landkreisen Ingolstadt und Pfaffenhofen a. d. Ilm[579]. Diese Regionen aber werden von der Forschung kontrovers beurteilt. Meint Koch, dabei an zugezogene Alemannen denken zu dürfen, tritt demgegenüber Rainer Christlein für bereits länger am Ort siedelnde Familien ein[580]. Dadurch aber entfernt sich die Erörterung der Befunde noch weiter von der Frage nach den alemannisch-italischen Beziehungen.

Zum Thema zurück führt jedoch das münzdatierte Grabinventar aus dem südbadischen Reihengräberfriedhof von Mengen (Breisgau), Grab 12. Denn zum Gehängeschmuck dieser Frauenbestattung gehören u. a. sieben Halbsiliquen mit dem Monogramm Theoderichs, davon fünf Anastasius-Prägungen (491–518) und zwei für Justinus I. (518–527). Weist das zugehörige Bügelfibelpaar Merkmale auf, die ihrer Verbreitung nach für alemannisch-rheinfränkische Herstellung sprechen, so zeigt ein S-Fibelpaar Formverwandtschaft mit Analogien aus dem langobardisch-norddanubischen Siedelgebiet an, mithin aus der Zeit vor der langobardisch-pannonischen Landnahme von 526/27 oder von 508/11[581]. Solche formalen Verknüpfungen sowie diejenigen mit ähnlich ausgestatteten alemannischen Frauengräbern lassen zur Gewißheit werden, daß das Mengener Inventar noch aus der Zeit vor 535 herrührt. Phase Alemannisch I c ist demnach als gesichert anzusehen, ungeachtet der Frage, wann und auf welche Weise die Theoderich-Prägungen mit dem terminus post quem von 518/526 in die südalemannische Ansiedelung gelangen. Dabei ist mit zu beachten, daß Mengen seit 496/97 zur fränkischen Alemannia gehören dürfte. Ein mit Mengen annähernd zeitgleiches, vielleicht auch etwas

579) Ebd. 181ff. (Irsching, Lenting).

580) Wie Anm. 31.

581) Zum Zeitpunkt langobardischer Besiedlung in Pannonien sehe man den neuen Hinweis auf 508/511 bei Várady (oben S. 168 mit Anm. 230). – Zu Mengen, Gräberfeld »Hohle-Merzengraben«, Grab 12: Garscha (wie Anm. 406) S. 216f. Taf. 17–18. Zum Bügelfibelpaar aus Mengen und zum Typ: Kühn, Rheinprovinz (wie Anm. 458) S. 222 Nr. 1; Taf. 90 Nr. 24,1; U. Koch (wie Anm. 18, 1968) S. 25f.; 246 Liste 5, Nr. 17; Taf. 93, Verbreitungskarte 5. Formverwandtschaft besteht auch mit zwei Fibelpaaren aus Alcagnano (Prov. Vicenza), und zwar über die Ausgestaltung der Kopfplatten, wobei die Mengen-Fibeln als Vorbild anzusehen sind: Bierbrauer (wie Anm. 14, 1974) Taf. 37, 1–4. In ähnlicher Weise wird man auch Formzusammenhänge mit einer Fibel aus Tiengen (Kr. Freiburg i. Br., Grab 1) zu sehen haben: Garscha a. a. O. S. 275; Taf. 16 B, 1; zur mitgefundenen Münze aus Tiengen liegen keine verläßlichen Angaben bei Garscha vor; entweder Valentinian III (424–455) oder Justinianus I (527–565). Seinerseits steht der Mengener Fibeltyp jedoch eindeutig in jener Formtradition, als deren alemannischer Ausgangspunkt der silbervergoldete Fibeltyp aus Kadelburg (Ldkr. Waldshut) anzusehen ist (ebd. S. 177; Taf. 83,4), der über das Grab mit Vogelkopfnadel aus Sasbach dem Formenbestand der Phase Alemannisch Ia angegliedert werden kann (ebd. Taf. 14 A). Die Formabhängigkeit der Mengener Fibeln vom Typ Kadelburg-Sasbach ergibt sich über die nahezu identische Ausgestaltung der Kopfplatten einschließlich der Knöpfe. Mit Hilfe der Vogelkopfnadeln läßt sich jedoch eine zeitgleiche Gruppe reicher ausgestatteter Frauengräber umschreiben, die von Sasbach und Lörrach (mit Fibelpaar vom ostgotischen Typ) über Irlmauth bei Regensburg (Grab 19) bis Lauriacum reicht (Grab 25, 1953) und deren hohes Alter gewiß ist (dazu oben S. 204 mit Anm. 414; R. Christlein). – Zum Fibel-Typ aus Mengen (Garscha a. a. O. Taf. 17,2); Werner (wie Anm. 11; 1962) S. 77; 112 mit Taf. 38, 1–5. – Zum Grabinventar insgesamt bereits Werner (wie Anm. 10) S. 38f. (überholte Datierung). – Man vgl. auch oben S. 174, unten S. 341.

älteres, allerdings unvollständiges Grabinventar aus Graben-Neudorf (Ldkr. Karlsruhe), das, wie Mengen, gleichfalls ein Münzgehänge mitumfaßt, weist dagegen ganz andere kulturgeographische Beziehungen aus. Am anschaulichsten läßt sich das an den Münzstempelkopplungen erkennen, die hier nach den Untersuchungen durch P.-H. Martin in Abbildung 8 nochmals in ihrer Verbreitung wiedergegeben sind. Zeigt auch das Grabener silbervergoldete Bügelfibelpaar eindeutige Verbindungen zum ostgermanischen Siedelraum auf, so sind aufgrund der Stempelkopplungen die Münzen oder münzartigen Silberanhänger ebenso eindeutig mit dem fränkisch besiedelten Nordwesten verbunden. Überdies erschließt erst der Grabener Neufund die kulturgeschichtliche Stellung eines der bedeutendsten frühmittelalterlichen Bodenfunde, den Solidi-Schatzfund aus Dortmund von 1907[582].

582) Teils zeitgleich, teils auch sicher älter dürfte der Formenbestand ähnlich wie Mengen ausgestatteter, alemannischer Frauengräber sein, die gleiche Münzgehänge aufweisen, so z. B. Basel-Kleinhüningen Grab 126 (oben S. 205 mit Anm. 417); Heilbronn-Böckingen, Forchenweg 2: R. ROEREN, Ein münzdatierter Grabfund der frühen Merowingerzeit aus Heilbronn-Böckingen (in: Fundberichte aus Schwaben N.F. 16, 1962, S. 119–133); dazu M. R. ALFÖLDI, Die Münzanhänger aus dem Frauengrab Heilbronn-Böckingen (in: ebd. S. 134–146); Graben-Neudorf (Ldkr. Karlsruhe): CHRISTLEIN, Die Alamannen (wie Anm. 15, 1979) S. 146, Regeste Nr. 142; Taf. 50; 68; zu den Münzanhängern: P.-H. MARTIN, Neue Münzanhänger und Schmuckscheiben aus einem Grab des 5. Jahrhunderts in Baden (in: Archäologische Nachrichten aus Baden 25, 1980, S. 33–40). – Allem Anschein nach dürfte Mengen das späteste Inventar dieser Gruppe reicher ausgestatteter, alemannischer Frauengräber sein (terminus post quem 518/526). Ob jedoch die kerbschnittverzierte Riemenzunge (GARSCHA a. a. O. Taf. 17,8) hinreichend verläßlich als Datierungskriterium für ein Paar ähnlicher gestempelter und kerbschnittverzierter silbervergoldeter Riemenzungen aus Irsching (Ldkr. Pfaffenhofen a. d. Ilm, Oberbayern) anzuwenden ist, muß dahingestellt bleiben (man vgl. U. KOCH wie Anm. 18, 1969, S. 184); zumindest kennt man denselben trapezförmigen und stempelverzierten Typ solcher Riemenzungen aus Edelmetall in Transdanubien aus spätantiken Gräberfeldern des 5. Jahrhunderts, beispielsweise aus Csákvár (Komitat Fejér): SALAMON und BARKÓCZI (wie Anm. 502) S. 45; Abb. 9,9 (Grab 46), Taf. 17,6. – Man vgl. zu der Mengener punzverzierten Riemenzunge (GARSCHA, a. a. O. Taf. 17,9) auch die bronzenen, punzverzierten Nietbleche aus Kaiseraugst Grab 405: MARTIN (wie Anm. 19) S. 39, Taf. 25 Nr. 405, 2.3.6.7. – Das Bügelfibelpaar des Irschinger Grabfundes (ebd. 181 ff., Grab 1, Taf. 17,1.4) macht gleichfalls einen eher altertümlichen Eindruck. Dabei denkt man einerseits an ein Fibelpaar wie aus Alcagnano (BIERBRAUER wie Anm. 14, 1974, Taf. 37,5.6), andrerseits aber auch an eine formverwandte, doch weit qualitätvoller gearbeitete Fibel vom Runden Berg: CHRISTLEIN, Der Runde Berg I (wie Anm. 15, 1974) Taf. 30,1.; Der zum Irschinger Grab 1 gehörende silberne Scheibenohrringtyp (a. a. O. S. 182, Abb. 8,5.6) entspricht formenkundlich dem des Irlmauther Grabes 19 (Ldkr. Regensburg): U. KOCH (wie Anm. 18, 1968) Taf. 82, 3.4.; eine Verbreitungskarte ebd. Taf. 94, Karte 8 mit Liste 8. – Hinweise dieser Art hier mit anzuführen, ist deshalb nützlich, weil sie uns ermöglichen, die kontrovers geführte Diskussion um die Gruppe Irlmauth mit Argumenten anzureichern. Dazu sehe man oben S. 133 mit Anm. 31 und oben S. 215 mit Anm. 459, ferner dazu auch CHRISTLEINS Bemerkung zu Straubing-Alburg Grab 66: Die rätischen Städte Severins. Quintanis, Batavis und Boiotro und ihr Umland im 5. Jh. aus archäologischer Sicht (wie Anm. 104) S. 245, 247 Abb. 25. – Zum Dortmunder Solidi-Schatz: B. KORZUS, Die Fundmünzen der römischen Zeit in Deutschland. Abteilung VI, Nordrhein-Westfalen. Bd. 5 Arnsberg (1972) S. 39–54; Schlußmünze der Goldprägungen: Constantin III. (407/411). Man vgl. auch unten Anm. 670 sowie S. 261 mit Anm. 715–718.

Stufe Alemannisch II (536–568)

Stufe Alemannisch II soll für die hier behandelte Thematik zunächst durch jenen fränkischen Formenbestand relativchronologisch umschrieben werden, an dessen Anfang Krefeld-Gellep Grab 1782 zu stellen ist und dessen Ende sich durch das Arnegundegrab von St. Denis in etwa markieren läßt. Denn der methodisch konsequente Weg, den vorhandenen alemannischen Fundstoff nach der Montelius-Methode zu analysieren und zu gliedern, ist wegen der Menge an Quellengut, wie oben ausgeführt, hier nicht gangbar. Die vorgeschlagene Methode scheint mir jedoch aus den beiden folgenden Gründen möglich: 1. In der durch Krefeld-Gellep und das Arnegunde-Grab begrenzten Stufe erscheint gegenüber der vorhergehenden Zeit der Gräber mit Goldgriffspathen insgesamt eine so mannigfache neue Formenwelt und zudem mit hoher Ausstrahlungskraft auch auf außerfränkische Gebiete, daß sich damit in der Tat archäologische, relativchronologische Zäsuren regional übergreifenden Charakters begründen lassen, ohne dabei hier näher auf Einzelheiten eingehen zu müssen. 2. Weil die Zeitspanne von Krefeld-Gellep Grab 1782 bis zum Arnegundegrab aufgrund von Münzdatierungen und der historisch identifizierbaren Bestattung von St. Denis absolutchronologisch etwa für die Jahre von 535 bis 570 zu veranschlagen ist[583], entsprechen ihr ziemlich genau die absoluten Zeitmarken für Alemannisch II. Dafür haben wir als obere Grenze das Jahr 536 vorgeschlagen, den Zeitpunkt, von dem an ganz Alemannien unter fränkische Herrschaft als Folge der Ereignisgeschichte in Italien gerät und von dem an mit verstärktem fränkischem Einfluß auf ganz Alemannien gerechnet werden muß. Als untere Begrenzung ist demgegenüber das Jahr 568 der italischen Ereignisgeschichte anzusehen, d. h. der Zeitpunkt, von dem an italisch-langobardische Einflüsse in Alemannien zu erwarten sind. Wir haben unser Augenmerk deshalb vor allem auf solche Befunde zu richten, die fränkisches Einwirken auf den Südteil Alemanniens sichtbar werden lassen. Zum anderen ist zu untersuchen, in welcher Weise das archäologische Quellengut der nun insgesamt fränkischen Alemannia transalpine Verbindungen erkennen läßt.

Dem Leitformenbestand und den Ziertechniken der Stufe Alemannisch II entsprechen im Alemannischen in etwa die Fundinventare aus dem Schretzheimer Reihengräberfriedhof der dortigen Ortsstufe 2[584]. Bezüglich der Bügelfibelformen ist jener Typenbestand hinzuzufügen, der mit pannonisch-langobardischem Quellengut formenkundlich zusammenhängt und für den das Jahr 568 als terminus ante quem zu gelten hat[585]. Natürlich entwickelt auch das

583) Zum Beginn des in den Jahren um 535 durch die Gräbergruppe Gellep 1782 – Köln (Knabengrab) – Arlon Grab 10 – Chaouilly Grab 20 umschriebenen Formenbestandes sehe man auch F. SIEGMUND, Zum Belegungsablauf auf dem fränkischen Gräberfeld von Krefeld-Gellep (in: Jahrbuch RGZM 29, 1982, S. 249–270, bes. S. 264). – Zur Beurteilung der Zeitmarke von 536 durch die ältere Forschung sehe man WERNER (wie Anm. 10) S. 28, 75.

584) U. KOCH (wie Anm. 18, 1977) S. 21 ff. mit Abb. 8. Die dort vorgeschlagene absolutchronologische Zeitspanne von 545–565/70 verschiebt sich infolge des höheren Alters zum Belegungsbeginn in Schretzheim höchstwahrscheinlich zum Älteren hin. Man sehe dazu oben S. 225, 236 f.

585) Dazu ausführlich WERNER (wie Anm. 11, 1962).

eigenständig-alemannische Kunsthandwerk seinen Formenbestand weiter. Typisch dafür kann vielleicht das münzdatierte Bügelfibelpaar aus einem reich ausgestatteten Frauengrab des neu entdeckten Reihengräberfriedhofes von Fridingen an der oberen Donau (Ldkr. Tuttlingen) angesehen werden; außer zwei Theoderich-Halbsiliquen (terminus post quem 493/518) gehört zum Grabinventar ein antikes, figürlich verziertes Elfenbeinplättchen[586]. Mitzuberücksichtigen sind ferner die Überlegungen Renate Pirlings zur Goldschmiedetechnik in der Kombination von engzelligen Cloisonné und Filigran, zum Bügelfibeltyp »Cividale« sowie zu den älteren eisernen Lamellenpanzerhemden wie in Krefeld-Gellep Grab 2589[587]. Schließlich fällt in Stufe Alemannisch II sicher auch der Beginn des ostalemannischen Reihengräberfeldes von Marktoberdorf im Allgäu[588]. Auf der italischen Seite der Alpen stehen an zeitgleichen Quellen im Grunde nur ostgotische Grabfunde der Spätzeit des Ostgotenreiches zur Verfügung, d. h. aus der Zeit von Witigis bis Teja. Im Anschluß daran bestimmt »Byzantinisches« das italische Quellenbild, ohne daß die archäologischen Ausdrucksformen dieser Phase hinreichend zu umschreiben wären. Das hängt mit der Quellenüberlieferung an sich zusammen[589]. Nur Münzfunde des Ravennater Exarchats sind näher zu identifizieren. Für Venetien könnte für die Zeit der Stufe Alemannisch II eventuell Quellengut fränkischer Herkunft erwartet werden.

586) Zwei als Anhänger verwendete Halbsiliquien des Theoderich (terminus post quem 493/518), silbervergoldetes Bügelfibelpaar (Typ Nikitsch; auf den Kopfplatten sogenannte Schlaufenornamentik), Rosettenfibelpaar, figürlich verziertes, italisches Elfenbeinplättchen, Paar Silberschlüssel: H. Reim, Fundstellen der Merowingerzeit auf Markung Fridingen a. D., Kreis Tuttlingen (in: Fundberichte aus Baden-Württemberg 1, 1974, S. 628–641, bes. S. 635 ff. (Grab 150). – Zum Fibeltyp Nikitsch ausführlich Werner (wie Anm. 11, 1962) S. 62 f., 167; Taf. 69, 1 (Verbreitungskarte); Werner verweist auf Detailanalogien zu einer Fibel vom Runden Berg. – Ferner U. Koch (wie Anm. 18, 1977) S. 49. Im Schretzheimer Grab 182 mit entsprechendem Fibeltyp könnte Koch zufolge sehr wahrscheinlich eine Langobardin bestattet worden sein (ebd. 185). Die von Koch ferner hervorgehobenen Ornamentanalogien zum Fibeltyp Castel Trosino/Trossingen (ebd. 49) lassen sich noch auf andere Musterdetails des Typs Nikitsch ausdehnen, so daß ihr Hinweis, daß Typ Castel Trosino/Trossingen sehr viel jünger sei, der Prüfung bedarf. Man vgl. auch die sog. Laternenknöpfe der Kopfplatten, die bereits am Fibelpaar aus Graben-Neudorf (Ldkr. Karlsruhe) nachweisbar sind (oben Anm. 582), sowie die gestempelt erscheinenden Rautenmuster auf der Fußplatte der Fibel aus Trossingen Grab 22 (dazu oben Anm. 495, 504), schließlich auch die Rosettenmuster in Einlagetechnik bei der mit Typ Castel Trosino/Trossingen verwandten Fibel aus Imola; S. Fuchs und J. Werner, Die langobardischen Fibeln aus Italien (1950) S. 24 Nr. A 97, S. 58, Taf. 27, Nr. A 97 (Trossingen: ebd. Taf. 53, VI); Werners Datierung »erste Hälfte 7. Jh.« ist überholt. – Zum vermeintlichen chronologischen Fixpunkt der mittelitalischen Gräberfelder von Castel Trosino usw. sehe man oben Anm. 554; ferner S. 265.

587) Wie Anm. 281, S. 152 ff., 158 f. – Dazu auch unten S. 280 f., 291.

588) Christlein (wie Anm. 15; 1966); zur absolutchronologischen Datierung der Marktoberdorfer Belegungsschicht 1 in die Zeitspanne von ca. 550–570/80: S. 83 f.

589) Neue Einsichten sind von der Veröffentlichung der Invillino-Ausgrabungen (Friaul) zu erwarten. Vorläufig dazu: G. Fingerlin, J. Garbsch, J. Werner, Die Ausgrabung im langobardischen Kastel Ibligo-Invillino (Friaul). Vorbericht über die Kampagnen 1962, 1963 und 1965 (in: Germania 46, 1968, S. 73–110). – V. Bierbrauer, Gli scavi a Ibligo – Invillino, Friuli. Campagne degli anni 1972–1973 sul colle Zuca (in: Aquileia Nostra 44, S. 85/86 – 125/126).

Diese geraffte Übersicht über die italischen Quellen zeigt bereits an, daß keine sonderlich umfangreichen alemannisch-transalpinen Beziehungen für Stufe II nachweisbar sind, zumal, worauf oben bereits verwiesen ist, die stilistische Spätstufe der Bügelfibeln vom ostgotischen Typ zwar in den fränkischen Landstrichen des Mittelrheingebietes und noch weiter westlich vorkommt, ferner angeblich auch im Gräberfeld von München-Aubing[590)], doch in Alemannien gänzlich fehlt. Zu rechnen hat man beispielsweise aber noch mit Spangenhelmen vom Baldenheimer Typ, die chronologisch nicht auf Stufe I beschränkt sind, wie die fränkischen Gräber von Krefeld-Gellep (Grab 1782) und Morken am Niederrhein ausweisen[591)]. Doch erwägt man gerade für diese Quellengruppe in dieser Zeit auch fränkische Werkstätten[592)]. Aus fränkischer Fertigung stammt wahrscheinlich auch das Schretzheimer Ringschwert, das möglicherweise in Stufe II zu datieren ist[593)].

Über Italien und die Alpenpässe gelangt sicherlich ein Teil des sogenannten koptischen, bronzenen Tafelgeschirrs zu alemannischen *potentes*. Es entsteht entweder in ägyptischen Werkstätten[594)] oder, allgemeiner ausgedrückt, in ostmediterranen Fabriken[595)]. Zwar rechnet Joachim Werner mit Produktionsbeginn erst in der Zeit um 600[596)], doch ist am Beispiel des Schretzheimer Grabes 74 zu belegen, daß spätestens seit Phase Alemannisch I c dieses gegossene und nachgedrehte Geschirr in alemannischen Gräbern auftritt[597)]. Zeitliche Unterbrechung für längere Dauer im sechsten Jahrhundert ist natürlich möglich, doch unwahrscheinlich und argumentativ nicht zu belegen. Das Gegenteil trifft eher zu, denn entsprechendes Bronzegeschirr kommt ebenso in Krefeld-Gellep Grab 1782 vor wie in den Prunkgräbern unter dem Kölner Dom[598)]. Das Bronzegeschirr wird außerdem zu Recht als Fernhandelsgut angesprochen; seine Verbreitung in die Zone nordwärts der Alpen ist demnach nicht oder höchstens am Rande von der politisch-historischen Ereignisgeschichte abhängig[599)]. Ebenso gelangen Münzen nicht nur die gesamte italische Ostgotenzeit hindurch zu Alemannen und darüber hinaus

590) S. 238 mit Anm. 576; Anm. 513.
591) Wie Anm. 318 (Gellep-Grab 1782).
592) Wie Anm. 354.
593) H. Klingenberg und U. Koch, Ein Ringschwert mit Runenkreuz aus Schretzheim, Kr. Dillingen a. d. Donau (in: Germania 52, 1974, S. 120–130).
594) Zuletzt Werner (wie Anm. 288) S. 310f. mit älterer Literatur.
595) Dannheimer, Zur Herkunft der »koptischen« Bronzegefäße der Merowingerzeit (in: Bayerische Vorgeschichtsblätter 44, 1979, S. 123–147); zustimmend: Christlein, Die Alamannen (wie Anm. 15, 1979) S. 88.
596) Wie Anm. 594, S. 311.
597) Oben S. 237f. mit Anm. 575. Hinzuweisen ist ferner auf die Henkelkanne des Goldgriffspathagrabes 319 aus Lavoye: Joffroy (wie Anm. 564) S. 99f. Abb. 76; Taf. 32.
598) Gellep: Wie Anm. 318, S. 205f. Taf. 57,2 (Bronzekanne mit eingeritzter, allerdings nicht deutbarer Inschrift); Taf. 59,2 (Standfußschüssel). Köln: wie Anm. 319 (1960) S. 103, Taf. 24, 31 (Standring-Schale aus dem Frauengrab); Anm. 319 (1964) S. 177f. Abb. 13a (Standringschale aus dem Knabengrab). – Dazu auch unten S. 268.
599) Werner betont die konstanten Verkehrsverbindungen über die Zentralalpenpässe von der Zeit der Fibeln vom ostgotischen Typ bis einschließlich des 7. Jahrhunderts (wie Anm. 288) S. 323.

auch in weiter entfernte Gebiete der Zone nordwärts der Alpen, sondern auch noch während der byzantinischen Periode[600]. Münzen und gegossenes Bronzegeschirr stellen infolgedessen die beiden wichtigsten archäolgischen Quellengruppen dar, die für Stufe Alemannisch II transalpine Verbindungen ausweisen.

Von gleichem Interesse wie die offenbar einseitig Süd-Nord gerichteten transalpinen Beziehungen in Stufe Alemannisch II, die sich den archäologischen Quellen entnehmen lassen, sind aber die Geschehnisse in entgegengesetzter Richtung, über die die Schriftquellen berichten. Gemeint sind Theudeberts I. Italienzüge von 539 an, denen Ausgriffe auf den Osten bis zu den Grenzen Pannoniens vorauszugehen scheinen[601]. An den fränkischen Italienzügen sind alemannische Kontingente mitbeteiligt, ebenso auch deren Führungsspitzen, beispielsweise die *duces* Leuthari und Butilin[602]. Das wirft die Frage nach der inneren Ordnung Alemanniens auf. Dazu ermöglichen die archäologischen Quellen zwar Teilantworten, aber nur aufgrund umfangreicher Neuuntersuchungen, die eine eigene Thematik darstellen. Direkt lassen die alemannischen Gräberfelder nichts von denjenigen Verbindungen mit Italien erkennen, über die die Schriftquellen berichten.

Es lassen sich jedoch einige Befunde aufzeigen, die andeuten, daß mit dem Beginn fränkischer Oberhoheit über ganz Alemannien tatsächlich auch fränkische Einflußnahme bis in die südalemannischen Siedelgebiete einhergeht, ja sogar über den Rhein hinaus bis in die Nordschweiz übergreift. Diese Befunde stellen damit in gewisser Hinsicht das fränkische Äquivalent dar zu ostgotischen Einflüssen, wie sie möglicherweise an den oben angesprochenen Fibelfunden aus Lörrach, Eichstetten und Singen am Hohentwiel aufscheinen, nur eben zeitlich verschoben. Ausschlaggebend für die Beurteilung in der Nordschweiz sind vor allem die Analysen und Untersuchungen Max Martins zur Besiedlungsgeschichte aufgrund archäologischer Quellen in den Provinzen Raetia Prima und Maxima Sequanorum sowie zu den Gräberfeldern von Kaiseraugst und Basel-Bernerring[603], ferner noch Gerhard Fingerlins Arbeiten zur frühmittelalterlichen Archäologie Südbadens[604]. Ob allerdings das Gräberfeld von Bülach (Kanton Zürich) erst mit Stufe Alemannisch II einsetzt, wie Joachim Werner annimmt, oder nicht doch schon früher, ist nochmals zu überdenken[605]. Besiedlungsgeschichtlich gesehen lassen sich Alemannen in der Nordschweiz südlich des Hochrheins vor etwa 530 quellenmäßig nicht recht belegen[606]. Martin rechnet mit alemannischer Besiedlung der

600) Ebd. 322f. mit Abb. 10–12.

601) Löwe (wie Anm. 54) S. 51.

602) Ebd. 52; Schlesinger (wie Anm. 32) S. 31f., der das Freischärlertum dieser beiden Anführer hervorhebt.

603) Wie Anm. 19.

604) Wie Anm. 17, 1979.

605) Dazu unten S. 250ff.

606) Weder den Schriftquellen nach: so Schlesinger (wie Anm. 32) S. 13 Anm. 15, noch aufgrund archäologischer Befunde: so Martin, in: Werner und Ewig (Hrsg., wie Anm. 17) S. 434. Germanische Bestattungen des späten 4. oder frühen 5. Jahrhunderts auf der Kastellnekropole von Kaiseraugst können

Landstriche zwischen Hochrhein und Voralpen erst für das »mittlere Drittel« des sechsten Jahrhunderts[607]. Diese Zeitspanne entspricht ziemlich genau der anders definierten Stufe Alemannisch II. Diesen Sachverhalt wird man als Ausgangspunkt für alle Überlegungen zu nehmen haben. Denn er zeigt an, daß offenbar bis zur Aufgabe der nordalpinen Provinzen durch Witigis der Hochrhein die fränkische Alemannia von der ostgotischen Romania trennt[608]. Zwar soll die linksrheinische römische Heerstraße nach Kaiseraugst zumindest bis 496/97 alemannisch kontrolliert worden sein[609], aber aussagefähige archäologische Befunde dazu fehlen vorerst noch. Betrachtet man unter diesem Gesichtspunkt die Kastellnekropole von Kaiseraugst selbst, so liegen hier für das fünfte Jahrhundert nur die weitgehend beigabenlosen Gräber der Romanen vor, und erst im sechsten Jahrhundert setzt Martin zufolge die Beigabensitte in diesem Gräberfeld wieder neu ein; Belegungsunterbruch ist auszuschließen[610]. Die romanischen Bestattungssitten sind zweifellos als Grund dafür anzusehen, daß Bügelfibeln vom ostgotischen Typ der Phase Alemannisch I b südlich des Hochrheins fehlen. Daß sie hier dennoch getragen wurden, ebenso wie von den Alemanninnen nördlich des Rheins, darf man wohl unterstellen. Von Bedeutung ist natürlich der Zeitpunkt, von dem an wieder Beigaben in den Kaiseraugster Gräbern erscheinen. Diese Fundstücke, silberne Haarnadeln und eiserne Armringe, sind ihrer Art nach als romanisch anzusprechen, stellen auch keine Beigaben im eigentlichen Sinne dar, sondern gelangen als personengebundener Schmuck mit in die Grüfte.

Als Beigaben sind dagegen die Münzoboli aufzufassen; im allgemeinen finden dafür nur spätrömische Kupfermünzen des vierten Jahrhunderts Verwendung[611]. Die so ausgewiesene, wiederauflebende Beigabensitte der Romanen ist zeitlich nur sehr schwer zu fixieren. Martin nimmt frühes sechstes Jahrhundert an, und in gleicher Weise werden Romanen bis ins siebente Jahrhundert in Kaiseraugst bestattet[612]. Ein anderer Teil der Kaiseraugster Romanengräber wird dann in zunehmendem Maße reichhaltiger ausgestattet, mit Gürteln, Schmuck, Waffen und anderem Gerät, und zwar in gleichen bis ähnlichen Formen wie auf der nördlichen, germanisch besiedelten Rheinseite, allerdings nach Anzahl und Vollständigkeit reduziert[613]. Diesen Befund aber führt Martin auf fränkische Vorbilder zurück[614], nicht dagegen auf

hier unberücksichtigt bleiben; man vgl. dazu ebd. 420f. mit Abb. 7. – Dazu ferner noch unten S. 286 mit Anm. 851–852.

607) Wie Anm. 606, S. 434; doch unter Vorbehalt der noch genauer zu analysierenden Quellenbasis: Milojčić, ebd. 491. Dazu auch unten S. 286 mit Anm. 851–852.

608) Zu ostgotischen Fundstücken aus Zürich sehe man Werner (wie Anm. 11, 1953) S. 23.

609) Oben S. 149.

610) Martin (wie Anm. 606), S. 418ff.

611) Ebd. 420. Man beachte auch Martins Hinweis, daß römische Scheidemünzen aus Kupfer bald nach 400 abrupt in Raetia Prima und Maxima Sequanorum aussetzen (ebd. 430); Ursache sei die Auflösung der militärischen Grenzorganisation nach 406 (ebd. 432).

612) Ebd. 421.

613) Ebd. 424ff.

614) Ebd. 422.

alemannische Beigabensitten. Als Zeitpunkt zieht er Marktoberdorf Ortsstufe 1 in Betracht[615], d. h. nach dem oben Ausgeführten Stufe Alemannisch II. Dieses Ergebnis bedeutet jedoch nichts geringeres, als daß erst mit dem fränkischen Übergreifen bis in die südalemannischen Siedelgebiete westgermanische Einflüsse in der nordschweizerischen Romania archäologisch sichtbar werden. Die Ursachen dafür können verschiedener Art sein. Möglicherweise verhindert die Ostgotenherrschaft bis 536 unmittelbare Kontakte zwischen Romanen und Alemannen über den Rhein hinweg und gestattet nur die Verbindungen mit Italien selbst. Möglicherweise aber wirkt sich die Ostgotenherrschaft auch nur in der Form aus, daß Sitten und Gebräuche der *Romani vel Provinciales*[616] gewissermaßen italisch-konservativ bleiben. Möglicherweise aber auch können westgermanische Einflüsse in der Romania deshalb erst jetzt Platz greifen, weil seit 536 nicht nur Alemannien an Theudebert I. abgetreten wird, sondern faktisch das gesamte ostgotische Gebiet nördlich der Alpen; d. h. auch die Romania bis zu den Alpenpässen. Indirekt läßt sich dieses sogar vielleicht dem Brief Theudeberts an Justinian entnehmen, in dem dieser die Ausdehnung des Frankenreiches beschreibt, dann aber auch dem Hineinreden fränkischer Erzbischöfe bei Berufungen auf Bischofsstühle in Agunt, Teurnia und Säben[617].

In ganz anderer Weise als in Kaiseraugst dokumentiert sich fränkischer Einfluß im Befund zum Reihengräberfriedhof von Basel-Bernerring[618]. Die Bernerring-Nekropole liegt westlich der Birsig und rund 2 km südöstlich des Basler Münsterhügels und wird mit dem Attribut »fränkisch« belegt[619]. Ihre Belegungsdauer veranschlagt Martin auf die Zeitspanne von um 540 bis gegen 600[620]. Der Belegungsbeginn fällt mithin auf einen Zeitpunkt, der entweder mit dem Beginn der Stufe Alemannisch II identisch ist oder nur wenig später liegt. Seine Datierung begründet Martin zum einen mit Münzbeigaben in fünf der 43 Gräber insgesamt[621]. Der Münzspiegel setzt sich folgendermaßen zusammen:

Grab 8: ostgotische Prägung des Totila, terminus post quem 541,
Grab 33: italische (?) Nachprägung nach Justinianus I., terminus post quem wohl ca. 550,
Grab 41: ravennatische Prägung des Justinianus I., terminus post quem 552,
Grab 25: fränkische (?) Nachprägung nach Justinianus I., terminus post quem wohl ca. 555 (-556),
Grab 27: fränkische (?) Nachprägung nach Justinianus I., terminus post quem wohl ca. 560 (-570).

615) Ebd. 425. Zur Chronologie der Scheibenfibeln in Marktoberdorf an den Beginn der dortigen Ortsstufe 1: CHRISTLEIN (wie Anm. 15; 1966) S. 67.
616) So MARTIN a. a. O. S. 420.
617) Dazu SCHLESINGER (wie Anm. 32) S. 14 f.; auch LÖWE (wie Anm. 54) S. 51 f.
618) MARTIN (wie Anm. 19, 1979).
619) Ebd. 1 f. – Etwas großräumigere Übersichtskarte zu völkerwanderungszeitlichen und frühmittelalterlichen Fundorten in: Lörrach und das rechtsrheinische Vorland von Basel. Führer zu vor- und frühgeschichtlichen Denkmälern Bd. 47 (1981) S. 94.
620) MARTIN a. a. O. 136 ff.
621) MARTIN betont, daß immerhin über 10% der Gräber münzdatierbar sind (ebd. 126); zur Münzanalyse und Chronologie: ebd. 128.

Zum anderen verwendet Martin das chronologische Argument, daß die Männergräber vom Bernerring keine Formverbindungen mit der Gruppe der Goldgriffspathen aufweisen, wohl aber mit der Ringschwertgruppe um Krefeld-Gellep Grab 1782, und daß die Formenstufe, für die die fränkischen Gräber von Morken am Niederrhein und Wallerstädten in Rheinhessen sowie das ostalemannische Reitergrab 9 aus Niederstotzingen (Ldkr. Heidenheim) stellvertretend stehen, in der Bernerring-Nekropole nicht mehr nachweisbar sei[622]. Krefeld-Gellep Grab 1782, durch eine Solidus-Nachprägung nach Anastasius I. (491–518) münzdatiert, ist oben mit als Kriterium für das absolute Datum für den Beginn von Stufe Alemannisch II verwendet, so daß tatsächlich der Belegungsbeginn von Basel-Bernerring mit Stufe Alemannisch II zusammenfällt. Problematischer ist der Beginn der mit Morken, Wallerstädten und Niederstotzingen umschriebenen Formengruppe und vor allem das früheste Auftreten der engzelligen Tauschierung, auf die Martin besonders abhebt[623]. Auf diese Frage ist unten im Zusammenhang mit der Stufengrenze zwischen Alemannisch III und IV zurückzukommen. Es ist deshalb die Frage, ob man für das Bernerring-Gräberfeld wirklich bis gegen 600 mit Bestattungen zu rechnen hat[624]. Doch sind solche Überlegungen zur Feinchronologie für unsere Fragestellung von untergeordneter Bedeutung. Denn daß das Bernerring-Gräberfeld Stufe Alemannisch III mitumfaßt, bleibt unbestritten.

»Am Bernerring war es unumgänglich, allein aufgrund des archäologischen Fundstoffs und ohne Zuhilfenahme historischer Quellen die mögliche Herkunft einer nach Grabbrauch und -beigaben zweifellos fremden und nicht einheimischen Bevölkerungsgruppe zu ermitteln«. Mit diesem Satz begründet Martin einleitend sein Kapitel über die Stammeszugehörigkeit der Bestatteten vom Basler-Bernerring[625]. Methodisch gesehen wendet er entsprechende Untersuchungen zudem nicht auf einzelne Fremdformen an (sog. Importe), sondern »auf trägergebundene Gegenstände wie Trachtstücke und Hausrat«[626]. Damit meint er die Fibeltracht, die Art wie Waffen im Grabe deponiert werden, die Beigabensitte metallbeschlagener Holzeimer, die Keramiktypen, auch die für reicher ausgestattete Gräber vom Bernerring nachgewiesene Form des Holzkammergrabes[627], schließlich aber auch die Obolussitte. Ihr ist deshalb ausführliches Interesse beizumessen, weil sie zugleich Antworten auf die Fragen zu den transalpinen Verbindungen ermöglicht.

Die Obolussitte hat als spezifisch fränkisch zu gelten, wird von den Franken im fortgeschrittenen vierten Jahrhundert jedoch nicht aus dem spätantiken Westen, sondern aus dem Osten übernommen[628]. Während des fünften und des sechsten Jahrhunderts reduziert sich das

622) Ebd. 136.
623) Ebd. 136.
624) Zur Datierung der spätesten Grabinventare steht Martin nur der Perlenschmuck zur Verfügung (ebd. 139), eine doch wohl etwas zu schmale Basis.
625) Ebd. 146.
626) Ebd. 146.
627) Ebd. 146ff.
628) Ebd. 127. – Dagegen weist J. Gorecki auf die Tradition der Obolus-Sitte im linksrheinischen Gallien hin, und er führt Belege an, die die Zeitspanne von der Mitte des 2. Jahrhunderts bis über die Mitte des

Verbreitungsgebiet der Obolussitte beständig im Westen, und Martin führt z. B. die zeitlich regional von West nach Ost gestaffelten Ostgotenprägungen infolgedessen nicht auf ein sich veränderndes Monetargebiet zurück, sondern auf den sich regional verändernden Bestattungsbrauch[629]. Deshalb treten die Siliquen des Teja und Totila sowie die Exarchatsmünzen Justinians und Justinus II., Martin zufolge, nur noch am Rhein und auf rechtsrheinischen Gebieten auf[630], dagegen nicht mehr in Gallien. Das gilt allerdings nur, sofern die Quellenlage verläßlich ist[631]. Das Burgundergebiet scheint anderen Gesetzmäßigkeiten zu folgen[632]. Die Münzen aus Basel-Bernerring zeigen den für die Alemannen untypischen, weil fränkischen Bestattungsbrauch der zweiten Hälfte des sechsten Jahrhunderts an. Das aber bedeutet, daß nicht einmal die Totila-Münze aus Grab 8 des Bernerring-Gräberfeldes direkten italischen Import darstellen muß, sondern eher wohl über die fränkisch besiedelten Lande in die Nordschweiz gelangt ist. Diese Annahme erfährt ihre Stütze darin, daß Grab 8 eine der ältesten Bestattungen dieses Platzes darstellt, die hier siedelnde Gruppe jedoch in der Zeit um 540 »am ehesten aus hessischen Landschaften zwischen Mittelrhein und Harz« gekommen sei und zuvor »Kontakte mit den im Osten anschließenden (germanischen) Stammesgebieten« unterhalten habe[633]. Hessen und Nordthüringen wäre also als Herkunftsgebiet der Basler »Franken«[634] anzugeben. Der Zeitpunkt des Siedlungsneubeginns am Hochrhein scheint eindeutig in die Zeit nach dem fränkischen Übergriff auf das Thüringerreich von 531 zu fallen. Demnach liegt der Basler Neusiedlung entweder eine fränkisch verfügte Zwangsumsiedlung zugrunde, oder eine Umsiedlung mit Billigung durch die Franken. Die Siedelgemeinschaft von Basel-Bernerring ist offenbar im Rahmen der fränkischen Großraumpolitik der 30er Jahre des sechsten Jahrhunderts zu sehen. Und als Hinweis sei angefügt, daß in eben dieser Zeit die fränkische Eroberung Burgunds abgeschlossen ist (534)[635]. Man könnte deshalb fragen, ob die Ansiedlung »hessischer Thüringer« auf der westlichen Seite der Birsig etwa im Sinne der fränkischen Militärkolo-

4. Jahrhunderts hinaus umgreifen: Studien zur Sitte der Münzbeigabe in römerzeitlichen Körpergräbern zwischen Rhein, Mosel und Somme (in: Bericht RGK 56, 1975, S. 179–467, bes. S. 239 f.).

629) Ebd. 127.

630) Ebd. 127.

631) Man vgl. eine Siliqua des Totila als Obolus in Grab 55 der Nekropole von Blussangeux (canton de l'Isle-sur-le-Doubs), Typ wie Werner (wie Anm. 10) M. 104–107: Gallia 18, 1960. 254 f. – Man sehe auch Anm. 632.

632) Man vgl. Chaussin Grab 12 (französisches Juragebiet): Werner (wie Anm. 288) S. 338 Fundliste 5a Nr. 22; ferner auch Blussangeux Grab 55 (Anm. 631).

633) Martin, a. a. O. S. 153.

634) Martin stützt seine Erkenntnisse zur Paläoethnographie auf die archäologischen Quellengruppen Fibeln, Webschwerter, Keramik und Runeninschriften (ebd. 148 ff.) – Siehe auch oben S. 150 die Angaben der Geschichtsforschung zu den südlichsten Siedelräumen der Thüringer; ferner Ament (in: Bericht RGK 60, 1979, S. 479) zu B. Schmidt, Konkordanz oder Diskordanz schriftlicher und archäologischer Quellen, dargestellt am Beispiel des Thüringer Reiches. In: J. Preuss (Hrsg.), Wissenschaftliche Beiträge der Martin-Luther-Universität Halle-Wittenberg 1978/3 S. 263–279.

635) Löwe (wie Anm. 54) S. 50.

nisation oder des Wehrbauerntums zu deuten ist[636]. Martin selbst meint aufgrund der archäologischen Analyse, auf eine Gefolgschaft schließen zu können[637]. Gerade das wäre ein Merkmal, das zu dem Gedanken einer Militärkolonisation passen könnte. Transalpine Verbindungen der Bernerring-Leute sind mit Martin für die Zeit der fränkischen Heerzüge zu unterstellen; eine silberne Gürtelschnalle, silberne Zaumzeugbeschläge sowie ein sogenanntes byzantinisches Stengelfußglas mögen vielleicht von Teilnehmern eines fränkischen Aufgebotes mit zurück an die Birsig gebracht worden sein[638]. Dabei handelt es sich allerdings nicht um ostgotisch-italisches Formengut, sondern um romanisch-italisches aus vorlangobardischer Zeit[639].

Dem Befund von Basel-Bernerring entspricht in variierender Weise vielleicht der von Sasbach am Kaiserstuhl in Südbaden[640]. Doch liegen in Sasbach insofern andersgeartete Verhältnisse vor, als der Reihengräberfriedhof (Gewann Behans) bereits im fünften Jahrhundert einsetzt und von Gerhard Fingerlin auf rund 2000 Bestattungen veranschlagt wird[641].

Dennoch scheint in Sasbach der Belegungsablauf nicht ungestört verlaufen zu sein. Denn zur selben Zeit wie am Basler Bernerring treten zum einen die großen Kammergräber auf und zum anderen jene typisch fränkische Keramik in auffälliger Zahl, die auch für Bernerring kennzeichnend ist[642]. Fingerlin denkt infolgedessen an gleichartige Vorgänge wie in Basel, natürlich unter dem Eindruck, den Martin vermittelt. Der Stand der Sasbach-Forschungen läßt noch kein abschließendes Urteil zu. Doch daß die Franken aus verkehrsgeographischen und strategischen Überlegungen heraus dem Ort ganz besondere Aufmerksamkeit schenken, wie Fingerlin deutlich macht, darf schon jetzt als Erkenntnis von Bestand gewertet werden. Wenn jedoch, wie Fingerlin vermutet, das nur 12 km südlich von Sasbach gelegene Breisach bereits 496/97 an die Franken fällt[643], dann fragt man sogleich nach dem Zeitpunkt, von dem an in Sasbach nicht mehr Alemannen das Sagen haben, sondern Franken. Das Jahr 534 stellt für Sasbach vielleicht schon den spätest möglichen Zeitpunkt bezüglich veränderter politisch-historischer Verhältnisse dar. Die archäologische Analyse nach Abschluß der Sasbach-

636) MARTIN formuliert: »Die Bernerringer Grundherren waren Angehörige des austrasischen Adels; sie waren dem ostfränkischen Reich, das ihnen und vielen anderen Zuwanderern Ländereien zur Nutzung übergab, verpflichtet. Allein mit ihrer Präsenz erfüllten sie und ihre Standesgenossen letztlich auch militärische und politische Aufgaben, ohne eigens in dieser Richtung tätig zu sein.« (a. a. O. S. 169). – Man vgl. auch die andersgeartete Ansicht, die MOOSBRUGGER-LEU gegen MARTIN vertritt; MOOSBRUGGER denkt an Zuwanderer vom Bodenseeraum aus, nicht an fränkisch gelenkte Kolonisation (wie Anm. 20, 1979) S. 46.

637) a. a. O. S. 166 f.

638) Ebd. 167.

639) Zur Datierung des Kammergrabes 33 mit Silberschnalle und silbernen Zaumzeugbeschlägen (münzdatiert, terminus post quem 541/553; archäologische Datierung: 550/560) ebd. 136 f. – Zur Datierung des Stengelglases aus Grab 42 (1. Hälfte des 6. Jahrhunderts) ebd. 124.

640) FINGERLIN (wie Anm. 17, 1979) S. 392 ff.

641) Ebd. 396.

642) Ebd. 396 ff.

643) Ebd. 393. – Man vgl. auch oben Anm. 160.

Grabungen und der Restaurierungsarbeiten wird zu prüfen haben, ob eine klar erkennbare fränkische Komponente noch deutlich in Phase Alemannisch I b einsetzt oder tatsächlich erst in Stufe Alemannisch II[644].

So aussagefähige archäologische Quellen, wie sie der fränkische Bestattungsplatz von Basel-Bernerring darstellt und das Sasbacher Gräberfeld in Zukunft darstellen wird, erfordern, auch den Reihengräberfriedhof von Bülach (Kanton Zürich) mit in die Betrachtungen einzubeziehen, und zwar ungeachtet dessen, daß Bülach als alemannisch bezeichnet wird[645] und daß zwischen Bülach und der Basler Bernerring-Nekropole erhebliche Unterschiede bestehen. Bülach, etwa auf halber Strecke zwischen Schaffhausen und Zürich und rund 3 km südlich des Hochrheins gelegen, umfaßt nämlich zum einen mit über 330 Bestattungen das mehr als Siebenfache an Bevölkerungszahl wie Basel-Bernerring und scheint zum anderen nach Ausweis eines silbervergoldeten Bügelfibelpaares, eines Fischfibelpaares in Gold-Silber-Cloisonné-Technik, der Gürtelschnallen aus den Gräbern 8 und 29 sowie der beiden Tongefäßbeigaben[646] noch in Stufe Alemannisch I einzusetzen[647]. Wie weit sich in chronologischer Hinsicht der scheibengedrehte Glättmusterbecher aus Grab 178[648] von entsprechenden Formen aus mitteldonauländischen Gräberfeldern des fünften Jahrhunderts[649] abrücken läßt, bleibt vielleicht Ermessenssache; langobardisch-vorpannonische Zeitstellung ist nicht auszuschließen[650]. Hin-

644) Zu einigen Grabbeigaben aus Sasbach: FINGERLIN (in: Fundberichte aus Baden-Württemberg 2, 1975, S. 264f.); DERS., Grabungen im frühmittelalterlichen Sasbach, Kreis Emmendingen. In: Archäologische Ausgrabungen in Baden-Württemberg 1982 (1983) S. 170–173; zu Siedlungsüberresten: DERS. (in: Archäologische Nachrichten aus Baden 24, 1980, S. 28f.).

645) Hier in Gegenüberstellung zum fränkischen Gräberfeld Basel-Bernerring zu verstehen. – Zu WERNERS Bülach-Monographie von 1953: Anm. 11.

646) WERNER a. a. O. Taf. 1, 1–4; 3,12. 15; 8, 20. 20A. 21. 21A. Zur einglättmusterverzierten Keramik auch unten Anm. 649–650 und S. 282 mit Anm. 829–831.

647) Zur Einordnung des Bügelfiberpaares aus Grab 15 in den Formenbestand der Gruppe Irlmauth sehe man U. KOCH (wie Anm. 18, 1968) S. 25f., 30f., Taf. 92; 93 Karten 4 und 5; WERNER selbst datiert (nach überholter Chronologie) die Fibeln in die erste Hälfte des 6. Jahrhunderts; auch das Fisch-Fibelpaar aus Grab 14 gehört in den gleichen chronologischen Rahmen (a. a. O. S. 8f.). – CHRISTLEIN zufolge ist durch Grab 14 die Bülacher Gründergeneration ausgewiesen: Die Alamannen (wie Anm. 15; 1979) Taf. 53. – BIERBRAUER zufolge gehören die Bülacher Gräber 14 und 15 noch dem Ende des 5. Jahrhunderts an (wie Anm. 14; 1975) S. 77 mit Anm. 18. – Zu den Bülacher Gürtelschnallen der Gräber 8 und 29 WERNER a. a. O. S. 23f.

648) Ebd. 116; Taf. 8, 20. 20A.

649) Dazu WERNER (wie Anm. 11, 1962) S. 59 mit Taf. 52,2.5 (Ivanovice, Šaratice). – Dabei handelt es sich um Keramik aus der von TEJRAL behandelten Gräbergruppe Nový Šaldorf-Šaratice-Sokolnice-Vyškov (wie Anm. 504); man vgl. auch unten S. 282 mit Anm. 831.

650) WERNERS Datierung »erste Hälfte des 7. Jahrhunderts« (a. a. O. S. 21) ist überholt. Zu der von ihm zitierten Keramik mit Einglättmuster aus Güttingen am Bodensee unten S. 282 mit Anm. 828–829. – W. HÜBENER datiert entsprechende Keramik ins 6. Jahrhundert und hat als Herkunftsgebiet vor allem den burgundisch besiedelten Raum im Auge: W. HÜBENER, Absatzgebiete frühgeschichtlicher Töpfereien in der Zone nördlich der Alpen. Beiträge zur Keramik der Merowingerzeit. Antiquitas Reihe 3 Bd. 6 (1969, Text- und Tafelband), bes. S. 92–93, 263f., Liste 87, Karte 57; HÜBENER betont das Heterogene bezüglich

weise dieser Art betreffen keineswegs nur die Chronologie archäologischer Sachformen. Denn oben mußte darauf verwiesen werden, daß in der Zone zwischen Hochrhein und Voralpen Alemannen für die Zeit vor etwa 530 quellenmäßig nicht zu belegen sind (oben S. 244). Umfaßt jedoch bereits die Frühphase des Bülacher Gräberfeldes alemannische Bestattungen, erscheint die Besiedlungsgeschichte dieser Region in einem anderen Licht. Deshalb vor allem wird die Neuanalyse dieser archäologischen Quellen nicht zu umgehen sein. Bülach endet erst im späten siebenten oder beginnenden achten Jahrhundert[651]. Die Bülacher Ortskirche St. Laurentius reicht mit ihren Vorgängerbauten bis in die Mitte des siebenten Jahrhunderts zurück und weist zudem ein reicher ausgestattetes Frauengrab derselben Zeit auf[652]. Aufgrund dieser Befunde scheint Bülach tatsächlich eine der wenigen alemannisch gegründeten Ansiedelungen südlich des Hochrheins zu sein, die bereits vor Stufe Alemannisch II einsetzen und nach Ausweis des zugehörigen Gräberfeldes bis zum Aussetzen der Beigabensitte im frühen achten Jahrhundert ortskonstant fortbestehen. Die bedeutend umfangreichere Zahl an Bestattungen im Gegensatz zu Basel-Bernerring ist natürlich eine Folge der langen Siedlungsdauer.

Die Bülacher Grabinventare spiegeln mehrheitlich die Ausstattungsnorm alemannischer Friedhöfe nördlich des Rheins wider. Fränkisches scheint auf den ersten Blick zu fehlen, doch gelingt es Martin, einige Bülacher Gräber zu identifizieren, deren Fundstücke der Ausstattungsnorm der Kaiseraugst-Nekropole entsprechen, und er spricht die Befunde infolgedessen konsequent als »Romaninnen oder fränkisch-romanische Gürteltracht tragende Fränkinnnen« an[653]. Rudolf Moosbrugger-Leu erwägt fränkische Gürtelmode für das Bülacher Männergrab 100[654]. In dem Bülacher Männergrab 18 mit byzantinischer Silberschnalle, zwei Stengelfußgläsern, Reflexbogen der östlichen Form nebst entsprechendem Pfeilbündel[655], wie beides auch zur Ailenberg-Bestattung gehört, soll ein Langobarde bestattet sein[656]; wahrscheinlich stammt er aus dem Osten[657]. Auch wenn eine erneute Bülach-Analyse unter Einbeziehung des seit 1953 erheblich angewachsenen Quellenmaterials, und dabei vor allem der großen, systematisch veröffentlichten alemannischen Reihengräberfriedhöfe, aber auch des Romanenfriedhofes von

der Gefäßformen. – Man sehe zur Frage der Keramik mit Einglättmustern auch unten S. 282 mit Anm. 829–831.

651) Zu Grab 167 mit wabenplattierter und mit Almandinrundeln besetzer Riemenzunge sehe man STEIN (wie Anm. 22; 1967) S. 129f.

652) W. DRACK, Ein Adeligengrab des 7. Jahrhunderts in Bülach (in: Helvetia Archaeologica 1, 1970, S. 16–22).

653) In: WERNER und EWIG (Hrsg., wie Anm. 17) S. 428; Gräber 66, 79, 249.

654) Wie Anm. 20, 1979, S. 49 Abb. 12; in Gegenüberstellung zu Bülach, Grab 87, mit alemannischer Gürtelgarnitur.

655) WERNER a. a. O. S. 87; Taf. 37, 2–27.

656) Ebd. 20, 22, 63f., 70; zu der kulturgeschichtlichen Deutung des Grabes 18 ist zu bedenken, daß sie noch auf WERNERS überholter Chronologie beruht. Läßt WERNER immerhin noch die Möglichkeit zu, in dem in Grab 18 Bestatteten auch einen Alemannen zu sehen, wird von U. KOCH bereits definitiv ein Langobarde unterstellt (wie Anm. 18, 1977) S. 79.

657) Unten S. 322.

Kaiseraugst[658], sicher weitere Grabinventare erkennen läßt, die nicht dem alemannischen Regelbefund entsprechen und infolgedessen fremdartig erscheinen, wird man dennoch in Bülach kaum Entsprechendes zusammenstellen können, das dem Gesamtbefund von Basel-Bernerring direkt vergleichbar wäre. Das aber bedeutet, daß Bülach in Periode Alemannisch II als eine vorwiegend alemannische Ansiedlung innerhalb der ehemaligen Provinz Maxima Sequanorum angesehen werden muß[659]. In welcher Form sich im gleichen Siedelraum eine noch weiterlebende Romania[660] dokumentieren läßt, wird der Fortschritt der archäologischen Landeskunde erweisen.

Nach sicheren transalpinen Verbindungen sucht man in Bülach für Stufe Alemannisch II, d. h. für die italisch-vorlangobardische Zeit vergeblich, es sei denn, die große Gürtelschnalle aus Grab 8 stammt aus dem ostgotischen Italien und nicht aus Südfrankreich[661]. Doch dann wäre noch ihre relativchronologische Stellung innerhalb der alemannischen Stufenfolge zu ermitteln[662]. Anders sieht das Befundbild aus Bülach wohl für Stufe Alemannisch III aus, die mit 568 beginnt, worauf noch im einzelnen zurückzukommen ist. Man gewinnt den Eindruck, als ob sich die Bülacher Ansiedelung während Stufe Alemannisch II gewissermaßen im Windschatten und abseits der italischen Ereignisgeschichte, an der die Franken zumindest in Norditalien maßgeblich mitbeteiligt sind, fortentwickelt. Werner betont ausdrücklich die bäuerliche Wirtschaftsform der Ansiedlung[663]. Vor allem fehlt in Bülach vollständig das sogenannte koptische Bronzegeschirr, eines der sichersten Anzeichen des Fernhandels über die Alpenpässe[664], und das im rechtsrheinischen Gräberfeld von Beggingen-Löbern (Kanton Schaffhausen) wenigstens mit einem Fragment vertreten[665] und in Schretzheim seit dortiger Ortsstufe 2 nachweisbar ist[666]. Man vermißt ferner in Bülach Bügelfibeln alemannischer, fränkischer oder langobardisch-pannonischer Stilarten, sieht man von dem einen Paar aus der Bülacher Frühphase ab[667]. Gleichfalls mangelt es an Belegen zu den Frühformen der cloisonnierten oder silbervergoldeten S-Fibeln, insgesamt Negativbefunde, die um so mehr ins Auge fallen, sofern man den Schretzheimer Reihengräberfriedhof als Maßstab anlegt[668]. Ostgotische oder Ravennater Exarchatsmünzen fehlen gleichfalls, obschon diese in Basel-Bernerring ebenso vorhanden

658) Wie Anm. 19.
659) Zum Grenzverlauf zwischen der Maxima Sequanorum und Raetia Prima siehe Martin (wie Anm. 653) S. 419 Abb. 5.
660) Moosbrugger-Leu (wie Anm. 20, 1979) S. 45 f.
661) Werner (wie Anm. 11, 1953) S. 23, Taf. 3,15.
662) Dazu wären die Funde italisch-ostgotischer Provenienz aus Zürich mitzuberücksichtigen: ebd. 23.
663) Ebd. 77.
664) Wie Anm. 594.
665) W. U. Guyan, Das alamannische Gräberfeld von Beggingen-Löbern. Schriften des Instituts für Ur- und Frühgeschichte der Schweiz 12 (1958) S. 17, 31 f.; Taf. 8,20 (Grab 43). – Dazu auch unten S. 270.
666) Wie Anm. 575.
667) Wie Anm. 647.
668) Man vgl. das entsprechende, reichhaltige Material bei U. Koch (wie Anm. 18, 1977) Taf. 190–192, 194.

sind wie im Zürcher Gräberfeld[669] oder als Nachprägungen in Gold im Gräberfeld von Kaiseraugst, hier zweifellos einen nicht unbeträchtlichen Grabschatz darstellend[670]. Anscheinend erst im siebenten Jahrhundert gewinnt dieser nordschweizerische Siedelraum Bedeutung im Fernverkehrsnetz, und zwar als Folge der nun einsetzenden bairischen Salzgewinnung in Bad Reichenhall, die den Westen zumindest bis in das Bodenseegebiet hinein mitversorgt[671]. Zu welchem Zeitpunkt diese auf rein wirtschaftliche Bedingungen zurückzuführenden Beziehungen mit der Siedlungskammer des Reichenhaller Beckens einsetzen, hängt zum einen von der allgemeineren Frage der bairischen Besiedlung an sich ab[672], zum anderen aber auch von der archäologischen Analyse des Reichenhaller Reihengräberfeldes[673], zum dritten von den Befunden aus dem neuen Reihengräberfriedhof von Sindelsdorf (Ldkr. Weilheim-Schongau),

669) Oben S. 246; WERNER (wie Anm. 11, 1953) S. 23.

670) MARTIN, Gräberfeld von Kaiseraugst (wie Anm. 19) S. 18 (Grab 126), Taf. 9 A; WERNER (wie Anm. 10) S. 73. Die Gürtelgarnitur des Kaiseraugster Grabes (Schnalle mit rundlicher Beschlagplatte) zeigt an, daß das Inventar in Stufe Alemannisch III datiert werden muß (dazu unten S. 302 f.). – WOLFRAM führt aus, daß 5 Solidi wahrscheinlich den gesamten Jahressold eines aktiven Gotenkriegers darstellt (wie Anm. 54, S. 369 f.). Dieser Hinweis wirft ein Licht auf die 5 Solidi des Kaiseraugster Grabes, ohne daß damit ein Ostgote oder ein im ostgotischen Heer dienender Romane unterstellt wäre. Dennoch hat man zweifelsohne mit einem Waffentragenden zu rechnen, der nach romanischer (und ostgotischer) Vorschrift ohne Waffen bestattet worden ist. – Mit zu berücksichtigen ist in diesem Zusammenhang, daß in Burgund in dieser Zeit die Goldprägungen aus Imitationen nach Solidi und Tremisses der oströmischen Kaiser Anastasius und Justin bestehen, jeweils mit Monogrammen der burgundischen Könige versehen: H.-U. GEIGER in: Ur- und frühgeschichtliche Archäologie der Schweiz Bd. 6. Das Frühmittelalter (1979) S. 185 f. – Darüber hinaus ergeben sich von dem Kaiseraugster Solidi-Schatz natürlich Reflexionen zu anderen Solidi-Schätzen, und zwar einerseits beispielsweise zu dem von Finero bei Domodossola (Trentino), der 12 Solidi von Anastasius bis Justinian I. sowie 250 gotische Silberprägungen umfaßt (WERNER, wie Anm. 10, S. 25 Anm. 2) oder dem Dortmunder Münzschatz mit dem gegenüber Finero praktisch umgekehrten Verhältnis von Gold- und Silberemissionen. Andrerseits wird man auch die Relationen mitbedenken, die sich zwischen Kaiseraugst Grab 126 und dem 9 Solidi enthaltenden Geldbeutel im Grab des Waffentragenden aus Munningen (Nördlinger Ries; terminus post quem 578; unten S. 303 mit Anm. 950) herstellen lassen. – Zum Dortmunder Schatzfund oben S. 240 mit Anm. 582. – Insgesamt wären auch Überlegungen darüber anzustellen, welche Größenordnungen sich unter dem Gesichtspunkt jährlicher Soldzahlungen aus den Tributen einerseits und aus den Münzschatzfunden andrerseits ergeben. Denn nicht unwahrscheinlich ist, daß solche Vorstellungen die Berechnungseinheit für Tribute sind. Legt man beispielsweise den 2000 römischen Pfund Goldes, die Witigis an Theudebert zu zahlen hatte, den Solidus-Münzfuß von 72 Stück à 4,55 g zugrunde, konnte man damit rund 29 000 Waffenfähige ein Jahr lang besolden. Mit einzubeziehen wären in solche Überlegungen auch die Bußgeldsätze der germanischen Leges, und zwar sowohl die auf Personen und deren sozialen Rang bezogenen, wie die auf bewegliche Habe. Wenn, wie MOOSBRUGGER-LEU angibt, in der Lex Ripuaria eine Goldgriffspatha mit 3 Solidi und deren Scheide mit 4 Solidi veranschlagt wird (wie Anm. 417, S. 15), dann ergeben sich auf diesem gedanklichen Wege gleichfalls Reflexionen zu den Grabmünzschätzen wie Kaiseraugst oder Munningen.

671) WERNER (wie Anm. 11, 1953) S. 80.

672) Dazu oben S. 133 mit Anm. 31, S. 150 mit Anm. 104, S. 215 mit Anm. 459. Zu möglichen bayerischen Verbindungen in den Südwesten sehe man auch unten S. 288 f.

673) M. von CHLINGENSPERG-BERG, Das Gräberfeld von Reichenhall in Oberbayern (1890).

unmittelbar an der Alten Salzstraße von Reichenhall zum Bodenseegebiet gelegen[674], und zum vierten schließlich von der Beurteilung der Besiedelungsgeschichte der gesamten randalpinen Zone, sowohl ihres alemannischen Anteils als auch des bairischen[675]. Diese Verhältnisse wird man jedoch erst dann sicher beurteilen können, wenn die neu ausgegrabenen Reihengräberfriedhöfe von Roßhaupten und Schwangau bei Füssen, Sindelsdorf bei Benediktbeuern, Oberwarngau bei Bad Tölz und Salzburghofen bei Reichenhall veröffentlicht sind[676].

Mit Bülach, Kaiseraugst, Basel-Bernerring und Sasbach läßt sich an vier Beispielen im Raum zwischen Bodensee und Kaiserstuhl aufzeigen, wie heterogen im Grunde das archäologische Quellenbild dieser Zone in Stufe Alemannisch II beschaffen ist. Wir haben zudem einzugestehen, daß wir nicht einmal sicher sein können, ob und in welchem Umfang diese vier Beispiele als repräsentativ angesehen werden können; denn noch immer ist das Quellenbild viel zu lückenhaft und der Forschungsstand zu eklektizistisch. Zahlreiche weitere Plätze ließen sich anfügen, beispielsweise Singen am Hohentwiel[677], ein umfangreiches Gräberfeld, aus dem wir oben bereits Grab 5 mit der Bügelfibel vom ostgotischen Typ anführten[678] und das mit Grab 75 einen für unsere Fragestellung besonders aufschlußreichen Befund bereithält (Abb. 6). Denn der Saxträger dieses Grabes besitzt eine Feinwaage für Münzen und Edelmetall nebst einem *exagium*, einem Kontrollgewicht von ursprünglich wohl 28,5 g[679], d. h. von einer Unze Gold oder sechs Solidi. Daß es sich nur um ein italisches Münzgewicht handeln kann, und nicht um ein oströmisches, belegen die lateinischen Gravuren N (omisma) und E (?) für die Einheit 6[680] (Abb. 6, 4). Man möchte natürlich sehr genau die Chronologie dieses Singener Grabes kennen; Fingerlin schlägt »Mitte bis zweite Hälfte des sechsten Jahrhunderts« vor[681], doch geht es uns ja um die Frage, ob noch Stufe Alemannisch II oder bereits Stufe Alemannisch III. Das ist aber

674) Dazu vorläufig M. Menke, Bodendenkmalpflege in Sindelsdorf, Landkreis Weilheim-Schongau, Oberbayern. Das merowingerzeitliche Gräberfeld. In: Das archäologische Jahr in Bayern 1980 (1981) S. 158f.; ferner oben (wie Anm. 45) S. 39–44, auch unten S. 285 mit Anm. 843.

675) Dazu Menke (wie Anm. 45).

676) Roßhaupten (Ldkr. Füssen): K. Schwarz (in: Jahresbericht der bayerischen Bodendenkmalpflege 8–9, 1967–1968 [1971] S. 132); zu älteren Befunden: Bayerische Vorgeschichtsblätter 25, 1960, S. 277f. – Schwangau (Ldkr. Füssen): Christlein, Alamannisch-bajuwarische Siedlung im Allgäu. Ein Friedhof des frühen Mittelalters bei Schwangau. In: Probleme der Zeit (1970, wie Anm. 519), S. 46–50. – Sindelsdorf: wie Anm. 674. – Oberwarngau: H. P. Uenze und J. Katzameyer, Vor- und Frühgeschichte in den Landkreisen Bad Tölz und Miesbach. Kataloge der Prähistorischen Staatssammlung 9 (1972) S. 150ff. Nr. 78. – Salzburghofen: E. Oberndörfer, Das Reihengräberfeld von Salzburghofen. In: Rosenheim, Chiemsee, Traunstein, Bad Reichenhall, Berchtesgaden. Führer zu vor- und frühgeschichtlichen Denkmälern 19 (1971) S. 125–131.

677) Garscha (wie Anm. 406) S. 254ff.; Fingerlin, Neue alamannische Grabfunde aus Singen a. H., Ldkr. Konstanz (in: Badische Fundberichte 22, 1962, S. 119–132); Christlein, Die Alamannen (wie Anm. 15; 1979) S. 165f. Regeste Nr. 320.

678) Oben S. 214, 220.

679) Fingerlin (wie Anm. 677) S. 120, 131, Taf. 39,9.

680) Ebd. 120 Anm. 8.

681) Ebd. 123 Anm. 32.

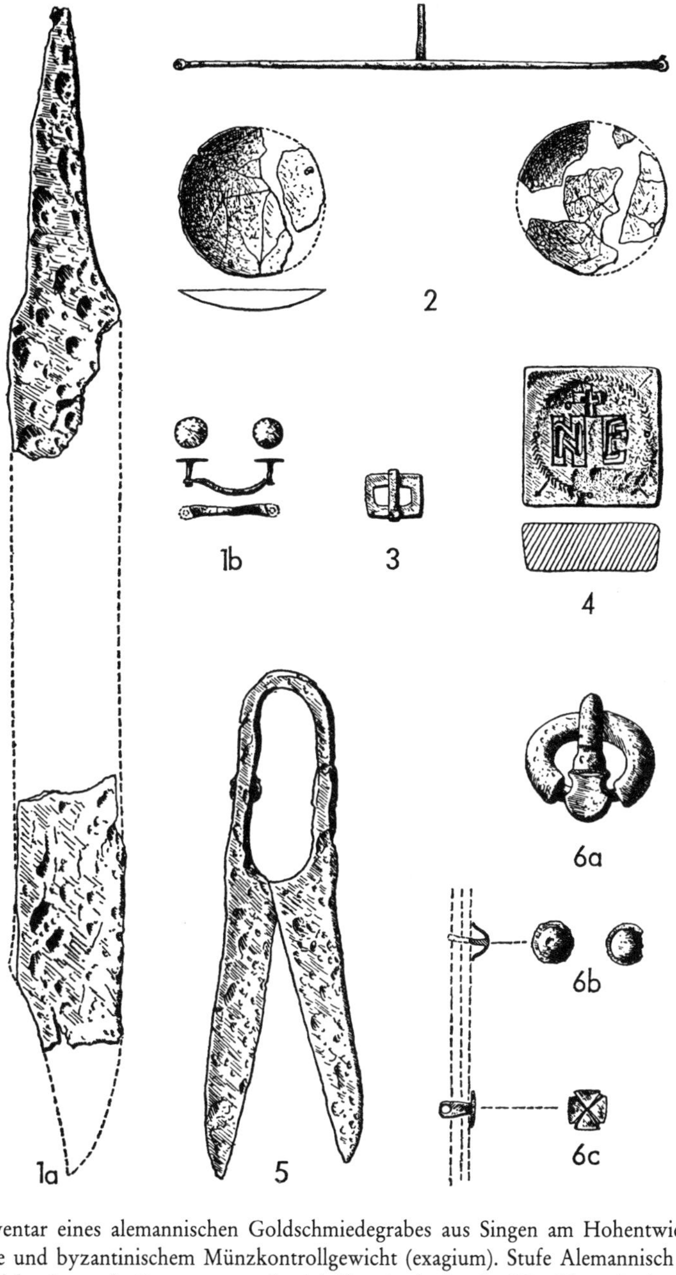

Abb. 6 Inventar eines alemannischen Goldschmiedegrabes aus Singen am Hohentwiel (Grab 75) mit Münzwaage und byzantinischem Münzkontrollgewicht (exagium). Stufe Alemannisch II oder III. Der Hinweis auf den Status des Bestatteten ergibt sich über Analogien des Mitteldonaubeckens (Jutas, Komitat Veszprém, und Kunszentmárton, Komitat Szolnok). Maßstab ca. 1:2, Nr. 4 ca. 1:1. Nach F. Garscha (wie Anm. 677). Zu S. 254 ff.

von ausschlaggebender Bedeutung, denn Alemannisch II heißt für Italien byzantinisch-vorlangobardische Periode, Alemannisch III dagegen bedeutet die langobardische Periode einschließlich des Exarchats von Ravenna. Zudem bringt man natürlich das Singener Grabinventar zum einen in gedanklichen Zusammenhang mit Grab 5 derselben Nekropole, aus dem die Fibel vom ostgotischen Typ stammt, zum anderen aber sogleich auch mit dem *exagium*, das vom Runden Berg stammt[682]. Das Fundstück vom Runden Berg (Abb. 7, 1) kann entweder nur der dortigen älteren Siedelperiode angehören, die in Phase Alemannisch I b zu Ende geht, oder aber der jüngeren, die erst in der zweiten Hälfte des siebenten Jahrhunderts einsetzt[683]. So spät ist das Singener Fundstück jedoch wohl kaum. Denn datierend für Singen Grab 75 ist die bronzene Schilddornschnalle des Grabinventares[684], ein Typ (Abb. 6, 6a), der offenbar mit Phase Alemannisch I c einsetzt[685], jedoch in Stufe Alemannisch III bereits von anderen Gürtelschnallenformen abgelöst wird. Wenn die Chronologie des Singener Grabes 75 so richtig gesehen ist, können Geldwaage und Kontrollgewicht eigentlich nur aus dem oströmischen Italien nach dem Ende der Ostgotenherrschaft und vor dem Eindringen der Langobarden herrühren, was, allgemein betrachtet, durchaus plausibel erscheint. Die zwei Gamma-Zeichen auf dem Kontrollgewicht vom Runden Berg könnten demgegenüber dessen südöstliche Abkunft anzeigen (Abb. 7, 1), und man darf wohl davon ausgehen, daß dieses äußerlich eher unscheinbare, doch in seiner Aussagekraft höchst bedeutsame Fundstück des Runden Berges dessen älterer Besiedlungsperiode zuzuweisen ist. Der Runde Berg an sich, außerhalb der spätrömischen Provinzgrenze gelegen und damit seit 496/97 oder 506/07 der fränkischen Kontrolle unterworfen, bleibt in Stufe Alemannisch II unbesiedelt.

Ist im Vorstehenden vor allem den Befunden in der südalemannischen Zone besondere Beachtung geschenkt, so sollen im folgenden gerafft die einschlägigen ostalemannischen Quellen auf ihre Aussagefähigkeit bezüglich besonderer Befunde zur oben umrissenen Fragestellung für Stufe Alemannisch II referiert werden. Dabei ist zu beachten, daß Reihengräberfelder wie Donzdorf (Ldkr. Göppingen), Giengen und Sontheim an der Brenz sowie Niederstotzingen (alle Ldkr. Heidenheim), Kirchheim am Ries und Schretzheim (Ldkr. Dillingen)[686], um nur die vollständig edierten Quellen zu nennen, Siedelplätze anzeigen, die außerhalb der Provinzgrenzen liegen. Ein Gräberfeld wie Marktoberdorf im Allgäu dagegen

682) Wie Anm. 285.
683) Christlein, Der Runde Berg III (wie Anm. 15; 1979) S. 24.
684) Fingerlin (wie Anm. 677) S. 130f. Nr. 3; Taf. 39,4.
685) Oben S. 231 mit Anm. 535.
686) Donzdorf (Kr. Göppingen): E. M. Neuffer, Der Reihengräberfriedhof von Donzdorf (Krs. Göppingen). Forschungen und Berichte zur Vor- und Frühgeschichte in Baden-Württemberg Bd. 2 (1972). – Giengen an der Brenz (Kr. Heidenheim): wie Anm. 21. – Sontheim an der Brenz: Chr. Neuffer-Müller, Ein Reihengräberfriedhof in Sontheim an der Brenz (Kreis Heidenheim). Veröffentlichungen des Staatlichen Amtes für Denkmalpflege Stuttgart. Reihe A, Vor- und Frühgeschichte, Heft 11 (1966). – Niederstotzingen (Kr. Heidenheim): wie Anm. 21. – Kirchheim am Ries (Ostalbkreis): wie Anm. 278. – Schretzheim (Ldkr. Dillingen): U. Koch (wie Anm. 18; 1977).

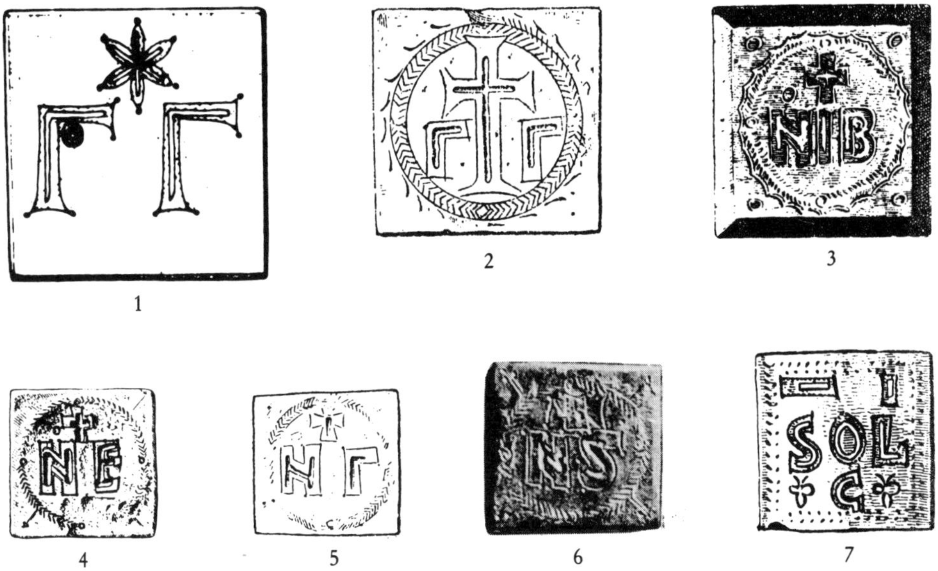

Abb. 7 Byzantinische Münzkontrollgewichte (exagii) aus Alemannien, dem Mitteldonaubecken und Sizilien. 1 Runder Berg bei Urach (Schwäbische Alb), 2.5 Sizilien, 4 Singen am Hohentwiel, 6 Jutas (Komitat Veszprém), 3.7 Ungarisches Nationalmuseum Budapest. Stufe Alemannisch I (1) und II oder III (4). Maßstab ca. 1:1. Nach R. Christlein (wie Anm. 285), G. Fingerlin (wie Anm. 677), Gy Rhé und N. Fettich (wie Anm. 949); P. Orsi, Sicilia Bizantina (1942). Zu S. 254ff.

zeigt eine Siedlung innerhalb der ehemaligen Raetia Secunda an[687]. Das Reihengräberfeld von Giengen und der Sonderfriedhof von Niederstotzingen müssen allerdings an dieser Stelle deshalb ausscheiden, weil die ältesten Gräber auf diesen Bestattungsplätzen erst gegen Ende des sechsten Jahrhunderts angelegt werden, und ganz ungewiß bleibt der Belegungsbeginn in Kirchheim am Ries[688].

Der Vergleich der ostalemannischen Plätze untereinander und mit denen der südalemannischen Zone wird allerdings dadurch erheblich erschwert, daß noch keine Stufenabfolge für die alemannischen Grabfunde im Sinne der relativchronologischen Ordnung des Trierer Landes nach dem Vorgang Kurt Böhners[689] besteht. Zwar darf als sicher gelten, daß das Schretzheimer Gräberfeld noch vor Stufe Alemannisch II beginnt[690], doch scheint die Belegung in Sontheim

687) Christlein (wie Anm. 15; 1966).

688) Eine der ältesten Kirchheimer Bestattungen dürfte Grab 172 darstellen: S-Fibel vom Typ Schwechat-Pallersdorf, Sturzbecher (Böhner Typ B): wie Anm. 687, S. 51, 146f.; Taf. 29.

689) Oben S. 174f. mit Anm. 273.

690) Oben S. 225, 236f.

nach herkömmlicher Chronologie-Terminologie erst um die Mitte des sechsten Jahrhunderts einzusetzen[691], wie auch in Marktoberdorf[692]. Die älteste Bestattung in Donzdorf dürfte das dortige prunkhaft ausgestattete Frauengrab 78 sein[693]. Sein silbervergoldetes Bügelfibelpaar ist südskandinavischer Herkunft, andere Formverbindungen weisen zum fränkischen Prunkgrab unter dem Kölner Dom[694], die Gürtelschnalle aus Magnesit dagegen auf östliche Beziehungen[695]. Auf Verbindungen mit Italien deutet lediglich ein Glaswirtel in Millefioritechnik sowie eine vereinzelte Millefioriperle[696]. Die relativchronologische Eindordnung der Donzdorfer Prunkbestattung[697] in Stufe Alemannisch II läßt sich zum einen über das Bügelfibelpaar absichern, auf dem filigranverzierte Goldblechauflagen mit goldgefaßten Steineinlagen kombiniert sind, zum anderen über das Scheibenfibelpaar in Goldcloisonné-Technik und mit Goldfiligranzier[698]. Seine Analogien stammen sowohl aus fränkischen als auch aus alemanni-

691) Christlein in: Die Alamannen (wie Anm. 15; 1979) S. 166, Regeste Nr. 323.

692) Wie Anm. 588.

693) Neuffer (wie Anm. 686) S. 15ff.

694) Ebd. 24, Taf. 62,12; Christlein, Die Alamannen (wie Anm. 15, 1979) S. 139, Regeste Nr. 82; Taf. 1. – Entscheidend ist die Untersuchung von B. Arrhenius, Zu den Filigranblechen der Bügelfibeln aus Donzdorf, Grab 78. In: Haseloff (wie Anm. 12) S. 711–717.

695) Neuffer a. a. O., S. 88,i; Taf. 24,4; zur kulturgeschichtlichen Einordnung: Martin, Basel-Bernerring (wie Anm. 19; 1976) S. 76 Anm. 26.

696) Neuffer a. a. O. S. 88, Nr. 2; Taf. 23,6; 62, 10.13.

697) Neuffer datiert Donzdorf Grab 78 in die Zeit um 525 (»Wende des ersten zum zweiten Viertel des 6. Jh.«): a. a. O. S. 26; Martin zufolge (a. a. O. S. 149, Anm. 11) kommt die Zeitspanne von 550–575 in Betracht; Christlein (wie Anm. 694): zweite Hälfte 6. Jahrhundert.

698) Zur Chronologie des Donzdorfer Grabes 78 sehe man bei Haseloff (wie Anm. 12) S. 151–156, 172f. – Auf die Technik-Verwandtschaft der Goldblechauflagen auf dem Donzdorfer Fibelpaar mit entsprechenden Arbeiten des gotisch-pontischen Stils einerseits und des nordischen andrerseits weist Arrhenius hin (wie Anm. 694) S. 715. Hinzufügen lassen sich vielleicht noch die Polyederohrringe aus dem Kölner Frauengrab: Doppelfeld (wie Anm. 319; 1960) Taf. 14,6. Auf die den Donzdorfer filigranverzierten Goldperlen ähnliche Ösen an zwei der Kölner Münzanhänger (Solidi des Anastasius) macht bereits Neuffer aufmerksam (a. a. O. S. 24); die Goldperlen besitzen außerdem Vergleichsstücke in Klepsau Grab 7, das offenbar noch in die Theoderich-Zeit datiert werden muß: U. Koch (wie Anm. 575) S. 110, Taf. 1, 7–10. – Auch der mit Goldblechzwingen beschlagene Riemen, an dem der Millefiori-Wirtel hängt (a. a. O. S. 25; Taf. 62, 4–9), findet sich, allerdings in qualitätvollerer Ausführung, im Kölner Grab (Doppelfeld a. a. O. Taf. 18, 17g). Zu dem Donzdorfer Scheibenfibelpaar führt Neuffer als Parallele u. a. Schretzheim Grab 26 an, das jedoch von U. Koch in die Schretzheimer Ortsstufe 3 datiert wird. Doch ist es eine noch unentschiedene Frage, ob dieses Schretzheimer münzdatierte Inventar (terminus post quem 539), das Koch dem gleichfalls münzdatierten Inventar aus Herbrechtingen an die Seite stellt (terminus post quem 555; a. a. O. S. 55), nicht ebenso wie dieses und gemeinsam mit Donzdorf Grab 78 Leitfunde der Stufe Alemannisch II darstellen. – Man vgl. auch Kochs Gegenüberstellung der Inventare Schretzheim Grab 26 und Klepsau Grab 7 (unten Anm. 735); zu Herbrechtingen auch unten S. 294 mit Anm. 893. – Für die Parallelisierung des Donzdorfer Grabes mit Stufe II spricht ferner noch der Bronzekessel (Neuffer a. a. O. Taf. 63,1), denn derselbe Typ tritt in Gellep Grab 1782 auf (Pirling, wie Anm. 318, Taf. 59,1). Da außerdem das Donzdorfer Fibelpaar früh innerhalb Salins Stilstufe I anzusetzen ist (Haseloff, wie Anm. 12, S. 163f.), die Donzdorfer Tongefäßbeigabe ebenso für hohes Alter spricht (Neuffer a. a. O. S. 26) wie die Magnesitschnalle (zu Magnesitanhängern, zu denen Martin die Donzdorfer Schnalle in

schen münzdatierten Grabfunden; der späteste terminus post quem ist mit 555 anzugeben[699]. Über die Herkunft dieser Gruppe der Scheibenfibeln bestehen derzeit keine sicheren Vorstellungen, italische Arbeiten stellen sie jedoch dem Anschein nach nicht dar[700]. Leider ist in Donzdorf nur ein Quellenausschnitt von 100 Gräbern eines bedeutend umfangreicheren Friedhofes dokumentiert[701]. Ist dieser Ausschnitt jedoch repräsentativ für das Ganze, hieße das für Donzdorf, daß die zugehörige Ansiedelung in Stufe Alemannisch II entsteht und daß kaum transalpine Beziehungen aufzuzeigen sind, wohl dagegen solche ins Fränkische und darüber hinaus, ein Befund, der sich in seiner Grundaussage mit dem des Reihengräberfeldes von Basel-Bernerring deckt. Dieser Erkenntnis läßt sich Rainer Christleins Bemerkung zu Sontheim a. d. Brenz anschließen, daß auf diesem Gräberfeld um 550 mit der Belegung begonnen wird und um 560 eine »spürbare fränkische Infiltration im Fundstoff« zu erkennen sei[702]. Zwar wäre noch genauer herauszuarbeiten, ob Sontheim innerhalb der Stufe Alemannisch II eher früher oder eher später einsetzt, aber die vorliegenden Angaben gestatten dennoch, den Sontheim-Befund mit denen aus Donzdorf und Basel-Bernerring in gleichem Zusammenhang zu sehen: Die ältesten Gräber fallen in Stufe Alemannisch II, und Formengut italischer Herkunft ist kaum auszumachen; auch nicht im Inventar des Sontheimer Grabes 174, das eine stempelfrische Ravennater Tremissis Justinians I. mitumfaßt (terminus post quem: 555/565)[703]. Fränkische Einflüsse dagegen lassen sich auf den genannten Plätzen mühelos nachweisen, so daß es schwer fällt, diesen Befund nicht vor dem Hintergrund der Ereignisgeschichte zu werten.

Dieser Eindruck verstärkt sich, sofern man das Reihengräberfeld von Marktoberdorf im Allgäu, das innerhalb der ehemaligen Provinzgrenzen liegt, mit in die Betrachtungen einbezieht. Gerade an diesem, nahe an einer Alpenpaßroute gelegenem Ort[704] wäre italisches

Beziehung setzt, siehe MARTIN a. a. O. S. 75 f. mit Anm. 26), kann jüngeres Alter als Stufe Alemannisch II kaum in Betracht kommen. Dem stände allein MARTINS Datierung über die Runeninschrift entgegen (a. a. O. S. 149 mit Anm. 11). Doch wäre deren Datierung über Grabinventare wie Donzdorf Grab 78 und Schretzheim Grab 26 erneut zu prüfen. Zur Donzdorfer Runenschrift siehe bei HASELOFF (wie Anm. 12) S. 168 f., 722 f. (W. KRAUSE).

699) NEUFFER zitiert außer Schretzheim Grab 26 noch die folgenden Vergleichsfunde zum Donzdorfer Scheibenfibelpaar (a. a. O. S. 23 f.): Köln-Müngersdorf Grab 91b (terminus post quem 555), Niederselters (terminus post quem 518). – Zu Niederselters siehe zusätzlich H. AMENT, Zum Münzgrab von Niederselters (Kr. Limburg). In: Germania 45, 1967, S. 120–129. Mit ausschlaggebend für die Chronologie des Niederselters-Inventars ist wiederum das scheinbare Fixdatum für Italien von 571 (ebd. 124). AMENT schließt an die Grabinventare von Niederselters, Schretzheim Grab 26 und Köln-Müngersdorf Grab 91b noch das gleichfalls münzdatierte Grab 78 aus Junkersdorf bei Köln an (terminus post quem 496; ebd. 122). Zu Müngersdorf Grab 91 siehe auch unten S. 291.

700) KOCH (wie Anm. 18; 1977) S. 62 f.

701) NEUFFER a. a. O. S. 7. 11.

702) Die Alamannen (wie Anm. 15; 1979) S. 166, Regeste Nr. 323.

703) NEUFFER-MÜLLER (wie Anm. 686) S. 68 f. Taf. 28; 36, 2–8.

704) Zur Topographie von Marktoberdorf in bezug auf die Lage des Ortes zu den Alpen-Talaustritten siehe CHRISTLEIN (wie Anm. 676) S. 49 und vgl. dazu z. B. bei KELLER (wie Anm. 104) Beilage 2; Marktoberdorf ist etwa 7 km nordwestlich des Fundpunktes 138 zu lokalisieren.

Formengut, beispielsweise aus der Spätzeit des Ostgotenreiches zu erwarten. Man denkt dabei u. a. an die scheinbar jüngere Gruppe der Fibeln vom ostgotischen Typ[705]. Doch fehlt dergleichen hier ebenso wie im übrigen Alemannien, ein Befund, hinter dem sich zweifellos Regelhaftes verbirgt. Und man darf als Ursache dafür vermuten, daß die Ereignisse in Italien von 535/36 an sich zumindest mittelbar auf die archäologischen Quellen der alemannisch besiedelten Landstriche der Zone nordwärts der Alpen auswirken.

Wirft man in diesem Zusammenhang einen kurzen Blick auf die östlich an Alemannien angrenzende Zone, so ist hervorzuheben, daß wohl spätestens mit Stufe II die bairische Besiedelung einsetzt, es sei denn, daß doch dem Zeugnis des Jordanes zu den besiedlungsgeschichtlichen Verhältnissen gegen Ende des fünften Jahrhunderts ein historischer Kern innewohnt[706]. Mit eine Rolle spielen aber auch die Überlegungen, die oben bereits zur archäologischen Gruppe Irlmauth dargelegt sind, doch eine eigene, von unserer Fragestellung abweichende Thematik beinhalten[707].

Fügt man schließlich dem Bild, das die ostalemannischen Quellen für Stufe Alemannisch II vermitteln, noch den Befund von Heidelberg-Kirchheim im Nordalemannischen an[708], so vervollständigt diese Quelle den Ergebnisbefund. Denn wenn auch Heidelberg-Kirchheim, ähnlich wie Donzdorf, nur als Quellenausschnitt beurteilbar ist, so kann doch der Belegungsbeginn auf diesem Platz kaum vor Stufe Alemannisch II angesetzt werden[709]. Diesen Eindruck bestätigt die ca. 1 km westlich des Reihengräberfeldes aufgedeckte und eindeutig ältere Gräbergruppe[710]. Die Grabbeigaben des Reihengräberfeldes und hier vor allem die Keramik, entsprechen dem Formenbestand rheinfränkischer Friedhöfe ebenso wie dem aus der Basler Bernerringnekropole und dem aus Sasbach, so daß es schwer fällt, aus den immerhin 150 Gräbern solches Formengut auszusondern, daß es als typisch alemannisch gelten könnte[711]. Diesem Befund jedoch im einzelnen nachzugehen, verbietet sich wiederum deshalb, weil unsere Fragestellung in erster Linie auf die transalpinen Beziehungen gerichtet ist. Sie sind in Heidelberg-Kirchheim für Stufe Alemannisich II nicht nachweisbar, wohl aber gibt es Formbeziehungen, die ins Mitteldonaubecken weisen[712]. Die Anteile des Alemannischen

705) Wie Anm. 576.

706) Oben S. 147 mit Anm. 81 und 82; S. 215.

707) Oben S. 133 mit Anm. 31; S. 215 mit Anm. 459; S. 223 mit Anm. 502; S. 238f.

708) G. Clauss, Reihengräberfelder von Heidelberg-Kirchheim. Badische Fundberichte, Sonderheft 14 (1971).

709) Ebd. 85; Martin, Basel-Bernerring (wie Anm. 19; 1976) S. 190.

710) P. H. Stemmermann, Ein Alamannenfriedhof von der Reichsautobahn bei Heidelberg-Kirchheim (in: Badische Fundberichte 14, 1938, S. 73–82).

711) Clauss (wie Anm. 708) S. 18, 92f.; Christlein bezeichnet den Platz auch infolgedessen als fränkisches Gräberfeld, den nahe gelegenen älteren Bestattungsplatz dagegen bezeichnenderweise als alemannisch: Die Alamannen (wie Anm. 15; 1979) S. 149, Regesten Nr. 166 und 167.

712) Man vgl. dazu die Bemerkungen von Clauss zu den Fibeln aus den Kirchheimer Gräbern 47 und 58 (wie Anm. 708) S. 84.

einerseits und des Fränkischen andrerseits lassen sich verläßlich auch erst dann einander gegenüberstellen, sofern das archäologische Quellenmaterial dieses Grenzraumes etwa zwischen Neckarmündungsgebiet, Heilbronn und Karlsruhe insgesamt analysiert ist. Erst danach läßt sich das besiedlungsgeschichtliche Geschehen für die ältere noch sicher alemannische Zeit und für die Periode einer zu unterstellenden fränkischen Südexpansion erkennen und vielleicht sogar vor dem Hintergrund der Ereignisgeschichte näher ausdeuten. Wenn überhaupt die archäologischen Quellen Aussagen ermöglichen, wie sie Erich Zöllner vor Augen stehen[713)], dann wären solche für dieses Gebiet zu erwarten. Das läßt sich über das oben erwähnte Restinventar aus Graben-Neudorf (Ldkr. Karlsruhe)[714)] ebenso veranschaulichen, wie über jenes reichhaltig ausgestattete Frauengrab aus Heilbronn-Böckingen[715)], das wie das Grabener Inventar solche Silberanhänger mitumfaßt, deren barbarische Münzbilder ebenso eindeutig in fränkische Siedelgebiete weisen wie die Stempelkopplungen. Graben-Neudorf hat man noch in Phase Alemannisch Ic zu datieren[716)], das Böckingener Grab aufgrund archäologischer Analyse[717)] sicher nicht später. Die in beiden Inventaren vorkommenden Silberprägungen entstehen der numismatischen Analyse zufolge in der Zeit vom Ende des fünften bis zum Anfang des sechsten Jahrhunderts[718)]; das bedeutet gleichfalls Stufe Alemannisch I. Mithin ist der von P.-H. Martin kartographisch dargestellte Befund zur Numismatik (Abb. 8)[719)] sehr gut für eine Zeit bald nach Chlodowechs Alemannensieg von 496/97 vorstellbar. Die archäologischen Quellen dokumentieren demnach offensichtlich fränkischen Einfluß in den nordalemannischen Siedelraum für eine Zeit, die noch eindeutig vor Stufe II liegt. Alemannische Münzprägung dagegen ist erst für das späte siebente Jahrhundert nachweisbar[720)].

Faßt man die Hauptgedanken zur Stufe Alemannisch II unter dem Gesichtspunkt der für diese Zeit erkennbaren transalpinen Beziehungen und unter Berücksichtigung der aus der

713) Oben S. 157 mit Anm. 160; S. 161 mit Anm. 187.
714) Oben S. 240 mit Anm. 582.
715) R. Roeren (wie Anm. 582).
716) Oben S. 239f.
717) Roeren (wie Anm. 582) S. 123–130; Roeren gelangt zu einem absolutchronologischen Ansatz, der bald nach 450 liegt (S. 130). – Das Böckingener Bügelfibelpaar (ebd. 121 Abb. 2,1.2; Taf. E 3–4) gehört in die Gruppe, für die plastisch ausgeführter Winkelkerbschnitt eines der typischen Merkmale darstellt (dazu vgl. man oben Anm. 414).
718) M. R. Alföldi (wie Anm. 582) S. 143.
719) Martin (wie Anm. 582).
720) F. Wielandt, Bodman und Zürich, zwei bisher unbekannte Merowinger Münzstätten im Alemannenland (in: Zeitschrift für die Geschichte des Oberrheins N.F. 52, 1939, S. 424–443). – Zum Inventar des Hertener Grabes, aus dem ein Triens der Bodman-Serie stammt: Garscha (wie Anm. 406) S. 104f., 152; Taf. 42 (Grab 162). – Zum fränkischen Münzort Gondorf am Beginn des 7. Jahrhunderts siehe E. Felder, Gondorf – ein merowingischer Münzort. In: Werner und Ewig (Hrsg.; wie Anm. 17) S. 369–371. – Man vgl. auch die Karte merowingischer Prägeorte bei Werner, Waage und Geld in der Merowingerzeit. Sitzungsberichte der Bayerischen Akademie der Wissenschaften. Philosophisch-historische Klasse. Jahrgang 1954, Heft 1 (1954) S. 18.

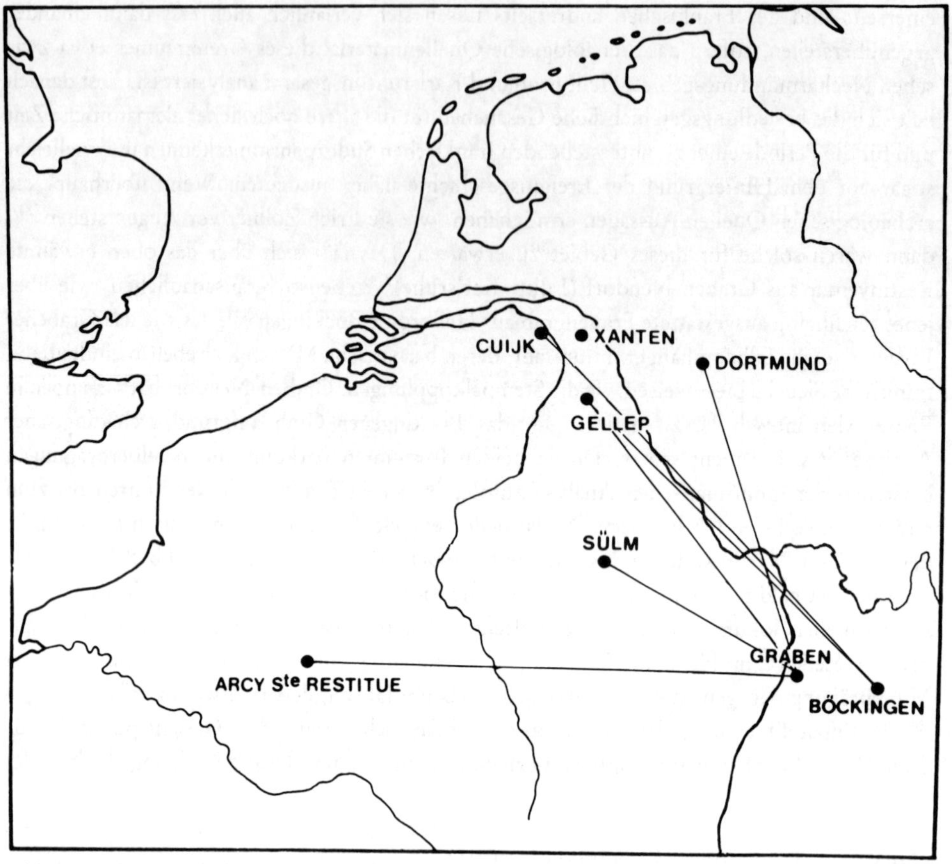

Abb. 8 Verbreitungsbefund zu Münzstempelkopplungen als Beispiel fränkischen Einflusses im nordalemannischen Raum um Karlsruhe und Heilbronn (Graben, Böckingen). Stufe Alemannisch I (Phase Ib oder Ic). Nach H.P. Martin (wie Anm. 582). Zu S. 261 ff.

Ereignisgeschichte ableitbaren, veränderten politisch-historischen Macht- und Einflußkonstellation zusammen, so spiegeln die archäologischen Quellen die folgenden Grundzüge wider:
1. In Stufe Alemannisch II erscheinen die dem archäologischen Quellenmaterial zu entnehmenden Beziehungen der Alemannen mit Italien gegenüber der vorhergehenden Periode erheblich reduziert; die Frage des transalpinen Münzzuflusses bleibt allerdings der ihm anhaftenden, eigenen Gesetzmäßigkeiten wegen ausgeklammert.
2. Den reduzierten transalpinen Verbindungen entsprechen in gegenteiliger Hinsicht deutlich erkennbare Beziehungen zum Formenbestand der fränkisch besiedelten Rheinlande und der Zone nördlich des Mains.
3. Am Beispiel des Reihengräberfeldes von Basel-Bernerring läßt sich sogar besiedlungsgeschichtliches Geschehen aufzeigen, dem direkte fränkische Einflußnahme im Sinne fränkisch

gelenkter Siedlungspolitik unterlegt werden darf. Der Basler Friedhof stellt zudem kein Einzelbeispiel dar.

4. Die Befunde insgesamt vermitteln den Eindruck, daß mit Stufe Alemannisch II trotz noch durchscheinender, regionaler Besonderheiten eine Vereinheitlichung der archäologischen Quellen Gesamtalemanniens als Folge fränkischer Überformung stattfindet und daß von dieser Zeit an von einer zweigeteilten Alemannia im Sinne einer ostgotischen Einflußsphäre innerhalb der ehemaligen Provinzgrenzen und einer fränkischen außerhalb derselben kaum noch die Rede sein kann.

Stufe Alemannisch III (568–ca.600)

Von der Ereignisgeschichte her gesehen stellt die Zeit der Stufe Alemannisch III gewissermaßen den Abschluß der Völkerwanderungsperiode dar, und letztmalig wird die politische Landschaft Zentral- und Südeuropas gründlich umgestaltet, auch in besiedlungsgeschichtlicher Hinsicht. Auslösendes Moment ist das langobardisch-awarische Zusammenspiel im Mitteldonaubecken, das dort den Untergang des Gepidenreiches zur Folge hat. Südwärts der Alpen entsteht mit Hilfe des umfangreichen Kontingentes der Sachsen die Herrschaft König Alboins, dem 572 König Clef folgt, dann von 574 bis 584 das sogenannte Interregnum, die Herrschaften der 35 langobardischen *duces*. Von 574 an entstehen in Mittel- und Süditalien die Großdukate von Spoleto und Benevent[721)]. Byzanz bleibt jedoch mit dem Exarchat von Ravenna in Italien präsent, ferner mit Besitzungen um Rom und Neapel, in Kalabrien und auf Sizilien.

Nordwärts der Alpen geben nun fast überall die Franken den Ton an. Nur an ihrer Südostflanke kann sich das bairische Herzogtum über mehr als zwei Jahrhunderte hinweg behaupten. Alemannien dagegen bleibt politisch bedeutungslos. Für die Jahre von 577 bis 590 versuchen die Franken Childerberts II. mehrfach, in Norditalien Fuß zu fassen, doch ist diesen Versuchen kein dauerhafter Erfolg beschieden. In die Jahre von 590 bis 603 fallen die letzten heftigen Auseinandersetzungen zwischen den Langobarden unter Agilulf und dem byzantinischen Kaiser Tiberius Mauricius, die Agilulf 603 mit umfangreichen Eroberungen in der östlichen Po-Ebene für sich entscheiden kann. Die festen Städte Cremona, Mantua und Padua werden nun von Langobarden besetzt. Im großen gesehen stellt vor allem Norditalien von 568 an bis in den Beginn des siebenten Jahrhunderts einen permanenten Kriegsschauplatz dar. Vor diesem Hintergrund sind die transalpinen Beziehungen zwischen den Alemannen und Italien in Stufe Alemannisch III zu betrachten.

Der Beginn der Stufe Alemannisch III ist oben damit definiert, daß von 568 an, dem Jahr der langobardischen Landnahme in Italien, im Alemannischen, aber auch im Bairischen wie im Fränkischen, solches Formengut auftritt, dessen Ursprung als italisch-langobardisch zu umschreiben ist. Dazu zählen in erster Linie Trachtzubehör und Schmuck (Fibeln, Perlen, Ornamentdetails), auch bestimmte Waffentypen sowie Pferdegeschirrbeschläge, dann auch

721) Oben S. 171. – Zu den pannonischen Sachsen siehe oben Anm. 230; S. 170 mit Anm. 246; unten Anm. 833; S. 298.

wohl Keramik, ferner noch Münzen[722]. Im Bestattungsbrauchtum schlägt sich vielleicht schon von dieser Zeit an die Sitte der Goldblattkreuze nieder, denn deren älteste Vorkommen in der Zone nordwärts der Alpen fallen noch in das sechste Jahrhundert, wie der Grabfund mit italisch-byzantinischer Goldscheibenfibel aus Weingarten am Bodensee erweist[723]. Ob an der Vermittlung des sogenannten koptischen Bronzegeschirrs nun auch Langobarden mitbeteiligt

722) WERNER (wie Anm. 10, S. 13) verweist darauf, daß in italisch-langobardischer Zeit auch noch ostgotische Prägungen in Gold über die Alpenpässe gelangen, insbesondere solche, die als Schmuck verwendet werden. Man vgl. dazu auch die andere Ansicht KOCHS zu pseudoimperialen Prägungen des späten 6. Jahrhunderts (wie Anm. 719).

723) Grundlegend zu den Goldblattkreuzen die Studie R. CHRISTLEINS, Der soziologische Hintergrund der Goldblattkreuze nördlich der Alpen. In: W. HÜBENER (Hrsg.), Die Goldblattkreuze des frühen Mittelalters. Veröffentlichungen des Alemannischen Instituts Freiburg i. Br., Nr. 37 (1975) S. 73–83; DERS. Verzeichnis der Goldblattkreuze nördlich der Alpen. Ebd. 105–112 (dazu auch unten S. 295 mit Anm. 900). – Immer noch wichtig außerdem: S. FUCHS, Die langobardischen Goldblattkreuze aus der Zone südwärts der Alpen (1938). – Einer der frühesten Befunde scheint Weingarten Grab 615 (Kr. Ravensburg) zu sein, der noch ins 6. Jahrhundert gehört (ebd. 109, Nr. 30). Ausschlaggebend für die Datierung des Weingartener Grabes ist die Goldscheibenfibel, deren strenge Symetrie in Verbindung mit der Qualität des Goldfiligrans das Stück als italisch-romanisches Goldschmiedeerzeugnis ausweist (man vgl. auch die Goldfiligranscheibenfibel aus Kirchheim u. T. [Grab 85]: unten in dieser Anm.). Langobardische Herstellung ist auszuschließen. – Zum Weingarten-Fundstück siehe auch unten Anm. 790; ferner B. THIEME, Filigranscheibenfibeln der Merowingerzeit aus Deutschland (in: Bericht RGK 59, 1978, S. 383–500, bes. S. 419, Nr. 184). Aus deren Ausführungen (S. 441–443: Zuweisung der Filigranscheibenfibeln zu einzelnen Stämmen) läßt sich entnehmen, daß es entweder nur Filigranscheibenfibeln alemannischer oder fränkischer Herstellung gegeben habe, was sicher nicht zutreffen wird. Wie die Autorin eingangs ihrer Studie richtig feststellt, erfordern verbindliche Anworten die gesamte Quellengruppe als Basis (ebd. 390). – Gleich alt oder nur wenig jünger als das Goldblattkreuz aus Weingarten Grab 615 sind CHRISTLEIN zufolge die Goldblattkreuze aus Lautlingen (Zollernalbkreis) und Kirchheim u. T. (Kr. Esslingen): a. a. O. 106 f. Nr. 7 und 16. Zu Kirchheim u. T. Grab 85 und dessen Chronologie siehe bei HASELOFF (wie Anm. 12, Bd. II) S. 289–293, 324 f.; Bd. III, S. 724 f.; Taf. 39; 94; die Goldfiligranscheibenfibel (ebd. Taf. 94,5) darf wohl als italisches Erzeugnis angesehen werden. – Die Frage nach dem Beginn dieser Grabsitte in der Zone nordwärts der Alpen erfährt neuerdings eine überraschende Wende. Denn in Klepsau Grab 13 (Hohenlohe-Kreis) liegt ein aus punzverziertem Silberblech zusammengenietetes Kreuz vor, das über den zugehörigen Obolus, einen Triens des Athalarich (527–534) seinen terminus post quem erhält und aufgrund der übrigen Beigaben, u. a. ein filigranverziertes silbernes Dolchscheidenortbad, das U. KOCH zufolge eine italische Arbeit darstellt, »Jahre bevor die Langobarden in Italien die Sitte der Folienkreuze aufnahmen«, zu datieren ist: U. KOCH (wie Anm. 575), S. 109, Taf. 1,1.2; DIES.; Das fränkische Gräberfeld von Klepsau, Hohenlohe-Kreis (in: Archäologisches Korrespondenzblatt 10, 1980, S. 71–79). – Ähnlich stempelverzierte Goldblattkreuze stammen aus dem Reihengräberfeld von Hüfingen (Gräber 300 und 303): FINGERLIN (wie Anm. 544) S. 11 Abb. 3; ECKERLE in: Ausstellungskatalog Karlsruhe (wie Anm. 544) S. 40 Abb. 33. – Im Zusammenhang mit Klepsau Grab 13 und den Hüfingener Goldblattkreuzen ist jedoch noch die Chronologie gleichartiger Goldblattkreuze aus Oberitalien zu untersuchen (Pavia, Monza, Verona). Dazu siehe man bei ROTH (wie Anm. 13) Taf. 27. Den für das Monza-Goldblattkreuz typischen herausgepreßten Buckeln (ebd. Taf. 27,3) entspricht dieselbe Technik an den Hüfingener Kreuzen. Die Frage nach dem Beginn dieses Totenbrauchtums ist infolgedessen aus dem Verbreitungsbefund Hüfingen und Klepsau einerseits und Oberitalien andrerseits zu beantworten. Das aber kann erst geschehen, wenn die beiden wichtigen Reihengräberfelder Hüfingen und Klepsau veröffentlicht sind. – Daß die Sitte der Goldblattkreuze in pannonisch-langobardi-

sind, wäre noch genauer zu untersuchen[724]. Dieser Annahme wohnt allerdings deshalb keine zwingende Wahrscheinlichkeit inne, weil diese Fundgattung bereits vor 568 in der Zone nordwärts der Alpen erscheint und in Stufe III neben italisch-langobardischem Formengut auch italisch-byzantinisches seinen Weg über die Alpen findet, wie unten noch näher auszuführen ist.

Die typenmäßige Auflistung des Quellenmaterials italisch-langobardischer Herkunft oder auch nur Formenprovenienz im einzelnen ist nicht beabsichtigt, weil seine Kenntnis zum Allgemeinwissensgut der archäologischen Forschung gehört. Eine Typenzusammenstellung hätte auch nur sehr bedingte Aussagekraft, denn weder steht ein zuverlässiges Chronologiegerüst der italisch-langobardischen Altertümer zur Verfügung, noch ist der Anteil desjenigen Quellengutes auch nur annähernd abzuschätzen, das als vorlangobardisch, doch nicht mehr ostgotisch zu gelten hat[725]. Zudem sind die Ansichten der älteren Forschung zur italischen Chronologie und die darauf gründenden Theorien zu den transalpinen Verbindungen in entscheidenden Punkten zu revidieren[726]. Ein wirklich verläßliches Urteil über die Auswirkungen des Langobardischen auf das archäologische Quellengut der Zone nordwärts der Alpen bedingt die teils Neu-, teils Erstedition des langobardischen Fundmaterials aus Italien[727]. Erst danach läßt sich entscheiden, was wirklich in die italische Periode nach 568 gehört, ob diese Quellen ihrer regionalen Verbreitung nach homogen oder differenziert erscheinen und von welchen italischen Regionen aus transalpine Verbindungen zu welchen Regionen der Zone nordwärts der Alpen laufen. Der Gang der archäologischen Forschung zeigt deutlich, daß es bereits als Erkenntnisfortschritt zu werten ist, diese Fragen überhaupt stellen zu können. Andrerseits dürfen die Vorbehalte nicht darüber hinwegtäuschen, daß die langobardisch-italische Quellengruppe insgesamt die transalpinen Beziehungen der Stufe III in gewiß stärkerem Maße dokumentiert als die Quellengruppe der byzantinisch-italischen Sachaltertümer. Neben beide aber tritt noch eine dritte Formengruppe. Sie setzt sich aus solchem Fundstoff zusammen, dessen Herkunft im pannonisch-langobardischen Quellengut zu suchen ist, das jedoch erst während des Ablaufs der Stufe Alemannisch III in die Gräber gerät. Dieser Formenbestand ist nicht immer sicher vom italisch-langobardischen zu trennen, teils aufgrund des mangelhaften Forschungsstandes für Italien selbst, teils aber auch, weil trotz aller Vorarbeiten zum archäologischen Quellenmaterial des Mitteldonaubeckens weder die lango-

schen Gräbern bislang nicht nachweisbar ist und man deshalb von italisch-romanischem Ursprung auszugehen habe, hebt zuletzt WERNER nochmals hervor (wie Anm. 301) S. 36, 44. Man sehe zu dieser Frage auch HASELOFF (wie Anm. 12) S. 567. – Die Frage wirklich zu entscheiden, bleibt jedoch der ungarischen Forschung vorbehalten. Dazu vgl. man die gepunzten Silber- und Bronzeblechkreuze aus dem Gräberfeld von Kápalantóti (Komitat Veszprém): K. BAKAY (in: Somogyi Múzeumok Közleményei 1, 1973, S. 41 Abb. 25, 2.3.15.16; S. 42 Abb. 26,7.8; S. 56 Abb. 37,1.2; S. 57 Abb. 38, 10.11).

724) Wie Anm. 594.

725) Oben S. 233 mit Anm. 554; unten S. 279 Anm. 810.

726) Oben S. 176 mit Anm. 281, S. 181 mit Anm. 301, S. 233 mit Anm. 554.

727) Wie Anm. 301.

bardische noch die gepidische Archäologie verläßlich zu überschauen ist[728]. Schließlich ist bei der Frage der alemannisch-transalpinen Beziehungen noch eine vierte Quellengruppe mit im Auge zu behalten, obschon sie die am mangelhaftesten erforschte darstellt. Ich meine damit jenes östlich-reiternomadische (awarische) Quellengut, von dem die ältere Forschung annimmt, daß es zunächst nach Italien und erst von dort über die Alpen zu den Alemannen gelangt[729]. Zwar haben wir davon auszugehen, wie oben dargelegt, daß mit 568 im Mitteldonaubecken der germanische »Partner« für immer ausfällt, doch reißen deshalb keineswegs auch die archäologischen Beziehungen zum Mitteldonaubecken ab. Ganz im Gegenteil: Formengut awarischer Abkunft tritt in erheblichem Umfang auch in Grabinventaren bairischer wie alemannischer Reihengräberfriedhöfe auf. Der Zeitpunkt liegt zweifellos nicht sehr weit vom terminus a quo des Jahres 562 entfernt[730], doch bedürfte es wiederum eigenständiger, gründlicher Untersuchungen, um abschätzen zu können, wie hoch der Anteil an Frühawarischem in Stufe Alemannisch III ist. Gleich aufwendige Vorarbeiten wären zu leisten, wollte man demjenigen Quellenmaterial östlicher Reitervölker argumentativ nachgehen, das wirklich auf dem italischen Umweg in die Alemannia gelangt. Und schließlich hätte man dann noch im Alemannischen zwischen solchen Fundstücken zu trennen, die auf unmittelbare Beziehungen zum awarischen Siedelraum deuten, und solchen, die erst ihren Weg über Italien nehmen, ein methodisch nahezu hoffnungsloses Unterfangen. Aus diesem Grunde bleibt die vierte Quellengruppe zu den transalpinen Beziehungen der Stufe III unberücksichtigt.

Die untere zeitliche Begrenzung der Stufe Alemannisch III fällt mit dem Beginn der Stufe IV zusammen und wohl sicher noch ins ausgehende sechste Jahrhundert, wenn auch nahe gegen das Jahr 600. In relativchronologischer Hinsicht läßt sich die Stufengrenze stilkundlich durch das Auftreten der engzelligen, häufig bichrom ausgeführten Tauschiertechnik (Silber-Messing oder Silber-Gold auf Eisen) auf Gürtelbeschlägen, Fibeln, Waffen und Pferdegeschirrbeschlagstücken markieren. Früheste Beispiele, mit denen Stufe IV einsetzt, sind das fränkische, münzdatierte Grab von Morken nahe Zülpich (terminus post quem: Solidus des Tiberius Constantinus 578/582), im Alemannischen das mit Morken gleichzeitige Grab 9 aus Niederstotzingen (Ldkr. Heidenheim), dann auch Spötting (Ldkr. Landsberg a. Lech, Grab 8), ferner das Reitergrab aus Hüfingen auf der Baar (Ldkr. Donaueschingen), letzteres von Gerhard Fingerlin archäologisch in die Zeitspanne von 580/590 bis 600/610 datiert und absolutchronologisch in der alemannischen Eichenjahrringchronologie fixiert[731]. Das Einsetzen der engzelligen Tauschiertechnik läßt sich aus zwei Gründen vor allem als Stufengrenze verwenden. Denn zum einen werden die vier angeführten Beispiele allesamt als sogenannte Adelsgräber bezeichnet,

728) Oben Anm. 34; zur pannonischen Landnahme der Langobarden aus neuer Sicht: VÁRADY (wie Anm. 145).

729) Dazu vgl. man beispielsweise WERNER (wie Anm. 11; 1953) S. 63f., ferner oben S. 251, unten S. 322 mit Anm. 1084.

730) Dazu oben S. 169 mit Anm. 241.

731) Dazu im einzelnen unten S. 300ff.

stellen mithin Prunkbestattungen im Sinne Georg Kossacks dar[732]. Es ist demnach die tonangebende Schicht, die den Beginn der neuen Stilstufe repräsentiert. Zum anderen fehlt dieses Stilmerkmal kaum auf einem Gräberfeld, das diese Zeitspanne umgreift, und zwar gleichermaßen im Alemannischen wie bei Baiern und Franken. Undeutlicher ist es allerdings im langobardischen Fundstoff Italiens ausgewiesen, wohl dagegen wiederum deutlich in Romanennekropolen, beispielsweise in der von Kaiseraugst[733]. Eines der kennzeichnenden Muster der neu auftretenden Technik ist die sogenannte Pilzzelle (Tauschiermuster in Form eines Hutpilzes). Dieses Muster tritt auch auf einem S-Fibelpaar in Goldcloisonné-Technik aus Cividale auf und ist hier mit langobardischer Tierstil-Ornamentik in Preßblechtechnik kombiniert[734]. Ähnliche Goldcloisonné-Fibeln liegen aus den alemannischen Reihengräberfeldern in Schretzheim (Ldkr. Dillingen) und Deißlingen (Ldkr. Rottweil) vor, in beiden Fällen jedoch mit Goldfiligran kombiniert[735]. Diesen Fundstücken ist wiederum eine entsprechende Goldcloisonné-Fibel aus Imola in Italien anzuschließen[736]. Die Schretzheimer Fibel ist münzdatiert (terminus post quem: 538), und Ursula Koch weist die Fibelgruppe insgesamt der zweiten Hälfte des sechsten Jahrhunderts zu, betont jedoch, daß diese Zeitangabe vorläufig sei[737]. Berücksichtigt man, daß das Pilzzellenmuster in Tauschiertechnik bereits im pannonisch-langobardischen Fundmaterial nachweisbar ist[738], erscheint italisch-langobardische Vermittlung in die Zone nordwärts der Alpen bald nach 568 durchaus plausibel, es sei denn, man rechnete mit direkter Herkunft aus dem Mitteldonaubecken für dieses kennzeichnende Detail[739]. Doch bleibt von solchen Überlegungen unbenommen, daß mit den Prunkbestattun-

732) G. Kossack, Prunkgräber. Bemerkungen zu Eigenschaften und Aussagewert. In: Kossack und Ulbert (Hrsg.; wie Anm. 14) S. 3–33.

733) Für Italien vgl. man bei Åberg (wie Anm. 2) S. 135ff., Abb.277, 5 (Nocera Umbra Grab 27); zu Kaiseraugst siehe Martin (wie Anm. 19; 1976) Taf. 1 G; 8 B, 9 B; 39 A; 50 D; 63 A.

734) Fuchs und Werner (wie Anm. 586) S. 31, B 49.50; Taf. 35, B 49.50. Die Zelltechnik an sich hängt Werner zufolge mit der der italischen Scheibenfibeln in Goldcloisonné-Technik zusammen (ebd. 61).

735) Schretzheim Grab 26: U. Koch (wie Anm. 18; 1977, Teil 2: Katalog und Tafeln) S. 15f.; Taf. 194, 17.18. Auf Zusammenhänge mit dem Goldcloisonné-Goldfiligran-Kleinfibelpaar aus Klepsau Grab 7 verweist Koch (wie Anm. 575) S. 112 mit Taf. 3,2.3. – Klepsau Grab 7 scheint kaum später als das reich ausgestattete Frauengrab des Kölner Domes datierbar. – Zum Fibelpaar aus Deißlingen: Christlein, Die Alamannen (wie Anm. 15; 1979) Taf. 55,13. – Zu Schretzheim Grab 26 siehe oben Anm. 698 sowie unten S. 291 mit Anm. 873.

736) Wie Anm. 734, S. 32, B 59; Taf. 35, B 59; Werner verweist für Imola auf Schretzheim und Deißlingen (ebd. 61).

737) Zu Schretzheim: Werner (wie Anm. 10) S. 87f. Nr. 21; Taf. 11 B, 12 A; U. Koch (wie Anm. 18, 1977) S. 66f. – Man vgl. auch oben Anm. 735.

738) Im Gräberfeld von Szentendre (Komitat Pest; Grab 30): Bóna (wie Anm. 342) S. 118 Nr. 65; Taf.-Abb. 65. Siehe auch unten S. 302 mit Anm. 946 und Anm. 1001.

739) Eine Parallele zum Szentendre-Beschlag liegt aus Horkheim (Kr. Heilbronn) vor: U. Koch, Fränkische Reitergräber aus Horkheim (Kr. Heilbronn). In: Jahrbuch für schwäbisch-fränkische Geschichte. Historischer Verein Heilbronn 27, 1973, S. 15–29, bes. S. 20 mit Hinweis auf Abb. 8,8 und zum Szentendre-Beschlag (ebd. Anm. 58). Siehe auch unten Anm. 1001.

gen von Hüfingen, Spötting, Niederstotzingen und Morken der Beginn der Stufe IV und damit das Ende der Stufe III für das späte sechste Jahrhundert hinreichend sicher datiert erscheint.

Allen Erörterungen zu den transalpinen Beziehungen in Stufe Alemannisch III sei die Frage vorangestellt, welcher Stellenwert dem Fernhandel mit Bronzegeschirr mediterraner Herkunft in die Zone nordwärts der Alpen zugebilligt werden muß, gilt doch diese Quellengruppe seit Joachim Werners mehrfachen Untersuchungen dazu[740] als eine der augenfälligsten bezüglich transalpiner Verbindungen vom langobardischen Italien aus. Wir erinnern uns allerdings, daß der älteste Beleg für diese Quellengruppe in Alemannien, wie Ursula Koch am Beispiel des Schretzheimer Grabes 74 aufzeigt, bereits in Phase Ic zu datieren ist und daß zeitgleiche Analogien mehrfach in der mittelitalischen Nekropole von Nocera Umbra vorkommen[741]. Im Prunkgrab 1782 aus Krefeld-Gellep (terminus post quem: 491/518) gehören zum Inventar eine Bronzekanne des Typs Werner B 3 sowie ein Bronzebecken des Typs Werner B 1 a; das Grab selbst könnte als Leitfund der Stufe Alemannisch II gelten[742]. Ob das münzdatierte Grab von Rommersheim (Eichloch, Rheinhessen; terminus post quem 527) mit mediterraner Bronzekanne sowie einer Bronzepfanne ähnlich der des Schretzheimer Grabes gleichfalls noch unserer Stufe II entspricht oder doch bereits Alemannisch III, müßte eigens untersucht werden[743]. Die Parallelisierung mit Stufe Alemannisch II ist jedoch für das Knabengrab unter dem Kölner Dom gesichert, das ein Bronzebecken des Typs Werner B 1 a[744] mitumfaßt. Ebenso enthält das zeitgleiche Frauenprunkgrab des Kölner Doms ein entsprechendes Bronzebecken[745]. Doch wird man bei diesem Exemplar, wie auch bei denen aus den Schretzheimer Gräbern 352, 366 und 513 nicht unbedingt auf italische Herkunft abheben können, denn seit Hermann Dannheimers Untersuchungen zu diesem Bronzegeschirr wissen wir, daß nicht nur ein einziger Herstellungsort in Betracht zu ziehen ist[746]. Ursula Koch sieht zweifellos die Verhältnisse richtig, wenn sie schreibt, daß die Herstellung derartigen Handelsgutes bereits in einer Zeit

740) Wie Anm. 594.
741) Wie Anm. 575.
742) Wie Anm. 598.
743) Zum Grabfund von Rommersheim (Eichloch) siehe Werner (wie Anm. 10) S. 94f. Nr. 33; Taf. 21–22; U. Koch urteilt dazu: »Zur Generation, die um oder nach 568 lebte, muß auch der Reiter von Eichloch-Rommersheim gehören wegen des beigegebenen, reiternomadischen, wohl awarischen Reflexbogens. Sein aus Italien stammendes Bronzegeschirr muß nicht durch Langobarden vermittelt sein, denn bis 562 hielten sich Franken und Alamannen in Oberitalien auf« (wie Anm. 18, 1977, S. 102). – Zum awarischen Reflexbogen aus Rommersheim/Eichloch siehe Werner (wie Anm. 729), der für italische Herkunft plädiert. Doch 562 stehen die Awaren bereits den Franken »in Thüringen an der Elbe« gegenüber (oben S. 169 mit Anm. 241). – Nicht einmal von dem nach Justinian I. (518–527) nachgeprägten Triens ist sicher, daß es sich um eine italische Emission handelt (Werner a. a. O., S. 94). Dazu auch unten S. 322 mit Anm. 1079.
744) Wie Anm. 598.
745) Wie Anm. 598.
746) Wie Anm. 595. Man sehe auch Dannheimers Hinweis auf den wohl westgotischen Bronzegießer RICCILA: ebd. 128 Anm. 16; ferner Pirlings Bemerkung zu fränkischen, in spätrömischer Tradition stehenden Bronzegießereien: wie Anm. 318, S. 214f.

einsetzt, die eindeutig vor der italisch-langobardischen Zeit liegt[747]. Wenn demgegenüber Helmut Roth noch 1980 ausführt, das sogenannte koptische Bronzegeschirr sei in der Zone nordwärts der Alpen kaum vor dem Jahr 600 in die Gräber gelangt[748], so übersieht er offenbar Kochs Ausführungen. Zwar zitiert er das sehr viel ältere Bronzegeschirr aus Krefeld-Gellep Grab 1782[749], weicht aber entsprechenden Schlußfolgerungen aus. Doch zeigt gerade die Bronzekanne aus Gellep im Verein mit den entsprechenden Fundstücken aus dem frühmerowingischen Grab 307² aus Lavoye (Dép. Meuse) einerseits sowie aus Oetlingen in Württemberg andrerseits, wie früh und wie langandauernd dieses Quellengut ostmediterraner Herkunft in die Zone nordwärts der Alpen gelangt. Denn so gewiß, wie Lavoye Grab 307² mit Stufe Alemannisch I zu parallelisieren ist und Gellep Grab 1782 mit Stufe Alemannisch II, so läßt sich Oetlingen frühestens in Stufe Alemannisch V datieren, weil diese Kanne einen geschlossenen Fund mit einer Bronzepfanne des Typs Werner B 2 sowie einer tauschierten Spatha und tauschierten Eisenbeschlägen darstellt[750]. Lavoye Grab 307² ist über einen Triens des Anastasius münzdatiert.

Eine ganz andere Frage ist, ob das Bronzegeschirr aus Grabfunden wie Güttingen oder Ittenheim, die sich verläßlich in Stufe Alemannisch III datieren lassen, tatsächlich über Italien an den Bodensee oder ins Elsaß gelangt. Natürlich stellt die Güttinger Standfußschale mit gepunzten Tierkampfszenen und Umschrift in griechischen Buchstaben ein ebenso zweifelfreies spätantikes Erzeugnis dar wie das gleichartige Service aus Ittenheim[751]. Doch ist wirklich auszuschließen, daß solches Gerät nicht in einer Stadt des Ostreiches entsteht[752] und auf direktem Wege ins Alemannische bzw. ins Fränkische transportiert wird? Und hätte man nicht, sofern der Landweg etwa von Byzanz aus und über den Balkan, wo dieses Geschirr gleichfalls anzutreffen ist, auszuschließen wäre, zunächst an byzantinisch-italische Werkstätten zu denken, beispielsweise in Ravenna, Rom, Neapel oder auch an Pula auf Istrien? Auch wird man nicht vergessen dürfen, daß Städte der Poebene, wie Cremona, Mantua und Padua erst seit 603 langobardisch besetzt sind[753]. Allein an langobardische Vermittlung bei den Fundstücken aus

747) Wie Anm. 18 (1977) S. 154.
748) H. ROTH, Urcei alexandrini: Zur Herkunft des gegossenen »koptischen« Buntmetallgerätes aufgrund von Schriftquellen (in: Germania 58, 1980, S. 156–161, bes. S. 157, Anm. 8).
749) Ebd. 158.
750) Zum münzdatierten Grabinventar aus Lavoye (Triens des Anastasius sowie eindeutig datierbarer anderer Formenbestand) siehe JOFFROY (wie Anm. 564) S. 86ff.; Taf. 31 (Grab 307 bis). – Zu Oetlingen: WERNER (wie Anm. 10) Taf. 29, B 5. Zeitgleich mit Oetlingen dürfte Giengen a. d. Brenz, Grab 26 sein (wie Anm. 21) Taf. 2–11; dazu vgl. man auch unten S. 321 mit Anm. 1070, zu Oetlingen auch Anm. 1129.
751) Güttingen: FINGERLIN (wie Anm. 17; 1964) S. 28 Taf. 6.12–15. Gültig noch immer: F. GARSCHA, Die Bronzepfanne von Güttingen (in: Germania 17, 1933, S. 36–42); W. F. VOLBACH, Zu der Bronzepfanne von Güttingen (ebd. 42–47); R. EGGER, Die Inschrift der Bronzepfanne von Güttingen (ebd. 114–118). – Siehe auch unten S. 274 mit Anm. 786. – Ittenheim: J. WERNER, Der Fund von Ittenheim. Ein alamannisches Fürstengrab des 7. Jahrhunderts im Elsass (1943), S. 6ff.
752) Man vgl. bei DANNHEIMER (wie Anm. 595) S. 123–125, 128.
753) Oben S. 171.

der Zone nordwärts der Alpen zu denken, wird den tatsächlichen Gegebenheiten kaum gerecht. Dabei bliebe auch unerklärt, warum das Bronzegeschirr nicht in diejenigen ostalemannischen Siedlungen der Stufe III gelangt, die nachweislich enge Beziehungen zum langobardischen Italien unterhalten[754]. Wenn ferner Prunkbestattungen der beginnenden Stufe Alemannisch IV, wie Hüfingen und Niederstotzingen (Grab 9), auch Morken[755], den kontinuierlichen Zustrom dieser Quellengruppe bis in das frühe siebente Jahrhundert hinein belegen, andere Grabinventare zudem noch über diesen Zeitpunkt hinaus[756], so haben wir doch wohl mit andauernden Fernhandelsbeziehungen ins Alemannische seit Phase I c zu rechnen[757].

Vor 568 kann dieser Fernhandel aber nur in der Hand von Romanen, Byzantinern oder gar Levantinern gelegen haben, und es lassen sich keine stichhaltigen Gründe dafür anführen, daß diese traditionellen Verbindungen mit Beginn von Stufe Alemannisch III jäh abreißen und daß statt dessen nun ausschließlich Langobarden Träger des Fernhandels sein sollen. Gewiß, die Pässe der Zentralalpen werden höchstwahrscheinlich von Langobarden kontrolliert; doch es ist die Frage, ob damit zugleich jeglicher nichtlangobardischer Handelsverkehr unterbunden ist. Wir haben vielmehr einzugestehen, daß wir über den vom Mittelmeer ausgehenden Fernhandel insgesamt nur höchst mangelhaft unterrichtet sind und kaum etwas über seine Details wie Verfrachtung, Zölle, Abgaben, Gegenfracht und dergleichen wissen[758]. Joachim Werners Verbreitungskarte von 1962[759] suggeriert zwar italisch-transalpine Handelsrouten; aber wer versorgt die Siedlungen auf der Balkanhalbinsel und wer diejenigen auf der Iberischen Halbinsel? Eine Quellengruppe, die so umfänglich verbreitet ist, läßt sich wohl doch nicht nur ausschnitthaft beurteilen. Zudem spiegelt die dichte Verbreitung in Zentraleuropa und bei den Angelsachsen in erster Linie die besondere Quellenlage und den hier außerordentlich hohen Forschungsstand wider, was sich durch nichts besser belegen läßt, als durch das unscheinbare Bronzefragment aus dem alemannischen Reihengräberfeld von Beggingen (Kanton Schaffhausen), das Walter Ulrich Gugan scharfsinnig als Henkelöse eines Standringbeckens identifiziert[760] und das auf der Verbreitungskarte des Bronzegeschirrs völlig zu Recht denselben Stellenwert einnimmt wie das Prachtgefäß aus dem nur unweit entfernten Güttingen[761]. Vor allem aber macht sich wiederum sehr störend das Fehlen einer gesicherten Chronologie für Italien bemerkbar. Sollten jedoch die italischen Vorkommen des Bronzegeschirrs entgegen Kochs Hinweis tatsächlich und insgesamt erst in die langobardisch-italische Periode zu datieren

754) Unten S. 296ff. (zu Thalmässing).

755) Oben S. 266.

756) Siehe dazu beispielsweise die Liste mit Datierungshinweisen bei Dannheimer (wie Anm. 595) S. 131f.

757) Oben S. 268f.

758) Doch überschaue ich die Literatur dazu nur unzureichend. Gewissermaßen als Modellstudie verweise ich auf H. Klein, Der Saumhandel über die Tauern (in: Mitteilungen der Gesellschaft für Salzburger Landeskunde 90, 1950, S. 37ff.).

759) Wie Anm. 594, S. 312, Abb. 2.

760) Wie Anm. 665.

761) Wie Anm. 759, mit Liste 1 (ebd. 332f.).

sein, wird man nur umso berechtigter nach den Trägern der Fernhandelsbeziehungen für Stufe II zu fragen haben, wie sie unwiderlegbar durch Krefeld-Gellep (Grab 1782) nachweisbar bleiben. Rainer Christlein beispielsweise sieht alemannische Familien am Fernhandel mit dem mediterranen Bronzegeschirr beteiligt, und zwar die Führungsschicht der sozialen Pyramide Alemanniens[762], und deshalb vor allem wertet er das Bronzegeschirr mediterraner Herkunft als ein Indiz für die *potestas* der in den prunkhaft ausgestatteten Gräbern Beigesetzten[763].

762) Die Alamannen (wie Anm. 15; 1979) S. 88. – Ebd. 88f., wo CHRISTLEIN auf antike Tischsitten der entsprechenden Schicht abhebt, sowie auf die Gefolgschaft im Tode bei vermögenden Alemannen. Siehe ferner unten Anm. 786.

763) Zum Bronzegeschirr als Indikator für Grabausstattungsnormen, aus denen letztlich soziale Rangordnungen abgeleitet werden: R. CHRISTLEIN, Besitzabstufungen zur Merowingerzeit im Spiegel reicher Grabfunde aus West- und Süddeutschland (in: Jahrbuch des Römisch-Germanischen Zentralmuseums Mainz 20, 1973, S. 147–180); dieselben Gedanken weitergeführt in: Die Alamannen (wie Anm. 15; 1979) S. 19f., 87f. – Auszugehen ist bei jedem Versuch, das Metallgeschirr ostmediterraner Herkunft in sozialgeschichtlicher Hinsicht auszudeuten, von dem Tafelsilber aus Konstantinopel, das aus dem anglischen Königsgrab von Sutton Hoo stammt. Auf entsprechende Zusammenhänge weist bereits DANNHEIMER hin (wie Anm. 595, S. 130); zum Sutton Hoo-Grab unten S. 305f. mit Anm. 967. – Dem »koptischen« Bronzegeschirr gehen in chronologischer Hinsicht die bronzenen, sogenannten Perlrandbekken des 4.–6. Jahrhunderts voraus, die WERNER zufolge als einheimische (d. h. alemannische, fränkische, thüringische, angelsächsische usw.) Handwerksarbeit gelten: wie Anm. 288, S. 312, 314 mit Verbreitungskarte Abb. 5. – Zu dieser Fundgattung jüngst auch D. RATHGEN, Zwei wiederaufgefundene Bronzebecken von Flonheim (in: Germania 56, 1978, S. 239–242). – Eine offene Frage ist, wie man eine gegossene und nachgedrehte, 1,46 kg schwere Bronzeschale aus Heilbronn-Böckingen ihrer formenkundlichen Provenienz nach einzuordnen hat. Die Anwendung der Drehbank weist eindeutig in den Bereich der Spätantike (oben S. 237). Das kann Italien heißen, aber auch die gallische Romania, oder die Sapaudia oder eine Stadt in Noricum oder eine des Ostreiches. Das zugehörige Bügelfibelpaar aus Silber mit Spiralranken auf den Kopfplatten, plastisch ausgeführtem Winkelkerbschnitt und Nielloleiste auf Bügel und Fibelfüßen zeigt ebenso die Frühphase der Stufe Alemannisch I an wie der Silberhalsreif vom Typ Mahlberg, der silberne Kolbenarmring und die Silberschnalle mit ovaler Beschlagplatte. Gleichzeitigkeit mit dem Mahlberger Inventar ist gewiß. Doch dürfte es sich bei dem Böckinger Ausstattungsgut insgesamt um alemannische Arbeiten handeln, ausgenommen die schwere Bronzeschale. Das Grab selbst gehört zu einem Reihengräberfriedhof unbekannter Ausdehnung. (Fundberichte aus Schwaben N.F. 12, 1938–1951, 2. Teil, S. 101f. Taf. 22). Zur Topographie sehe man CHRISTLEIN, Die Alamannen (wie Anm. 15; 1979) S. 150 Abb. 120, Regeste Nr. 178. – Daß spätantikes »Importgeschirr« bereits in Stufe Alemannisch I in reich ausgestattete Gräber gegeben wird, belegt ferner ein Frauengrab aus Rommersheim (Eichloch), wie die Bügelfibel mit plastisch ausgeführtem Winkelkerbschnitt, das Vogelfibelpaar, der silberne Keulenarmring und die Glasgefäße ausweisen: W. SCHNELLENKAMP, Frühmerowingisches Frauengrab bei Rommersheim (Eichloch); in: Mainzer Zeitschrift 29, 1934, S. 77–80. Die aus Bronzeblech getriebene Rippenschale (ebd. 78, Abb. 3,21; Taf. 14,4) besaß ursprünglich vielleicht einen Standfußring (ebd. 79, Nr. 8). Sie gehört zu einer Formengruppe, die in Rheinhessen noch einmal aus Dalsheim (Kr. Worms) nachgewiesen ist (ebd. 80, Abb. 4). Die Dalsheimer Rippenschale besitzt einen Standring mit drei Füßen und zwei bewegliche Henkel in ganz ähnlicher Weise wie die entsprechende Schüssel aus Krefeld-Gellep Grab 1782 oder aus den Kölner Gräbern. Gegenüber der Dalsheimer Rippenschale wirken jedoch diejenigen aus den drei Prunkgräbern wie ungekonnte Repliken, so daß PIRLINGS Gedanke von autochthonen Werkstätten (wie Anm. 746) zusätzlich

Besondere Perspektiven zur Frage der transalpinen Beziehungen in Stufe Alemannisch III eröffnet der zwar unsystematisch geborgene, aber dennoch sehr reichhaltige Besitz eines Reiters aus Ittenheim im Elsaß, nur wenige Kilometer westlich Straßburgs gelegen, zu dem das oben bereits erwähnte Bronzegeschirr gehört[764)]. Es besteht aus einer Kanne sowie einer gestielten Standfußschale, beide Stücke mit gleichartigem Palmettendekor verziert. Christlein nimmt an, daß dieses Service auch im Barbaricum in gleicher Weise zu Handwaschungen benützt wird wie im antiken Bereich[765)], was nicht auszuschließen ist. Bemerkenswerter ist jedoch, daß eine Standfußschale derselben Werkstattserie wie die Ittenheimer aus dem unweit gelegenen Heidolsheim (nahe Sélestat/Schlettstadt) bekannt geworden ist[766)]; der Fernhandel scheint offenbar gezielt vonstattenzugehen. Ausschlaggebend für die Datierung des Ittenheimer Fundinventars[767)] sind allerdings die erhaltenen Metallbeschläge eines Pferdegeschirrs, teils aus vergoldeter Bronze, teils aus vergoldetem Silber gefertigt. Vielleicht hat man sich das Kopfgeschirr[768)] ähnlich vorzustellen wie das weitaus kostbarere aus Krefeld-Gellep (Grab 1782)[769)]; zumindest steht das Ittenheimer in dessen Formentradition. Italisch-byzantinischer Herkunft sind auch die drei Ittenheimer silbervergoldeten Phaleren, davon eine mit der Darstellung eines in spätrömischer Art gepanzerten Feldherrn, die beiden anderen mit Eberjagdszenen[770)]. Ihre Anfertigung in Italien datiert Werner eindeutig noch in das sechste Jahrhundert[771)]. Aufschlußreich für die im Ittenheimer Fundinventar zusammentreffenden Fernbeziehungen ist ferner eine Silberriemenzunge mit sogenannten Tamga-Zeichen[772)], wie man sie zum einen mehrfach aus Italien kennt, zum anderen aus dem zeitgleichen, awarisch besiedelten Mitteldonaubecken, zum dritten aus Martinovka bei Kiev (Ukraine), zum vierten aus Mersin am Mittelmeer (byzantinische Provinz Cilicia) und zum fünften aus Ägypten, um nur einige Gebiete ihrer circummediterranen und circumpontischen Verbreitung zu nennen[773)].

an Gewicht gewinnt, nicht zuletzt auch in bezug auf die Bronzegefäße als Wertmesser. – Zu der unmittelbar neben der weiblichen Prunkbestattung liegenden Männerprunkbestattung aus Rommersheim mit Goldgriffspatha siehe oben S. 231 mit Anm. 539.

764) Werner (wie Anm. 751).

765) Wie Anm. 762.

766) Werner a. a. O. S. 6 mit Anm. 8.

767) Werner ebd.: 7. Jahrhundert; Christlein, Die Alamannen (wie Anm. 15; 1979) S. 89, 153, Regeste Nr. 209: spätes 6. Jahrhundert.

768) Werner, a. a. O. S. 10ff., Abb. 3,4.5.

769) Pirling, a. a. O. S. 192ff. 215, Taf. 47,2; 52,1.

770) Werner, a. a. O. S. 14ff., Taf. 4–7.

771) Ebd. 25.

772) Ebd. 10f. Abb. 3, 8; Taf. 2,10.

773) Dazu J. Werner, Nomadische Gürtel bei Persern, Byzantinern und Langobarden. In: Civiltà dei longobardi in Europa. Atti del convegno internazionale Roma-Cividale del Friuli 1971. Accademia Nazionale dei Lincei. Jahrgang 351 Nr. 189 (1974) S. 109–139. – I. Bóna, Studien zum frühawarischen Reitergrab von Szegvár (in: Acta Archaeologica Academiae Scientiarum Hungaricae 32, 1980, S. 31–95; bes. S. 70ff.). – Man sehe auch unten S. 333f.

Italische Herkunft der Ittenheimer Riemenzunge ist denkbar, doch ostmediterrane ebensowenig auszuschließen wie für das Bronzeservice[774].

Am bedeutsamsten jedoch erscheint mir die Frage, ob in Stufe Alemannisch III für das Elsaß überhaupt noch mit alemannischer Besiedlung gerechnet werden darf. Denn die historische Forschung nimmt aufgrund der Ereignisgeschichte an, daß die vormals gewiß von Alemannen besiedelten Landstriche links des Rheins möglicherweise bereits nach Chlodowechs Alemannensieg von 496/97 an das Frankenreich fallen, spätestens jedoch mit dem Beginn von Stufe II um 535/36[775]. Wenn wohl auch mit hinreichendem Maße an Wahrscheinlichkeit für Ittenheim eine prunkhaft ausgestattete Grablege angenommen werden kann[776], so bleibt dennoch an das Fundinventar dieselbe Frage zu richten, die wir oben schon einmal anläßlich des Reihengräberfeldes von Basel-Bernerring stellten: Was meint der Archäologe wirklich, wenn er einen Fundbestand mit einem definitiven Attribut in ethnischer Hinsicht belegt? Werner wie auch Christlein unterstellen beide für Ittenheim alemannisches Ethnikon und in sozialer Hinsicht hochadelige Abkunft[777]. Ist das wörtlich aufzufassen, oder soll mit solcherart Kennzeichnung nur der geographische Raum und das Milieu ungefähr umschrieben werden? Läßt sich ausschließen, daß der Ittenheimer Reiter kein Franke ist? Läßt sich seine alemannische Stammeszugehörigkeit wirklich beweisen? Archäologisch-argumentativ zweifellos nicht, weil dazu die methodischen Möglichkeiten der Archäologie nicht hinreichen[778], und der Versuch, mit Hilfe der Ereignisgeschichte zu argumentieren, ruft die Zweifel ja gerade hervor. Da wir zudem Fingerlins Überlegungen zur verkehrsgeographischen Situation am Oberrhein und zu den fränkisch bestimmten Interessen in diesem Raum[779] anzuerkennen haben, wird der Archäologe in Zukunft tunlichst auf jegliche, Ittenheim betreffende, ethnische Zuordnung ebenso verzichten, wie auf die zwar griffige, aber eben doch nur suggestive soziale. Seit Kossacks Studie über Prunkgräber wissen wir, bis zu welcher Grenze die Aussagemöglichkeiten der Archäologie verläßlich sind[780]. Davon bleibt jedoch unberührt, daß der Ittenheimer Reiter sehr ausdrucksvoll die weitgespannten Beziehungen und vor allem mit Italien für die Zeit der Stufe Alemannisch III dokumentiert. Formengut langobardischer Herkunft fehlt allerdings in diesem Rest-Inventar.

Begeben wir uns aus dem linksrheinischen Ittenheim in den in Stufe III wohl gewiß alemannisch besiedelten Hegau westlich des Bodensees, so ermöglicht hier vor allem der Reihengräberfriedhof von Güttingen (Ldkr. Konstanz)[781] genauere Einsichten zu den transal-

774) Christlein spricht sich für ostmediterrane Herkunft des Ittenheimer Services aus (wie Anm. 762).
775) Oben S. 157 mit Anm. 159.
776) Zur Fundkritik: Werner a. a. O. S. 5.
777) Ebd., ferner wie Anm. 11 (1953) S. 70; Christlein (wie Anm. 762).
778) Dazu oben S. 133, ferner Fingerlin (wie Anm. 17; 1979) S. 382f. Zur Relativierung des Adelsbegriffes, wie er herkömmlich in der archäologischen Literatur angewendet wird, siehe bei Kossack (wie Anm. 732).
779) Wie Anm. 17 (1979), S. 393; ferner unten Anm. 786.
780) Wie Anm. 732.
781) Fingerlin (wie Anm. 17; 1964 und 1971).

pinen Beziehungen dieser Zeit. Grab 38 mit einer prunkhaft ausgestatteten Frau scheint den Belegungsbeginn dieser Nekropole anzuzeigen[782]. An auswärtigem Formengut wohl überwiegend italischer Herkunft ist vorhanden: die oben bereits angeführte, gestielte Standfußschale mit eingepunzten Tierkampfszenen und umlaufender griechischer Inschrift, eine kleine Glasschale spätrömischer Formentradition, Perlmutt-, Millefiori- und Amethystperlen sowie bildnishafte Goldbrakteaten einer Halskette, eine silbervergoldete Scheibenfibel mit Reiterdarstellung in Gußtechnik, eine aus einem spätantiken Silberteller herausgeschnittene runde Scheibe mit Caesarenbüste im Halbrelief, eine Silberschnalle vom ostgotischen Typ, ein steingefaßter Goldfingerring, das Cyprea-Muschelgehäuse und ein großer Millefioriwirtel eines Gehängeschmucks, höchstwahrscheinlich auch die Goldcloisonné-Scheibenfibel sowie eine kerbschnittverzierte S-Fibel[783]. An Formengut alemannischer Herkunft entstammt demselben Inventar: die Keramikbeigabe, eine metallbeschlagene Holzschale, ein eimerartiges und gleichfalls metallbeschlagenes hölzernes Schöpfgefäß, ein Eisenmesser mit Goldblechgriffhülse, eine Eisenschere, weitere Teile des Gürtelgehänges sowie zwei silbervergoldete Riemenzungen mit Niellozier. Seiner Herkunft nach unbestimmbar ist ein silberner, teilweise vergoldeter Sieblöffel[784]. Vom materiellen Besitzstand her entspricht Güttingen Grab 38 dem ursprünglichen Inventar von Ittenheim; die zeitliche Parallelität ist allerdings nur über Vergleiche mit anderen Grabfunden möglich, darf jedoch unterstellt werden. Fingerlin unterlegt der Güttingener Ausstattung eine gewisse zeitliche Tiefe und datiert die Grablegung in das ausgehende sechste Jahrhundert, spätestens in die Zeit um 600[785].

Für das italische Einfuhrgut stellt sich die Frage, welche Teile als italisch-byzantinisch und welcher als italisch-germanisch anzusprechen sind. Als byzantinisch-mediterranes Handelsgut hat die bronzene Standfußschale zu gelten[786]. Der Glasbecher stellt eine ältere Form dar und

782) Ebd. (1964) S. 13f.; (1971) S. 150f., 162. In demselben Sinne auch AMENT (wie Anm. 305) S. 148f. Dazu siehe jedoch unten S. 283 mit Anm. 835.
783) Beschreibung, formenkundliche Analyse und Abbildungen aller Beigaben des Grabes 38 bei FINGERLIN (1964). Ausgezeichnete Fotoabbildungen auch bei CHRISTLEIN, Die Alamannen (wie Anm. 15; 1979) Taf. 72–74.
784) Ebd. 25f., Taf. 3,7; 11,3.
785) Ebd. 35. Dabei leitet ihn der Befund, daß die durchbrochene Bronzescheibe des Gürtelgehänges anscheinend erst für das 7. Jahrhundert kennzeichnend und daß das sogenannte koptische Bronzegeschirr nicht vor 600 zu belegen sei (ebd. 34f.). – Gegen das Bronzescheiben-Argument wendet sich jedoch U. KOCH, die zudem die formalen Zusammenhänge der Goldcloisonné-Scheibenfibel zum einen mit denen aus dem Arnegunde-Grab von 565/70 betont, zum anderen aber auch mit italisch-vorlangobardenzeitlichen Scheibenfibeln; Typ Güttingen sei schon bald nach der Mitte des 6. Jahrhunderts und noch vor 570 ausgebildet gewesen (wie Anm. 18, 1977, S. 62). – In unserem Zusammenhang laufen diese wichtigen Bemerkungen zur Chronologie der Goldcloisonné-Scheibenfibeln darauf hinaus, daß Güttingen Grab 38 eher früh innerhalb der Stufe Alemannisch III anzusetzen ist als spät. An der Zuordnung zu Stufe Alemannisch III insgesamt ändert sich jedoch nichts.
786) Im Sinne WERNERS (wie Anm. 288). Doch man wird zu überlegen haben, ob der Begriff »Handelsgut« pauschal und ausschließlich verwendet werden darf, ganz besonders unter dem Gesichtspunkt, daß die

kann sowohl italischen Ursprungs sein, als auch aus den ehemaligen römischen Provinzgebieten stammen[787]. Als italische Arbeit hat wiederum der Silberteller mit Caesarenbüste zu gelten, den man jedoch zerschnitt, um sein Mittelstück zu einer Scheibenfibel umzugestalten. Die gegossene Silberdeckplatte der zweiten Scheibenfibel läßt einen Reiter mit geschultertem Kreuz, d. h. ein christliches Motiv erkennen; mithin kann es sich nur um ein christlich-mediterranes Erzeugnis im weitesten geographischen Sinn handeln. Möglicherweise gehört auch diese Platte ursprünglich zu einem spätantiken Silberteller[788]. An dieser Stelle ist auch auf zwei Silberphaleren vom Pferdegeschirr mit Motiven der christlich-mediterranen Welt des Hüfingener Reitergrabes hinzuweisen, das oben als Zeitmarke für den Beginn der Stufe Alemannisch IV herausgestellt ist[789]. Nicht auszuschließen ist, daß das für die beiden Güttingener Silberscheibenfibeln verwendete Ausgangsmaterial alemannisches Beutegut aus Italien darstellt; als Zeitansatz dafür kämen Theudeberts I. Italienzüge seit 539 in Betracht, an denen alemannische Kontingente beteiligt sind.

Die Güttingener Goldcloisonné-Scheibenfibel repräsentiert eine gleichförmige Gruppe, die außer in Güttingen noch in Beringen (Kanton Schaffhausen), Weisen (Ldkr. Waldshut), Oberstotzingen (Ldkr. Heidenheim), Schretzheim (Ldkr. Dillingen) und Nordendorf (Ldkr. Augsburg) nachweisbar ist, aber auch in Belluno (Prov. Piave) und in Castel Trosino am Apennin; anzuschließen sind ferner Stücke aus Nocera Umbra, Parma und Imola (Prov. Bologna), dann aber auch das entsprechende Fibelpaar der Arnegunde von St. Denis, außerdem

Güttingener Standfußschale eine Inschrift liturgischen Charakters trägt. Dazu ausführlich und auf den Untersuchungen Rudolf Eggers und anderer fußend; H. U. Nuber, Kanne und Griffschale. Ihr Gebrauch im täglichen Leben und die Beigabe in Gräbern der römischen Kaiserzeit (in: 53. Bericht RGK 1972, S. 1–232, bes. S. 127–137). Nuber zufolge hat zwar eine Schale wie die Güttingener ursprünglich nicht im Sinne von R. Egger als Taufrequisit gedient (ebd. 132 f.), wurde aber bei Handwaschungen während liturgischer Feiern benutzt (ebd. 134 ff.). Und in eben diesen Zweckzusammenhang gehöre auch die Schale aus Güttingen (ebd. 136). Natürlich gilt das nicht, wie Nuber betont, für die letzte Besitzerin der Schale, wohl aber für den antiken Herstellungsort. Das aber gerade führt zu der allgemeineren Frage, ob solche Gerätschaften der Spätantike, deren christlich-liturgische Zweckbestimmung erweisbar ist, mit profanem Handelsgut gleichgesetzt und gleich beurteilt werden dürfen. Man siehe dazu auch Milojčićs warnenden Hinweis: Einige Bemerkungen zum alamannischen Frauengrab von Güttingen (in: Germania 46, 1968, S. 333–335). – Da sich außerdem das Güttingener Grabinventar als bunt zusammengewürfelt darstellt (unten S. 278), hat man zumindest für diese Güttingener Standfußschale andere Erwerbsmöglichkeiten als Handelsgut anzunehmen. Damit steht das Güttingener Fundstück zugleich aber auch in deutlichem Gegensatz zu dem typenkundlich ganz gleichen Exemplar aus Ittenheim. Denn dort handelt es sich zum einen um ein Service einer zweifellos männlichen Bestattung, zum anderen nicht wie im Falle Güttingen um das alemannische Barbaricum, sondern um das Gebiet des christlich-fränkischen Reiches (Chlodowechs Taufe!) auf gallisch-antikem Boden und mit entsprechender Tradition. Infolgedessen sind auch für Ittenheim noch weiterführende Überlegungen anzustellen (siehe dazu auch oben S. 269 mit Anm. 751 und S. 273 mit Anm. 779).

787) Fingerlin (wie Anm. 17; 1964) S. 24 f., 32.

788) Ebd. 21.

789) Fingerlin (wie Anm. 17; 1974), S. 610 ff. Taf. 40–42; unten S. 301 f.

auch eine Goldscheibenfibel aus Weingarten (Kr. Ravensburg; Grab 620)[790]. Daß die süd- und ostalemannischen Vorkommen im Raum zwischen Bodensee und oberer Donau von alemannischen Goldschmieden angefertigt werden, wie Ursula Koch aus der Fundortstreuung meint erschließen zu können[791], ist zwar nicht widerlegbar, doch deshalb nicht auch sogleich wahrscheinlich. Nicht zuletzt bezeugen die tierkopfgestaltigen und mit Perldraht verzierten Nadelhalter, beispielsweise an den Fibeln aus Nocera Umbra, St. Denis, Weingarten und Schretzheim den engen formenkundlichen Zusammenhang aller Exemplare, und ursprünglich wird es sich wohl auch insgesamt um durch Goldkettchen miteinander verbundene Fibelpaare gehandelt haben, wofür die rückseitigen Ösen an den Beispielen aus St. Denis und Schretzheim sprechen[792]. Weil es wohl kaum statthaft sein dürfte, die Fibelfunde aus dem friaulischen Belluno, aus Imola und Parma am Nordosttrauf des Apennin sowie aus Castel Trosino und aus Nocera Umbra auf der Südseite desselben Gebirges als fränkisches oder alemannisches Einfuhrgut nach Italien zu werten, hat man die Fibelgruppe insgesamt als italische Goldschmiedearbeiten anzusehen, teilweise vielleicht auch als deren Kopien[793]. Das heißt aber keineswegs sogleich auch langobardisch-italische Herkunft, sondern man wird eher an byzantinisch-italische Arbeiten zu denken haben[794]. Diese Annahme stützt sich wiederum auf das Arnegunde-Grab und die dort vorhandenen goldenen Körbchenohrringe, deren byzantinisch-italische Herkunft zweifelsfrei ist, wie Fingerlin nachweist[795]. Mit einem Paar ähnlicher

790) Wie Anm. 17 (1964) S. 18f., (1971) S. 55; U. Koch (wie Anm. 785). Zu den italischen Parallelfunden siehe bei Fuchs und Werner (wie Anm. 586) Taf. 36, C 1.3.4.6. Daß auch die Weingartener Goldscheibenfibel (oben Anm. 723; ebd. der Hinweis auf die Goldscheibenfibel aus Kirchheim u. T. Grab 85) trotz der hier mitangewendeten Filigrantechnik der von Fingerlin und Koch behandelten Gruppe anzuschließen ist, ergibt sich aus den teilweise identischen Musterdetails der Fundstücke aus Weingarten und Güttingen, und für beide hat man mit gleichartigen Zelleinlagen zu rechnen. Die Mittelkreuzzelle wie bei den Fibeln aus Beringen, Belluno, Imola und St. Denis erscheint in Weingarten Grab 620 auf der zugehörigen kleinen Rosettenfibel. – Zu den Fundstücken aus Weingarten siehe G. Wein, Das alamannische Gräberfeld in Weingarten, Kr. Ravensburg (Württemberg). In: Krämer (Hrsg., wie Anm. 43) S. 469–476, bes. S. 473, Abb. 3,2 (Goldscheibenfibel); Neuffer (wie Anm. 428) S. 244, Abb. 6,12 (Rosettenfibel), S. 247, Abb. 9,2 (durchbrochen gearbeiteter Bronzeanhänger). Man vgl. auch unten S. 286 mit Anm. 849.

791) Wie Anm. 785. – Fingerlin hebt dagegen auf Verbindungen mit dem byzantinischen Italien ab (wie Anm. 17 [1964] S. 19f.).

792) Sicherungsösen an Bügelfibeln gelten als Kennzeichen für italische Werkstätten: Fuchs und Werner (wie Anm. 586) S. 57, Kommentar zu A 56/57. Im selben Sinne auch Dannheimer (wie Anm. 16, 1962) S. 50. Man vergleiche auch bei H. Rupp, Die Herkunft der Zelleinlage und die Almandin-Scheibenfibeln im Rheinland. Rheinische Forschungen zur Vorgeschichte Bd. 2 (1937) Taf. 13,1; 20, A 4.5; 21, 4.5; 23, 11; 24,4.

793) Man vergleiche in diesem Zusammenhang die unterschiedliche handwerkliche Qualität des Scheibenfibelpaares aus dem Arnegundegrab. Sehr gute Fotoabbildungen in: Dossiers d'archéologie 32, 1979 (wie Anm. 275) S. 57. – Koch meint, daß es sich deshalb zunächst um eine Einzelfibel gehandelt haben müßte, nach deren Vorlage man das zugehörige zweite Stück des Paares fertigte (wie Anm. 785).

794) Auch dann, wenn Elemente des germanischen Tierstils vorhanden sind, wie an der Scheibenfibel aus Parma: so Fingerlin (wie Anm. 17; 1964) S. 19.

795) In: Fundberichte aus Baden-Württemberg 1, 1974 (wie Anm. 17), bes. S. 602ff.

goldener Körbchenohrringe ist denn auch die Scheibenfibel aus Castel Trosino (Grab 168) vergesellschaftet[796]; und die gleiche Kombination liegt in der reichen Kirchengruft 86 von Zofingen (Kanton Aargau) vor, in der zweifellos keine Alemannin bestattet ist[797]. Als byzantinische Arbeiten des Güttingener Grabinventars haben schließlich auch die oben genannten Perlen sowie der Goldfingerring mit geschliffenem Amethyst[798] zu gelten. Demgegenüber ist die Güttingener Silberschnalle als germanisch-italisch im Sinne ostgotischer Fertigung anzusehen[799], während man den drei Goldblechanhängern am ehesten langobardische Herkunft zuschreiben möchte[800]. Für die silbervergoldete S-Fibel des Güttingener Grabes ist ebenso wie für ihre bislang einzige Analogie aus dem Reihengräberfriedhof von Nordendorf (Ldkr. Augsburg), der sich noch das linksläufige Fibelpaar aus Sontheim an der Brenz anschließen läßt, dann langobardische Herkunft nicht auszuschließen, sofern man diese Fibeln in der Nachfolge des Typs Kipfenberg-Herten sieht[801].

Die im Vorstehenden aufgeführten Fundstücke eines einzigen Grabinventares einschließlich der formenkundlichen Hinweise dazu sollen zweierlei verdeutlichen: 1. daß die Archäologie durchaus imstande ist, sehr differenzierte Vorstellungen über die Herkunft eines im streng methodischen Sinne geschlossenen Fundes zu entwickeln; 2. daß sie letztlich jedoch die Antwort schuldig bleiben muß, sofern man die deutlich erkennbaren transalpinen Beziehungen auf die Ursachen und Hintergründe hin befragt. Ein Grabinventar wie das Güttingener ist viel

796) MENGARELLI (wie Anm. 553) S. 318f. Abb. 226; Taf. 14,2.3. – FUCHS und WERNER (wie Anm. 586) S. 62, Kommentar zu C 1–7.

797) M. HARTMANN, Die Stiftergräber in der Stadtkirche St. Mauritius von Zofingen (in: Archäologie der Schweiz 4, 1981, S. 148–163, Abb. 14, 1.3.; Abb. 18). Die Scheibenfibel gehört zwar zur Gruppe der in Goldcloisonné-Technik gefertigten Fibeln, stellt aber einen anderen Typ als Güttingen dar. – Man vgl. unten S. 285f. mit Anm. 847–850. Zur Frage der paläoethnischen Zuordnung siehe unten S. 287.

798) FINGERLIN (wie Anm. 17; 1964) S. 21f.

799) Ebd. 22ff.

800) Ebd. 18.

801) Das läßt sich ungefähr der Nordendorfer Fibelreihe entnehmen: M. FRANKEN, Die Alamannen zwischen Iller und Lech. Germanische Denkmäler der Völkerwanderungszeit Bd. 5 (1944) Taf. 6, 3–5. – Sontheim Grab 91: NEUFFER-MÜLLER (wie Anm. 686) Taf. 38, 1.3.– Das Kennzeichen der Güttingener S-Fibel, der Zick-Zack-Kerbschnitt, kombiniert mit rahmender, feiner Perlleiste, kommt in gleichartiger Form auf den Fußplatten einer Gruppe von Bügelfibeln vor, für die rechteckige Kopfplatten mit Knöpfen und ovaler Fibelfuß mit Tierkopfabschluß typisch sind: Albertfalva (bei Budapest), Cserkút (Komitat Baranya), Schretzheim Grab 146, Nordendorf (Ldkr. Donauwörth), Sulzheim (Ldkr. Gerolzhofen); anzugliedern ist die Fibel aus Světec (Schwaz, Böhmen) mit halbrunder Kopfplatte, die die Formverbindung zum Bügelfibeltyp Várpalota Grab 1 und 17 herstellt. Weitere Beispiele ließen sich anschließen. Zu den kulturgeschichtlichen Zusammenhängen, zur Chronologie und zu den Belegstellen in der Literatur siehe WERNER (wie Anm. 11, 1962) S. 37ff., 68f. und U. KOCH (wie Anm. 18, 1977) S. 52f. KOCH nimmt auf WERNERS Ausführungen (S. 69) keinen Bezug; doch ist offensichtlich, daß Bügelfibeln wie aus Schretzheim Grab 146 formverwandt sind mit Typ Albertfalva-Cserkút. Nordendorf: FRANKEN (wie Anm. 801) Taf. 1,8; 2,2. – Eine Bügelfibel aus Pflaumheim (Ldkr. Obernburg) hat man als Variante dieser Gruppe aufzufassen: R. KOCH (wie Anm. 18, 1967) S. 156f. (Grab 1 von 1960), Taf. 71,2 (siehe auch unten Anm. 810).

zu heterogen zusammengesetzt, als daß auch nur halbwegs verbindlich anzugeben wäre, auf welche Weise dieser verschiedenartige Formenbestand zustande gekommen ist. Weder ist ein einheitlicher »Importstrom« aus ein und derselben Region zu erkennen, noch gleiche Herstellungszeit für die verschiedenen Fundstücke. Statt dessen drängt sich der Eindruck auf, daß jene Güttingener Alemannin kaum eine Gelegenheit ausläßt, ihre Pretiosen-Sammlung beständig wahllos anzureichern. Die Mittel dazu besitzt sie ganz offensichtlich, und deshalb muß man sie den *potentes* zurechnen. Eine personengebundene Beziehung zu Italien besteht gewiß nicht. Darstellungsgehabe dürfte wohl die zutreffendste Bezeichnung für die offensichtliche Besitzanhäufung sein. Wenn Fingerlin dennoch den Vergleich mit der Ausstattung des Prunkgrabes unter dem Kölner Dom wagt und in der Güttingenerin eine Angehörige des alemannischen Hochadels erkennen zu können glaubt[802], so besteht der entscheidende Unterschied gerade darin, daß das Kölner Grab sich durch sorgfältig zusammengestellte und stilkundlich sehr einheitliche Schmuckensembles auszeichnet wie übrigens auch das Grab der Arnegunde von St. Denis.

Folgt man zunächst Fingerlins Ansicht, daß mit Grab 38 die Belegung des Güttingener Gräberfeldes einsetzt, so können alle übrigen Gräber, von denen mehrere gleichfalls Fremdgut italischer Herkunft aufweisen, entweder nur zeitgleich im Sinne der Stufe Alemannisch III oder aber jünger sein. Als zeitgleich wäre beispielsweise Grab 37 mit gleichartigen langobardischen Goldbrakteaten einzustufen[803]. Fernverbindungen bezeugt außerdem Güttingen Grab 7, das jedoch Fingerlins Chronologieansatz zufolge bereits der ersten Hälfte des siebenten Jahrhunderts angehören soll[804]; es wäre mithin jünger als Stufe Alemannisch III. Sicher italischer Herkunft sind aus diesem Grabinventar die 26 Amethyste der Halskette sowie einige Perlmuttperlen, aller Wahrscheinlichkeit nach auch die filigranverzierte Goldscheibenfibel[805]. Als Vorbilder für die Güttingener Fibel benennt Fingerlin in Anlehnung an Werner die »byzantinischen« Goldscheibenfibeln aus dem mittelitalischen Castel Trosino-Gräberfeld[806]. In der Tat entsprechen die Ornamentdetails, wie der sehr sorgfältig ausgeführte S-Filigran, die Mittelrosette, die umlaufenden, zopfartig geflochtenen Golddrähte sowie die streng symmetrische Ordnung den exakt gearbeiteten italischen Scheibenfibeln[807]. Ebenso positiv fällt auch der Vergleich mit Filigranarbeiten der Stufe Alemannisch III aus der Zone nordwärts der Alpen aus. Die Tierstilornamente des Güttingener Exemplars stehen der Annahme italischer Fertigung nicht entgegen[808]. Zwingende Argumente für eine Datierung der Scheibenfibel erst in das

802) Wie Anm. 17 (1964) S. 35f.
803) FINGERLIN (wie Anm. 17; 1971) S. 150f., Taf. 16, Grab 37. Daß es sich bei den Bildinhalten der Goldbrakteaten aus den Güttingener Gräbern 37 und 38 um Christus-Darstellungen en face handelt, hebt MILOJČIĆ hervor: wie Anm. 786, S. 334f.
804) Wie Anm. 17 (1971) S. 57. – Zu FINGERLINS Chronologie-Methode kritisch AMENT (oben Anm. 17).
805) Ebd. 57; Taf. 7,1.
806) Ebd. 57.
807) FUCHS und WERNER (wie Anm. 586) Taf. 41–43, C 26–35.
808) Wie Anm. 794.

siebente Jahrhundert fehlen[809]. Wiederum macht sich sehr störend bemerkbar, daß es an einer gesicherten archäologischen Chronologie für Italien mangelt, doch gibt es deutliche Hinweise auf Grabinventare frühlangobardischer, eventuell auch bereits vorlangobardischer Zeitstellung[810]. Daß Güttingen Grab 7 noch der Stufe Alemannisch III angehören muß, ist auch über die Amethystperlenkette zu argumentieren, die gemessen an den Befunden zum Reihengräberfeld von Schretzheim, in der dortigen Ortsstufe 3 zu erwarten wären[811], d. h. in derjenigen Phase, die durch Bügelfibeln der italisch-langobardischen Serien sowie durch späte Rosetten- und S-Fibeln definiert ist und die Ursula Kochs Vorstellungen zufolge die Zeitspanne von 565 bis 590/600 ausfüllt[812]. Ferner scheint für Güttingen Grab 7 auswertbar zu sein, daß eiserne, tauschierte Schnallenbeschläge und Riemenzungen in diesem Inventar fehlen und daß statt dessen vielmehr noch bronzene Garnituren vorkommen[813]. Sind dagegen Goldscheibenfibeln mit tauschierten Beschlägen und Riemenzungen sowie silbernen Körbchenohrringen der Güttingener Imitationsform[814] vergesellschaftet wie in den Gräbern 1 und 100 derselben

809) FINGERLIN spricht sich bei der Goldscheibenfibel aus Grab 7 für die erste Hälfte des 7. Jahrhunderts aus: wie Anm. 17 (1971) S. 57f. – Diesen Zeitansatz übernimmt B. THIEME, ohne neue Untersuchungen anzustellen, und ordnet das Güttingener Fundstück in ihre Gruppe der ältesten Scheibenfibeln ein (wie Anm. 723, S. 424f., 463. Nr. 61.).

810) Am weitestgehendsten entspricht diese Güttingener Goldscheibenfibel aus Grab 7 dem Typ C 26 aus Castel Trosino Grab K (Typenbezeichnung nach FUCHS und WERNER [wie Anm. 586] S. 37, Taf. 41, D 26), und zwar aufgrund der vier Ziernieten, der vier aufgesetzten Cabochons, dem Ringwulst und dem Filigranbesatz. Der hauptsächliche Unterschied besteht darin, daß die Güttingener Fibel Tierstilelemente aufweist. – Zum Grabinventar Castel Trosino K gehören die Bügelfibeln A 44 und A 58 sowie ein Paar byzantinischer Goldohrringe (FUCHS und WERNER a. a. O. S. 17 Nr. A 44, S. 19, Nr. A 58; S. 57 [Kommentare zu A 44 und A 58]; Taf. 8, A 44; 10, A 58; MENGARELLI [wie Anm. 553] S. 204, Taf. 8,7). Typ A 58 stellt WERNER zufolge das bisher älteste italische Exemplar einer Langobardenfibel dar und wurde gewiß noch in Pannonien hergestellt (ebd. 57). – Zum Typ A 58 aus Castel Trosino Grab K liegt inzwischen eine form- und mustergleiche Analogie aus Kajdacs (Komitat Tolna, Grab 2) vor: BONÁ (wie Anm. 342). Taf.-Abb. 51, 54, 55. Weil die Kajdacs-Fibel bereits vor 568 mitbestattet wurde, kann ihre Trosino-Analogie nur unwesentlich jünger sein. Das aber muß sich auf die Chronologie der Goldscheibenfibel aus Trosino Grab K auswirken und damit auch auf deren Parallele aus Güttingen Grab 7. – Am Rand sei auf die zweifellos gleichfalls frühe Goldscheibenfibel aus Pflaumheim (Ldkr. Obernburg) hingewiesen; R. KOCH zufolge ist dieses Exemplar jedoch an rheinisch-fränkische Fundstücke anzuschließen, die wiederum ihrerseits mittelmeerländische Verbindungen erkennen lassen: wie Anm. 18 (1967) S. 28f. mit Taf. 71,3. Die zugehörige Bügelfibel stellt eine Variante des Typs wie Albertfalva-Cserkút dar (oben Anm. 801). – In dem Detail der einander zugewendeten Tierköpfe der Güttingener Scheibenfibel aus Grab 7 entsprechen diejenigen Scheibenfibeln, die man dem »Wittislinger Meister« zuschreibt. Dazu H. DANNHEIMER, Untersuchungen zur Besiedlungsgeschichte Bayerns im frühen Mittelalter. In: Ausgrabungen in Deutschland, gefördert von der Deutschen Forschungsgemeinschaft 1950–1975. Bd. 2: Römische Kaiserzeit im freien Germanien-Frühmittelalter I (1975), S. 224–237, bes. S. 227–229 mit Abb. 6. Doch ist der Zeitunterschied so beträchtlich, daß man von zufälligen Konvergenzen auszugehen hat.

811) U. KOCH (wie Anm. 18; 1977) S. 72.

812) Ebd. 36f.

813) FINGERLIN (wie Anm. 17; 1971) Taf. 7, 7–10, 12–14, 16–18.

814) Wie FINGERLIN, Fundberichte aus Baden-Württemberg 1, 1974 (wie Anm. 17) S. 598ff., 604ff.

Nekropole[815], lassen die zugehörigen Scheibenfibeln bezeichnenderweise nicht mehr die strenge Ornamentsymmetrie italischer Arbeiten erkennen. Demnach wird es sich bei diesen beiden Scheibenfibeln möglicherweise um alemannische Imitationen nach italischen Vorbildern handeln[816]. Die Scheibenfibel aus Grab 7 dagegen muß dem italischen Einfuhrgut der Stufe Alemannisch III zugeschrieben werden. Eiserne, tauschierte Gürtelgarnituren sowie die alemannischen Imitationsformen der Körbchenohrringe treten erst mit Stufe Alemannisch IV auf, wie unten noch näher auszuführen ist.

Außer der italischen Goldfiligranscheibenfibel umfaßt das Güttingener Grabinventar 7 eine silbervergoldete Bügelfibel des Typs Cividale[817]. Die Typenbenennung legt gleichfalls italisch-langobardische Herkunft nahe, doch in Wirklichkeit stellt sich die Frage nach der formenkundlichen Provenienz außerordentlich verwickelt dar. Wohl insgesamt werkstattgleiche Analogien liegen aus Beringen (Kanton Schaffhausen), Dagersheim (Ldkr. Böblingen), Nordendorf (Ldkr. Augsburg), Köln-Müngersdorf, Krefeld-Stratum sowie in vier Exemplaren aus Cividale vor[818]. Die Fibeln aus Güttingen und Beringen entstehen gleichzeitig von ein und derselben Hand. Wie ist diese Verbreitung vom langobardischen Cividale in Friaul über Süd- und Zentralalemannien bis an den fränkischen Niederrhein zu erklären?

Die Frage, ob der Fibeltyp Cividale unter angelsächsischem Einfluß in den Rheinlanden entsteht, wie Werner 1950 meint[819], oder ob er italisch-langobardischen Ursprungs ist, was aufgrund der beiden Fibelpaare aus Cividale angenommen werden könnte, ist wohl in ganz

815) Fingerlin (wie Anm. 17; 1971) Taf. 1–2, 44–45.
816) Ebd. 57.67. 117.
817) Ebd. 58, Taf. 6,2. – Siehe dazu auch oben S. 242 mit Anm. 587; unten S. 291.
818) Ebd. 58. Jüngst zu dieser Fibelgruppe auch Pirling (wie Anm. 281) S. 154f. Das Fundstück aus Krefeld-Stratum ist münzdatiert: terminus post quem 527/565 (Nachprägung nach Justinian; ebd. 155). – Zu einem Neufund aus Wellin in Luxemburg: H. Roosens, La fibule arguée de Wellin (in: Archäologisches Korrespondenzblatt 14, 1984, S. 209–211). – Man vgl. zum Typ Cividale auch Anm. 819.
819) Fuchs-Werner (wie Anm. 586) S. 59, Kommentar zu A 107–111. Zuvor erwägt Werner für Typ Cividale entweder Einfuhrgut aus Süddeutschland oder süddeutschen, d. h. alemannischen Einfluß auf die italischen Fibeln (wie Anm. 10), S. 43, Anm. 43. – Der Fibeltyp wird auch 1973 in Roths Ornamentik-Studie mitbehandelt (wie Anm. 13, S. 106ff., Taf. 13,1.3). Roths Ausführungen, in denen Kühns These von der mitteleuropäischen, d. h. letztlich fränkischen, Formenprovenienz erneut vertreten wird, können jedoch folgende Detailanalogien nicht erklären: 1. Das spiralhakenverzierte Mittelrautenfeld auf den Fußplatten des Typs Cividale A 109/110 mit den umgebenden Spiralrankenzonen findet sich in nahezu identischer Form auf der Gürtelschnalle von Gyula (Komitat Békés): Csallány (wie Anm. 34) Taf. 192,2. – 2. In Analogie zur Bezeichnung der mitteldonauländischen Maskenschnallen (Annibaldi und Werner [wie Anm. 428] Taf. 42) läßt sich Typ Cividale aufgrund der stets im Fußfeld vorhandenen schematischen Gesichtsdarstellung als »Maskenfibel« bezeichnen. – 3. Die Variante A 111 des Typs Cividale stellt mit ihrer Fußplatte, von der Form und der Musteranordnung einschließlich der »Randtiere« her gesehen, eine degenerierte, d. h. ungekonnte Umbildung der Beschlagplatte der Gyula-Schnalle dar. – 4. Raupenbügel wie an der Variante A 111 sind gleichfalls in der mitteldonauländischen Fundgruppe vorgebildet, z. B. am Bügelfibelpaar aus Domolospuszta. – Aus 1–4 ergibt sich die Notwendigkeit, bei Untersuchungen zur Formgenese des Fibeltyps Cividale die aus dem Mitteldonaubecken tradierten Bildformen mitzuberücksichtigen.

anderer Weise zu beantworten. Denn inzwischen ist ein formgleiches Fibelpaar aus dem langobardischen Gräberfeld von Hegykö (Komitat Györ-Sopron) südlich des Neusiedler Sees bekannt geworden[820]. Werner sieht in den Hegykö-Fibeln die Vorform des Typs Cividale, dessen Zeitstellung damit noch pannonisch-langobardisch bestimmt ist[821]. Wiederum als Vorform zur Vorform Hegykö hat Werner zufolge der Fibeltyp Perchtoldsdorf (bei Wien) zu gelten, der wahrscheinlich sogar noch während der langobardisch-norddanubischen Phase, d.h. am Beginn des sechsten Jahrhunderts, entsteht, aber auch in Mittelitalien auftritt[822]. Typ Perchtoldsdorf, obschon keinesfalls als fränkische Fibelform zu bezeichnen, tritt gleichzeitig auch in den fränkisch besiedelten Landstrichen des Vorgebirges zwischen Bonn und Köln auf, ferner im friaulischen Cividale[823]. Betrachtet man die Verbreitungsbefunde zu den Fibeltypen Cividale und Perchtoldsdorf und ihre Chronologie synoptisch, drängt sich die Vorstellung auf, daß beide Typen nur im westlichen Teil des Mitteldonaubeckens entstehen können und daß dieser Raum eine starke Ausstrahlungskraft besitzt, die bis in die fränkischen Rheinlande, bis ins Alemannische und bis nach Nord- und Mittelitalien reicht, und zwar eindeutig noch weit vor dem Jahr 568. Die Fibeln des Typs Cividale aus Güttingen, Beringen, Dagersheim und Nordendorf weisen wohl insgesamt mit höherer Wahrscheinlichkeit alemannische Beziehungen mit dem westlichen Mitteldonaubecken aus als mit Italien. Daraus resultiert aber als neue Frage, ob Güttingen Grab 7 nicht eher in Stufe Alemannisch II zu datieren ist als in Stufe III; es wäre mithin älter als das Grab der Reichen desselben Friedhofes (Grab 38)[824]. Dieser Datierung steht die Goldscheibenfibel aus Grab 7 nicht entgegen[825]. Dabei hat man mitzubeachten, daß die Krefelder Fibel des Typs Cividale den münzbestimmten terminus post quem 527/565 aufweist[826]. Ursula Koch rechnet aufgrund ganz anderer Überlegungen für die ostalemannische Ansiedelung von Schretzheim mit aus Pannonien zuziehenden Langobarden der Zeit um 568[827]. Auch das ist mitzubedenken bei Überlegungen zum Werkstattkreis der Bügelfibeln von Güttingen und Beringen.

820) I. BÓNA, Langobarden in Ungarn (in: Arheološki Vestnik 21–22, 1970–71, S. 45–74, bes. S. 69, Abb. 15,7); DERS. (wie Anm. 342) Taf.-Abb. 42–43; WERNER (wie Anm. 11, 1962) Taf. 32,2.
821) Ebd. 71f.
822) Ebd. 71, 73, Taf. 33,1.3.
823) KÜHN (wie Anm. 458) Taf. 49,178. Besonders auffällig sind die gleichartig gestalteten Masken der Kopfplattenrahmungen bei diesem Exemplar und dem aus Perchtoldsdorf; man siehe dazu auch bei KÜHN a. a. O. Taf. 108, 46 Nr. 1–3. Die Fibel A 111 aus Cividale ist hier anzuschließen (FUCHS und WERNER [wie Anm. 586] Taf. 29). – Man vgl. zu der Gruppe auch bei HASELOFF (wie Anm. 12) S. 345ff. (Gruppe B II). Zur Chronologie und zur Herkunft des Typs Perchtoldsdorf (ebd. 362f.; keine über WERNER hinausführende Erkenntnisse).
824) FINGERLIN sieht in der Güttingener Fibel aus Grab 7 ein älteres Einzelstück, doch geht seine Güttingen-Chronologie von einer inzwischen korrigierten Prämisse aus (wie Anm. 17, 1977, S. 58). Zur Korrektur vgl. oben Anm. 17 (AMENT) und Anm. 785 (U. KOCH).
825) Oben S. 279 mit Anm. 810. Insgesamt betrachtet, dürfte Güttingen Grab 7 zeitgleich mit Castel Trosino Grab K sein.
826) Wie Anm. 818.
827) Wie Anm. 18 (1977) S. 185; dazu siehe auch unten Anm. 831 sowie S. 298.

Diese vom Güttingener Fibelfund ausgehende neue Sicht und ihr besiedlungsgeschichtlicher Hintergrund lassen sich in noch anderer Weise stützen. Denn als eine weitere bemerkenswerte Besonderheit weist das Güttingener Reihengräberfeld Drehscheibenkeramik auf, als deren Kennzeichen das gitterförmige Einglättmuster anzusehen ist[828]. Diese Quellengruppe besitzt ihren Verbreitungsschwerpunkt im westlichen Bodenseegebiet und im südlichen Württemberg, greift vereinzelt bis in die Nordschweiz und ins Oberrheintal über[829] und wird von Fingerlin teils in die letzten Jahrzehnte des sechsten Jahrhunderts, teils in das frühe siebente Jahrhundert datiert[830]; sie muß demnach zumindest teilweise in Stufe Alemannisch III gehören. Die Zierweise an sich ist aus dem östlichen Reihengräberkreis ableitbar und fußt letztlich auf spätantiken Wurzeln[831]. Auf der alemannischen Höhenburg des Runden Berges ist diese Art

828) Fingerlin (wie Anm. 17; 1971) Taf. 5 (Grab 6 A), 11 (Grab 23), 15 (Grab 30), 16 (Grab 34), 39 (Grab 86); Taf. 50.10.

829) Ebd. 133. – Martin, Basel-Bernerring (wie Anm. 19; 1976) S. 152f. möchte diese Keramikgruppe eingewanderten Thüringern oder ihren »westlich-fränkischen« Nachkommen zuschreiben. Fingerlin dagegen hält lediglich die Übernahme der Ornamentik von Drehscheibenware des Typs Staffelstein für möglich. – Zu entsprechender Keramik aus der Gruppe Irlmauth siehe U. Koch (wie Anm. 18, 1968) S. 112f. Zu einem glättmusterverzierten Becher aus Viehhausen (Ldkr. Regensburg) siehe ebd. 195, Taf. 49,14. – Zu dieser baierischen Gruppe und Formverbindungen mit Böhmen siehe Hübener (wie Anm. 650) S. 93f. – Siehe dazu auch oben S. 250.

830) Ebd. 135. Fingerlin verweist audrücklich darauf, daß beispielsweise Güttingen Grab 6 A nur aufgrund der Lage im Gräberfeld von ihm spät datiert wird. Der archäologische Befund an sich erlaubt auch frühere Zeitstellung.

831) Ebd. 134. – Dazu vgl. man auch die Ausführungen Christleins zur Drehscheibenkeramik mit Einglättmustern vom Runden Berg, die er gleichfalls auf spätantike Wurzeln, und zwar des Mitteldonauraumes zurückführt: Der Runde Berg III (wie Anm. 15; 1979) S. 23f. – Zum östlichen Keramikimport ins alemannisch besiedelte Gebiet: Ders., Die Alamannen (wie Anm. 15; 1979) S. 98, Abb. 72. – Zur Einglättkeramik von mährischen Bestattungsplätzen der vorlangobardischen Gräbergruppe siehe Tejral, Die donauländische Variante der Drehscheibenkeramik mit eingeglätteter Verzierung in Mähren und ihre Beziehungen zur Tschernjachower Kultur. In: Origine et débuts des Slaves (1968) S. 77–139. – Ders. (wie Anm. 475) S. 19–25 (vorlangobardische Fundgruppe), S. 49; Ders. (wie Anm. 395; 1982) S. 244. – Zu mährischen Belegen des späteren 6. Jahrhunderts siehe Z. Klanica, Zur Frage der Anfänge des Burgwalls »Valy« bei Mikulčice (in: Archeologické rozhledy 20, 1968, S. 626–644, bes. S. 633f.), mit Hinweis u. a. auf den glättmusterverzierten Krug aus Jutas Grab 126 (Komitat Veszprém), eine langobardische Bestattung der Zeit vor 568. Man vgl. in dem pannonischen Zusammenhang auch Grab 120 des Gräberfeldes von Környe (Komitat Komárom): Á. Salamon und I. Erdélyi, Das völkerwanderungszeitliche Gräberfeld von Környe. Studia Archaeologica Bd. 5 (1971) S. 26, 61, Taf. 25,3. Die Autoren verweisen auf Exemplare aus Szöreg (Komitat Csongrád) und Mezöband (Siebenbürgen). Weitere Beispiele bei Csallány (wie Anm. 34), z. B. Taf. 20, 3–6; 47, 5–7; 101, 5.7.10.11.17.21; 102, 2.4.5; 185, 3.5; 189, 13; 194, 1.2; 220, 3.5 usw. sowie zahlreiche weitere Belege im beschreibenden Teil seiner Gepiden-Monographie. – Zur pannonisch-langobardischen Einglättkeramik siehe auch die Bemerkungen I. Bónas: Neue Langobardenfunde in Ungarn. In: Problemi seobe naroda u Karpatskoj kotlini. Novi Sad (1978) S. 109–116, bes. 112f.; Ders., Die langobardische Besetzung Südpannoniens und die archäologischen Probleme der langobardisch-slawischen Beziehungen (in: Zeitschrift für Ostforschung 28, 1979, S. 393–404); ebd. Taf. 2,3 ist eine einglättverzierte Kanne aus dem Gräberfeld von Tamási (Komitat Tolna)

der Keramik bereits für Stufe Alemannisch I ausgewiesen[832]. Wenn jedoch, wie Fingerlin annimmt, diese Tonware in ihrer Spätzeit im Alemannischen aufgrund östlicher Einflüsse entsteht, und wenn in etwa zur selben Zeit langobardische Einglättkeramik mit erheblichem Anteil für Norditalien nachweisbar ist[833], dann kann nur das westliche Mitteldonaubecken als gemeinsame Ausgangsregion angesehen werden. Der Keramikbefund stützt infolgedessen die oben entwickelten Überlegungen zur Herkunft der Fibeln vom Typ Cividale. Ob und in welchem Umfang sich hinter beiden Befunden reale besiedlungsgeschichtliche Vorgänge verbergen, deren Herd dann im Mitteldonaubecken zu suchen wäre, bleibt vorläufig unentschieden; denn noch läßt sich der Fundbestand, gerade auch aus dem Güttingener Reihengräberfeld, leider nicht verläßlich genug datieren[834]. Festzustehen scheint lediglich, daß die Belegung des Reihengräberfeldes spätestens mit Stufe Alemannisch III einsetzt; ein archäologisch meßbarer Zeitunterschied zwischen den beiden Gräbern 7 und 38 läßt sich beim derzeitigen Forschungsstand noch nicht sicher nachweisen.

Beide Frauenbestattungen sind infolgedessen der »Gründergeneration« der zugehörigen Ansiedelung zuzuschreiben[835]. Wann die Güttingener Siedlung entsteht und woher ihre Gründer kommen, muß ebenso unbeantwortet bleiben wie die zunächst unverständlich erscheinende Frage, ob die Gründer wirklich Alemannen sind. Doch gerät der Archäologe in ziemliche Verlegenheit, will er alemannisches Ethnikon beispielsweise für die Reiche in Grab 38 argumentativ belegen. Gleiches gilt für das Inventar aus Grab 7. Gerade weil es sich bei der Gründergeneration um von auswärts Zuziehende handelt, stehen eingedenk dessen, was oben

abgebildet, die eine genaue Parallele zur Kanne aus Jutas Grab 126 darstellt. – Die Zitate insgesamt stellen klar, daß Einglättkeramik sowohl im 5. als auch im 6. Jahrhundert im mitteldonauländischen Raum (einschließlich Mährens) zahlreich vorkommt. Auch im alemannisch besiedelten Gebiet ist das 5. wie das 6. Jahrhundert ausgewiesen. Die damit zusammenhängenden Fragen bedürfen neuer, systematischer Analyse auf umfassender Quellenbasis. Erst dann sind verläßliche Antworten bezüglich der Herkunft und der Tradition im östlich-merowingerzeitlichen Formenkreis möglich.

832) Wie Anm. 283 S. 24: »Jahrzehnte zwischen 480 und 500«. – Zur chronologischen Einordnung des Runden Berges (ältere Siedlungsphase) in Stufe Alemannisch I: wie Anm. 392.

833) Als Beispiel: O. v. Hessen, Die langobardischen Funde aus dem Gräberfeld von Testona (Moncalieri/Piemont). Memoria dell' Accademia delle Scienze di Torino. Classe di Scienze Morali, Storiche e Filologiche. Serie 4ª Bd. 23 (1971), Taf. 61; 62, 706; 63, 697. – Auch wenn derzeit nicht zu beantworten, so ist dennoch aus Überlegungen zur archäologischen Methodik die Frage aufzuwerfen, ob die italischen Belege zur germanischen Einglättkeramik wirklich als »national-langobardisch« angesprochen werden dürfen. Das gilt auch dann, sofern sich ihre Herkunft zwingend mit dem Abzug aus Pannonien verknüpfen lassen sollte. Man denkt dabei zum einen an die mit den Langobarden ziehenden 20000 Sachsen (dazu oben S. 169 und Anm. 230; 925). Zum anderen hat man den Verbreitungsbefund dieser Keramikgattung mit im Auge zu behalten, weil er sich nicht nur auf die langobardischen Siedelgebiete in Pannonien beschränkt (dazu oben S. 282 mit Anm. 828–830). Zum dritten wird man die zeitliche Tiefe dieser Quellengruppen ebenso mitzuberücksichtigen haben, wie ihre spätantiken Wurzeln (dazu oben S. 282 mit Anm. 831).

834) Wie Anm. 785, 804, 824.

835) Damit wäre die gedankliche Konstruktion, daß Güttingen Grab 38 als »adliges Gründergrab« anzusehen sei, aufzugeben: oben S. 274 mit Anm. 782.

zur Herkunft der Siedler vom Basler Bernerring gesagt ist, viele Möglichkeiten auch für Güttingen offen. Im Grunde genommen ist es nur die geographische Lage des Ortes selbst, die uns gestattet, Alemannen als Siedlungsgründer anzunehmen. Doch ebensowenig wie nach archäologischer Methode zu beweisen ist, daß die in den Güttingener Gräbern 7 und 38 Bestatteten Alemanninnen sind, läßt sich mit Argumenten der Archäologie ausschließen, daß beide keine Langobardinnen darstellen, die möglicherweise sogar direkt aus Pannonien in den Hegau kommen, vielleicht auch erst auf dem Umweg über Italien, obschon die Schriftquellen zu transalpinen Beziehungen dieser Art schweigen. Mit in die Vorstellung von von auswärts zugezogenen Güttingener Siedlungsgründern paßt der Befund, daß die ihrer formenkundlichen Bestimmung nach östliche Art der Einglättverzierung der Keramik nur in dem ältesten Teil des Gräberfeldes anzutreffen ist[836)]. Daß das etwas gesondert liegende große Holzkammergrab 38 die wirklich älteste Bestattung des Güttingener Friedhofes darstellt, wird in dieser definitiven Aussage schwerlich beweisbar bleiben. Hermann Ament folgt in diesem Punkte ganz den Gedanken Fingerlins, obwohl er an anderer Stelle Fingerlins Überlegungen zur horizontalchronologischen Methode kritisiert[837)]. Höchtwahrscheinlich verhält es sich in Güttingen so, daß die Gräber der ältesten Belegungsschicht, die wir mit der gesamten Stufe Alemannisch III gleichsetzen, diejenige Gräberfeldzone umfassen, die sich etwa zwischen den Gräbern 38 und 7 erstreckt[838)]. Die separierte Gruft 38 wäre dann im Sinne herausgehobener abgesonderter Lage von den übrigen Bestattungen zu erklären[839)]. In dieser ältesten Güttingener Phase kommt zwar italisches Formengut vor, aber noch augenscheinlicher sind Beziehungen zum Mitteldonaubecken.

Nähere Aufschlüsse darüber, in welch unterschiedlicher Weise italisch-byzantinische Goldschmiedearbeiten auf das Quellenmaterial der alemannisch besiedelten Zone einwirken, nämlich zunächst als direkter »Import«, danach in der Form von Nachahmungen italischer Arbeiten durch alemannische Gold- und Silberschmiede, gestatten die kunstvoll gefertigten Ohrringpaare aus Gold und Silber in Filigrantechnik, die sogenannten Körbchenohrringe. Gemäß Fingerlins Studien dazu stellen die silbernen Ohrringpaare aus den Güttingener Gräbern 1 und 100 alemannische Imitationen nach italisch-byzantinischen Vorbildern dar[840)]. Das Verbreitungsgebiet dieses Güttingener Typs beschränkt sich auf den alemannisch besiedelten Raum, greift allerdings bis ins Bairische hinüber[841)]. Dem derzeitigen Quellenbestand nach

836) Fingerlin (wie Anm. 17; 1971) Taf. 117, Plan 16.

837) Wie Anm. 782 und Anm. 17.

838) In diesem Sinne wäre Fingerlins Belegungsplan für Güttingen zu modifizieren: wie Anm. 17 (1971) Taf. 118, Plan 18. Ganz bestimmt ist Grab 7 in die Gruppe »Gräber mit Typen des sechsten Jahrhunderts« einzubeziehen.

839) Zurückhaltendere Interpretation empfiehlt sich für den Güttingener Gräberplan vor allem auch deshalb, weil sich südwestlich des Grabes 7 ein zerstörter Teil des Friedhofes der Beurteilung entzieht (ebd. 5f.).

840) Fundberichte aus Baden-Württemberg 1, 1974 (wie Anm. 17) S. 598ff., 604ff.

841) Ebd. 625, Verbreitungskarte Abb. 7.

fehlen die Vorformen aus italischer Fertigung zwar bisher noch im Alemannischen. Doch lassen sie sich in der alpenländischen Romania ebenso nachweisen wie in bairischen und fränkischen Gräberfeldern. Fingerlins diesbezüglicher Verbreitungskarte von 1974[842] können inzwischen die Fundpunkte Sindelsdorf (Ldkr. Weilheim-Schongau), Zofingen (Kanton Aargau), Stabio im Tessin, Säben und Dos di Trento in Südtirol hinzugefügt werden[843]. Sicher datierbar sind die Körbchenohrringe italischer Fertigung in der Zone nordwärts der Alpen erstmals am Beginn der Stufe Alemannisch III im zentralfränkischen Gebiet, im Grab der Arnegunde von St. Denis, das auf die Jahre 565–568 fest datierbar ist. Mithin kann es sich bei diesen Edelmetallarbeiten weder um italisch-langobardisches Formengut handeln[844], noch um langobardische Vermittlung über die Alpen hinweg, noch um zufällige Mitbringsel aus Italien, wie man das gelegentlich für andere Sachaltertümer erwägt[845]. Denn sie gelangen zweifelsfrei bereits vor 568 an den fränkischen Hof, wo man sich dergleichen gewiß ebenso bewußt verschaffte wie etwa auch im baierischen Sindolvesdorf[846] und anderswo. In welcher Weise Vorstellungen zu dieser Art transalpiner Beziehungen zu entwickeln sind, läßt sich am deutlichsten an dem entsprechenden Inventar aus einer Steingruft unter der Stadtkirche St. Mauritius in Zofingen im Kanton Aargau aufzeigen[847].

Zofingen liegt 30 km südlich des Hochrheins an der Europa-Straße E 9, die von Mailand über Como, Bellinzona, den St. Gotthardpaß, Luzern, Olten und Basel ins Elsaß führt, und zwar dort, wo diese Route den dem Jurazug parallel verlaufenden Weg vom Genfer See zum Bodensee quert. Das Gebiet um Zofingen stellt demnach einen nordalpenländischen Verkehrsraum erster Ordnung dar. Gruft 86, eines der am reichhaltigsten ausgestatteten Frauengräber des Schweizer Mittellandes, der der älteste Zofinger Steinkirchenbau vorausgeht, wie Martin Hartmanns Ausgrabungen von 1979 und 1980 zweifelsfrei belegen[848], ist durch Goldpretiosen wohl insgesamt italischer Formentradition ausgezeichnet: ein Körbchenohrringpaar, eine Scheibenfibel in Cloisonnétechnik, einen Goldreif sowie ein antiker Gemmenring. Mitanzu-

842) Ebd. 623, Verbreitungskarte Abb. 6.

843) Sindelsdorf: MENKE, Sindolvesdorf-Sindelsdorf. Ein baierisches Gräberfeld des Oberlandes. Gewinne und Verluste. In: Ausgrabungsnotizen aus Bayern (1979) 2; mit Abbildungen; wiederabgedruckt in: Weilheimer Heimatblätter 2, 1980, 5 ff. mit Abb. auf S. 5. – Zu Sindelsdorf siehe auch oben S. 139 mit Anm. 45 und S. 254 mit Anm. 674. – Zofingen: wie Anm. 797, S. 157 Abb. 14,1; 161 Abb. 18 oben. – Stabio: H. LEHMANN, Frühmittelalterlicher Goldschmuck (In: 38. Jahresbericht des Schweizerischen Landesmuseums Zürich 1929, S. 50–60, Abb. a–b nach S. 50). – Säben: K. KROMER, Das frühgeschichtliche Gräberfeld von Säben bei Klausen in Südtirol (in: Archaeologia Austriaca 64, 1980, S. 1–49, bes. S. 25 ff. Grab 30; 41 Abb. 21,1.2; 45 Abb. 25,2; silberne Exemplare). – Dos di Trento: HAMPEL (wie Anm. 345) Bd. 3, Taf. 174,3.

844) So zu Recht FINGERLIN a. a. O. S. 603 f.

845) Man vgl. z. B. FINGERLIN (wie Anm. 17; 1964) S. 25; BIERBRAUER (wie Anm. 458) S. 98 mit Anm. 13; U. KOCH (wie Anm. 18; 1977) S. 185.

846) Spricht dafür im Falle von St. Denis der fränkische Zentralort an sich, so in Sindelsdorf die hier zu unterstellenden Fernverbindungen: MENKE (wie Anm. 45) S. 38–40, oben S. 254 mit Anm. 674.

847) Wie Anm. 797.

848) Ebd. 149.

führen ist die bronzene, südalpine Gürtelschnalle. Die Datierung des Zofinger Inventars ergibt sich einerseits über ähnliche Goldscheibenfibeln aus den mittelitalischen Gräberfeldern von Nocera Umbra und Castel Trosino[849)], andrerseits über analoge Ohrringe aus Castel Trosino, Pavia, Stabio (Tessin) und Säben, denen sich die mit Zofingen nahezu identischen Goldohrringe aus Andernach und der Umgebung von Mayen anschließen lassen[850)]. Die Datierung in Stufe Alemannisch III erscheint realistisch. Doch darf das Zofinger Inventar als eine alemannische Bestattung bezeichnet werden? Chronologische Gründe stehen dem nicht entgegen, auch wenn die schweizerische archäologische Landesforschung die alemannische Besiedlung des Mittellandes nicht übereinstimmend beurteilt. Den jüngeren Forschungsstand vertreten Rudolf Moosbrugger-Leu und Max Martin. Denkt dabei Moosbrugger-Leu an sukzessive Landnahme von der Hochrheinregion aus, die noch in ostgotischer Zeit, d. h. noch in Stufe Alemannisch I c das Mittelland erreicht[851)], glaubt Martin hinter demselben Vorgang fränkisch gelenkte Siedlungspolitik der Zeit bald nach 535/36 erkennen zu können[852)]; das aber hieße im relativchronologischen Sinne Stufe Alemannisch II. Chronologisch könnte demnach die Zofinger goldgeschmückte Frau durchaus als Alemannin bezeichnet werden, zumal das Inventar selbst wohl erst Stufe III, d. h. die Zeit nach dem Arnegunde-Grab widerzuspiegeln scheint[853)]. Doch eine reiche Alemannin dieser Zeit stellt sich, gemessen am Quellenmaterial der Zone nördlich des Hochrheins, anders dar; und typisch alemannisch ist an diesem Zofinger Grabinventar im Grunde nichts. Am eindeutigsten gegen eine alemannische Bestattung spricht denn auch der grabungsmäßig nachgewiesene, ursächliche Zusammenhang der Gruft mit dem vorausgehenden Kirchenbau[854)]. Man muß deshalb davon ausgehen, daß die *potentes,* die in Zofingen in Stufe Alemannisch III das Sagen haben und hier eine Steinkirche in schlichter Saalbauweise und nicht nach mediterran-alpenländischer Architekturtradition[855)] errichten lassen, am ehesten als

849) Ebd. 160, mit Hinweis auf Nocera Umbra Grab 17 und Castel Trosino Grab 168 und die bei FUCHS und WERNER abgebildeten Fundstücke (wie Anm. 586, Taf. 36, C 4 und C 6). Dazu siehe auch oben S. 276 mit Anm. 790, S. 277 mit Anm. 796–797.

850) HARTMANN (wie Anm. 797) S. 160 mit Anm. 30; Pavia und weitere italische Beispiele bei A. PERONI, Oreficerie e metalli lavorati tardoantichi e altomedievali del territorio di Pavia. Catalogo Centro Italiano di Studi sull' alto Medioevo, Spoleto (1967) Taf. 21; 27.

851) MOOSBRUGGER-LEU (wie Anm. 20; 1967) S. 178ff., 200 (Streuungskarte 13); DERS. (wie Anm. 20 [1971] Bd. B) S. 19; DERS. (wie Anm. 20; 1979) S. 44 mit Anm. 3 und 4. – Man vgl. auch oben S. 244f.

852) Die Schweiz im frühen Mittelalter (wie Anm. 19; 1976) S. 20; dazu die geographisch-historische Karte auf vorderer Buchdeckelseite. Siehe dazu auch oben S. 244f. mit Anm. 606 und 607.

853) HARTMANN datiert die Zofingener Gruft 86 ins Ende des 6. Jahrhunderts oder in die Zeit »um 600« (wie Anm. 797) S. 160.

854) Wie Anm. 848.

855) Zu fränkischen Saalkirchen in Gegenüberstellung zu den mediterran-alpinen Kirchen mit Doppelapsiden siehe MILOJČIĆ (wie Anm. 23) S. 160ff.; zur selben Frage auf erweiterter Quellenbasis: DERS., Die Probstei Solnhofen an der Altmühl in Mittelfranken. Untersuchungen 1961–1966 und 1974. In: Ausgrabungen in Deutschland, gefördert von der Deutschen Forschungsgemeinschaft 1950–1975 Bd. 2: Römische Kaiserzeit im freien Germanien-Frühmittelalter I (1975), S. 278–312, bes. S. 303ff. – Zur Frage der Saalkirchen mit rechteckigem Grundriß und ihrer problematischen Chronologie siehe P. PETRU und

Franken anzusprechen sind, möglicherweise aber auch der Romania des Mittellandes entstammen können[856]. Nicht völlig auszuschließen ist für die prunkhaft geschmückte Frau die Herkunft aus dem langobardischen Italien, und letztlich ist sogar bairische Abkunft mit in die Überlegungen einzubeziehen[857]. Die Zofinger Gruft 86 unter St. Mauritius wirft demnach ebenso ein Schlaglicht auf das außerordentlich verwobene Gefüge, das sich hinter der schlichten Formulierung »italische Beziehungen« in Wirklichkeit verbergen kann, wie die Inventare aus Ittenheim und aus Güttingen. Die Beigaben lassen zudem erkennen, wo die »italischen« Vorbilder auch zu suchen sind, durch die alemannische Gold- und Silberschmiede zu ihren Nachahmungen angeregt werden, nämlich bei den christianisierten *potentes* auf dem Boden der alten Provinzen, der Alemannia unmittelbar benachbart.

Aus den Betrachtungen zu Ittenheim im Elsaß, Güttingen im Hegau und Zofingen im Aargau wird unter dem Aspekt transalpiner Beziehungen deutlich, daß wir für die durch die drei Fundorte umschriebene Zone in Stufe Alemannisch III mit offensichtlich stark differenzierten Verhältnissen zu rechnen haben. Das äußert sich im archäologischen Quellengut dergestalt, daß – von dem Münzzufluß abgesehen – zwar italisch-byzantinisches Formengut deutlich ausgeprägt in der alemannisch besiedelten Zone ebenso wie in den angrenzenden Gebieten auftritt, jedoch in offenbar sehr heterogen erscheinende Quellenbefunde eingebunden ist. Das italische Formengut setzt sich aus mehreren Quellengruppen zusammen. Dazu gehört zum einen das Bronzegeschirr ostmediterraner Herkunft, zum anderen Pferdegeschirrbeschlagstücke, zum dritten die Gruppe der Goldscheibenfibeln aus byzantinischen Werkstätten und zum vierten die byzantinischen Goldohrringpaare (diese bisher jedoch nur im Bairischen, im Fränkischen und in der nordalpinen Romania nachgewiesen). Ebenso aber gelangt in Stufe Alemannisch III auch Formengut langobardischer Provenienz in die alemannischen Ansiedelungen und über sie in die Gräber dieser Zeit, doch weisen seine Ursprünge zumindest zu einem Teil noch in das transdanubische Mitteldonaubecken und eben nicht nach Italien, wie am Beispiel des Fibeltyps Cividale aus dem Güttingener Reihengräberfriedhof aufzuzeigen ist. Beim derzeitigen Forschungsstand noch unbestimmbar ist allerdings der jeweilige Anteil italisch-langobardischer sowie transdanubisch-langobardischer Herkunft.

Ittenheim ist gegenüber Güttingen insofern anders zu beurteilen, weil für die linksrheinischen Landstriche bereits spätestens seit Stufe Alemannisch II in erheblichem Maße mit fränkischer Besiedelung zu rechnen ist und Ittenheim selbst keineswegs als ein definitiv alemannisches Grabinventar bezeichnet werden kann. Zwar läßt sich über archäologische

Th. Ulbert, Vranje bei Sevnica. Frühchristliche Kirchenanlagen auf dem Ajdovski Gradec. Katalogi in Monografije Nationalmuseum Ljubljana Bd. 12 (1975) S. 66f. – Zu frühen Kirchenbauten im alemannischen Siedelland siehe die zusammenfassende Übersicht bei Christlein, Die Alamannen (wie Anm. 15; 1979) S. 115ff.; ferner oben S. 172.

856) Dazu siehe auch Martins Überlegungen zum Wiederaufleben der Beigabensitte unter fränkischem Einfluß (wie Anm. 610).

857) Man vgl. dazu die Bemerkungen zu baierischen Verbindungen mit dem Bodenseegebiet: oben S. 253f. mit Anm. 672–676, auch oben S. 285 mit Anm. 846.

Kriterien allein nicht entscheiden, daß es sich in Ittenheim um die Bestattung eines fränkischen Reiters handelt, doch ausschließlich alemannisches Ethnikon zu unterstellen, ist ebensowenig gerechtfertigt. Diese Ansicht gründet sich zum einen auf die Ergebnisse der archäologischen Analyse des Reihengräberfeldes von Basel-Bernerring durch Martin, zum anderen auf die Beurteilung der politisch-historischen Ereignisgeschichte am Oberrhein (Kaiserstuhlregion) durch Fingerlin. Beides weist darauf hin, daß wir mit einer bereits in Stufe II eingeleiteten und in Stufe III noch andauernden Frankisierung ehemals alemannischer Gebiete zu rechnen haben. Von der Ereignisgeschichte her gesehen, ist das ohne weiteres verständlich. Denn die Abtretung der ostgotischen Gebiete in Gallien einschließlich der Raetia Prima an die Franken durch Witigis 536 besitzt gewiß nicht nur formaljuristischen Charakter, sondern stellt ein unwiderrufbares machtpolitisches Faktum dar. Ebenso versteht sich, daß von 563 an, nachdem Byzanz die Franken aus ihren ehemals ostgotischen Besitzungen Oberitaliens vertreibt, diese bestrebt sein müssen, die ihnen verbleibenden Eroberungen in der nördlichen Alpenrandzone zu sichern, um die Zugänge zu den Alpenpässen in ihrer Hand zu behalten. Zugegeben, dem Einzelbefund Ittenheim kommt gewiß nicht in hinreichendem Maße Aussagekraft zu, um eine so weitreichende These stützen zu können. Doch lassen sich die Bedenken dann reduzieren, sofern man Ittenheim mit Basel und den Verhältnissen der Kaiserstuhlregion synoptisch betrachtet.

Von Basel-Bernerring aus den Blick auf Güttingen gerichtet, fragt man nach den Ursachen der Güttingener Neusiedlung, die zwar später als Basel-Bernerring einsetzt, aber nach Ausweis ihrer ältesten Gräber gleichfalls nicht als typisch alemannisch bezeichnet werden kann. Oben ist dargelegt, daß weder die vom Friedhofareal etwas abgesondert bestattete Reiche, noch die Frau aus Grab 7 ein eindeutig alemannisch gefärbtes Fundinventar aufweist, so daß auch für Güttingen mit fremd Zuziehenden gerechnet werden muß. Ein wesentlicher Unterschied zwischen der Basler Ansiedelung und der von Güttingen besteht allerdings darin, daß die Güttingener Siedlung in einem der altalemannischen Kernräume neu entsteht, die Basler dagegen bestenfalls in einer alemannischen Randzone. Ferner weist Güttingen eben nicht jenen für Basel so kennzeichnenden und fränkisch zu deutenden Formenbestand auf. Eine zufriedenstellende Antwort auf die Frage nach der ethnischen Zuordnung der Güttingener Neusiedler läßt sich derzeit noch nicht finden; letztlich auch deshalb nicht, weil sie nur über die Analyse des gesamten Quellenstoffs der südalemannischen Zone formuliert werden kann. Allerdings ist doch wiederum wenigstens eine Teilantwort im Ausschlußverfahren dahingehend möglich, daß man in Kenntnis des Zofinger Befundes romanische *potentes* als Siedlungsgründer für Güttingen ausschließen kann. Barbarinnen sind sie beide, die Güttingenerinnen aus den Gräbern 7 und 38, doch, vorsichtig formuliert, wohl keine Alemanninnen. Im Grunde stehen wir deshalb mit den ältesten Güttingener Grabinventaren vor derselben Schwierigkeit wie im Fall des Ittenheimer Reiters: Hier wie dort handelt es sich aller Wahrscheinlichkeit nach nicht um alemannische Bestattungen, doch ebensowenig läßt sich definitiv angeben, welches andere barbarische Ethnikon in Frage kommt. Beiden Ortsquellen aber, der Güttingener wie der Ittenheimer, sind deutliche transalpine Beziehungen zu eigen, wie offenbar auch für das zeitgleiche Zofingen. In Zofingen wissen wir nichts darüber, ob möglicherweise hier auch eine Ansiedlung neu entsteht.

Wohl aber bauen christlich-romanische *potentes* zur eben derselben Zeit (Stufe Alemannisch III) eine Steinkirche in Saalbauweise. Seinen Proportionen nach gehört das Grundrißschema allem Anschein nach nicht zur Gruppe der Kirchenbauten mit einfacher oder doppelter Halbrundapside, wie sie im mediterranen und alpinen Raum für die Zeit von der Wende vom fünften zum sechsten Jahrhundert an als typisch gelten können[858)] und wie sie in Solnhofen im Altmühltal für etwa ein rundes Jahrhundert später durch Vladimir Milojčićs Ausgrabungen nachgewiesen ist[859)]. Der Zofinger Bau, spätestens in Stufe Alemannisch III errichtet, läßt dagegen eher auf das »nord«- oder »ostfränkische« Grundrißschema[860)] schließen, das in Solnhofen, einem Ort östlich der Ostalemannia und damit im westbairischen Siedelgebiet gelegen, erst als einer der Nachfolgebauten der dortigen Halbrundapsidenkirchen (Solnhofen Kirche V) auftritt[861)]. Möglicherweise könnte das Zofinger Grundrißschema dem der Erhard-Kirche im frühbairischen Zentralort Regensburg entsprechen. Die Erhard-Kirche, von Klaus Schwarz durch seine Ausgrabungen unter dem Regensburger Niedermünster als ältester Kirchenbau nachgewiesen, wird vom Ausgräber in die Zeit vor 700 datiert[862)]. So sicher wie die Regensburger Erhard-Kirche einen bairischen Bau darstellt, so sicher wird die Zofinger Saalkirche nicht von alemannischen *potentes* errichtet.

Daß das italische Intrusivgut aus Gräbern der Stufe Alemannisch III, auf das wir unser Augenmerk ausschließlich richten, insgesamt allein die soziale Schicht der *potentes* erreicht, kann als hinreichend plausibel gelten und braucht nicht näher begründet zu werden. Wenn jedoch, wie oben angemerkt, den Inventaren aus Ittenheim, Güttingen (Grab 38) und Zofingen das gemeinsame Attribut »nichtalemannisch« zuzuordnen ist, so öffnen sich damit indirekt Einblicke in die Ereignisgeschichte der südalemannischen Zone der Zeit zwischen etwa 565 und 600. Das muß nicht sogleich im Sinne der politisch-historischen Geschichte gedacht werden, sondern kann sich auch auf eine besiedlungsgeschichtliche Neuordnung beziehen, womit sich ein weites Feld für neue archäologische Untersuchungen auftut. In dieses Untersuchungsfeld mit einzubeziehen ist der oben mehrfach angesprochene Befund, daß der italische Import, vor allem der des Edelmetallschmuckes, von Stufe Alemannisch IV an von einheimischen Gold- und Silberschmieden in Imitationsformen umgesetzt wird. Das eindeutigste Beispiel dafür stellen die Goldkörbchenohrringe und ihre Nachbildungen in Silber des Typs Güttingen dar. Gleiches kann für die den byzantinischen Goldscheibenfibeln nachempfundenen Stücke alemannischer Fertigung angenommen werden (Güttingen Grab 38 einerseits und Gräber 1 und 100 andrerseits) sowie für die entsprechenden Goldfingerringe. Bei diesem Befund ist außerdem beachtenswert, daß die Stufengrenze zwischen Alemannisch III und IV zuvor nicht auf diese Weise definiert worden ist, sondern daß sich dieses Ergebnis im nachhinein als zusätzliches

858) Wie Anm. 855 (TH. ULBERT).
859) Wie Anm. 23, S. 141 Abb. 2; 163ff.; oben S. 172.
860) Ebd. 163.
861) Ebd. 140f. Abb. 1–2.
862) K. SCHWARZ, Archäologische Geschichtsforschung in frühen Regensburger Kirchen (in: Beiträge zur Geschichte des Bistums Regensburg 10, 1976, S. 13–54, Beilage 2).

Kriterium für die archäologische Periodisierung herausstellt. Andrerseits ist es natürlich nur die besitzende Schicht, die überhaupt an italischen Beziehungen teilhaben kann. Diese transalpinen Verbindungen lassen sich jedoch offensichtlich nicht flächendeckend für die gesamte Alemannia nachweisen. Vielmehr hat man mit örtlichen oder landschaftlichen Schwerpunkten einerseits zu rechnen und mit gänzlich fehlenden Nachweisen andrerseits.

So sucht man beispielsweise im Gräberfeld von Marktoberdorf nahezu vergebens nach italischem Einfuhrgut, will man nicht einige Millefioriperlen und Perlen in Überfangtechnik, wie sie häufig auch anderswo vorkommen, über Gebühr bewerten. Als einziges Marktoberdorfer Fundstück italischer Provenienz läßt sich vielleicht die Halskette aus Grab 59 der goldenen Filigrananhänger, Amethyst- und Millefioriperlen wegen ansprechen[863]. Die Rosettenfibel desselben Grabes stellt dagegen eine fränkische Form dar[864], wie übrigens auch alle anderen Marktoberdorfer Fibeln entweder fränkischer oder süddeutscher Herkunft sind[865]. Dieses gerade ist das Auffällige für Marktoberdorf: Obschon nur unweit der Via Claudia Augusta über die Alpen gelegen, mangelt es an italischem Fundgut fast gänzlich. Konsequent spricht Christlein deshalb von nur »sehr bescheidenem Wohlstand« der Marktoberdorfer Alemannen[866].

Ganz anders dagegen der Befund in Schretzheim. Daß in der dortigen Ortsstufe 3, die in etwa unserer Stufe Alemannisch III entspricht, mehrfach qualitätvolle Goldschmiedearbeiten italischen Ursprungs angetroffen werden, hängt gewiß nicht damit zusammen, daß aus Schretzheim insgesamt 630 Gräber bekannt sind und aus Marktoberdorf lediglich 238. Am Beispiel der Goldcloisonné-Scheibenfibel des Schretzheimer Grabes 513 ist oben deutlich gemacht, daß es sich dabei um ein byzantinisch-italisches Erzeugnis handelt[867] und daß für alle vier Schretzheimer Goldcloisonné-Scheibenfibeln[868] italische Herkunft in hohem Maße wahrscheinlich zu machen ist. Das Exemplar mit Tierstilornament aus Grab 23 wird man jedoch einem langobardisch-italischen Goldschmied zuschreiben müssen ebenso wie die goldcloisonnierte und filigranverzierte S-Fibel aus Grab 26, die mit einer der Scheibenfibeln zusammengeht[869]. Was besagt es überdies, wenn in Schretzheim Grab 513 eine italische Scheibenfibel mit zwei Bügelfibeln kombiniert ist, von denen eine formenkundlich in den östlichen Reihengräberkreis weist und die zweite am Mittelrhein hergestellt sein soll[870]? Nicht mehr, aber auch nicht weniger besagt dieser Befund, daß die Schretzheimer Alemannensiedlung im Gegensatz zu der von Marktoberdorf als bedeutend weltoffener zu beurteilen ist. Das zum Inventar aus

863) Christlein (wie Anm. 15; 1966) S. 71f., Taf. 15 (Grab 59).

864) Ebd. 68, Taf. 15,1; 61,1.

865) Ebd. 67ff.

866) Die Alamannen (wie Anm. 15; 1979) S. 157, Regeste Nr. 242.

867) Oben S. 275f. mit Anm. 790.

868) U. Koch (wie Anm. 18; 1977) Taf. 194, 19, 22–26 (Gräber 22, 23, 26, 513); zu den italischen Verbindungen ebd. 63.

869) Ebd. Taf. 194, 17, 18, 22, 23. – Zur Chronologie des Schretzheimer Grabes 26 siehe auch oben Anm. 698, 735, unten Anm. 873.

870) Ebd. Taf. 190, 12; 191,2; 194, 24–25; zu den Bügelfibeln ebd. 53f.

Grab 513 gehörende Bronzebecken[871] entspricht denen, wie sie bereits in Krefeld-Gellep Grab 1782 auftreten, aber auch noch in Morken. Für diesen Typ ist der Herstellungsort ungewiß[872]. Sicher komplett aus Italien stammt das Fibelensemble aus Schretzheim Grab 26, die oben bereits angesprochene Scheibenfibel sowie die S-Fibel, ebenso das Bügelfibelpaar langobardischer Formtradition[873]. Die Bügelfibel aus dem Schretzheimer Grab 516 schließt Koch zu Recht dem Typ Cividale an[874]. Dessen formenkundliche Provenienz weist in das langobardische Pannonien[875].

Die so offensichtlich zutage liegenden Unterschiede zwischen den Siedlern von Schretzheim und Marktoberdorf in Stufe Alemannisch III können entweder nur mit einem erheblich voneinander abweichendem Gefüge erklärt werden oder möglicherweise über die Ereignisgeschichte, wie unten noch näher auszuführen ist. Verkehrsgeographisch bedingte Gründe scheiden aus. Weiterführende Einsichten sind infolgedessen über andere ostalemannische Siedlungen, bzw. über deren Friedhöfe zu gewinnen. Beispielsweise in Sontheim an der Brenz (Ldkr. Heidenheim), wo allein aus dreien von 196 Gräbern silbervergoldete Bügelfibelpaare stammen, davon eines über eine Tremissis Justinians I. münzdatiert (Münzstätte Ravenna; terminus post quem 555/565)[876]. Zum münzdatierten Fibelpaar aus Sontheim Grab 174 finden sich nahezu identische Vergleichsstücke zum einen im westfälischen Sterkerade bei Oberhausen, zum anderem im ostpreußischen Daumen (Kr. Allenstein), Varianten außerdem in Thüringen, in den Rheinlanden sowie in Nordfrankreich[877]. Nun wird man gewiß nicht Sontheim oder den ostalemannischen Raum als Herstellungsgebiet für diesen Fibeltyp in Anspruch nehmen wollen, eher schon fränkische Goldschmiede, denn in Italien scheint die Form zu fehlen[878]. Münzdatiert ist der Typ außer in Sontheim noch in Köln-Müngersdorf (Grab 91 b; Halbsiliqua Justinians I. aus Ravenna; terminus post quem 555/565)[879]. Sieht es

871) Ebd. 155, Taf. 133,12 (Typ Werner B 1 a, Standring mit Füßen nicht nachweisbar).
872) Ebd. 154f. Siehe auch oben S. 268 mit Anm. 746 sowie Anm. 763.
873) Im einzelnen dazu ebd. 55. – Man vgl. ferner oben Anm. 698, 735 und 737.
874) Ebd. 56f., Taf. 192,6. – Dazu auch oben S. 280.
875) Oben S. 281 mit Anm. 819–825.
876) Neuffer-Müller (wie Anm. 686) S. 19ff. 69; Taf. 36, 2–8; 37; 99, 1–3 (Gräber 92, 174, 178).
877) Kühn (wie Anm. 458) S. 246ff. 485f., Taf. 95, 29 Nr. 10–13; Werner, Archäologische Zeugnisse für merowingischen Handel in Ostpreußen (in: Germania 17, 1933, S. 277–283, bes. S. 279f., Abb. 2). Zu den Varianten siehe bei Kühn a. a. O. Taf. 95, 29 Nr. 1–9; 96, 29 Nr. 14–23; zu dem in diesem Zusammenhang wichtigen Grab 26 aus Weimar (Nordfriedhof) siehe B. Schmidt, Die späte Völkerwanderungszeit in Mitteldeutschland. Veröffentlichungen des Landesmuseums für Vorgeschichte in Halle (Saale) Heft 18 (1961) S. 14, 123, Taf. 81.
878) Kühn a. a. O. S. 247, Karte 29. Doch ist anzumerken, daß die in Weimar Grab 26 mitgefundene, kerbschnittverzierte Bügelfibel einen pannonisch-langobardischen Typ darstellt: Werner (wie Anm. 11, 1962) S. 69, Taf. 31,4.5.
879) Werner (wie Anm. 10) S. 86, Taf. 7 D, 8. – F. Fremersdorf, Das fränkische Reihengräberfeld Köln-Müngersdorf. Germanische Denkmäler der Völkerwanderungszeit Bd. 6 (1955) S. 147., Taf. 47. (Grab 91b).

demnach so aus, als sei Sontheim ebenso wie der thüringische Fundort (Weimar Grab 26) und das ostpreußische Daumen lediglich in die Fernbeziehungen eingebunden, wie sie von den fränkischen Rheinlanden ausgehen, führt ein anderer, zeitgleicher und ähnlich verbreiteter Fibeltyp zu genaueren Erkenntnissen. Denn von demselben ostpreußischen Gräberfeld stammt ein Bügelfibelpaar, zu dem typenmäßig und mustergleich völlig übereinstimmende Analogien aus dem fränkischen Anderlecht (Brabant), dem rheinhessischen Hahnheim, dem thüringischen Weimar sowie Stößen, dem alemannischen Donaueschingen und dem langobardischen Montale (Prov. Modena) vorliegen[880]. An italische Herkunft dieses Fibeltyps möchte man zum einen wegen des Fundortes Montale denken, zum anderen aufgrund der Formzusammenhänge mit einem verwandten Typ aus Nocera Umbra, der dort über eine barbarische Nachprägung nach Trienten Justinians I. münzdatiert ist (terminus post quem etwa 555/584)[881]. Wenn Joachim Werner 1933 außer dem langobardischen Oberitalien entweder auch die alemannisch oder die fränkisch besiedelten Zonen nordwärts der Alpen als mögliches Herkunftsgebiet dieser so außerordentlich weit verbreiteten, doch nahezu identischen Fundstücksgruppe erwägt[882], müßte man allerdings mit alemannischem oder fränkischem Einfuhrgut einerseits bis Ostpreußen, andererseits aber auch nach Italien rechnen, was man nur höchst ungern akzeptierte. Werner korrigiert demzufolge bereits 1950 seine Datierung von 1933 und erwägt nun pannonische Herkunft des Fibeltyps[883], die für ihn dann 1962 zur Gewißheit wird: das Montale-Fibelpaar entsteht vor 568 in Pannonien und gelangt mit ihrer langobardischen Besitzerin in die südliche Poebene[884]. Wir erkennen damit zum wiederholten Male, welch starke Ausstrahlungskraft dem transdanubischen Teil des Mitteldonaubeckens zuzuschreiben ist. Denn natürlich sind wir nun gehalten, auch für die alemannischen, fränkischen, thüringischen und ostpreußischen Vorkommen dieses Typs gleichfalls pannonische Herkunft zu unterlegen[885]. Ferner steht über diese, nun wohl endgültige Antwort zur Provenienzfrage

880) Werner (wie Anm. 877) S. 278, Taf. 26; identische Taf. bei Fuchs und Werner (wie Anm. 685) Taf. 56. Fundliste bei Werner (wie Anm. 11, 1962) S. 169, Liste 5: Bügelfibeln vom Typ Montale/Weimar. – Zur stilgeschichtlichen Analyse siehe Haseloff (wie Anm. 12) Bd. II, S. 638–643: Die Fibelgruppe Klepsau, Grab 33/Montale/Weimar.

881) Nocera Umbra Grab 17. Fuchs und Werner (wie Anm. 586) S. 17 Nr. A 47/48, S. 57 (Kommentar zu A 47/48); Taf. 8, A 47/48 (Bügelfibel), Taf. 36, C 4; Werner (wie Anm. 10) S. 75f.

882) Wie Anm. 877, S. 280.

883) Fuchs und Werner (wie Anm. 586. S. 56: Kommentar zu A 14/15).

884) Wie Anm. 11 (1962) S. 69f. Zustimmend: Haseloff (wie Anm. 12) Bd. II, S. 643.

885) Verbreitungskarte des Typs Montale/Weimar: ebd. Taf. 69,2. – Zwar erfährt Werner Widerspruch durch H. Roth (wie Anm. 13, S. 67–73), dem sich R. Pirling anschließt (wie Anm. 281, S. 164ff.), aber Roths Argumentation ist nicht in sich schlüssig. Denn er sieht den Dekor auf Typ Montale/Weimar als degenerierten Stil I an und zudem als eine alemannische Entwicklungsstufe, die ihrerseits ins Mittelrheingebiet, nach Thüringen und Pannonien (Szentendre, Tamási) hineinwirke (ebd. 71). Roth, der nur Zierdetails im Auge hat, jedoch nicht die Fundstücke als Ganzes, kann allerdings folgende Befunde nicht erklären: 1. die Gestalt des Typs Montale/Weimar, die nicht ohne solche Formen vorstellbar ist, wie sie beispielsweise aus Albertfalva, Csercút oder Wien VI vorliegen (man vgl. dazu bei Werner wie Anm. 11, 1962 Taf. 30,1.2; 32, 1.2; 35, 7.8). – 2. das »vegetabilische« Muster auf den rechteckigen Kopfplatten des Typs

zugleich auch fest, daß die Entstehung des Fibeltyps Montale/Weimar noch in Stufe Alemannisch II fällt. Doch bedeutet das nicht, daß das Fibelpaar aus dem alemannischen Donaueschingen[886] einen Grabfund der Stufe II darstellt, denn dem widerspricht die Montale-Bestattung, die wohl gewiß in die Zeit nach 568 zu datieren ist.

Für das Fibelpaar aus Sontheim Grab 92 ist außer der Form an sich die Tierstilornamentik auf Kopfplatte, Bügel- und Fußplatte kennzeichnend, ferner die Drahtraupenzierate an beiden Bügelenden. Damit steht der Typ eindeutig in der Formentradition italischer Bügelfibeln, wie sie aus Nocera Umbra (Grab 2 und 104) sowie aus San Mauro (Prov. Udine) vorliegen[887]. Zwar könnten die von den italischen Beispielen abweichenden, nur rudimentär gestalteten und mitgegossenen Bügelknöpfe aufgrund der von Herbert Kühn zusammengestellten Gruppe seines Typs von Müngersdorf[888] auf rheinfränkische Herstellung deuten, doch fehlt dieses Merkmal an italischen Fibeln nicht, sondern scheint vor allem Fibeln aus Cividale auszuzeichnen[889]. Friaulische Herkunft zu unterstellen, liegt deshalb nahe, auch wenn pannonische Herstellung nicht auszuschließen ist[890]. Wohl insgesamt als pannonisch-langobardisch müssen das Bügelfibelpaar und das cloisonnierte S-Fibelpaar aus dem Sontheimer Grab 178 angesehen werden, denn unzweifelhaft stellen die Bügelfibeln lediglich eine Variante zum mitteldonauländischen Typ Schwechat/Prag-Podbaba dar, bei der nur die verschiedenartigen Muster der Kopf- und der Fußplatten vertauscht sind. Aus dem westlichen Transdanubien mit den

Montale/Weimar wäre dann gleichfalls als eine alemannische Stileigentümlichkeit zu werten, was kaum zu beweisen sein wird; dazu vgl. man bei HASELOFF (wie Anm. 12) S. 638–643, der in dem Dekor dieser Fibelgruppe teils Tierstilelemente, teils aber auch byzantinische Flechtbandornamentik glaubt erkennen zu können. – 3. Die Ornamentik des Typs Cividale Grab 154 sei von der des Typs Montale abhängig (ROTH a. a. O. 58, 72). Weil jedoch Typ Cividale Grab 154 nicht nur in Italien vorkommt (Fundliste ebd. 56), sondern auch im langobardischen Pannonien (ebd. 72: Szentendre Grab 54, dazu siehe bei BÓNA [wie Anm. 342] Taf.-Abb. 50), wäre Typ Montale sogar älter als Szentendre Grab 54. – 4. Die Runenfibel aus Nordendorf wird a priori als alemannisch eingestuft (ebd. 71), was jedoch zu beweisen gewesen wäre. 1981 äußert sich HASELOFF dazu (wie Anm. 12) S. 551–569: Fibelgruppe Nordendorf-Bopfingen-Staubing. Die Goldschmiede seien Skandinavier der ersten Hälfte des 6. Jahrhunderts gewesen (ebd. 567ff.). Doch auch zu HASELOFFS Gedanken wird man vor allem deshalb kritische Distanz halten müssen, weil der Autor Staubing an der niederbayerischen Donau undifferenziert als ein alemannisches Gräberfeld einstuft (ebd. 568f.). Dafür fehlt jedoch jegliches Argument. Man hat deshalb mit entsprechenden Untersuchungen wohl nochmals neu zu beginnen. – Zu Staubing siehe R. CHRISTLEIN, Das Reihengräberfeld und die Kirche von Staubing bei Weltenburg (in: Archäologisches Korrespondenzblatt 1, 1971, S. 51–55); DERS., Stupinga-Staubing, Ldkr. Kelheim. Ein altbaierischer Kirchhof. Gewinne und Verluste. Aus der archäologischen Denkmalpflege in Bayern (1973).

886) GARSCHA (wie Anm. 406), S. 36 C; Taf. 84, 3a–b.

887) Nocera Umbra Grab 2: FUCHS und WERNER (wie Anm. 685) Taf. 13; Grab 104: ebd. Taf. 18; San Mauro: ebd. Taf. 14, A 67, ÅBERG (wie Anm. 2), S. 53ff. Abb. 84–85. – Zur Drahtraupenzier an Bügelfibeln (gekerbte Bügeldrähte) siehe auch oben S. 203.

888) Wie Anm. 458, S. 246ff.

889) FUCHS und WERNER (wie Anm. 586), Taf. 2, A 9/10; 7, A 36–38; 8, A 45/46; 9, A 49.

890) NEUFFER-MÜLLER hält dagegen das Fibelpaar aus Sontheim Grab 92 für eine alemannische und das Paar aus Grab 174 für eine fränkische Arbeit (wie Anm. 686) S. 20ff.

Fundorten von Wien-Schwechat und Fertöszentmiklós (Komitat Györ-Sopron) gelangen Werner zufolge diese Fibeln nach Böhmen und ins östliche wie südliche Alemannien[891]. In Schretzheim (Grab 513) ist der Fibeltyp in Ortsstufe 3 datiert, die der Stufe Alemannisch III ungefähr entspricht[892]. Ohne besondere Mühe lassen sich italische Beziehungen für das münzdatierte Frauengrab von Herbrechtingen (Ldkr. Heidenheim; terminus post quem etwa 555) nachweisen[893], ferner dann mehrfach für das Nordendorfer Reihengräberfeld (Ldkr. Augsburg)[894], ohne daß es notwendig wäre, das im einzelnen zu diskutieren. Wir belassen es bei den Beispielen.

Wie ist, vor allem eingedenk der Befunde zum Reihengräberfriedhof Marktoberdorf im Allgäu, die deutlich erkennbare, besondere Stellung des ostalemannischen Kleinraumes zwischen Südosttrauf der Schwäbischen Alb und Donauried und noch darüber hinaus bis zum Lech[895] und sein Eingebundensein in das ganz Zentraleuropa überspannende Netz der Fernverbindungen in Stufe Alemannisch III mit den besonders intensiven Beziehungen nach Italien zu erklären? Wie oben bereits erwähnt, scheiden über den Vergleich mit Marktoberdorf nahe der Via Claudia Augusta verkehrsgeographische Gründe als alleinige Erklärung für die besonderen ostalemannischen Verhältnisse aus. Das heißt jedoch keineswegs Weltabgeschiedenheit zwischen Gebirge und Donauried. Im Gegenteil: die archäologischen Quellen belegen ja gerade, in welch hohem Maße die Verkehrswege und Handelsrouten diesen Kleinraum berührt haben müssen. Offensichtlich siedeln hier Wohlhabende, *potentes* mithin, und man gewinnt den Eindruck, als habe sich in diesem Grenzraum zum bairischen Siedelland alemannischer Wohlstand ganz ungestört entwickeln können. Das ist aber kaum auf der Basis von Ackerbau allein möglich, zumal die breite Zone südlich der Donau Inundations- und Moorgebiet darstellt und deshalb höchstens als Weideland taugt[896], wie denn nördlich der Siedlungskammern der Albtrauf gleichfalls nur zur Viehweide geeignet ist[897]. Überdies ist der Befund einer auf verhältnismäßig engem Raum siedelnden, weit überdurchschnittlich wohlha-

891) Oben S. 257 mit Anm. 688. – Verbreitungskarte bei WERNER (wie Anm. 11; 1962) Taf. 69,2; zur Datierung: ebd. 71, 73. Zur Fundortliste sind nachzutragen: Tamási (Komitat Tolna) und Fertöszentmiklós (Komitat Györ-Sopron) Grab 9: BÓNA (wie Anm. 342) S. 117f. Nr. 52, 58 (zugehöriges Schmuckgehänge mit Goldcloisonné-Anhängern); Taf.-Abb. 52; 58.

892) U. KOCH (wie Anm. 18; 1977) S. 24, 54; WERNER (wie Anm. 11; 1962) S. 71 mit Anm. 8.

893) Zum Gräberfeld selbst siehe CHRISTLEIN, Die Alamannen (wie Anm. 15, 1979), S. 150f., Regesten Nr. 187; zum münzdatierten Frauengrab: WERNER (wie Anm. 10) S. 87 Nr. 20; Taf. 9 B; 10; 11 A; U. KOCH (wie Anm. 18; 1977) S. 24f., 55f.; ferner oben Anm. 698. – Das Herbrechtingener Bügelfibelpaar ist durch das Spiralrankenornament und das Stufenmäandermuster auf den Bügeln als generell früh ausgewiesen. Das herzförmige Ornament in Kerbschnittmanier auf den Fußplatten verweist auf die Fibelgruppe vom ostgotischen Typ wie z. B. Grottamare (Prov. Ascoli Piceno) und Salino (Prov. Teramo): BIERBRAUER (wie Anm. 14; 1975) Taf. 23,3; 37, 1.2.

894) Zum langobardischen Formengut in Nordendorf siehe U. KOCH (wie Anm. 18; 1977) S. 185.

895) Zur geographischen Umschreibung der ostalemannischen Fundplätze: ebd. 9f. mit Abb. 1.

896) Ebd. 9.

897) Dazu CHRISTLEIN, Die Alamannen (wie Anm. 15; 1979) S. 103f. mit Abb. 79: Verbreitung der Webschwerter als archäologisches Indiz für regionalgebundene Wirtschaftsform.

benden Schicht nicht auf Stufe Alemannisch III beschränkt, sondern setzt sich im folgenden siebenten Jahrhundert fort. An archäologischen Indizien dafür sind zum einen die Panzerreiter aus Schretzheim, Niederstotzingen, Giengen an der Brenz und Kirchheim am Ries zu benennen[898], zum anderen die mehrfachen Hinweise auf awarische Akkulturationsformen[899] und zum dritten die Goldblattkreuze aus Gräbern von Giengen, Sontheim, Ebermergen, Langeringen, Lauingen, Wittislingen, Walda und Schwabmünchen[900]. Blickt man auf die ältere Zeit zurück, denkt man sogleich an die vom Ravennater Geographen aufgezeichneten alemannischen Städte (im Sinne von hervorzuhebenden Siedlungen)[901], und inmitten unseres Raumes liegt dann auch die Reisensburg, das *Rizinis* der Ravennater Quelle, wo seit jüngstem die bayerische archäologische Landesforschung Ausgrabungen versucht[902]. Allerdings lassen sich auch nicht auf diesem gedanklichen Wege die bemerkenswerten Befunde aus Stufe Alemannisch III deuten.

Ferner ist mitzubedenken, daß es sich bei dem Gebiet zwischen Schwäbischer Alb und Donauried um einen der Räume mit stagnierenden Bevölkerungszahlen handelt, was wiederum in deutlichem Gegensatz zur südalemannischen Zone steht, für die Bevölkerungszuwachs kennzeichnend ist[903]. Ganz besonders fällt aber für die ostalemannischen Siedelgebiete und ebenso für die bairischen, das gänzliche Fehlen der späten Serie der Bügelfibeln vom ostgotischen Typ auf, die unter der Voraussetzung, daß Werners Datierung[904] sich als richtig erweist, noch in Stufe Alemannisch II in nicht geringer Zahl die fränkischen Siedelgebiete am Mittelrhein erreichen und dann teilweise wohl erst zur Zeit der Stufe III in die Gräber gegeben werden[905]. Chronologiegründe lassen sich also nicht für das Ausbleiben dieser die transalpinen Beziehungen möglicherweise repräsentierenden Fundgruppe im Alemannischen anführen, ebensowenig aber auch verkehrsgeographische Bedingungen. Denn die zeitlich vorausgehende Serie der Fibeln vom ostgotischen Typ ist gerade in Süddeutschland schwerpunktmäßig verbreitet (Abb. 4), zwar vorwiegend im bairischen Gebiet, doch auch bei den Südalemannen, und einzelne Exemplare gelangen sogar bis nach Thüringen[906]. Wenn demnach die im Rheinfränkischen so eindeutig nachweisbare späte Fibelgruppe des ostgotischen Typs weder in die alemannischen noch in die bairischen Ansiedlungen gelangt, muß die Erklärung dafür allein über die kulturgeschichtlichen Verhältnisse in der Zeit der Stufe Alemannisch II und des

898) Dazu unten S. 314.
899) Dazu unten S. 318ff.
900) Verzeichnis bei CHRISTLEIN (wie Anm. 723). CHRISTLEINS jüngste, informative Verbreitungskarte dazu (Die Alamannen [wie Anm. 15; 1979] S. 119 Abb. 96) hier näher auszudeuten, führte zu weit. Mitzuberücksichtigen ist, daß der Brauch an sich im alemannisch besiedelten Gebiet eine zeitliche Tiefe von mehr als einem Jahrhundert umfaßt (man vgl. auch oben Anm. 723).
901) Oben S. 163.
902) CHRISTLEIN, Die Alamannen (wie Anm. 15; 1979) S. 163, Regesten Nr. 290–291.
903) Ebd. 34 mit Abb. 11.
904) Oben S. 238 mit Anm. 576.
905) Wie Anm. 513.
906) Dazu im einzelnen oben S. 214ff.

Beginns der Stufe III gesucht werden. Dabei hat man zu berücksichtigen, daß es an weitgespannten Fernbeziehungen besonders in Bezug auf Ostalemannien wirklich nicht mangelt, weder für Stufe II und schon gar nicht für Stufe III.

Um das Bild der archäologischen Quellen für Ostalemannien in Stufe III abzurunden, werfen wir einen kurzen Blick ins angrenzende bairische Siedelland und treffen hier im Reihengräberfriedhof von Tahlmässing (Ldkr. Hilpoltstein, Mittelfranken) auf analoge Verhältnisse. Thalmässing liegt rund 20 Kilometer östlich der Rednitz-Regnitz-Linie, die Hermann Dannheimer zufolge die östlichste Ausdehnung des alemannischen Siedelraumes markiert[907]. Die Ergebnisse seiner Analyse der archäologischen Quellen veröffentlicht Dannheimer bereits 1959 unter dem Titel »Thalmässing. Ein baierischer Friedhof der Merowingerzeit mit bedeutenden Zeugnissen frühmittelalterlicher Fernverbindungen«[908].

Das Reihengräberfeld von Thalmässing ist gegen Ende des vorigen Jahrhunderts ebenso weitgehend unsachgemäß wie unvollständig ausgegraben und seine Aussagekraft dementsprechend reduziert[909]. Man kennt 111 Gräber, von denen sich 25 der archäologischen Beurteilung entziehen. Nach Ausweis der restlichen 86 Gräber setzt die Belegung im sechsten Jahrhundert ein und dauert bis gegen Ende des siebenten Jahrhunderts an. Vier Gräber sind münzdatiert, ein weiteres enthält eine Münzfeinwaage. Vorhanden sind vier Trienten, von denen sich zwei als Nachprägungen nach Justinian I. identifizieren lassen, ferner eine Halbsiliqua Justinians I. und eine Ganzsiliqua des Totila. Letztere ist mit der Halbsiliqua Justinians und einer der unbestimmbaren Trienten-Nachprägungen vergesellschaftet[910]. Die Thalmässinger Münzreihe unterscheidet sich von der der Basler Bernerring-Nekropole nicht grundsätzlich:

	Basel-Bernerring	Thalmässing
Totila (541–552)	AR 1/1 Siliqua (Grab 8)	AR 1/2 Siliqua (Grab 16)
Justinianus I. (527–565) Prägeort Ravenna	AR 120-Nummi-Stück (Grab 41)	AR 1/2 Siliqua (Grab 16)
Justinianus I. (Nachprägung, fränkisch?)	1/4 Siliqua (?) (Grab 25)	
Justinianus I. (Nachprägung, italisch?)	AV Triens (Grab 33)	AV Triens (Grab 16)
Justinianus I. (Nachprägung, fränkisch?)	AV Triens (Grab 27)	AV Triens (Grab 17)
unbestimmb. byzant. (Nachprägung, italisch?)		AV Triens (Grab 99) post 578
unbestimmbare Nachpräg.		AV Triens (Grab 100)

907) Oben S. 161f.
908) Wie Anm. 16 (1959).
909) Zu diesen und allen folgenden Angaben zu Thalmässing siehe DANNHEIMER (wie Anm. 16; 1962), S. 189ff.
910) Zu den Münzen, einschließlich zwei spätrömischer Emissionen: ebd. 96ff.

Aufgrund dieser Liste dürfen wir in Bezug auf den Münzzufluß für Thalmässing dieselben Bedingungen unterstellen, die für Basel gelten; und infolgedessen wird der datierende Wert der Thalmässinger Münzen ähnlich zu veranschlagen sein wie für Basel-Bernerring. Der späteste terminus post quem liegt dort um 570, und die münzdatierten Basler Gräber setzt Martin nicht jünger als um 570/580 an[911]. Deshalb erscheint es gerechtfertigt, den Münzzufluß in Thalmässing im wesentlichen für die Zeit der Stufe Alemannisch III in Anspruch zu nehmen[912]. Ob und in welchem Ausmaß er fränkisch beeinflußt ist, läßt sich nicht entscheiden. Weil Thalmässing jedoch deutliche, unmittelbare italische Beziehungen aufweist, besteht keine Notwendigkeit, fränkische Vermittlung anzunehmen. Über die Münzen hinaus weist Thalmässing von allen mittelfränkischen Reihengräberfeldern den höchsten Anteil an italischem Formengut auf[913]. Diesem gehen jedoch Fundstücke östlicher Formentradition zeitlich voraus[914], ferner auch wohl fränkisches Formengut[915]. Mediterranes Bronzegeschirr fehlt in Thalmässing. Am deutlichsten fällt der Frauenschmuck italischer Herkunft ins Auge: drei gleichgemusterte Bügelfibeln mit Analogien aus Castel Trosino und Imola, Goldfiligrananhänger und Millefioriperlen[916]. Ein silbernes Gürtelschloß stammt aus Aquitanien[917].

Läßt man die für Thalmässing aufzuzeigenden Westbeziehungen außer acht, so glaubt man erkennen zu können, daß pannonisch-langobardische Verbindungen nahtlos in italisch-

911) Oben S. 246f.; Martin bezeichnet Thalmässing als »zumindest teilweise fränkisches Gräberfeld«: Basel-Bernerring (wie Anm. 19; 1976) S. 128.
912) Dazu im einzelnen Dannheimer (wie Anm. 16; 1962) S. 97f.
913) Ebd. 57, 129.
914) Ebd. 127 (kerbschnittverzierte S-Fibel aus Grab 64), Taf. 13,6. Zum Typ vgl. man bei Werner (wie Anm. 11; 1962) S. 77 mit Anm. 3. – Die S-Fibel aus Grab 71 (Dannheimer a. a. O. Taf. 13,12) ist als Typ außer für Italien auch für die pannonisch-langobardische Phase nachweisbar: Werner a. a. O. 76f. (S. 76, Anm. 3 andere Grabnummer als bei Dannheimer; Dannheimers und Werners Monographien erschienen im selben Jahr). – Ob das münzdatierte S-Fibelpaar aus Grab 17 (Dannheimer a. a. O. Taf. 13, 3.5; Triens, Nachprägung nach Justinianus I., terminus post quem 527 oder um 555: ebd. 97f., 192) ausschließlich als italisch zu gelten hat oder nicht doch auch in die pannonisch-langobardische Phase gehört, ist derzeit noch unentschieden. – Siehe auch Dannheimers Ausführungen zum S-Fibel-Typ Kipfenberg-Herten: ebd. 56f. mit Verbreitungskarte.
915) Dazu dürfte vielleicht das Rosettenfibelpaar aus Grab 71 gehören (ebd. 54f., Taf. 13,1.2), ferner ein Bügelfibelfragment des Typs Champlieu oder Bréban (ebd. 45; Taf. 12,7). Die Verbreitungskarte dazu bei Werner (wie Anm. 11; 1961) Taf. 51, mit den für das rechtsrheinische Gebiet nachzutragenden Fundorten Thalmässing, Sasbach und Fridingen a. d. Donau. Die formenkundlichen Zusammenhänge mit der mitteldonauländischen Variante Bökénymindszent und anderen Bügelfibeltypen der gepidisch besiedelten Landstriche sind im einzelnen noch ununtersucht; man vgl. beispielsweise bei Csallány (wie Anm. 34) Taf. 108, 1.2, auch Taf. 18, 4.5; ferner Bóna (wie Anm. 342) S. 114 Nr. 4, Taf.-Abb. 4. Zu Vorformen zum Typ Champlieu/Bréban aus alemannisch besiedelten Gebieten vgl. man etwa eine Fibel aus Böttingen (Ldkr. Tuttlingen): Christlein, Die Alamannen (wie Anm. 15; 1979) Taf. 52,8; ebenso Hugstetten (Ldkr. Freiburg i. Br.): Garscha (wie Anm. 406) S. 167f., Taf. 83,3 (Grab 2; zugehörige Glasschale wie Böhner Stufe II: ebd. Taf. 50,4).
916) Dannheimer (wie Anm. 16; 1962) S. 50, 63, 65, 129; Taf. 12, 5.6.8; 13, 8–11.
917) Ebd. 71, Taf. 11, 9.10.

langobardische übergehen. Gleiches spiegelt das Gräberfeld von Schretzheim wider[918], höchstwahrscheinlich auch jenes aus Sontheim an der Brenz[919]. Die ostalemannischen Siedelverbände vollziehen gewissermaßen die Ereignisgeschichte nach. Damit wird noch deutlicher, warum italische Münzen offenbar erst seit der Zeit der Stufe Alemannisch III in Thalmässing auftreten, wie übrigens auch in Schretzheim und Sontheim, denn allem Anschein nach gehen sie auf langobardische Vermittlung zurück, nicht auf byzantinische[920]. Aus solchen Befunden insgesamt möchte man zweierlei erschließen:

1. der nordwestbairische Raum, für den Thalmässing des noch immer mangelhaften Forschungsstandes in bezug auf systematische Ausgrabungen von Reihengräberfeldern wegen vielleicht stellvertretend stehen kann, und das ostalemannische Siedelgebiet zwischen Schwäbischer Alb, Donauried und Lech spiegeln im großen und ganzen ein identisches Quellenbild wider.
2. Für beide ethnisch verschiedenen Siedelgruppen sind enge Beziehungen zu den langobardischen Siedelräumen des Ostens kennzeichnend, die sich nach 568 in möglicherweise noch verstärktem Maße in das langobardische Italien verlagern.

Es scheint demnach so, als ob hier weitab vom politischen Geschehen im Frankenreich, wo in dieser Zeit das Königtum in der entscheidenden Auseinandersetzung mit dem Adel steht[921], ostalemannische wie bairische *potentes* in zunehmendem Maße Beziehungen zu den Langobarden ausbauen, ein Vorgang, der sich zunächst vielleicht nur kultur- oder wirtschaftsgeschichtlich auswirkt. Doch lassen Ursula Kochs Gedanken bezüglich zuziehender Langobarden ins alemannische Schretzheim[922] die besiedlungsgeschichtlichen Folgen der engen Beziehungen zumindest erahnen. Trifft Kochs Annahme zu, dann werden auch die bairischen Siedelräume davon nicht unberührt geblieben sein[923], und die für Schretzheim wahrscheinlich gemachten pannonischen Langobarden sind gewiß nur ein Teil eines umfangreicheren Verbandes, der sich nun im fränkischen Herrschaftsbereich festsetzt. Außer an Schretzheim denkt Koch auch an die Siedlung von Nordendorf[924]. Zudem handelt es sich nicht um Flüchtende ähnlich den Alemannen der Chlodowech-Zeit, sondern um kriegserfahrene Neusiedler, die nach dem Gepidensieg freiwillig ihre bisherigen Wohnsitze aufgeben. Die Chronologie erlaubt allerdings auch, bei den Zuziehenden an die italischen Sachsen zu denken, die 573 nach dem Zerwürfnis mit König Clef über die Alpen zurückkehren[925]. So betrachtet, vermitteln die archäologischen

918) U. KOCH (wie Anm. 18; 1977) S. 184f.

919) Dazu oben S. 291f.; CHRISTLEIN erkennt im Sontheimer Quellenmaterial der Zeit um 560 spürbare fränkische Infiltration: Die Alamannen (wie Anm. 15; 1979) S. 166, Regeste Nr. 323.

920) So auch WERNER (wie Anm. 10) S. 13.

921) LÖWE (wie Anm. 54) S. 66f.

922) Wie Anm. 827.

923) Die Autorin verweist auf entsprechende archäologische Indizien für den Raum zwischen den ostalemannischen Ansiedlungen und Regensburg (wie Anm. 18; 1977) S. 185.

924) Ebd. 185.

925) Den Beweis dafür mit Hilfe archäologischer Quellen führen zu wollen, ist derzeit wohl noch nicht möglich. Zur Ereignisgeschichte siehe oben S. 170 und S. 237, 281.

Quellen des ostalemannischen Raumes für den Beginn der Stufe Alemannisch III die Vorstellung eines außerordentlich dynamischen Geschehens auf der Grundlage von wirtschaftlicher Potenz einerseits und besiedlungsgeschichtlichen Vorgängen von nicht unerheblicher Bedeutung andrerseits. Die dieses Geschehen tragende, alemannische Schicht hat man jedoch bedeutend höher einzustufen als diejenige rein bäuerlicher Siedelgemeinschaften, wie sie vielleicht für Marktoberdorf zu unterstellen sind, obschon man auch dort wiederum differenzieren möchte. Die Angehörigen der das ostalemannische Geschehen tragenden sozialen Stufe können wir gewiß als *potentes* bezeichnen, die sicher nicht nur Handelsleute sind. Dabei ist dieser Begriff keineswegs zu unterschätzen, kennen wir doch das Beispiel des fränkischen Handelsmannes Samo, dem 626 die Reichsbildung in Böhmen und Karantanien gelingt[926)].

Sind die kultur-, verkehrs-, wirtschafts- und sozialgeschichtlichen Verhältnisse im ostalemannisch-nordwestbairischen Raum so richtig beurteilt, dann bietet sich an, sie versuchsweise vor dem Hintergrund der Ereignisgeschichte zu spiegeln: Der Baiernherzog Garibald ist spätestens seit 561 durch die Heirat mit König Wachos Tochter Walderada, der Witwe Theudebalds, mit dem langobardischen Königshaus in Pannonien verschwägert[927)]. In Italien stehen die Langobarden von 577 an mit den sie bedrängenden Franken im Krieg, von 583 an sogar gegen eine fränkisch-byzantinische Allianz. Doch bleiben die Langobarden unter Herzog Eoin von Trient, dem Schwiegersohn des Baiern Garibald, Herr der Lage. 587 erfolgt die Lösung des Verlöbnisses zwischen Authari und Chlodoswinda, der Schwester Childeberts II. Schon im darauf folgenden Jahr verlobt sich Authari mit Garibalds Tochter Theodelinda, der Enkelin Wachos[928)]. Möglicherweise veranlaßt diese dynastische Verbindung Childebert II., der seit dem Vertrag von 586 zu Andelot die Verhältnisse im Frankenreich als gesichert ansehen kann[929)], nun den Entwicklungen an der Ostgrenze des Reiches, dem die gesamte Alemannia gezwungenermaßen seit 535/536 angehört, entgegenzusteuern, und er fällt noch im selben Jahr in Baiern ein. Indiz für diese gedankliche Konstruktion ist die Flucht des Baiern Gundoald, Theodelindas Bruder, ins langobardische Italien[930)]. Authari setzt den Enkel Wachos sogleich zum Herzog von Asti ein. 590 erfolgt eine erneute fränkisch-byzantinische Offensive gegen das langobardische Italien, und erst 604 kommt unter Agilulf der Ausgleich mit den Franken zustande (»ewiger Friede«)[931)]. Projiziert man auf dieses Kapitel der Ereignisgeschichte der Zeit von etwa 560 bis zum Beginn des siebenten Jahrhunderts die oben von solchen Überlegungen ganz unabhängig gewonnenen archäologischen Befunde, so fällt es schwer anzunehmen, daß die doch sehr eindeutigen archäologischen Beziehungen aus Ostalemannien wie aus Nordwestbaiern zu den pannonischen wie zu den italischen Langobarden in keinerlei Zusammenhang mit der politischen Ereignisgeschichte stehen. Gewiß, wir überschauen in unserer Darstellung nur

926) Löwe (wie Anm. 54) S. 86. – Oben S. 172.
927) Reindel (wie Anm. 250) S. 104.
928) Ebd. 106.; Jarnut (wie Anm. 54) S. 41.; ferner oben S. 171.
929) Löwe (wie Anm. 54) S. 67.
930) Reindel (wie Anm. 250) S. 106 f.; Jarnut (wie Anm. 54) S. 41, 55.
931) Jarnut, ebd. 41 ff., 46. – Dazu auch oben S. 171.

einen Quellenausschnitt und nicht das Ganze, doch meine ich, daß diesem Ausschnitt allemal beispielhafte Aussagekraft zuzubilligen ist.

Wir brechen an dieser Stelle die Erörterungen zu den alemannisch-italischen Beziehungen in Stufe Alemannisch III ab, obschon zahlreiche weitere Befunde das Bild vervollständigen könnten. Will man dennoch ein zusammenfassendes Ergebnis formulieren, so hat man wohl in erster Linie auf die unterschiedlichen Regionalbefunde zur südalemannischen Zone einerseits und zur ostalemannischen andrerseits abzuheben. Gleich wichtig bezüglich weiterführender Einsichten ist aber auch der Befund, daß die von 568 an zu datierenden transalpinen Beziehungen mit den italischen Langobarden im Grunde wohl nichts anderes darstellen als lediglich die Fortsetzung der Beziehungen mit den pannonischen Langobarden der Stufe Alemannisch II.

Stufe Alemannisch IV (ca. 580–650)

Wie bereits oben angemerkt, tritt mit Beginn der Stufe Alemannisch IV als neues Stilelement die Silber- oder Bichromtauschierung auf Eisen auf, mit dem sich die Stufengrenze zwischen Alemannisch III und IV definieren läßt, auch wenn man den Übergang fließend zu sehen haben wird. Träger dieser Tauschierarbeiten sind Gürtelschlösser, Gürtelbesatz und Schuhgarnituren, dann Spathaknäufe, die Spathascheiden sowie deren Wehrgehänge, ferner Besatz und Beschläge des Pferdegeschirrs, schließlich auch der Reitersporn. Die offensichtlich frühesten Tauschierarbeiten sind durchweg als geometrische Muster und zumeist in symmetrischer Anordnung ausgeführt und umfassen noch keine Tierstilornamentik, die erst in späterer Zeit beherrschend wird. Als ein typisches Merkmal darf das sogenannte Pilzzellenmuster gelten[932]. Als die frühesten datierbaren Beispiele der Pilzzellentauschierung im Alemannischen, mit der der Beginn der Stufe IV definiert ist, haben wir zum einen das Reitergrab aus Hüfingen auf der Baar (Gräberfeld »Gierhalde«)[933] anzusehen, zum anderen Prunkgräber aus der Nekropole von Niederstotzingen (Ldkr. Heidenheim), ein Bestattungsplatz mit nur einem Dutzend Gräber[934]. Grabinventare oder Fundstücke der Stufe Alemannisch III scheinen in Niederstotzingen zu fehlen, so daß sich der Beginn der Stufe IV auch durch die ältesten Niederstotzinger Bestattungen umschreiben läßt[935]. Ebenso wie Niederstotzingen scheint die kleine Sondersepultur von Hüfingen erst mit Beginn der Stufe Alemannisch IV einzusetzen, wogegen auf dem unweit entfernten Hüfingener Ortsgräberfeld die Belegung wohl rund zwei Generationen früher beginnt[936]. Hüfingen wie Niederstotzingen stellen archäologische Quellen dar, mit

932) Dazu oben S. 267.

933) FINGERLIN, Ein alamannisches Reitergrab aus Hüfingen (wie Anm. 17) S. 602 Abb. 9,8; Taf. 43, 5.

934) PAULSEN (wie Anm. 21; 1967).

935) Zur Topographie und in bezug zum früher einsetzenden benachbarten Reihengräberfeld von Oberstotzingen siehe bei CHRISTLEIN, Die Alamannen (wie Anm. 15; 1979) S. 159 Abb. 126, Regeste Nr. 264 und S. 261, Regeste Nr. 274.

936) Wie Anm. 933, S. 595 Abb. 3. – CHRISTLEIN (wie Anm. 935) S. 139 Abb. 109; S. 152, Regesten Nr. 198. 199.

deren Hilfe die Beziehungen zu Italien besonders gut beurteilbar sind, aber auch zu anderen Regionen. Da Hüfingen wie auch Niederstotzingen (Grab 12b/c) in Verbindung mit den fränkischen Gräbern von Morken (unweit von Zülpich) und Arlon in Belgien absolutchronologisch in eines der beiden letzten Jahrzehnte des sechsten Jahrhunderts datiert werden müssen[937], hat man den Übergang von Stufe Alemannisch III zu Alemannisch IV bald nach dem Jahr 580 anzusetzen. Sofern es sich in Niederstotzingen Gruft 12 tatsächlich um eine Dreifachbestattung handelt[938], muß das gesamte Inventar noch ins sechste Jahrhundert datiert werden. Zeitgleich damit ist ferner die Prunkschnalle aus Niederstotzingen Grab 9, und zwar aufgrund ihrer Formverwandtschaft mit dem Morkener Exemplar[939]. Ihr annähernd trapezförmiges Beschläg weist in Gold-Silber-Tauschierung gleichfalls das Pilzzellenmuster auf, in diesem Falle jedoch mit Tierstilornament ähnlich wie in Morken kombiniert[940]. Jünger dagegen scheint die Garnitur aus Grab 1 derselben Nekropole zu sein[941].

Die mediterranen Beziehungen der Hüfingener Prunkbestattung äußern sich zum einen in der bronzenen Standringschale ostmediterraner Herkunft, zum anderen in dem Paar Silberphaleren mit Darstellungen aus dem christlich-mediterranen Kulturkreis. Gerhard Fingerlin, dem diese Einsichten zu verdanken sind, meint, daß ihr ursprünglicher Besitzer eine höhere Charge im byzantinischen Heer bekleidet haben könnte[942]. In welcher Beziehung der Hüfingener

937) Hüfingen: oben S. 266; FINGERLIN (wie Anm. 933) S. 621 f. – B. BECKER, Eine Eichenchronologie der alamannischen Totenbäume und Grabkammerbretter von Hüfingen, Oberflacht und Zöbingen (in: Fundberichte aus Baden-Württemberg 1, 1974, S. 545–564). J. WERNER, Archäologische Bemerkungen zu den dendrochronologischen Befunden von Oberflacht (in: ebd. S. 650–657). – Morken (nahe Zülpich): BÖHNER (wie Anm. 43). – Arlon (Belgien, Provinz Luxembourg, Gräber 3, 4, 12): H. ROOSENS und J. ALENUS-LECERF, Sépultures mérovingiennes au »Vieux Cimetière« d' Arlon. Archaeologia Belgica 88 (1965) S. 21 Abb. 8,5; S. 30 Abb. 13,1; S. 61 Abb. 37,9; man vgl. dazu auch H. AMENT (in: Germania 45, 1967, S. 189 ff., bes. S. 190 f.).

938) Dazu PAULSEN (wie Anm. 934) S. 191 ff.

939) Ebd. Taf. 32. Auch andere Beschläge des Inventars weisen das Pilzzellenmuster auf: ebd. 189 Nr. 7; Taf. 16,14. Man vgl. ferner die Formen der Schildbuckel aus Morken und Niederstotzingen Grab 9 sowie die beiden Schwertperlen aus Magnesit: PAULSEN a. a. O. 93 f., 188 f. Taf. 52,2; PAULSEN gibt als Herkunft des Minerals den steiermärkischen Ostalpenraum an: ebd. 93. – Morken: BÖHNER (wie Anm. 43) S. 437 f.

940) PAULSEN a. a. O. 37 f.; 189 Nr. 6; Taf. 32; 33,2.

941) Ebd. Taf. 34. – J. WERNER zufolge gehören die Niederstotzingener Gräber 1, 3, 9 und 12 einer Generation an (in: Germania 51, 1973, S. 281); zur Datierung des Pilzzellenmusters: DERS. (wie Anm. 973) S. 656 f., Anm. 18. – Zur Chronologie der Niederstotzingener Gürtelschlösser aus den Gräbern 1 und 9 siehe auch CHRISTLEIN, Die Alamannen (wie Anm. 15; 1979) Taf. 82. – Ob und in welcher Weise Stilverwandtschaften zwischen dem Rechteckbeschläg der Niederstotzingener Gürtelgarnitur aus Grab 1 (PAULSEN a. a. O. Taf. 34, links) und den großen, silbernen Riemenzungen aus dem Arnegundegrab bestehen (in: Germania 40, 1962, S. 349 Abb. 4, 6, 7; bessere Abb. in L'dossiers... [wie Anm. 275] S. 60 f.), ist noch zu untersuchen. Man vgl. dazu auch WERNER (in: Germania 51, 1973, S. 282), der auf den Formzusammenhang des Niederstotzingener Beschlags mit der Garnitur aus Sarkophag S. 11 aus Saint-Denis verweist; diese inzwischen bequem zugänglich in: Germania 60, 1982, S. 196 ff.; Abb. 1,1; 2,2.3 (J. WERNER).

942) FINGERLIN (wie Anm. 933) S. 617.

Reiter zu dem byzantinischen Vorbesitzer steht, und ob überhaupt, läßt sich der Quelle selbst freilich nicht entnehmen. In erster Linie wird man jedoch an personengebundene Beziehungen zu denken haben, wenn auch die gedankliche Verbindung mit der kriegsbestimmten Ereignisgeschichte bis zum Jahre 563, der Vertreibung der Franken aus Italien, gleichfalls im Bereich des Möglichen liegt. Für langobardische Vermittlung des Hüfingener italischen Quellengutes bestehen jedoch keinerlei Hinweise[943)]. Eher schon scheint mir Rainer Christleins Gedanke zuzutreffen, daß alemannische *potentes,* zu denen der Hüfingener Reiter zweifellos zählt, in irgendeiner Form am Italienhandel mitbeteiligt sind[944)]. Diese soziale Schicht ist es dann auch, die die Vermittlung neuer Stileigentümlichkeiten bewirkt. Mit dem Hüfingener Reitergrab liegt zugleich auch wohl einer der frühesten, reihengräberzeitlichen Belege des Reitersporns vor[945)].

Das Pilzzellenmuster an sich kommt sowohl auf Tauschierarbeiten vor als auch auf Erzeugnissen in Goldcloisonné-Technik, doch läßt sich formenkundliche Entwicklung der Tauschierungen aus zeitlich vorhergehenden Cloisonnéarbeiten nicht belegen[946)]. Die ältere Forschung nimmt für den im Alemannischen wie im Fränkischen unvermittelt aufscheinenden Zierstil dessen Herkunft aus dem langobardischen Italien an, denn aus Cividale stammt ein S-Fibelpaar in Goldcloisonné-Technik, das gleichfalls das Pilzzellenmuster aufweist[947)]. In bezug auf die Herkunft und damit auch für die Chronologie besonders wichtig erscheinen mir aber auch entsprechende Fundstücke aus der Romanen-Nekropole von Kaiseraugst am Hochrhein. Hier tritt der oben beschriebene Typ tauschierter Gürtelgarnituren mit rundem Beschlag mehrfach auf, untauschiert sogar zahlreich, ferner in »italischer« Bronzegußtechnik mit spätantiker Ornamentik und Schilddorn[948)]. Eine Analogie zur Kaiseraugster Bronzeschnalle ist im fränkischen Fundgut des Trierer Landes verläßlich in die dortige Stufe III datiert, die Kurt Böhners Schema zufolge die Zeitspanne von ca. 525 bis 600 umfaßt[949)]. Die an sich unscheinba-

943) Ebd. 613f. mit Anm. 50. »Wieweit Beigaben führende Gräberfelder im langobardisch besetzten Nord- und Mittelitalien ausschließlich germanisch sind, läßt sich derzeit nicht sicher bestimmen« (ebd. Anm. 54).

944) In: Die Alamannen (wie Anm. 15; 1979) S. 88.

945) Fingerlin (wie Anm. 933) S. 612 mit Anm. 45.

946) J. Werner sieht dagegen in den Tauschiermustern die Imitationen entsprechender Muster in flächendeckenden Goldcloisonné-Arbeiten, verweist jedoch gleichzeitig auf den tauschierten Gürtelbeschlag aus dem pannonisch-langobardischen Gräberfeld von Szentendre bei Budapest, der seinen eigenen Studien zufolge jedoch deutlich in die Zeit vor 568 datiert werden muß (in: Germania 60, 1982, S. 203f. mit Anm. 27). – Zum Szentendre Beschlag oben S. 267 mit Anm. 738 und unten S. 305 mit Anm. 962 und Anm. 1001.

947) Åberg (wie Anm. 2) S. 76 Abb. 122; Fuchs und Werner (wie Anm. 586) Taf. 35 B Nr. 49–50. – Man vgl. ferner bei Werner, Bülach (wie Anm. 11; 1953) S. 40. – Zu den italischen Vorkommen: Åberg (wie Anm. 2) S. 135 Abb. 277,5; S. 139 (Nocera Umbra, Grab 27).

948) Martin, Kaiseraugst (wie Anm. 19; 1976) Taf. 1 G: Grab 11 II; Taf. 39 A: Grab 602; Taf. 84,1.3 (pilzzellentauschierte Schnallen); Taf. 40 H: Grab 643; Taf. 82,7 (Bronzeguß).

949) Böhner (wie Anm. 271; 1958) S. 184: Zemmer Grab 37/3; Taf. 37,1; zur absoluten Chronologie von Böhners Stufenschema: ebd. 15ff., bes. 26ff. – Der Typ mit en-face-Darstellung auf dem Schilddorn wie in Zemmer liegt offenbar auch in Kaiseraugst Grab 605 vor (Martin a. a. O. 56; Taf. 39D). – Man vgl. auch die

ren Reste einer entsprechenden, jedoch untauschierten Gürtelgarnitur aus Eisen (Grab 126) gewinnen dann an erheblichem Gewicht, sofern man die fünf Goldnachprägungen nach Trienten byzantinischer Kaiser des sechsten Jahrhunderts mitbeachtet[950)]. Grab 126 hat ohne Frage als das reichst ausgestattete der Kaiseraugst-Nekropole zu gelten.

Es besteht keine Veranlassung, für die Kaiseraugster Pilzzellentauschierarbeiten auswärtige, d. h. germanische (alemannische oder fränkische) Herstellung anzunehmen. Wenn auch in Form- und Zierdetails voneinander abweichend[951)], kann der Grundtypus dieser Fundstücksgruppe nicht von Vorformen germanischer Provenienz abgeleitet werden. Das gilt auch, wenn man die entsprechenden Garnituren aus Niederstotzingen (Grab 12 b/c) sowie Hüfingen (Reitergrab Gierhalde) mit rein geometrischer Ornamentik mit einbezieht. Ganz im Gegenteil, stellt doch gerade das symmetrisch verschlungene Bandmotiv (»Vierpaßknoten«) auf dem Schilddorn der Hüfingener Schnalle ein seit römischer Zeit vielfach nachweisbares antikes, mithin ungermanisches Zierelement dar[952)]. Nur aus spätantiker Tradition verständlich ist auch die Zentralrosette der pilzzellentauschierten Gürtelgarnitur eines alemannischen, berittenen Spathaträgers aus Bülach (Grab 251)[953)], desgleichen die anthropomorphe en-face-Darstellung

Schnalle aus Lavoye Grab 26: Joffroy (wie Anm. 564) S. 56 Abb. 37, 26; ferner ist auf das münzdatierte Exemplar aus dem awarisch-germanischen Gräberfeld von Jutas (Komitat Tolna) zu verweisen: Gy. Rhé und N. Fettich, Jutas und Öskü. Zwei Gräberfelder aus der Völkerwanderungszeit in Ungarn (1931) S. 25; Taf. 3,8 (Grab 116, mit Phokas-Prägung, terminus post quem 602/610).

950) Martin a. a. O. 18; Taf. 9 A. – Zu den Trienten des Kaiseraugster Grabes 126 siehe auch oben S. 253 mit Anm. 670 und vgl. ferner Munningen Grab 1: Werner (wie Anm. 10) S. 52.

951) Zu den Kaiseraugster pilzzellentauschierten Schnallen mit runder Beschlagplatte siehe die anders geformten Garnituren aus den Gräbern 128: Taf. 8 D; 146: Taf. 9 B; 782: Taf. 50 D; 1056: Taf. 63 A; Taf. 84.

952) Fingerlin (wie Anm. 933) S. 602, Abb. 9.8. – Wann und wo dieses Symbolbild in germanisch besiedelte Gebiete übertragen wurde, kann in diesem Zusammenhang nicht dargestellt werden. Seine häufige Anwendung, beispielsweise in der kaiserzeitlichen Mosaikkunst, belegt eindeutig seine Wurzel in der mediterran-antiken Vorstellungswelt. – Siehe dazu auch bei Paulsen (wie Anm. 21; 1967) S. 50 und die dort angegebene ältere Literatur. – Als ein frühmerowingisches Beispiel sei hier lediglich die Goldhülse des Messers aus Lavoye (Dép. Meuse), Goldgriffspathagrab 319 zitiert: Joffroy (wie Anm. 564) S. 97 Abb. 74. – In etwas abgeänderter Form erscheint das verschlungene Bandmotiv auf der Bügelfibel vom nordischen Typ aus Kirchheim u. T. (Kr. Nürtingen; Grab 85): Haseloff (wie Anm. 12) S. 289 ff. Abb. 291; Taf. 39. – Zu Kirchheim u. T. vgl. man auch Anm. 723 sowie die Fibel aus Castel Trosino Grab G: Mengarelli (wie Anm. 553) S. 198 f. Nr. 7; Taf. 7,3.

953) Werner, Bülach (wie Anm. 11; 1953) S. 124; Taf. 21, 1b; zugehörig zu einer pilzzellentauschierten Schnalle mit rundlicher Beschlagplatte, auf deren Schilddorn eine en-face-Darstellung wie auf der Schnalle aus Kaiseraugst Grab 605 (Anm. 949). – Zur »fränkischen« Zirkelornamentik in Tauschiertechnik auf einer Gürtelgarnitur aus Buggingen (Ldkr. Breisgau-Hochschwarzwald) siehe Christlein, Die Alamannen (wie Anm. 15; 1979), Taf. 79. – Ob man für das zur Buggingener Gürtelgarnitur gehörende Spathagehänge und dessen Beschläge alemannische Arbeit annehmen darf, wie Christlein vermutet (ebd. Taf. 81), oder doch eher italisch-langobardische Herstellung, ist noch genauer zu untersuchen. Aufgrund des Rhombenbeschlags hat man die Buggingener Garnitur dem Spathagehänge vom Typ Kirchheim u. T. zuzuweisen; dazu Ament, Merowingische Schwertgurte vom Typ Weihmörting (in: Germania 52, 1974, S. 153–161, S. 157 Abb. 2,2). – Das eponyme Grab von Kirchheim u. T. enthält außer der pilzzellentauschierten Gürtelgarni-

auf dem Schnallendorn. Über entsprechend gemusterte Silberbeschläge aus Bülach (Grab 7) urteilt Rainer Christlein, derartige anthropomorphe Darstellungen »...können nur in einer Werkstatt entstanden sein, der romanisch-mediterrane Anregungen und Vorbilder ebenso verfügbar waren wie der germanische Absatzmarkt«[954]. Hüfingen wie auch Bülach verweisen infolgedessen deutlich auf die angrenzende Romania als wahrscheinliches Herkunftsgebiet der rein geometrisch und mit Pilzzellenmuster tauschierten Gürtelgarnituren vom Typ mit rundem Beschlag. Gleiches wird man für die entsprechenden Garnituren beispielsweise aus Elgg (Kanton Zürich), Beggingen-Löbern (Kanton Schaffhausen) oder Weingarten (Ldkr. Ravensburg) anzunehmen haben[955]. In Kaiseraugst tritt jedoch dieser Tauschierstil nicht nur auf den Garnituren vom Typ mit rundem Beschlag auf, sondern ebenso an dem Typ mit trapezoidem oder rechteckigem Beschlag[956], ferner auf entsprechenden Schuhschnallengarnituren (Gräber 782 und 1056)[957]. In Grab 782 sind die Pilzzellentauschierungen u. a. mit einer Scheibenfibel und einer Perlenkette vergesellschaftet. An der Schretzheimer Ortschronologie gemessen, wäre diese Kombination dort spätestens in Ortsstufe 4 zu erwarten[958]. Deutlich höheres Alter spiegelt jedoch das Inventar Kaiseraugst Grab 1056 wider. Die Pilzzellentauschierungen sind hier kombiniert mit einer Potinschnalle mit Maskendarstellungen, ein Typ, den man am ehesten in italisch-ostgotische Zeit datieren möchte[959], ferner mit einem Glasbecher (Tummler) sowie einer Glasflasche spätantiker Zeitstellung[960]. Man wird diesem Kaiseraugster Grab sicher höheres Alter (im Sinne der Zeitstufe Alemannisch III) zuzubilligen haben als beispielsweise Hüfingen und Niederstotzingen (Grab 12 c/d). Hat diese Annahme Bestand, was über die noch

tur mit runder Beschlagplatte auch eine Spatha mit pilzzellentauschiertem Knauf: R. Koch, Die merowingerzeitlichen Grabfunde aus St. Martin zu Kirchheim unter Teck (Kr. Nürtingen). In: Fundberichte aus Schwaben N.F. 19, 1971, S. 309–337. – Die Datierung des Kirchheimer Inventars wird kontrovers beurteilt: Werner (in: Germania 51, 1973, S. 281 mit Anm. 8) vertritt Zeitgleichheit mit den Niederstotzingener Gräbern 3 und 12; die entsprechenden dreiteiligen Garnituren datiert er in die Zeit um 600 und in die ersten Jahrzehnte des 7. Jahrhunderts (Fundberichte aus Baden-Württemberg 1, 1974, S. 656f. mit Anm. 18). Koch erwägt dagegen jüngeres Alter: a. a. O. 328ff. (»um 630–640«; S. 335). Besteht Werners Datierung zu Recht, hat das Konsequenzen auch für die Chronologie des Spathagehänge-Typs Kirchheim, bzw. für dessen älteste Vorkommen.

954) Die Alamannen (wie Anm. 15; 1979), Taf. 80.

955) Elgg Grab 64: Werner, Bülach (wie Anm. 11; 1953) S. 40; Taf. 30,1; – Beggingen Grab 48: Guyan (wie Anm. 665), Taf. 8, Nr. 6; – Weingarten Grab 377: Neuffer (wie Anm. 428) S. 251, Abb. 13, 3–5.

956) Wie Anm. 951 (Gräber 128 und 146).

957) Wie Anm. 951.

958) U. Koch (wie Anm. 18; 1977) S. 36, Abb. 8 A: Scheibenfibeln nur bis in eine Frühphase der Stufe 4.

959) Wie Anm. 951. – Werner, Bülach (wie Anm. 11; 1953) S. 40: »frühe Schnalle«.

960) Ein ähnlicher Tummler in Kaiseraugst Grab 416, die zugehörige, ballonförmige Glasflasche in gleicher Form im spätantiken Grab 750: Martin a. a. O. Taf. 27 A. Nr. 5 und Taf. 47 D Nr. 4. – Man vgl. auch das Grabinventar aus Worms-Schillerstraße mit ähnlichem Glasbecher wie Kaiseraugst Grab 1056, silbertauschierter Eisenfibel mit Pilzzellenmuster, »langobardischer« Amethyst-Goldscheiben-Kette und »langobardischer« Tonflasche: G. Behrens, Fränkische Frauengräber aus Rheinhessen (in: Mainzer Zeitschrift 35, 1940, S. 13–20; bes. S. 17ff. mit Abb. 6,1–18). – Zum Typ des Glastummlers siehe auch bei Böhner (wie Anm. 271; 1958) S. 226f. mit Taf. 64,1.2.

ausstehende archäologische Analyse der Kaiseraugster Romanennekropole[961] sich entweder bestätigen wird oder aber zu widerlegen ist, wird man zum einen die ans Südalemannische angrenzende Romania als Herkunftsgebiet der rein geometrischen mit Pilzzellen tauschierten Gürtel- und Schuhbeschläge anzusehen haben. Zum anderen aber ist ein ebenso früher Beleg dieser geometrischen Mustertechnik aus der transdanubischen Langobardennekropole von Szentendre nördlich Budapest bekannt (Grab 30), zu dem ein verwandtes Fundstück aus Horkheim (Ldkr. Heilbronn) vorliegt[962]. Erweist sich die aus der Ereignisgeschichte abgeleitete Prämisse als zuverlässig, daß nach 568 keine Langobarden mehr in Transdanubien ansässig sind, so kann das Szentendre-Fundstück nur älter als 568 sein, d. h. der Zeitstufe Alemannisch II entsprechen. Deshalb ist für das Pilzzellenmotiv an sich auch die Verbreitung vom Mitteldonaubecken über das frühlangobardische Italien in die nordalpine Romania vorstellbar. Doch ist mitzubedenken, daß an den Beispielen aus der nordschweizer Romania jegliche Tierstilornamentik ebenso fehlt wie an dem transdanubischen Beleg. An dem oben erwähnten langobardischen S-Fibelpaar tritt germanische Tierornamentik dagegen sehr wohl auf[963]. Pilzzellentauschierung kombiniert mit Tierornamentik ist dann neben den rein geometrischen Mustern im Alemannischen wie im Fränkischen nachweisbar. Belege dafür sind zum einen die Gold-Silber-tauschierten Gürtelschnallen des Typs Morken/Niederstotzingen/Spötting[964], zum anderen die dreiteilige Garnitur aus Niederstotzingen (Grab 1). Sie gilt gegenüber den anderen pilzzellentauschierten Niederstotzingener Gürtelgarnituren als jünger[965]. Doch wird man alle drei Niederstotzingener Gräber, die die Pilzzellentauschierung aufweisen, insgesamt der Stufe Alemannisch IV zuzuweisen haben. Wo die mit germanischem Tierstil kombinierten Pilzzellentauschierungen hergestellt werden, läßt sich derzeit noch nicht verläßlich abschätzen. Das langobardische Italien kommt dafür am ehesten in Frage, weil hier mit dem S-Fibelpaar aus Cividale das bisher wohl älteste Beispiel vorliegt.

Erkennt man an, daß das Pilzzellenmuster ein typisches Stilelement des Zelldekors der Stufe Alemannisch IV darstellt, läßt sich mit den jüngsten absolutchronologisch datierbaren Belegen das Ende der Stufe IV bestimmen. Wir haben dafür allerdings auf außeralemannische Befunde zurückzugreifen, und zwar auf fränkische ebenso wie auf angelsächsische. Hervorragende Beispiele in Goldcloisonné-Technik liefert das Königsgrab von Sutton Hoo, am River Deben etwa 10 km landeinwärts des Suffolk-Küstenstreifens zwischen der Themsemündung und The Wash gelegen[966]. Ein archäologischer terminus post quem, ausgewiesen durch byzantinisches

961) Vorläufig dazu MARTIN in: WERNER und EWIG (Hrsg., wie Anm. 17) S. 418–428.

962) Wie Anm. 738–739, 946. Man sehe auch unten Anm. 1001.

963) Wie Anm. 947.

964) Morken: wie Anm. 43, S. 439 Abb. 6; – Niederstotzingen: CHRISTLEIN, Die Alamannen (wie Anm. 15; 1979) Taf. 82; – Spötting Grab 8: ebd. Taf. 78.

965) Wie Anm. 941.

966) Zum Stand der Sutton-Hoo-Publikationen siehe J. WERNER, Das Schiffsgrab von Sutton Hoo. Forschungsgeschichte und Informationsstand zwischen 1939 und 1980 (in: Germania 60, 1982, S. 193–209); zu den Goldcloisonné-Arbeiten mit Pilzzellenmuster: ebd. S. 203f.

Tafelgeschirr aus massivem Silber mit einem Kontrollstempel Kaiser Anastasius' (491–518)[967] liegt um mehr als ein Jahrhundert zu früh. Denn die 37 merowingischen Trienten der mitgefundenen Geldbörse erfordern spätestens das Jahr 625 als terminus post quem für die Anlage des Schiffsgrabes[968], und dieser Zeitansatz führt schließlich zur Identifizierung mit dem ostanglischen König Redwald (gest. 624/25). Das Pilzzellenmuster dauert demzufolge im ostanglischen Formenkreis bis ins dritte Jahrzehnt des siebenten Jahrhunderts an[969]. Wiederum wichtig ist, daß im Sutton Hoo-Schiffsgrab das dortige Spatha-Wehrgehänge mit dem Pilzzellenmuster in Goldcloisonné-Technik datierende Hinweise zu dieser Fundstücksgattung auf dem Kontinent liefert. Denn wenn Joachim Werner bei der Prunkspatha aus Sutton Hoo an langobardische Goldschmiedearbeiten (Goldfiligranverkleidung des Spathagriffes) als Vorbilder für das angelsächsische Fundstück denkt[970], dann ist anzunehmen, daß dieselben transalpinen Beziehungen auch für das gleichermaßen prunkhaft ausgestattete Wehrgehänge dieser Waffe zutreffen. Man müßte allerdings wissen, wie alt die italischen Schwerter, bzw. die angewendeten Goldschmiedetechniken, tatsächlich sind. Werner verweist auf entsprechende Goldappliken an Spathagriffen aus Reggio nell' Emilia, Chiusi und Nocera Umbra[971]. Den Reggio-Grabfund setzt er wiederum zur Ittenheimer Prunkbestattung in Beziehung[972]. Werners Datierung des Reggio-Grabes ist heute allerdings überholt[973]. Sofern es sich wirklich um eine Langobarden-Bestattung handelt, kommt das Jahr 568 als terminus post quem in Betracht. Über Sutton Hoo ergibt sich letztlich dann aber auch für das Reggio-Inventar der terminus ante quem von 624/625.

Natürlich hat man damit zu rechnen, daß das Sutton Hoo-Spathagehänge von einem angelsächsischen Goldschmied angefertigt wird, möglicherweise aber auch von einem fränkischen[974]. Doch die ältesten Belege zum Pilzzellenmuster in Goldcloisonné-Technik stammen aus dem langobardischen Italien, wie das Cividale-Fibelpaar erweist, hier allerdings mit germanischer Tierstil-II-Ornamentik kombiniert[975]. Und daß für Cividale nur Stufe Alemannisch III in Betracht kommen kann, ergibt sich zum einen über die Formverbindung zum oben genannten Szentendre-Fundstück. Zum anderen spielt die Überlegung eine mitentscheidende Rolle, daß eine gleichartige S-Fibel in Goldcloisonné-Technik in Schretzheim beispielsweise in die dortige Ortsstufe 3 datiert ist und der Typ an sich in der Schretzheimer Ortsstufe 4 bereits fehlt; Ortsstufe 3 deckt sich aber, wie oben ausgeführt, ungefähr mit der Stufe Alemannisch III[976]. Das Pilzzellenmuster in Goldcloisonné-Technik ist demnach für das langobardische

967) R. Bruce-Mitford, The Sutton Hoo Ship-Burial. A Handbook² (1972) Taf. 20.
968) Werner (wie Anm. 966) S. 201 f.
969) Ebd. 203 f. mit Hinweis auf die Untersuchungen von B. Arrhenius.
970) Ebd. 205.
971) Langobardische Grabfunde aus Reggio Emilia (in: Germania 30, 1952, S. 190–193, bes. S. 192 f.).
972) Ebd. 191 ff.
973) Oben S. 174 f. mit Anm. 271.
974) Man vgl. unten S. 307, 309.
975) Wie Anm. 947.
976) Oben S. 279, 290.

Italien deutlich früher zu datieren als für das angelsächsische Britannien. Direkte angelsächsisch-mediterrane Beziehungen sind zudem über das massiv-silberne Tafelgeschirr aus Sutton Hoo zu unterstellen; sie können zwar von Konstantinopel unmittelbar ausgehen, ebenso aber auch von Ravenna, Rom oder Neapel. Dabei spielt keine Rolle, ob es sich – aus der Sicht von Byzanz – um altehrwürdiges Gerät handelt oder um veraltetes. So oder so war es dem anglischen König willkommen, und deshalb gelangt dieses Tafelgeschirr mit in sein Grab[977)].

Hinzu kommt, daß das Spathagehänge aus Sutton Hoo sich sehr gut in die kontinentale Formenreihe dieser Fundgruppe einfügen läßt, wie Hermann Aments Differenzierungen von 1974 zeigen[978)]. Was uns im Alemannischen wie im Bairischen als Spathagehänge vom Typ Langenenslingen (Ldkr. Biberach), vom Typ Kirchheim u. T. (Ldkr. Esslingen), vom Typ Weihmörting (Ldkr. Passau) und vom Typ Sutton Hoo entgegentritt[979)], besitzt nämlich zum einen Analogien in mittelitalischen Nekropolen[980)], zum anderen aber auch noch im pannonisch-langobardischen Fundgut. Denn eine Garnitur des Typs Langenenslingen ist für das Gräberfeld Mosonszentjános (Komitat Györ-Sopron) nachgewiesen[981)]. Das aber kann doch nur heißen, daß die Anfänge solcher Spathagehänge noch im transdanubischen Teil des Mitteldonaubeckens zu suchen sind, mithin noch in Stufe Alemannisch II erstmals auftreten, und Italien bereits ein Sekundärverbreitungsgebiet darstellt, von dem aus erst transalpine Beziehungen zu Alemannen, Baiern, Franken und Angelsachsen führen. Aber dürfen wir deshalb direkte und unmittelbare Beziehungen zu Transdanubien ausschließen, beispielsweise für den Spathagurt Typ Langenenslingen? Begründet sicher nicht, und zwar genauso wenig wie für frühe Pilzzellentauschierungen[982)]. Antworten dieser Art befriedigen sicher nur bedingt, doch schärfen sie unseren Blick für die Rolle, die das Mitteldonaubecken beständig neben den Beziehungen der Zone nordwärts der Alpen mit Italien spielt. Das aber kann als Teilergebnis beim derzeitigen Stand der Forschung nicht hoch genug eingeschätzt werden[983)].

977) Natürlich ist denkbar, daß die Anastasius-Schale über unbekannte und nicht einmal spekulativ anzugebende kontinentale Zwischenstationen nach Britannien gelangt, möglicherweise auch zu eben derselben Zeit wie die skandinavischen Solidi-Schätze mit Anastasius-Schlußmünzen. Doch entbehren solche Überlegungen der methodisch verläßlichen Basis. Gleiches gilt für das übrige Silbergeschirr aus Sutton Hoo sowie für die Silberlöffel mit den in griechischen Buchstaben eingravierten Namen Saulus und Paulus.
978) Wie Anm. 953.
979) Ament a. a. O. 156f. Abb. 1–2.
980) U. Koch, Schretzheim (wie Anm. 18; 1977) S. 101f.
981) Bóna (wie Anm. 342), Taf.-Abb. 74; zugehörig die Spielsteine ebd. Taf.-Abb. 73. – Zum Typ: Ament a. a. O. 160f. mit älterer Literatur und Fundorthinweisen. Typenkundlich läßt sich möglicherweise auch die Garnitur aus Szöreg Grab 68 (Komitat Csongrád) solchen Spathagurten anschließen (ebd. Taf.-Abb. 18); und die vergoldete Bronzeschnalle aus dem Gräberfeld von Hódmezövásárhely-Kishomok (Komitat Csongrád; ebd. Taf.-Abb. 17) könnte für das gepidisch besiedelte Gebiet die Entwicklung aus frühen Schilddornschnallen aufzeigen.
982) Oben S. 305.
983) Eine andere Frage ist, wann die Ausstattungsstücke der Sutton-Hoo-Waffen angefertigt werden. Das kann durchaus noch im 6. Jahrhundert geschehen. Man hat bei einer Antwort auf diese Frage auch solche

Eine Goldcloisonné-Scheibenfibel aus dem Reihengräberfriedhof von Täbingen unweit der alemannischen Höhenburg des Lochensteins bei Balingen weist gleichfalls das Pilzzellenmuster wie in Sutton Hoo und Cividale auf[984]. Wie das Täbinger Prunkgrab relativchronologisch zu Sutton Hoo steht, läßt sich nur schwer abschätzen. Die Goldscheibenfibel hat man zweifellos in der Tradition entsprechender Arbeiten aus den mittelitalischen Gräberfeldern zu sehen[985], doch liegt deren Alter wiederum auch nur angenähert fest, weil es an einer gesicherten archäologischen Chronologie für Italien mangelt. Ebensowenig lassen sich die vier zugehörigen Goldanhänger in Filigrantechnik und mit aufgesetztem Granatschmuck zeitlich genauer fixieren, obwohl auch sie italischen Ursprungs sein können. Aus ganz entgegengesetzter Region der Alten Welt, aus dem Nordgermanischen, stammt dagegen die silbervergoldete Bügelfibel des Täbinger Grabinventars[986] und ebenso wohl die zugehörigen Bernsteinanhänger. Der reiche Schmuck der in Täbingen Bestatteten verbindet zwar den zugehörigen alemannischen Siedelplatz mit der mittelitalischen Region wie mit Südskandinavien und mit Goldschmiedearbeiten in Ostengland, aber eine verläßliche Datierung läßt sich dennoch nicht für Täbingen gewinnen. Stufe Alemannisch IV dürfte aufgrund des Pilzzellenmusters gesichert sein, die erste Hälfte des siebenten Jahrhunderts wohl auch, doch mehr nicht.

Absolutchronologisch datierbar ist das Pilzzellenmuster noch einmal über das münzdatierte Goldpektoralkreuz aus Wilton (Norfolk), d. h. in derselben westangelsächsisch besiedelten Landschaft, in der auch Sutton Hoo liegt. Mitgefaßt ist ein Solidus des Heraclius (613–640)[987]. Das Wilton-Kreuz könnte somit der Redwald-Bestattung zeitgleich sein, doch ebenso auch zwei Jahrzehnte später. Ob das Kreuz im christlichen Mediterraneum entsteht, eine kontinentale Arbeit darstellt oder gar eine angelsächsische, läßt sich ohne umfassende Neuuntersuchungen nicht entscheiden. Wie kontrovers in dieser Beziehung die Forschung urteilt, ist den Darstellungen Hayo Viercks zum Pilzzellenmedaillon des Trierer Egbertschreins zu entneh-

Details mitzubeachten, wie die tierkopfgestaltigen Enden der Schildfessel aus Sutton Hoo einerseits und aus dem Grab von Morken andrerseits sowie die mit Stempelmustern versehenen und vergoldeten Schildbukkelzierbeschläge aus Morken und Hódmezövásárhely (Bóna a. a. O. Taf.-Abb. 20–21).

984) W. Veeck, Ein reiches alamannisches Frauengrab aus Täbingen, OA. Rottweil (in: Germania 16, 1932, S. 58–61); Rupp (wie Anm. 792), Taf. 22,11; Christlein, Die Alamannen (wie Anm. 15; 1979) Taf. 69.

985) Z. B. wie Castel Trosino Grab 168: Werner und Fuchs (wie Anm. 586) Taf. 36 C 6. – Die Rückseite der Fibel trägt einen filigranverzierten Nadelhalter; dazu oben Anm. 790–792.

986) Ausführlich zur Täbinger Bügelfibel G. Haseloff (wie Anm. 12) S. 385 ff.; S. 412 als skandinavischer Import bezeichnet; S. 414 Datierung in erste Hälfte des 6. Jahrhunderts. Für das Täbingener Grabinventar insgesamt schlägt Böhner eine Datierung »frühestens an die Grenze von Stufe III zu IV« im Sinne seiner Stufengliederung vor (wie Anm. 271; 1958, S. 86). Dieser Ansatz entspricht der Zeit um 600 oder dem Beginn des 7. Jahrhunderts, mithin eindeutig der Zeitspanne, wie sie durch die anderen alemannischen Denkmäler des Pilzzellenmusters ausgewiesen ist.

987) Zum Wilton-Kreuz sehe man R. Bruce-Mitford, The Sutton Hoo Ship-Burial. Bd. 1. Excavations, Background, the Ship, Dating and Inventory (1975) S. 709 f. Abb. 439 d; dazu die Bemerkungen Werners (wie Anm. 966) S. 204.

men[988]. Der mitgefaßte Solidus Justinians I. (527–565) stellt einen sicher bedeutend früher liegenden terminus post quem dar. Denn Vierck vermutet in dem Medaillon eine Arbeit aus der Werkstatt des Eligius, Goldschmied der Könige Chlotar II. und Dagobert I. sowie Bischof von Noyen und Tournai. Das Medaillon soll in der Zeit zwischen 641 und 660 im flanderischen Raum entstanden sein[989], und zwar als Reliquiar eines Gemmenkreuzes, obschon Vierck nicht verkennt, daß eine derart qualitätvolle Arbeit »in irgendeiner Kirche abseits der Zentren königlicher Macht« ebenso problematisch bleibt, wie die Datierung aufgrund der Eligius-Vita[990]. Auf absolut sicherem Boden stehen wir auch mit diesem Trierer Denkmal nicht[991]. Die Sachverhalte lassen sich drehen und wenden wie man will, methodisch erfolgversprechend bleibt allein, die entsprechenden Goldcloisonnéarbeiten aus Sutton Hoo, Wilton, Trier, Tongeren[992], Täbingen und Cividale unter einheitlichen und systematischen Gesichtspunkten insgesamt der archäologischen Analyse zu unterziehen. Erst dann wird man entscheiden können, ob diese Goldschmiedeerzeugnisse, die jeweils dieselbe hohe Qualitätsstufe repräsentieren, voneinander unabhängig bei Langobarden, Alemannen, Franken und Angelsachsen entstehen oder letztlich nicht doch an einem einzigen Zentralort. Trifft letzteres zu, dürfte wohl nur Italien in Betracht kommen. Byzanz selbst scheidet deshalb aus, weil das Fibelpaar aus Cividale langobardische Tierstilornamentik mit umfaßt[993].

Wie alt entsprechend tauschierte Spatha- und Gürtelgarnituren in Köln-Müngersdorf sind (Grab 139), läßt sich gleichfalls nur schwer abschätzen. Die Müngersdorfer Schnalle des Spathagurts vom Typ mit rundem Beschlag, Pilzzellenmuster und Vierpaßflechtknoten wird man nicht anders datieren können als Hüfingen oder Morken/Spötting, die dreiteilige Gürtelgarnitur, auf der das Pilzzellenmuster mit Tierstilornamentik kombiniert ist, dagegen mit der dreiteiligen Garnitur aus Niederstotzingen (Grab 1) zeitgleich zu sehen haben[994]. Ein

988) H. VIERCK, Werke des Eliguis. In: KOSSACK und ULBERT (Hrsg., wie Anm. 14) S. 309–380, bes. 359ff., Taf. 31,3. – Man vgl. auch F. RADEMACHER, Der Trierer Egbertschrein (in: Trierer Zeitschrift 11, 1936, S. 144–166); RUPP (wie Anm. 792) S. 89f., 139; Taf. 31,1 (dort als Fibel behandelt).
989) VIERCK a. a. O. 366f.
990) Ebd. 361, 366f.; zur Eliguis-Vita ebd. 311f.
991) Zu VIERCKS Ansicht, die innere Ovalform des Medaillons bedinge gewissermaßen zwingend die Interpretation als Zentralapplike einer Kreuzvierung (ebd. 361) vgl. man entsprechende italische Scheibenfibeln, z. B. bei WERNER und FUCHS (wie Anm. 586) Taf. 40; 41 C 22.24.25. Auf den formbedingten Zusammenhang mit der byzantinischen Goldfiligranscheibe aus Senise (Prov. Potenza) weist bereits RUPP hin (wie Anm. 792) S. 90.
992) VIERCK a. a. O. Taf. 31,1.2.
993) Weil die das Pilzzellenmuster aufweisenden Denkmälergruppen in formenkundlicher Hinsicht sich sehr heterogen darstellen, wäre als methodischer Ansatzpunkt eine Kombinationsgraphik zu wählen, die die Musterdetails (Pilzzellen, Vierpaßknoten, Zirkelrosetten, Tierstil usw.) ebenso umfaßt wie die angewendeten Ziertechniken (Cloisonné, Tauschierung, Filigran, Niello, Cabochontechnik, Münzfassung usw.) sowie die verwendeten Materialien (Edelmetall, Eisen, Granat usw.).
994) F. FREMERSDORF, Das fränkische Reihengräberfeld Köln-Müngersdorf. Germanische Denkmäler der Völkerwanderungszeit Bd. 6 (1955) S. 110f. Taf. 24; 67; 93, 1; 96,7. – FREMERSDORFS Datierung (S. 135:

gleichartiges Inventar aus Kirchheim am Ries (Grab 414) müßte aufgrund der Spatha in die Schretzheimer Ortsstufe 4 datiert werden, obschon die Lanzenspitze und der Schildbuckel durchaus Formen der Ortsstufe 3 widerspiegeln[995]. Auch Robert Kochs Überlegungen zur Verbreitung und Datierung der Pilzzellentauschierung führen nicht über die Erkenntnis hinaus, daß nur eine Zeitstellung »um 600«, bzw. »1. Hälfte 7. Jahrhundert« in Betracht kommt[996]. Nirgendwo lassen sich Hinweise darauf finden, daß der Pilzzellenstil sowohl auf Tauschierarbeiten als auch in Cloisonné-Technik über die Mitte des siebenten Jahrhunderts andauert. Stufe Alemannisch IV, durch das Pilzzellenmuster definiert, mündet offensichtlich noch vor 650 in Stufe V ein. Ein präziser Zeitansatz läßt sich derzeit nicht ermitteln. Wohl aber ist wiederum der Beginn der Stufe Alemannisch V genauer anzugeben[997]. Man hat jedoch mit zeitlicher Überschneidung zu rechnen.

Stufe Alemannisch IV im Überblick betrachtet, scheint gegenüber Stufe Alemannisch III nur in reduziertem Maße zur Erkenntnis der transalpinen Beziehungen der Alemannen beitragen zu können. Doch das ist unrealistisch gesehen. Denn im vorstehenden Abschnitt ist aus der Fülle des Quellenmaterials lediglich ein einziges prägnantes Beispiel ausgewählt: das Detail des Pilzzellenmusters in seiner Anwendung sowohl in Goldcloisonné-Technik als auch Tauschiertechnik und in seiner weitgespannten geographischen Dimension. Dieses alleinige Detail ist aber nicht nur deshalb herausgegriffen, weil es bezüglich der archäologischen Chronologie eine gewichtige Rolle spielt, sondern vor allem deshalb, weil sich mit seiner Hilfe zum wiederholten Male die archäologischen Verbindungen zum Mitteldonaubecken aufzeigen lassen. Diese ziehen sich geradezu wie ein roter Faden durch das Thema der alemannisch-italischen Verbindungen, obwohl die Schriftquellen kaum etwas von deren Intensität erahnen lassen. Für die Zeit von Stufe Alemannisch II an kann man die Befunde zu den alemannisch-mitteldonauländischen, archäologischen Beziehungen sogar noch präziser fassen. Denn nicht das Mitteldonaubecken schlechthin ist beständig mit im Spiel, sondern es ist konkret die Archäologie der Langobarden Pannoniens. Demzufolge stellen die seit Stufe Alemannisch III aus der Archäologie der Langobarden Italiens ablesbaren transalpinen Beziehungen lediglich den jüngeren Abschnitt eines sehr viel weiter zurückreichenden Traditionsstranges dar. In welcher Weise diese offensichtlich virulenten Südost-Verbindungen auch noch über das Jahr 568 hinaus weiterbestehen, ist im folgenden Abschnitt näher auszuführen.

»nach der Mitte des 7. Jahrhunderts«) entspricht dem überholten Forschungsstand von 1955. – Das Pilzzellenmuster möglicherweise auch auf dem Spathaknauf: ebd. Taf. 24, Nr. 1a.

995) Neuffer-Müller (wie Anm. 278) Taf. 86. – Zum Spathaknauf und seiner Tauschierornamentik vgl. man Schretzheim Grab 556 (Koch, wie Anm. 18; 1977, Taf. 211,4; in Ortsstufe 4 datiert: ebd. S. 46); zur Kirchheimer Schildbuckelform vgl. man Schretzheim Typ 21 (Koch a. a. O. S. 37 Abb. 8 B. Nr. 21), zur Lanzenspitze Typ 11 (ebd. Abb. 8 B Nr. 11); diese beiden Typen gehören nach der Schretzheimer Ortschronologie in Stufe 3.

996) Wie Anm. 18 (1967) S. 66 ff. – Man vgl. auch oben Anm. 953 und die unterschiedliche Beurteilung der Chronologie durch Koch und Werner.

997) Dazu unten S. 327 ff.

DIE BESONDERE BEDEUTUNG DER OSTALEMANNISCHEN REIHENGRÄBERFELDER IN STUFE ALEMANNISCH IV

Als ein Ergebnis der Untersuchungen zu den auswärtigen Beziehungen der Alemannen in Stufe III ist oben angemerkt, daß man den Reihengräberfeldern Ostalemanniens offensichtlich eine Sonderstellung zuzuschreiben hat. Diese wird an den engen Verbindungen der hier siedelnden *potentes* mit dem langobardisch besiedelten Transdanubien erkennbar, und sie setzen sich von 568 an mit den nun in Italien siedelnden Langobarden fort. Das Reihengräberfeld von Marktoberdorf im Allgäu weist allerdings kein Quellenmaterial des Mitteldonaubeckens aus und kaum solches, für das italisch-langobardische Herkunft gesichert erscheint[998]. Wiederum stellen wir deshalb Betrachtungen zu Marktoberdorf an den Anfang dieses Untersuchungsabschnittes.

Pilzzellentauschierte Gürtelgarnituren als archäologische Leitform der Stufe Alemannisch IV treten in Marktoberdorf in drei Grabinventaren auf, und zwar zweimal der Gürtelschnallentyp mit runder Beschlagplatte sowie einmal auf Beschlägen des Spathagurtes[999]. Die Gräber 69 und 136 weisen zu den Pilzzellenmustern jeweils das Vierpaßknotengeflecht auf, und bezüglich der Herkunft aller drei Garnituren haben dieselben Überlegungen zu gelten wie für Hüfingen oder Niederstotzingen[1000]. Rainer Christlein datiert die beiden Gürtelgarnituren in die Marktoberdorfer Zeitschicht 2 und Grab 136 mit dem Spathagurt deshalb an den Beginn der Zeitschicht 3, weil der Leibgurt bereits die Mode der vielteiligen Beschläge ausweist, obschon die Gürtelschnalle selbst noch zum Typ mit runder Beschlagplatte gehört[1001]. Damit gibt uns Grab 136 einen ersten Hinweis darauf, daß vielteilige Gürtelgarnituren offenbar eine spätere Zeiterscheinung darstellen als die dreiteiligen Garnituren mit rundem Beschlag und Pilzzellentauschierung. Weil zudem oben bei den Untersuchungen zur absoluten Chronologie der Stufe Alemannisch IV in keinem Fall vielteilige Gürtelgarnituren zu diskutieren waren, scheinen diese erst in Stufe V Bedeutung zu erlangen.

Zwischen den drei Marktoberdorfer Gräbern mit Pilzzellentauschierungen besteht jedoch kein meßbarer Zeitunterschied, sondern sie repräsentieren allem Anschein nach einen eng zu umgrenzenden Zeithorizont, der innerhalb der Marktoberdorfer Zeitschicht 2 möglicherweise

998) Oben S. 290.

999) Grab 69 (Gürtelschnalle mit runder Beschlagplatte eines Spathaträgers): CHRISTLEIN (wie Anm. 15; 1966) S. 123f.; Taf. 18 A, 7; 71,4. – Grab 136 (Spathagurt): ebd. S. 141; Taf. 35 A, 20.22.24; 83,4.5.8. – Grab 147 (Gürtelschnalle mit runder Beschlagplatte und Rechteckbeschlag eines Spathaträgers): ebd. S. 144; Taf. 38 A, 5.6.; 71,5.6.

1000) Oben S. 266f., 300f., 305.

1001) A. a. O. 61. – Den pilzzellentauschierten Rechteckbeschlag (Taf. 35 A.24) weist er dem Formenbestand der Spathagurte vom Typ Weihmorting zu (dazu oben S. 307 mit Anm. 979). Dessen formenkundliche Verwandtschaft mit dem oben erwähnten Szentendre-Beschlag (Anm. 738) und dem teils vergoldeten aus Horkheim (Kr. Heilbronn; oben Anm. 739) stellt ein weiteres Indiz für Zeitgleichheit des Grabes 136 mit den beiden anderen Marktoberdorfer Inventaren dar.

spät anzusetzen ist[1002]. Bemerkenswert für Marktoberdorf in Stufe Alemannisch IV ist wie in Stufe III wiederum der Negativbefund: Auswärtige Beziehungen und gar definitiv italische sind im Quellenmaterial nicht zu erkennen, es sei denn, man wertet das mehrfache Auftreten der entsprechenden Tauschierarbeiten in diesem Sinne. Das ist immerhin insofern möglich, wenn man für Herkunft der tauschierten Garnituren aus der Romania eintritt. Denn diese ist von Marktoberdorf in westlicher Richtung nur rund 100 km entfernt, und auch der Weg auf der Römerstraße über den Fernpaß ins obere Inntal ist nur unwesentlich kürzer. Der Negativbefund für Marktoberdorf steht aber zugleich in sehr deutlichem Gegensatz zu den Erkenntnissen, die die alemannischen Gräberfelder im Raum zwischen Schwäbischer Alb und Donauried sowie am Rande des Nördlinger Rieses ermöglichen. Wir wenden uns zunächst nochmals der Niederstotzingener Nekropole zu und dort wiederum denjenigen Gräbern, aus denen pilzzellentauschierte Gürtelbeschläge vorliegen (Gräber 1.9.12 b/c). Über Querverbindungen zu Kirchheim unter Teck (Ldkr. Esslingen), ein Grabinventar mit einer dreiteiligen, pilzzellentauschierten Gürtelgarnitur der Art wie in Grab 12 sowie pilzzellentauschiertem Spathaknauf, kann auch Niederstotzingen Grab 3 den Grabinventaren 1, 9 und 12 angeschlossen werden[1003].

Ostmediterranes, importiertes Bronzegeschirr weisen die beiden Grabschächte 9 und 12 auf, der Reiter aus Grab 9 ein aus Kanne und Becken bestehendes Service, ein einzelnes Bronzebecken jeweils die Reiter aus den Gräbern 3a und 12a[1004]. Aus Grab 9 liegt ferner eine Garnitur metallener Beschlagteile des Pferdegeschirrs vor, teils silbervergoldet, teils in Flächenniellierung auf Silber und in Tierornamentik, teils gestempelt oder tauschiert[1005]. Peter Paulsen möchte sie einerseits mit langobardischen oder burgundischen Arbeiten in Zusammenhang sehen, doch andrerseits alemannische Herstellung nicht ausgeschlossen wissen[1006]. Tierstilverzierte Riemenbesatzstücke sind in ähnlicher Form aus dem Grab des gepanzerten Reiters aus Gammertingen (Ldkr. Sigmaringen) bekannt, eines »der prunkvollsten Reihengräber Süddeutschlands«, wie Christlein formuliert[1007]. Werner zufolge stehen die Gammertingener Geschirrbesatzstücke in der Zone nordwärts der Alpen mit entsprechenden Befunden aus dem Fränkischen am Beginn jener Flächennielloarbeiten, die zuvor nur aus Italien bekannt sind; er läßt jedoch offen, ob es sich in Gammertingen um langobardische oder alemannische Arbeiten handelt[1008]. Dieser Gruppe wird man Niederstotzingen ohne weiteres anschließen. Gammer-

1002) Zur absolutchronologischen Datierung der Marktoberdorfer Ortsstufe 2 in die Zeit von ca. 570/80 bis 630/40: Christlein a. a. O. 83ff.

1003) Oben S. 301 mit Anm. 941.

1004) Paulsen (wie Anm. 21; 1967) S. 27ff.; Taf. 4–5.

1005) Ebd. 73ff.; Taf. 46.

1006) Ebd. 73ff., bes. 78ff.

1007) Die Alamannen (wie Anm. 15; 1979) S. 144 Regeste Nr. 125; Datierung »um 570«: ebd. 90. – Zu Gammertingen selbst siehe I. W. Gröbbels, Der Reihengräberfund von Gammertingen (1905); ferner auch O. Paret, Das alamannische Gräberfeld von Gammertingen (in: Hohenzollerische Jahreshefte 7, 1940, S. 100–106).

1008) Wie Anm. 10, S. 56; Ders. (wie Anm. 548) S. 59. 64; Taf. 4, 5. 6. – Man vgl. zu Gammertingen neuerdings auch die entsprechenden Beschläge des prunkhaften Pferdegeschirrs aus Regensburg:

tingen selbst, zweifellos mit Niederstotzingen gleichzeitig und damit in Stufe Alemannisch IV datiert, weist an mediterranen Beziehungen zum einen zwei Bronzebecken auf, zum anderen einen vergoldeten Spangenhelm des Baldenheimer Typs wie im Grab von Morken, und Morken wie Gammertingen sind überhaupt sehr ähnlich ausgestattet, so daß sich die Datierung Gammertingens in Stufe Alemannisch IV auch auf diese Weise absichern läßt. Vier dreiflügelige Pfeilspitzen vom awarischen Typ lassen für den Gammertingener Reiter aber auch Beziehungen in das Mitteldonaubecken erkennen[1009]. Ob jedoch auch der Gammertingener Kettenpanzer awarischer Herkunft ist, ist vorläufig nicht zu beantworten[1010]. Christleins Hinweis auf den Zeitpunkt der Bestattung »um 570«[1011] wirft insofern ein beredtes Schlaglicht auf die alemannische Ereignisgeschichte, als Awaren in Transdanubien erst seit 568 siedeln, im vormaligen gepidischen Tiefland seit 567, doch bereits am Beginn der 60er Jahre des sechsten Jahrhunderts im fränkischen Thüringen Tribute einfordern[1012]. Mit diesen Hinweisen sind diejenigen Fragen angeschnitten, die das besondere Interesse der ostalemannischen Siedelgruppen in Stufe IV hervorrufen.

Das läßt sich an dem Niederstotzingener Inventar aus Grab 12 aufzeigen. Denn hier ist die pilzzellentauschierte, dreiteilige Gürtelgarnitur vom Typ der runden Beschlagplatte mit einem Federspangenhelm vergesellschaftet[1013]. Obwohl bestimmte Merkmale mit Helmfunden aus den mittelitalischen Gräberfeldern von Castel Trosino und Nocera Umbra übereinstimmen, spricht sich Paulsen letztlich für pontische Herkunft des Niederstotzingener Helmes aus. Entscheidend für sein Urteil ist das Helmfragment von Kerč/Pantikapaion[1014]. Der ostalemannische Helm wie seine Gegenstücke aus Italien haben Paulsen zufolge dieselbe östliche Wurzel und weisen jeweils für sich auf »Verbindungen mit östlichen Reitervölkern, besonders den Awaren« hin[1015]. Dieser Ansicht widerspricht allerdings 1973 Joachim Werner, der awarische Vermittlung ablehnt, zugleich aber das Fragment eines entsprechenden Prunkhelmes aus Intercisa (pannonisches Donauufer) abbildet und für italische Vermittlung des Niederstotzin-

U. Osterhaus, Eine Reiterbestattung aus dem frühen Mittelalter aus Regensburg-Bismarckplatz (in: Jahresbericht der bayerischen Bodendenkmalpflege 21, 1980, S. 182–194); zu den tierstilverzierten Rechteckbeschlägen vom Typ Gammertingen ebd. 188ff. mit Abb. 6, rechts; die gesamte 6-teilige Garnitur der Rechteckbeschläge abgebildet bei Osterhaus. Ein bemerkenswerter frühmittelalterlicher Fund aus Regensburg-Bismarckplatz (in: Verhandlungen des Historischen Vereins für Oberpfalz und Regensburg 117, 1977, S. 177–181, Abb. 4).

1009) Gröbbels (wie Anm. 1007) S. 38; Taf. 8,7; Werner (wie Anm. 10) S. 56; U. Koch (wie Anm. 18; 1968) S. 256, Liste 21, Nr. 4.

1010) Gröbbels (wie Anm. 1007) S. 34f.; Taf. 7. – Zum Neufund eines Kettenpanzers aus Dürbheim (Kr. Tuttlingen) siehe Fingerlin (in: Archäologische Nachrichten aus Baden 18, 1977, S. 12) (zugehörig: Goldbrokatgewebe, Waffen, silberbeschlagener Gürtel und anderes mehr). Man vgl. auch unten S. 324 mit Anm. 1096.

1011) Wie Anm. 1007.

1012) Oben S. 169, unten S. 319.

1013) Paulsen (wie Anm. 21; 1967) S. 133ff.; Taf. 23–25. 59–65.

1014) Ebd. 136ff. mit Abb. 68.

1015) Ebd. 137.

gener Helmes eintritt[1016]. In einem 1974 gedruckten Vortragsmanuskript akzeptiert er jedoch Paulsens Vorstellungen und bekräftigt die ältere Forschungsmeinung, daß der Federspangenhelm als Typ zentralasiatischen Ursprungs sei[1017]. Daß Paulsens Einschätzung zutreffend ist, belegt der Lamellenharnisch desselben Niederstotzingener Grabes[1018]. Für gleichartige Fundstücke aus anderen ostalemannischen Reihengräberfeldern, so aus Schretzheim, Kirchheim am Ries, vielleicht auch aus Nordendorf, hält Paulsen zwar alemannische Herstellung für nicht ausgeschlossen, doch nur als Um- oder Nachbildung der awarischen Lamellenpanzerung, die ihrerseits nur mittelasiatischen Ursprungs sein kann[1019]. Der Neufund aus dem Reihengräberfeld von Giengen an der Brenz ist diesem Bild hinzuzufügen[1020]. Wie im Falle des Helmes, wendet sich Werner auch gegen Paulsens kulturgeschichtliche Deutung der Lamellenpanzer und vertritt auch für diese herausragenden Fundstücke italische Herkunft, wobei er offen läßt, ob langobardisch-italisch oder byzantinisch-italisch[1021]. Alemannisch-awarische Kontakte hält Werner für unannehmbar[1022]. Das ist aber nur schwer verständlich, weil er in seinem Vortragsmanuskript von 1974 ausdrücklich auch die awarischen Vorkommen der Lamellenharnische mitberücksichtigt (Kunszentmárton, Komitat Szolnol; Hajdúdorog, Komitat Hajdú-

1016) In seiner Rezension der Niederstotzingen-Monographie (wie Anm. 941) S. 284ff.; Taf. 26,2.
1017) Wie Anm. 773 S. 110ff., bes. S. 117. – Über den Vergleich mit dem Federspangenhelm aus Niederstotzingen möchte man das auf eine Lederunterlage montierte Kettengeflecht aus Castel Trosino Grab 90 gleichfalls als Nackenschutz eines Helmes ansprechen, ohne daß jedoch verläßliche Angaben über den Helmtyp selbst möglich wären (man vgl. Mengarelli [wie Anm. 553] S. 268ff. Abb. 147). Dieser außerordentlich prunkhaft geschmückte Castel Trosino-Reiter zeichnet sich von allen anderen Inventaren dieses Gräberfeldes in mehrfacher Hinsicht aus: Sein Spathagehänge stellt den Typ Civezzano dar (dazu unten S. 328 mit Anm. 1113), eine dreikantige Pfeilspitze gehört der awarischen Typenreihe an, ebenso wohl auch der Köcherhaken (Mengarelli a. a. O. S. 266, Abb. 141), der Goldbesatz seines vielteiligen Gürtels läßt sich mit dem Martinovka-Formenkreis verbinden, die Silberschnallen mit festem Beschläg und die silbernen Riemenzungen mit Tamga-Ornament sind in gleicher Weise an den Formenbestand des Mitteldonaubeckens wie an den des pontischen Raumes anzuschließen (in erweitertem Sinne auch die bronzene Riemenschlaufe: a. a. O. 267, Abb. 142), die goldenen Sattelbeschläge lassen sich kaum als langobardische Arbeiten einstufen. Italisch dürfte dagegen die gleicharmige Bronzefibel sowie die Terrakotta-Schale sein; für die bronzene Standfußschale hat man ostmediterrane Herkunft anzunehmen. – Zum Inventar des Grabes Castel Trosino 90 siehe im einzelnen bei Mengarelli a. a. O. S. 258–268 (mit Abbildungen und Abbildungsverweisen). Ähnlich »östlich-awaroid« wie Grab 90 erscheint das Inventar aus Grab 119 derselben Nekropole (mit Federspangenhelm): Mengarelli a. a. O. 281–296. – In bezug auf die Chronologie beider Castel Trosino-Gräber, einschließlich des Inventars aus Grab 142 (ebd. 306–310), möchte man mit Stufe Alemannisch V parallelisieren.
1018) Paulsen (wie Anm. 21; 1967) S. 125ff.; Taf. 21–22. 54–58.
1019) Ebd. 130ff. – Man vgl. dazu auch Werner (wie Anm. 941) S. 286; Ders. (wie Anm. 773) S. 111ff.
1020) Wie Anm. 21, S. 95; Taf. 46.
1021) Wie Anm. 941, S. 284f.; ebd. Anm. 18 Hinweis auf sein Vortragsmanuskript von 1971 (wie Anm. 773); ebd. 114ff. pflichtet Werner der älteren Forschung bei, daß Lamellenpanzer wie Spangenfederhelme ihre Ursprünge in Zentralasien haben, d. h. in denjenigen Regionen, die von der Awarenforschung für die Herkunft der Awaren in Anspruch genommen werden. Siehe dazu unten S. 315 mit Anm. 1025 und S. 320 mit Anm. 1060.
1022) Wie Anm. 941, S. 287.

Bihar)[1023] und Paulsen sich bereits auf ungarische Fundorte mit Lamellenharnischen bezieht[1024]. Nachdem inzwischen durch Istvan Bóna der frühawarischen Lamellenpanzerfund von Szegvár (Komitat Csongrád) veröffentlicht ist[1025], dürften wohl endgültig alle Zweifel ausgeräumt sein, daß die bei den Alemannen in Stufe IV neu auftretenden Befunde zu Panzerreitern nur auf unmittelbare awarische Kontakte zurückzuführen sind.

Andere ostalemannische Befunde besagen dasselbe. Daß der Spieß aus Niederstotzingen Grab 3a[1026] in eine awarische Formengruppe gehört, die sich außerhalb des Awarengebietes vor allem bei Baiern und Alemannen verbreitet, ist unbestreitbar. Denn die Variantenaufteilung nach Ursula Koch kann nicht verdecken, daß die Typengruppe an sich im Alemannischen wie im Bairischen formenkundlich nicht abzuleiten ist[1027]. Dabei handelt es sich um 20–30 cm lange, massive und sehr stabil aus offenbar gutem, hartem Stahl geschmiedete Stoßlanzenspitzen[1028]. Deshalb darf man diesen Waffen panzerbrechende Wirkung zuschreiben. Die von den Awaren übernommene Körperpanzerung und der Spieß vom awarischen Typ bedingen also einander. Für awarischen (oder allgemeiner: reiternomadischen) Ursprung dieser Waffe spricht ferner, daß die Form in den gepidischen Gräberfeldern des Mitteldonaubeckens, die bis 567 andauern, ebenso fehlt wie in den pannonisch-langobardischen. Sie tritt im Mitteldonaubecken erst nach 568 auf, und zwar in eindeutig awarischem Milieu. Auch die beiden Spießeisen aus dem Nocera Umbra-Gräberfeld[1029] hängen formenkundlich mit dem awarischen Stoßlan-

1023) Wie Anm. 773, S. 112.
1024) A. a. O. 132.
1025) Wie Anm. 773; Ders., Das Reitergrab von Szegvár-Śarpoldal. Beiträge zu den frühawarischen Bestattungssitten (in: Archaeologiai Értesitö 106, 1979, S. 3–32; ungarisch; deutsches Resümee S. 30–32).
1026) Paulsen a. a. O. Taf. 17,4.
1027) Wie Anm. 1009, S. 89f.; 255f. Liste 20; Taf. 100, Karte 19. In Untermassing (Ldkr. Regensburg) ist ein solches Spießeisen mit einer Spatha vergesellschaftet, deren Knauf das tauschierte Pilzzellenmuster aufweist: ebd. 89; Taf. 50, 1–8; nach dem Schretzheimer Ortsstufenschema gehören Spatha, Lanzenspitze und Schildbuckel in Stufe 4, denn sie entsprechen ziemlich genau der Bewaffnung aus Schretzheim Grab 580 (dazu unten mit Anm. 1061–1063).
1028) U. Koch (wie Anm. 18; 1968) S. 89.
1029) Die mittelitalischen Fundstücke entsprechender Lanzenspitzen lassen sich nur auf awarische Ausgangsformen zurückführen; oder sie sind, wie zweifellos auch ein Teil der süddeutschen Belege, überhaupt awarischen Ursprungs. Werners Ansicht, daß das Niederstotzingener Spießeisen auf Verbindungen mit Italien hinweise (wie Anm. 941, S. 285), läßt sich am ehesten dergestalt verstehen, daß die mittelitalischen Vorkommen von denen des süddeutschen Sekundärverbreitungsgebietes abhängen können; denn die Ereignisgeschichte weist Kontakte mit den Awaren für Zentraleuropa zeitlich früher aus als für Italien. Im übrigen wäre noch eingehend zu untersuchen, ob das Inventar aus Nocera Umbra Grab 84 nicht überhaupt einen Awaren darstellt. Denn ebenso begründet, wie die Lanzenspitze und der Dolch mit silbernem »P-Beschlag« als »nicht-langobardisch« zu bezeichnen sind, lassen sich die Riemenzungen und Gürtelbeschläge (oder des Pferdegeschirrs?) dem Martinovka-Formenkreis anschließen: Man vgl. bei Pasqui und Paribeni (wie Anm. 553) S. 277 f. Abb. 134, 135, 137, 139 mit N. Fettich, Die Metallkunst der landnehmenden Ungarn (in: Archaeologia Hungarica 21, 1937) Taf. 123, 1–8. 12–15. – Zu dem silbernen »P-Beschlag« des Dolches (a. a. O. Abb. 141) vgl. man den aus Goldpreßblech montierten Scheidenbeschlag des frühawarischen Schwertes aus Zsámbok Grab 1 (Komitat Pest): É. Garam, Über die

zentyp zusammen, ebenso wie ein Fundstück aus der Testono-Nekropole im Piemont[1030]. Der neben seiner Spatha und zugehörigem Sax auch mit panzerbrechender Stoßlanze gerüstete Reiter (Niederstotzingen Grab 3a) besitzt einen reich mit Silber beschlagenen Gürtel singulären Typs[1031]. Die Preßblechtechnik bei einem Teil der Beschläge ist ebenso unalemannisch wie die Montierung. Preßblechrosetten in Doppelreihung sind für awarische Befunde nachweisbar, und die Tierkopfappliken entsprechen typenmäßig Fibelknöpfen der Art, wie sie etwa eine Bügelfibel aus einer der Gepidennekropolen von Szentes an der Theiß aufweist[1032]. Höchstwahrscheinlich stammen deshalb nicht nur einzelne Besatzstücke aus dem awarischen Gebiet, wie Paulsen annimmt[1033], sondern der Gürtel wohl insgesamt; die nachträglich eingeritzte Runenschrift ist dagegen als alemannische Zutat zu werten[1034].

Ebenso wie der Gürtel weist auch das Pferdegeschirr (Kopfgestell) desselben Grabes auswärtige Beziehungen aus[1035]. Zwar findet sich das halbrunde Silberpreßblech eines Riemenverteilers in nahezu identischer Form in einem der reichhaltig ausgestatteten Schretzhei-

frühawarischen Gräber von Zsámbok (in: Folia Archaeologica 34, 1983, S. 139–156, bes. S. 142 Abb. 2,2.4; S. 151 Abb. 7). – Aber auch dann, wenn die angekündigte Neuanalyse der italischen Grabfunde zu einem diesbezüglichen Ergebnis käme, wäre damit noch nicht zugleich auch erwiesen, daß beispielsweise das awarische Spießeisen vom Typ Nocera Umbra Grab 84 aus dem Gräberfeld von Lavoye (Dép. Meuse: Joffroy [wie Anm. 564] S. 26; Taf. 3, Grab 30 Nr. 1) italischer Herkunft ist; sondern auch dieses Fundstück kann mit direkten, d. h. mitteleuropäischen Kontakten der Franken und Awaren erklärt werden, zumal U. Koch Spieße ihres Typs Nocera Umbra (a. a. O. 255 f. Liste 20 C, Nr. 24–27) sehr unterschiedlicher Formen zusammenfaßt, wie der Vergleich der beiden Exemplare aus den Gräbern 84 und 145 von Nocera Umbra ausweist. – Ebensowenig braucht ein Preßbeschlag aus dem alemannischen Gräberfeld von Ehingen (an der Donau; Alb-Donau-Kreis: Fundberichte aus Baden-Württemberg 8, 1983, Taf. 214 B 1), der einem der Beschläge aus Nocera Umbra Grab 84 (a. a. O. 278 Abb. 137) ähnlich ist, auf das mittelitalische Fundstück zurückgeführt werden; vielmehr sind auch in diesem Fall direkte awarische Verbindungen zu erwägen; dazu siehe auch unten S. 335 f. mit Anm. 1153.

1030) O. v. Hessen (wie Anm. 833) Taf. 17, Nr. 157.

1031) Paulsen (wie Anm. 21; 1967) S. 40 ff.; Taf. 35; 86,4.

1032) Zur Szentes-Fibel vgl. man bei Csallány (wie Anm. 34) Taf. 33,2; zu älteren tiergestaltigen Fibelknöpfen vgl. man z. B. Domolospuszta: Annibaldi und Werner (wie Anm. 428) Taf. 45, 1.2. – Werner (wie Anm. 941 S. 287 Anm. 29) verweist auf abgebrochene tiergestaltige Knöpfe von Bügelfibeln aus dem pannonisch-langobardischen Gräberfeld von Vörs (Komitat Somogy). – Wichtig ist jedoch der technische Unterschied zwischen abgebrochenen Fibelknöpfen und den Niederstotzingener Preßblechappliken (Paulsen a. a. O. 40, 43. Abb. 18,2).

1033) A. a. O. 43. Werner zufolge könnte der Gürtel aus Italien stammen (wie Anm. 941; S. 287). – Zu den in Doppelreihe angeordneten Perlrandknöpfen des Niederstotzingener Gürtels vgl. man die Montierung entsprechender Preßgoldrosetten am Sattelgeschirr der frühawarischen Reiterbestattung von Szegvár: Bóna (wie Anm. 1025) S. 11, Abb. 4,2; Ders. (wie Anm. 773) S. 61, Abb. 14. – Paulsen verweist auf die Silberblechrosetten im awarischen Grab 74 von Linz-Zizlau: a. a. O. 42.

1034) Dazu der Exkurs von H. Jänichen bei Paulsen, a. a. O. 45 f. – Das randgestempelte Silberblech der Runen-Riemenzunge läßt sich bedingt mit einer Silberblech-Riemenzunge aus dem Belgrader Kunsthandel vergleichen: E. Beninger, Der westgotisch-alanische Zug nach Mitteleuropa. Mannus-Bibliothek Bd. 51 (1931) S. 48 ff., Abb. 21,1.

1035) Paulsen, a. a. O. 61 ff., Taf. 44; 86,7.

mer Reitergräber[1036], und Paulsen führt ähnlich gestaltete und sicherlich auch funktionsgleiche Stücke aus mittelitalischen Gräbern[1037] sowie einen verwandten, im Tier- und Zahnschnittstil verzierten Beschlag aus Sontheim an der Brenz an[1038]; doch als allen gemeinsames Ursprungsgebiet bezeichnet er die südrussische Pontusregion, »wo in Werkstätten unter Einfluß von Byzanz und der Steppenkultur die Preßbleche gefertigt und nach den Befunden in reichen Reitergräbern von Awaren nach dem Westen vermittelt worden seien«[1039]. Damit meint Paulsen im Grunde aber den Martinovka-Formenkreis der südrussischen Steppenzone, und im Schatzfund von Martinovka (bei Kiev) finden wir dann auch die Ausgangsform für die Preßbleche von Niederstotzingen und Schretzheim[1040]. Demnach ist es offensichtlich der weite Raum östlich des Karpatenzuges, der bis nach Ostalemannien hineinwirkt. Kulturgeographisch wie chronologisch müssen daran jedoch die Awaren beteiligt sein, das ist anders gar nicht denkbar. Deshalb ist hier wiederum angebracht, an Gregor von Tours und seine Nachricht zur Ereignisgeschichte von 562 oder 563 mit den in Thüringen an der Elbe eindringenden Awaren zu erinnern[1041]. In der Ansicht awarischer Vermittlung nordpontischen Formengutes werden wir noch dadurch bestärkt, daß auch die Ornamentik der übrigen Preßbleche des Niederstotzingener Grabes durchaus Anklänge an Fundstücke des Martinovkakreises aufweist[1042]. Für die rosettenförmigen Niederstotzingener Preßbleche[1043] dagegen findet man ein zwar nicht direkt zugehöriges, aber doch sehr ähnliches Preßmodel in Biskupija nahe Knin in Dalmatien. Obschon ehedem byzantinisches Reichsgebiet, stellt der Biskupija-Fund, Dezsö Csallány zufolge, die archäologische Hinterlassenschaft eines Reitervolkes dar[1044].

Zusammenfassend betrachtet, zeichnet sich die Gruppe gleichzeitiger Gräber (1.3.9.12) in Niederstotzingen aus durch Pilzzellentauschierung auf Gürtelgarnituren und Nebenriemen, durch ostmediterranes Bronzegeschirr, durch awarisch vermitteltes Formengut östlicher Provenienz, zu dem der Lamellenharnisch, der Federspangenhelm, die Stoßlanze vom awarischen Typ, das silberbeschlagene Pferdegeschirr sowie wohl auch der silberbeschlagene Gürtel singulären Typs zu zählen sind. Auffallend ist, daß in Grab 1, dessen Gürtelbeschläge das Pilzzellenmuster kombiniert mit germanischem Tierstil tragen, sowohl das Bronzegeschirr fehlt, als auch Reitzubehör ganz allgemein, als auch jeder Hinweis auf das Formengut östlicher Reitervölker. Aufgrund dieses Negativbefundes zu Grab 1 ist die Gräbergruppe 3, 9 und 12

1036) Ebd. Taf. 44, 2, S. 62f.; Koch, Schretzheim (wie Anm. 18; 1977) S. 120; Taf. 99, 1; 200,14.
1037) A. a. O. 62ff., Abb. 30, 2–4.
1038) Ebd. Abb. 30,6.
1039) Ebd. 62.
1040) Zum Martinovka-Fund siehe Fettich (wie Anm. 1029) Taf. 123–124; das Vergleichsstück zu Niederstotzingen und Schretzheim: ebd. Taf. 124, 6; ferner auch oben S. 272 mit Anm. 773 (Werner: S. 129ff.; Bóna: S. 67ff.).
1041) Wie Anm. 1012.
1042) Das gilt besonders für die Riemenzungen wie Paulsen a. a. O. Taf. 44, 12.16.
1043) Ebd. Taf. 44, 1.3.
1044) D. Csallány, Goldschmiedegrab aus der Awarenzeit von Kunszentmárton, Ungarn (1933) S. 53, Taf. 8,19.

noch enger untereinander verbunden, was auch in der Anordnung der Grabschächte zum Ausdruck kommt, und möglicherweise sind die beiden Pferdegräber nur auf diese Grabschachtreihe zu beziehen[1045]. Außerdem wird man die Gräber 3, 9 und 12 als beispielhaft für die Frühphase der Stufe Alemannisch IV ansehen können[1046]. Daß der Einschlag des östlichen, reiternomadischen Formengutes in dieser ältesten Gräberschicht derart umfangreich und vielgestaltig nachweisbar ist, läßt sich nur mit bewußter Akkulturation erklären, dagegen nicht mit allgemeinem Handel und Wandel. Man hat deshalb ernsthaft zu fragen, auf welchem Wege das Bronzegeschirr dieser Gräbergruppe in die Ansiedlung bei Niederstotzingen gelangt ist. Hermann Dannheimer hat auf die mitbestimmende Rolle Südosteuropas und Kleinasiens bezüglich der Bronzegeschirrfertigung aufmerksam gemacht[1047]. Die spätantiken Städte der pontischen Westküste, einschließlich des byzantinischen Teils der Krimhalbinsel dürfen aber vielleicht auch nicht unbeachtet bleiben. Natürlich treten in demselben Maße, in dem alemannische Beziehungen zum Osten in den Vordergrund rücken, diejenigen nach Italien in den Hintergrund. Doch das darf wohl gerade für unsere ältere Gräbergruppe aus Niederstotzingen gelten.

Denn nicht nur die archäologisch erkennbaren Beziehungen weisen in erster Linie in den Raum der östlichen Reitervölker, sondern ebenso deutlich auch die paläozoologische Analyse. So führt Adolf Kleinschmidt unmißverständlich aus, daß zum einen die tieranatomischen Daten zu den Niederstotzingener Pferden sich in das Variationsbild der awarischen Pferde einfügen[1048]. Zum anderen weisen aber gerade die beiden mit dem Schwert geköpften Hengste[1049] des Doppelgrabes 11, das sich seiner räumlichen Anordnung nach nur auf Grab 12 mit Lamellenharnisch und Federspangenhelm beziehen läßt[1050], deutlich »orientalide« Merkmale auf. Der reinblütigen Araber-Rasse entstammen sie nicht, doch ist diese offensichtlich eingekreuzt[1051]. Vielleicht darf man den »ausgesprochen ›trockenen‹ Charakter«, den Klein-

1045) Dazu der verdeutlichende Plan bei WERNER (wie Anm. 941) S. 280, Abb. 1.

1046) Wohl nicht zufällig weisen nur die beiden Niederstotzingener Bestattungen mit Federspangenhelm und Lamellenpanzer aus Grab 12 den Gürtelschnallentyp mit runder Beschlagplatte auf (PAULSEN a. a. O. Taf. 93, 4a; 94, 9.10). Die beiden Schildbuckel desselben Grabes (ebd. Taf. 20,6.7.) entsprechen denjenigen Formen, die im nahen Schretzheimer Reihengräberfeld bis einschließlich dortiger Ortsstufe 3 vorkommen, jedoch nicht mehr in der Schretzheimer Ortsstufe 4 (U. KOCH, a. a. O. 37, Abb. 8 B, Typ 14 und 21; nach KOCHS Tabelle 1 kommt Typ 14 in den Schretzheimer Gräbern 13 [Ortsstufe 2] und 123, 534, 552, 559 [Ortsstufe 3] vor, Typ 21 in den Schretzheimer Gräbern 79, 203 [Ortsstufe 3] und 419 [Ortsstufe 4]. Niederstotzingen Grab 12a ist in KOCHS Tabelle mit eingefügt).

1047) Wie Anm. 595.

1048) A. KLEINSCHMIDT, Die Tierreste. In: PAULSEN (wie Anm. 21; 1967) Heft 12/II (1967) S. 33–45, bes. S. 38. – Zu awarischen Warmbluthengsten orientalischen Typs siehe man u. a. auch Janos MATOLCSI (in: Somogyi Muzeumok Kozleményei 1, 1971, S. 87–106; ungarisch; deutsches Resümee: S. 106).

1049) Ebd. 33f.

1050) Wie Anm. 1045.

1051) KLEINSCHMIDT a. a. O. 39.

schmidt beiden Pferden aus Grab 12 attestiert[1052], als »steppenspezifisch« deuten. Eine ganz andere Frage, die den Archäologen interessieren muß, auf die jedoch der Tieranatom nicht eingehen kann, ist die, wo denn das orientalische Blut in die Niederstotzingener Tierindividuen eingekreuzt ist. Geschieht das bereits im »Osten«, wäre der etwa 15jährige Hengst mutmaßlich wohl zur selben Zeit ins Ostalemannische geritten worden, in der die alemannischen *potentes* die Körperpanzerung und die panzerbrechende Stoßlanze kennenlernen und übernehmen. Erfolgt die Einkreuzung der orientalischen Rasse dagegen erst bei den Alemannen, muß der Zeitpunkt für die Kontakte mit den östlichen Reitervölkern um etwa 15 Jahre früher liegen, und man hat ein reinrassiges Elternteil des Ostens zu unterstellen. Relativchronologische Überlegungen dieser Art sind in Erinnerung zum Geschehen der Ereignisgeschichte von Belang, denn die Niederstotzingener Grabinventare stehen wie das Grab von Hüfingen und andere am Beginn der Stufe Alemannisch IV, die um das Jahr 580 oder bald danach einsetzt[1053]. Und aufgrund der historischen Nachrichten haben wir von 562 oder 563 an mit Kontakten zwischen den Reitervölkern des Ostens und den zentraleuropäischen germanischen *gentes* zu rechnen.

Die Untersuchungen zur älteren Gräbergruppe aus Niederstotzingen abschließend, führen wir noch ein letztes archäologisches Indiz an, das eher Beziehungen zum Osten erkennen läßt als zu Italien[1054]. Gemeint ist ein textiler Rest im Gesichtsteil des Federspangenhelmes, offenbar ein Seidengewebe[1055]. Freilich kennt die vermögende Schicht in Ravenna, Rom, Neapel usw. seidene Kleidungsstücke, doch die Herkunft dieses kostbaren Stoffes ist der Osten, China, wo die Seidenstraße ihren Anfang nimmt und über die Turfan-Oase Zentralasiens und Samarkand am Altai nach Antiochia verläuft, um hier das byzantinisch beherrschte Mittelmeer zu erreichen[1056]. Folgerichtig denkt Hans-Jürgen Hundt bei dem Seidenkreuz aus einer alemannischen Bestattung aus Oberflacht (Ldkr. Tuttlingen) an byzantinischen Import und nicht an italischen[1057]. Wenn Joachim Werner den Niederstotzingener Panzerreiter mit zeitgleichen Belegen von Orten am innerasiatischen Teil der Seidenstraße in Zusammenhang sieht, aber auch zu Beispielen aus dem byzantinischen Heer wie auch bei Awaren[1058], so wird man zu differenzieren haben: Byzanz und Italien lernen zweifellos vom Endpunkt der

1052) Ebd. 39. – Leider stehen entsprechende Angaben nicht für die Pferdeindividuen aus Regensburg zur Verfügung; siehe dazu bei A. VON DEN DRIESCH und J. BOESSNECK, Ein bajuwarisches Pferdegrab in Regensburg (in: Jahresbericht der bayerischen Bodendenkmalpflege 21, 1980, S. 195–202). Das ist deshalb zu bedauern, weil das Regensburger Pferdegrab ein Paar eiserne Steigbügel frühawarischer Form mitumfaßt und H. AMENT zufolge das zugehörige Sattelzeug Riemenzungen awarischer Herkunft ausweist (in: Bericht RGK 59, 1978, S. 515f.). Die Fundstücke bei OSTERHAUS (wie Anm. 1008; 1980) S. 185ff. mit Abb. 2,5–7; 3,9–10; 8–9; DERS. (wie Anm. 1008, 1977) Abb. 6.

1053) Oben S. 318 mit Anm. 1046.

1054) Im Gegensatz zu WERNER (wie Anm. 941) S. 287.

1055) H.-J. HUNDT, Die Textilfunde. In: PAULSEN (wie Anm. 21; 1967) Heft 12/II (1967) S. 7–20, bes. 13.

1056) Man sehe dazu etwa bei S. HEDIN, Die Seidenstraße[6] (1940). H.W. HAUSSIG, Die Geschichte Zentralasiens und der Seidenstraße in vorislamischer Zeit (1983).

1057) In: PAULSEN und SCHACH-DÖRGES (wie Anm. 21; 1978) S. 50.

1058) Wie Anm. 773, S. 112ff.

Seidenstraße im östlichen Mittelmeer aus sowohl die Luxusgüter als auch die waffentechnischen Ausrüstungen der überragenden asiatischen Qualität kennen; die Reitervölker der Steppen dagegen gelangen sicherlich schon in Samarkand beispielsweise in den Besitz der für sie überlebensnotwendigen Panzerungen. Den awarischen Panzerreiter, der um das Jahr 580 bei Szentes an der Theiß bestattet worden ist (münzdatiert durch die Nachprägung eines Solidus des Kaisers Mauricius Tiberius)[1059], bezeichnet Istvan Bóna als Angehörigen jener Generation, die in Asien losreitet und sich über Tausende von Kilometern bis ins Karpatenbecken durchschlägt[1060]. Diese Awarengeneration wird es gewesen sein, mit der die ostalemannischen *potentes* Kontakt finden, Beziehungen aufnehmen, sich ihnen äußerlich anpassen oder sie imitieren. Es ist dieselbe Awarengeneration, die bereits 562 oder 563 Thüringen an der Elbe heimsuchte.

Stellt der Niederstotzingener Reihengräberfriedhof trotz seiner nur zehn Grabschächte und den zwei Gruben der mitbestatteten Pferde die bislang aussagekräftigste Quelle zu den ostalemannisch-awarischen Beziehungen dar, ergänzen Grabinventare anderer Bestattungsplätze das Bild. In dem rund 25 km entfernten Schretzheim läßt sich in dieser Hinsicht vor allem Grab 580 auswerten. Wieder ist der Lamellenpanzer dieses Reiters mit einer pilzzellentauschierten Gürtelgarnitur des Typs mit runder Beschlagplatte vergesellschaftet, und es gehören außerdem ähnliche Silberpreßblechbeschläge des Pferdegeschirrs ebenso zum Inventar wie das Spießeisen vom awarischen Typ[1061]. Daß auch dieses Grab eine Frühphase innerhalb der Stufe Alemannisch IV repräsentiert, belegt die tauschierte Schuhschnallengarnitur des Typs Kaiseraugst Grab 1056, die in der dortigen Romanennekropole zu den ältesten pilzzellentauschierten Arbeiten gehört[1062]. Die Lanzen vom awarischen Typ treten mehrfach in Schretzheim auf und stellen eine Leitform der Schretzheimer Ortsstufe 4 dar[1063]. In einem Fall ist ein solches Spießeisen zudem mit einem sogenannten Knotenlöser kombiniert, ein Gerät, das sonst nur in Awaren-Nekropolen auftritt[1064].

Das Grab eines Panzerreiters in Giengen an der Brenz, von Schretzheim wie von Niederstotzingen jeweils nur rund 20 km entfernt, ist beraubt, die tauschierte Gürtelgarnitur infolgedessen typenmäßig nicht mehr zu bestimmen, und es fehlen Spatha, Lanze und Pferdegeschirr[1065]. Der Lamellenharnisch entspricht denen aus Niederstotzingen und Schretz-

1059) Bóna (wie Anm. 773) S. 31 ff.

1060) Ebd. 92.

1061) Koch, Schretzheim (wie Anm. 18; 1977) Taf. 152–154.

1062) Oben S. 304 f. mit Anm. 959–961. Man vgl. bei Koch a. a. O. Taf. 153, 3–8 mit Kaiseraugst (Martin, wie Anm. 19; 1976) Taf. 63 A, 10–14.

1063) Koch a. a. O. 37, Abb. 8 B, Typ 30; nach Kochs Tabelle 1 kommt dieser Lanzenspitzentyp in den Gräbern 168, 381, 449, 557, 580 vor, die insgesamt in die Schretzheimer Ortssstufe 4 datiert werden. Das Spießeisen aus Niederstotzingen Grab 3a ist in Kochs Tabelle mit als Typ 30 aufgenommen.

1064) Koch a. a. O. Taf. 87,12 (Grab 339); nach Ausweis der Gürtelschnalle vom Typ mit rundlicher Beschlagplatte und des Schildbuckels kann Schretzheim Grab 339 gleichfalls nur in die Frühphase der Ortsstufe 4 datiert werden. Man vgl. dazu die Leitformen Typ 19 und 23: ebd. 37, Abb. 8 B.

1065) Grab 40: Paulsen und Schach-Dörges (wie Anm. 21, 1978) S. 144 f.; Taf. 27, 46.

heim[1066]; ein Bronzebecken fehlt nicht[1067]. Der Panzerreiter soll die älteste Bestattung des Giengener Reihengräberfeldes darstellen, was plausibel erscheint[1068]. Demnach beginnt die Nekropole in Giengen zum selben Zeitabschnitt wie in Niederstotzingen. Formengut des Mitteldonaubeckens ist für Giengen ferner noch durch den Schnallenbügel aus Grab 17 ausgewiesen[1069]. Ein jüngeres Grab als das des Panzerreiters, äußerst prunkhaft ausgestattet, weist jedoch eindeutig italisch-langobardische Beziehungen auf[1070].

Ein vierter ostalemannischer Panzerreiter ist im Reihengräberfeld von Kirchheim am Ries (Grab 363) bestattet[1071]. Auch er ist seiner Spatha beraubt, und von dem Harnisch sind nur zehn Lamellen vorhanden. Zwei geometrisch tauschierten Riemenzungen des Typs mit Einschnürung[1072], die wohl zum Pferdegeschirr gehören, entspricht ein tierstilverziertes Paar aus vergoldeter Bronze, das aus einem Regensburger Reitergrab stammt. Dieses ist vor allem deshalb bemerkenswert, weil zum Regensburger Inventar ein Paar eiserner Steigbügel der frühawarischen Form gehört[1073]. Jeweils ein einzelner Steigbügel ist für beide beraubte Gräber des Kirchheimer Friedhofes nachweisbar[1074], die offensichtlich später als der Panzerreiter datiert werden müssen. Der Kirchheimer Friedhof an sich setzt jedoch sehr viel früher als das Grab mit Lamellenpanzer ein, etwa zur selben Zeit wie das Schretzheimer Gräberfeld[1075].

Allein die Aufzählung der an den am weitaus aussagekräftigsten Befund von Niederstotzingen anzuschließenden Beispiele für ostalemannische-awarische Beziehungen in einer Frühphase der Stufe Alemannisch IV gestattet die Einsicht, daß die *potentes* der ostalemannischen Siedelgruppen insgesamt als Träger des Akkulturationsvorganges in Frage kommen. Allerdings umfaßt dieser Vorgang nur die Teilbereiche Bewaffnung und Reitausrüstung einschließlich der Pferde selbst. Doch hat man den Teilbereich Bewaffnung noch weiter zu differenzieren. Denn zum einen halten diese Alemannen an der traditionell germanischen Waffenkombination von Spatha, Sax und Schild fest, und zum anderen übernehmen sie nicht die typischste Angriffswaffe

1066) Ebd. 95.
1067) Ebd. Taf. 27.23.
1068) Ebd. 95. – Der Typ des Schildbuckels (ebd. Taf. 27,4) wäre im Schretzheimer Chronologieschema nur bis Stufe 3 möglich (Typen 7 oder 14 bei KOCH a. a. O. S. 37. Abb. 8 B).
1069) PAULSEN und SCHACH-DÖRGES a. a. O. Taf. 17 E, 4 (Grab 17). Zum Typ dieser Schnalle, ihres awarischen Formursprungs, zur Chronologie und zur Verbreitung in der Zone nordwärts der Alpen siehe R. CHRISTLEIN, Zwei bemerkenswerte Grabfunde des frühen Mittelalters von Rennertshofen (in: Neuburger Kollektaneenblatt 123, 1970, S. 39–49, bes. S. 45 ff. mit Verbreitungskarte Abb. 3).
1070) Grab 26 mit »langobardischem« Prunkschild, Spathagarnitur vom Typ Civezzano, Bronzekanne und bronzener Standfußpfanne: PAULSEN und SCHACH-DÖRGES a. a. O. Taf. 2–11; man vgl. dazu auch oben Anm. 750.
1071) NEUFFER-MÜLLER (wie Anm. 278) S. 180; Taf. 68 D; 69.
1072) Ebd. Taf. 69, 11.12. Anscheinend tragen beide Riemenzungen das halbe Pilzzellenmuster.
1073) Man vgl. bei OSTERHAUS (wie Anm. 1008; 1980) S. 190 ff., Abb. 6, links (Riemenzungen) Abb. 9 (Steigbügelpaar); ferner oben Anm. 1052.
1074) Wie Anm. 1071, S. 41 f.; 167. Taf. 53 A (Grab 301); S. 170 f., Taf. 57 (Grab 320). – Aus Grab 301 stammt eine »awarische« Schnalle (Taf. 53 A, 12), wie der in Anm. 1069 angeführte Typ.
1075) Ebd. 19.

der östlichen Reitervölker, den Reflexbogen mit den dreikantigen Pfeilspitzen von hoher Durchschlagskraft. Gerade der fehlende Bogen aber ist deshalb bemerkenswert, weil er in anderen Teilen der alemannisch besiedelten Gebiete durchaus anzutreffen ist. Für das Prunkgrab von Gammertingen (Ldkr. Sigmaringen) darf ein Reflexbogen wohl unterstellt werden[1076)], außerdem ist er für Stuttgart-Cannstatt belegt[1077)]. Dreikantige Pfeilspitzen stammen aus Sirnau (Stadt Esslingen), ein Reihengräberfeld, aus dem zusätzlich eine Stoßlanze vom awarischen Typ bekannt ist[1078)]. Für das rheinfränkische Gebiet läßt sich der Reflexbogen aus dem münzdatierten Grab von Rommersheim/Eichloch anführen[1079)], für den südalemannischen Siedelraum der Reflexbogen und Dreikantpfeilspitzen aus Bülach sowie Pfeilspitzen allein aus Elgg (beide Kanton Zürich)[1080)].

Der Bülacher »Alemanne« (Grab 18) stellt sich dem Grabinventar zufolge ganz und gar unalemannisch dar[1081)]: Reflexbogen mit Pfeilen vom awarischen Typ sowie mit bolzenartigen Geschossen, ein fast grazil zu bezeichnendes »byzantinisches« Spießeisen, eine »langobardische« silberne Gürtelschnalle und zwei »italische« Stengelgläser; der Sax, der Schild, der Kamm und die Schuhschnallengarnitur können dagegen als alemannische Arbeiten gelten[1082)]. Vielleicht ist der Bestattete fremder Herkunft[1083)] und kommt möglicherweise aus Italien, vielleicht aber auch aus Landen an der unteren Donau[1084)]. Einer Entscheidung in der einen oder anderen Weise sind derzeit noch methodisch begründete Grenzen gesetzt.

1076) Zur Kombination von Dreikantpfeilspitzen und Reflexbogen und zur Frage der Reflexbögen aus vergänglichem Material in älteren Perioden siehe bei Werner (wie Anm. 311) S. 49.
1077) Veeck (wie Anm. 9) Taf. 9 A, 2a–c; Paret (wie Anm. 395) S. 69; Taf. 19, 10–12; Werner (wie Anm. 11; 1953) S. 63.
1078) R. Koch, Katalog Esslingen. Die vor- und frühgeschichtlichen Funde im Heimatmuseum. Teil II: Die merowingischen Funde (Das Gräberfeld von Sirnau und die Funde von Berkheim, Mettingen und Oberesslingen). Veröffentlichungen des Staatlichen Amtes für Denkmalpflege Stuttgart. Reihe A. Vor- und Frühgeschichte. Heft 14/II (1969), S. 40, 42, 69f.; Taf. 3 B (Stoßlanze), 3 C, 3 (Pfeilspitze).
1079) Werner (wie Anm. 10) S. 94f. Nr. 33; Taf. 21,8. – »Wo dreikantige Pfeilspitzen außerhalb des awarischen Siedlungsgebietes in Mitteleuropa auftreten, sind sie mit Sicherheit von den Awaren übernommen« (ebd. 56). Im selben Zusammenhang bezeichnet Werner auch die Eichlocher Bogenendplatten als Indizien für Verbindungen zum Awarengebiet, erwägt gleichzeitig jedoch auch Vermittlung der süddeutschen Fundstücke über Italien (ebd. Anm. 5). Der Gedanke an italische Herkunft wird für Werner dann 1953 zur Gewißheit (wie Anm. 11; 1953) S. 63f. – Dazu auch oben S. 268 mit Anm. 743, unten S. 334.
1080) Werner (wie Anm. 11; 1953) S. 63f. – Zur Verbreitung der awarischen Dreikantpfeilspitzen außerhalb des Awarengebietes: U. Koch (wie Anm. 18; 168) S. 256f., Liste 21; Taf. 100, Verbreitungskarte 20.
1081) Werner (wie Anm. 11; 1953) S. 20, 22, 62ff., 70, 87.
1082) Ebd. 87 und passim.
1083) Ebd. 70; dazu auch oben S. 251 mit Anm. 656.
1084) Beispielsweise entsprechen die beiden Bülacher Stengelgläser infolge ihrer mangelhaften Materialqualität durchaus denen, wie sie in Iatrus-Krivina an der bulgarischen Donau ausgegraben worden sind. Dazu siehe bei G. Gomolka, Die spätantiken und frühmittelalterlichen Gläser aus Iatrus. In: Iatrus-Krivina. Spätantike Befestigung und frühmittelalterliche Siedlung an der unteren Donau. Bd. 1: Ergebnisse der Ausgrabungen 1966–1973. Schriften zur Geschichte und Kultur der Antike Bd. 17 (1979) S. 145–166,

Deutlich aber ist der regionale Unterschied markiert. Denn der süd- und westalemannischen Zone mit den Reflexbögen und Dreikantpfeilen östlicher Herkunft im nordschweizerischen Bülach, in Gammertingen in Hohenzollern, Cannstatt und Sirnau am Mittelneckar sowie Rommersheim/Eichloch im Rheinhessischen (fränkisch?)[1085] stehen die ostalemannischen Bestattungen mit Lamellenharnischen gegenüber, und bezeichnenderweise besitzt der Gammertingener von der Schwäbischen Alb keinen Lamellenpanzer, sondern ein Kettenhemd, das wiederum im Ostalemannischen fehlt[1086]. Joachim Werner betont mehrfach, daß die Reflexbögen der Post-Attila-Zeit nur awarischen Ursprungs sein können[1087], meint aber zugleich, daß die Belege aus Bülach und Rommersheim/Eichloch durch italisch-langobardische Vermittlung in die Zone nordwärts der Alpen gelangen[1088]. Beweisbar ist seine Annahme zwar nicht, und sie wird bereits dann relativiert, sofern man die Fundorte der Reflexbögen auf Ursula Kochs Verbreitungskarte der Pfeilspitzen vom awarischen Typ projiziert[1089]. Denn dann zeigt sich der innere Zusammenhang beider Fundstücksgattungen ebenso wie das gemeinsame Ursprungsgebiet des Mitteldonaubeckens, ihre breit gefächerte Streuung vor allem im bairischen Siedelgebiet zwischen Enns und Lech, aber auch bis ins Thüringische und ins Rheinhessische sowie vereinzelt auch bis ins langobardische Oberitalien und bis in die mittelitalischen Gräberfelder von Castel Trosino und Nocera Umbra. Direkt widerlegbar ist Werners Annahme italisch-langobardischer Herkunft des Bülacher Grabinventares außerdem aufgrund chronologischer Argumente. Denn die massiv-silberne Gürtelschnalle desselben Inventars gehört Werner zufolge in gleiche Zusammenhänge wie ein ähnliches, filigranverziertes Exemplar aus der Basler Bernerringnekropole (Grab 33; münzdatiert, terminus post quem ca. 550)[1090]. Eben dieses Basler Grabinventar datiert Max Martin jedoch eindeutig noch in die vorlangobardische Stufe Italiens[1091], und seiner Meinung nach stammt die Basler Schnalle aus einer italisch-romanischen Werkstatt vorlangobardischer Zeitstellung[1092]. Weil aber Martins Argumentation in sich schlüssig erscheint, wird man ähnliche Überlegungen auch für Bülach Grab 18 anzustellen haben. Doch ist dazu wohl erst dann Gelegenheit, wenn die angekündigte Edition

bes. S. 150 (die Autorin rechnet für Iatrus mit einer eigenen Glashütte). – Unter dem neuen Gesichtspunkt der Gläserherstellung an der unteren Donau sind auch die Glasfunde im awarisch besiedelten Gebiet zu prüfen, z. B. jene aus Keszthely-Fenékpuszta am Balaton, Kiszombor (Komitat Csongrád) und Kisköre an der Theiß; dazu siehe zuletzt É. Garam, Awarenzeitliche Glastrinkgefäße aus Kisköre (in: Acta Archaeologica Academiae Scientiarum Hungaricae 25, 1973, S. 279–288). Man vgl. auch die neuere Fundortliste bei Martin, Basel-Bernerring (wie Anm. 19; 1976) S. 124, Anm. 115; das Stengelglas aus Hegykö (Komitat Györ-Sopron) leichter zugänglich bei Bóna (wie Anm. 820) S. 69, Abb. 15,1. – Zum Stengelglasfund aus Sindelsdorf (Ldkr. Weilheim-Schongau) siehe bei Menke (wie Anm. 45) S. 40f.

1085) Wie Anm. 1076–1080.

1086) Wie Anm. 1010.

1087) Wie Anm. 1079; Ders. (wie Anm. 311) S. 48.

1088) Wie Anm. 1080.

1089) Wie Anm. 1080.

1090) Wie Anm. 11 (1953) S. 22 mit Anm. 7.

1091) Basel-Bernerring (wie Anm. 19; 1976) S. 136f.: »um 550/560«.

1092) Ebd. 64ff.

der spätantiken und frühmittelalterlichen Bodenfunde Italiens vorliegt[1093]. Und erst dann läßt sich entscheiden, ob Bülach Grab 18 nicht überhaupt noch in Stufe Alemannisch III zu datieren ist[1094]. Reflexbogen und zugehöriger Pfeilköcher müßten dann als eines der frühesten Beispiele awarischen Intrusivgutes nach Zentraleuropa angesehen werden. Ist der so fremdartig ausgerüstete Bülacher Bogenschütze tatsächlich kein Alemanne und hat aus chronologischen Gründen ebenso italisch-langobardische Herkunft auszuscheiden, dann bleibt eigentlich nur die Deutung als »Byzantiner« übrig. Der terminus post quem für den typisch awarischen Teil seiner Bewaffnung wäre dann der Beginn des awarisch-byzantinischen Krieges des Jahres 567. Oder wir haben es mit einem Reisläufer zu tun, der bereits ganz am Beginn der 60er Jahre des sechsten Jahrhunderts gegen die nach Thüringen eingedrungenen Awaren mit aufgeboten wird.

Deutlicher als Bülach weist jedoch die Gammertingener Prunkbestattung auf Beziehungen in den mediterranen Raum, vor allem aufgrund des vergoldeten Spangenhelmes vom Baldenheimer Typ[1095], ferner aufgrund des Bronzekessels und des Bronzebeckens. Letztlich dürfte auch das Kettenhemd dem mediterranen Kulturkreis entstammen, auch wenn wir ähnliche Kettenhemden bei den Nordgermanen seit der jüngeren vorrömischen Eisenzeit kennen[1096]. Für östliche Beziehungen lassen sich allein die Dreikantpfeile anführen[1097]. Wenn man so will, bilden das Gammertingener Prunkgrab und der Panzerreiter aus Niederstotzingen zwei zwar zeitgleiche und einander ähnliche, doch ihrer jeweiligen Herkunft nach sehr verschiedene Grabinventare. Beide Alemannen sind mit Helm und Panzer ausgerüstet und beide beritten. Doch wie sich Helm und Panzer des Niederstotzingeners aus dem awarisch besiedelten Osten ableiten lassen, so Helm und Panzer des Gammertingeners eher aus dem mediterranen Raum.

1093) Oben S. 181 mit Anm. 301. – Man vgl. auch entsprechende Gürtelschnallen aus dem Gräberfeld von Altenerding bei München: Sage (wie Anm. 499; 1984) Taf. 42,1 (Grab 345); Taf. 101,33 (Grab 755); zu den »Gürtelhaften« aus Grab 345 (Taf. 42,2.3) vgl. man den Saxscheidenbeschlag aus Basel-Bernerring Grab 33: Martin a. a. O. 282f. Nr. 4b.

1094) Man vgl. in diesem Zusammenhang auch Martins Hinweis auf K. Böhners Beobachtungen zu Zierdetails der Gürtelschnallen aus Basel-Bernerring Grab 33 und dem Arnegundegrab: Martin a. a. O. 66, Anm. 135.

1095) Gröbbels (wie Anm. 1007) S. 7ff.

1096) Beispielsweise im Hjortspring-Moorfund auf der Ostseeinsel Alsen. Zahlreiche Beispiele auch bei H. J. Eggers, Der römische Import im freien Germanien. Atlas der Urgeschichte Bd. 1 (1951) S. 78ff. (Gesamtkatalog). Ferner auch W. Wegewitz, Das langobardische Brandgräberfeld von Putensen, Kreis Harburg. Die Urnenfriedhöfe in Niedersachsen Bd. 10 (1972) S. 252f. (mit älterer Literatur). – Zum Kettenpanzer des Planiger Prunkgrabes der Phase Alemannisch Ic siehe oben S. 230, zum Gammertingener Kettenhemd sowie zu dem Neufund aus Dürbheim (Kr. Tuttlingen) oben Anm. 1010.

1097) Ob die Gammertingener Pferdegeschirrbeschläge italisch-langobardischer Herkunft sind oder aus alemannischer Fertigung stammen, ist bislang nicht entschieden; dazu siehe bei Werner (wie Anm. 548) S. 64. Neue Untersuchungen dazu hätten von dem Regensburger Fund auszugehen (wie Anm. 1008), dessen Trensenform zum reichen Grabfund von Hauskirchen in Niederösterreich überleitet und dieser zu Veszkény (Komitat Györ-Sopron). Dazu siehe bei Werner (wie Anm. 11; 1962) S. 94ff.; zu Hauskirchen vorläufig: H. Friesinger und H. Adler, Die Zeit der Völkerwanderung in Niederösterreich. Wissenschaftliche Schriftenreihe Niederösterreich Heft 41–42 (1979) S. 46ff.

Ganz unterschiedliche Garnituren bilden auch die metallenen Pferdegeschirrteile, ebenso die Gürtelbeschläge. Der Gammertingener ist Bogenschütze, der Niederstotzingener eindeutig nicht. Unterschiede bestehen auch in der übrigen, germanischen Bewaffnung. Beiden gemeinsam ist im Grunde nur der Besitz gleichartiger Bronzebecken mediterraner Herkunft. Außerdem läßt sich noch die Grabform als gemeinsames Merkmal anführen, denn für beide ist eine Art steinverblendeter Gruft anzunehmen[1098].

Zählt man die jeweiligen Grabinventare nach Fundstücken und deren handwerklicher Qualität sowie nach den verwendeten Materialien auf, wird man nicht umhin können, den Gammertingener als bedeutend reicher ausgestattet anzusehen. Doch daraus allein auf höheren sozialen Rang schließen zu wollen, erscheint mir trotz beiläufig geäußerter Meinung nicht schlüssig[1099]. Denn das Gammertingener Inventar erscheint nur archäologisch reicher und sagt zunächst wenig über den Rang des Toten aus. Dem Niederstotzingener können wir aber begründet ein Pferd orientaloider Rasse zuordnen[1100], mit dem sich wahrscheinlich sehr leicht das Prunkhaftere des Gammertingener Reiters kompensieren ließe, sofern wir etwas über dessen Roß wüßten. Im Frühmittelalter aber dokumentieren nicht nur Goldschmiedearbeiten, Glasbecher und Bronzegeschirr den Rang der *potentes*[1101], sondern mindestens ebenso spielen auch die vergänglichen Dinge eine Rolle, und dazu gehört nicht zuletzt das Pferdematerial deshalb, weil Könige sich auf diese Weise zu beschenken pflegen[1102]. Besonders an dem Beispielpaar aus Gammertingen und Niederstotzingen wird deutlich, auf welch spekulativem Gebiet die Archäologie argumentiert, will sie Rangordnungen allein aufgrund von Grabausstattungen ermitteln. Die Niederstotzingener Grabinventare ins Positive gewendet heißt aber auch, daß wir in diesen ostalemannischen Gräbern wirkliche *potentes* zu sehen haben, die offensichtlich aufs beste mit den Verhältnissen östlich des bairischen Siedelraumes vertraut sind. Ihr Blick ist darum wohl eher auf das Theiß-Tiefland gerichtet denn auf die Po-Ebene.

Die verschiedenen Gesichtspunkte zu der besonderen Bedeutung der ostalemannischen Reihengräberfriedhöfe zusammengefaßt, wird man wohl sagen dürfen, daß in Stufe Alemannisch IV die Eigenheiten dieser Siedelgruppe in noch stärkerem Maße als in der vorhergehenden Zeit sichtbar werden, und zwar zum einen in den nur auf awarische Beziehungen zurückzuführenden Akkulturationsformen, zum anderen aber auch in der Gegenüberstellung zu Befunden aus dem zentral- und südalemannischen Gebiet. Verallgemeinert man die Einzelbefunde, was deshalb erlaubt sein muß, weil der Quellenausschnitt für alle Regionen im Grunde gleich zufällig ist, so scheinen die ostalemannischen Siedelverbände des späten sechsten und des frühen

1098) Man vgl. bei PAULSEN (wie Anm. 21; 1967) Taf. 83 mit CHRISTLEIN, Die Alamannen (wie Anm. 15; 1979) S. 90, Abb. 63.

1099) CHRISTLEIN bezeichnet das Gammertingener Grab als »die reichste alamannische Bestattung der zweiten Hälfte des 6. Jahrhunderts« (ebd. 91).

1100) Oben S. 318f.

1101) Man vgl. dazu die Angaben bei CHRISTLEIN (wie Anm. 1098) S. 19f., 86ff.

1102) Der Thüringerkönig Herminafrid übersendet dem Hof zu Ravenna »silberfarbene« Pferde: nach WOLFRAM (wie Anm. 54) S. 396.

siebenten Jahrhunderts keine oder kaum Beziehungen mit Italien aufzuweisen. Solche bestehen aber gewiß für die alemannischen Kernräume am Neckar, auf der Schwäbischen Alb und im Gebiet des Hochrheins. Aus diesem Befund resultiert dann wiederum die Vorstellung einer mindestens zweigeteilten Alemannia. Darüber hinaus drängt sich der Eindruck auf, daß man im Ostalemannischen ebenso eigenständig wie unabhängig Sonderinteressen wahrzunehmen bereit und imstande ist. Dieser Gedanke aber mündet fast zwangsläufig in Reflexionen zur Ereignisgeschichte ein:

Der Beginn der archäologischen Stufe Alemannisch IV (um das Jahr 580) ist in bezug auf die fränkische Ereignisgeschichte dadurch gekennzeichnet, daß nach der erneuten Reichsteilung von 560/61 (Tod Chlothars I.) und nach dem Verlust der italischen Eroberung 563 an Byzanz, vor allem aber durch die innerfränkischen Auseinandersetzungen, die in den Ermordungen der Könige Sigibert (575) und Chilperich (584) gipfeln, die fränkischen Teilreiche eine Phase außenpolitischer Schwäche erleben[1103)]. Aus dieser Sicht heraus werden die Heimsuchungen durch Awaren vielleicht ebenso verständlich wie der durch die archäologischen Befunde hervorgerufene Eindruck politisch eigenständiger Interessen der ostalemannischen *potentes*. Denn ihnen, als geographisch Entfernteste von der ohnehin vorwiegend mit sich selbst beschäftigten fränkischen Okkupationsmacht, gelingt eine zu unterstellende politisch-kulturelle Loslösung von fränkischer Vormundschaft vielleicht am ehesten. Allerdings stützt sich eine so weitgehende Interpretation auf die Annahme, daß Akkulturationsvorgänge eher ein friedliches Nebeneinander voraussetzen als kriegerische Konflikte[1104)]. Will man jedoch in der Ausdeutung archäologischer Befunde so weit nicht gehen, bleibt allemal die zeitliche Kongruenz festzuhalten, daß nämlich die ostalemannischen Sonderheiten und deren Verknüpfung mit dem Südosten Europas verläßlich in eben dieselbe Periode datiert werden können, für die erstmalig Awarenvorstöße bis in das Herz Zentraleuropas ebenso nachweisbar sind wie fränkischer Verzicht auf europäische Machtpolitik. Damit aber ist die Frage aufgeworfen, ob wir für die Zeit der Stufe Alemannisch IV noch mit einer gesamtfränkischen Alemannia rechnen dürfen. Ihre Beantwortung bedingt jedoch umfangreiche weiterführende Untersuchungen, auf die hier verzichtet werden muß.

1103) Dazu im einzelnen Löwe (wie Anm. 54) S. 64ff.; zum fränkischen Herrschaftsgefüge östlich des Rheins siehe bei Schlesinger (wie Anm. 32) S. 31, 35.

1104) Schlesinger weist darauf hin, daß Brunichild gegen Ende ihrer innerfränkischen Kriege die Awaren um Hilfe gebeten haben soll: ebd. 35 mit Anm. 165. Das dürfte nach dem Vertrag von Andelot (586) und sehr wahrscheinlich erst am Anfang des 7. Jahrhunderts geschehen sein (613 Hinrichtung Brunichilds durch Chlothar II.).

Ausblick auf die Stufen Alemannisch V und VI (ca. 650–700)

Eine der wichtigsten archäologischen Leitformen der Stufe Alemannisch V, die um die Mitte des siebenten Jahrhunderts im alemannischen wie im baierischen Siedelraum auftreten, stellen die sogenannten vielteiligen Gürtelgarnituren dar[1105]. Die Ursprünge dieser neuen Mode sind jedoch in weit entfernten Regionen zu suchen. In seiner Kongreßstudie »Nomadische Gürtel bei Persern, Byzantinern und Langobarden« von 1974 formuliert Joachim Werner sein Untersuchungsergebnis so: »Die im Westen so sichtbar wie der Gebrauch des Steigbügels mit den Awaren verbundene Mode der vielteiligen Gürtelgarnituren ist ursprünglich vermutlich türkisch-mongolischer Herkunft und wurde in den letzten Jahrzehnten des 6. Jh. im persischen und byzantinischen Reich, bei den Langobarden in Italien und bei den Anten am Dnjepr rezipiert, im Zeichen der militärischen Überlegenheit türkischer und awarischer Reiterkrieger«[1106]. Im circumpontischen Bereich wie in Italien stehen am Anfang Preßblecharbeiten und diese oftmals in Edelmetall[1107]. Ihre Chronologie wird in Antiochia (am Orontes, Provinz Syria Prima) durch die persische Eroberung der Stadt des Jahres 610 bestimmt[1108], im Schatzfund von Akalan (Thrakien, bulgarisch-türkisches Grenzgebiet) durch Heraclius-Münzen für die Zeit nach 613 oder nach 641[1109]. Die vielteiligen Gürtel in den italischen Gräberfeldern lassen sich nicht aus sich heraus datieren, sondern nur über die byzantinischen Schatzfunde in die erste Hälfte des siebenten Jahrhunderts[1110]. Die eisernen vielteiligen Garnituren der Alemannen und Baiern, oft in Tierstilornament tauschiert, können nicht sonderlich später sein als die byzantinischen oder awarischen Vorformen in Preßblechtechnik[1111]. Daß tierstiltauschierte Garnituren auf die Stilstufe der Pilzzellentauschierungen unmittelbar folgen, ist über den Grabfund von Hintschingen belegt (Ldkr. Donaueschingen,

1105) Dazu Christlein (wie Anm. 15; 1966) S. 44ff. Ferner U. Koch (wie Anm. 18; 1977) S. 129ff.
1106) Wie Anm. 773, S. 139.
1107) Ebd. 123.
1108) Ebd. 123, Anm. 39 (mit Hinweis auf M. C. Ross in Archaeology 5, 1952, S. 30ff.).
1109) Zu Akalan siehe man B. Filow (in: Archäologischer Anzeiger 1914, S. 417–418); – H. Zeiss, Der Schatzfund von Akalan. Ein Beitrag zur Chronologie der Reihengräberfunde (in: Forschungen und Fortschritte 11, 1935, S. 17–18); – Christlein (wie Anm. 1105) S. 85; – Werner (wie Anm. 773) S. 121; Taf. 7,1–5; – É. Garam, Zu den archäologischen und historischen Fragen der mittleren Awarenzeit und der awarischen Fürstengräber (in: Folia Archaeologica 27, 1976, S. 129–147; bes. S. 133 mit Abb. 2, 1; deutsches Resümee: S. 146f.).
1110) Werner (wie Anm. 773) S. 121ff. – Zur Beurteilung der Tierornamentik auf den Goldbeschlägen aus Lucca (nördlich von Pisa) siehe Salin (wie Anm. 1) S. 321. – Zu einer mit den byzantinischen, aus Edelmetall gefertigten, vielteiligen Gürtelbeschlägen verwandten Garnitur aus dem oberbayerischen Herrsching am Ammersee siehe E. Keller, Ein frühmittelalterlicher Adelsfriedhof mit Kirche in Herrsching am Ammersee, Landkreis Starnberg, Oberbayern. In: Das archäologische Jahr in Bayern 1982 (1983) S. 122–126, mit Abb. 107. – Zu einer bronzenen Gürtelgarnitur byzantinischer Art der Mitte des 6. Jahrhunderts aus dem Reihengräberfeld von Straubing-Alburg (Grab 446) siehe Christlein in: ebd. 1981 (1982) S. 35f., 38, 49 mit Abb. 48–49.
1111) Christlein (wie Anm. 1109).

Grab 14; münzdatiert, terminus post quem: 565). Denn hier ist ein vielteiliger Gürtel mit einer Schnalle vom Typ der pilzzellentauschierten runden Beschlägplatte kombiniert[1112]. Hintschingen stellt somit eines jener Grabinventare dar, die die beiden Stilstufen Alemannisch IV und V miteinander verklammern und fließende Übergänge anzeigen. Doch sei ausdrücklich betont, daß von der Hintschinger vielteiligen Gürtelgarnitur weder ein unmittelbarer stilkundlicher Weg zu den entsprechenden Goldgarnituren Italiens führt, noch zu den awarischen Vorkommen. Ihr absolutchronologischer Zeitansatz ist infolgedessen nur vage zu bestimmen. Zweifellos gehen goldene Preßblechgarnituren der Art wie Akalan zeitlich voraus. Gilt für Akalan jedoch der spätest mögliche terminus post quem des Jahres 641, ist Hintschingen sicher erst um die Mitte des siebenten Jahrhunderts möglich. Mit dieser Datierung stände auch die Überlegung in Einklang, daß zwischen der prunkhaften Spathagarnitur mit Pilzzellenmuster in Cloisonné-Technik von Sutton Hoo (625/630) und dem Hintschingener vielteiligen Gürtel nebst Spathagurt wohl eine bestimmte Zeitspanne einzuschieben sein wird. Denn Sutton Hoo weist eben noch keine vielteilige Gürtelgarnitur auf.

Das Hintschingener Inventar hat man gleichfalls der Gruppe der prunkhaft ausgestatteten Gräber zuzuordnen. Dafür spricht das reich gold-silber-tauschierte Pferdegeschirr nebst Reitersporn ebenso wie die Spathagarnitur vom Typ Civezzano (gleichfalls gold-silber tauschiert)[1113], ferner ein Goldblattkreuz im Stil II der germanischen Tierornamentik sowie der in einen Goldfingerring gefaßte Solidus Justinus II. Spatha und Sax tragen tauschierte Tierornamente[1114]. Unter den 43 aufgedeckten Gräbern des Hintschingener Reihengräberfriedhofes gibt es kein zweites, ähnlich prunkhaft ausgestattetes Inventar[1115]. Auf italische Beziehungen scheint das Goldblattkreuz hinzuweisen. Die Ausfertigung »gehört zu dem besten, was uns von Tierornamentik im Stil II aus Mitteleuropa erhalten ist«, doch soll es sich Günther Haseloff zufolge um eine alemannische Arbeit, einschließlich des zugehörigen Models handeln[1116]. Haseloff gelangt zu diesem Urteil, weil die Tierkomposition nicht dem Stil der langobardisch-italischen Preßblecharbeiten in Edelmetall entspricht. Das aber hieße dann, daß den *potentes* bei Hintschingen auf der Alb Goldschmiede zur Verfügung stehen, deren Erzeugnisse dieselbe Qualitätsstufe repräsentieren wie die besten italischen Arbeiten. Das aber wird man kaum als eigenständige, alemannische Leistung zu werten haben; vielmehr gestattet

1112) Grab 14: WERNER (wie Anm. 10) S. 101f.; Taf. 31–33; GARSCHA (wie Anm. 406) S. 159ff.; Taf. 21–22.

1113) Ebd. (WERNER) Taf. 32, 10a–e. – Zur formenkundlichen Umschreibung des Spathagurtes vom Typ Civezzano: L. PLANK, Eine tauschierte Gürtelgarnitur aus Civezzano. In: A. TAGLIAFERRI (Hrsg.), Problemi della civiltá e dell' economia Longobarda. Scritti in memoria di Gian Piero Bognetti. Biblioteca della rivista »Economia e Storia« Bd. 12 (1964) S. 173–178 (mit erster Fundortzusammenstellung des Typs Civezzano). – Ferner CHRISTLEIN (wie Anm. 15; 1966) S. 64ff., mit erweiterter Fundortliste in Anm. 159.

1114) WERNER (wie Anm. 10) Taf. 31, 4b. 5b.

1115) GARSCHA (wie Anm. 406) S. 164f.

1116) Zu den Goldblattkreuzen aus dem Raum nördlich der Alpen. In: HÜBENER (Hrsg., wie Anm. 723) S. 37–70, bes. S. 48.

das Goldblattkreuz an sich, wie auch die Technik und die Qualität der Ausführung, die Kenntnis entsprechender italischer Arbeiten zu unterstellen. Deshalb dürfen wir nicht den Hintschingener *potentes* selbst die italischen Beziehungen zuschreiben, sondern lediglich ihrem Goldschmied, der seine Kunstfertigkeit offenbar südlich der Alpen erlernt.

Überlegungen dieser Art lenken den Blick auf die erhaltenen Teile der Spathagurtbeschläge. Das bichrom in Gold-Silber-Technik tauschierte Rhombenbeschläg[1117] weist eine Tierornamentik auf, die dem des Goldblattkreuzes durchaus ähnlich ist, und nur deshalb vergröbert erscheint, weil die Modeltechnik und der Abdruck auf Goldfolie eben feinere Darstellungen ermöglichen als die Tauschiertechnik in Eisen. Fragt man nach der Region, in der solche Spathagurtbeschläge entstehen, wird man zunächst auf den eponymen Fundort Civezzano bei Trient verwiesen, wo Teile einer entsprechenden Garnitur neben einem Goldblattkreuz mit langobardischer Flechtbandornamentik, Resten eines Goldbrokatgewebes sowie einem Bronzebecken ostmediterraner Herkunft zum dortigen Prunkgrabe gehören[1118]. Doch treten gleichartige Garnituren auch auf den mittelitalischen Gräberfeldern von Castel Trosino und Nocera Umbra auf, vor allem aber, und zwar in erster Linie wohl infolge des hohen Forschungsstandes, bei Alemannen und Baiern sowie gelegentlich auch in fränkischen wie burgundischen Gräbern[1119]. Klare Vorstellungen über die Ursprünge der Spathabeschläge vom Typ Civezzano (und damit auch über die zugehörigen Schwerter) zu entwickeln, fällt beim derzeitigen Forschungsstand schwer. Liselotte Plank vermutet italisch-langobardische Werkstätten[1120], eine Ansicht, die Rainer Christlein dahingehend erweitert, daß er zusätzlich alemannische und baierische Herstellung annimmt, bei denen italische Arbeiten imitiert werden[1121]. Dieser Gedanke entspricht denjenigen Vorstellungen, die wir oben zur Herkunft des Hintschingener Goldblattkreuzes zur Diskussion stellen[1122]. Eine Spathagarnitur vom Typ Civezzano liegt auch aus der oben ausführlicher behandelten Nekropole von Niederstotzingen (Grab 6) vor, hier allerdings bedeutend besser erhalten als in Hintschingen und wie in Hintschingen mit einem vielteiligen Gürtel kombiniert. Auch die Zaumzeuggarnituren aus Hintschingen und Niederstotzingen (Grab 6) entsprechen sich typenmäßig[1123]. Es ist keine Frage, daß dieses ostalemannische Grabinventar ebenso Stufe Alemannisch V widerspiegelt wie

1117) Werner (wie Anm. 10) Taf. 32, 10e.

1118) L. Franz, Die Germanenfunde von Civezzano im Tiroler Landesmuseum zu Innsbruck (in: Veröffentlichungen des Museums Ferdinandeum in Innsbruck 19, 1939 [1941] S. 297–344); dazu die ergänzenden Angaben bei Plank (wie Anm. 1113).

1119) Liste der Fundorte bis 1966 bei Christlein (wie Anm. 1113).

1120) Wie Anm. 1113, S. 174, 177.

1121) Wie Anm. 15 (1966) S. 64 ff. mit Anm. 162.

1122) S. 328.

1123) Paulsen (wie Anm. 21; 1967) S. 185 ff.; Taf. 9,3 (Trense); Taf. 11,5; 13,2 (Spatha); Taf. 36,2; 37 (vielteiliger Gürtel); Taf. 39 (Spathagarnitur); Taf. 41 (tauschierter Sporn); Taf. 47–48 (tauschierte Pferdegeschirrbeschläge); zu den spiraltauschierten Beschlägen aus Niederstotzingen (Taf. 47) vgl. man die Hintschingener Spiraltauschierungen bei Garscha (wie Anm. 406) Taf. 22,3 3a.b.

das Hintschingener auf der Zollernalb. Es ist damit eindeutig jünger als die oben behandelten Niederstotzingener Gräber der Stufe Alemannisch IV[1124].

In Niederstotzingen (Grab 6) belegt ein ebenso unscheinbares wie zugleich aber auch eindeutiges Indiz, daß die Spatha mit silbertauschiertem Knauf und die Beschläge des zugehörigen Gehänges gleichen Ursprungs sind: die Sterntauschierung auf den Knaufnieten wie auf denen der Beschläge[1125]. Peter Paulsen hält die Niederstotzingener Spathagarnitur für die Arbeit einer heimischen Werkstatt, berücksichtigt allerdings weder die Ansicht Planks, noch die Christleins[1126]. Doch muß deshalb seine Meinung nicht falsch sein. Die wirkliche Problematik der Niederstotzingener Spathagarnitur vom Typ Civezzano offenbart sich aber in einem ganz anderen Befund. Denn zu der Hauptriemenzunge[1127] liegt die mustergleiche Parallele von der Hand desselben Tauscheurs aus dem bairischen Gräberfeld Karlstein-Kirchberg gegenüber der Reichenhaller Saline vor[1128]. Dadurch konkretisiert sich die Frage nach der Herkunft dieser Garnituren, und zwar alternativ dergestalt, daß es sich entweder um ein bairisches oder um ein alemannisches Erzeugnis handeln muß. Oder aber es gelangen diese Garnituren im einen wie im anderen Falle aus derselben südalpinen Werkstatt zu den nordalpenländischen *potentes* Ostalemanniens wie Baierns. Nun weist aber gerade das Gräberfeld von Karlstein-Kirchberg mehrere Spathagarnituren des Typs Civezzano auf und zudem noch von einer kunsthandwerklichen Qualität, die im allgemeinen von den Analogien im Alemannischen nicht erreicht wird[1129]. Daß Tauschierbeschläge aus ostalemannischen Gräbern der Stufe V Beziehungen zu entsprechendem Fundgut aus dem baierischen Kernraum an Saalach und Salzach aufweisen, kennen wir aus Christleins Überlegungen zur Herkunft des Civezzano-Tauschierstils; und es gelingt ihm, einen nahezu rein bairischen Verbreitungsbefund sichtbar zu machen[1130]. Wenn er vor diesem Hintergrund auf mustergleiche Riemenzungen aus Marktoberdorf und aus Feldkirchen an der Saalach (Ldkr. Laufen) abhebt, ist damit indirekt die

1124) Oben S. 311ff.
1125) Paulsen a. a. O. 186 Nr. 1; Taf. 13, 2a; 39, 2–6. 8. 9.
1126) Ebd. 49.
1127) Ebd. Taf. 39,6.
1128) Grab 247: M. von Chlingensperg-Berg, Das Gräberfeld von Reichenhall in Oberbayern (1890) Taf. 28 (das untere Exemplar der beiden tauschierten Riemenzungen).
1129) Ebd. Taf. 18 (Grab 93, kombiniert mit vielteiliger, spiraltauschierter Gürtelgarnitur); der Rhomben- und der Rechteckbeschlag sind möglicherweise werkstattgleich mit den entsprechenden Beschlägen der Niederstotzingener Spathagarnitur (Paulsen a. a. O. Taf. 39, 2.3.). Der längliche Beschlag mit profiliertem Umriß des Kirchberger vielteiligen Gürtels ist möglicherweise werkstattgleich mit dem entsprechenden Beschlag aus Oetlingen (bei Kirchheim u. T.): Werner (wie Anm. 10) S. 59; Taf. 29B, 2; man vgl. zu Oetlingen auch oben S. 269 mit Anm. 750. – Ferner Chlingensperg-Berg a. a. O. Taf. 26 (Grab 275) und Taf. 31 (Grab 262). Die großen Schnallen der Kirchberger Gräber 262 und 275 entsprechen typenmäßig der aus Niederstotzingen Grab 6 (Paulsen a. a. O. Taf. 39,5). – Man bedenke außerdem, daß der qualitätsvolle Kirchberger Fundbestand trotz der völlig unzulänglichen Grabungs- und Konservierungsmethoden des vorigen Jahrhunderts zur Beurteilung steht. Modern ausgegraben und behandelt, wäre das Gewicht seiner quellenmäßigen Aussagen ungleich höher anzusetzen.
1130) Wie Anm. 15 (1966) S. 64f. mit Abb. 25 auf S. 79.

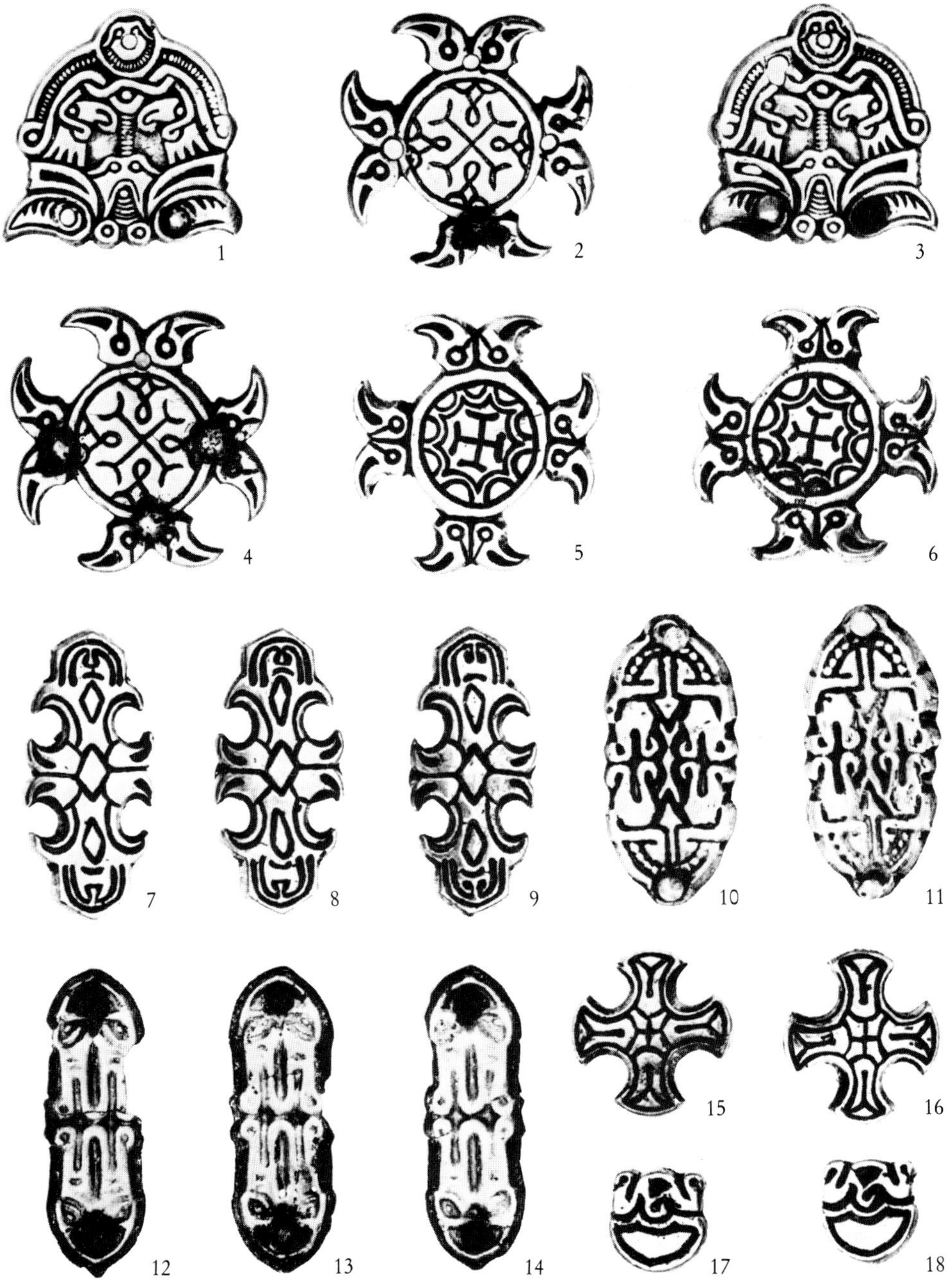

Abb. 9 Silberne Zaumzeugbeschläge aus ostalemannischen Grabinventaren als Beispiel für stilgeschichtliche Fremdeinflüsse. Die Beschläge 1 und 3 hängen formenkundlich mit dem mitteldonauländischen Zahnschnitt-Stil ebenso zusammen wie mit dem Martinovka-Formenkreis östlich des Karpatenzuges; »unalemannisch« stellen sich auch die Beschläge 10–14 dar, die sich gleichfalls an den Martinovka-Kreis anschließen lassen sowie an Denkmäler der Pontusregion. Stufe Alemannisch V. 1–4. 12–14 Sontheim a. d. Brenz (Kr. Heidenheim), 5–11.15.16 Niederstotzingen Grab 6 (Kr. Heidenheim). Maßstab ca. 3:4. Nach P. Paulsen (wie Anm. 1139.1140). Zu S. 334ff.

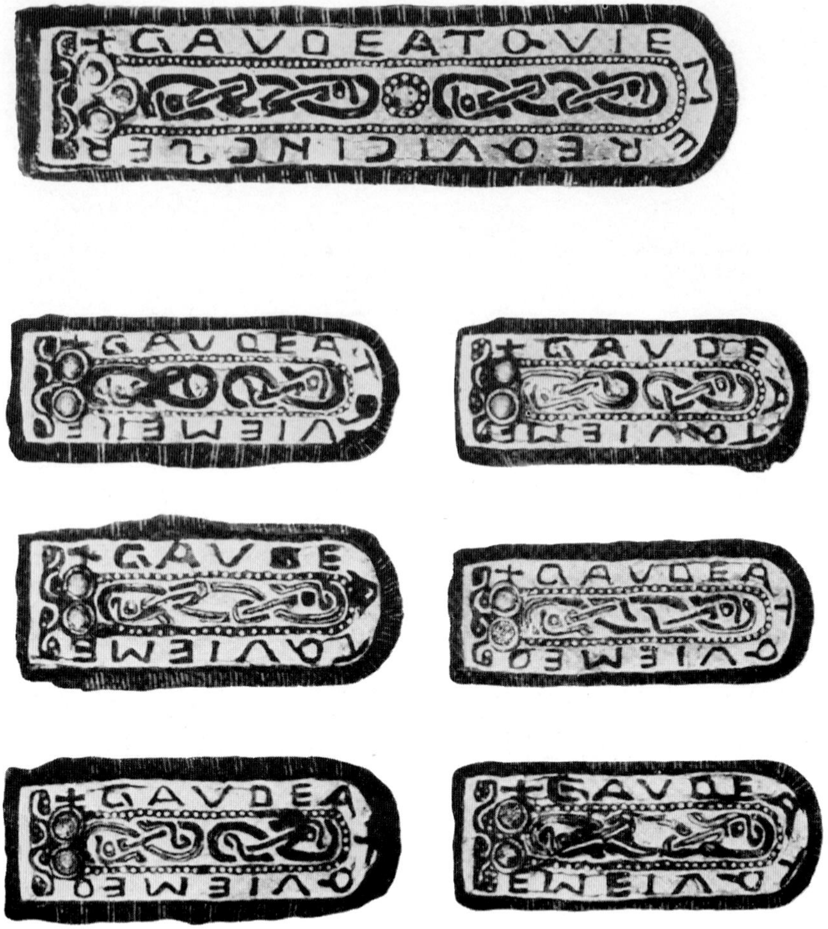

Abb. 10 Bichrom tauschierte Gürtelbesatzstücke eines vollbewaffneten alemannischen Reiters aus Donzdorf (Kr. Göppingen; Grab 75) mit lateinisch-christlicher Umschrift. Das GAVDEATQVIEMEREQVICINSER wird mit: »ungetrübt möge sich jener der (ewigen) Ruhe erfreuen, der gegürtet war«, übersetzt und sei auf Lukas 12, 35–37 zu beziehen (»Lasset eure Lenden umgürtet sein ...«). Stufe Alemannisch V/VI. Maßstab ca. 1:1. Nach E.M. Neuffer und H.-G. Oomen (wie Anm. 1163). Zu S. 337.

Antwort gefunden, wo man den Ort der von gleicher Hand gefertigten Riemenzungen aus Niederstotzingen und Karlstein-Kirchberg zu suchen hat: am ehesten wohl in der Region, die wie kaum eine zweite in die Dynamik des frühmittelalterlichen Fernverkehrs eingebunden ist, das Gebiet um die Reichenhaller Saline[1131]. In diesem altbairischen Raum entstehen sehr wahrscheinlich solche Waffen nebst zugehörigem Wehrgehänge wie aus Niederstotzingen (Grab 6). Nicht beantwortet ist damit jedoch die Frage, ob die Spathagarniturbeschläge des eponymen Fundortes aus dem Trentino tatsächlich auch am Alpensüdrand hergestellt werden oder gar von langobardischen Schwertfegerwerkstätten Mittelitaliens. Sicher ist das keineswegs, was im übrigen für die gesamte Gruppe eisentauschierter Gürtel- und Waffengurtbeschläge Italiens gilt. Diese Frage bleibt jedoch solange offen, bis die systematische Edition dieser Quellengattung vorliegt. Sofern der Forschungsstand für Italien kein falsches Bild vortäuscht, scheinen komplette Garnituren vielteiliger Gürtel und Spathagurte in Italien selbst die Ausnahme zu sein, ein deutlicher Gegensatz zur Alemannia und zu Baiern. Deshalb wird man derzeit gedanklich auch die Möglichkeit offen halten müssen, daß Tauschierarbeiten dieser Art insgesamt aus der Zone nordwärts der Alpen stammen können, analog zu entsprechenden Einzelbefunden aus den awarisch besiedelten Landstrichen des Mitteldonaubeckens[1132]. Das aber hieße, daß in dieser Zeit auch an Nord-Süd gerichtete, transalpine Beziehungen gedacht werden muß.

In dieser Hinsicht kann uns vielleicht der Civezzano-Fund selbst nähere Einsichten vermitteln. Denn die Riemenzunge des Spathagurtes[1133] scheint mustergleich und von derselben Hand gearbeitet zu sein wie ein entsprechendes Fundstück aus dem Reihengräberfeld von Sirnau bei Esslingen am Neckar (Grab 218)[1134]. Die Qualität der Ausführung ist in beiden Fällen jedoch eher mangelhaft und »unitalisch«, legt man den Maßstab von Karlstein-Kirchberg und Niederstotzingen an[1135]. Wie wir uns »italische« vielteilige Gürtel derselben Zeit vorzustellen haben, läßt wiederum das in Civezzano mitgefundene bronzene Schnallenbeschläg erkennen, dessen Schauseite verzinnt ist und eingravierte Tamga-Zeichen trägt[1136]. Dieses Fundstück gehört zu eben jener Gattung vielteiliger Gürtel, von der wir ausgegangen sind,

1131) Dazu oben S. 253f. Mitzubeachten sind dabei die Befunde aus dieser Region zum früh- bis hochmittelalterlichen Bergbau auf Eisenerz, wie sie K. Schwarz im Kressenbergrevier und am Freibergl bei Neukirchen, unweit Bad Reichenhalls, sehr genau beschreibt: Frühgeschichtlicher Bergbau im Eisenerzrevier am Kressenberg, am Freibergl und am Schwarzenberg bei Neukirchen, Ldkr. Laufen. In: Führer zu vor- und frühgeschichtlichen Denkmälern Bd. 19. Rosenheim, Chiemsee, Traunstein, Bad Reichenhall, Berchtesgaden (1971) S. 96–125.

1132) Als Beispiel sei die vielteilige, tauschierte Gürtelgarnitur aus dem Gräberfeld von Cserkút (Komitat Baranya) zitiert: A. Kiss, Avar Cemeteries in County Baranya. Cemeteries of the Avar period (567–829) in Hungary (hrsg. von I. Kovrig) Bd. 2 (1977) Taf. 1,3–6.

1133) Franz (wie Anm. 1118) Taf. 8,1; Plank (wie Anm. 1112) Taf. 1 (nach S. 178).

1134) Koch (wie Anm. 1078) Taf. 92,13.

1135) Oben S. 330. Siehe dazu auch Christleins Bemerkungen zu den qualitätsmäßig als zweitrangig einzustufenden alemannischen Beispielen aus Marktoberdorf und Mindelheim: wie Anm. 15 (1966) S. 64.

1136) Franz (wie Anm. 1118) S. 328, Abb. 4; Taf. 8,3. – Man vgl. auch oben S. 272.

deren Herkunft aber nicht in Italien gesucht werden darf, sondern im circumpontischen oder gar innerasiatischen Raum liegen wird[1137]. Deshalb verwundern auch die drei awarischen Pfeilspitzen im Inventar des Civezzaneser Langobarden nicht[1138]. Ist wirklich auszuschließen, daß sein Wehrgehänge vom nördlichen Alpenrand stammt?

Wir brechen die Erörterungen zur Frage der Spathagurte vom Typ Civezzano deshalb an diesem Punkte ab, weil die italischen Belege zu dieser Quellengruppe derzeit nur unzureichend und schwer zugänglich zu überschauen sind. Doch haben wir uns noch einmal dem Inventar aus Niederstotzingen (Grab 6) zuzuwenden, und zwar den prunkhaften Silberbeschlägen des Pferdegeschirrs (Kopfgestell), teils in Preßtechnik, teils gegossen[1139]. Nahezu identische Silberbeschlagteile und gleichfalls mit einer Spathagarnitur vom Typ Civezzano vergesellschaftet, liegen aus Sontheim an der Brenz vor (Ldkr. Heidenheim), stammen jedoch nicht aus dem umfangreichen Ortsgräberfeld, sondern bezeichnenderweise aus dem einige hundert Meter entfernt liegenden, kleineren Separatfriedhof[1140]. Auf dieses Inventar wird im folgenden zugleich mit abgehoben (Abb. 9).

Zweifellos stellen die Riemenkreuzungen und Besatzstücke beider Schirrungen einheitliche Garnituren dar[1141], die zwar von gleicher Hand gearbeitet erscheinen, im alemannischen Formenbestand aber atraditionell wirken. Bei seinen weitausgreifenden Betrachtungen dazu kann Peter Paulsen als einigermaßen überzeugende Analogie letztlich auch nur einen kreuzförmigen Silberbeschlag aus dem mittelitalischen Nocera Umbra anführen, doch handelt es sich in diesem Fall um eine Preßblecharbeit[1142]. Sein anderer Hinweis, daß den drei symmetrischen Gußbeschlägen mit Haken- oder Zangenfiguration sowie anthropomorphen en-face-Darstellungen (Abb. 9, 7–9) bronzene Besatzstücke wie auf awarischen Gürteln entsprechen könnten[1143], greift deshalb nicht, weil die awarischen Besatzstücke zu einer andersartigen, eigenständigen Fundgruppe gehören, die u. a. als Silberbeschläge und gleichfalls in acht Exemplaren beispielsweise durch einen vielteiligen Gürtel aus der Toskana für Italien nachweisbar ist, zu der im Alemannischen aber auch die acht Gürtelbesatzstücke in versilberter Bronze aus Pfahlheim (Stadt Ellwangen, Grab 20) gerechnet werden müssen[1144]. In Niederstotzingen

1137) Oben S. 327. Man vgl. zu dem Civezzano-Fundstück etwa die vergoldete Silberschnalle aus Valdonega (Verona): WERNER (wie Anm. 773) S. 122 Abb. 9,2.

1138) FRANZ (wie Anm. 1118) S. 326, Abb. 3. Zu den Dreikantpfeilspitzen siehe auch oben S. 322 mit Anm. 1079–1080.

1139) PAULSEN (wie Anm. 21; 1967) S. 69ff.; 82 Abb. 48; 187 Nr. 12; Taf. 45.

1140) Ebd. 68ff. Abb. 33; 194f. – H. DANNHEIMER, Zur Geschichte von Brenz und Sontheim im frühen Mittelalter (in: Fundberichte aus Schwaben N.F. 19, 1971, S. 298–308). – Zum Ortsgräberfeld von Sontheim siehe NEUFFER-MÜLLER (wie Anm. 686); ferner auch CHRISTLEIN, Die Alamannen (wie Anm. 15; 1979) S. 135 Abb. 103; S. 166, Regesten Nr. 323–324.

1141) PAULSEN a. a. O. Taf. 45, 1–9.12; Abb. 33, 1.2.6.7.

1142) Ebd. 64, Abb. 29,9; S. 72.

1143) Ebd. 72 mit Taf. 45, 6–8.

1144) Zu dem von PAULSEN zitierten Grab 9 aus Kiskörös (Komitat Bács-Kiskun) siehe bei FETTICH (wie Anm. 1029) Taf. 126; WERNER (wie Anm. 773) Taf. 11. Zu den Analogien aus der Toskana (Arcisa Grab 4): WERNER, ebd. 124, Abb. 10, 13–20; zu Pfahlheim: VEECK (wie Anm. 9) S. 74f., 167f.; Taf. 58 B, 8–13.

wie in Sontheim an der Brenz handelt es sich dagegen um Pferdegeschirrbeschläge. Nicht weiter in der Frage ihrer Herkunft bringt uns die Tierornamentik in Form der paarigen Raubvögelköpfe auf den Riemenkreuzungen aus Niederstotzingen wie aus Sontheim[1145] (Abb. 9,2.4–6), denn wie Paulsen selbst ausführt, stellt sie ein eher allgemeines und sehr weit verbreitetes Merkmal dar[1146]. Ebensowenig läßt sich das auf diesen vier Beschlägen jeweils zentral angeordnete Krückenkreuz im Sinne des christlichen Heilzeichens und in Bezug auf auswärtige oder gar alemannische Herkunft auswerten, sofern wir Rainer Christleins Bemerkung anerkennen, »...daß es an der Zeit ist, im archäologischen Fundmaterial unserer Reihengräber des 7. Jahrhunderts ernsthaft nach Zeugnissen des Heidentums zu suchen«, weil Hinweise auf christliche Glaubensäußerungen zahlreich und vielfältig seien[1147].

Einen ersten Hinweis auf die mögliche Herkunft der Silbergußgarnituren der beiden ostalemannischen Gräber erhalten wir aber über die halbrund geformten Sontheimer Beschläge (Abb. 9, 1.3), deren Kennzeichen anthropomorphe Masken, Tierstil und Zahnschnittornamentik sind[1148]. Denn sie stellen einerseits umgestaltete oder weiterentwickelte Formen im Stil der silbergegossenen Pferdegeschirrbeschläge vom Martinovka-Typ der südrussischen Steppenregion dar[1149] und sind andrerseits der Gruppe der frühawarischen Denkmäler mit Zahnschnittdekor und mitteldonauländischem Tierstil zuzuordnen[1150]. In dieselben östlichen Räume weisen dann auch die ovalen Silberpreßbleche (Abb. 9, 10–14) der beiden ostalemannischen Pferdegeschirre[1151]. Allerdings läßt sich nur schwer entscheiden, ob ausschließlich geometrisch-vegetabile Ornamente dargestellt sind oder auch Tierstilelemente. In Gestalt, Musteranordnung und doppelter Achsensymmetrie entsprechen sie jedoch zweifellos solchen Preßmodeln, wie sie z. B. aus Chersonnesos auf der Krim bekannt geworden sind und als Besatzstücke im Schatzfund von Martinovka vorkommen[1152]. Fundstücke dieser Art sind in irgendeiner Weise auch dann vorauszusetzen, wenn es sich in Niederstotzingen und Sontheim tatsächlich um alemannische Silberpreßarbeiten handeln sollte. Dieselben Überlegungen treffen ja auch für die beiden Silberpreßbleche des Panzerreiters aus Schretzheim (Grab 580, Stufe Alemannisch IV) zu[1153], ferner möglicherweise auch für die bronzenen Preßbleche desjenigen Reitergrabes

1145) Paulsen a. a. O. Taf. 45,1.2.; Abb. 33,1.2.
1146) Ebd. 70f.
1147) In: Hübener (Hrsg., wie Anm. 723) S. 83; zur Ergänzung auch seine Bemerkungen von 1979 in: Die Alamannen (wie Anm. 15) S. 115ff.
1148) Paulsen a. a. O. Abb. 33,6.7.
1149) Dazu vgl. man bei Fettich (wie Anm. 1029) Taf. 124,6; ferner Schretzheim Grab 366: Koch (wie Anm. 18; 1977) Taf. 99,1; 200, 14a. b. 17.
1150) Grundlegend zu dieser Quellengruppe: N. Fettich, Das Kunstgewerbe der Avarenzeit in Ungarn. Mitteilung I: Zahnschnittornamentik und Preßmodelfunde. Archaeologia Hungarica Bd. 1 (1926).
1151) Paulsen a. a. O. 66 Abb. 31, 8.9; 33,3–5; Taf. 45,10.11.
1152) Chersonnesos: Werner (wie Anm. 773) Taf. 9,1; Martinovka: ebd. 130 Abb. 13,13; Fettich (wie Anm. 1029) Taf. 123, 13.
1153) Oben S. 317 mit Anm. 1040. Mit in die gedanklichen Zusammenhänge einzubeziehen ist auch eine mißlungene Gußbronze derselben Form, allerdings mit einer Art Rankenornament, die aus der ersten Phase der vorgroßmährischen Siedlung von Mikulčice (Hodonín) stammt, und zwar aus dem dortigen, noch

des Alemannenfriedhofes von Oberflacht (Ldkr. Tuttlingen, Grab 31), zu dessen Inventar außer Waffen- und Pferdegeschirr u. a. auch ein Holzsattel, verschiedenes Holzgerät sowie eine Laute oder Leier gehören[1154]. Der vielteilige Gürtel dieses alemannischen Sängers von der hohenzollernschen Baar stellt jedoch bereits die Stilstufe der wabenplattierten Garnituren dar, die als eines der Kennzeichen für Stufe Alemannisch VI angesehen werden müssen. Direkt erkennbar Italisches findet sich in all diesen Gräbern nicht[1155]. Auch die singulären Pferdegeschirrbesatzstücke aus Pfahlheim (Stadt Ellwangen, Grab 20)[1156] sind dafür nicht definitiv auswertbar. Deshalb können eiserne, bichrom tauschierte Pferdegeschirrbeschläge in der Art wie etwa Garnituren aus Pfahlheim (Grab 9) oder Gammertingen (Ldkr. Sigmaringen; Grab 5)[1157] ohne vorausgehende, umfassende archäologische Analyse keineswegs auf nord- oder mittelitalische Parallelen zurückgeführt werden. Denn wahrscheinlicher ist, in ihnen nordalpine Umsetzungen der mit dem Osten verbundenen Formenwelt zu sehen, die bei den *potentes* im Gebiet der Schwäbischen Alb seit Stufe Alemannisch IV bekannt sind[1158].

vorawarischen oder bereits frühawarischen Stratum: KLANICA (wie Anm. 831) S. 642, 644; Taf. 1,6 (zweite Phase, 2. Hälfte 7. Jahrhundert bis Ende 8. Jahrhundert). Von dem Mikulčice-Fundstück möchte man wiederum eine Brücke schlagen zu vegetabilisch verzierten Bronzegußstücken aus Salgen (Ldkr. Mindelheim): PAULSEN a. a. O. 67 Abb. 32,1; FRANKEN (wie Anm. 801) S. 59, Grab 2; Taf. 25,11–14; zugehörig weitere Beschläge einer Garnitur (ebd. Taf. 25,15–19). Andrerseits hängen die länglichen Salgener Bronzegüsse auch mit dem entsprechend geformten Martinovka-Fundstück zusammen (FETTICH wie Anm. 1029 Taf. 123,13), so daß man beide westlichen Fundorte, Salgen wie Mikulčice, in gedankliche Verbindung mit der südrussischen Steppenregion bringen möchte. Formenkundliche Zusammenhänge bestehen aber auch zwischen den Salgener Beschlägen und Nocera Umbra Grab 84: PASQUI und PARIBENI (wie Anm. 553) S. 278 Abb. 137. Doch glaube ich nicht, daß die kulturgeschichtlichen Verbindungen von Mittelitalien ins Alemannische führen; sondern Salgen und Mikulčice einerseits hängen ebenso von der Steppenregion ab wie Mittelitalien andrerseits. Auf diese Weise wird man wohl auch die oben angemerkte Formverwandschaft zwischen Nocera Umbra und dem Preßblechbeschlag aus Ehingen-Rißtissen zu erklären haben, zumal durchaus wahrscheinlich ist, daß Nocera Umbra Grab 84 als eine awarische Bestattung anzusehen ist (dazu oben Anm. 1029). – Mitzuberücksichtigen sind bei diesen Überlegungen die aus vergoldeter Bronze bestehenden, ovalen Preßblechpferdegeschirrbeschläge aus dem awarischen Gräberfeld von Kápalantóti (Komitat Veszprém): BAKAY (wie Anm. 723) S. 46 Abb. 28, 1–6 (Grab 20); S. 47 Abb. 29, 12–14 (Grab 21); S. 53 Abb. 34, 20 (Grab 24).

1154) PAULSEN a. a. O. 66, Abb. 31,10.

1155) Ob die unzureichend abgebildete, bronzene Riemenzunge aus dem Sängergrab von Oberflacht (VEECK [wie Anm. 9] Taf. 58 A, 17) der awarischen Formengruppe anzuschließen ist, läßt sich ohne Autopsie nicht entscheiden. Man vgl. dazu etwa bei FETTICH (wie Anm. 1150) S. 13, Abb. 11,10 (Gátér Grab 212); S. 30, Abb. 21 oben links (Bácsfeketehegy); Taf. 4,18 (Fönlak).

1156) VEECK (wie Anm. 9) Taf. 58 B, 1–7.

1157) PAULSEN (wie Anm. 21; 1967) S. 64, Abb. 29, 5.7.; S. 67, Abb. 32,6.7.

1158) Nur als Frage läßt sich in unserem Zusammenhang formulieren, ob der tauschierte Rundelbeschlag aus Gammertingen Grab 5 (PAULSEN a. a. O. 64, Abb. 29,7) nur zufällig formenkundlich verwandt ist mit einem der Preßmodel aus dem Fönlak-Fund (FETTICH [wie Anm. 1150] Taf. 4,17) und die zugehörigen länglichen Besatzstücke (PAULSEN a. a. O. Abb. 32,7) mit dem entsprechenden Fundstück aus Martinovka (FETTICH [wie Anm. 1029] Taf. 123,13). – Zum Gammertingener Grab 5 siehe PARET (wie Anm. 1007) S. 104; Taf. 7. Gehören die Bronzebeschläge (ebd. Taf. 7a) wirklich zu dem Inventar aus Grab 5,

Am deutlichsten ist diese Regionalgruppe alemannischer *potentes* und das Umfeld, in dem ihre Goldschmiede tätig sind, durch Rainer Christleins jüngste Verbreitungskarte der Goldblattkreuze ausgewiesen[1159]. Die Masse der in der Zone nordwärts der Alpen entdeckten Goldblattkreuze entsteht am jeweiligen Ort, nur die Sitte an sich und vielleicht einige Frühformen sind italisch-langobardischen Ursprungs[1160]. Damit ist im Grunde dasselbe ausgesagt wie für die Pferdegeschirrbesatzstücke und die Gürtelbeschläge: Anregungen von außen werden zunächst neumodisch aufgegriffen, dann aber sogleich so in die alemannische Formensprache umgesetzt, daß oft nur noch spezifische Ornamentdetails die Rezeption erkennen lassen. Wenn schließlich dieselben alemannischen *potentes* auf die Beschläge ihrer Gürtel die Anfänge von Psalmversen in lateinischen Lettern tauschieren lassen[1161], so ist damit nicht etwa italischer Einfluß dokumentiert, sondern gewandeltes alemannisches Bewußtsein[1162]. Denn die Inschriftträger – das läßt die Grundornamentik solcher Beschläge erkennen – stellen nordalpin-germanische Arbeiten dar. Und die GAVDEATQVIEMEREQVICINSER-Inschrift auf Riemenzungen eines vielteiligen Gürtels aus Donzdorf (Kr. Göppingen, Grab 75; Abb. 10) belegt möglicherweise die Umdeutung eines Bibeltextes in die alemannische Vorstellungswelt[1163]. Die durchweg im germanischen Tierstil II verzierten Beschläge dieser vielteiligen Gürtel treten gelegentlich aber auch in italischen Gräbern auf[1164], sind hier jedoch nicht anders vorstellbar als sichtbarer Ausdruck Nord-Süd gerichteter, transalpiner Beziehungen, so daß sich aus dieser Sicht heraus auch für die tauschierten Spathagarnituren des Typs Civezzano von italischen Fundorten zusätzliche Argumente bezüglich deren Herkunft gewinnen lassen.

Wie sich demgegenüber eisentauschierte Gürtelgarnituren italisch-romanischen Ursprungs darstellen, die in einzelnen Exemplaren auch den Weg über die Alpen finden, kann zum einen an einer entsprechenden Garnitur aus Nocera Umbra-Pettinara am Apennin (Umbrien) demonstriert werden, zum anderen an einer Analogie vom alemannischen Bestattungsplatz in Elfingen (Bezirk Brugg, Kanton Aargau) und zum dritten an einer entsprechenden Garnitur aus dem baierischen Reihengräberfriedhof von Sindelsdorf (Ldkr. Weilheim-Schongau)[1165]. Befunde

verkompliziert sich die Frage nach den Ursprüngen dieser archäologischen Quellen zu den Alemannen in noch viel erheblicherem Maße. Gleiches gilt für andere Gammertingener Fundstücke (z. B. ebd. Taf. 6a,1.3).

1159) Die Alamannen (wie Anm. 15; 1979) S. 119, Abb. 96.

1160) Grundlegend ist CHRISTLEINS Studie von 1975 (wie Anm. 723).

1161) Zusammengestellt und mit Angaben zur älteren Literatur bei CHRISTLEIN, Die Alamannen (wie Anm. 15; 1979) S. 121; Abb. 98; S. 140, Regeste Nr. 87 (Ebenhofen, Ldkr. Ostallgäu); S. 172, Regeste Nr. 374 (Weilstetten, Zollernalbkreis).

1162) Ebd. 120f.

1163) NEUFFER (wie Anm. 686) S. 45; Taf. 20–21; 42–45. – Zur Inschrift siehe H.-G. OOMEN, Lateinisch-christliche Inschriften aus alamannischen Gräbern (in: Zeitschrift für Württembergische Landesgeschichte 30, 1971, S. 404–407). OOMEN sieht einen Sinnzusammenhang mit Lukas 12, 37. Möglicherweise hat der Donzdorfer Alemanne die Bibelstelle wörtlich aufgefaßt.

1164) Siehe beispielsweise bei O. v. HESSEN in: Atti...Milano (wie Anm. 281) Taf. 1–2.

1165) Pettinara: O. v. HESSEN, Die völkerwanderungszeitlichen Gräberfelder von Nocera Umbra. In: Probleme der Völkerwanderungszeit im Karpatenbecken. Mitteilungen des Symposiums 13.–16. Dezemdieser Art haben wir vorerst lediglich als Indizien für das dichte Geflecht vielseitiger italisch-nordalpiner Beziehungen in beiden Richtungen zu werten, das noch durch umfangreiche Einzelstudien aufzulösen ist. In diesem Geflecht stellen schließlich die bronzenen, gegossenen »langobardischen« Gürtelgarnituren und ihre circumalpine Verbreitung noch eine weitere Komponente dar[1166]. Durch diese Quellengruppe ist außerdem zugleich auch wieder das awarisch besiedelte Mitteldonaubecken mit einbezogen, wie in ähnlicher Weise ebenso durch die Gruppe der tauschierten Gürtelbeschläge des Typs mit anthropomorphen en-face-Büsten[1167]. Ihrer Chronologie nach, scheinen diese zuletzt beschriebenen Befunde in die ältere Zeitgruppe Frauke Steins einzumünden, die ihrerseits für das alemannische Gebiet die Stufe Alemannisch VII widerspiegelt und mit der der Beginn des achten Jahrhunderts erreicht ist[1168].

Zusammenfassung und Ergebnis

Versteht sich die prähistorisch-frühmittelalterliche Archäologie als eine Disziplin, die ihre Methodik weitgehend den vergleichenden Naturwissenschaften entlehnt, dennoch aber primär Antworten auf Fragen von historischer Qualität erarbeiten will, wird man auf sie in der Tat den von Reinhard Wenskus benutzten Begriff einer Kontaktwissenschaft anzuwenden haben[1169]. Doch zugleich bleibt sie wiederum Hilfswissenschaft der auf den Schriftquellen fußenden Geschichtsforschung. Helmut Beumanns Vergleich mit der Diplomatik hat durchaus Bestand[1170]. Trotzdem aber vermag die prähistorische Archäologie mehr zu leisten, zumindest für die frühgeschichtlichen Perioden, in denen einerseits die Siedelgruppen sich teilweise den mit Namen bekannten Stammesverbänden zuordnen lassen und für die andrerseits das großräumige Gerüst der regional-chronologischen Ereignisgeschichte in seinen Grundzügen

ber 1976 in Novi Sad (1978) S. 83–89; Taf. 1. – Elfingen: M. Hartmann, Frühmittelalterliche Gräber aus Elfingen (in: Archäologie der Schweiz 3, 1980, S. 197–200, Abb. 1.5). – Sindelsdorf: unveröffentlicht; zu vorläufigen Berichten über die Ausgrabung siehe oben Anm. 674 und 843.

1166) Dazu siehe I. Bóna, Beiträge zu den ethnischen Verhältnissen des 6.–7. Jahrhunderts in Westungarn (in: Alba Regia 2–3, 1963, S. 49–68). – Zu einer erweiterten Fundortkarte R. Kochs von 1966 vgl. man Werner (wie Anm. 773) S. 114 Abb. 4,2 und S. 119; tritt Bóna für einheimisch-romanischen Ursprung dieser Gürtelbeschläge ein, so Werner für einheimisch-italischen Ursprung, d. h. nicht-langobardische Herkunft.

1167) Bóna (wie Anm. 1166) S. 64 ff. – Eine erweiterte Fundortkarte bei H. Dannheimer, Lauterhofen im frühen Mittelalter. Reihengräberfeld-Martinskirche-Königshof. Materialhefte zur bayerischen Vorgeschichte 22 (1968) S. 36 f. – Zu dieser Quellengruppe zuletzt: R. Christlein, Das alamannische Gräberfeld von Dirlewang bei Mindelheim. Materialhefte zur bayerischen Vorgeschichte 25 (1971) S. 30.

1168) Stein (wie Anm. 22; 1967) S. 104–110.

1169) R. Wenskus, Randbemerkungen zum Verhältnis von Historie und Archäologie, insbesondere mittelalterliche Geschichte und Mittelalterarchäologie. In: H. Jankuhn und R. Wenskus (Hrsg.), Geschichtswissenschaft und Archäologie. Untersuchungen zur Siedlungs-, Wirtschafts- und Kirchengeschichte. Vorträge und Forschungen Bd. 22 (1979) S. 637–657, bes. S. 657.

1170) Ebd. 656.

bekannt ist. Denn für diese Perioden kann die Archäologie an einzelnen, quellenmäßig besonders gut belegten Raum-Zeit-Beispielen auch Hintergründe der Ereignisgeschichte aufdecken. Der im Vorstehenden abgehandelte Entwurf einer Darstellung der alemannisch-italischen Beziehungen darf in Teilbereichen vielleicht als ein solches Beispiel angesehen werden. Die archäologische Disziplin bleibt dabei ihrer prähistorischen Methodik verpflichtet, benutzt jedoch die auf den Schriftquellen fußende Geschichtsforschung nun ihrerseits als Hilfswissenschaft, die ihr Namen, Daten und ungefähren Gang der Ereignisgeschichte mitteilt. Daß dieser Weg legitim ist, versteht sich von selbst. Im Kontext eines NATIONES-Bandes wird er im besonderen noch dadurch verdeutlicht, daß die Geschichtsforschung allein die anstehenden Fragen offensichtlich nur in begrenztem Umfang zu lösen vermag. So gesehen wird man den Begriff »Kontaktwissenschaft« konsequent durch den zutreffenderen Terminus »Partnerwissenschaft« im Sinne des Wissenschaftsverbundes zwischen Geschichtsforschung und Frühmittelalterarchäologie zu ersetzen haben. Denn für Teilbereiche stellen beide Disziplinen identische Fragen, beispielsweise die nach den Hintergründen und Ursachen der Ereignisgeschichte, die ja mehr umfaßt, als nur die Reihung der politisch-historischen Fakten. Doch suchen beide Wissenschaften ihre Antworten jeweils auf der Basis ihrer eigenen Quellen und Methoden.

Zwei grundsätzliche Erkenntnisse aus den im Vorstehenden abgehandelten Einzeluntersuchungen seien vorangestellt: 1. Einsichten zur alemannischen Geschichte des fünften bis siebenten Jahrhunderts und insbesondere in bezug auf den Aspekt der transalpinen Beziehungen bleiben ohne beständige Reflexion auf die Befunde des Südostens, speziell des Mitteldonaubeckens, einseitig, undeutlich, weitgehend auch unerklärbar. 2. Die archäologischen Quellen Italiens geben infolge oft erheblich reduzierter Aussagekraft (mangelhafte Dokumentation), aber auch bezüglich ihrer Edition wie des methodischen Ansatzes der älteren Forschung eine nur bedingt tragfähige Grundlage für wirklich verbindliche Aussagen ab. Das gilt für die Odoaker-Periode ebenso wie für das langobardische Italien, von der Archäologie zur byzantinischen Romania ganz zu schweigen.

Für Alemannisch I sind in erster Linie vielfältige archäologische Verbindungen mit dem germanisch besiedelten Mitteldonaubecken nachweisbar. Alemannisch-italische Beziehungen treten demgegenüber in den Hintergrund. Soweit sie sich für diese Periode überhaupt zu erkennen geben, müssen sie wohl insgesamt auf den italisch-ostgermanischen Faktor im Sinne der Odoaker-Zeit bezogen werden. Ein weiteres Ergebnis zur alemannischen Frühzeit (Stufe Alemannisch I), das in seinen Auswirkungen bislang noch zweifellos unterschätzt worden ist, beruht auf dem Befund, daß wir mit ebenso eindeutigen wie engen Personenverbindungen alemannischer *potentes* mit der entsprechenden sozialen Schicht des Karpatenbeckens zu rechnen haben. Die herausragendste Quelle dafür dürfte die Ailenberg-Sepultur bei Cannstatt am Neckar sein (Abb. 2). Ihr lassen sich die reichen Grabinventare aus Mahlberg in der Ortenau und aus Schwenningen auf der Baar an die Seite stellen. An Siedlungsbefunden gehören der Runde Berg bei Urach und die Gelbe Bürg bei Gunzenhausen in diesen Zeit-Raum-Kontext, zwei Höhenburgen oder Bergsiedlungen der alemannischen Führungsschicht, die jeweils randlich zu den offenen Siedellandschaften am oberen Neckar wie an der oberen Altmühl liegen. Das Siedlungsgefüge des Runden Berges, der sehr viel besser erforscht ist als die Gelbe Bürg, hat Vladimir Milojčić mit treffenden Worten umrissen, aus denen zugleich auch erste Anzeichen zur Qualität der alemannischen Südbeziehungen erkennbar werden; es scheint sich um germanische Akkulturationsvorgänge zu handeln. Milojčić urteilt 1979: »Was uns auf dem Runden Berg entgegentritt, ist mehr als eine Gemeinschaft von Waffentragenden, Produzenten und Händlern, die mindestens nicht gewisser Züge einer spätantiken Burgstadt des 5. oder 6. Jahrhunderts im mediterranen Raum entbehrt, wo hinter der alle gemeinsam schützenden Befestigung, unter Patrizierregenten weltlicher oder kirchlicher Stellung nebeneinander Militärs, Händler und Handwerker samt ihrem Anhang das gesamte Gelände recht unterschiedslos behausten und lediglich dem Reichtum nach sich größere oder kleinere Wohnbauten, wohlhabendere oder ärmlichere Lebenshaltung leisteten. Man wird angesichts der Befunde auf dem Runden Berg unwillkürlich an die spätantiken Anlagen wie Teurnia und Kirchbichel von Lavant im Drautal, Säben bei Brixen, Sadowetz in Bulgarien und ähnliche mehr erinnert«[1171].

Daß dennoch direkte Italien-Beziehungen der Odoaker-Zeit für den Runden Berg wie auch für das übrige Alemannien ausbleiben, obschon Fernverbindungen mit dem Mitteldonaubekken nachweislich bestehen, ist vielleicht über die Ereignisgeschichte der vorhergehenden Zeit zu erklären. Denn 457 werden in Italien eingedrungene Alemannen noch von reichsrömischen Truppen vernichtet, wenige Jahre später ein offenbar größeres Kontingent jedoch von Odoaker (gemeinsam mit Childerich)[1172], und dieser Odoaker erweist sich 476 sogar stärker als der römische Kaiser selbst. Das mag für die Alemannen der Zeit der Ailenberg-Sepultur Grund genug sein, sich in jeder Weise von Italien fernzuhalten.

Ähnlich wird wohl auch das Verhältnis der Alemannen zu Theoderich bestimmt gewesen sein, den Sohn Thiudimirs. Denn die Thiudimir-Ostgoten sind offenbar die einzigen der Vor-Chlodowech-Zeit, die alemannisch-suebische Beutezüge durch einen entsprechenden Gegenschlag nachhaltig strafen können, und Theoderich bezwingt sogar Odoaker. Wenn aber dennoch eben für die frühe Theoderichzeit erstmals transalpine Beziehungen scheinbar archäologisch sichtbar werden (Bügelfibeln vom ostgotischen Typ), wird man diesen Befund aus dem oben genannten Grund nicht als besonders enge alemannisch-ostgotische Beziehungen zu deuten haben, wie man das für die thüringischen Fundstücke derselben Quellengruppe glaubt annehmen zu dürfen[1173], sondern nach anderen Erklärungen suchen wollen. Diese müssen aus methodischen Überlegungen zudem für die ganze Quellengruppe in ihrer gesamten Verbreitung Gültigkeit besitzen, d.h. für die Fundstücke aus dem Breisgau, dem Basler Rheinknie und dem Hegau ebenso wie für die aus dem Donaubogen von Neuburg a. d. Donau bis Straubing, aus dem Großraum München und aus Salzburg (Abb. 4). Der Fundort Alteglofsheim (Ldkr. Regensburg) mit entsprechender Bügelfibel vom ostgotischen Typ und

1171) V. Milojčić, Zu den bisherigen Ergebnissen der Untersuchungen am Runden Berg bei Urach. 1968 bis 1975. In: Jankuhn und Wenskus (Hrsg., wie Anm. 1169) S. 519–544; Zitat: S. 542.
1172) Oben S. 146f.
1173) Oben S. 216f., 219.

ihre dem Anschein nach werkstattgleiche Analogie eines krimgotischen Fundortes (Abb. 5) belegen jedoch wiederum Ostbeziehungen, wie sie noch sehr viel deutlicher in dem anthropologischen Merkmal des artifiziell deformierten Schädel der Toten aus Alteglofsheim zum Ausdruck kommen[1174]. An diesem Beispiel aus Alteglofsheim, obschon außerhalb der sicher alemannisch besiedelten Landstriche gelegen, wird ersichtlich, wie groß die methodischen Schwierigkeiten sind, gleichartiges archäologisches Formengut herkunftsmäßig verläßlich zu bestimmen. Alteglofsheim darf jedoch als eines der wenigen positiven Beispiele gelten.

Trotz solcher, eine einzelne archäologische Quellengruppe betreffende Vorbehalte hat man dennoch seit 493 mit intensiven transalpinen Beziehungen zu rechnen. Sie gehen natürlich vom ostgotischen Italien aus, und ihre Ursachen liegen auf einem ganz anderen Feld. Denn die Theoderich-Herrschaft ist nicht nur für Italien selbst, sondern auch für die alemannisch besiedelten Gebiete nordwärts der Alpen verbrieft, und zwar im Sinne der italischen Präfektur in den Grenzen der Notitia Dignitatum. Die vollständige Restitution der italischen Präfektur gelingt Theoderich aber offensichtlich nur im Zusammenspiel mit Chlodowech. Dieses beginnt 493 mit Theoderichs Einheirat in die Merowingerdynastie und ist offenbar mit Chlodowechs Sieg über *rex* Gibuldus von 496/97 vollendet. Von diesem Zeitpunkt an existiert eine freie Alemannia nicht mehr, sondern nur noch eine ostgotische auf dem Boden der alten Provinzen und eine fränkische außerhalb der Grenzen beider Raetia. Wie immer man auch die Quelle des Anonymus von Ravenna zu beurteilen hat und wo immer auch das Theodoricopolis dieser Quelle zu lokalisieren sein wird, aufgrund des Stadtnamens wird an dem Faktum ostgotischer Siedlungspolitik in der ostgotischen Alemannia generell nicht gezweifelt werden können.

Deutlich erkennbar ist das Eingreifen Theoderichs in das alemannische Siedelgeschehen am Beispiel des Alemannentrecks in das Mitteldonaubecken als Folge der Ereignisse entweder von 496/97 oder 506/07. Dem archäologischen Niederschlag der neuen Alemannensiedlung östlich des Alpenmassivs nachzuspüren, bleibt zukünftigen Forschungen vorbehalten. Gewissermaßen im Gegenzug setzt Theoderich westlich des Alpenmassivs Gepiden des Mitteldonaubekkens als Grenzwachtsiedler ein. Im transdanubischen Teil des Mitteldonaubeckens beginnen bald nach der Jahrhundertwende und vielleicht sogar schon um 508/511, aber noch vor Theoderichs Tod, Langobarden sich festzusetzen[1175]. Von diesem Zeitpunkt an sind enge archäologische Formverbindungen von Transdanubien aus ins süddeutsche Alemannengebiet zu konstatieren. Formenkundlich-archäologisch müßten zu unterstellende, vorlangobardische Beziehungen an den Schatzfundhorizont des Runden Berges anknüpfbar sein. Deutliche Indizien dafür liegen vor, beispielsweise aus dem Gräberfeld von Hegykö bei Sopron (Komitat Györ-Sopron)[1176]. Die in einer Frühphase des sechsten Jahrhunderts einsetzenden alemannisch-langobardischen Formverbindungen reißen offensichtlich nicht mehr ab, dauern vielmehr kontinuierlich bis 568 an. Zuvor jedoch, mit dem Jahr 535/36, wird die gesamte

1174) Oben S. 224f.

1175) Dabei ist zu berücksichtigen, daß durch VÁRADYS Studie von 1984 die Forschung zu dieser Frage erneut in Fluß gekommen ist. Man vgl. oben S. 166 mit Anm. 222; S. 168.

1176) Oben S. 165, auch S. 281ff.

Alemannia fränkisch. Archäologisch kann dieser Vorgang, bzw. seine Folgen, an Plätzen wie Basel-Bernerring, Sasbach am Kaiserstuhl und noch anderen sichtbar gemacht werden. Unserem Periodisierungsschema gemäß setzt mit 535 die archäologische Stufe Alemannisch II ein. Mangels zureichender archäologischer Untersuchungen ist der Stellenwert der byzantinischen Romania bezüglich alemannischer Südbeziehungen in Stufe II noch nicht sicher zu überschauen. Die Kastellnekropole von Kaiseraugst und andere Befunde lassen aber schon beim derzeitigen Forschungsstand erkennen, daß die Romania in dieser, noch italisch-vorlangobardischen Periode mitbeteiligt sein muß. Wiederum methodisch äußerst schwierig zu trennen ist ihr Anteil an den alemannischen Südbeziehungen von demjenigen, den die ältere Forschung den fränkischen Kriegszügen nach Oberitalien seit 539 zuschreibt. Neue Einsichten sind von den in Aussicht gestellten Arbeiten der Schweizer Landesarchäologie zu erwarten[1177]. Vorläufig gewinnt man den Eindruck, daß Erzeugnisse des italisch-byzantinischen Kunstgewerbes in offenbar nicht geringer Anzahl in die Zone nordwärts der Alpen gelangen, doch alsbald von alemannischen Werkstätten kopiert, nachgebildet, aber auch alemannisch umgeformt werden. Unmittelbare, personengebundene Beziehungen zur italischen Romania, wie etwa in der Frühphase der Stufe I zum Mitteldonaubecken, lassen sich dagegen nicht erkennen. Doch mag italische Beute alemannischer Kontingente in fränkischen Heeren zum archäologischen Quellenbild alemannischer Grabinventare mitbeitragen. Ein Reihengräberfeld wie Güttingen im Hegau vermittelt den Eindruck einer Umbruchsphase, doch weniger in stilkundlicher Hinsicht, als vielmehr in besiedlungsgeschichtlich bedeutsamen Umschichtungen. Man möchte annehmen, ohne daß im zugehörigen Abschnitt (oben S. 215 ff.) näher darauf einzugehen war, daß diejenigen besiedlungsgeschichtlichen Vorgänge östlich der Alemannia, die noch zur Zeit der Stufe Alemannisch I den Stammesverband der Baiern zur Folge haben, bis ins Alemannische hineinwirken.

Deutlich manifestiert sich mit Beginn der Stufe Alemannisch III (568) einerseits der italisch-langobardische Einfluß auf das alemannische Kunstgewerbe. Andrerseits gelangen im Zuge des transalpinen Verkehrs aber auch eine Vielzahl von Sachaltertümern unmittelbarer langobardischer Provenienz einschließlich eines gewiß nicht unbeträchtlichen Münzzuflusses in die alemannisch besiedelten Gebiete, aber auch noch darüber hinaus. Doch sei ausdrücklich nochmals betont, daß bezüglich der Alemannen im Grunde lediglich die alten pannonisch-langobardischen Beziehungen fortgesetzt werden, die nun in italisch-langobardische einmünden. Etwas prinzipiell Neues läßt sich nicht erkennen, sieht man von der Sitte der Goldblattkreuze einmal ab. Doch sie stellt ja auch für die Langobarden Italiens etwas neuartiges dar und besitzt bisher noch keine pannonischen Wurzeln. Ihre Ursprünge können derzeit nur im italisch-romanischen Kulturgefüge gesucht werden[1178].

1177) Oben S. 251 f.

1178) Doch hat man sich zu vergegenwärtigen, daß für das langobardische Pannonien das e silentio-Argument angewendet wird. Man vgl. oben S. 264 f. mit Anm. 723.

Einen zusätzlichen Quellenfaktor vermag die Archäolgie für die ostalemannischen Siedelgebiete der Stufe IV auszumachen, und zwar bereits für ihren Beginn. Er ist als awarischer Einfluß zu identifizieren und läßt sich nicht anders erklären als mit ostalemannischer Akkulturation awarisch-reiternomadischer Ausdrucksformen. Die ostalemannischen *potentes* suchen und finden ganz offensichtlich den Kontakt mit den neuen, fremden Herren des Mitteldonaubekkens. Mir scheint bezeichnend zu sein, daß diese Vorgänge eben in die Zeit zu datieren sind, in der die fränkische Zentralgewalt nach Theudebert I. politisch auf einem Tiefpunkt angelangt ist (Zeitalter Brunichilds). Man möchte meinen, daß schon von Stufe Alemannisch III an, trotz aller vorausgegangenen fränkischen Bemühungen, jenes alte alemannische Siedelgefüge mit den ihm innewohnenden Machtstrukturen wiederentsteht, das Ammianus Marcellinus für die Zeit der Schlacht bei Straßburg (375) beschreibt. Bis in Stufe Alemannisch I können dafür auch noch die beiden einigermaßen sicher zu beurteilenden alemannischen Burgen des Runden Berges und der Gelben Bürg als zwei Beispiele stellvertretend stehen: regional abgegrenzte Siedelgebiete mit jeweils eigener Führungsschicht und politischen Sonderinteressen, jeweils dorthin ausgerichtet, wo der Vorteil zu erwarten ist. Mit einer modernen Bezeichnung wäre dieser Zustand als alemannischer Partikularismus zu umschreiben. Bei solcher Betrachtungsweise wird man sich nicht mehr darüber wundern, warum es niemals zu einer alemannischen Reichsbildung kommt und daß die dynastischen Verbindungen der Völkerwanderungszeit und des Frühmittelalters zwar das ganze Europa überspannen, doch die *gens Alammanorum*, obschon ebenso ein zentraleuropäischer Stamm wie beispielsweise die Thüringer, ausklammern[1179]. Auf diese Weise führen uns schließlich Erkenntnisse, die den archäologischen Quellen abgewonnen werden können, wieder zum Ausgangspunkt zurück.

Versucht man eine abschließende und generalisierende Aussage zur Thematik der alemannisch-transalpinen Beziehungen vom fünften bis zum siebenten Jahrhundert, so möchte man vor allem nochmals jenen Befund hervorheben, der dem archäologischen Quellenmaterial über rund zwei Jahrhunderte hinweg zu entnehmen ist: Die erst von 568 an so umfänglich erkennbar werdenden alemannisch-italischen Verbindungen hat man in erster Linie als alemannisch-langobardische Beziehungen anzusehen; sie stellen mithin Verbindungen der Alemannen mit einer *gens* ostgermanischer Herkunft dar. Zugleich aber stehen die alemannisch-italischen Beziehungen seit 568 in ebenderselben Tradition ostgermanischer Verbindungen, wie diese spätestens seit der Zeit der Ailenberg-Sepultur nachweisbar sind. So gesehen, kann als Ursache für die alemannisch-transalpinen Beziehungen nicht etwa Italien an sich oder die Anziehungskraft der mediterranen Spätantike in Anspruch genommen werden, sondern Italien als nunmehr umfänglicher, ostgermanisch-barbarischer Siedelraum, und dieses vor allem auch vor dem Hintergrund, daß von 568 an der Osten selbst ein für alle Male als germanisches Siedelgebiet

1179) Hier ist nochmals an H. KELLERS Kennzeichnung der Alemannen im Sinne einer Beutegemeinschaft als eine der konstitutiven Grundlagen des rein barbarischen Gefolgschaftswesens zu erinnern (wie Anm. 130).

ausfällt. Die Langobardenherrschaft über weite Regionen Italiens erscheint somit als Voraussetzung für die deutlichen alemannisch-italischen Beziehungen seit 568. Dennoch aber bilden sie nur den jüngeren Teil eines sehr weit zurückreichenden Traditionsstranges, den man als alemannisch-ostgermanisch zu bezeichnen hat.

Gänzlich anders ist demgegenüber die ostgotisch-italische Periode zu beurteilen. Denn der spätantike Militärstaat Theoderichs beherrscht offensichtlich diejenigen Alemannen, die auf dem Boden der alten italischen Präfektur siedeln. Eindeutig bestimmen vom späten fünften Jahrhundert an Ostgoten im Verein mit Franken die Geschicke und die Geschichte der Alemannen. Dieses Verhältnis dauert bis zum Niedergang der Ostgotenmacht, bis zum Beginn des ostgotisch-byzantinischen Krieges. Von diesem Zeitpunkt an besitzen die Franken allein die Suprematie über Gesamtalemannien. Aus solcher Sicht der Ereignisgeschichte heraus, erscheint die politische Geschichte der Alemannen vom fünften bis zum siebenten Jahrhundert in drei Großperioden zu zerfallen: in die freie Alemannia bis zum Schlachtentod Gibulds im Jahre 496/97, in die Zeit der ostgotisch-fränkischen Oberhoheit, die mit dem Niedergang der fränkischen Großraumpolitik nach der Mitte des sechsten Jahrhunderts endet (Tod Theudebalds 555), und in die Periode der wiedererstarkenden alemannischen Regionalherrscher. Diese jüngste Periode hat man wohl bis zu den Ereignissen von Cannstatt des Jahres 746 zu datieren, sie dauert mithin rund zwei Jahrhunderte.

Fragt man schließlich noch nach den Ursachen der bereits früh erkennbaren und lang andauernden Beziehungen der Alemannen zu ostgermanischen *gentes,* so hat man sich vor Augen zu führen, daß die von den antiken Autoren zumeist als »Alemanni« bezeichneten Volksteile in bezug auf ihre Herkunft offensichtlich nur aus Wurzeln hergeleitet werden können, die man gemeinhin als elbgermanisch bezeichnet, wie gleiches auch für die Langobarden gilt[1180]. Die Herkunft der von der Geschichte der Frühalemannen kaum zu trennenden Juthungen ist dagegen unklar, das Mitteldonaubecken wird miterwogen[1181]. Wenn aleman-

1180) Man vgl. dazu SCHMIDT (wie Anm. 29) S. 224f.; STROHECKER (wie Anm. 29) S. 22; WENSKUS (wie Anm. 29) S. 509ff. mit Anm. 533 und 543. – Zum begrifflichen Gegensatz von Germanen-Alemannen sehe man ALFÖLDY (wie Anm. 29); ferner auch GEUENICH (wie Anm. 30) S. 27–30. Wichtig auch VÁRADY (wie Anm. 30) S. 103, Anm. 222. – Zur Geschichte der Langobarden sehe man SCHMIDT (Ostgermanen; wie Anm. 30) S. 569ff. und JARNUT (wie Anm. 54) S. 11ff., ferner auch WERNER (wie Anm. 11; 1962) S. 9.

1181) Siehe dazu bei SCHMIDT (wie Anm. 29) S. 238, wo dieser gegen die These R. EGGERS Stellung nimmt, daß die Juthungen im 3. Jahrhundert noch an der mittleren Donau in der Nachbarschaft der Quaden und nördlich der Provinzen Noricum und Pannonien gesiedelt hätten, um erst im 4. Jahrhundert in Räumen nördlich der bayerischen Donau Fuß zu fassen. Unklar bleibt, von wo aus wirklich die Juthungen in den Jahren von 270 bis 430 mehrfach nach Raetien einfallen und dabei teils bis Oberitalien gelangen (man vgl. ebd. 181, 225, 232, 239f., 253, 270). Ebd. 321 spricht SCHMIDT davon, daß die Juthungen auf die (süddeutschen) »Donauhermunduren« zurückzuführen seien. – Daß keine gesicherten Erkenntnisse über die ursprünglichen Siedelgebiete der Juthungen vorliegen, betont WENSKUS (wie Anm. 29) S. 509 Anm. 533. – Der Archäologe A. RADNOTI folgt der Ansicht EGGERS: Die germanischen Verbündeten der Römer im 3. Jh. n. Chr. (in: Deutsch-Italienische Vereinigung in Frankfurt a. M., Heft 3, November 1967); DERS., nisch-italische Beziehungen dem Archäologen erst mit dem späten 6. Jahrhundert deutlich erkennbar entgegentreten, so wird man diese zum einen vielleicht richtiger als alemannisch-langobardische Verbindungen bezeichnen müssen. Zum anderen aber führen die Anfänge alemannisch-langobardischer Verbindungen wohl gewiß bis in die späte Kaiserzeit um die Wende vom 4. zum 5. Jahrhundert zurück. Denn letztendlich dürften sie in dem Teil der Stammesgeschichte beider *gentes* begründet sein, der die Periode gemeinsamer oder benachbarter, elbgermanischer Siedelgebiete umfaßt.

Eine ovale Bronzeplatte aus Regensburg (in: Bayerische Vorgeschichtsblätter 30, 1965, S. 188–244; Hinweis in Anm. 296). – RADNOTIS Ansicht wird von J. WERNER zurückgewiesen: Bemerkungen zur mitteldeutschen Skelettgräbergruppe Haßleben – Leuna. Zur Herkunft der *ingentia auxilia Germanorum* des gallischen Sonderreiches in den Jahren 259–274 n. Chr. in: H. BEUMANN (Hrsg.), Festschrift für Walter SCHLESINGER. Bd. 1 (1973) S. 1–30, bes. S. 6 f., 23. – Zu den Juthungen in Raetien des 5. Jahrhunderts sehe auch oben S. 151.

Alemannien und Italien vom 7. bis 10. Jahrhundert

VON PANKRAZ FRIED

Die Beziehungen Alemanniens (Schwabens) zum benachbarten italischen Süden sind historisch äußerst vielfältig. Es verwundert daher, daß sie bis jetzt noch nicht zum Gegenstand einer Monographie gemacht worden sind. Sie beginnen in der Römerzeit und kulminieren nach der Epoche des Frankenreiches in dem hauptsächlich von Schwaben getragenen Imperium der Staufer. Die Verbindungen setzen sich aber auch nach dessen Untergang in Einzelbeziehungen verschiedenster Art fort, in den Bereichen des Rechts, der Kunst, Wirtschaft und Siedlung ebenso wie auf den Gebieten von Sprache, Brauchtum und Kirche [1]. Die alemannisch-italischen Wechselbeziehungen treten allerdings nicht so signifikant in Erscheinung wie etwa im benachbarten Bayern [2]. Hier bewirkte die von Anfang an geschlossenere »Staatlichkeit«, daß die herrschaftlich-politischen Beziehungen im Vordergrund standen und von der politischen Geschichtsschreibung stärker beachtet wurden als die alemannisch-italischen, die in der staufischen Zeit mehr der allgemeinen Geschichte zugeordnet worden sind [3]. In dem von Anfang an herrschaftlich stärker aufgesplitterten und auch landschaftlich differenzierteren alemannischen Raum überwogen zahlreiche lokale und personale Einzelbeziehungen nach Italien, über die zwar Detailstudien vorliegen, jedoch eine Zusammenfassung noch fehlt [4]. Wohl sind gerade in letzter Zeit die transalpinen Beziehungen des alemannischen Raumes im frühen Mittelalter mehrfach untersucht worden, gerade auch auf archäologischem Gebiet [5], doch von einer expliziten Italienpolitik der Alemannen (Schwaben) und aus dem schwäbischen

1) Vgl. Th. Mayer, Grundlagen und Grundfragen der alemannischen Geschichte (Vorträge und Forschungen Bd. 1) 1955. Die Alpen in der europäischen Geschichte des Mittelalters. Reichenau-Vorträge 1961/62, ²1976. – Die einzelnen Beziehungen müßten aus den Territorialgeschichten des alemannischen Hauses zusammengestellt werden. Die Darstellung »Tausend Jahre deutsch-italienische Beziehungen« (Schriftenreihe des internationalen Schulbuchinstituts, Bd. 5), 1960, geht auf den alemannischen Raum nicht ein, wohl aber auf Bayern.

2) Vgl. den Beitrag von A. Schmid in diesem Band, wo auch die einschlägige allgemeine Literatur aufgeführt ist.

3) E. Gebele, Schwaben in Italien (Schwabenland 4 Heft 11), 1937.

4) Siehe Anm. 1.

5) V. Bierbrauer, Alemannische Funde der frühen Ostgotenzeit aus Oberitalien, in: Festschrift J. Werner, 1974; Ders., Reperti Alemanni del primo periodo ostrogoto provenienti dall'Italia Settentrione, in: I Longobardi e la Lombardia, 1978. Vgl. auch den Beitrag von Menke in diesem Band und unten Anm. 18.

Raum heraus ist dabei kaum die Rede. Im Folgenden kann und soll daher auch nicht das Gesamtspektrum der alemannisch (schwäbischen) Italienbeziehungen im Mittelalter aufgerollt werden. Ziel ist vielmehr, eine Antwort auf die Frage zu finden, inwiefern eine im 7. bis 10. Jahrhundert gegebene alemannisch (schwäbische) Italienpolitik die Italienpolitik der römisch-deutschen Kaiser seit dem 10. Jahrhundert bedingt hat, wofür die vorliegende Literatur bisher nur einzelne Hinweise gibt[6].

Spätantik-frühmittelalterliche Voraussetzungen
(3. – 6. Jahrhundert)

Die Alemannen sind die ersten gewesen, die nach dem Einbruch in den Limes seit 259/60 mit dem Dekumatenland römisches Gebiet im späteren deutschen Raum besetzt haben[7]. Obwohl dieses Gebiet relativ klein war, sollte seine Eroberung durch die Alemannen zu einem der schwerwiegendsten außenpolitischen Probleme des spätrömischen Reichs bis zum Ende des 4. Jahrhunderts werden. Die Gründe dafür sind bekannt: Der Einbruch erfolgte an einem strategisch besonders neuralgischen Punkt des römischen Reichsgebiets. Das Dekumatenland hatte ein wichtiges Vorfeld zum Kernland Italien abgesichert. Im Gegensatz zu den Franken drängten die Alemannen nicht nur nach Gallien hinein, sondern von Anfang an auch nach Italien und donauabwärts nach Osten. Die Zersplitterung des Stammes war allerdings bereits zu Beginn die Achillesferse der alemannischen Expansion.

Obwohl die Alemannen als Föderaten und im Heeresdienst in vielfacher Weise mit Rom verbunden waren, kamen sie mit einer Staatsgründung auf dem Boden des bisherigen Weltreichs nicht zum Zuge. Selbst als offenbar nach etwa 430 die Donaulinie nicht mehr verteidigt wurde und dann um 470 alemannische Scharen unter Gibuld bis vor Passau vorgedrungen waren, scheint es noch nicht gleich zu einer stärkeren Besiedelung der Raetia Secunda gekommen zu sein. Östlich der Iller erfolgte diese nur zögernd, obwohl hier die Bayern noch nicht gesiedelt hatten und somit nur wenig Widerstand zu erwarten war[8]. Ob man, wie zuletzt vorgeschlagen, von einer West-Ost-Einwanderung der Alemannen in das spätere bayerische Gebiet sprechen

6) Siehe hierzu auch die Einführung von H. BEUMANN in diesem Band.
7) In Hinblick auf den Beitrag MENKE wird hier nur ein Überblick geboten. Die einschlägige grundlegende Literatur ist angeführt bei K.F. STROHEKER, Die Alemannen und das spätrömische Reich, in: Zur Geschichte der Alemannen, hg. W. MÜLLER (Wege der Forschung 100), 1975, S. 20ff. Siehe dort auch insbesondere die Beiträge von W. HÜBENER, R. STRAUB, J. WERNER und H. DANNENBAUER. Vgl. ferner: Die Alamannen in der Frühzeit, hg. W. HÜBENER (Veröffentlichungen des Alemannischen Instituts Freiburg/Br. 34), 1974, dort besonders G. FINGERLIN, Zur alemannischen Siedlungsgeschichte des 3.–7. Jahrhunderts, S. 45ff., weiterhin: R. CHRISTLEIN, Die Alemannen. Archäologie eines lebendigen Volkes, 1978, R. WENSKUS, Die Alamannen, in: Handbuch der europäischen Geschichte, hg. TH. SCHIEDER, Bd. 1, 1977, S. 227f.
8) Vgl. STROHEKER (wie Anm. 7), S. 43f.

kann[9], das dann überwiegend von Alemannen besiedelt worden wäre, bleibt sehr zweifelhaft. Überraschend ist auf jeden Fall der zaghafte Ausgriff der Alemannen nach Italien in dieser Zeit, war die Apenninenhalbinsel doch zuvor über Jahrhunderte hinweg das bevorzugte Ziel ihrer Angriffe gewesen. Seit 455 lag dort die Kaisergewalt in der Agonie, die Möglichkeit zur Intervention bot sich also unmittelbar an, nachdem alle Verteidigungslinien in der Nordschweiz zusammengebrochen waren. Dennoch gelang es den Alemannen lediglich 457 noch einmal nach Norditalien vorzustoßen, in die inneritalischen Auseinandersetzungen der folgenden Jahrzehnte mischten sie sich nicht mehr ein, zudem begann ihre Dauersiedlung in den Gebieten südlich des Hochrheins wohl kaum vor dem Ende des 5. Jahrhunderts.

Ihren Zügen nach Westen stellte sich zunächst noch eine intakte römische Abwehr entgegen. Erst nach 450 gelang ihnen die endgültige Eroberung des Elsaß. Als folgenschwer erwies sich die Umsiedlung der Burgunder 443 vom Rhein in die Sapaudia (Savoyen), eine Aktion, die von Anfang an als Schachzug des Aetius gegen die weitere Ausdehnung der alemannischen Siedlung aufzufassen ist. Schon 480 war das Burgunderreich dazu fähig, den Nachbarstamm nach Norden zurückzuwerfen und ihm ein Eindringen in die Burgundische Pforte unmöglich zu machen. Daher konnten sich die Alemannen in der letzten Phase ihrer eigenständigen Geschichte nur noch nach Nordwesten ausdehnen, wo sie bald mit den Rheinfranken zusammenstießen. Als jedoch diesen die salischen Franken unter Chlodwig zu Hilfe kamen, begann mit der entscheidenden Niederlage von 496/97 das Ende der alemannischen Autonomie. Geschlagen und um Schutz flehend wandte sich der Stamm an Theoderich den Großen und wurde zu großen Teilen *(generalitas)* in das ostgotisch-italische Rätien auf- und gegen die Franken in Schutz genommen. Allerdings ist der Umfang der ostgotischen Herrschaft in Rätien bis heute umstritten, desgleichen ein eventueller politischer Anschluß der den Alemannen außerhalb Rätiens verbliebenen Regionen an das Ostgotenreich.

Diese Epoche alemannisch-italischer Beziehungen geht aber mit der Invasion Süditaliens durch den byzantinischen Feldherrn Belisar zu Ende. Um die Neutralität der Franken zu erkaufen, trat ihnen der ostgotische König Witigis 537 die rätischen Gebiete und die Provence ab. Der Feldzug der Alemannenherzöge Leuthari und Butilin in den Jahren 553/554 ist somit bereits als ein Moment fränkischer Italienpolitik zu interpretieren[10].

Die Alemannengeschichte vom 3. bis 6. Jahrhundert zeigt – als Auftakt für unser Thema gesehen – bereits die entscheidenden Grundlagen für die späteren Beziehungen des Stamms zu Italien: Zwar gelang es ihnen als ersten, römisches Reichsland an strategisch wichtiger Stelle zu erobern, dennoch vermochten die Römer diesen Einbruch noch zwei Jahrhunderte lang erfolgreich abzuriegeln. Als dann im 5. Jahrhundert die Abwehrlinien zusammenbrachen, gelang es den Alemannen nicht, an ihre frühere Eroberungspolitik anzuknüpfen. Bis auf die Entscheidungsschlacht gegen Chlodwig hatten sie ihre Kräfte in Kleinkriegen verbraucht. Die

9) So W. Hartung, Süddeutschland in der Merowingerzeit. Studien zur Gesellschaft, Herrschaft, Stammesbildung bei Alamannen und Bajuwaren (Vierteljahresschrift für Wirtschaftsgeschichte, Beiheft 73), 1983.

10) Vgl. Stroheker (wie Anm. 7), S. 47.

tiefere Ursache hierfür muß – nach dem Urteil Strohekers – »in dem lockeren Aufbau des alemannischen Stammes gesucht werden, der es nie, und zwar sicher nicht nur aus geographischen Gründen, zu einer wirklichen politischen Einheit gebracht hat. Die regionale Eigenständigkeit entsprach vielmehr wohl von Anfang an alemannischer Art[11].«

Die kirchlichen Beziehungen nach Italien scheinen mit Ausnahme des Bistums Chur im 7. Jahrhundert endgültig abgerissen zu sein[12]. In römischer Zeit war der alemannische Raum durch die Heerstraße Genf-Solothurn-Windisch-Neckargebiet und durch den rätischen Heerweg (Mailand-Bündnerpässe-Augsburg) mit dem Süden verbunden. Die an die Städte und Kastelle angelehnte Kirchenorganisation der Spätantike dürfte sich teilweise bis zum 6. Jahrhundert erhalten und auch den Ansatzpunkt für die kirchliche Neuorganisation abgegeben haben. Die alemannische Besiedlung, die seit dem 6. Jahrhundert östlich der Iller und südlich des Hochrheins einsetzte, ließ hier die Romania endgültig versinken – mit Ausnahme Churrätiens, das sich eine relative politische Selbständigkeit und auch seine kirchlichen Beziehungen zum Erzbistum Mailand bis in die Zeit Karls d. Gr. bzw. bis zum Vertrag von Verdun (843) erhalten konnte[13].

Merowingerzeit

Die oberdeutschen Stämme der Alemannen und Bayern nahmen im merowingischen Reich eine politische und kulturelle Sonderstellung ein. Dies resultierte weniger daher, daß sie – wie eben die Franken auch – am Rande des römischen Kulturgebiets siedelten. Durch ihre Beziehungen zum langobardischen Italien konnten sie aber dem politischen und kulturellen Einfluß der Franken, der sie vom Mittelrhein und längs der Alpen von Burgund her an das Kerngebiet des neuen Reichs heranzog, ein Gegengewicht entgegensetzen[14].

Die kulturell bedeutsamen Wirtschafts- und Handelsverbindungen tangierten Alemannien wohl stärker als das benachbarte Bayern. Sie hatten jedoch keine politischen Folgen, da Alemannien lediglich in den größeren Zusammenhang des Handelsverkehrs zwischen Oberitalien und dem fränkischen Rheingebiet eingespannt war und es vor allem keine gemeinsame Grenze mit dem Langobardenreich hatte. Die Romanen Churrätiens hatten im Rahmen des fränkischen Reiches noch ihre Sonderstellung bewahrt und sicherten im Auftrag der Reichsgewalt die Alpenpässe ihres Gebiets. Daher wurden die Alemannen, stärker als die benachbarten

11) Stroheker (wie Anm. 7), S. 48.

12) W. Müller, Die Christianisierung der Alemannen (Veröffentlichungen des alemannischen Instituts Freiburg 34), 1974, S. 169ff., wiederabgedruckt in: Zur Geschichte der Alemannen (wie Anm. 7), 1975, S. 401ff. H. Keller, Spätantike und Frühmittelalter im Gebiet zwischen Genfer See und Hochrhein, in: Frühmittelalterliche Studien 7, 1973.

13) O.P. Clavadetscher, Zur Verfassungsgeschichte des merowingischen Rätien, in: Frühmittelalterliche Studien 8, 1974; Ders., Churraetien im Übergang von der Spätantike zum Mittelalter, in: Vorträge und Forschungen 25, 1979.

14) So H. Löwe, Deutschland im fränkischen Reich, in: Handbuch der deutschen Geschichte, hg. Gebhardt / Grundmann, Bd. 2, ⁹1970, S. 87.

Bayern, in die fränkisch-merowingische Italienpolitik einbezogen[15], die von den Söhnen und Enkeln Chlodwigs schon früh auch mit Hilfe alemannischer Heerestruppen (Leuthari und Butilin) betrieben wurde[16]. Neben fränkischen werden auch alemannische Kriegsgefangene in Italien genannt. So berichtet Paulus Diaconus von einem *Droctulf ex Suavorum hoc est Alamannorum gente,* der ca. 575 in Gefangenschaft geriet, sich aber in langobardischen Diensten hocharbeiten konnte und als langobardischer dux eine Rebellion gegen König Authari anstiftete (584–590)[17]. Seit dem ausgehenden 7. Jahrhundert sind es dann vornehmlich Pilger, Mönche und politische Flüchtlinge, die die Beziehungen zwischen dem fränkisch-alemannischen Norden und dem langobardischen Süden kennzeichnen. So pilgerte 744 eine vornehme Frau namens Beata aus Alemannien nach Rom, wobei ihr das Kloster St. Gallen behilflich war. 742 bemerkte Bonifatius in einem Brief an Papst Zacharias, daß verschiedene »ungebildete Leute der Alemannen, Bayern und Franken« als Pilger um die Jahreswende in Rom weilten und dort manch üblen Brauch erlebten, so daß ihre Berichte darüber die Missionsarbeit im Norden zu beeinträchtigen drohten[18].

Mehr als die knappen schriftlichen Quellen können die häufigen Funde der Goldblattkreuze in den Adelsgräbern des zentralalemannischen Raums als archäologisches Indiz für den Zusammenhang dieser im 6. Jahrhundert einsetzenden Beigabensitte mit der gleichen Erscheinung bei den Langobarden gewertet werden[19]. Ob sie auch als Ausdruck der wirtschaftlichen Beziehungen zu sehen sind, die trotz der Umwälzungen in frühfränkischer Zeit über die Savoyer- und Bündnerpässe noch vorhanden waren, ist schwer zu entscheiden.

Lückenhaft ist unser Wissen auch über die kirchlichen Verbindungen[20]. Inwieweit die kirchliche Organisation am Rande des Alemannengebiets noch in Kontinuität mit der Spätantike zu sehen ist und in fränkischer Zeit kirchliche Südbeziehungen bewahrt hat, ist sehr umstritten. Sicherlich erhielten sich in ihr – auch in Form von Rückzugsbistümern – noch für längere Zeit innerhalb des ehemaligen Limes Reste der untergehenden Romania. Frühe Kirchenbauten (Dreikonchenanlage bei St. Ulrich und Afra in Augsburg[21], Solnhofen[22],

15) H. BÜTTNER, Die Alpenpolitik der Franken im 6. und 7. Jahrhundert, in: Historisches Jahrbuch 79, 1960.

16) Vgl. Quellen zur Geschichte der Alamannen II, hg. v. H. C. DIRLMEIER, G. GOTTLIEB, 1978, S. 81 ff.

17) E. HLAWITSCHKA, Franken, Alemannen, Bayern und Burgunder in Oberitalien (774–962) (Forschungen zur Oberrheinischen Landesgeschichte 8), 1960, S. 17 ff. mit Anm. 2.

18) Brief 50 (ed. M. TANGL, MGH Epistolae selectae 1, 1916), S. 84.

19) CHRISTLEIN, Alamannen (wie Anm. 4), S. 120. DERS., Der soziologische Hintergrund der Goldblattkreuze nördlich der Alpen, in: Die Goldblattkreuze des frühen Mittelalters, hg. W. HÜBENER (Veröffentlichungen des Alemannischen Instituts 37), 1975, S. 73 ff. W. MÜLLER (wie Anm. 12), S. 411 f.

20) Siehe Anm. 12.

21) Über die neuesten Grabungen bei St. Ulrich und Afra 1983/84, bei denen ein spätantiker Sarkophag und eine Dreikonchen-Kirchenanlage zum Vorschein kamen, siehe vorerst die Presseberichte in der Augsburger Allgemeinen Nr. 88, 1984, S. 16 und Nr. 140, S. 5.

22) Siehe die Presseberichte in der Süddeutschen Zeitung (Nr. 198) vom 20. 8. 1979.

Sandau[23]) sowie Teile der Mailänder Liturgie in Augsburg weisen in diese Richtung[24]. Die Missionierung der Alemannen erfolgte jedoch vom fränkisch-burgundischen Raum aus (Luxeuil), dessen Adel bis ins 7. Jahrhundert im Rahmen des noch spätantik orientierten Herrschafts- und Verwaltungssystems der Merowinger führend geblieben war. Seit König Dagobert wird aber unter den Hausmeiern Austrasiens der nordwestfränkische Einfluß immer vorherrschender und drängt schließlich auf kirchlich-kultureller Ebene den Süden gänzlich zurück.

Auch wenn die Alemannen unter ihren frühen Herzögen bisweilen eine relative Selbständigkeit gegenüber der fränkischen Zentralgewalt behaupten konnten, so blieb diese, allein schon wegen ihrer räumlichen Nähe, doch immer präsent[25]. Von einem autonomen Agieren der alemannischen Herzöge in südlicher Richtung ist kaum etwas bekannt, eher schon von einem Eingreifen in die Auseinandersetzungen fränkischer Teilreiche (Burgund). Die antifränkische Opposition wurde in mehreren Etappen ausgeschaltet, endgültig durch das sogenannte »Blutbad« bei Cannstatt 746, das die Aufhebung des Herzogtums und damit eine intensivere Integration Alemanniens in den fränkischen Herrschaftsapparat mit sich brachte. Es war nun endgültig in die politisch-militärischen Aktionen der Karolinger einbezogen, die unter König Pippin 754 das welthistorisch so bedeutsame Bündnis mit Papst Stephan schlossen, Rom unter ihren Schutz stellten und schließlich unter Karl d. Gr. 774 das Langobardenreich ihrer Herrschaft unterwerfen konnten. Mit dem letzteren Datum war nun auch der Bezugspunkt der selbständigen bayerischen Italienpolitik unter den Agilolfingern weggefallen, einer Beziehung, die sich doch wesentlich von den oben dargestellten alemannischen Verhältnissen unterschied. Zwar war der Handel zwischen Italien und Bayern vielleicht weniger intensiv, wie man aus den geringeren Münzfunden und dem fast vollständigen Fehlen der Goldblattkreuze folgern möchte, doch zogen die Lage am Rande des Merowingerreiches und die gemeinsame Grenze mit den Langobarden spezifische Beziehungen nach sich, die von denen des fränkischen Reichs unterschieden waren und einen dezidiert politischen Charakter aufwiesen[26].

Karolingerzeit

Mit der Eroberung des Langobardenreiches 774 setzte in Oberitalien eine intensive Herrschaftsbefestigung durch die Franken ein. Anstelle unzuverlässiger einheimischer duces wurden nach dem Aufstand von 775/76 zunehmend fränkische Grafen eingesetzt und fränkische Besatzungen in die einzelnen Plätze Italiens gelegt. Seitdem begegnen auch fränkische

23) H. Dannheimer, Karolingische Funde aus Sandau (bei Landsberg/Lech), in: Beitr. z. Altbaier. Kirchengeschichte 31, 1977.
24) F. Prinz, Augsburg im Frankenreich, in: Die Ausgrabungen in St. Ulrich und Afra in Augsburg 1961–1968, hg. J. Werner, 1977, Textband S. 375 ff.
25) O. Feger, Zur Frühgeschichte des alemannischen Herzogtums, in: Zur Geschichte der Alemannen (wie Anm. 7), S. 151 ff. B. Behr, Das alemannische Herzogtum bis 750, 1975. Keller (wie Anm. 12).
26) Löwe (wie Anm. 14), S. 89.

Militärkommandanten und königliche missi, meist Angehörige der fränkischen Oberschicht. Aber auch kleinere fränkische Vasallen, die in Italien Dienste leisteten, trifft man in den sogenannten »fränkischen Staatssiedlungen« an. Seit den Untersuchungen Hlawitschkas wissen wir, daß von den nordalpinen Invasoren und Zuwanderern nach Italien ab 774 ein gutes Drittel Alemannen waren[27]. Wie die Franken waren auch sie an strategisch wichtigen Punkten stationiert. Darunter befinden sich so bedeutende Funktionsträger wie Markgrafen, Grafen und Bischöfe. Markgraf Erich von Friaul und Graf Chadaloh stammten aus dem alemannischen Haus der Bertholde; Pfalzgraf Odelricus, die Grafen Wolvene von Verona, die Bischöfe am gleichen Ort namens Egino, Ratold, Noting und Billung waren ebenso Alemannen wie der im Bodenseegebiet beheimatete Graf Scrot von Florenz. Hlawitschka spricht hier mit Recht von einem »reichsfränkischen Patriotismus« der Alemannen, der auch in der zeitgenössischen Dichtung von St. Gallen aufscheint[28]. Die Alemannen erwiesen sich so als die wichtigsten Helfer der Franken bei der herrschaftlichen Durchdringung Italiens, die auch andere Bereiche wie das Rechtswesen und das kirchliche Leben des Landes beeinflußte.

Im Vergleich hierzu ist das Auftreten der Bayern in Italien trotz der gemeinsamen Grenze überraschend schwach. Die von Hlawitschka angeführten Gründe dürften stichhaltig sein: die relativ späte Eingliederung in das Frankenreich (788) und ihre Beanspruchung durch die Ostkolonisation beziehungsweise die Abwehr der Awaren. Vergleichbar mit den fränkisch-alemannischen Ansiedlungen in Italien wurden um 800 aus militärischen und politischen Gründen Siedlungen und Befestigungsanlagen in Niederösterreich, ferner längs des Wiener Waldes und im heutigen Westungarn angelegt[29].

Im Rahmen dieses Überblicks ist es nicht möglich, im einzelnen auf die Geschichte des reichsfränkischen und damit auch alemannischen Adels und Siedlertums im Italien der Karolingerzeit einzugehen, die von Hlawitschka ausführlich dargestellt worden ist. Zwar gab es – wie schon in der vorhergehende Epoche – keine politischen Beziehungen, etwa auf der Ebene eines Herzogtums oder ähnlicher Einheiten[30], doch haben sich nun die personalen Beziehungen Alemanniens zu dem ursprünglich langobardischen Italien im Rahmen der fränkischen

27) Wie Anm. 17.

28) Hlawitschka (wie Anm. 11), S. 48.

29) Ebenda, S. 47.

30) Interessant ist allerdings, daß in der Divisio regnorum Karl d. Gr. von 806 neben Bayern bis zur Donau auch Teile der Alamannia dem italischen Unterkönigtum seines Sohnes Pippin nach dem Tode des Kaisers zugeschlagen werden sollten, vgl. dazu zusammenfassend H. Beumann, Unitas ecclesiae – unitas imperii – unitas regni. Von der imperialen Reichseinheitsidee zur Einheit der regna, in: Settimane di studio del Centro italiano sull'alto medioevo 27, Spoleto 1981, S. 537ff. Wie K. Schmid, Zur historischen Bestimmung des ältesten Eintrags im St. Galler Verbrüderungsbuch, in: Alemannica. Landeskundliche Beiträge. Festschrift für Bruno Boesch (= Alemannisches Jahrbuch 1973/75), 1976, S. 522ff., hat plausibel machen können, ist die Königsherrschaft Pippins in seinen alamannischen Reichsteil schon 807, d. h. noch zu Lebzeiten des Vaters, anerkannt worden, die entsprechende Bestimmung der Divisio müßte demnach sehr bald verändert worden sein. Diese politische Anbindung der nordalpinen Region wird aber bereits 810 nach dem Tode Pippins wieder aufgehoben, denn sein Sohn Bernhard muß sich nun mit der Übertragung des eigentlichen Regnum Italicum bescheiden.

Politik enorm ausgeweitet. Hinzuweisen ist dabei noch auf den langsamen Einwurzelungsprozeß der nordalpinen Grafen, Herren und Vasallen in ihre neue Heimat und auf Bestrebungen, die locker werdenden Bindungen zur alten Heimat aufrechtzuerhalten. Die Verschmelzung mit der italischen Führungsschicht ist dann im 10. Jahrhundert wohl schon so weit entwickelt, daß die Beziehungen zu den nordalpinen Gebieten nur noch politischer Natur sind.

Die Italienpolitik der schwäbischen Stammesherzöge des 10. Jahrhunderts

In der einschlägigen Literatur steht vor allem das bayerische Eingreifen in die italischen Verhältnisse unter Herzog Arnulf im Vordergrund, der bekanntlich für seinen Sohn Eberhard 933/34 die italische Königskrone anstrebte. Nach Reindel war dabei vielleicht noch die Erinnerung an die italischen Interventionen Kaiser Arnulfs lebendig, der von Bayern und dem Südosten seines Reichs aus nach Italien vorstieß. Ein Erfolg des Bayernherzogs hätte durchaus eine Ausgliederung Bayerns aus dem ostfränkischen Reich mit sich bringen und ein großes bayerisch-italisches Reich entstehen lassen können[31]. Eine Parallele hierzu läßt sich am ehesten noch in der Italienpolitik Hochburgunds und der Provence erkennen, wo die neuentstandenen starken Fürstentümer versuchten, transalpine Reiche zu begründen.

In Alemannien war diese Entwicklung aufgrund der kaum vorhandenen karolingischen Traditionen und der Eigenart der inneren Verhältnisse retardiert. Angesichts des hier vorwaltenden »fränkischen Reichspatriotismus« vor allem beim Episkopat konnte sich ein »jüngeres« Stammesherzogtum nur zögernd gegen starke Widerstände ausbilden, die nicht zuletzt auch durch die innere herrschaftliche Differenzierung bedingt waren. Zwei Geschlechter, die rätischen Burchardinger und die Bertholde, rangen um die Herzogsmacht, die sich erst unter Burchard I. (917–926) nach der Hinrichtung der ersten Herzöge Erchanger und Berthold stabilisieren konnte[32]. Burchard war der erste alemannische Herzog, der auf dem Umweg über das benachbarte Hochburgund in die italischen Verwicklungen hineingezogen wurde. Als König Heinrich I. 919 gegen den schwäbischen Herzog heranrückte, um seine Anerkennung zu erzwingen, lag dieser eben im Kampf mit Rudolf II. von Hochburgund, der die Wirren, die der Konsolidierung der schwäbischen Herzogsmacht vorausgingen, zu einer Expansion in den schwäbischen Raum ausgenützt hatte[33]. Im gleichen Jahr wurde der burgundische König jedoch bei Winterthur von Heinrich besiegt, der nach der

31) R. Reindel, Bayern unter den Liutpoldingern, in: Handbuch der bayerischen Geschichte I, hg. M. Spindler, ^{2}1981, S. 288.

32) Vgl. zur Geschichte des schwäbischen Herzogtums vor allem H. Maurer, Der Herzog von Schwaben, 1978.

33) Th. Schieffer, Burgund (879–1038), in: Handbuch der europäischen Geschichte, Bd. 1, hg. Th. Schieder, 1977, S. 642ff. Zur Politik Heinrichs I. gegenüber Schwaben und Burgund vgl. besonders H. Büttner, Heinrichs I. Südwest- und Westpolitik (Vorträge und Forschungen, Sonderband 2), 1964.

sich anschließenden kampflosen Unterwerfung Burchards in vasallitischer Form dem Schwabenherzog wohl Unterstützung gewährte. Doch bald schloß Burchard mit Rudolf Frieden und vermählte ihm seine Tochter Berta. Rudolf wagte nun den Versuch, rittlings der Alpen ein Großreich aufzubauen.

Beziehungen der Adelsgesellschaft Italiens zu Hochburgund sind 921 belegt, als Pfalzgraf Odelrich *qui ex Suevorum sanguine duxerat originem* bei seinem Herrn, dem Kaiser Berengar, in Ungnade gefallen war[34]. Odelrich erhielt aber die Unterstützung zahlreicher Großer, die bald in offener Rebellion gegen Berengar standen. Sie schickten Boten an Rudolf II. mit der Bitte, nach Italien zu marschieren und Berengar zu vertreiben. Aus der Darstellung Liudprands von Cremona ist zu schließen, daß sie sich deswegen an den burgundischen König wandten, weil dieser durch seine Ehe mit der schwäbischen Herzogstochter seine Nordgrenze gesichert und militärisch damit an Gewicht gewonnen hatte[35]. Schon vorher hatte er bereits gute Beziehungen zu einigen italischen Großen unterhalten: seine Schwester Waldrade war mit Graf Bonifaz von Bologna verheiratet. Auf eine zweite Gesandtschaft hin entschloß sich der Welf Rudolf, binnen 30 Tagen nach Italien zu ziehen. Dieser Gesandtschaft gehörte auch Samson, ein italischer Graf fränkischer Abstammung an, der König Rudolf zum Zeichen seiner Huldigung eine Lanze überreichte und ihn mit dieser in den Besitz des Regnum Italicum investierte – eine Lanze, von der man offenbar, um Rudolf Aussicht auf vollen Erfolg zu geben, behauptete, sie enthalte Nägel aus dem Kreuze Christi und sei deswegen siegverleihend.

Rudolf stieß in Italien auf eine große Anhängerschaft, so daß Berengar wieder einmal in die Gebiete um Verona und nach Friaul zurückweichen mußte. In seiner Umgebung sind nur noch die drei Grafen Grimald, Guntari und Ingelfred anzutreffen, die sämtlich alemannischer Abstammung waren. Rudolf siegte über Berengar und konnte sich nach dessen Tode 924 auch in Verona als König von Italien durchsetzen. Doch war sein Sieg nicht von Dauer, da er ihn nicht auszunützen verstand, sondern nach Burgund heimzog. Die Intrigen, die in der mächtig gewordenen Adelsgesellschaft Italiens gesponnen wurden, führten dazu, daß – bevor Rudolf dort recht Fuß fassen konnte – Markgraf Hugo von der Provence nach Italien gerufen wurde, um die Herrschaft anzutreten. Der Weg durch das westliche Italien blieb ihm dabei allerdings zunächst versperrt, weil dort Rudolf und sein Schwiegervater Burchard von Schwaben ihre Streitmacht versammelt hatten. Hugo mußte auf den Seeweg nach Pisa ausweichen. Dem Welfen Rudolf und dem Schwaben Burchard war das Glück jedoch nicht hold. Auf dem Rückweg von einem Erkundungsritt nach Mailand fand der Herzog mit seinen wenigen Begleitern bei Novara 926, von Rudolfs Gegnern gestellt, den Tod. Rudolf gab nun das Spiel auf und kehrte nach Burgund zurück. Das Ende Burchards gab jedoch König Heinrich die Möglichkeit, in Schwaben stärker einzugreifen und den fränkischen Konradiner Hermann als stammesfremden Herzog einzusetzen. Ein Aufenthalt Heinrichs mit seiner Familie 929/30 im Bodenseeraum zeigt die schon enger gewordenen Bindungen Schwabens an das sächsische

34) Hlawitschka (wie Anm. 17), S. 83.
35) Liudprand, Antapodosis II 60ff. (ed. F. Becker, MGH rer. Germ.), 1915, S. 64ff.

Reich[36]. Beim Vorgehen in Schwaben scheint sich übrigens der König die Neutralität Bayerns dadurch erkauft zu haben, daß er die Ansprüche der Luitpoldinger auf den Vintschgau und das Unterengadin zufriedenstellte, jedenfalls wird Arnulfs Bruder Bertold hier als Graf genannt.

Das Jahr 926 brachte nach dem Scheitern des italischen Engagements auch eine Wende in der Politik Rudolfs II., der wegen der veränderten Situation und nach dem ausdrücklichen Willen Heinrichs I. am Hof zu Worms erschien und damit »die folgenschwere Bindung an das liudolfingische Deutschland einging, die alle weitere Geschichte des rudolfingischen Burgunds bestimmte«[37]. Es spricht alles dafür, daß wieder ein Vasallitätsverhältnis begründet wurde und daß damals Rudolf Heinrich die heilige Lanze im Tausch gegen das Gebiet um Basel übergab. Ob mit der Lanze auch der Hoheitsanspruch über Italien an Heinrich überging oder in dem Akt nur eine persönliche Huldigung des burgundischen Königs zu sehen ist, wie eine Stelle bei Liudprand zu belegen scheint, muß hier dahingestellt bleiben[38].

Bemerkenswert an den oben geschilderten Vorgängen ist die Tatsache, daß nach längerer Zeit wieder Große des ostfränkisch-deutschen Reichs in die italische Politik hineingezogen wurden. Für Herzog Burchard lag dies um so näher, als sein Großvater Adalbert 873 Güter in der Gegend von Tortona erworben hatte. Vielleicht machte der Schwabenherzog darauf seine Ansprüche geltend oder hatte, wie Hlawitschka annimmt, Verwandte in der Adelsgesellschaft Italiens, an die die ehemals rheinauischen Güter seines Großvaters gelangt waren[39]. Welches die Motive im einzelnen waren, läßt sich nicht entscheiden, doch sicher ist auch seine Verschwägerung mit König Rudolf als Beweggrund nicht zu unterschätzen.

Wichtiger noch als dieses schwäbische Engagement ist, daß mit Heinrich I. zum ersten Mal ein Liudolfinger mit den italischen Problemen konfrontiert wurde, als er sich des Herzogtums Schwabens versicherte, das seinerseits zu Hochburgund in einem engen Verhältnis stand. Ob Rudolfs Bindung an Heinrich erneute italische Aktivitäten des Burgunders verhindern sollte, ist nicht nachweisbar, aber wahrscheinlich. Unter einem ähnlichen Aspekt ist wohl auch die Einsetzung des Franken Hermann als schwäbischer Herzog zu sehen, womit Schwaben und damit auch die seit Burchard zugehörigen Bündner Pässe in größerer Abhängigkeit gehalten werden konnten. Fleckensteins Annahme, die Ausgriffe Arnulfs von Bayern seien ebenso wie

36) Vgl. dazu K. Schmid, Die Thronfolge Ottos des Großen, in: Königswahl und Thronfolge in ottonisch-frühdeutscher Zeit (Wege der Forschung 178), hg. E. Hlawitschka, 1971, S. 417ff.

37) So Th. Schieffer (wie Anm. 33), S. 644.

38) Letzteres vertrat Büttner (wie Anm. 33). Das Bündnis von 926 dürfte 930 durch eine Verschwägerung der beiden Königshäuser verstärkt worden sein. Ludwig, Bruder Rudolfs von Hochburgund, heiratete damals die angelsächsische Prinzessin Edgiva, als sich Otto I. mit deren Schwester Edgitha verband. E. Hlawitschka, Die verwandtschaftlichen Verbindungen zwischen dem hochburgundischen und dem niederburgundischen Königshaus, in: Grundwissenschaften und Geschichte. Festschr. P. Acht, 1976, S. 57; Ders., Die Königsherrschaft der burgundischen Rudolfinger, in: Historisches Jahrbuch 100, 1980, S. 451.

39) Hlawitschka (wie Anm. 17), S. 85.

die des benachbarten Schwabenherzogs Burchard für Heinrich alarmierend gewesen [40], hat viel für sich. Eine selbständige Außenpolitik der Herzöge lag zweifellos nicht im Interesse des deutschen Königs. Wenn Widukind von Corvey berichtet, Heinrich I. habe auf dem Höhepunkt der Macht noch einen Romzug geplant, sei aber durch seine letzte Krankheit an der Durchführung gehindert worden [41], hat diese Nachricht alle Wahrscheinlichkeit für sich: Der Romzug lag gewissermaßen in der Verlängerung seiner bisher entwickelten Politik.

Die Weiterverfolgung der Südwestpolitik Heinrichs I., der eine Parallele in den Aktionen Arnulfs von Kärnten zur Zurückdrängung Rudolfs I. von Burgund vorangegangen war, bildete für Otto I. wohl einen entscheidenden Anlaß für sein Eingreifen in Italien. Als der provencalische König Hugo von Italien nach dem Tode Rudolfs II. 937 durch seine Heirat mit dessen Witwe Berta und durch die Verlobung seines Sohns mit Adelheid, der Tochter Rudolfs, die Herrschaft über die Alpen- und Rhoneländer an sich zu bringen suchte, holte Otto I. Konrad, den minderjährigen Erben Rudolfs II., an seinen Hof, nahm ihn in seinen Schutz und seine Vasallität auf und ermöglichte ihm 942, die Regierung Burgunds zu übernehmen. Von der nämlichen Zeit an gewährte Otto auch Hugos italischem Gegner Berengar von Ivrea Zuflucht und Rückhalt und gestattete ihm, in Schwaben ein kleines Heer anzuwerben, mit dessen Hilfe Berengar auch die Heimkehr nach Italien gelungen ist [42]. Dort brachte er zunächst die faktische Herrschaft an sich und ließ sich dann nach dem Tode Hugos (948) und dessen Sohnes Lothar (950) Ende 950 in Pavia zum König von Italien krönen. Damit entwickelte sich aber ein neuer Konflikt. Berengar setzte Adelheid von Burgund, nunmehr Witwe König Lothars von Italien, in der Burg Garda gefangen, weil ihm deren Ansprüche auf das Erbe ihres Gatten gefährlich werden konnten. Die Hilferufe der Gefangenen und ihres italischen Anhangs waren bekanntlich der unmittelbare Anlaß, wenn auch sicher nicht die einzige Ursache für Ottos Eingreifen in Italien.

Der sächsische Herrscher war damit über Schwaben und Burgund in den Kampf der politischen Kräfte südlich der Alpen einbezogen, was schließlich dort zur deutschen Vorherrschaft führte. Wie schon bei Heinrich I. dürfte auch bei seinem Sohn das Wissen um die Möglichkeiten einer selbständigen Außenpolitik der süddeutschen Herzöge und das Interesse an ihrer Verhinderung zu den entscheidenden Beweggründen des Engagements gezählt werden. Geradezu als Bekräftigung dieses Motivs muß es erscheinen, wenn noch vor dem Aufbruch des Königs (951) der Bruder Heinrich von Bayern und der Sohn Liudolf von Schwaben aus nach Italien einfielen, um sich die Früchte selbständiger Italienpolitik im Vorgriff zu sichern. Heinrich brachte damals Aquileja in seine Gewalt, während sein Neffe wegen wachsender Widerstände ohne Erfolg umkehren mußte. Die Schuld für sein Scheitern gab er seinem Onkel,

40) J. FLECKENSTEIN, Das Reich der Ottonen, in: Handbuch der deutschen Geschichte, hg. GEBHARDT / GRUNDMANN, Bd. 3, [9]1970, S. 39f.

41) Widukind, Res gestae Saxonicarum I 40 (ed. H.E. LOHMANN / P. HIRSCH, MGH rer.Germ.), 1935, S. 59.

42) HLAWITSCHKA (wie Anm. 17), S. 90.

der die Lombardei gegen ihn aufgewiegelt habe[43]. »So kündigt sich gleich zu Beginn der Italienpolitik Ottos und gleichsam an der Schwelle nach Italien die alte bayerisch-schwäbische Rivalität um den Einfluß auf das Nachbarreich im Süden, verstärkt durch persönliche Gegensätze im Königshaus, als eine Gefahr für die Zukunft an. Sie wurde durch das Scheitern Liudolfs und den Aufbruch Ottos zunächst verdeckt, schwelte aber untergründig fort[44].«

Der Entschluß König Ottos, in Italien einzugreifen, darf als die wichtigste und folgenschwerste Entscheidung des Herrschers aufgefaßt werden. Die Italienpolitik der mittelalterlichen deutschen Könige hatte damit ihren Anfang genommen, durch sie nahm Schwaben seit der Mitte des 10. Jahrhunderts einen wichtigen Platz in den politischen Konzeptionen der Herrscher ein und wurde zu einem Kerngebiet bedeutender Ereignisse[45]. Die Bischofsstadt Augsburg sollte als »deutsches Tor zum Süden« endgültig den Aufschwung zu ihrer mittelalterlichen Blüte nehmen. Otto I. brach wohl von hier aus zu seinem ersten Italienzug auf, erfocht 955 auf dem Lechfeld den entscheidenden Sieg über die Ungarn und nahm die Stadt auch 961 zum Ausgangspunkt, um über den Fernpass wiederum nach Italien und zu seiner Kaiserkrönung in Rom zu reiten. Augsburg sollte dann im 12. und 13. Jahrhundert der wahrscheinlich bedeutendste Sammelplatz deutscher Heere für die Italienzüge der deutschen Könige werden[46].

Als Resumee dieses Überblicks über die alemannisch-italischen Beziehungen vom 7. bis zum 10. Jahrhundert ergibt sich: Eine eigenständige Italienpolitik Schwabens ist vom 7. bis 9. Jahrhundert kaum festzustellen. Alemannen begegnen in dieser Zeit indes in großer Zahl im Dienste der fränkischen Italienpolitik, vor allem nach der Unterwerfung des Langobardenreichs (774). Erst mit der Entstehung des jüngeren schwäbischen Stammesherzogtums greifen die ersten Herzöge über den Umweg Burgund selbständig jenseits der Alpen ein. Dem wird noch von Heinrich I. ein jähes Ende bereitet, ganz im Gegensatz zum benachbarten Bayern, wo unter Herzog Arnulf die Beziehungen zu Italien viel intensiver waren und zum Teil noch unter seinen Söhnen fortdauerten.

43) Vgl. R. Holtzmann, Geschichte der sächsischen Kaiserzeit, ^{5}1967, S. 137ff.

44) Fleckenstein (wie Anm. 40), S. 53ff. Zu dem sich anschließenden Aufstand Liudolfs vgl. auch H. Naumann, Das Rätsel des letzten Aufstandes gegen Otto I. 953–954, in: Otto der Große, Hg. H. Zimmermann (Wege der Forschung 450), 1976, S. 70ff.

45) So A. Layer, in: Handbuch der bayerischen Geschichte, hg. M. Spindler, Bd. 3, 2, ^{2}1979, S. 842.

46) Geschichte der Stadt Augsburg von der Römerzeit bis zur Gegenwart, hg. G. Gottlieb und andere, 1984, S. XX.

Zum Geltungsbereich der Lex Alamannorum*

VON RAYMUND KOTTJE

Nach Regino von Prüm zählen die Gesetze zu dem, was die *nationes populorum* voneinander unterscheidet[1]. Wenn diese Meinung zutreffend ist – und dafür sprechen manche Feststellungen[2] –, dann darf man erwarten, daß auch die folgende Beschäftigung mit einer dieser *leges*, der *lex Alamannorum*, und mit der Frage nach dem Bereich, in dem sie Bedeutung für das Rechtsleben hatte, dazu beiträgt, das Unterscheidende der *nationes populorum* im alpinen Raum klarer zu erkennen.

Zu den Untersuchungen und Überlegungen, deren Ergebnisse im folgenden zur Diskussion gestellt werden sollen, hat das Werk von Helmut Maurer, »Der Herzog von Schwaben«, den Anstoß gegeben[3]. Zu den Teilen dieses Werkes, die über den Bereich der schwäbischen Geschichte hinaus von Belang sind, gehören nämlich die Äußerungen über »die *provincia Alemannorum* als Geltungsbereich der Lex Alamannorum«[4]. Sie berühren eine der Fragen, die für das Verständnis früh- und hochmittelalterlicher Herrschafts- und Lebensordnung grundlegend sind: die Frage nach Personalität oder Territorialität der Rechtsbindungen[5]. Sie betreffen zugleich die Frage nach den transalpinen Verbindungen der Alemannen im frühen Mittelalter.

* Überarbeitete Fassung eines Beitrages, der vor dem NATIONES-Kolloquium in Irsee bereits am 1. Dez. 1979 im Konstanzer Arbeitskreis für mittelalterliche Geschichte in Konstanz zur Diskussion gestellt worden war. Fast gleichzeitig erscheint jetzt mein jüngerer Beitrag (abgeschlossen 1985) über »Die Lex Baiuvariorum – das Recht der Bayern«, in: Überlieferung und Geltung normativer Texte des frühen und hohen Mittelalters, hg. v. H. Mordek (Quellen und Forschungen zum Recht im Mittelalter Bd. 5, 1986) S. 9–23.

1) Regino vom Prüm, Chronicon, Praef. (Epistola ad Hattonem archiepiscopum): ...*sicut diversae nationes populorum inter se discrepant genere, moribus, lingua, legibus...* (MGH SS. rer. Germ., rec. Fr. KURZE), S. XX; vgl. R. WENSKUS, Stammesbildung und Verfassung. Das Werden der frühmittelalterlichen gentes (1961) S. 14f. u. 38.
2) Vgl. die Hinweise von WENSKUS, (wie Anm. 1) S. 38ff.
3) H. MAURER, Der Herzog von Schwaben. Grundlagen, Wirkungen und Wesen seiner Herrschaft in ottonischer, salischer und staufischer Zeit (1978).
4) Ebda. S. 190. Über die *Lex Alamannorum* vgl. jetzt C. SCHOTT, Art. Lex Alamannorum, in: HRG II 16 (1978) Sp. 1879–1886 u. DERS., Recht und Gesetzgebung bei den Alamannen, Burgundern und Langobarden (Ur- u. frühgeschichtl. Archäologie der Schweiz VI, Basel 1979); s.u. Anm. 9.
5) Vgl. R. BUCHNER, Die Rechtsquellen (WATTENBACH-LEVISON, Deutschlands Geschichtsquellen im Mittelalter – Vorzeit u. Karolinger, Beiheft 1953) S. 4f.; H. CONRAD, Deutsche Rechtsgeschichte I (^{2}1962)

Konkret geht es um die Fragen, ob an den Grenzen der *provincia Alemannorum* »der Geltungsbereich der *leges Alamannorum* endet«, ob sich also diese *provincia* oder *Alemannia* »mit dem Geltungsbereich der *leges Alamannorum* gedeckt« hat und »außerhalb ihrer Grenzen« die *leges* der Franken oder Bayern gegolten haben, und ferner: ob der *ducatus* des Herzogs von Schwaben, d. h. seine Amtsgewalt, die er »innerhalb der *provincia* ausübte«, so weit gereicht hat »wie die *Lex Alamannorum* und umgekehrt«[6]. Dabei soll nicht alleine die aufgezeichnete *Lex Alamannorum*, also die *lex scripta*, als *lex* verstanden werden, sondern vor allem das ungeschriebene Gewohnheitsrecht der Alemannen[7]. Dieses hat dank mündlicher Tradition wenigstens bis ins 12. Jahrhundert Bestand und rechtliche Verbindlichkeit gehabt, und zwar neben dem geschriebenen Recht der Alemannen[8], das wohl zuerst zu Beginn des 7. Jahrhunderts in der Form des *Pactus Alamannorum*, in der ersten Hälfte des 8. Jahrhunderts als *Lex Alamannorum* aufgezeichnet worden ist (unter Herzog Lantfrid, 707–730)[9].

Maurer konnte zugunsten seiner Auffassung eine Reihe von Arbeiten der letzten Jahrzehnte anführen, insbesondere die jüngste einschlägige Untersuchung von Clausdieter Schott[10]. Dieser hat festgestellt, daß nicht nur die Inwärtsverweise der *Lex Alamannorum* auf eine Gesetzesregelung, also Verweise in der *lex scripta* (z. B. *secundum legem, sicut lex habet*), sondern daß auch solche Gesetzesverweise in Urkunden, Formeln und erzählenden Quellen des

S. 130, vor allem die letzte systematische Untersuchung des Problems von S. L. GUTERMAN, From Personal to Territorial Law. Aspects of the History and Structure of the Western Legal-Constitutional Tradition, (Metuchen, N. J. 1972), hier bes. S. 67 u. 127–132, außerdem die Hinweise von K. BOSL, Die ältesten sogenannten germanischen Volksrechte und die Gesellschaftsstruktur der Unterschichten. Bemerkungen zur Kulturkontinuität der Spätantike im fränkischen Reich der Merowinger und zu den Formen und Phasen ihrer Umwandlung, in: Gesellschaft – Kultur – Literatur. Beiträge Luitpold Wallach gewidmet, hg. v. K. BOSL (Monographien zur Geschichte des Mittelalters 11, 1975) S. 130f.; J. L. NELSON, On the Limits of the Carolingian Renaissance, in: Renaissance and Renewal in Christian History (Studies in Church History 14, Oxford 1977) S. 62f. und H. WINTERER, Die rechtliche Stellung der Bastarde in Italien von 800 bis 1500 (Münchener Beiträge zur Mediävistik und Renaissance-Forschung 28, 1978) S. 37f.

6) Vgl. MAURER (wie Anm. 3), S. 226.

7) Nach A. SCHMITT-WEIGAND, Rechtspflegedelikte in der fränkischen Zeit (Münsterische Beiträge zur Rechts- und Staatswissenschaft 7, 1962) S. 113 hat *lex* in den Volksrechten »unzweifelhaft die Bedeutung ›Gesetzbuch‹, ›aufgezeichnetes Recht‹«; vgl. die gut begründete Gegenposition von H. NEHLSEN, Aktualität und Effektivität germanischer Rechtsaufzeichnungen, in: Recht und Schrift im Mittelalter, hg. v. P. CLASSEN (Vorträge u. Forschungen 23, 1977) S. 452ff.

8) Zur Weitergeltung des ungeschriebenen Rechts neben der *lex scripta* im Bereich der germanischen Volksrechte vgl. H. PLANITZ – K. A. ECKHARDT, Deutsche Rechtsgeschichte (^{3}1971) S. 33.

9) Vgl. BUCHNER (wie Anm. 5) S. 30ff.; die Hinweise von R. SCHMIDT-WIEGAND, Stammesrecht und Volkssprache in karolingischer Zeit, in: Aspekte der Nationenbildung im Mittelalter, hg. v. H. BEUMANN u. W. SCHRÖDER (Nationes 1, 1978) S. 177f.; vor allem C. SCHOTT, Art. Lex Alamannorum (s. Anm. 4) Sp. 1880ff. u. DERS., Der Stand der Leges-Forschung, in: Frühmittelalterl. Studien 13 (1979) S. 39f., zuletzt I. EBERL, Dagobert I. und Alemannien. Studien zu den Dagobertüberlieferungen im alemannischen Raum, in: ZWürtt LG 42 (1983) S. 15 u. 28.

10) C. SCHOTT, Pactus, Lex und Recht, in: Die Alemannen in der Frühzeit, hg. v. W. HÜBNER (Veröffentl. des Alemannischen Instituts Freiburg/Br. Nr. 34, Bühl/Baden 1974) S. 135–168, hier bes. 161–167.

alemannischen Raumes in den meisten Fällen keinen Bezugspunkt in der *lex scripta Alamannorum* haben. Außerdem sei bei den Alamannen die Mehrzahl der insgesamt mehr als 50 Handschriften mit der *Lex Alamannorum* nicht für den Gebrauch bei Gericht bestimmt gewesen, da nur in wenigen Handschriften die *Lex Alamannorum* »alleine oder doch mit Vorrang«, in den meisten Handschriften vielmehr als Teil einer Sammlung, also als ein Text unter anderen enthalten ist und da nur für wenige Handschriften eine alemannische Provenienz anzunehmen sei. Zweifelhaft sei es überdies, »ob in jedem alemannischen Gericht auf lesekundige Leute zurückgegriffen werden konnte«[11].

Unausgesprochen, in der Sache aber eindeutig, liegt auch diesen Ausführungen die Vorstellung zugrunde, der »Geltungsbereich«[12] des Alemannenrechts sei der Herrschaftsbereich des Alemannenherzogs, später des Herzogs von Schwaben gewesen. Zu diesem Verständnis führen jedenfalls die Darlegungen über die geringe rechtspraktische Bedeutung der *lex scripta*, erschlossen aus der nichtalemannischen Herkunft der meisten Handschriften und aus der Tatsache, daß die *Lex* in der Mehrzahl der Handschriften als Teil einer Sammlung überliefert ist, häufig zusammen mit anderen Rechtstexten, insbesondere anderen Volksrechten[13].

Gegen diese Thesen vom Herrschaftsbereich des Herzogs von Schwaben als dem Geltungsbereich der Lex Alamannorum (LA) und vom eindeutigen Vorrang des ungeschriebenen Rechts gegenüber der *lex scripta* sind jedoch erhebliche Bedenken anzumelden. Sie ergeben sich aus Zeugnissen über die Bedeutung der Schriftlichkeit im Rechtsleben der Karolingerzeit, aus der handschriftlichen Überlieferung der LA sowie aus den Feststellungen über die Franken, Alemannen, Bayern und Burgunder in Oberitalien seit dem Ende der Langobardenherrschaft 774.

I.

Maurer hat bereits zutreffend hingewiesen auf die in karolingischer Zeit begründeten Verbindungen zwischen Schwaben und Italien. Er hat auch Versuche schwäbischer Herzöge erwähnt, ihre Herzogsgewalt über Teile Oberitaliens auszudehnen, ihren *ducatus* also über die *provincia Suevia* hinaus ausgreifen zu lassen. Die Grenze der *provincia* ihres Herzogtums sahen sie demnach nicht als eine ihren *ducatus* beschränkende Grenze[14]. Maurer hat in diesem Zusammenhang ebenfalls darauf aufmerksam gemacht, daß jenseits der Alpen »seit karolingi-

11) Schott, Pactus (wie Anm. 10), S. 164.
12) Auf die Problematik des Begriffs »Geltung« und »Geltungsbereich« eines Rechtes oder Gesetzes im Mittelalter machte in der Diskussion in Konstanz mit Recht Herr Kollege Karl Kroeschell, Freiburg i. Br., aufmerksam.
13) Auf Grund einer Untersuchung der Wendung *secundum legem Salicam* in Urkunden, Formularsammlungen und Kapitularien sowie seiner Wertung der handschriftlichen Überlieferung der *Lex Salica* gelangte Nehlsen, Aktualität (wie Anm. 7) S. 466ff., 470ff. u. 475–483 zu einem ähnlichen Schluß im Blick auf die *Lex Salica scripta:* daß sie nämlich in der Rechtspraxis bedeutungslos war.
14) Vgl. Maurer (wie Anm. 3), S. 194f.

scher Zeit eine nicht unerhebliche Anzahl von Personen beheimatet war, die sich der *gens Alamannorum* entstammend und nach der *lex Alamannorum* lebend bezeichneten«[15].

Damit wird auf einen im Rahmen unserer Frage sehr wichtigen Tatbestand aufmerksam gemacht: daß nämlich seit der Ablösung der Langobardenherrschaft in Oberitalien durch die Franken, d. h. seit 774, unter den hier als Bischöfen, Markgrafen, Grafen, Vizegrafen usw. amtierenden und den zur Sicherung von Straßen oder wichtigen Punkten angesiedelten Angehörigen des Frankenreiches nicht wenige Alemannen waren. Zumal seit der Untersuchung von Hlawitschka und einigen ergänzenden Erkenntnissen Jarnuts[16] haben wir davon eine gut begründete Vorstellung. So wissen wir, daß Alemannen in größerer Zahl nicht nur in den Gebieten Oberitaliens gelebt haben, die ihrer alemannischen Heimat benachbart waren, vielmehr auch in entfernteren Gegenden, in auffallender Dichte zum Beispiel im Raum von Verona[17]. Da überdies durch Urkunden gesichert ist, daß zumindest nicht wenige dieser Alemannen sich weiterhin zum alemannischen Recht bekannt haben (etwa durch die Formel »*professus sum ex nacione mea lege vivere Alamannorum*«)[18], dürften diese Verhältnisse allein schon der These widersprechen, daß der *ducatus* des Herzogs »so weit reichte wie die *lex Alamannorum* und umgekehrt«[19].

II.

Das Bedenken, zu dem die Erkenntnisse über die Siedlung der Alemannen in Italien und über ihren Rechtsstatus führten, wird bestärkt durch die Sichtung der handschriftlichen Überlieferung der Lex Alamannorum, also der *lex scripta*. Schott hat zwar mit Recht geltend gemacht, daß nur wenige der Handschriften alemannischer Provenienz sind und daß ebenfalls nur wenige, aber keineswegs nur die aus dem alemannischen Raum stammenden allein das Alemannenrecht enthalten. Im Unterschied zu seiner Schlußfolgerung, solche Sammelhandschriften seien ein Argument gegen die rechtspraktische Bedeutung der *lex scripta*, hat Ruth Schmidt-Wiegand geltend gemacht, daß am Königshof oder beim Pfalzgericht, wo »dem

15) Ebda. S. 194.

16) E. HLAWITSCHKA, Franken, Alemannen, Bayern und Burgunder in Oberitalien (774–962) (Forschungen zur oberrhein. Landesgeschichte VIII, 1960); J. JARNUT, Bergamo 568–1098. Verfassungs-, Sozial- und Wirtschaftsgeschichte einer lombardischen Stadt im Mittelalter (VSWG, Beihefte 73, 1979) passim.; vgl. auch G. BARNI, Alamanni nel territorio lombardo, in: Archivio Storico Lombardo n. s. III (1938) S. 137–162 (vor allem über Alemannen im langobardischen Oberitalien vor Karl d. Gr.) u. GUTERMAN (wie Anm. 5) S. 88f.

17) Vgl. die kartographische Übersicht bei HLAWITSCHKA (wie Anm. 16), S. 40/41.

18) Vgl. die Beispiele bei HLAWITSCHKA (wie Anm. 16), S. 142f. u. 284, JARNUT (wie Anm. 16), S. 142 sowie bei R. BORDONE, Un' attiva minoranza etnica nell'alto medioevo: gli Alemanni del comitato di Asti, in: QFIAB 54 (1974) S. 2, 7ff., 12 Anm. 36, S. 21 u. 23; über die professio iuris vgl. CONRAD, Rechtsgeschichte I (wie Anm. 5) S. 130 und die Hinweise von GUTERMAN (wie Anm. 5), S. 88; NEHLSEN, Aktualität (wie Anm. 7) S. 479f.; WINTERER (wie Anm. 5) S. 37 u. JARNUT (wie Anm. 16), S. 141f.

19) So MAURER (wie Anm. 3), S. 190.

Personalitätsprinzip entsprechend nach verschiedenem Stammesrecht geurteilt werden mußte«, ein »Bedürfnis nach Sammelhandschriften« bestanden haben dürfte und daß offenbar auch im Grafengericht solche Handschriften »einen praktischen Wert... besessen haben«[20].

Die politischen und die Siedlungsverhältnisse in Oberitalien seit 774 liefern weitere Anhaltspunkte, um diese Meinung zu stützen. Auffällig ist schon die Tatsache, daß die vielleicht älteste erhaltene Handschrift mit der LA, und zwar eine der wenigen Handschriften, die nur das Alemannenrecht enthält, aus Oberitalien stammt[21]. Wohl Ende des 8. Jahrhunderts ist sie nach dem Urteil von Bernhard Bischoff wahrscheinlich »in Verbindung mit der Residenz König Pippins« entstanden[22], d. h. des Sohnes Karls des Großen, der 781–810 als König von Italien mit Pavia als *sedes regni* fungierte. Ebenfalls aus Oberitalien sind noch eine Reihe weiterer Handschriften der beiden folgenden Jahrhunderte überliefert oder bezeugt. Die älteste von ihnen ist wohl zu Beginn des 9. Jahrhunderts im östlichen Oberitalien, möglicherweise in Aquileja geschrieben worden[23]. Hier im Osten Oberitaliens, also weit entfernt vom alemannisch-langobardischen Grenzbereich, wirkte auch Markgraf Eberhard von Friaul, der durch sein Testament von 863/4 als Besitzer einer Leges-Handschrift bezeugt ist[24], die er sich wohl schon etwa 830–836 durch Lupus von Ferrières hatte besorgen lassen[25]. Bei dieser und den übrigen oberitalienischen Überlieferungszeugen des Alemannenrechts handelt es sich um Sammelhandschriften – abgesehen also von der ältesten, aus der Umgebung König Pippins stammenden Handschrift –, in denen überwiegend Rechtstexte vereinigt sind, vor allem Volksrechte, und zwar außer der *Lex Alamannorum* mit einer Ausnahme stets auch die *Lex*

20) R. Schmidt-Wiegand, Alemannisch und Fränkisch in Pactus und Lex Alamannorum, in: Beiträge zum frühalemannischen Recht, hg. v. C. Schott (Veröffentl. des Alemannischen Instituts Freiburg i. Br. 42, 1978) S. 9f.

21) Wolfenbüttel, Herzog-August-Bibliothek, Helmst. 513, vgl. unten S. 373 Nr. 31.

22) Vgl. B. Bischoff, Panorama der Handschriftenüberlieferung aus der Zeit Karls des Großen, in: Karl der Große. Lebenswerk und Nachleben, Bd. II, hg. v. B. Bischoff (^{3}1967) S. 250 Anm. 132; abgedruckt in: Ders., Mittelalterliche Studien III (1981) S. 31 (dieser Abdruck wird im Folgenden zitiert); vgl. auch Codices Latini Antiquiores, ed. E. A. Lowe, Bd. IX (1957) Nr. 1382 (zit. CLA).

23) St. Paul i. Lav., Ms. 4/1 (25.4.8), vgl. unten S. 373 Nr. 32; der Gedanke an Aquileja als Entstehungsraum bei B. Bischoff, Die Rolle von Einflüssen in der Schriftgeschichte, in: Paläographie 1981, hg. v. G. Silagi (Münchener Beiträge zur Mediävistik und Renaissance-Forschung 32, 1982) S. 97f.

24) Ed. 1) G. Becker, Catalogi bibliothecarum antiqui (^{2}1885, Nachdruck 1973) Nr. 12 S. 29f.; 2) I. de Coussemaker, Cartulaire de l'Abbaye de Cysoing (Lille 1903) S. 1–5; frz. Übers. bei P. Riché, Écoles et enseignement dans le Haut Moyen Âge (Paris 1979) S. 392f. (wo allerdings S. 392 nach »Achab« fehlt »le livre de utilitate paenitentiae«); vgl. dazu ebda. S. 301f. sowie Ders., Les bibliothèques de trois aristocrates laîcs carolingiens, in: Le Moyen Âge 69 (1963) S. 100; Hlawitschka (wie Anm. 16) S. 169 u. S. 37 Anm. 60; unten S. 374 Nr. 37.

25) Vgl. MGH Epp. VI S. 2 (in der Einleitung zur Edition der Lupus-Briefe); Buchner, Rechtsquellen (wie Anm. 5) S. 57; Riché, Écoles (wie Anm. 24) S. 301 u. K.-H. Rexroth, Volkssprache und werdendes Volksbewußtsein im ostfränkischen Reich, in: Aspekte der Nationenbildung im Mittelalter, hg. v. H. Beumann u. W. Schröder (Nationes I, 1978) S. 285ff.

Salica, Ribuaria und *Baioariorum*[26]. In der einen Ausnahme stehen neben dem Alemannenrecht nur noch die *Lex Baioariorum* und das Langobardenrecht[27], das auch in vier der übrigen fünf Sammlungen vertreten ist[28]. Die *Lex Burgundionum* begegnet hingegen nur in zwei dieser Codices[29].

Passen aber solche Sammlungen nicht bestens zu den ethnischen Verhältnissen Oberitaliens, wo seit der Zeit Karls des Großen außer den alemannischen Minderheiten in unterschiedlicher Dichte Franken salischen und ripuarischen Rechts, Bayern und Burgunder neben den Langobarden lebten? Waren hier nicht Sammlungen der Volksrechte für die Praxis geradezu notwendig, da alle das Recht hatten, sich zu einer *lex* zu bekennen, die ihnen auf Grund ihrer geburtsrechtlichen Volkszugehörigkeit oder ihrer Ehe mit dem Angehörigen eines anderen Volkes oder auch ihrer Wahl zukam[30]? Es dürfte daher Hlawitschka zuzustimmen sein, wenn er angesichts des von ihm nachgewiesenen Bevölkerungsgemischs in Oberitalien meint, daß Eberhard von Friaul die von ihm erworbene Leges-Handschrift »wohl auch gebraucht haben mag«[31]. Diese Feststellungen werden gestützt durch andere überlieferungsgeschichtliche Befunde. Von ihnen möchte ich hier nur einige nennen:

1) Sehr wahrscheinlich hat Lupus von Ferrières die für Markgraf Eberhard von Friaul bestimmte Leges-Sammlung während seines Aufenthaltes in Fulda zusammengestellt und geschrieben[32]. Dort hat man also diese Leges besessen, sei es in Einzelausgaben, sei es in einer Sammelhandschrift[33]. Für eine Sammelhandschrift könnte sprechen, daß auch die beiden ein wenig bzw. nur einige Jahrzehnte jüngeren Handschriften mit einer zum Teil übereinstimmen-

26) Vgl. in der als Anhang beigefügten Handschriften-Zusammenstellung die Hss. Nrr. 31–37 unten S. 373f.

27) Paris, Bibliothèque Nationale, lat. 4614 (I), s.X (s. unten S. 374 Nr. 36).

28) Wolfenbüttel, Blankenb. 130, s.IX¾; Modena, Arch. Capit., Ord. I. 2, s.X ex.; Gotha, Staatsbibl. Mbr. I. 84, s.X/XI u. Testament Eberhards (Nrr. 33–35 u. 37).

29) St. Paul i. Lav., Ms. 4/1 (25.4.8), s.IX in.; Wolfenbüttel, Blankenb. 130, s.IX¾ (Nrr. 32 u. 33).

30) Vgl. etwa Capit. miss. a. 792–793, c. 5: *voluntas domni regis est, ut unusquisque homo suam legem pleniter habeat conservata* (MGH Capit. I Nr. 25 S. 67); Const. Rom. 824 Nov., c. 5 (MGH Capit. I Nr. 161 S. 323); W. Merk, Die deutschen Stämme in der Rechtsgeschichte, in: ZRG Germ. 58 (1938) S. 33; F.L. Ganshof, Charlemagne's Programme of Imperial Government, in: Ders., The Carolingians and the Frankish Monarchy, transl. by J. Sondheimer (London 1971), bes. S. 63, 73 u. 80; Schmidt-Wiegand, Stammesrecht (wie Anm. 9), S. 201; Winterer (wie Anm. 5), S. 37f.; vgl. auch das von Bordone (wie Anm. 18) S. 23 zitierte Beispiel einer Frau zu Piossasco, die 1096 erklärte, daß sie *nacione mea* nach alemannischem Recht gelebt habe, nun aber *pro viro meo lege vivere salicha*.

31) Hlawitschka (wie Anm. 16), S. 37 Anm. 60.

32) Vgl. MGH Epp. VI S. 2; dazu R.J. Gariépy, Lupus of Ferrières: Carolingian Scribe and Text Critic, in: Medieval Studies 30 (1968) S. 96; Rexroth (wie Anm. 25) S. 285; über Lupus als Schreiber und Korrektor von Handschriften mit Werken der lateinischen Klassiker und – in weit geringerem Umfang – lateinischer Kirchenväter vgl. zuletzt E. Pellegrin, Les manuscrits de Loup de Ferrières, in: BEC 115 (1958) S. 5–31 und B. Bischoff, Paläographie und frühmittelalterliche Klassikerüberlieferung, in: Ders., Mittelalterl. Studien III (1981) S. 63–68.

33) Vgl. R. Buchner, Kleine Untersuchungen zu den fränkischen Stammesrechten I, in: DA 9 (1951) S. 71f.

den Sammlung von Leges aus dem norddeutschen Raum möglicherweise auf eine Fuldaer Vorlage zurückgehen[34]. Das Interesse gerade des Klosters Fulda an den diversen Leges wird unschwer verständlich, wenn man an die Zusammensetzung des Fuldaer Konvents aus Mitgliedern mit breit gestreuter geographischer Herkunft und damit aus verschiedenen Stämmen denkt, wie sie uns durch das von Karl Schmid und Joachim Wollasch herausgegebene Werk über »die Klostergemeinschaft von Fulda« eindrucksvoll vor Augen geführt worden ist[35]. Außerdem ist zu berücksichtigen, daß in den Jahren, als hier Hrabanus Maurus Lehrer (seit 818) und Abt (822–842) war, auch viele auswärtige Mönche als Schüler nach Fulda kamen – nur einer unter vielen war Lupus von Ferrières[36]. Der einzelne Kleriker und Mönch aber wurde in Verfahren vor einem weltlichen Gericht »nach seinem Geburtsrecht behandelt«[37], dies galt ebenso für Gerichtsverfahren, die Angehörige der Fuldaer Mönche betrafen. Daher benötigte man die verschiedenen Volksrechte in Fulda wohl noch dringender und vollständiger als etwa in St. Gallen oder auf der Reichenau, wo man außer der *Lex Alamannorum* das westgotische Römerrecht, die *Lex Salica* und *Ripuaria,* auf der Reichenau auch einen Band mit der *Lex Langobardorum* besessen hat[38].

2) Der erste Teil des heutigen Clm 19415 mit der *Lex Baioariorum* ist in der Zeit Bischof Hittos (811/12–36) in Freising geschrieben worden[39]. Die Handschrift gelangte zu einem uns unbekannten Zeitpunkt in das 979 wiedergegründete Kloster Tegernsee[40], wo man Mitte des 11. Jahrhunderts außer den die *Lex Baioariorum* ergänzenden Dekreten der bayerischen Synoden von Dingolfing (770) und Neuching (772) auch die *Lex Alamannorum* hinzufügte[41]. Die Abschrift erfolgte gewiß nicht als Schreibübung, wohl auch nicht aus einem juristischen Interesse an der Sammlung anderer Volksrechte, müßte man in diesem Fall doch erwarten, daß

34) Hamburg, Univ.-Bibl., Ms. 141a in scrin., s.IX^2, aus Corvey, und die ehemals der Bibliothek der Grafen von Solms-Baruth in Klitschdorf bei Bunzlau (Schlesien) gehörige Handschrift, heute in Cologny, Sammlung Bodmer, Cod. 107, s.IX ex., nordwestdeutsch, »keinesfalls aus Fulda« (Bischoff), s. unten S. 377 Anm. Nrr. 42 und 43.

35) K. Schmid (Hg.), Die Klostergemeinschaft von Fulda im früheren Mittelalter, 3 Bde. (Münstersche Mittelalter-Schriften 8/1–3, München 1978), hier besonders K. Schmid, Mönchslisten und Klosterkonvent von Fulda zur Zeit der Karolinger, Bd. 2,2, S. 588–590.

36) Vgl. R. Kottje, Hrabanus Maurus – ›Praeceptor Germaniae‹?, in: DA 31 (1975) S. 536f.

37) Vgl. Planitz-Eckhardt (wie Anm. 8), S. 33.

38) Vgl. unten S. 372 die Hss. Nrr. 1–3 und die Bibliothekskataloge St. Gallens und der Reichenau aus dem 9. Jahrhundert: Mittelalterliche Bibliothekskataloge Deutschlands und der Schweiz I, bearb. v. P. Lehmann (1918, Nachdr. 1969) S. 79 (St. Gallen s.IX med.), 247f. (Reichenau I, 821/22), 254 (Reichenau II, Erlebald-Katalog 822–38) u. 260 (Reichenau III, Reginbert-Katalog 835–42) (zit. MBK).

39) Vgl. B. Bischoff, Die südostdeutschen Schreibschulen und Bibliotheken in der Karolingerzeit I (^{3}1974) S. 103; Chr. E. Eder, Die Schule des Klosters Tegernsee im frühen Mittelalter im Spiegel der Tegernseer Handschriften (Münchener Beiträge zur Mediävistik und Renaissance-Forschung, Beiheft, 1972) S. 20, vgl. unten S. 374 Nr. 44.

40) Zur Neugründung Tegernsees vgl. K. Hallinger, Gorze-Kluny I (Studia Anselmiana 22/23, Roma 1950) S. 116, 133f., 168 u. 632f. sowie Eder (wie Anm. 39), S. 23.

41) Vgl. Bischoff, Schreibschulen I (wie Anm. 39) S. 103 und Eder (wie Anm. 39), S. 90.

man sich auch um Kopien weiterer Leges bemüht hätte; dafür gibt es aber kein Zeugnis unter den erhaltenen Handschriften[42]. Vermutlich hat auch diese Abschrift ein rechtspraktisches Interesse veranlaßt. Es gibt nämlich nicht wenige Zeugnisse für Beziehungen von Tegernsee zum alemannischen, insbesondere dem Bodenseeraum, und zwar gerade im 11. Jahrhundert. So war ein Bruder des alemannischen Abtes Eberhard II. von Tegernsee (1068–91) Abt von St. Gallen (Ulrich II., 1072–6), ein anderer Bruder Nachfolger Eberhards als Abt von Füssen (Swidker, nach 1061–vor 1086)[43]. Auch ist daran zu denken, daß Tegernsee aus dem Südwesten Deutschlands, insbesondere von der Reichenau mehrere Handschriften des 11. Jahrhunderts erwarb, unter anderem eine Kopie des Formelbuches Bischof Salomos III. von Konstanz[44], und daß im Katalog der deutschen Texte im Besitz von Tegernsee, den der Bibliothekar Konrad Sartori 1500–4 anlegte, unter den *Vulgares libri* zwar eine *Alemanica et Swevorum historia* verzeichnet ist, als Werk zur bayerischen Geschichte aber lediglich eine *Cronica ducum Bavarie in vulgari*, der eine *Cronica Alemannica et Swevie* entspricht[45]. Soll man es angesichts dieser Feststellungen nicht für möglich halten, daß wie Abt Eberhard II. auch manche Konventualen des Klosters Alemannen waren, deretwegen man in Tegernsee ein Exemplar der Lex Alamannorum haben wollte, ja benötigte, unter anderem im Hinblick auf eventuelle Rechtsfälle von alemannischen Verwandten dieser Konventualen?

3) Recht auffällig ist die beträchtliche Zahl von Handschriften mit dem Alemannenrecht aus dem Norden und Osten Frankreichs, genauer: aus dem Raum um Tours, aus NO-Frankreich und Lothringen[46] – auffällig zumal, wenn man damit die verschwindend geringe Überlieferung aus dem Schwaben benachbarten Burgund vergleicht[47]. Bei den nordfranzösischen und lothringischen Codices handelt es sich mit zwei Ausnahmen um Sammelhandschriften. Bei ihnen allen wird man die Bedürfnisse des Pfalzgerichts im Auge haben dürfen[48], da ein

42) Vgl. EDER (wie Anm. 39), S. 28–35, 37–51, 75–148.

43) Eberhard war Mönch von Einsiedeln und dann (seit 1051) je einige Jahre, gelegentlich gleichzeitig, Abt von Ottobeuren, Füssen, Weihenstephan, St. Emmeram, Kempten und Tegernsee, vgl. L. TABOR, Die Kultur des Klosters Tegernsee im frühen Mittelalter (1935) S. 43f., 90 u. 115; EDER, Schule (wie Anm. 39), S. 54; HALLINGER (wie Anm. 40) I S. 349f. u. bes. H. KELLER, Kloster Einsiedeln im ottonischen Schwaben (Forschungen zur oberrhein. Landesgesch. 13, 1964) S. 80 u. 129 m. Anm. 238.

44) Clm 18922, 19413, 19451 u. 29164, vgl. TABOR (wie Anm. 43), S. 86 und bes. EDER, Schule (wie Anm. 39), S. 137–140 u. 146; speziell über die Beziehungen Tegernsee-Reichenau im 10.-11. Jahrhundert TABOR (wie Anm. 43), S. 85 u. 90, EDER, Schule (wie Anm. 39), S. 17, 22 u. 55 Anm. 40.

45) MBK (wie Anm. 38) IV 2, Bistum Freising, bearb. v. G. GLAUCHE (1979) S. 854f.

46) Vgl. u. S. 372f. die Hss.-Gruppe II (Nrr. 11–29), dazu Nr. 30, die zumindest im 13. Jahrhundert in Limoges war. Auf einen von J.G. JANUS, Historia cycli Dionysiani (1718) S. 37ff. mitgeteilten Bibliothekskatalog von S. Remi, Reims, geschrieben zur Zeit Erzbischof Hinkmars (845–882), der einen Codex mit Lex Salica, Ribuaria, Frisionum und Alamannorum nennt, hat H. SIEMS, Studien zur Lex Frisionum (Münchener Universitätsschriften. Juristische Fakultät. Abhandl. zur Rechtswissenschaftlichen Grundlagenforschung 42, 1980) S. 49f. hingewiesen.

47) Vgl. u. S. 372ff. Nrr. 1 und vielleicht 26, 40 u. 41.

48) Vgl. die Bemerkungen von B. BISCHOFF, Die Hofbibliothek unter Ludwig dem Frommen, in: DERS., Mittelalterliche Studien III (1981) S. 180 zu der Leges-Hs. Paris, Bibliothèque Nationale, lat. 4418.

Bedürfnis der Schule oder ein juristischer Sammeleifer als Erklärung wohl ausscheiden. Zur Stütze dieser Annahme sei auch darauf verwiesen, daß die Überlieferung der *Lex Alamannorum* nicht nur aus Burgund, sondern auch aus Bayern[49] äußerst gering ist, obwohl es in beiden Räumen in karolingischer Zeit sehr produktive Skriptorien gab, zum Beispiel in Bayern Regensburg, Salzburg, Mondsee, in Burgund Lyon, und obwohl aus Burgund, insbesondere Lyon, Rechtsinteressen durch zahlreiche Handschriften bestens bezeugt sind[50].

III.

Die Ausführungen über die handschriftliche Überlieferung der *Lex Alamannorum* dürften wohl vor Augen geführt haben, daß die Verbreitung der alemannischen *lex scripta* über die *provincia Alemannorum* und damit auch über den *ducatus* des Herzogs von Schwaben, den originären Geltungsbereich, hinaus nicht zufällig erfolgt ist, daß es vielmehr rechtspraktische Gründe gegeben hat, die zu Abschriften der *lex* auch außerhalb des schwäbischen Stammesgebietes veranlaßt haben. Ist damit aber nicht doch der »historische Platz« der *lex scripta* »für die Rechtswirklichkeit« überbewertet[51]? Wie ist ihr Verhältnis zum lediglich mündlich überlieferten Recht zu sehen?

Direkte Zeugnisse, die eine eindeutige Antwort erlauben, gibt es nicht. Eine Hilfe bieten auch hier Gebiete mit eindeutig alemannischer Minderheit – etwa in Oberitalien –, in denen die Alemannen *lege Alamannorum* leben wollten und dementsprechend gerichtet werden mußten. Wie soll man sich die Rechtspraxis hier vorstellen, wenn allein oder vornehmlich das nichtgeschriebene Gewohnheitsrecht maßgebend, die *lex scripta* aber unerheblich gewesen wäre? Daß auch hier das Gewohnheitsrecht eine Rolle spielte, soll nicht bestritten werden[52]. Die Zeugen desselben Rechtsbekenntnisses, die zu einem Rechtsakt hinzugezogen werden[53], werden dafür gebürgt haben, daß das nur mündlich überlieferte Recht getreu bewahrt und beachtet wurde. Nicht zuletzt auf Grund der festgestellten Leges-Handschriften dürfte aber wohl die Annahme begründet sein, daß in Gebieten mit einer alemannischen Minderheit wie in

49) Von den älteren Hss. wohl nur Nr. 39, evtl. auch Nr. 4; außerdem kann eine LA unter den Büchern des Passauer Chorbischofs Madalwin 903 (MBK [wie Anm. 38] IV 1 S. 25 Z 52) und im Bücherverzeichnis des 12. Jhs. von St. Nikola, Passau (ebda. S. 54 Z 39) genannt werden.

50) Vgl. über die bayrischen Skriptorien des 8. u. 9. Jhs. BISCHOFF, Panorama (wie Anm. 22), S. 25f.; DERS., Schreibschulen I (wie Anm. 39), S. 172–183 (Regensburg) und II (1980) S. 9–16 (Mondsee), 53–83 (Salzburg) u. 234–241 (Regensburg); über Lyon vgl. BISCHOFF, Panorama S. 18 und – vor allem über Rechtshandschriften aus Lyon – H. MORDEK, Kirchenrecht und Reform im Frankenreich (Beiträge z. Gesch. u. Quellenkunde des Mittelalters 1, 1975), S. 73, 79, 126, 245, 259f. u. 262f.

51) Vgl. SCHOTT, Pactus (wie Anm. 10), S. 163.

52) Vgl. BORDONE (wie Anm. 18), S. 21.

53) Vgl. HLAWITSCHKA (wie Anm. 16), S. 279 und bei BORDONE (wie Anm. 18), S. 12 Anm. 36 den Hinweis auf einen Tauschakt nahe Mailand im Jahre 823, bei dem 12 Alemannen als Zeugen anwesend waren, weil die handelnde Ehefrau Alemannin war, 12 Franken wegen des fränkischen Geschlechts des Ehemannes.

Oberitalien die *lex scripta* zumindest den rechtlichen Orientierungsrahmen lieferte und daß das von den Zeugen gewährleistete nichtgeschriebene Recht der Ausfüllung diente[54]. Eine solche Ausfüllung war nämlich bei einer *Lex scripta* wie *Pactus* und *Lex Alamannorum* erforderlich, die sich zum Beispiel von der *Lex Baioariorum* unter anderem dadurch unterscheidet, daß sie weniger ausführlich ist[55], weshalb auch an einen »Zwang des aufgezeichneten Rechts« bei der Rechtsfindung im Bereich des Alemannenrechts auf keinen Fall zu denken ist[56]. Das dürfte es auch verständlich machen, warum Verweise auf das Alemannenrecht in Formelsammlungen und Urkunden selbst des alemannischen Raumes (*sicut in lege Alamannorum continetur, secundum legem* etc.) in der *lex scripta* häufig keinen Bezugspunkt haben[57], vielmehr das ungeschriebene Recht meinen. In der Rechtswirklichkeit hatten also beide ihren »Platz«, die *lex scripta* und die *lex non scripta*.

IV.

Eine andere Auffassung ließe sich wohl auch schwer vereinbaren mit der neuen Wertschätzung der Schriftlichkeit seit Karl dem Großen[58]. Die im *Capitulare missorum generale* vom Frühjahr 802 enthaltene Forderung, *ut iudices secundum scriptam legem iuste iudicent, non secundum arbitrium suum*[59], wird zwar nicht im ganzen fränkischen Reich befolgt worden sein. Wie die geschriebene *Lex Alamannorum* waren ja auch die anderen *leges* lediglich Rechtsaufzeichnungen, aber kein vollständiges Gesetzbuch[60]; sie konnten also gar nicht alleinige Grundlage der Rechtsprechung sein. Aber eindeutig bestimmte das Capitulare Pippins von ca. 790: *ubi lex est, praecellat consuetudinem, et nulla consuetudo superponatur legi*[61], und das entsprach wohl auch der Meinung Karl des Großen. Dessen Versuch, durch Zusatzkapitu-

54) Vgl. auch GANSHOF, Charlemagne's Programme (wie Anm. 30), S. 80 Anm. 96.

55) Vgl. H. KOLLER, Der Donauraum zwischen Linz und Wien im Frühmittelalter, in: Hist. Jb. d. Stadt Linz (1960) S. 36f.

56) Gegen SCHMITT-WEIGAND (wie Anm. 7), S. 114ff. u. 118ff., der entsprechend seiner oben Anm. 7 zitierten Auffassung, daß mit *lex* in den germanischen Stammesrechten stets das geschriebene Recht gemeint sei, auch der Ansicht ist, daß bei der Urteilsfindung nur die *lex scripta* maßgebend sein sollte.

57) Vgl. SCHOTT, Pactus (wie Anm. 10), S. 162–6.

58) Vgl. F. L. GANSHOF, The Use of the Written Word in Charlemagne's Administration, in: DERS., The Carolingians and the Frankish Monarchy, transl. by J. Sondheimer (London 1971) S. 125–142; auch W. EBEL, Geschichte der Gesetzgebung in Deutschland (Göttinger Rechtswiss. Studien 24, 1958) handelt S. 34f. von der frühmittelalterlichen Tendenz in den Germanenreichen, »dem geschriebenen Recht den Vorrang vor dem ungeschriebenen zu verschaffen«; vgl. auch NEHLSEN (wie Anm. 7), S. 471f u. 483 zu Bemühungen Karls um Durchsetzung der Schriftlichkeit im Rechtswesen.

59) MGH Capit. I Nr. 33 S. 96 c. 26; vgl. dazu GANSHOF, Charlemagne's Programme (wie Anm. 30), S. 63 und G. THEUERKAUF, Lex, Speculum, Compendium iuris. Rechtsaufzeichnung und Rechtsbewußtsein in Norddeutschland vom 8. bis zum 16. Jahrhundert (Forschungen zur deutschen Rechtsgeschichte 6, 1968) S. 61f.

60) Vgl. BUCHNER (wie Anm. 5), S. 2ff.; PLANITZ-Eckhardt (wie Anm. 8), S. 33; THEUERKAUF (wie Anm. 59), S. 62.

61) MGH Capit. I Nr. 95 S. 201 c. 10.

larien *(Capitularia legibus addenda)* die aufgezeichneten *leges* zu vervollständigen, scheint nur begrenzten Erfolg gehabt zu haben, was sich schon aus der relativ geringen Zahl von Leges-Codices mit diesen Zusatzkapitularien erschließen läßt[61a)]. Aber ebenso dürfte die relativ große Zahl erhaltener sowie mancher durch Bibliothekskataloge bezeugter Leges-Handschriften aus dem 9. Jahrhundert[62)] dafür sprechen, daß die Schriftlichkeit seit Karl dem Großen auch im Rechtsleben tatsächlich einen neuen Stellenwert erhalten hat.

Vor der Zeit Karls war der Schriftlichkeit ausdrücklich nur in den Rechtsbüchern der Baiern, Burgunder, Langobarden und Westgoten eine größere Bedeutung zugemessen worden[63)]. Besonders erwähnenswert dürfte im Zusammenhang mit der hier behandelten Frage die Forderung der *Lex Baioariorum* sein, der Graf solle zum Gericht nicht nur mit einem *iudex*, sondern stets auch mit einem *liber legis* erscheinen, damit er ein rechtes Urteil fällt[64)]. Denn wenn das im Bereich des baierischen Rechts möglich war bzw. für möglich gehalten wurde, welchen Grund gibt es dann anzunehmen, daß die *lex scripta* im alemannischen Bereich für die Rechtspraxis bedeutungslos gewesen ist? Soll man es etwa für wahrscheinlich halten, daß es hier nicht genügend lesekundige *iudices* gegeben hat?

V.

Als Zeugnisse für die rechtspraktische Bedeutung der Leges-Handschriften können schließlich auch noch deren Gestaltung, Format und Inhalt genannt werden. Sie sind nämlich durchweg fast völlig schmucklos, und es darf nicht etwa als Zufall der Überlieferung betrachtet werden, daß unter den frühmittelalterlichen Handschriften mit Buchmalerei nur sehr wenige Rechtshandschriften zu finden sind. Ihr Format ist in der Regel recht klein, zumindest handlich[65)] – wohl im Hinblick auf ihre Zweckbestimmung: ihren Gebrauch im Gericht an

61a) Vgl. z. B. H. MORDEK, Karolingische Kapitularien, in: Überlieferung und Geltung normativer Texte des frühen und hohen Mittelalters (s. o. S. 359 Anm. *) S. 40 zur Überlieferung der Lex-Salica-Zusätze von 816 u. 819/20.
62 Vgl. außer der – noch ergänzungsbedürftigen – Zusammenstellung mit den Hss. der *Lex Alamannorum* unten S. 372ff. die – noch unvollständigen und in der Datierung oft unzutreffenden – Übersichten über die Hss. in der Einleitung zu den Editionen der *Leges (Baioariorum, Ribuaria, Salica)* in der Reihe der MGH LL und THEUERKAUF (wie Anm. 59), S. 63 sowie MBK I (wie Anm. 38) in Register s. v. *Lex.*
63) Vgl. die von SCHMITT-WEIGAND (wie Anm. 7), S. 118ff. zitierten einschlägigen Stellen, außerdem KOLLER (wie Anm. 55), S. 37 (betr. Baiern) und NEHLSEN (wie Anm. 7), S. 487 u. 490ff. (betr. Westgoten).
64) L. Baioariorum II 14: *»Comes vero secum habeat iudicem qui ibi constitutus est iudicare, et librum legis, ut semper rectum iudicium iudicent«* (MGH LL I 5, 2, S. 308); vgl. auch L. Rib. 62 (59) (MGH LL I 3, 2, S. 114ff.), dazu GANSHOF, The Use (wie Anm. 58), S. 125.
65) Vgl. die Feststellung von BISCHOFF, daß die »karolingischen Handschriften der Volksrechte...im allgemeinen eher ein kleines Format einhalten« (Hofbibliothek [wie Anm. 48], S. 179f.); DERS., Kalligraphie in Bayern: 8–12. Jhdt. (1981) erwähnt S. 15 die »handlichen Codices der *Lex Baioariorum*«; im Konstanzer Katalog von 1343 ist vermerkt, daß das Exemplar der *Capitula legis Alamannorum* ein *libellus parvus* sei (MBK I S. 198 Z 9/10); vgl. auch die Maßangaben von R. MCKITTERICK, Some Carolingian Law

verschiedenen Stätten! In der Mehrzahl der Handschriften sind die Leges entweder nur mit ihresgleichen oder auch mit anderen, ebenfalls für die Praxis bestimmten Texten, zum Beispiel Bußbüchern[66], verbunden worden, nur sehr selten mit Texten, die keine praktische Bedeutung, etwa für die Ordnung des gemeinsamen Lebens eines Konvents oder anderer Gemeinschaften hatten. Und schließlich: Warum hat man sich veranlaßt gefühlt, rechtlich belangvolle Worte gelegentlich auch in der Volkssprache wiederzugeben *(quod Alemanni dicunt...)*?[67].

Es sollte nicht bestritten werden, daß auch nach der Aufzeichnung des alten Rechts der Alemannen die ungeschriebene *Lex Alamannorum* weiterhin rechtserheblich war, ja im Bereich geschlossener alemannischer Siedlung – und dazu gehörte gewiß die *provincia Alemannorum,* in der der Herzog von Schwaben seinen *ducatus* ausübte – in der Rechtswirklichkeit vielleicht vorrangige Bedeutung hatte. Die erhaltene Überlieferung der *Lex Alamannorum* – und zwar der *lex scripta* – aus Bereichen, in denen Alemannen eine Minderheit darstellten (Oberitalien, Fulda, Tegernsee, Westfrankreich), hat andererseits wohl erkennen lassen, daß auch das aufgezeichnete Recht rechtspraktische Bedeutung gehabt haben dürfte – vielleicht vor allem als »Orientierungsrahmen« – und daß mithin der *ducatus* des Herzogs von Schwaben nicht mit dem »Geltungsbereich« der *Lex Alamannorum* deckungsgleich war. Zugleich ist hoffentlich deutlich geworden, daß auch die Beschäftigung mit den *leges scriptae,* hier vorgeführt am Beispiel der *lex scripta Alamannorum,* zur Erkenntnis der Lebensräume und Lebensformen der *nationes populorum* beitragen kann.

Books and their Function, in: Authority and Power. Studies on Medieval Law and Government, presented to W. Ullmann, ed. by B. Tierney and P. Linehan (Cambridge 1980) S. 17, 19 (Paris, Bibliothèque Nationale lat. 4404), 23 (4417), 24 (Paris, n. a. 204 u. lat. 4628) u. 25 (18237); H. Houben, St. Blasianer Handschriften des 11. und 12. Jahrhunderts – unter besonderer Berücksichtigung der Ochsenhauser Klosterbibliothek (Münchener Beiträge zur Mediävistik und Renaissance-Forschung 30, 1979) nennt S. 149 unter den Ochsenhauser Hss. des 12. Jhdts. mit »kleinem Format und Ausstattung« auch Cod. Kynžvart 75 (20 K. 20), eine Hs. mit Paenitential- und Rechtstexten, vgl. ebda. S. 125–131.

66) Vgl. z. B. Reichenau, Erlebald-Katalog 822–38: *Liber, lex Alemannica et paenitentialis et cartularius in codicello* I (MBK I S. 254 Z 7/8), die Angaben über die weiteren Rechtstexte der LA-Hss. in der Zusammenstellung unten S. 372ff. sowie die genaueren Angaben über den Inhalt der Hss. Heiligenkreuz 217, Clm 3853 (beide mit der LA) und Münster, StA, Msc. VII 5201 bei R. Kottje, Die Bußbücher Halitgars von Cambrai und des Hrabanus Maurus: Ihre Überlieferung und ihre Quellen (Beiträge z. Gesch. u. Quellenkunde des Mittelalters 8 (1980) S. 25–28, 38f. u. 45; vgl. auch die Anm. 65 genannte Hs. Kynžvart 75.

67) Zu diesem Problemkreis vgl. zuletzt R. Schmidt-Wiegand, Stammesrecht (wie Anm. 9) u. Dies., Die volkssprachigen Wörter der Leges barbarorum als Ausdruck sprachlicher Interferenz, in: Frühmittelalterliche Studien 13 (1979) S. 56–87.

ANHANG

Die Handschriften mit der Lex Alamannorum

Es wird versucht, die Überlieferung in vier Gruppen mit regionalen Schwerpunkten auf Grund der Schriftheimat zu gliedern (I–IV). Neuzeitliche Abschriften sowie Deperdita und infolge Verlustes – z. B. in Straßburg 1870 – nicht mehr zu lokalisierende und zu datierende Handschriften sind nicht berücksichtigt. Um den Vergleich mit der Klassifizierung der MGH-Ausgabe von K. Lehmann–K. A. Eckhardt (LL V 1, [2]1966) zu erleichtern, ist deren Zuweisung der Handschriften zur Klasse A oder B sowie deren Numerierung (S. 12–17) den Bibliotheksorten jeweils vorangestellt. Die Inhaltsangaben sind mit wenigen Ausnahmen auf die Rechtstexte in den Handschriften beschränkt. Als Zitat gekennzeichnete Angaben sind den in der zugehörigen Anmerkung genannten brieflichen Mitteilungen Bernhard Bischoffs entnommen. Die Numerierung der Anmerkungen entspricht der fortlaufenden Zählung der Handschriften in der folgenden Zusammenstellung.

		heutige Bibl.-Signatur	Dat.	Heimat (Schrift-/Bibl.-)	Inhalt
		I			
1)	A 1	St. Gallen, Cod. 731	793	Burgund (Westschweiz), schon früh St. Gallen? Schreiber: Wandalgar	L. Rom. Visig., Sal., Alam.
2)	B 27	St. Gallen, Cod. 732	s. IX¹⁄₄ (um 815–817)	Freising, früh in St. Gallen	L. Alam. u. Diversa
3)	B 12	St. Gallen, Stadtbibl. Cod. 338	s. IX²⁄₄	»bestes Mainz«	L. Sal., Rib., Alam.
4)	A 2	Clm 4115	s. IX in.	süddeutsch	L. Rib., Alam., Sal.
5)	B 31	Stuttgart, Cod. iur. 4^0 134	s. X–XI	Weißenau (Bibl.-heimat), später Liebenau/Tettnang u. Ulm	L. Alam., Ansegis, Epit. Brev. Alarici
6)	B 13	Clm 3853 (II.), foll. 160^r–182^v	s. X ex.	alemannisch? s. XI Augsburg	Prol. L. Bai., L. Alam., Ansegis, weitere Capitt., Epist. Paulini Foroiul. de Haistulfo
7)		Heiligenkreuz, Stiftsbibl. Hs. 217 (II)	s. X ex.	südwestdeutsch?	Bußbücher Halitgars, Beda-Egberts u. Hrabans, Canonistica, L. Alam., Ansegis
8)	B 8	Trier, Stadtbibl. 843	s. IX^2	»scheint südwestdeutsch«– Echternach	nur L. Alam.
9)	B 18	Wien, NB. Cod. 601	s. XII	südwestdeutsch	nur L. Alam.
10)		St. Paul in L., Ms. 81/2 p. 178 sqq. (nicht mehr paginiert)	s. X	südwestdeutsch?	L. Alam.
		II			
11)	A 11	Wolfenbüttel, 327. Gud. lat. 4^0	s. IX in.	NO-Frankreich	L. Sal., Alam.
12)	A 9	Paris, BN. lat. 4404	s. IX in.	Umgebg. v. Tours Schreiber: Audgarius	Brev. Alarici, L. Sal., Alam., Rib., Capitt.
13)	B 23	Vat. Reg. lat. 1050	s. X	westl. Frankreich (?)	Isidor, Brev. Alarici, L. Rom. Burg., Isidor, Prol. L. Bai., Sal. I u. II, L. Sal., Rib., Alam., Form. Turon.
14)	A 5	Paris, BN. lat. 4759B	ca. s. IX³⁄₄	östl. Frankr./»linksrhein.«	nur L. Alam.
15)	B 33	Paris, BN. lat. 4759	s. IX²⁄₄	östl. Fankr./»linksrhein.«	L. Sal. emend., Bai., Rib., Alam.
16)	B 1a	Paris, BN. lat. 18236 (Fragm.)	s. IX³⁄₄	»etwa Ile-de-France«	L. Rib., Alam.
17)	B 35	Paris, BN. lat. 18237	s. IX²⁄₄	Paris, N.-Dame	Ansegis, L. Sal., Alam.

heutige Bibl.-Signatur	Dat.	Heimat (Schrift-/Bibl.-)	Inhalt
18) B 22 Vat. Reg. lat. 991	s. IX$^2/_4$	lotharingisch?	L. Rib., Sal. emend., Alam., Bai., Capitt., Epit. Aegidiana
19) B 19 Leyden, Voss. lat.4^0 119, foll. 1–119	s. IX$^4/_4$	französ. (»offenbar in Chartres benutzt«)	Isidor, Etymol. (Exz.), Cod. Theodos., Epit. Aegidiana, L. Sal. emend., Rib., Alam., Bai.
foll. 120–142	s. X in.		L. Bai. (Forts.), Capitt.
20) B 1 London, BM. Egerton Mss. 2832 + 269 + Paris, BN. lat. 4633	s. X$^1/_4$	NO-Frankreich?	L. Sal. emend., Rib., Sax., Capitt., L. Alam., Bai., Epit. Aegidiana, L. Burgund.
21) Paris, BN. lat. 9654	s. X	Metz, St. Vinzenz	Capitt., Ansegis, Capitt. (–884), L. Sal. emend., Franc. Chamav., Rib., Alam., Bai.
22) B 10 Paris, BN. lat. 4787	ca. s. IX$^3/_4$	»französ., wohl mehr nördl.«	L. Sal., Alam., Rib.
23) B 37 Paris, BN. nouv. acq. lat. 204	s. X/XI	»Tours o. Umgebung?«	L. Sal. emend., Capitt., L. Alam., Bai., Burgund., Epit. Aegidiana
24) A 10 St. Gallen, Cod. 729	s. IX ca. $\frac{1-2}{4}$	»französisch«	L. Rom. Visig., Sal., Alam.
25) B 5 Paris, BN. lat. 4632	ca. s. IX$^3/_4$	»Schriftstil von S. Amand« Schreiber: Autramnus (Laie)	L. Sal., Rib., Alam.
26) A 12 Paris, BN. lat. 10753	ca. s. IX med.	»etwa Burgund? jedenfalls französ.« – Blois?	L. Burgund., Sal., Rib., Alam., Pactus Alam.
27) B 2 Kopenhagen, Kgl. Bibl. Gottorp 1943	s. IX$^4/_4$ o. IX/X	»französisch«	L. Sal., Rib., Alam., Formulae, Capitt. 818/819
28) B 7 Paris, BN. lat. 4628	s. IX	»französ.«	L. Sal., Capitt., L. Rib., Alam.
29) B 21 Vat. Reg. lat. 857, foll. 41–72	s. IX (vor 830)	Hof Ludwigs d. Fr. (»Umgebung des Fridugisus«)	L. Alam.
30) Vat. Reg. lat. 837	s. IX/X	französ.-s. XIII Limoges, S.-Martial	L. Sal., Alam.
III			
31) A 8 Wolfenbüttel, Helmst. 513	ca. 800	Oberitalien (Skriptorum »in Verbindung m. Residenz Kg. Pippins, 781–810«)	nur L. Alam.
32) B 20 St. Paul i. Lav., Ms. 4/1 (25.4.8)	s. IX in (817–823?)	Ostoberitalien (Aquileja?)	Capitt., L. Rib., Sal. emend., Bai., Alam., Epit. Aegidiana, L. Burgund., Capitt.

		heutige Bibl.-Signatur	Dat.	Heimat (Schrift-/Bibl.-)	Inhalt
33)	B 28	Wolfenbüttel, Blankenb. 130	ca. s. IX¾	Oberitalien – s. XI² in der Augsburger Dombibliothek	L. Langob., Capitt., L. Sal. emend., Burgund., Rib., Alam., Bai.
34)	A 6	Modena, Arch. Capit., O.I.2	ca. 990	Oberitalien	L. Sal. emend., Rib., Langob., Alam., Bai., Capitt.
35)	A 7	Gotha, Forschungsbibl., Mbr. I. 84, foll. 147–223	s. X/XI	Oberitalien?–Mainz, St. Martin (Bibl.-heimat)	Ansegis, Bened. Lev., L. Sal. emend., Rib., Langob., Alam., Bai., Capitt., Breviarium Alarici
36)	B 25	Paris, BN. lat. 4614 (I.)	s. X	Oberitalien	L. Langob., Alam., Bai.
37)		Eberhard v. Friaul, Testament	863/4	Ostoberitalien	L. Sal., Rib., Langob., Alam., Bai.
38)		Kremsmünster, Stiftsbibl., Fragm. I/9	s. IX²	»wohl italienische Schrift«	L. Alam.
39)	B 17	Ivrea, Bibl. Capit. XXXIII	ca. s. IX med.	wohl Oberitalien	L. Rib., Sal., Alam., Burgund., Bai., Capitt.
40)	B 32	Paris, BN. lat. 4417	s. IX ex.	Burgund?/Le Puy	Epit. Aegidiana, L. Rib., Sal. emend., Alam., Bai., Burgund., Ansegis, Capitt.
41)	B 24	Vat. Reg. lat. 1128	s. X	Burgund?	L. Rom. Visig., Cod. Theodosianus, Fragm. Ulpiani, L. Burgund., Rib., Sal., Alam.
		IV			
42)	B 6	Hamburg, Ms. 141a in scrin.	s. IX²	»in einem Fulda-nahen Stil geschrieben« – später (?) Corvey	Ansegis, L. Sal., Rib., Alam.
43)	B 1b	Cologny-Genève, Sammlung Bodmer, Cod. 107 (ehem. Klitschdorf, Solms-Baruth)	s. IX ex.	nordwestdeutsch	Cod. Theodos., L. Sal. emend., Rib., Alam., Bai., Capitt.
44)	B 4	Clm 19415, foll. 1–220	s. IX⅓ (811–836)	Freising	L. Bai, Capitt., Iunilius
		foll. 221sqq.	s. XI med.	Tegernsee	Syn. v. Dingolfing (770) u. Neuching (772), L. Alam.
45)	A 3	Wien, NB. Cod. 502	s. XI	deutsch	L. Rib., Alam.
46)	B 9	Clm 4460	s. XI	s. XV Bamberg O.P.	Prol. L. Bai., L. Alam., Ansegis (cf. Clm 3853–oben Nr. 6)
47)	C 1	Clm 2621	s. XIII	Aldersbach (Niederbayern)	L. Bai., Epitome legis Alam.
48)	C 2	Clm 11029	s. XV	St. Salvator, Ilz (Passau)	idem

Anmerkungen zum Anhang

1) CLA VII 950, vgl. Buchner, Kleine Untersuchungen (wie o. S. 364 Anm. 33) S. 65; Bischoff, Panorama (wie o. S. 363 Anm. 22) S. 19; K. Holter, Der Buchschmuck in Süddeutschland und Oberitalien, in: Karl der Große. Lebenswerk und Nachleben, Bd. III, hg. v. W. Braunfels u. H. Schnitzler (^{3}1966) S. 80.
2) Vgl. Bischoff, Schreibschulen (wie o. S. 365 Anm. 39) II (Wiesbaden 1980) S. 215f.; A. Bruckner, Scriptoria Medii Aevi Helvetica III (1938) S. 116f. (s.IX⅓, »fraglich, ob... in St. Gallen geschrieben«).
3) Datierung und Lokalisierung dank freundlicher briefl. Auskunft von Bernhard Bischoff vom 3. XII. 1979; vgl. zum Inhalt R. Buchner, Textkritische Untersuchungen zur Lex Ribuaria (Schriften der MGH 5, 1940) S. 73f. sowie G. Scherer, Verzeichnis der Manuscripte und Incunabeln der Vadianischen Bibliothek in St. Gallen (1864, Nachdruck 1966) S. 95ff.
4) Vgl. Bischoff, Schreibschulen I (wie o. S. 365 Anm. 39) S. 15–18 und II S. 196f. – mit Hinweis auf die namenkundlichen Argumente von R. Schützeichel, in: RhVjBll 32 (1968) S. 50–85 zugunsten einer Entstehung der Hs. im westlichen moselfränkischen Raum; der paläographische Befund bietet jedoch nach Bischoff II S. 197 keine Stütze für diese These, wiewohl festzustellen ist, daß die Abkürzungen der Hss.-gruppe (außer Clm 4115 noch Clm 14422, ein Fragment der UB. München und Bamberg, Bibl. (92) »fast der Norm der französischen Schulen des IX. Js.« entsprechen (Bischoff I S. 17); vgl. auch Ders., Panorama (wie o. S. 363 Anm. 22) S. 24 und – über den Inhalt – Buchner, Lex Ribuaria (s. zu Nr. 3) S. 56ff.
5) Über die Geschichte der Hs. seit der Säkularisation des Klosters Weissenau, zu dessen Bibliothek sie gehört hatte, ihre zeitweilige Aufbewahrung in Schloß Liebenau und über ihren Inhalt vgl. G. Hänel, in: SB Leipzig 17/18, 1865/66, S. 1–17; einige Hinweise MBK I S. 407ff. Die jüngste Arbeit über die Hs. von A. Dilger, Die Stuttgartensis und ihre Bedeutung, in: ZRG Germ. 99 (1982) S. 298–307 bietet nichts Neues zur Geschichte des Codex, zeigt vielmehr ein bemerkenswertes Unverständnis für Fragen der Handschriftenforschung und der Überlieferungsgeschichte, ja für alte Handschriften schlechthin (vgl. z. B. S. 299: »Die Handschrift B 9 aus der Münchener Staatsbibliothek[6)] ...«, dazu Anm. 6: »Registriert <!> in: Cod. Lat. 4460 (Staatsbibliothek München)«; S. 301: »Auch die paläographischen Erkenntnisse bieten einige interessante Merkmale«, oder auch die Formulierung des Titels eines 1977 ebenfalls in der ZRG Germ. (94, S. 185–203) erschienenen Beitrags ders. Verf.: »Herkunft und Rechtsnatur einer raetischen Handschrift aus dem Theodosianischen Gesetzbuch«!).
6) Vgl. Kottje, Bußbücher Halitgars (wie o. S. 370 Anm. 66) S. 38f.
7) Vgl. ebda. S. 26ff.
8) Bischoff (wie zu Nr. 3); vgl. Beschreibendes Verzeichnis der Handschriften der Stadtbibliothek zu Trier, Bd. IX, v. G. Kentenich (1919) S. 3 und R. Nolden, Epternacensia in Stadtarchiv und Stadtbibliothek Trier, in: Hémecht 37,1 (1985) S. 117f.
9) Vgl. O. Mazal, in: Wissenschaft im Mittelalter. Ausstellungskatalog (Wien 1975) S. 137 Nr. 92.
10) Vgl. W.-R. Schleidgen, Die Überlieferungsgeschichte der Chronik des Regino von Prüm (Quellen u. Abhandlungen zur mittelrhein. Kirchengeschichte 31, 1977) S. 50: »in Nachzeichnung einer Hand des 10. Jhs. eine Abschrift der Lex Alamannia eingetragen«; die Annahme Schleidgens (ebda. Anm. 230), es handle sich »wahrscheinlich« um eine Abschrift des Cod. St. Paul i. L. 4/1 (s. unten Nr. 32), ist unbegründet.
11) Vgl. Bischoff, Panorama (s. o. S. 363 Anm. 22) S. 13.
12) Vgl. Bischoff, ebda. S. 16; vgl. auch Buchner, Lex Ribuaria (s. zu Nr. 3) S. 60f.; McKitterick, Carolingian Law-Books (wie o. S. 369f. Anm. 65) S. 19–22 (hier wie bei den unter Anm. 17, 23, 28 u. 40 genannten Angaben der Verf. zur Datierung ohne Hinweis auf B. Bischoffs veröffentlichte Feststellungen).
13) Vgl. Buchner, Lex Ribuaria S. 87f.
14) u. 15) Bischoff (wie zu Nr. 3); vgl. auch Buchner, Lex Ribuaria (s. zu Nr. 3) S. 81.
16) Bischoff (wie zu Nr. 3); zum Inhalt vgl. Buchner, Lex Ribuaria (s. zu Nr. 3) S. 93.

17) BISCHOFF, Briefl. Mitteilung vom 19. I. 1978; MCKITTERICK (s. zu Nr. 12) S. 25f. mit der Angabe, daß die LAl (foll. 121–126) Fragment einer anderen Hs. sei (dat. s. IX^2).
18) BISCHOFF (wie zu Nr. 17); vgl. auch BUCHNER, Lex Ribuaria (s. zu Nr. 3) S. 88f.
19) BISCHOFF (wie zu Nr. 17); zum Inhalt vgl. BUCHNER, Lex Ribuaria (s. zu Nr. 3) S. 92f.
20) Vgl. BUCHNER, Lex Ribuaria S. 89; THEUERKAUF, Lex (wie o. S. 368 Anm. 59) S. 68.
21) Vgl. BUCHNER, Lex Ribuaria (wie zu Nr. 3), S. 78f.; F.L. GANSHOF, Was waren die Kapitularien? (1961) S. 79.
22) BISCHOFF (wie zu Nr. 3); zum Inhalt vgl. BUCHNER, Lex Ribuaria (s. zu Nr. 3) S. 86.
23) Vgl. B. KRUSCH, Die Lex Bajuvariorum. Textgeschichte, Handschriftenkritik und Entstehung (1924) S. 105f.; MCKITTERICK (s. zu Nr. 12) S. 24 (dat. s. IX med.).
24) BISCHOFF (wie zu Nr. 3); vgl. B. KRUSCH, Neue Forschungen über die drei oberdeutschen Leges: Baiuvariorum, Alamannorum, Ribuariorum (Abh. Ges. d. Wiss. Göttingen, Phil.-hist. Kl., N.F. 20, 1, 1927) S. 177ff.
25) BISCHOFF (wie zu Nr. 3); vgl. den Hinweis von B. BISCHOFF, Biblioteche, Scuole e Letteratura nelle Città dell'alto medioevo, in: DERS., Mittelalterl. Studien I (1966) S. 127 Anm. 14; zum Inhalt vgl. BUCHNER, Lex Ribuaria (s. zu Nr. 3) S. 69.
26) BISCHOFF (wie zu Nr. 3); zum Inhalt vgl. BUCHNER, Lex Ribuaria (s. zu Nr. 3) S. 59.
27) BISCHOFF (wie zu Nr. 3); vgl. Archiv 7 (1839) S. 156 u. 749 und zum Inhalt BUCHNER, Lex Ribuaria (s. zu Nr. 3) S. 80.
28) BISCHOFF (wie zu Nr. 3); vgl. zum Inhalt BUCHNER, Lex Ribuaria (s. zu Nr. 3) S. 85f.; MCKITTERICK (s. zu Nr. 12) S. 24f. (dat. »late ninth century«).
29) B. BISCHOFF, Paläographie des römischen Altertums und des abendländischen Mittelalters (Grundlagen der Germanistik 24, 1979) S. 257 u. Brief vom 14. X. 1982.
30) Vgl. G.H. PERTZ, in: Archiv 5 (1824) S. 207ff.
31) CLA IX 1382 (»Westschweiz« oder »Norditalien«); BISCHOFF, Panorama (wie o. S. 363 Anm. 22) S. 31; HOLTER, Buchschmuck (s. zu Nr. 1) S. 93.
32) Vgl. BUCHNER, Lex Ribuaria (s. zu Nr. 3) S. 74–78; HOLTER, Buchschmuck (s. zu Nr. 1) S. 80; DERS., Die Bibliothek, Handschriften und Inkunabeln, in: Die Kunstdenkmäler des Benediktinerstiftes St. Paul im L. und seiner Filialkirchen (Österr. Kunsttopographie XXXVII, 1969) S. 360f.; BISCHOFF, Die Rolle von Einflüssen (wie o. S. 363 Anm. 23) S. 97f.
33) Vgl. H. BUTZMANN, Die Blankenburger Handschriften (Kataloge der Herzog-August-Bibliothek Wolfenbüttel, N. R. 11, 1966) S. 138–144; BUCHNER, Lex Ribuaria (s. zu Nr. 3) S. 67f.
34) Vgl. BUCHNER, Lex Ribuaria (s. zu Nr. 3) S. 63ff.
35) Vgl. ebda. S. 65ff.; W. METZ, Willigis im Rahmen der Beziehungen des Erzstiftes Mainz zum deutschen Königtum in ottonischer und salischer Zeit, in: Willigis und sein Dom. Festschrift zur Jahrtausendfeier des Mainzer Domes 975–1975, hg. v. A. Brück (1975) S. 30.
36) Vgl. KRUSCH, Lex Bajuvariorum (s. zu Nr. 23) S. 101.
37) Ed. G. BECKER, Catalogi bibliothecarum antiqui (1885, Nachdruck mit Ergänzungen 1973) S. 29 Nr. 12; vgl. P.E. SCHRAMM – FL. MÜTHERICH, Denkmale der deutschen Könige und Kaiser (1962) S. 93f.; P. RICHÉ, Les bibliothèques de trois aristocrates laïcs carolingiens, in: Le Moyen Âge (1963) S. 100 u. DERS., Écoles et enseignement dans le Haut Moyen Âge (Paris 1979) S. 301f u. 392; vgl. o. S. 363 m. Anm. 24. Nach KRUSCH, Lex Bajuvariorum (s. zu Nr. 23) S. 110 u. BUCHNER, Lex Ribuaria (s. zu Nr. 3) S. 64f. soll die durch das Testament bezeugte »Rechtshandschrift des Grafen Eberhard« die Vorlage für die Modenaer und Gothaer Hs. (Nrr. 34 u. 35) gewesen sein. Zur Datierung vgl. (wie o. S. 364 Anm. 33) S. 72 Anm. 39.
38) BISCHOFF, Schreibschulen II (s. zu Nr. 2) S. 32. Es handelt sich um einen »Querstreifen eines Doppelblattes« mit 8 Zeilen Text (Schriftraum 90 mm).

39) Datierung nach B. BISCHOFF (wie zu Nr. 3); zum Inhalt vgl. BUCHNER, Lex Ribuaria (s. zu Nr. 3) S. 71 f.; die Kapitularienreihe (foll. 124–148) beginnt mit den *Capitula ad legem Baiuvariorum addita* von 803 (MGH Cap. I Nr. 68), vgl. BUCHNER S. 72.
40) BISCHOFF (wie zu Nr. 17); vgl. DERS., Mittelalterl. Studien II S. 66 Anm. 43 (Verse fol. 260^{v} »ca. saec. IX ex.«); zum Inhalt vgl. BUCHNER, Lex Ribuaria (s. zu Nr. 3) S. 85; vgl. auch MCKITTERICK (s. zu Nr. 12) S. 23.
41) Vgl. G.H. PERTZ, in: Archiv 5 (1824) S. 205 f.; BUCHNER, Lex Ribuaria (s. zu Nr. 3) S. 82 f. (datiert s.X o. IX ex.)
42) B. BISCHOFF, Die Schriftheimat der Münchener Heliand-Handschrift (1979), Abdruck in: DERS., Mittelalterl. Studien III (1981) S. 115 Anm. 12; zum Inhalt vgl. P. LEHMANN, Corveyer Studien (1919), Abdruck in: DERS., Erforschung des Mittelalters V (1962) S. 135 f. (datiert »10. Jhdt.«) u. BUCHNER, Lex Ribuaria (s. zu Nr. 3) S. 84 (»von einer Hand geschrieben, die wahrscheinlich noch ins Ende des 9. Jhs. gehört«).
43) Die Hs. hat Martin Bodmer 1960 von H.P. Kraus, New York, gekauft, vgl. E. PELLEGRIN, Manuscrits latins de la Bodmeriana (Bibliotheca Bodmeriana. Catalogues V, Cologny-Genève 1982), S. 207–217 (Datierung und Lokalisierung bei Pellegrin gemäß briefl. Angaben von B. BISCHOFF).
44) Vgl. BISCHOFF, Schreibschulen I (s. o. S. 365 Anm. 39) S. 103; DERS., Kalligraphie (wie o. S. 369 Anm. 65) S. 15; EDER (wie o. S. 365 Anm. 39) S. 90 f. Nr. 51, zur Datierung auch S. 60.
45) Vgl. BUCHNER, Lex Ribuaria (s. zu Nr. 3) S. 62 f.; MAZAL (s. zu Nr. 8) S. 138 Nr. 94.

Zur Frage der Funktionen des kirchlichen Fernbesitzes im Gebiet der Ostalpen vom 8. bis zum 10. Jahrhundert

VON WILHELM STÖRMER

Philippe Dollinger stellt in seinem bahnbrechenden Werk »L'évolution des classes rurales en Bavière...«, das nach über 30 Jahren nun auch ins Deutsche übersetzt worden ist, fest: »Das auffallendste Charakteristikum des mittelalterlichen Großgrundbesitzes ist in Bayern wie anderswo seine außerordentliche Streuung, und zwar schon in der Karolingerzeit und in zunehmendem Maße in den folgenden Jahrhunderten...

Durch die Rodungen in den Voralpen, im Südosten, in Österreich und im Böhmerwald erwarben alle bayerischen Grundherrschaften Besitzungen, die von ihrem Hauptort sehr weit entfernt lagen. Wirtschaftliche Notwendigkeiten, wie etwa der Bedarf an Wein, veranlaßten sie zum Kauf von Weinbergen in Krems in Niederösterreich oder in Bozen in Südtirol. Die Kirchen erhielten in demselben Maße, wie sich ihr Reichtum und ihr Ansehen mehrten, Schenkungen in immer weiter entfernten Regionen. So lag der Grundbesitz von Niederaltaich zu Beginn des 9. Jahrhunderts in einem Umkreis von 30 Kilometern um das Kloster; um die Mitte des 9. Jahrhunderts erwarb die Abtei Besitz in Ingolstadt und in Österreich, mehrere hundert Kilometer entfernt[1].«

Dieses von Dollinger etwas vereinfacht angesprochene Phänomen der weiträumigen Expansion des kirchlichen Grundbesitzes im Rahmen des klösterlichen und bischöflichen Eigeninteresses soll uns hier nur untergeordnet beschäftigen, schon deshalb, weil wir trotz allgemein recht guter frühmittelalterlicher Quellenlage in Bayern nur höchst dürftige Quellenhinweise über die innere Struktur dieser Grundherrschaften vom 8. bis zum 10. Jahrhundert haben. Es gibt keine frühen Urbare und kein Äquivalent im Alpengebiet zur »Raffelstettener Zollordnung«[2]. Für kein bayerisches Kloster bietet die Quellenlage bis ins 11./12. Jahrhundert die Möglichkeit, die bäuerliche Gesellschaft und Klosterherrschaft zu erarbeiten, wie es Ludolf Kuchenbuch[3] mit Hilfe des Prümer Urbars für die Abtei Prüm im 9. Jahrhundert getan hat.

1) Ph. Dollinger, Der bayerische Bauernstand vom 9. bis zum 13. Jahrhundert (hrsg. v. F. Irsigler), 1982, S. 94 (Originalausgabe des Werkes: 1949).
2) MGH LL II Capitularia regum franc. 2, 1897, Nr. 253, S. 250ff. Vgl. M. Mitterauer, Wirtschaft und Verfassung in der Zollordnung von Raffelstetten, in: Mitt. des Oberösterr. Landesarchivs 8, 1964, S. 344–375; Ders., Zollfreiheit und Marktbereich, 1969, S. 115–135.
3) L. Kuchenbuch, Bäuerliche Gesellschaft und Klosterherrschaft im 9. Jahrhundert. Studien zur Sozialstruktur der familia der Abtei Prüm (VSWG Beihefte 66), 1978.

Wir wollen unser Hauptaugenmerk auf die Intentionen der Tradenten bei der Besitzübergabe an eine Kirche richten. Dazu gleich ein Beispiel: 877 machte König Karlmann, der im Gegensatz zu seinem Vater Ludwig dem Deutschen die Pfalz Ötting zum Zentrum seiner Herrschaft in Bayern erkoren hatte, eine erste große Schenkung an das von ihm kurz vorher errichtete Pfalzstift Altötting *(monasterium noviter a nobis a fundamentis constructum in loco qui dicitur Otinga)*[4].

Über die Bedeutung dieses Stifts für die Hauptpfalz Karlmanns[5] ist hier nicht zu sprechen. Uns interessieren die Gegenstände der frühen Königsschenkungen an das Stift. Zur genannten ersten Schenkung gehörte das Kloster Mattsee, etwa 40 km südöstlich von Altötting gelegen, sowie der Königshof Buch, der vermutlich mit Altenbuch bei Straubing identisch ist[6], d. h. etwa 60 km nordöstlich von Altötting liegt. Dafür, daß diese königliche *curtis* Buch in der nächsten Nähe Altöttings liegen könnte, gibt es keinen ernsthaften Hinweis. Da die alte Pfalzkapelle bereits ausgestattet gewesen sein muß, greift Karlmann bei deren Erhebung zum Pfalzstift auf weiter entfernt gelegene gewichtige Güter, unter anderem eben auf ein Königskloster zurück.

Die ein Jahr später erfolgte zweite Schenkung Karlmanns an das Pfalzstift Altötting ist – zumindest für unser modernes Wirtschaftsdenken – weit weniger verständlich: Der König dotiert das Stift mit dem Königshof Treffen[7], zu dem nicht weniger als 70 Mansen gehören; dieser stattliche Komplex hatte mindestens einen Durchmesser von 10 km. Aber dieser Königshof liegt in Kärnten unweit von Villach, d. h. mindestens 250 km von Altötting entfernt und nur über hohe Pässe erreichbar, dazu auf Wegen durch weite slawische, bisweilen alpenromanische Bevölkerungsgebiete oder überhaupt durch ausgedehnte Ödländereien.

Es stellt sich hier ernsthaft die Frage, was sich Karlmann bei dieser Schenkung gedacht hat. Das Argument, daß die Substanz seines Königsguts im engeren und weiteren Umkreis von Altötting nicht mehr geschmälert werden durfte, trifft ganz gewiß nicht zu. Denn als später 885 Kaiser Karl der Dicke den Neunten von nicht weniger als 20 bayerischen Königshöfen an das Pfalzstift Ötting schenkt[8], zeigt sich, daß diese Königshöfe die Pfalz Altötting in einem breiten Band umlagern. Die Pfalz und das Pfalzstift Altötting liegen geradezu im Zentrum dieses

4) MGH D Karlmann nr. 2, S. 286.

5) Dieses Problem ist bisher noch nicht deutlich gesehen worden: Vgl. J. Pfennigmann, Studien zur Geschichte Altöttings im Früh- und Hochmittelalter. Phil. Diss. (Masch.) München 1952; W. Brugger, Die herzogliche und karolingische Pfalz zu Altötting, in: Oberbayer. Archiv 105, 1980, S. 86 ff.; H. Nottarp, Das Stift Altötting (Kirchenrechtl. Abhandlungen 117/118), 1938. Zur benachbarten Pfalzenlandschaft östlich des Inns und der Salzach siehe die eingehende Untersuchung von S. Haider, Zum Problem karolingischer Pfalzen in Oberösterreich, in: Historisches Jb. d. Stadt Linz, 1980, S. 11–38.

6) Vgl. W. Störmer, Frühmittelalterliches Herzogs- und Königsgut im Raum Straubing, in: K. Bosl (Hrsg.), Straubing. Das neue und das alte Gesicht einer Stadt im altbayerischen Kernland, 1968, S. 39–58, bes. S. 44. Später sind Teile Altenbuchs allerdings wieder in salzburgischer Hand. Dazu s. O. Helwig, Das Landgericht Landau a. d. Isar (Histor. Atlas v. Bayern, T. Altbayern, H. 30) 1972, S. 9, 13, 17.

7) MGH D Karlmann nr. 14, S. 304 f.

8) MGH D Karl III nr. 128, S. 205 f.

ausgedehnten Königshofsystems zwischen Isar und dem oberösterreichischen Traungau. Hier kann man nicht von einem Mangel an königlichen Ressourcen in der Pfalzregion Altötting sprechen. Es müssen also andere Gründe für die Auswahl des Schenkungsobjekts Treffen in Kärnten vorliegen.

Es wäre zu erwägen, ob König Karlmann auf diese Weise die Nutzung der für ihn wenig aktuellen Kärntner Besitzungen gewissermaßen billig an das neue Stift übertragen wollte, die bisher für den König, nun für das Stift wenig einbrachte. Auch dieses Argument ist wenig überzeugend, zumal Karantanien für Karlmann stets wichtig blieb, der große Königshofkomplex Treffen aber zum Kernraum Karantaniens gehörte[9]. Zum anderen machte Karlmann seine Schenkung an das Pfalzstift Altötting, d. h. an die kirchlich-politische Institution jener Pfalz, die seine Hauptpfalz wurde.

Der neue Pfalzenschwerpunkt um Altötting rückte Karantanien näher heran an das Zentrum königlicher Macht als dies bei Regensburg der Fall war; ich möchte diese Schenkung demnach als eine Einbindung der Pfalzstiftgüter in die königliche Interessensphäre interpretieren. Für dieses Argument gibt es einen Parallelfall, der Karlmanns Italienpolitik betrifft. Zunächst sei vorausgeschickt, daß Altötting durch seine Innschifffahrtsverbindung relativ gute Verkehrsverbindung nach Italien hatte[10]. Nach seinem mißglückten Italienzug – seit Ende 877 benutzte Karlmann nur noch Altötting als Pfalz – behandelte der König durchwegs italienische Angelegenheiten in der Pfalz Altötting[11], sofern die überlieferten Urkunden vollständig sind. Diesen transalpinen Interessen Karlmanns entspricht es, daß der König seinem Altöttinger Pfalzstift auch ein *praedium* in Italien schenkte. Jedenfalls tauschte später sein Sohn Arnulf von Kärnten 898 dieses für Altötting – wie es ausdrücklich heißt – entlegene italienische Gut *Summus lacus*, das wohl am Gardasee lokalisiert werden muß, gegen einen nahen Königshof Reut bei Laufen ein[12]. Gerade diese Urkunde macht deutlich, daß derartiger Fernbesitz den Klöstern und Stiften

9) G. MORO, Das Königsgut in Kärnten, in: Carinthia I 1931, S. 35–40; H. KOLLER, Bamberg und Villach, in: Festschrift Karl Pivec (Innsbrucker Beiträge zur Kulturwissenschaft 12), Innsbruck 1966, S. 223–233 befaßt sich eingehend mit dem Schenkungsobjekt und versucht die Grenzen des Treffener Königsgutskomplexes zu umschreiben. KOLLER weist S. 225 f. darauf hin, daß zu diesem Königsgutskomplex vier Berge gehörten, deren einer offensichtlich noch im frühen Mittelalter eine zumindest in der Spätantike ausgebeutete Silbermine barg. Er betont, »daß das von Karlmann umschriebene Gebiet in seinem Umfang fast genau den Blei-Zink-Lagerstätten entspricht, die auch von der modernen Geologie als Einheit erkannt und erfaßt sind« (S. 226). Da aber der Öttinger Komplex Treffen allmählich verfiel, gewinnt man nicht den Eindruck, daß der Silberabbau eine kontinuierliche Rolle gespielt hat.

10) Vgl. E. NEWEKLOWSKY, Schiffahrt, in: Atlas von Oberösterreich. Erläuterungsband zur ersten Lieferung. 1958, S. 117; O. STOLZ, Geschichte des Zollwesens, des Verkehrs und Handels in Tirol und Vorarlberg von den Anfängen bis ins 20. Jahrhundert (Schlern–Schrr. 108) 1953

11) MGH DD Karlmann nrr. 12, 13, 16 (im nahen Hochburg), 21, 22, 23, 24, 25, 26, 27, 28, S. 301 ff., 314 ff.

12) MGH D Arnulf nr. 161, S. 243 ff. Man muß beim Tauschwunsch des Stifts Altötting auch die politischen Schwierigkeiten im Italien jener Zeit mit einkalkulieren.

unter manchen Umständen eine erhebliche Belastung sein konnte. Stimmt die Lokalisierung des Altöttinger praedium *Summus lacus* am Gardasee, dann wird gleichzeitig deutlich, daß der König seinem Pfalzstift Besitz gerade an jenem See und an jener Route übertragen hatte, die eine wichtige Marschalternative zur kritischen Veroneser Klause darstellte[13].

Diese Beispiele aus der frühen Ausstattung des Pfalzstifts Altötting scheinen mir der beste Einstieg in unsere Problematik zu sein, weil sie eine Aufgabendelegierung an königliche Kirchen nahelegen. Eben diese politischen Absichten bei Landschenkungen an Klöster und Stifte werden schon unter Karl dem Großen deutlich sichtbar.

Seitdem Karl 774 das Langobardenreich okkupiert hatte, wurde die Sicherung der Alpenpässe und mehr noch der Engen bzw. Klausen zu einem Zentralproblem. Eduard Hlawitschka[14] hat gezeigt, wie Karl nicht nur stärkere fränkische Besatzungen in die Städte des östlichen Oberitaliens seit 776 legen ließ, sondern auch zunehmend fränkische Grafen an die Stelle unzuverlässiger langobardischer Herzöge *(duces)* setzte, ja daß darüber hinaus auch die dem Frankenkönig gegenüber loyalen langobardischen Großen keine langobardischen Nachfolger mehr erhielten, sondern Grafen aus den Gebieten nördlich der Alpen. Dies gilt vor allem für den Raum um Verona, wo Hlawitschka hauptsächlich alemannische Große im 9. Jahrhundert feststellt[15].

Auch für die in Norditalien tätigen *missi dominici* (Königsboten – man könnte sie auch königliche Kommissare nennen) gilt diese Erscheinung. Hier fallen nicht nur weltliche Große aus dem westfränkischen, alemannischen und bayerischen Bereich auf, sondern auch Äbte und Bischöfe aus den Gebieten nördlich der Alpen. Neben der Einsetzung von kleineren und größeren Grundherren aus den nördlichen Reichsteilen auf konfisziertem Langobardenland wurden vor allem Klöster an strategisch wichtigen Punkten mit Besitz beschenkt und damit zur Kontrolle herangezogen. Ich darf Eduard Hlawitschka[16] zitierten: »Das Bestreben Karls des Großen, eine möglichst enge Verbindung Italiens mit den Reichsteilen nördlich und nordwestlich der Alpen zu erreichen, fand auch in der Heranziehung der fränkischen Reichskirche sichtbaren Ausdruck. Fränkische Kirchen und Klöster wurden mit Besitzungen in Italien ausgestattet. Das Kloster St. Martin in Tours erhielt gleich nach dem Zusammenbruch der Langobardenherrschaft von Karl d. Gr. die Insel Sirmione im Gardasee sowie das ganze Tal Camonica, das Absteigequartier Wahram bei Pavia, die villa Solario und eine casella in Pavia samt Zubehör zu Geschenk. Dem Kloster St. Denis übergab Karl das Tal Veltlin, altes langobardisches Fiskalland. Die St. Lambertkirche von Tongern-Lüttich erhielt die villa Iberna in der Grafschaft Lodi. Auch der Abtei S. Maurice d'Agaune wurden Güter in Tuszien in jener Zeit übertragen. Dem Kloster Fulda übergab Ludwig d. Fr. einen Olivenhain in Oberitalien. Schon vorher hatte es Güter in der Umgebung von Verona vom Grafen Hadumar erhalten.

13) C. Brühl, Fodrum, Gistum, Servitium regis I, II, 1968.

14) E. Hlawitschka, Franken, Alemannen, Bayern und Burgunder in Oberitalien (Forschungen z. Oberrhein. Landesgeschichte 8), 1960, S. 11ff.

15) Ebenda, S. 40f.

16) Ebenda, S. 30f.

Ebenso gelangten die Klöster St. Gallen, Reichenau und St. Emmeram in Regensburg zu italienischen Besitzungen.«

Es fragt sich freilich, wie diese Kontrolle durch den kirchlichen Besitz realisiert werden konnte. Hlawitschka weist selbst auf eine wichtige Methode hin: »Auf diesen italienischen Gütern leiteten Mönche aus den Besitzklöstern die Verwaltung«[17]. Eine solche Praxis bedurfte natürlich auch beträchtlicher personaler Ressourcen dieser Klöster. Im Ernstfall saßen die in der Langobardia arbeitenden fränkischen, alemannischen und bayerischen Mönche aber sicherlich auf verlorenem Posten, wenn nicht ein hinreichendes Kommunikationssystem quer durch die Alpen bestand[18]. Und dazu bedurfte es in erster Linie der Sicherung der alpinen Verkehrswege. Die neuralgischen Punkte waren dabei vor allem die Engen, die vielfach die Schlüssel zu den Paßsystemen waren[19]. Bezüglich der Verkehrssituation im Jahresablauf wird man berücksichtigen müssen, daß in den langen Wintermonaten ohnehin der Kontakt zwischen den einzelnen Regionen nur sehr beschränkt gewesen sein kann.

Der Fremde brauchte unbedingt einen wegkundigen Führer, um bei der Primitivität der Wege sich nicht im Gebirge zu verirren. Ein weiteres schwer berechenbares Risiko waren plötzliche Wetterstürze mit ihren verheerenden Folgen wie Hochwasser, Muren, Steinstürze, die Wege und Brücken zerstören konnten. Sogar heute noch im hochtechnisierten 20. Jahrhundert sind Paßstraßen vor Naturkatastrophen nicht gefeit, um wieviel mehr war der Mensch des Mittelalters den Naturgewalten ausgeliefert[20].

Die Voraussetzung für einen Paßverkehr war meines Erachtens eine Paßverkehrsorganisation, wie wir sie in der Schweiz deutlich fassen können[21]. Den Paßfußorten kommt dabei eine besondere Bedeutung zu. Hier ergeben sich eine Reihe von Fragen:

a) Haben diese Paßfußorte bereits eine römische Basis[22] bzw. hat sich die Paßverkehrsorgani-

17) Ebenda, S. 31.

18) Vgl. A. Borst, Alpine Mentalität und europäischer Horizont im Mittelalter, in: Schrr. d. Vereins f. Gesch. d. Bodensees u. seiner Umgebung 92, 1974, S. 1–46.

19) Vgl. F. Huter, Wege der politischen Raumbildung im mittleren Alpenstück, in: Die Alpen in der europäischen Geschichte des Mittelalters (Vorträge u. Forschungen 10), 1965, S. 245–260; W. Störmer, Engen und Pässe in den mittleren Ostalpen und ihre Sicherung im frühen Mittelalter, in: Mitt. d. Geograph. Gesellschaft in München 53, 1968, S. 91–107. Zur Bedeutung dieser alpinen Gegebenheiten für die Langobarden und ihre Politik s. G. Tangl, Die Paßvorschrift des Königs Ratchis und ihre Beziehung zu dem Verhältnis zwischen Franken und Langobarden vom 6. bis 8. Jahrhundert, in: Quellen und Forschungen aus italienischen Archiven und Bibliotheken 38, 1958, S. 1–67.

20) Auf diese Problematik haben hauptsächlich die Geographen hingewiesen. Vgl. E. Zimpel, Der Verkehr als Gestalter der Kulturlandschaft. Diss. München 1958; H. Paschinger, Kärnten. Eine geographische Landeskunde, 1976, S. 72–80, 92f.

21) O. P. Clavadetscher, Verkehrsorganisation in Rätien zur Karolingerzeit, in: Schweiz. Zs. f. Geschichte 5, 1955, S. 1–30; Ders., Das Schicksal von Reichsgut und Reichsrechten in Rätien, in: VSWG 54, 1967, S. 46–74; Ders., Die Täler des Gotteshausbundes im Früh- und Hochmittelalter, in: Festschrift 600 Jahre Gotteshausbund, 1968, S. 1–42.

22) Ein eindrucksvolles Beispiel dafür ist Wilten-Veldidena (heute Ortsteil von Innsbruck): F. H. Hye, Innsbruck. Geschichte und Stadtbild, 1980, S. 6ff.

sation – wenn auch rudimentär – noch aus römischer Zeit ins Mittelalter hinübergerettet? Für das Bündner Gebiet konnte dies Clavadetscher an Hand des Churrätischen Reichsgutsurbars sehr wahrscheinlich machen[23].

b) War die mittelalterliche Paßorganisation genossenschaftlich[24] oder herrschaftlich (d.h. wohl vielfach grundherrschaftlich) organisiert?

c) Wie sicher war diese Paßorganisation in den Wechselfällen der Politik?

Wie manche Klöster im Hochmittelalter gezielt zur Paßorganisation herangezogen wurden, zeigt vielleicht am besten das Zisterzienserkloster Viktring in Kärnten. Das 1142 von Graf Bernhard von Spanheim gegründete und in der Gegend reich dotierte Zisterzienserkloster sollte den Loiblweg erhalten und in den umliegenden Karawankentälern planmäßig roden, wie die Kärntner Forschung betont[25]. Eigenartigerweise liegt nun aber auch dieses Kloster nicht direkt am Paß, sondern annähernd 20 km nördlich, sogar nördlich des Drau-Übergangs, freilich an der Straßenverbindung Virunum – Maria Saal – Loibl – Laibach.

Die Begehung des Loiblpasses bzw. seines ersten Anstiegs und dessen Enge, nämlich der Tscheppa-Schlucht, zeigt uns heute noch, wie schwierig im Grunde ein Paßweg vor allem in seiner unteren Phase in früheren, vortechnischen Zeiten war. Im Mittelalter mit seinen großen brückenbautechnischen und straßenbautechnischen Schwierigkeiten mußte der Fremde – sei er Kaufmann, Pilger oder Krieger – in einer solchen Situation weitgehend überfordert gewesen sein, soweit er alleingestellt war.

Bei einer Betrachtung der nördlichen Zugänge der bayerischen Alpen fällt auf, daß vielfach alte Klöster diesen Zugängen unmittelbar vorgelagert sind[26]. So liegt das Kloster St. Mang in Füssen vor der Füssener Enge, die Klöster Polling und Staffelsee in etwas weiterer Entfernung vor dem Austritt der Loisach aus dem Gebirge, die Klöster Schlehdorf, Kochel und Benediktbeuern vor dem Kesselbergpaß. Ein früh abgegangenes Kloster lag vor der Scharnitz-Enge[27]; es wurde – offenbar wegen seiner exponierten Lage – bald nach Schlehdorf verlegt. Inwieweit im

23) Wie Anm. 21.

24) Vgl. dazu die Beispiele bei A. Borst, Alpine Mentalität und europäischer Horizont im Mittelalter, in: Schrr. d. Vereins f. Gesch. d. Bodensees u. seiner Umgebg. 92, 1974, S. 1–46.

25) W. Krallert, Beiträge zur Geschichte des Zisterzienserklosters Viktring, in: Carinthia I, 1933.

26) Dies mag zum einen mit den Besitzverhältnissen der einzelnen Stifterfamilien zusammenhängen, zum anderen auch mit der eremus-Pflicht des Mönchtums. Dies widerspricht aber nicht dem Faktum der besonderen Verkehrslage der Klöster. Zu den einzelnen Klöstern s. F. Prinz, Frühes Mönchtum im Frankenreich, 1965, S. 365ff., 372, 549ff.; Störmer, Engen (wie Anm. 19); Ders., Fernstraße und Kloster. Zur Verkehrs- und Herrschaftsstruktur des westlichen Altbayern im frühen Mittelalter, in: ZBLG 29, 1966, S. 299–343; Ders., Beobachtungen zur historisch-geographischen Lage der ältesten bayerischen Klöster und ihres Besitzes, in: E. Zwink (Hrsg.), Frühes Mönchtum in Salzburg (Salzburg Diskussionen 4), 1983, S. 109–123.

27) Ob die von W. Sage in Klais bei Mittenwald sorgfältig ergrabene frühmittelalterliche Kirche mit der Klosterkirche Scharnitz identisch ist, läßt sich wohl noch nicht mit völliger Sicherheit sagen: W. Sage, Das frühmittelalterliche Kloster in der Scharnitz, in: Beiträge zur altbayerischen Kirchengeschichte – Deutingers Beiträge 31, 1977, S. 11–133.

früheren Mittelalter der Achenpaß[28], die Erzherzog-Johann-Klause und das Landl als Alpeneingänge benutzt wurden, wissen wir nicht; jedenfalls liegen vor diesen Alpeneingängen zwei immerhin namhafte frühmittelalterliche Klöster, nämlich Tegernsee und Schliersee. Genau dort, wo der Inn, der den Tiroler Alpenraum so verkehrsdurchgängig macht, die nördliche Kalkalpenmauer durchbricht, existierte an der Kufsteiner Klause wenigstens kurzlebig im 8./9. Jahrhundert ein Klösterchen.

Die Frage nach den Verkehrsfunktionen dieser genannten Klöster läßt sich freilich nicht nur an Hand der geographischen Lage der Mönchsniederlassungen beantworten, wenn auch für die meisten von ihnen die Fernstraßennähe typisch ist. Die Verkehrsfunktionen unserer Klöster werden besonders erhellt durch das Bild der »Schenkungen«, die sie im wesentlichen schon im 8./9. Jahrhundert erhielten. In Füssen, wo die Römerstraße und frühmittelalterliche Fernstraße Augsburg – Epfach – Fernpaß bzw. Brenner, die vor allem die Ottonen für ihre Italienzüge bevorzugten, die Enge durchquert, errichtete der hl. Magnus mit Hilfe des Bischofs Wikterp[29] zu Epfach das Stift St. Mang. Bezeichnenderweise soll auch König Pippin diese Gründung reich dotiert haben, denn er mußte ja besonders daran interessiert sein, in einer Zeit, als es ihm darum ging, Einfluß auf Bayern und Italien zu gewinnen. Dem Stift waren im Mittelalter alle alten Pfarreien südlich der Gebirgsenge und damit das ganze Tal des oberen Lechs inkorporiert. Angeblich stammt die bedeutendste dieser Urpfarreien, Wängle-Aschau, von König Pippin. Jedenfalls werden wir den Schluß daraus ziehen dürfen, daß sie zur Erstausstattung des Magnus-Klosters gehörte[30], woraus sich bereits die Verklammerung von Rechten nördlich und südlich der Füssener Enge ergibt.

Der frühe Dotationsbesitz der Klöster Benediktbeuern[31] und Scharnitz-Schlehdorf[32], aber

28) Immerhin hatte das im 10. Jh. gegründete Kloster St. Georgenberg (bei Jenbach/Tirol) bedeutende Besitzungen im Achental. M. KRAMER, Geschichte der Benediktiner-Abtei St. Georgen-Fiecht, 1954. Darauf machte mich liebenswürdigerweise Herr Kollege A. Kraus, München, aufmerksam.

29) Zu Wikterp s. K. SCHMID, Bischof Wikterp in Epfach. Eine Studie über Bischof und Bischofssitz im 8. Jahrhundert, in: J. WERNER (Hrsg.), Studien zu Abodiacum-Epfach, 1969, S. 99–139. Zur Gründung Füssens und seinem frühen Besitz im oberen Lechtal siehe ebenda, S. 112ff., 126, 136f.; E. GEBELE, Der hl. Magnus von Füssen. Phil. Diss. (Masch.) München 1953; H.-U. RUMP, Füssen, (Histor. Atlas v. Bayern, T. Schwaben 9) 1977; W. STÖRMER, Fernstraße (wie Anm. 26), S. 337f.

30) H.-U. RUMP, Füssen (wie Anm. 29), S. 32ff., 51ff., 58ff.

31) Zur Lage der frühen Benediktbeurer Besitzungen im Alpenvorland s. W. STÖRMER, Fernstraße (wie Anm. 26), S. 302f., 332ff. Benediktbeuern beanspruchte ferner als angebliche Gründungsausstattung durch den Gründer Lantfried ein gewaltiges Waldgebiet *(nemus),* das im Norden von Seeshaupt am Starnberger See, im Osten und Süden von der Isar (bis zur Quelle), im Westen von einer Zone zwischen Wallgau, Habach und Seeshaupt begrenzt wird (MGH SS 9, S. 214). Dieser *nemus* ist also durchaus auch stark südwärts in die Alpen und bis in die Nähe der Scharnitzenge (an der Fernstraße in Richtung Brenner) gerichtet. Zur Gründungsausstattung rechnet die älteste Klosterüberlieferung ferner Besitz in Bozen (MG SS 9, S. 214). In der *Descriptio praediorum* steht die *pars vinearum in Pozana* sogar an erster Stelle. Von diesen Weinbergen wird gesagt, daß sie entfremdet worden sind (MG SS 9, S. 223).

32) Vgl. STÖRMER, Fernstraße (wie Anm. 26), S. 304ff. Karte dieser Besitzungen, die weit nach Tirol in das Inntal westlich von Innsbruck reicht, s. W. STÖRMER, Adelsgruppen im früh- und hochmittelalterlichen Bayern (Studien z. bayer. Verfassungs- und Sozialgeschichte 4) 1972, S. 93. In der »Gründungsurkunde«

auch Frauenchiemsee[33]), zeigt, daß diese Klöster weitgehend mit Besitz an oder in der Nähe von alten Verkehrswegen, und zwar ursprünglichen Römerstraßen, bedacht wurden, wobei besonders auffällig ist, daß ehemalige römische Straßenstützpunkte im Alpenvorland und in den Alpen bevorzugt wurden. Die Römerstraßen waren also im Frühmittelalter nicht nur noch intakt; sie wurden bis ins 12. Jahrhundert weitgehend benützt. Besonders wenn man den frühen Benediktbeurer Besitz mit einer Römerstraßenkarte Raetiens vergleicht, wird leicht erkennbar, daß diese Klostergrundherrschaft sich stark an ehemalige Römerstraßen anlehnt. Dieser Klosterbesitz reichte – wenn auch sehr sporadisch – fast durch die ganzen Ostalpen in Nord-Südrichtung, nämlich von der Amper im Norden bis Bozen im Süden.

Die Gründer des Klosters Scharnitz bei Mittenwald vor der Scharnitzenge statteten ihre Stiftung ebenfalls mit Besitz an Fernstraßen aus[34]), um Raisting am Ammersee, in Garmisch[35]), vor allem – was wiederum verkehrsorganisatorisch sehr wichtig ist – in Zirl am Zirler Berg[36]),

Reginperhts (Th. Bitterauf, Die Traditionen des Hochstifts Freising [Quellen u. Erörterungen z. bayer. u. deutschen Gesch. NF 4] 1905, nr. 19) stehen diese Besitzungen sogar an erster Stelle der Schenkungsliste: »*inprimis Uallensium ex pago portionem meam in villas nuncupantes Pollinga et Flurininga et in oppido Humiste portionem meam*«. Dann erst folgen die Schenkungsobjekte »*foras montes*«. Zu ihnen gehört aber auch ein pagus desertus, der als *Ualhogoi* = Wallgau bezeichnet wird. Er scheint sich westlich und südwestlich an den Benediktbeuerer *nemus* angeschlossen zu haben.

33) G. u. A. Sandberger, Frauenchiemsee als bayerisches Herzogskloster, in: Zeitschr. f. bayer. Landesgesch. 27, 1964, S. 55–73, bes. S. 67ff. Vom Frühbesitz dieses Klosters wissen wir nur durch die verfälschte Urkunde Heinrichs IV. (MGH D H IV nr. 302). Er reichte von Niederbayern bis Axams bei Innsbruck, bezeichnenderweise also bis zur Nähe des Brenneraufstieges. Die späteren Besitzschwerpunkte Frauenchiemsees lagen besonders um den Chiemsee, um Landshut (Niederbayern) und im Ziller- und Ötztal/Tirol. Vgl. J. Doll, Frauenwörth im Chiemsee, eine Studie zur Geschichte des Benediktinerordens, 1912.

34) Wie Anm. 32. Zu den Anfängen des Klosters Scharnitz und zur Übersiedlung nach Schlehdorf wie zu einigen Beziehungen der Gründersippe siehe ferner den überaus detailreichen und einfühlsamen Aufsatz von J. Sturm, Schlehdorfs Urgeschichte, in: Jb. 1964 für altbayerische Kirchengeschichte 23–3, 1964, S. 11–26. Sturm macht aufmerksam auf die Tatsache, daß sich in der Scharnitzer Stiftersippe auch Romanen-Namen (Gaio) befinden; dem entspricht, daß unter den Schenkungsgütern auch Romanenorte sind: Wallgau, Imst, Flauerling (von PN Florinus), Zirl. Sturm ist der Meinung, daß auch die Nachbarorte Schlehdorfs Großweil (1100 Wille – villa) und Weichs (von vicus) auf romanische Besiedlung zurückgehen.

35) Bitterauf, Traditionen (wie Anm. 32), nr. 186. Hier ist die wichtige Lage Garmisch-Partenkirchens (letzteres das antike Parthanum) an der Römerstraße zu beachten. – Auffällig auch der Name: Germareskauue. Der Ort Garmisch trägt einen der ganz wenigen mit Personennamen verbundenen Gaunamen Bayerns. Vgl. W. Störmer, Früher Adel. Studien zur politischen Führungsschicht im fränkisch-deutschen Reich vom 8. bis zum 11. Jahrhundert (Monographien zur Gesch. d. Mittelalters 6, II), 1973, S. 382ff.

36) Bitterauf, Traditionen (wie Anm. 32), nr. 177. Dieser Familienbesitz des Tradenten Gaio liegt bezeichnenderweise »*in pago... Poapintal, id est in Oparinhofe et in Cyreolu*«. 763 (Bitterauf, Traditionen [wie Anm. 32], nr. 19) hatte der pagus noch *Uallensium pagus* geheißen. Inzwischen bekam er – wie in Garmisch – den Namen des die Herrschaft ausbauenden Besitzers. Zum spätantiken Castellum Teriolis und zur mittelalterlichen Bedeutung Zirls siehe die Artikel Martinsbühel und Zirl in F. Huter (Hrsg.), Alpenländer mit Südtirol (Handbuch d. histor. Stätten Österreichs 2), 1966, S. 471f., 492 (mit weiterführender Lit.).

Der frühe Besitz des Klosters Scharnitz-Schlehdorf in Beziehung zum alpinen Straßensystem
(Kartengrundlage: E. Keller, Die spätrömischen Grabfunde in Südbayern, 1971, Beilage 2)

- ursprüngliches Scharnitzkloster
- nach Schlehdorf verlegtes Kloster
- benachbarte Klöster (zur Orientierung)
- Scharnitzer Klosterbesitz aus der Erstausstattung
- späterer Besitz des Klosters Scharnitz-Schlehdorf (vor 800)
- befestigter Zentralort
- pagus desertus Wallgau
- Paß bzw. Enge
- ---- Römerstraße (Verlauf gesichert)
- .... Römerstraße (Verlauf nicht völlig gesichert)

wo die Fernstraße von Südbayern über den Brenner nach Verona eine wichtige spätantike Befestigungsanlage passiert und unmittelbar darauf in das Inntal einmündet. Zum ältesten Scharnitzer Besitz gehört ferner das *oppidum* Imst[37)], das am südlichen Ausgang der Fernpaßstraße Augsburg – Füssen – Reschen liegt (Paßfußort) und eine ähnliche strategische Bedeutung wie Zirl hat.

Vergegenwärtigt man sich die Kartenskizze zum frühen Scharnitz-Schlehdorfer Klosterbesitz bzw. zu den Schenkungen an das Kloster, so wird verschiedenes deutlich:

1. Das erste, eigentliche Scharnitzkloster muß unmittelbar bei der alten Römerstraße, die vom Ammersee-Raum über Murnau – Partenkirchen und Scharnitzenge in Richtung Zirl und Brenner führte, gelegen haben. Es muß außerdem – wie schon der Name sagt – unweit der eigentlichen Scharnitzenge gelegen haben. Daß es damit zu einer wichtigen Zufluchtstätte für »Verkehrsteilnehmer« werden konnte, ergibt sich von selbst. Man ist geneigt, von einer vorgeschobenen Hilfsstation in der Einöde zu sprechen.

2. Das Kloster wurde unweit (ja am Südrand) des *pagus desertus* Wallgau errichtet. Es ist bezeichnend, daß der Ort Wallgau – und damit wohl der Kern des ursprünglichen Wallgaus (Walchengaus) – nur wenige Kilometer von Mittenwald und der Scharnitz entfernt liegt.

Die Schenkung dieses Gebietes, das von Romanen ganz oder weitgehend verlassen worden war, gleichsam in die Wiege des Klosters bedeutete mit Sicherheit auch eine Aufgabe, nämlich die der Neubesiedlung. Daß dies nicht gelang, wird sicherlich eine Ursache für den Rückzug des kleinen Mönchskonvents vom Alpental ins Voralpenland nach Schlehdorf gewesen sein. Ein kurzer Blick auf die Benediktbeurer Gründungsausstattung zeigt, daß dieser Raum des Wallgaus gleichzeitig zum gewaltigen *nemus* dieses älteren Klosters gehörte und auch von diesem kaum nutzbar gemacht werden konnte. Wir hören jedenfalls nichts von diesbezüglichen Streitigkeiten zwischen Scharnitz-Schlehdorf und Benediktbeuern. Ja das jüngere Kloster Schlehdorf rückt dann sogar in die Nähe Benediktbeuerns.

Andererseits scheint die Wiederbesiedlung des pagus desertus Wallgau von besonderem Interesse für die Gründersippe und vielleicht auch für den Herzog gewesen zu sein. Da es damals noch genügend Rodungsland gab, dürfte dieses Interesse mit der Verkehrslage in der Randzone der nördlichen Kalkalpen zu erklären sein.

3. Wie wichtig dieses so bescheidene Adelskloster an der Scharnitzenge auch für den bayerischen Herzog war, zeigt die Tatsache, daß Herzog Tassilo III. 769 das Kloster Innichen, die gemeinsam mit dem bayerischen Adel vorgenommene Gründung im Pustertal, sofort dem Abt Atto von Scharnitz übertrug – nur sechs Jahre nach der Gründung des Scharnitzklosters[38)].

37) Bitterauf, Traditionen (wie Anm. 32), nr. 19. Zu Imst vgl. F.-H. Hye, Die Städte Tirols I (Österr. Städtebuch 5 (1980), S. 55ff., 60.

38) Bitterauf, Trad. Freis. nr. 34. Allgemein: Prinz, Frühes Mönchtum (wie Anm. 26), bes. S. 367f.; S. Mitterer, Die bischöflichen Eigenklöster in den vom hl. Bonifazius 739 gegründeten bayerischen Diözesen (Studien u. Mitt. z. Gesch. d. Benediktiner-Ordens, 2. Erg.-Heft), 1929, S. 44ff., 58f., 112ff. Zur Maximilianszelle siehe Forschungen zu Bischofshofen mit Beitrr. v. H. Koller, A. Lippold, O. E. Pichelmayer, Ch. E. Janota, in: Mitt. d. Ges. f. Salzburger Landeskunde 117, 1977, S. 1–94, bes.

Kein zeitgenössisches Dokument erhellt so schlaglichtartig die weiten und politisch mitgeprägten alpinen Funktionen des Scharnitzklosters wie gerade die Gründungsurkunde von Innichen. Hier vollzieht sich eine ähnliche In-Pflicht-Nahme des Klosters für weitgespannte politische Interessen, wie wir sie bei einigen ostfränkischen Klöstern im Zuge der Sachsenmission kennen. Daß das Bistum Freising dem Kloster Schlehdorf bald seine transalpinen Aufgaben abnahm, mag wohl nicht ganz im Interesse des mehr und mehr isolierten Herzogs gelegen haben. Da Scharnitz-Schlehdorf in der Beziehung zu Innichen bald ganz zurücktrat, wird man daraus schließen dürfen, daß Innichen und dessen religiös-politischer Umkreis im slawischen Grenzgebiet an der Drauquelle die Kräfte des bescheidenen Scharnitzklosters überforderte.

Trotzdem halten wir es für wichtig zu betonen, daß das junge Scharnitzkloster wenigstens auf personalem Wege in ein großes Konzept bayerischer Missions- und Alpenpolitik zunächst eingeordnet wurde. Bei der Überlegung, die Kirche für die Sicherung des Alpenverkehrs heranzuziehen, stieß man offensichtlich bald auf gewisse Grenzen. Denn es ist auffallend, daß es in den Ostalpen weder dem bayerischen Herzogtum noch dem karolingischen und frühottonischen Königtum gelungen ist, Klöster innerhalb der Ostalpenregion an verkehrsgünstigen Zonen selbst zu gründen. Wenn man von der St. Maximilianszelle im Pongau und dem Kloster Zell am See, die beide gar nicht im Zentrum des transalpinen Interessengebietes lagen, und dem Herzogs-, dann freisingischen Eigenkloster Innichen im Pustertal absieht[38], das in Richtung Drau nach Osten orientiert war, muß man feststellen, daß die Ostalpen (in der Zone nördlich von Säben) vor der Jahrtausendwende kein Kloster aufzuweisen haben. Dem entspricht die Tatsache, daß noch im 9. Jahrhundert in der Durchgangszone nach Süden höchstens inselartig einzelne germanische Siedlungen auffindbar sind[39]. Diese Sachverhalte müssen aber die Durchlässigkeit eines Raumes, der durch weite, fast menschenleere Hochgebirgs- und Ödzonen charakterisiert ist, erheblich erschwert haben.

Nun wissen wir seit langem, daß es geradezu ein Charakteristikum zahlreicher früh- und hochmittelalterlicher Klöster Bayerns ist, Besitz im Raume Bozen zu haben. Hier handelt es sich selbstverständlich in erster Linie um Weinbergbesitz[40]. Wollten die Klöster den wertvollen Bozener Wein ins bayerische Voralpenland bekommen, mußten sie eine irgendwie geartete, vermutlich schon im 8./9. Jahrhundert weitgehend grundherrschaftliche Transportorganisation haben. Deren Existenz wird im Staffelseer Inventarverzeichnis[41] deutlich. Der Weintransport nach Bayern erforderte aber auch gewisse Stützpunkte auf der Gesamtroute. Und tatsächlich

S. 76ff.; H. Wolfram, Libellus Virgilii, in: A. Borst (Hrsg.), Mönchtum, Episkopat und Adel zur Gründungszeit des Klosters Reichenau (Vorträge u. Forschungen 20), 1974, S. 177–214. Zu Innichen: E. Zöllner, Der bairische Adel und die Gründung von Innichen, in: MIÖG 68, 1960, S. 362–387; Der Schlern 45, 1971 (bes. die Beitrr. v. K. Bosl, Fr. Dörrer, Fr. Huter, R. Wolfsgruber); Sturm, Schlehdorf (wie Anm. 34), S. 17f.

39) Deutliche Hinweise bietet die Ortsnamengebung im Tiroler Inntal. Ähnlich deutlich wird der Sachverhalt auch im Tiroler Urkundenbuch. Vgl. ferner Sturm, Schlehdorf (wie Anm. 34), S. 14f.

40) Soweit ich sehe, erstmals zusammenfassend: A. Jäger, Geschichte der landständischen Verfassung Tirols I, 1881, S. 330ff.

41) MGH Capit. 1, nr. 128, S. 250ff.

werden diese bei einer Reihe von Klöstern sichtbar. Einen Unsicherheitsfaktor unserer Untersuchung bildet freilich die Überlieferung. Denn die Rekonstruktion des alpinen Besitzes ist meist erst aus späteren Klosterurbaren möglich[42]; sie entzieht sich damit vielfach einer chronologischen Festlegung. Mehr noch: während uns die frühmittelalterlichen bayerischen Traditionen[43] ansatzweise deutlich frühe Bezüge der Bistümer und Klöster zum Alpenraum zeigen, fehlt es an Kartularen und Urbaren vor der Jahrtausendwende. Lediglich für Salzburg sind wir durch Notitia Arnonis, Breves Notitiae[44] und Conversio[45] relativ gut unterrichtet, doch wollen wir den Salzburger Besitz nur im Innbereich verfolgen, da ja Salzburgs Besitzungen in Karantanien und an den Ostausläufern der Alpen weitgehend unter dem Zeichen der Mission und direkter Diözesaninteressen stehen.

Was im Gegensatz zum Bündner Pässegebiet in der Schweiz uns in den Ostalpen völlig fehlt, ist die Kenntnis über den herzoglichen, dann königlichen Besitz an den Paßstraßen. Da schon die Agilolfinger intensive Langobardenkontakte seit dem 6. Jahrhundert hatten[46], da auch das merowingische Königtum schon früh einen kirchenpolitischen Vorstoß in den südostalpinen Raum machte[47], werden wir durchaus mit einer irgendwie gearteten Herzogs- und Königsgutorganisation an den Verkehrsstraßen zum Brenner, Reschen und über die Tauern zu rechnen haben. Ob sie freilich so gut entwickelt war, wie das Rätische Reichsurbar es für den Bündner Pässeraum zeigt, mag dahingestellt sein. Otto Clavadetscher nimmt bekanntlich mit guten Gründen an, daß diese churrätische Verkehrsorganisation mit Tavernen und Pferdewechsel-

42) Auch die Überlieferung in den bayerischen Klostertraditionen ist in der Regel im ersten Jahrtausend ausgesprochen schlecht. Bei den Klosterinventaren kommt hinzu, daß nur sehr wenige bisher ediert sind.

43) H. FICHTENAU, Das Urkundenwesen in Österreich vom 8. bis zum frühen 13. Jahrhundert (MIÖG, Erg.Bd. 23), 1971; O. REDLICH, Über bayerische Traditionsbücher und Traditionen, in: MIÖG 5, 1884, S. 1–82; P. JOHANEK, Zur rechtlichen Funktion von Traditionsnotiz, Traditionsbuch und früher Siegelurkunde, in: P. CLASSEN (Hrsg.), Recht und Schrift im Mittelalter (Vorträge und Forschungen 23), 1977, S. 131–162; H. WANDERWITZ, Traditionsbücher bayerischer Klöster und Stifte, in: Archiv für Diplomatik 24, 1978, S. 359–380.

44) W. HAUTHALER (Hrsg.), Salzburger Urkundenbuch. Bd. 1, Salzburg 1910, S. 3–52; Bd. 2, Salzburg 1915, A I. Nach der Edition der Breves Notitiae im 1. Bd. 1910 wurde eine weitere Handschrift K der Breves Notitiae gefunden, die, da sie etwa ein Jahrhundert älter ist als B, eine Neuedition der Breves Notitiae in Bd. 2 nötig machte.

45) H. WOLFRAM, Conversio Bagoariorum et Carantanorum. Das Weißbuch der Salzburger Kirche über die erfolgreiche Mission in Karantanien und Pannonien (Böhlau Quellenbücher), 1979.

46) K. REINDEL, Die ersten Agilolfinger und die Ausweitung der Grenzen bis zum Ende des sechsten Jahrhunderts, in: M. SPINDLER (Hrsg.), Handbuch der bayerischen Geschichte I, ²1981, S. 141 ff.; W. STÖRMER, Die Agilolfinger im politischen Kräftefeld vom 6. bis 8. Jahrhundert, in: Baiernzeit in Oberösterreich, 1977, S. 1–12, bes. 4 f.; R. SCHNEIDER, Königswahl und Königserhebung im Frühmittelalter. Untersuchungen zur Herrschaftsnachfolge bei den Langobarden und Merowingern (Monographien zur Geschichte des Mittelalters 3) 1972, S. 27–35.

47) G. LÖHLEIN, Die Alpen- und Italienpolitik der Merowinger im VI. Jahrhundert (Erlanger Abhandlungen 17) 1932. Siehe auch den Beitrag von R. SCHNEIDER in diesem Band.

stationen bereits in die Spätantike zurückgeht[48]. Vermutlich werden wir auch im Ostalpenraum nicht mit einem völligen Verkehrsbruch und Verkehrsorganisationsbruch zu rechnen haben[49]. Die frühe Alpenpolitik der Agilolfinger – ich erwähne nur die Kämpfe in Kärnten mit den Slawen und die Langobardenpolitik – spricht jedenfalls dafür.

Außerdem gibt es gewisse ortsnamenkundliche Hinweise auf Tavernen und Pferdewechselstationen, auf die Wilhelm Müller[50] aufmerksam gemacht hat. So ist zu erinnern an den Ortsnamen »Stuben« am Achenpaß auf der Route Tegernsee – Achensee – Inntal bei Wörgl sowie auf dem Weg von Innsbruck – Landeck zur Finstermünz und zum Reschen, wo die alte Straße durch Pfunds (*pons*) und Stuben führte. Hier hatte bezeichnenderweise auch das Bistum Regensburg Besitz[51]. Zu beachten wäre ferner der Ortsname »Kemathen«, dem das lateinische *caminata* zugrundeliegt, oder die sogenannten Sinthuben[52], die zum Teil seit dem 9. Jahrhundert bezeugt sind und mit speziellen Wegeaufgaben verbunden sind.

Wir dürfen nun wieder zum alpinen Klosterbesitz zurückkehren. Betrachten wir die Alpenbesitzkarte der Königsklöster Tegernsee, Benediktbeuern, Frauenchiemsee und des

48) O. P. Clavadetscher, Churrätien im Übergang von der Spätantike zum Mittelalter nach den Schriftquellen, in: J. Werner, E. Ewig (Hrsg.), Von der Spätantike zum frühen Mittelalter (Vorträge und Forschungen 25) 1979, S. 159–178.

49) Das Weiterbestehen der Straßenroute und zahlreicher romanischer Ortsnamen im Bereich dieser Route spricht jedenfalls dafür. Auch scheinen verschiedene Zentralorte an dieser Straße eine gewisse Kontinuität gewahrt zu haben: spätrömische statio Maiensis – castrum Maiense Arbeos von Freising (Mais bei Meran), Vipitenum – Sterzing (wo also auch die Germanen zwar nicht den Namen, aber doch den Raum des Zentralorts übernommen haben), Veldidena – Wilten (wie Sterzing ein Paßfuß- und Straßengabelungsort), Teriolis – Zirl, Scarbia – Mittenwald (immerhin entstand hier in unmittelbarer Nähe das Kloster Scharnitz; hier beginnt auch der pagus desertus Wall-[= Walchen-]gau), Parthanum – Partenkirchen (wobei der direkt anschließende frühmittelalterliche Germares-gau = Garmisch bezeichnend ist, vgl. Sterzing). Vgl. W. Cartellieri, Die römischen Alpenstraßen über den Brenner, Reschen-Scheideck und Plöckenpaß mit ihren Nebenlinien (Philologus, Supplementbd. 18, H. 1) 1926; M. Mayer, Die Römerstraße durch das Unterinntal (Tiroler Heimatschriften 1/2) 1927; O. Wanka von Rodlow, Die Brennerstraße im Altertum und Mittelalter (Prager Studien aus dem Gebiet der Geschichtswissenschaften 7) 1900; O. Stolz, Die Ausbreitung des Deutschtums in Südtirol im Lichte der Urkunden I, II, 1927, 1928; R. Heuberger, Rätien im Altertum und Frühmittelalter, 1932, bes. S. 230 pass. – Ferner muß man sich vor Augen halten, daß die frühen Auseinandersetzungen der Baiuwaren mit den Slawen im oberen Pustertal und Drautal im endenden 6. Jahrhundert nur mit einem gut funktionierenden Straßennetz über die Hauptalpenzone erklärt werden können. Wenn der Tiroler Raum im 8./9. Jahrhundert so dürftig urkundlich belegt ist, dann mag dies auch damit zusammenhängen, daß möglicherweise lange eine Fiskalorganisation (der Herzöge, dann der fränkischen Könige) eine Rolle spielte und noch einigermaßen funktionierte. Der Einsatz der Landes- bzw. Reichskirchen hätte demnach zunächst mehr subsidiären Charakter.

50) W. Müller, An alten Straßen. Rastorte, Geleitsstationen, Pferdedörfer, in: Archiv für Geschichte von Oberfranken 52, 1972, S. 187–253.

51) Das Hochstift Regensburg besaß spätestens seit Anfang 11. Jahrhundert die Herrschaftsrechte über das gesamte sogenannte Obere Gericht zwischen der Inntalschlucht westlich von Laudeck und Finstermünzklause. Vgl. J. Lorenz, Serfaus o. J.; Laudecker Buch (Schlernschriften 133), 1956.

52) Vgl. zunächst Störmer, Fernstraße (wie Anm. 26), S. 329, 331 f.; Müller (wie Anm. 50), S. 228. Siehe unten.

Adelsklosters bzw. späteren bischöflichen Eigenklosters Schäftlarn, dann fällt auf, daß deren alpiner Besitz – soweit er nicht um Bozen selbst gruppiert ist – vornehmlich am Aufstieg zum Brenner um Innsbruck massiert ist[53]. Da diese Klöster einseitig den Wein von Bozen oder auch Öl aus dem Raum Riva bezogen, ist es eigentümlich, daß die Klosterhöfe, die teils ausdrücklich, teils vermutlich mit dem Süd-Nord-Weintransport befaßt sind, gerade dort liegen, wo der Wein bergabwärts transportiert werden muß. Wir vermuten jedoch, daß diese Höfe an der alten Brennerstraße ursprünglich durchaus noch andere Funktionen hatten, und zwar primär für die Bergfahrt. Und hier wird man eben an königliche Transport- und Kommunikationsinteressen zumindest bei den Alpenhöfen der Königsklöster zu denken haben.

Das Modell für die Durchführung dieser so notwendigen transalpinen Kommunikation liefert uns das Staffelseer Inventarverzeichnis[54] aus dem beginnenden 9. Jahrhundert, eines Klosters, das ebenfalls unweit einer alten Römerstraße liegt, die vom Voralpenland unmittelbar nach Süden über Garmisch-Partenkirchen und Mittenwald – Innsbruck zum Brenner führte. Der Haupthof des Klosters Staffelsee, der im heutigen Murnau zu suchen ist, verfügte über Freienhufen, die Kriegsdienst oder eine Heersteuer zu leisten hatten, aber auch zu Reitdiensten verpflichtet waren; dabei wird jeweils gesagt: jeder reitet, wohin ihm befohlen wird. Es kann wohl keine Frage sein, daß es sich hier um reitende Boten handelt. Ein weiterer Freihüfner hat *parafredum*, ein Wechselpferd zu stellen[55]. Daß diese Botendienste[56] nicht nur für das Kloster, sondern auch für den König zu leisten waren, versteht sich von selbst. Für einen solchen Nachrichtentransport eignen sich Klöster und ihre Höfe, die zu Wechselpferdgestellung oder direkt zur Weitersendung der Nachrichten verpflichtet sind, ganz besonders, zumal hier die internationale Schriftlichkeit und Verkehrssprache Latein wenigstens einigermaßen garantiert ist.

Läßt sich dieses Staffelseer Modell zumindest auf die Königsklöster des Voralpenlandes übertragen – auch die Reichsabtei Tegernsee verfügte in ihrem Haupthof Warngau über sechzehn sogenannte Roßlehen, die je zwei Pferde zu stellen hatten, darüber hinaus über

53) Dies betont besonders A. Sandberger, Das Hochstift Augsburg an der Brennerstraße, in: ZBLG 36, 1973, S. 587ff. (mit Quellenangaben); vgl. Jäger (wie Anm. 40), S. 332–349. Sehr anschaulich und ausführlich informiert ein Schäftlarner Verzeichnis (1255/56) über Einkünfte und Dienstleistungen seiner Besitzungen im Tiroler Gebiet (Trins, Arzl, Natters, Kematen, Oberperfuß). A. Weissthanner, Die Traditionen des Klosters Schäftlarn (Quellen und Erörterungen zur bayerischen Geschichte 10, 1), 1953, nr. 484.

54) MGH Capit. 1, nr. 128, S. 250ff. Vgl. Dollinger, Bauernstand, (wie Anm. 1), S. 25f., 216f.; K. Verhein, Studien zu den Quellen zum Reichsgut der Karolingerzeit I, in: DA 10, 1954, S. 313–394; W. Metz, Das karolingische Reichsgut, 1960; Ders., Die Königshöfe der Brevium Exempla, in: DA 22, 1966, S. 596–617. Zur geographischen Lage und Verkehrssituation Murnaus im Mittelalter vgl. S. Baumann, Geschichte des Marktes Murnau, 1885; J. Garbsch, Der Moosberg bei Murnau (Münchner Beiträge zur Vor- und Frühgeschichte 12) 1966.

55) Vgl. H. Dannenbauer, Paraveredus-Pferd, in: ZRG, GA 71, 1954, S. 55–73.

56) Th. Szabó, Botenwesen, in: Lexikon des Mittelalters II/3, S. 484–487.

zahlreiche sogenannte Menlehen, die zu Transportdiensten verpflichtet waren[57] –, dann ergibt sich ein relativ dichtes Verkehrssystem quer über die Ostalpen. Nur dann sind die klösterlichen Außenpositionen am Südrand der Alpen nicht isoliert. Dann versteht man aber auch erst richtig das große Interesse des Königtums wie überhaupt weltlicher und geistlicher Großer an der Schaffung kirchlicher Stützpunkte.

Das Beispiel Staffelsee erscheint uns deshalb besonders wichtig, weil es möglicherweise auch die ältere vorklösterliche Struktur der Arbeitsleistung von Hufeninhabern (im Rahmen der herzoglichen Grundherrschaft?) widerspiegelt.

Besser als bei den bayerischen Alpenrandklöstern können wir seit dem 9. Jahrhundert eine Straßenbewachungs- und Botenorganisation im Rahmen der königlichen und der bischöflichen Herrschaft verfolgen. Dazu zunächst zwei Beispiele aus dem südbayerischen Bereich außerhalb der Alpenzone: 841 übertrug König Ludwig der Deutsche seinem Kanzler Gozbald, Abt des Klosters Niederaltaich, und dessen Kloster *quaedam res proprietatis nostrae* in Ingolstadt/Donau[58]. Zu diesen bisher königlichen (ursprünglich herzoglichen) Besitzungen gehörten eine *curtis dominicata,* zwei Kirchen, Wiesen, unfreies Hofgesinde *(mancipia infra curtem)* sowie zwölf Sintmannenhufen *(mansi... sintmannorum duodecim).* 60 Jahre später gelangt ein ähnlich wichtiger königlicher Zentralort und Flußübergang an die Domkirche Freising (903)[59]. Es ist die königliche *curtis* Föhring am Übergang der Fernstraße (Salzstraße, ehemalige Römerstraße) Augsburg – Salzburg über die Isar[60]. Zu dieser curtis gehören u. a. Mancipien, Barschalken, Sindmannen und Hengstfütterer *(sindmannis, hengistfuotris),* Mühlen usw. Bedauerlicherweise werden hier im Gegensatz zu Ingolstadt keine konkreten Zahlen genannt. Die Barschalken werden wohl den Staffelseer Freienhufen entsprechen – eine Spezialisierung wird freilich nicht

57) W. Schöffel, Studien zur oberbayerischen Siedlungsgeschichte und Namenskunde mit besonderer Berücksichtigung des Tegernseeischen Urbaramts Warngau (Miscellanea Bavarica Monacensia 64), München 1976, bes. S. 264–272. Zum Klostermarkt Holzkirchen siehe M. Heimbucher, Geschichte des Marktes Holzkirchen, 1884; A. und G. Sandberger, Tegernseer Lehen und Altstraßen im bayerischen Alpenvorland zwischen Inn und Isar, in: Gesellschaft und Herrschaft. Eine Festgabe für Karl Bosl, München 1969, S. 35–49. – Im Falle Tegernsee sind wir zwar auch erst seit der Jahrtausendwende unterrichtet über Klosterbesitz in den Alpen, aber der Sachverhalt der frühen Klostertraditionen macht doch indirekt deutlich, daß Tegernsee an der Brenner-Route seit alters Besitzungen hatte. Nur so läßt sich erklären, daß ein *nobilis vir Ernust* seinen Eigenbesitz in Trens bei Sterzing gegen lebenslängliche Nutznießung eines Gutes Högling bei Aibling an Tegernsee übergibt (P. Acht, Die Traditionen des Klosters Tegernsee 1002–1242, 1952, nr. 1), oder daß 1034 die Brüder Franco und Urolf ihren Besitz zu Stilfes im Eisacktal, in Bozen und Lana gegen Besitz in Niederbayern an das Kloster Tegernsee vertauschen (Acht, Nr. 9), oder daß die Übertragung eines Ackers in Wattens bei Innsbruck durch einen Adeligen namens Reginpert für Tegernsee überhaupt von Bedeutung sein konnte (Acht, nr. 11). Wir können mit Sicherheit annehmen, daß diese Übertragungen an die Abtei Tegernsee keineswegs in einem luftleeren Raum stehen. Diese Erwerbungen dienten offensichtlich der Ergänzung älterer Erwerbungen an der Brenner-Route.

58) MGH D L Dt, nr. 30. Vgl. S. Hofmann, Die Anfänge Ingolstadts als Stadt, in: ZBLG 32, 1969, S. 39f.; J. Reichart, Sintmanni, in: Sammelbl. Histor. Verein Ingolstadt 61, 1952, S. 52ff.

59) Monumenta Boica 28a, nr. 95.

60) A. v. Reitzenstein, Frühe Geschichte rund um München, München 1956, S. 37ff.

angegeben. Die Sindmannen (Wegmannen) dürften wiederum jenen Hüfnern bzw. Manseninhabern entsprechen, die zu Botendiensten verpflichtet sind. Im ältesten Freisinger Urbar (um 1180) werden unter der Rubrik Officium Föhring noch fünf Sindhuben in Freimann, einem Nachbarort Föhrings jenseits der Isar, genannt[61]. In ihnen werden wir zumindest den Restbestand der karolingerzeitlichen Sindmannenorganisation der curtis Föhring greifen. Die 903 genannten Hengstfütterer weisen sicherlich auf eine Pferdewechselstation in Föhring hin. Wenn wir auch die Anfänge dieser beiden wichtigen Verkehrszentralorte Ingolstadt und Föhring nicht kennen, so gehen wir doch kaum fehl, wenn wir sie zumindest in die Zeit des älteren bayerischen Stammesherzogtums datieren.

Daß diese beiden Beispiele mit ihrer Verkehrs- und speziell Sindmannenorganisation keine isolierten Ausnahmen in der süddeutschen Verkehrslandschaft des frühen Mittelalters sind, beweisen uns jüngere Quellen, und zwar über kirchlichen Besitz im Alpenbereich. Vor allem die ältesten urbarialen Aufzeichnungen (Ende 12. – Mitte 13. Jahrhundert) des Erzstifts Salzburg weisen eine ganze Reihe von Sinthuben auf, die allesamt – das wird aus dem Quellenkontext deutlich – nicht zum engeren grundherrschaftlichen Bereich gehörten. Sie scheinen auch für die frühe Territorialität nicht unwichtig gewesen zu sein, da nicht ihre Lage angegeben wird sondern das Amt, dem sie zugehören[62]:

Amt Pinzgau: *mansus unus, qui dicitur sinlehen,*
Amt Pongau: *Preterea est ibi mansus et ½, qui dicitur sinlehen*
Amt Radstadt: *Item quadrans, qui dicitur sinlehen*
Amt Ennstal: *Item ½ mansus, qui dicitur sinlehen*
Amt Salzburg: *Item mansus, qui dicitur sinlehen*
Amt Waging: *Item 6 mansi, qui dicitur sinhub.*

In einem jüngeren Salzburger Urbar mußte die Bedeutung der Sintlehen bzw. Sinthuben offenbar erstmals erklärt werden – doch wohl, weil der Begriff nicht mehr verständlich war: *Item in eodem officio* (= Werfen südlich des Paß Lueg) *sunt quatuor sinlehen, quorum quodlibet servire debet, ut nuncius cum uno equo, qui mori non debet...*[63]. Der Satz ist leider unvollständig, doch sagt er das Wesentliche über die Botendienste aus. Wir gehen wohl kaum fehl, wenn wir annehmen, daß zumindest einige dieser Salzburger »Sinlehen« älter sind als die Jahrtausendwende und daß sie – wenn nicht insgesamt vom König geschenkt – so doch königlichen Verkehrssicherungsmodellen entsprechen.

61) J. BOEGL, Das älteste Urbar der bayerischen Besitzungen des Hochstifts Freising, in: Oberbayer. Archiv 75, 1949, S. 94.
62) H. KLEIN, Die ältesten urbarialen Aufzeichnungen des Erzstifts Salzburg, in: Mitteilungen d. Gesellschaft für Salzburger Landeskunde 75, 1935, S. 133–200, hier im einzelnen, S. 161, 165, 166, 169, 172, 176. Die weiteren Sinthuben und Sintlehen, die sich allesamt außerhalb des Alpenraumes befinden (S. 178, 180, 184), wurden hier nicht berücksichtigt.
63) KLEIN, Aufzeichnungen, (wie Anm. 62) S. 149.

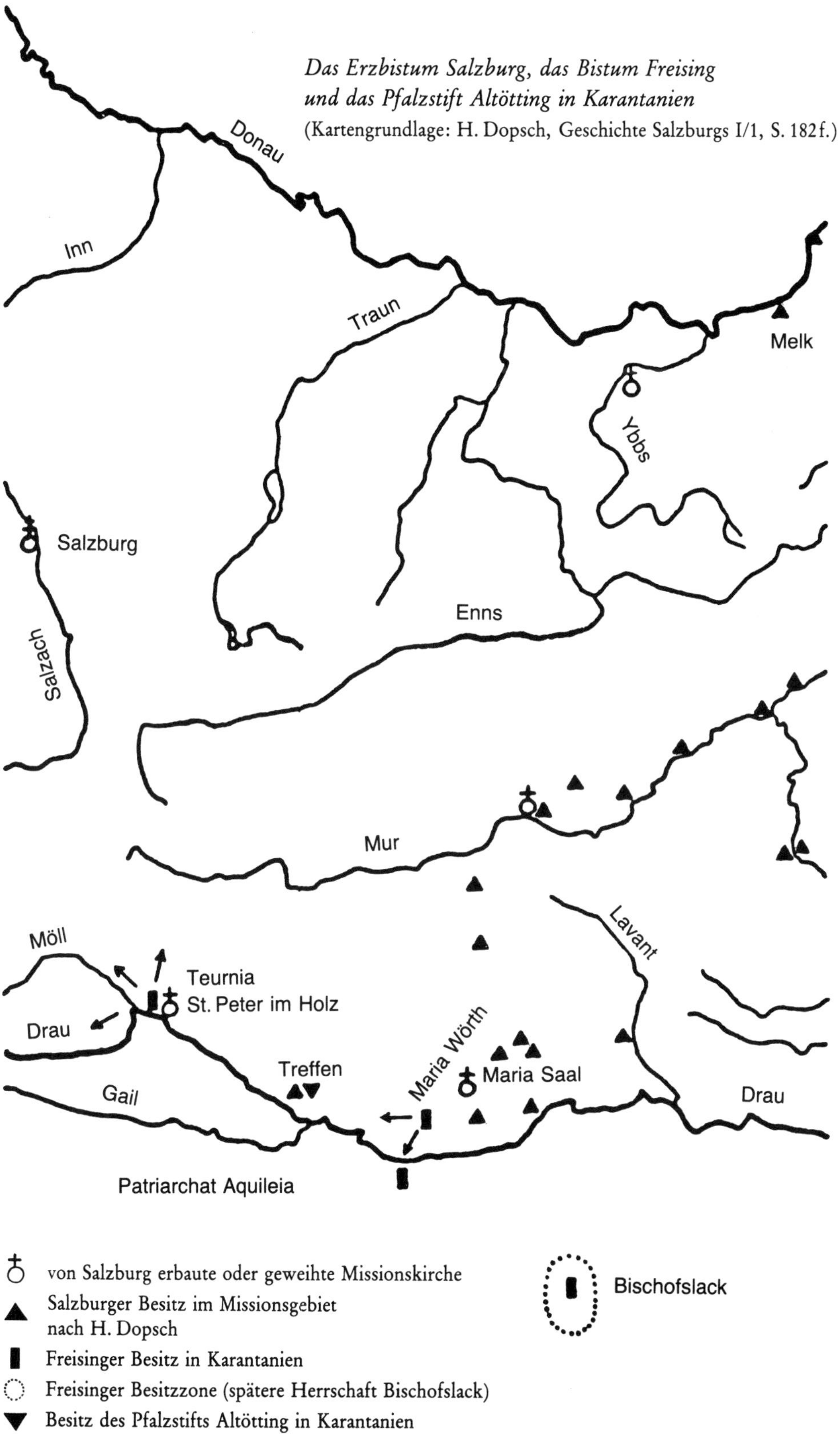

Das Erzbistum Salzburg, das Bistum Freising und das Pfalzstift Altötting in Karantanien
(Kartengrundlage: H. Dopsch, Geschichte Salzburgs I/1, S. 182f.)

Im Bereich der Herrschaft des Augsburger Bischofs werden Sinthuben nur am nördlichen Alpenrand deutlich, so in Frankenried bei Kaufbeuren, wo der Vogt, A. von Brückberg, dem Bischof 1299 versprechen muß, unter anderem die Rechte jener Leute, »die Sintleute« genannt sind, nicht zu schädigen[64]. Noch im Füssener Urbar von 1398 werden zwei Sinthuben sichtbar, in Waltenhofen und in Schwangau[65]. Bei der letzteren wird ausdrücklich festgehalten, daß sie zu den unvogtbaren Gütern gehöre. Im ältesten Augsburger Urbar von 1316 konnten wir zwar keine Sinthuben und Sintleute finden, wohl deshalb, weil das Urbar noch weitgehend an die alte Fronhofverfassung *(curiae)* angepaßt ist. Dafür aber tritt das *hospicium* in den Alpen in der Quelle um so deutlicher in Erscheinung. Wie weit diese Verpflichtungen, die auf einer Hube lasten, reichen können, beweist der Eintrag unter der Grundherrschaftseinheit Offingen (wohl Marktoffingen im Ries): *Item est una hueba de qua nichil datur nisi quando dominus* (= Bischof von Augsburg) *intrare wlt Montana vel regi seruire tunc deberet sibi concedi equus vnus dictus Savmer*[66].

Das vom Bischof in seiner alpenländischen Grundherrschaft geforderte *hospicium* bezieht sich offensichtlich nicht auf den Weintransport, sondern auf anderweitige Unterstützung der Herrschaft, die meines Erachtens mit den Aufgaben der Sintleute verwandt ist[67]: Von der Augsburger curtis Layen/Eisack (Südtirol) wird unter anderem folgender Dienst erwartet: *Et dat preposito* (d.h. wohl dem Güterpropst) *taliter hospicium in anno cum XII equis.* Dort ist aber auch ein Schergamt in der Hand des Villicus, welches *dat preposito taliter hospicium in anno cum XII equis.* Noch größer sind die diesbezüglichen Verpflichtungen der *curia villicalis* in Folnesse (wohl Vulpmes im Stubaital): *Et dat hospicium preposito ter in anno cum XII equis.* Das gleiche gilt von den *curiae villicales* in Abzan (Absam bei Hall/Tirol) und Thaur.

Nicht minder wichtig als der klösterliche Besitz an Alpenstraßen ist also auch der bischöfliche Besitz in der Alpenregion. Da wir vor allem die Brenner-Route betrachtet haben, dürfen wir ausgehen von jenem Raum, wo der Inn die Alpen verläßt[68]. Gerade an diesem Raum waren früh mehrere Bistümer interessiert. Hier liegen wie an einer Perlenschnur aufgereiht zahlreiche salzburgische Eigenkirchen direkt östlich des Inns[69], bereits im 8. Jahrhundert die Diözesangrenze markierend. Bezeichnenderweise dort, wo die erste Gebirgsenge dieses Tals auftritt, hat Salzburg eine eigene Klosterzelle, nämlich in Kufstein. Nur in der Notitia Arnonis (um 790) erfahren wir von der kleinen Zelle Kufstein, »wo unsere Brüder Handarbeit

64) W.E. Vock, Die Urkunden des Hochstifts Augsburgs 769–1420, Augsburg 1959, nr. 172.
65) R. Dertsch, Das Füßener hochstiftische Urbar von 1398 (Allgäuer Heimatbücher 22), Kempten 1940, S. 15, 17.
66) Monumenta Boica 34, Teil 2, S. 404.
67) Zum Folgenden: Monumenta Boica 34, Teil 2, S. 355, 357, 359, 362.
68) Zur politischen Entwicklung dieses Raumes s. G. Diepolder, R. van Dülmen, A. Sandberger, Rosenheim, (Histor. Atlas von Bayern, Teil Altbayern 38) 1978; Fr. Andrelang, Landgericht Aibling und Reichsgrafschaft Hohenwaldeck, (Histor. Atlas von Bayern, Teil Altbayern 17) 1967.
69) W. Hauthaler, Salzburger Urkundenbuch I, 1910, S. 10ff.

leisten«[70]. Vermutlich lag dieses Klösterchen im Orte Zell an der Einmündung des Weges von Schliersee über den Ursprungpaß ins Inntal gegenüber der heutigen Stadt Kufstein, wo die in derselben Quelle genannte *ecclesia* (hier wohl Pfarrkirche) zu lokalisieren ist. Die Tatsache, daß dieses Klösterchen an der Kufsteiner Klause eine Wirtschaftszelle des Bischofsklosters ist, zeigt deutlich seine Funktion, nämlich die der Paßhut mit Hospiz und dergleichen im umfassenden Sinne. S. Mitterer nimmt an, daß dieses Klösterlein nicht erst durch das Bischofskloster St. Peter in Salzburg, sondern bereits vom Herzog gegründet wurde, was die Funktion der Paßhut nur noch unterstreichen würde. Wahrscheinlich wird man sagen müssen, daß der Herzog Salzburger Mönche an diese verkehrstechnisch wichtige Stelle »beordert« hat.

Im Raume nördlich von Kufstein steigt aber auch das Hochstift Freising im 8. Jahrhundert ein und spätestens im beginnenden 10. Jahrhundert das Hochstift Regensburg südlich und nördlich von Kufstein[71]. Bezeichnenderweise ist es ein *regalis minister* namens Rodolt, der 902 seinen Besitz im Brixental, in Itterdorf und bei Ratfeld an Regensburg vertauscht[72]. In diesem Raum zwischen Wörgl und Aibling haben dann im 12. Jahrhundert die Grafen von Falkenstein Kirchenlehen vom Erzbischof von Salzburg, vom Bistum Regensburg, vom Bischof von Trient, von den Klöstern Herrenchiemsee, Tegernsee und Weyarn[73]. Man muß diesen Raum gleichzeitig im Hinblick auf die nahe Pfalz Aibling sehen. Diese Pfalz Aibling nämlich, zu der ein sehr umfangreicher Königsgutsbezirk gehörte und die fast am Kreuzungspunkt der Inntal-Brenner-Straße mit der alten römischen Verbindungsstraße zwischen Frankreich – Augsburg – Salzburg – Balkan lag, steht seit dem 9. Jahrhundert in einem italienischen Kontext. Hier wurden vornehmlich langobardische Probleme sowie Konflikte zwischen Freising und dem Hochstift Trient behandelt[74]. Aibling dürfte so etwas wie eine königliche Schaltstation für die Brenner-Route gewesen sein. Es ist vielleicht auch kein Zufall, daß zwei bayerische Bischöfe von Vicenza, der Nachbardiözese von Verona, gerade unweit des Inn – freilich etwa 40 km nördlich von Aibling – ihren bayerischen Hauptbesitz hatten[75]. Es handelt sich um die Bischöfe Andreas und Franco (1. Hälfte 9. Jahrhundert), deren offensichtlicher Verwandter und bayerischer Besitznachbar Hadumar wiederum Graf von Verona war[76].

Das Bistum Freising war über sein Eigenkloster Scharnitz-Schlehdorf im Inntal zwischen Imst und Zirler Berg begütert, durch sein Eigenkloster Innichen ferner im Pustertal. Kurz nach

70) Ebenda S. 12. Zu Kufstein vgl. Mitterer, Eigenklöster (wie Anm. 37), S. 59f.
71) Diepolder, (wie Anm. 68), S. 214ff., 231f., 233.
72) J. Widemann, Die Traditionen des Hochstifts Regensburg und des Klosters St. Emmeram, 1943, nr. 191.
73) E. Noichl, Codex Falkensteinensis, Die Rechtsaufzeichnungen der Grafen von Falkenstein (Quellen und Erörterungen NF 29), 1978.
74) Andrelang, Landgericht Aibling (wie Anm. 68); demnächst: G. Mayr, Pfalz Aibling, in: Dt. Königspfalzen, Bd. Bayern.
75) J. Sturm, Die Anfänge des Hauses Preysing (Schriftenreihe z. bayer. Landesgeschichte 8), 1931, S. 93ff.
76) Hlawitschka, (wie Anm. 14), S. 195f.; Störmer, Adelsgruppen, (wie Anm. 32), S. 51f., 81.

Besitzungen der Hochstifte Augsburg, Freising und Regensburg in Tirol
(Kartengrundlage: A. Sandberger, Das Hochstift Augsburg an der Brennerstraße, S. 590)

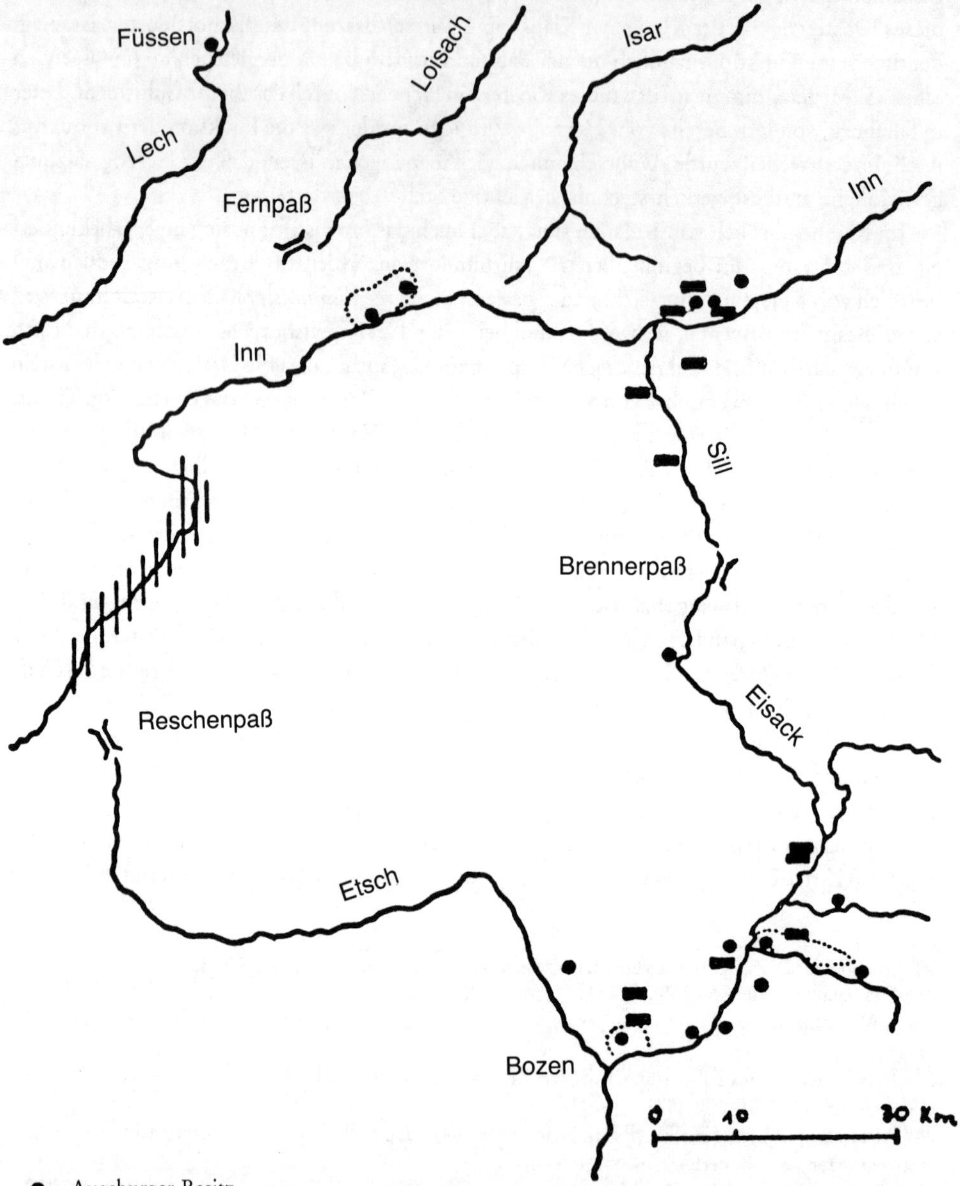

● Augsburger Besitz
Raum mit Augsburger Streubesitz nach A. Sandberger
▬ Freisinger Besitz
||||| Regensburger Gerichtsrechte

870 übergibt ein Abt Deotrich dem Freisinger Bischof Besitz auf dem Ritten bei Bozen[77], ebenso 875 ein Graf Waldperht[78]. Da Waldperht *comes serenissimi domni Hludouuici regis* genannt wird, ist auch königliches Interesse an diesem Rechtsgeschäft zu vermuten. Freising hatte ferner in einer Reihe von Orten zwischen dem nördlichen Brennerweg und dem Grödner Tal Besitzungen, bei Innsbruck, im Stubai- und Ötztal[79].

Sondiert man etwas die frühen bischöflichen Grundherrschaften auf dem Weg zu Brenner und Reschen, so fällt einmal Regensburg auf, dessen Besitz vornehmlich am Inn manifest wird, und zwar dort, wo der Inn endgültig die Alpen durchbricht[80], nämlich zwischen Alten- und Neubeuern, Kufstein und Wörgl, dann wieder kurz vor dem Aufstieg zu Finstermünz und Reschen in Stuben und Pfunds, wo die Namen schon auf Raststation und Flußübergang hinweisen.

Spätestens im beginnenden 11. Jahrhundert waren die Herrschaftsrechte im sogenannten »Oberen Gericht« Laudeck in der Hand der Regensburger Bischöfe[81], das heißt aber von der Inntalschlucht westlich von Laudeck bis zur Klause von Finstermünz. Gerade hier zeigt sich wieder, wie die neuralgischen Punkte eines alpinen Fernstraßensystems der Reichskirche zur Kontrolle übertragen wurden.

Auch der Besitz der beiden Bistümer Augsburg[82] und Freising[83] längs der Brennerstraße, und zwar an kontrollbedürftigen Stellen, weist auf dieses Phänomen hin, wobei freilich die Datierung dieser Besitzübergaben weitgehend offen ist.

Besonders deutlich werden die Zusammenhänge von kirchlichem Fernbesitz und königlichen Interessen in Karantanien. In der Sicht der Conversio Bagoariorum war Karantanien das Missionsland Salzburgs[84]. Dem darf man – soweit es sich um das Land nördlich der Drau handelt – sicherlich im großen und ganzen auch zustimmen. Seitdem Karantanien aber so etwas wie ein politisches Subzentrum des *regnum* Bayern unter den Söhnen der ostfränkischen Karolinger war, wurden die kirchlichen Verhältnisse offensichtlich differenzierter. Die Prinzen Karlmann und Arnulf wollten nicht im Schlepptau des Salzburger Erzbischofs stehen. Sei es, daß die Selbständigkeitsbestrebungen der Prinzen[85] schon zu Konflikten mit Salzburg als dem verlängerten Arm des Königs geführt hatten, sei es, daß eine gewisse salzburgische Kontrolle über die Prinzen im Südosten die Rache der zu Königen gewordenen Prinzen herausforderte,

77) Bitterauf, Traditionen (wie Anm. 32), nr. 912.
78) Bitterauf, Traditionen (wie Anm. 32), nr. 913.
79) Jäger, Geschichte der landständischen Verfassung Tirols I, S. 325ff.
80) Rosenheim (Histor. Atlas von Bayern, wie Anm. 68), S. 258f.; Jäger, Geschichte der landständischen Verfassung Tirols I, S. 313f.
81) Lorenz (wie Anm. 51).
82) A. Sandberger (wie Anm. 53), S. 586–599.
83) Jäger, Geschichte der landständischen Verfassung Tirols I, S. 315–330, bes. S. 325–327.
84) Wolfram, Conversio (wie Anm. 45).
85) K. Reindel, Bayern in der Karolingerzeit, in H. Beumann (Hrsg.), Karl der Große. Persönlichkeit und Geschichte I. 1965, S. 220–246.

jedenfalls beginnt mit König Karlmann (oder schon mit dem Prinzen Karlmann?) eine Politik[86], die anderen Kirchen stärkeren Einfluß in Karantanien bot. Die Schwerpunktverlagerung der Hauptpfalz nach Ötting und gleichzeitige stärkere Gewichtung der umliegenden Pfalzen[87] Ranshofen, Mattighofen usw. schuf bereits eine schärfere Kontrolle des nahen Salzburg. Die Schenkung des umfangreichen Königsgutskomplexes Treffen bei Villach in Kärnten an das Pfalzstift Ötting ist sicherlich ein weiteres wichtiges Indiz.

Wann Freising erstmals Besitz um den Wörthersee erhalten hat, wissen wir nicht. Jedenfalls wird dieser Raum zu einem Freisinger Besitz- und wohl auch Kultzentrum in der Zeit König Arnulfs von Kärnten[88]. 891 übertrug Arnulf seine königliche *capella* beim Königshof Lurn *ad sanctos Dei martyres Primum et Felicianum* in der Freisinger Kirche Maria Wörth am Wörthersee[89]. Die *curtis Liburna* ist aber nichts anderes als der frühmittelalterliche Nachfolgeort der spätantiken Stadt Teurnia. Den Restbezirk des großen spätantiken Stadtbezirks an der Drau bildete nun das Lurnfeld, das in der Folgezeit rasch in die Hände Freisings kam. Freising setzte sich nun nicht nur an der Möllbrücke, das heißt an der Mündung der Möll, fest, sondern weit möllaufwärts bis nach Obervellach[90]. Die Übergabe der königlichen *capella* bei der curtis Liburna, offensichtlich identisch mit der Kirche St. Peter im Holz, in strategisch eminent wichtiger Lage, ist ein ernstzunehmender Einbruch Freisings in den salzburgischen Missions- und Diözesanbereich. Hier oder aber auf jeden Fall im Bereich des ehemaligen Stadtgebiets Teurnia ist ja auch jene Stätte, wo der salzburgische Chorbischof Modestus im 8. Jahrhundert erstmals in Karantanien Fuß gefaßt hatte.

Nun zur Inselkirche Maria-Wörth unweit des königlichen *castrum munitissimum* Moosburg[91], an welchem laut späterem Freisinger Eintrag in CLM 6427 Freising ebenfalls Besitz von Arnulf erhielt. Die kostbaren Märtyrerreliquien in Maria-Wörth[92] sprechen für die Bedeutung dieses Freisinger Kultzentrums, das offensichtlich mit Hilfe des Königtums hier gebaut wurde; im Raum um den Wörthersee spielte ja Fiskalbesitz eine bedeutende Rolle, wie Gotbert Moro[93] gezeigt hat. Betrachtet man die Karte, so fällt auf, daß der Freisinger, aber auch der Altöttinger

86) Vgl. H. Dopsch, Geschichte Salzburgs. Stadt und Land I, 1, 1981, S. 191ff.
87) Haider (wie Anm. 5).
88) J. Mass, Das Bistum Freising in der späten Karolingerzeit (Studien zur altbayerischen Kirchengeschichte 2), 1969, S. 107ff.
89) MGH D Arn. nr. 91.
90) G. Moro, Der Kärntnische Besitz des Hochstifts Freising, in: Carinthia I 123, 1933, S. 74–92.
91) Reginonis chronica, ed. Kurze, MGH SS rer. Germ., 1890, S. 117: *conversit autem idem Rex* (= Ludwig der Jüngere) *Arnulfo Carantanum, ... in quo situm est castrum munitissimum, quod Mosaburh nuncupatur, eo quod palude impetrabili locus vallatus difficilissimum adeuntibus prebeat accessum.* H. Pirchegger, Karantanien und Unterpannonien zur Karolingerzeit, in: MIÖG 33, 1912, S. 272–319.
92) F. Pagitz, Die Geschichte des Kollegiatstiftes Maria Wörth, in: Archiv für vaterländische Geschichte und Topographie, hrsg. vom Geschichtsverein Kärnten 56, 1960; Mass, (wie Anm. 88), S. 115f.
93) Moro, Königsgut (wie Anm. 9).

Stiftsbesitz den Salzburger Missionsraum mehr und mehr von der Draugrenze, das heißt dem Metropolitanraum Aquileias abtrennt.

Die Stärkung Freisings im karantanischen Raum erfolgte in einer Zeit, als Erzbischof Theotmar I. von Salzburg nur wenig bzw. keinen Kontakt zum Königtum hatte[94]; das wäre nach dem Tode Ludwigs des Deutschen unter König Karlmann und Arnulf von Kärnten. Salzburg bekam also diese Königsferne sofort zu spüren. Wie wichtig für Freising diese Position im Südosten war, zeigt auch die Tatsache, daß Bischof Waldo 902 anläßlich einer Schenkung an die Kirche der Heiligen Primus und Felician am Wörthersee persönlich zugegen war[95]. Erst ein Jahrhundert später setzt dann unter Bischof Abraham (957–993) der Freisinger Vorstoß in den slawischen Raum um Bischofslack in Krain ein[96], wiederum unter Rückendeckung durch den König bzw. durch kaiserlichen Schenkungsakt.

Zur gleichen Zeit aber erwarb Freising auch die Grafschaft Catubria (Cadobertal)[97] südöstlich von Innichen, offensichtlich in jenem Augenblick, als Otto II. dringend Hilfe gegen den eigenwilligen Bayern-Herzog Heinrich den Zänker brauchte. Indes beteiligte sich auch Bischof Abraham im folgenden Jahr am Aufstand Heinrichs. Möglicherweise stand die Übertragung der Grafschaft Cadore an Freising primär im Zeichen der Byzanzpolitik Ottos II., denn der Cadore-Weg führte in die byzantinische Einflußzone des Veneto.

Damit wird eine Entwicklung eingeleitet, die in der Verleihung der Gerichtsrechte vor dem Reschenpaß an das Bistum Regensburg[98], 1004 der Übertragung der Grafschaft Trient an den zuständigen Bischof und der Verleihung der Grafschaftsrechte zu beiden Seiten des Brenners an das Bistum Brixen 1027 ihre signifikante Fortsetzung findet[99].

Man sieht, daß die reichskirchlichen Funktionen nun eine wesentlich höhere Herrschaftsqualität erhalten. Von hier aus wird auch sichtbar, daß die älteren Besitzungen und Aufgaben der Bistümer und Klöster, von denen wir gesprochen haben, für den König eher subsidiären Charakter hatten. Die »staatlichen« Kontrolleure der Pässe und Klausen, die auf langobardischer Seite so deutlich in der Grenzkontroll- und Paßvorschrift des Königs Ratchis vom Jahr 746 in ihren Aufgaben erscheinen[100], treten im Bereich des bayerischen Herzogtums und

94) Dopsch (wie Anm. 86), S. 192.

95) Bitterauf, Traditionen (wie Anm. 32), nr. 1036. Der Tradent *nobilis vir Georgius* (Romane ?) stand durch seine Frau Tunza, Schwester des Heimo, offensichtlich in besonderer Königsnähe. Das geschenkte Gut war *proprietas* dieser Tunza.

96) MGH D O II nr. 47, 66. A. Ammer, Der weltliche Grundbesitz des Hochstifts Freising, in: J. Schlecht (Hrsg.), Wissenschaftliche Festgabe zum zwölfhundertjährigen Jubiläum des hl. Korbinian, 1924, S. 299–336.

97) MGH D O II nr. 80, (verfälscht). D O III nr. 170. Ammer (wie Anm. 96).

98) S. oben Anm. 51.

99) R. Heuberger, Vom alpinen Osträtien zur Grafschaft Tirol (Schlernschriften 29), 1935, S. 16f. (mit weiterführender Literatur).

100) Tangl (wie Anm. 19) pass.

Teilregnums seit etwa 680[101] fast völlig in den Hintergrund[102], was aber nicht heißt, daß sie nicht existierten. Auch wenn bis ins späte 10. Jahrhundert primäre »staatliche« Amtsfunktionen in Form von Grafschaften den in den Alpen besitzmächtigen Kirchen noch nicht übertragen, ja in der Karolingerzeit dem Bischof von Chur sogar bewußt entrissen wurden[103], so glauben wir doch hinter den alpinen kirchlichen Fernbesitzungen der Agilolfinger-, Karolinger- und Ottonenzeit eine vielfältige Alpenstraßenpolitik der Herzöge, dann Könige erkennen zu können. Und dies drängt sich auf, obwohl die einzelnen Sachverhalte oft nur umrißhaft sichtbar wurden oder durch Analogien erschlossen werden mußten. Man gewinnt dabei nie den Eindruck, daß ein Herrscher jeweils eine Gesamtplanung der Sicherung der Alpenwege vorgenommen hat. Es handelt sich vielmehr um die Bevorzugung bzw. stärkere Heranziehung der einen oder anderen Kirche, die gerade in besonderer Königsnähe bzw. im 8. Jahrhundert in Herzogsnähe stand. Es scheint sich im wesentlichen um ad-hoc-Maßnahmen zu handeln, bei denen man Zukunftsprobleme wenig im Auge hatte.

Auch wenn die Kirchen ihren alpinen Fernbesitz im eigenen Wirtschaftsinteresse ausbauten – dies war offensichtlich von den Schenkern gleich »mitgeplant« –, wird man trotzdem auf diesem alpinen Sektor von einer in der Regel engen Zusammenarbeit von Kirche und »Staat« seit dem 8. Jahrhundert sprechen müssen. Ein erstes wirklich großflächiges Konzept der mittel- und wohl auch langfristigen Sicherung einer wichtigen Alpenroute ist dann im beginnenden 11. Jahrhundert von Heinrich II. entwickelt worden. Heinrich II., der einstige bayerische Herzog, hat mit der Gründung des neuen Bistums Bamberg als einer Art königlichen Eigenbistums im Sinne des ottonischen Reichskirchensystems offensichtlich vielfältige Pläne zu realisieren versucht[104]. Die großartige Ausstattung des neuen Bistums weit über die Diözesangrenzen hinaus läßt sich nicht mehr nur umschreiben mit der Schaffung einer sicheren wirtschaftlichen Grundlage für die Neustiftung. Bei der Betrachtung der Ausstattungskarte des Hochstifts Bamberg fallen drei Zonen auf, die relevant sind für den alpinen Verkehr:

101) Um 680 Nennung eines bayerischen Grenzgrafen, der offensichtlich ähnliche Funktionen hat wie die langobardischen *iudices* bei Paulus Diaconus V c. 36 (MG SS rer. Lang., 156: ... *cum comite Baioariorum, quem illi gravionem dicunt, et reliqua castella regebat, conflixit*).

102) Am südlichen (lombardischen) Alpenrand werden Grafenherrschaften in der Ottonenzeit teilweise stark vom König bzw. Kaiser gestützt, wie vor allem das Beispiel der Bergamasker Grafen zeigt: R. Pauler, Das Regnum Italiae in ottonischer Zeit. Markgrafen, Grafen und Bischöfe als politische Kräfte, 1982 (gegensätzlicher Standpunkt zu J. Jarnut, Bergamo 568–1098, 1979).

103) Vgl. Clavadetscher (wie Anm. 21).

104) E. v. Guttenberg, Die Regesten der Bischöfe und des Domkapitels von Bamberg (Veröffentlichungen der Gesellschaft für fränkische Geschichte, Reihe VI), 1931 ff., nr. 1–180; H. L. Mikoletzky, Kaiser Heinrich II. und die Kirche, 1956, S. 52 ff.; M. Spindler, G. Diepolder, Bayerischer Geschichtsatlas, 1969, Karte S. 16, 74 f.

a) die Zone der Klosterschenkungen am Oberrhein: Haslach, Gengenbach, Schuttern, Stein am Rhein. Gerade die südwestdeutsche Forschung hat immer wieder auf die Rolle des Klosters Stein am Rhein als Ausgangspunkt für Schweizer Alpenrouten hingewiesen[105]
b) Auffallend ist ferner der Bamberger Besitz am Inn-Ausgang aus dem Gebirge um die Pfalz Aibling und Ebbs, das heißt also an der nordalpinen Schaltstelle der Brennerroute.
c) Durchgängig wird diese an das zuverlässigste Reichseigenbistum Bamberg übertragene Alpenstraßenkontrolle erst an der Route über Kärnten nach Friaul. Von Bamberg über die Oberpfalz nach Regensburg, von hier aus in Richtung Südosten zum ostbayerischen Pfalzenzentrum Altötting-Ranshofen-Mattighofen, von Mattighofen wiederum zum Pyrhn-Paß und über den wichtigen Straßenort Rottenmann in der Weststeiermark nach St. Veit und Villach in Kärnten reichen die frühen Schenkungsobjekte. Bamberg erlangte mit der Beherrschung des sogenannten »schrägen Durchgangs« durch Kärnten eine außerordentliche Schlüsselstellung im Südosten und wurde von Villach aus Herr der Straße nach Italien.

Wenn wir am Schluß noch verweisen auf die Bedeutung Bambergs als bevorzugte königliche Pfalz und als Pflanzstätte der Hofgeistlichkeit, als Schule, aus der die entscheidenden geistlichen Ratgeber des Königs bzw. Kaisers hervorgehen, dann schließt sich der Ring. Diese Ausstattung Bambergs verweist auch auf frühe königliche Versuche, die Kirche in die Reichsinteressen einzubinden, wie wir sie eingangs bei der Dotierung des Pfalzstiftes Altötting durch König Karlmann sehen konnten.

105) H. Ammann, K. Schib (Hrsg.), Historischer Atlas der Schweiz, 1958, Karte 19.

Zusammenfassung

VON HERWIG WOLFRAM

Die letzte Tagung vor zwei Jahren hat sich 1980 im Südtiroler Neustift mit ethnogenetischen Vorgängen im mittleren und östlichen Alpenraum und damit vornehmlich mit diesem selbst beschäftigt. Diesmal ging es hingegen um die transalpinen, Nord-Süd-gerichteten Beziehungen unter weitgehender Vernachlässigung der transversalen Verbindungen. Es war daher mehr von einer Italienpolitik als von einer Alpenpolitik die Rede; eine Differenzierung, die Reinhard Schneider traf, als er das Werk von Georg Löhlein behandelte; das heißt ein Buch, das für die Geschichte des sechsten Jahrhunderts unseres Raums noch immer eine wichtige Grundlage bildet. Wilhelm Störmer stellte in diesem Zusammenhang die Frage, wie sich die einheimische, wegekundige Bevölkerung bei Zugriff von außen, das heißt in der Regel im Ernstfall und Gewaltfall verhielt. Paul Flora, der aus Glurns, aus dem ehemals churraetischen Vinschgau stammt, hat in seinem Zeichenbuch »Die verwurzelten Tiroler und ihre bösen Feinde« höchst liebevoll der durchziehenden Völker gedacht und damit Störmers Frage zwar nicht historisch-methodisch, dafür geschichtlich-wahr beantwortet.

In seiner Entwicklung der Problemstellung konnte Helmut Beumann an Neustifter Ergebnisse anknüpfen. Dazu zählte die Anerkennung der Bedeutung, die der ottonischen Italienpolitik bei der Ausbildung eines einheitlichen ostfränkischen und sehr bald deutschen Reiches zukam. Diese Politik wurde allerdings erst möglich, weil die Könige aus sächsischem Hause den traditionellen transalpinen Interessen entgegenkamen, die Alamannen und vor allem Bayern besaßen. Deren Anerkennung führte zur erfolgreichen Mitwirkung und damit zur Belohnung der Mitwirkenden an der ottonischen Italienpolitik, die folgerichtig die Gewinnung zunächst Pavias und danach Roms zum Ziel hatte. Auf diese Weise gelang die Errichtung des ottonischen Kaisertums, das an das karolingische Vorbild anknüpfte. Dieses Kaisertum wirkte als der Integrationsfaktor für die Mitte und den Osten des einstigen Karolingerreichs. Am Beginn des elften Jahrhunderts schloß sich Burgund als drittes Gliedreich der Schöpfung Ottos I. an. Damit wurde auch eine Entwicklung in Gang gesetzt, die entscheidend zur Entstehung der europäischen Nationen beitrug. Diesen Phänomenen sollten die Referate von Reinhard Schneider, Peter Schmid, Josef Riedmann und Pankraz Fried die zeitliche und räumliche Grundlegung, gleichsam den gentilen Vorspann bieten. Das von Helmut Beumann angekündigte Ausgreifen in frühere Stadien des Prozesses sollte durch Längsschnitte erschlossen werden. Dabei mußte es dazu kommen, daß die verwendeten Begriffe, ja Synonyme der Quellen wie *gens, natio, genus* etc. zu Homonymen ihrer selbst wurden. Das heißt mit anderen Worten, daß die genannten Begriffe im Fortschreiten der Zeit zwar lexikalisch gleichgeblieben sind, semantisch jedoch höchst verschiedene Bedeutung annahmen. Damit war – obgleich unausgesprochen – erneut die Frage aufgeworfen oder besser das Dilemma gegeben, worauf bereits Walter Schlesinger in der Einleitung des ersten Nationes-Bandes aufmerksam gemacht hat. Ein Problem übrigens, das selbst Reinhard Wenskus in seinem so wichtigen und wegweisenden Buch »Stammesbildung und Verfassung« ungelöst lassen mußte: Nämlich die Differenz, die zwischen den frühmittelalterlichen Ethnogenesen und den hochmittelalterlichen Nationenbildungen besteht. Noch fehlt der Kriterien-Katalog, mit dessen Hilfe man etwa die Butilin-Gens von Pankraz Fried von der Gens oder Natio Alamannorum einer *professio iuris* des neunten Jahrhunderts unterscheiden könnte. Nun haben die Forschungen von Joachim Ehlers in der Zwischenzeit viel zur Bereinigung der genannten Schwierigkeit beigetragen. Vollends gelöst scheint das Problem jedoch noch nicht zu sein. Das sieht man schon daran, daß eine terminologische Unsicherheit besteht, die die disziplinäre und vor allem interdisziplinäre Verständigung belastet. Erinnert sei an einen Diskussionsbeitrag von Peter Wiesinger, der die bayerische Ethnogenese – für einen Philologen ebenso berechtigt wie verständlich – auf das sechste Jahrhundert beschränken möchte. Der Philologe muß eben die Sprache in den Vordergrund seiner Betrachtungen stellen. Der Historiker kann hingegen die Sprache – worauf die Altgermanistin Ingrid Strasser mit einem Zitat Eugen Ewigs hinwies – bloß als ein zweitrangiges Kriterium ethnogenetischer Vorgänge gelten lassen. Daher endet die bayerische Ethnogenese für mich erst im Hochmittelalter.

Was die Alpenpolitik der beiden süddeutschen Stämme betrifft, so wurden von Alois Schmid und Pankraz Fried deutliche Unterschiede herausgearbeitet. Zu ergänzen wäre eine Überlegung, die ebenfalls bereits in Neustift 1980, ja schon auf der Reichenau 1976 anklang: die Alamannen marschierten als solche oder als Franken nach Italien; aber sie drangen während des Frühmittelalters nicht in die Alpen hinein, ganz zu schweigen davon, daß ihre Siedlungstätigkeit den Alpenhauptkamm erreicht oder gar überschritten hätte. Die Bayern siedeln zwar zunächst auch nicht in den Alpen, wie etwa die Südgrenze des bayerischen »Sunder-Südgaus« nördlich von Kufstein zeigt. Aber sie mußten den Italienweg über die »norischen Alpen«, über den Brenner, für sich und die Franken schützen und gingen deshalb militärisch bereits im sechsten Jahrhundert über den Alpenkamm nach Süden vor. Im Kampf gegen die awarisch-slawischen »Skythen« überschritten sie den – freilich gegenüber den Westalpen leichter zugänglichen – Brenner und blieben in den Alpen. Dies hatte zur Folge, daß die Bayern die romanischen Gruppen, wie namentlich die Inntaler Breonen und Eisacktaler Noriker, gewinnen mußten und sie zu Bayern im rechtlichen Sinne machten. Noch 920 steht im raetischen Rankweil-Vinomna den Alamannen die Rechtsgemeinschaft der *lex Romana* gegenüber. Die bayerischen *Romani nobiles* gehören hingegen zu den *veraces et vetustissimi viri,* zur Gruppe der *legitime per aures tracti,* sei es die Salzburger *genealogia de Albina,* seien es die Angehörigen einer Sondergruppe, wie die der *natio Noricorum et Pregnariorum.* Auch konnte die Bayern-

Lex selbst auf völlig landfremde Personen übertragen werden, wie es dem Abtbischof Virgil von Salzburg erging. Schon sehr früh wurde auch er »an den Ohren gezogen«, wenn er in bayerischen Urkunden Zeugnis ablegte.

Reinhard Schneider hob die Bedeutung der merowingisch-fränkisch-burgundischen Expansion über die Alpen ins Aostatal hervor. In der Diskussion wurde klar, daß der Referent keine monokausale Erklärung für die Entstehung dieses frankophonen Teils des heutigen Italien anbieten wollte. Aber es ist doch die auffallende Kontinuität der fränkischen Alpen- und Italienpolitik zu sehen, die vom Beginn des sechsten Jahrhunderts bis an den Beginn des zehnten Jahrhunderts reicht. Es war eine fränkische Politik, die mit dem Konsens breiter Schichten rechnen konnte. So wurde der Alpenraum aus einem Bollwerk Italiens gegen Norden ein nach Norden orientiertes Land in fränkischem Besitz. Die fremdenpolizeilichen Maßnahmen eines Königs Ratchis bestätigen diesen Sachverhalt auch vom italischen Standpunkt.

Die von Josef Riedmann untersuchte Umorientierung Säbens von Aquileia nach Salzburg fügt sich gut in diesen Rahmen, und zwar auch oder gerade dann, wenn man mit dem Referenten in aller gebotenen Vorsicht die Kontinuität der Säbener Sedes annimmt. Um Riedmanns Leistung besser zu würdigen, sei darauf hingewiesen – denn dies ging ein wenig unter –, daß er den Marcellus-Brief von 559 und die späte Bischofsliste von Säben gleichsam für die Wissenschaft wiederentdeckte. Forschungen meines Schülers Heinrich Berg konnten in der Zwischenzeit darauf aufbauen. Und nun finden die Archäologen in der später profanierten Friedhofskirche des Säbener Klosterfelsens Gräber von Bayern oder zumindest von Barbaren des siebenten Jahrhunderts. Liegt hier nicht ein handgreifliches Gegenstück zur Tatsache vor, daß der Stammvater der sogenannten Viktoriden, des churraetischen Geschlechts von Bischöfen und Praesides, Zacco hieß und als Franke im weitesten Wortsinn gedeutet wird? Allerdings sei die Frage bloß unter der Auflage gestellt, daß sich nicht philologischer Widerspruch gegenüber der Herleitung des Namens aus dem sogenannten Althochdeutschen erhebt, wie dies unlängst in Trient geschehen ist. Darf es also bei der Deutung des Sachverhalts bleiben, so könnte man sagen: Nordalpine Beauftragte der Merowingerkönige oder ihrer Herzöge setzen sich in den Zentren der Alpenromanen fest, um deren Wohlverhalten zu garantieren, und werden über kurz oder lang zu Ahnherren einheimischer Familien.

Zu den alamannischen Kriegszügen noch ein Wort: Die Niederlage von 553 steht in der Tradition vieler Katastrophen gleicher Schwere, deren Reihe im dritten Jahrhundert beginnt und die sich in den folgenden Jahrhunderten mit schrecklicher Monotonie fortsetzt. Auch solche Niederlagen zählen zur Ethnogenese, so wenig erfreulich dies auch klingen mag. Es ist also nicht so gewesen, daß die fünf Überlebenden des Jahres 553 ihre Stammesgenossen daheim überreden konnten, endlich »Hüslebauer« zu werden. Vielmehr leitete der Untergang Butilins und Leutharis einen bedeutsamen Konsolidierungsprozeß ein, der es den Franken erlaubte, ihre Herrschaft zunächst am linken und schließlich auch am rechten Ufer des Rheins durchzusetzen. Helmut Maurer hat auf diese Einsicht Hagen Kellers mit Recht hingewiesen.

Einiger Raum wurde der ottonischen Südpolitik des zehnten Jahrhunderts gewidmet; einer Politik, die vor allem das alte Herzogtum Bayern und das junge Herzogtum Kärnten begünstigen sollte. Heinz Dopsch konnte klärend zur Frage der Personalunion zwischen Kärnten und Verona sprechen. Zur Diskussion stand des weiteren Alois Schmids Überlegung, die Arnulf-Intitulatio von frühestens 13. September 908 auch als Anspruch auf italisches Gebiet zu verstehen. Diese Möglichkeit ist nicht ganz auszuschließen; doch wäre zu fragen, ob Arnulf nicht in seinen ersten Jahrzehnten wichtigere Ansprüche zu vertreten hatte. Karantanien und das gesamte bayerische Ostland waren während des neunten Jahrhunderts niemals titelfähig gewesen. Es gab dafür keine Tradition, die der eines *dux Bawariorum* oder *rex Bawariorum* geglichen hätte. Aber als in der Folge der Niederlage von Preßburg der Verlust nahezu aller karolingischen Eroberungen drohte, als die Ungarn die alte Awarengrenze an der Enns und den Fischbacher Alpen wiederherzustellen suchten, wäre eine Titel-Neuschöpfung denkbar gewesen, die der Gefahr zumindest theoretisch begegnete. Mit *adiacentes regiones* könnte man daher Karantanien und das übrige Ostland, die *Carantani et confines eorum,* gemeint haben, um den Rechtsanspruch des bayerischen Herzogs auf jene Gebiete in der Nachfolge der Karolingerkönige hervorzuheben.

Die diesjährige Tagung klammerte freilich die slawisch-friulanischen Belange weitgehend aus; doch brachte sie Wilhelm Störmer dankenswerterweise ins Gespräch, und Heinz Dopsch sekundierte ihm. Die Teilnehmer der kürzlich zu Ende gegangenen Salzburger Rupert-Tagung erhielten so von Störmer der Handlung zweiten Teil, obgleich seine gründliche Darlegung auch für sich abendfüllend und schlüssig war. So wurde die Kloster- und Bistumspolitik in einer Weise vorgeführt, die logisch über die Zuweisung des Cadore an Freising bis zur Erinnerung durch Josef Riedmann führte, daß die Bistümer Trient und Säben die Herren der entsprechenden Grafschaften in den Tälern von Etsch, Eisack und Rienz wurden. Das Diktum Eugen Ewigs konnte einem in den Sinn kommen, wonach das sogenannte ottonisch-salische Reichskirchensystem erstmals von den Merowingern entwickelt und eingesetzt wurde. Insgesamt ging aber der südöstliche Alpenraum ab. Es sollte zwar Karantanien ursprünglich an einem ganzen Tag behandelt werden; doch gab man diesen Plan wegen archäologischer Widerstände auf. Wer die Verhältnisse kennt oder zu kennen meint, wird Volker Bierbrauers Vorsicht verstehen und seinen Rat für den archäologischen Bereich annehmen. Aber dies hätte doch nicht die historische Behandlung Karantaniens hindern sollen, zumal dazu die Quellen verhältnismäßig reich fließen. Um das Gemeinte zu veranschaulichen und ohne ein unangesagtes und daher sicher unwillkommenes Zusatzreferat zu halten, seien bloß drei historische Problemkreise genannt. Ihre Auswahl sei auch damit begründet, daß sie eng mit der bayerisch-fränkischen Italienpolitik zusammenhängen:

Erstens kam es um das Jahr 610 oder wenig später zur bayerischen Niederlage von Aguntum gegen die mit den Awaren verbündeten Slawen. Gleichzeitig ließen der Langobardenkönig Agilulf und seine bayerisch-agilolfingische Königin Theudelinde die Awaren und Slawen gegen den unbotmäßigen Langobardenherzog von Cividale los. Und 611 träumte dem heiligen Columban zu Bregenz, es habe wenig Sinn, zu den Slawen zu gehen und sie zu missionieren. Vielmehr begab sich der Ire 612 nach Italien zu Agilulf und Theudelinde. Es fällt schwer, hier keine Verbindung zwischen den einzelnen Ereignissen herzustellen. Man kann darüber streiten, wie sich der Ereignisablauf im einzelnen abgespielt habe, zumal die Chronologie des Paulus Diaconus in diesen Jahren deswegen im argen liegt, weil Secundus von Trient ausfällt.

Zweitens wäre das Eingreifen des Bayernherzogs Theotpert in Italien zugunsten Liutprands zu bedenken. Die Möglichkeit dazu hängt sicher mit der Übersiedlung des ältesten Theodo-Sohns nach Salzburg zusammen. Wie Wilhelm Störmer zeigte, sind Pfalzen an Inn und Salzach für eine Italienpolitik ungleich besser geeignet als Regensburg. Dazu kommt, daß Theotperts Tochter Guntrud um 715 die Gemahlin Liutprands wurde, der zwischen 702 und 711/12 als Flüchtling in Bayern, vielleicht sogar in Salzburg, gelebt hatte.

Drittens: Bleibt man im ersten Fall wegen der dürftigen Überlieferung des siebenten Jahrhunderts auf Vermutungen angewiesen, so läßt sich das letzte Beispiel auf weitaus besserer Quellengrundlage entwickeln. Ich meine die bayerisch-friulanische und damit ostfränkisch-italische Rivalität zwischen etwa 790 und 828. Innerhalb dieser knapp vier Jahrzehnte schien es einmal so weit gekommen zu sein, als wolle Italien – Reinhard Schneider und Alois Schmid erwähnten die Divisio regnorum von 806 – ein Königreich werden, das die italische Präfektur Theoderichs des Großen wiederherstellen und Bayern wie das südliche Alamannien zu seinen Provinzen machen würde. Am Ende dieses Zeitraums hat sich aber Bayern als unbestrittenes Regnum behauptet, dessen Expansion auf Kosten des südlichen Nachbarn gegangen war und weiterhin ging. Ich fasse die Ereignisse kurz zusammen:

791: Karl der Große marschiert mit drei Frankenheeren die Donau abwärts bis zur Raabmündung, ohne auf größeren Widerstand seitens der Awaren zu stoßen, aber auch ohne sie entscheidend schlagen zu können. Gleichzeitig erringen jedoch die Truppen Herzog Erichs von Friaul einen deutlichen Erfolg im heutigen Slowenien.

795: Herzog Erich überquert die Donau und erreicht damit das Zentrum der awarischen Macht.

796: König Pippin von Italien wiederholt die Strategie vom Vorjahr. Er hält eine Synode an der Donau ab und nimmt dabei die Unterwerfung der Awaren an. Nach Beendigung des Feldzuges weist er – unter Vorbehalt der väterlichen Billigung – den italischen und bayerischen Bistümern ungefähre Missionsgebiete zu. Da Erich von Friaul und der Karl-Schwager Gerold die vornehmsten Heerführer des Awarenkriegs waren, wurde die Pannonia zwischen ihnen aufgeteilt. Alles Gebiet südlich der pannonischen Drau zählte zum friulanischen Ostland, darunter auch die Ruinen von Sirmium, einer der *sedes imperii,* deren Besitz Karl den Großen schließlich zur Erwerbung des Kaisertums qualifizieren sollte.

810: Pippin stirbt, sein Sohn Bernhard folgt ihm als König nach, wird aber 817 in der Ordinatio imperii nicht berücksichtigt.

818: Aufstand Bernhards und dessen Katastrophe.

Die erwähnten Ereignisse und ihre Chronologie sind bestens bekannt und werden auch immer wieder berücksichtigt. Weniger gesehen wird hingegen die Tatsache, daß gleichzeitig zu Bernhards Aufstand die *carmula* Liudewits ausbricht. Der Slawenfürst von Sisak-Siscia, der dem friulanischen Herzog Cadaloh den Gehorsam aufsagt, nützt die Schwächung Italiens und fällt vom Reich ab, und mit ihm zahlreiche Karantanen von Bayern. Balderich, der Nachfolger

Cadalohs, meistert die Krise, allerdings unter Verletzung bayerischer Rechte und Ansprüche. Die nächste Krise bringt Balderichs Sturz und zugleich das Ende des fränkisch-langobardischen Herzogtums von Friaul. Balderich versagt im Bulgarenkrieg von 827 oder wird von der »bayerischen Partei« zum Versager gestempelt. Seine Absetzung in Aachen geschieht auf Betreiben Gerolds II., der als Präfekt und Onkel Ludwigs des Deutschen damals nach Bayern kommt. Die Folge ist, daß das gesamte Ostland Friauls bayerisch wird. Bloß Friaul selbst und das benachbarte Istrien bleiben bei Italien. Die folgenden Jahrzehnte bringen eine ständig steigende Macht- und Rangerweiterung Ludwigs des Deutschen, seines bayerischen Kernlandes und des von ihm geschaffenen ostfränkischen Reichs. Man sieht sehr schön, wie um die Mitte des neunten Jahrhunderts die Gewichte verteilt sind. So treffen einander die beiden Ludwige in Trient, der Kaiser Ludwig II. und sein Onkel Ludwig der Deutsche. Es geht vordergründig um einen Streit der Bistümer Freising und Trient um Weinberge in Bozen. Im Hintergrund werden aber hochpolitische Fragen, wohl Grenzfestlegungen zwischen den beiden Reichen, verhandelt. Der Kaiser trat dabei bloß als *rex Langobardorum* auf, der dem *rex in orientali Francia,* dem Bayernkönig, nachgereiht wurde. Die Stärke der Bayern im italischen Trient ist aber um 850 nicht bloß eine Frage der Könige, sondern auch der realen Präsenz, und zwar ganz im Gegensatz zu ihrer relativ geringen Zahl unter den Transmontani. Auf sie alle wird ein neuer Volksname angewendet, der in diesem Zusammenhang von nicht geringer Bedeutung ist. Gemeint sind die *Teutisci* vom Trienter Placitum des Jahres 845. Darüber wurde im Zusammenhang mit Ingrid Strassers Referat gesprochen. An den »Deutschen« von Trient zeichnet sich schon die deutsche Volkswerdung ab. Allerdings besitzt die hier belegte Vorstufe oder Frühstufe noch keinen politisch-regnalen Rang, sondern meint die Gemeinschaft aller nach nordalpinen Rechten lebenden Menschen. Jörg Jarnut machte auf eine wenig ältere *Teutisci*-Nennung in Brescia aufmerksam, wo ebenfalls eine starke nordalpine Gruppe siedelte. Die neue Sprachschöpfung ging auf Kosten des Franken-Namens, steht also für denjenigen Prozeß, der die »Entfrankung« des Frankenreichs heißt. Bei der Diskussion des Referats von Ingrid Strasser konnte der philologisch, jedoch nicht linguistisch ausgebildete Historiker sich des Eindrucks nicht erwehren, als sei die Aussprache zu stark unter Zeitdruck gestanden, um in nötiger Ruhe und Ausführlichkeit durchgestanden zu werden. Was die in diesem Zusammenhang so wichtige Synode von Tours 813 betrifft, so wurde die methodisch wichtige Frage gestellt, wer daran teilnahm. Die Quelle selbst gibt keine Antwort. Das diskutierte Kapitel 17 enthält inhaltliche wie formale Bestimmungen hinsichtlich der bischöflichen Predigt und schließt mit der Anordnung, die Predigten auch in die Volkssprachen zu übertragen, nämlich *in rusticam Romanam linguam aut Thiotiscam,* »damit alle leichter verstehen können, was gesagt wird«. Die Kopula *aut* ist hier disjunktiv gemeint, worauf Werner Schröder mit Recht hinwies. Insgesamt müßten aber die Aktivitäten Theodulfs genauer beachtet werden, die zu dieser Synode führten.

Die lebhaftesten Beiträge stammten diesmal von den Germanisten, wohl weil die anwesenden Archäologen ausgesuchte Friedfertigkeit an den Tag legten. So sorgte auch Jochen Spletts Arbeo-Abrogans-Beitrag für entsprechende Diskussionen. Holte Ingrid Strasser *diutisce* nach

Oberdeutschland, so klammerte Splett den Abrogans aus den bayerisch-langobardischen Beziehungen aus. Er machte dafür deutlich, daß das in allen drei Handschriften gleich überlieferte Incipit ernst zu nehmen sei. Der Historiker, der Arbeo als Viten- und Urkundenschreiber kennt, weiß um seine Vorliebe für langobardische Termini, vor allem für Rechtsbegriffe. Um bloß ein Beispiel von mehreren zu nennen: Die heißumstrittenen bayerischen *aldiones*, die in Freisinger Urkunden der Zeit um 770 vorkommen, stammen alle aus seinem Federkiel. Man darf daher füglich daran zweifeln, daß diese Lesefrucht aus langobardischen Texten jemals einer bayerischen Wirklichkeit entsprach.

Florentine Mütherich stellte die Beziehungen dar, die zwischen Nord und Süd vom achten bis ins elfte Jahrhundert auf dem Gebiet der Malerei bestanden. Aus der reichen Fülle des Gebotenen seien bloß vier Punkte herausgegriffen:

Erstens die Tatsache der Übertragung des Valerianus-Evangeliars (Clm. 6224) aus der Zeit um 600 ins Freising des frühen achten Jahrhunderts sowie die langanhaltende Nachwirkung des Motivenschatzes und der Typik.

Zweitens die Tatsache, daß dieser und ähnlicher Import aus dem östlichen Italien, wenn nicht aus Dalmatien kam, so daß die Kunsthistorie zusätzliche Hilfe demjenigen bot, der die Behandlung der Nord-Süd-Beziehungen nicht bloß auf die Brennerfurche und den »Oberen Weg« beschränkt sehen möchte.

Drittens die »Blüte Salzburgs ohne Zukunft« und die Übernahme der Führungsrolle im nordalpinen wie alpinen Raum durch die Reichenau mit Auswirkungen und Rückwirkungen bis tief nach Italien hinein.

Viertens die Riesenbibeln des Salzburger-Admonter-Bereichs und ihre Verbindung zum gregorianisch-antikaiserlichen Kurs des Salzburger Oberhirten. Gleichzeitig markieren jene Codices das Ende der engen Nord-Süd-Beziehung: »Von nun an gingen Nord und Süd eigene Wege« (Mütherich).

Schließlich noch ein Wort zum nächsten Nachbarn. Raymund Kottje sprach – für den verunsicherten Historiker gerade recht – über den Geltungsbereich und die Effektivität der Leges, insbesondere der Lex Alamannorum. Die Fragen von Territorialität und Personalität beschäftigen jeden, der jemals – vom sogenannten Codex Euricianus an – damit zu tun hatte. Erinnert sei an Agobards von Lyon Klage über die Aufsplitterung der personalen Rechte, daß oft in derselben Familie verschiedene Rechtsbekenntnisse herrschten. Andrerseits hat im Gespräch Othmar Hageneder grundsätzliche Bedenken gegen eine unmittelbare Anwendung der Leges erhoben, wie man sie etwa aus dem Bücherbesitz des Passauer Chorbischofs Madalwin herleiten könnte. Eine Lösung des Dilemmas würde der Nachweis der Annahme bringen, die *lex scripta* habe den »Orientierungsrahmen« geboten, während das vor Zeugen gewährleistete, nicht geschriebene Recht der Ausführung diente. Der Hinweis *sicut lex Alamannorum continetur* muß keinen Bezugspunkt in der *lex scripta* haben. Beide Bereiche existierten offenkundig nebeneinander fort, wie es ja auch vom gotischen Recht in Italien wie in Spanien-Südfrankreich gezeigt wurde. Erinnert sei an den Zweikampf zu Pferd nach gotischem Recht, wovon kein Paragraph einer *lex scripta* zeugt.

Register der Personen und Orte

VON CORNELIA REUTER

Vorbemerkung: Namen von Bergen, Flüssen, Landschaften, Kreis- oder Bezirksstädten sind nicht aufgenommen. Den Anmerkungen wurden dann Personen und Orte entnommen, sofern sie in Textpassagen vorkommen. Reine Literaturzitate blieben unberücksichtigt.
Abkürzungen: Bf. = Bischof, Gf. = Graf, Hg. = Herzog, Hl. = Heiliger, Kg. = König, Kgn. = Königin, Ks. = Kaiser.
Ordnung der Umlaute: ä = a, ö = o, ü = u.